Die Sache mit der Jagd

Heribert Kalchreuter

Die Sache mit der Jagd

Perspektiven für die Zukunft des Waidwerks

KOSMOS

Inhalt

Vorwort — 12

Leben und Tod in der Tierwelt — 14

Aus der populationsdynamischen Forschung — 14

Zur Fortpflanzung — 15
- *Geschlechtsreife* — 16
- *Jungenzahl* — 17

Über die Sterblichkeit — 19
- *Wie alt können Tiere werden?* — 19
- *Wie alt werden Tiere tatsächlich?* — 20
- *Ringe geben uns Einblick* — 21
- *Die Lebenskurve* — 24
- *Artspezifische Unterschiede* — 25

Bestandsdichte und Sterblichkeit — 27
- *Beispiel Fuchs* — 28
- *Beispiel Seehund* — 30
- *Beispiel Feldhase* — 35
- *Beispiel Habicht* — 37
- *Wasservögel* — 38
- *Schalenwild* — 38

Bestandsdichte und Fortpflanzungsrate — 40
- *Säugetiere* — 40
- *Vögel* — 45

Werden und Vergehen im Wechsel — 53
- *Überlebensstrategien* — 55

Zusammenfassung — 58

Vom Auf und Ab der Tierbestände — 60

Regelmäßige jährliche Schwankungen — 60
Mehrjährige periodische Veränderungen — 61
Unregelmäßige Schwankungen — 62

Witterung und Klimaperioden — 63
Beispiel Feldhase — 63
Beispiel Auerwild — 66
Beispiel Birkwild — 69
Rebhuhn — 74
Witterung und Insektenangebot — 79
Beispiel Wasservögel — 80
Waldschnepfe — 82

Zusammenfassung — 86

Todesfaktor Jagd — 88

Natürliche und jagdbedingte Sterblichkeit — 88
Jagdliche Eingriffe — 90
Welcher Anteil wird erlegt? — 91

Motive für Jagd und Bejagungsintensität — 95
Nahrungsjagd — 95
Marktjagd — 98
Wilderei: illegale Marktjagd — 104

Jagd in der Freizeit — 109
Leitbild Nachhaltigkeit — 111
Das Lizenzjagdsystem — 112
Das Reviersystem — 114

Wildvorkommen und Bejagungsintensität — 118
Bestandsdichte und Erlegungsrate — 120
Artenspektrum und Erlegungswahrscheinlichkeit — 123

Zum Verwechslungsrisiko —— 126
Zusammenfassung —— 128

Auswirkung der Jagd auf die Wildbestände —— 130

Kompensatorische Sterblichkeit —— 131
Erkenntnisse aus der jagdlichen Praxis —— 131
Beispiel Singvögel —— 137
Pilotstudie an der Virginischen Wachtel —— 138
Untersuchungen an Wasservögeln —— 142
Zusammenfassung —— 151

Kompensation von Verlusten über die Fortpflanzungrate —— 154
Flexible Nachwuchsraten —— 155
Ergänzende Wirkungsweise der Kompensationsmechanismen —— 161
Maximale und optimale nachhaltige Nutzung —— 163
Konsequenzen —— 166
Stand- und Zugvögel – jagdliches Nutzungspotenzial —— 166
Säugetiere —— 181
Diskussion und Folgerungen —— 185
Dezimierung und Ausrottung von Tierarten —— 188
Zusammenfassung —— 194

Kompensation durch Polygamie —— 196
Monogamie und Polygamie aus populationsdynamischer Sicht —— 197
Trophäenjagd – geschlechtsspezifische Bejagung von Säugetieren —— 198
Balzjagd – Geschlechtsspezifische Bejagung polygamer Vögel —— 218
Untersuchungen an der Waldschnepfe —— 223
Entenvögel —— 238
Zusammenfassung —— 241

Konsequenzen für die Jagd- und Naturschutzpolitik — 243

1. Jede Tierart kann genutzt werden — 243
2. Stabile Bestandstrends auch bei reduziertem Fortpflanzungsbestand — 244
3. „Wie viel" ist wichtiger als „Wann" — 244
4. Langfristig stabile Bestandstrends sind die Ausnahme — 247
5. Reduktion erfordert hohe jagdliche Eingriffe — 247

Störfaktor Jagd — 249

Indirekte Auswirkungen der Bejagung — 249
Spekulation und Wirklichkeit — 250

Zur Reduktion jagdbedingter Störungen — 267
1. Jagd während des Morgen- und Abendstrichs — 268
2. Jagd von festgelegten Ansitzplätzen — 268
3. Jagdruhezonen oder Schongebiete — 270
4. Zeitliche Jagdbeschränkungen — 274

Jagd in Schutzgebieten — 276
Die Ramsar-Konvention — 277

Zusammenfassung — 278

Von Räubern und Beutetieren — 280

Prädatoren und Niederwild — 281
Lehrbuchbeispiele — 281
Ein Beispiel aus Franken — 283
Feldhasen auf räuberfreien Inseln — 286
Räuberausschluss-Versuche — 289

Räuber-Beute-Untersuchungen in England — 293

Fuchs und Hase	293
Das Salisbury Plains Experiment	298
Folgerungen	304
Der Fuchs in der Kulturlandschaft	306
Natürliche Feinde?	306
Nahrungsgeneralist und Opportunist	307
Fuchsjagd einst	309
Fuchsjagd heute	312
Der Teufelskreis geht weiter	316
Fazit und Lösungsvorschlag	318
Heile Welt?	320
Habicht	322
Neue Wege der Forschung	323
Habicht und Beutetierpopulation	327
Folgerungen	337
Den Habicht besser verstehen	339
Beispiel Habicht und Birkwild	339
Habichte regulieren?	342
Rabenvögel	353
Rabenvögel in der Kulturlandschaft	353
Rabenvögel und Beutetiere	360
Prädationsraten	364
Singvögel	367
Wasservögel	370
Raufußhühner	373
Wiesenbrüter	377
Auswirkungen der Nestprädation	380
Rabenvögel und Niederwild	392
Folgerungen	393
Biotopstruktur und Prädation	394
Ist es so einfach?	395
Forschungsobjekt Birkwild	401
Folgerungen	404

Jagdliche Nutzung und Räubereingriffe – ein Vergleich	405
Zusammenfassung	410

Vom Schalenwild und seinem Lebensraum — 412

Forstgeschichtliche Betrachtungen	413
Wald und Wild heute	419
Wie sieht die Wirklichkeit aus?	420
Über die Auswirkungen von Wildverbiss	421
Folgerungen und Anregungen	428

Heute noch jagen? — 430

Die Jagd im Rückblick	430
Einst Privileg der Herrschenden	430
Die Wende	433
Neue Wertvorstellungen	436
Jagd und Naturschutz	438
Strategische Konzepte von Naturschutzvertretern	439
Beispiel Habicht	441
Beispiel Rabenvögel	445
Zur Schalenwilddiskussion	449
Haar- und Federwild	458
Flugwildjagd einst	461
Gesinnungswandel	466
Diskussionen um die Flugwildjagd	469
Wie sinnvoll sind Jagdverbote?	471
Jagdbares Wild unter Naturschutzrecht?	473
Internationale Konzepte – deutsche Interpretationen	479
Naturschutz – die große Lüge?	487
Wissenschaft und Emotion	497
Wildtiermanagement international	501

Wasserwild _____ 502
Ducks Unlimited – Beispiel für erfolgreichen Pragmatismus _ 506

Über Trophäenjagd und Jagdtourismus _____ 509
Auslandsjagd in den Medien _____ 509
Trophäen und ihre „Magie" _____ 511
Trophäen im Dienste des Artenschutzes _____ 514
Konsequenzen _____ 526

Ausblick _____ 528

Literatur _____ 529

Register _____ 549

Vorwort

Mit der Jagd ist es so eine Sache. Erstaunlich, wie diese menschliche Nebentätigkeit, ausgeübt von nur einem Bruchteil der Bevölkerung, immer wieder Schlagzeilen macht. Sie ist Gegenstand politischer Auseinandersetzungen, und bemerkenswert oft berichten die Massenmedien Presse, Rundfunk und Fernsehen über dieses Thema – meist mit negativem Kommentar. Warum? Weil „Jagd" letztlich eben mit dem Töten von Wildtieren endet, für viele Symbole unberührter Natur.

Auch mir als begeistertem Naturfreund und Ornithologen, früher auch passioniertem Jäger, ist dieser Widerspruch nur zu verständlich. Wie kann man nur töten, was man andererseits so gern beobachtet? Aus diesem inneren Konflikt heraus entwickelte sich das wissenschaftliche Interesse an der letztlich zentralen Frage: Wie wirkt sich das Erlegen einiger Individuen eigentlich aus auf den Fortbestand der Population?

Dieser Frage nachzugehen, bot sich bereits während meiner Lehrtätigkeit am *Wildlife College* in Ostafrika vor drei Jahrzehnten Gelegenheit. So entstand auf Anregung meines Kollegen Pat Hemmingway, Sohn des legendären Schriftstellers Ernest Hemmingway, und des Lektors Rudi Humme von BLV-Verlag 1977 „Die Sache mit der Jagd".

Das Buch wurde ein unerwarteter Erfolg: Schon 1978 erschien die zweite, 1979 die dritte Auflage, 1980 gab es der Fischer-Verlag als Taschenbuch heraus. Es folgten Ausgaben in dänischer, dann in polnischer Sprache. 1984 erschien die neu bearbeitete vierte Auflage. Nach Gründung des Europäischen Wildforschungsinstitutes (EWI) im Jahr 1989 konnte ich mit den Kollegen hier und freien Mitarbeitern in mehreren europäischen Ländern die jagdökologische Forschung intensivieren. Weitere fachliche Kontakte ergaben sich aus der Tätigkeit für mehrere internationale Naturschutz- und Jagdorganisationen und der Teilnahme an wissenschaftlichen Symposien und Konferenzen.

Diskussionen mit Studenten im Rahmen der Lehrtätigkeit an der *Agricultural University of Poznań* in Polen dienten der didaktischen Aufarbeitung wissenschaftlicher Erkenntnisse. Sie bildeten die Grundlage für meine 1994 veröffentlichte Habilitationsschrift, die inzwischen ebenfalls vergriffen ist.

Sinnvoller als deren Neuauflage schien mir eine populärwissenschaftliche Darstellung des heutigen Wissens in der nun vorliegenden vollständigen Neubearbeitung der „Sache mit der Jagd". Dies auch im Hinblick auf die immer noch anhaltende Nachfrage nach diesem Titel – hatten sich doch die Diskussionen um Jagd und Naturschutz in Deutschland unter den politischen Konstellationen der letzten Jahre noch weiter verschärft. Ich habe mich daher bemüht, aus der breiten Palette jagdlich relevanter Themen die brisantesten herauszugreifen und detailliert darzustellen.

Dies ermöglichten die Erkenntnisse aus vier von der Deutschen Delegation des Internationalen Jagdrates zur Erhaltung des Wildes (CIC) in dankenswerter Weise geförderten Langzeitprojekten. Auch Dr. Gerhard Frank und der Heinz-Sielmann-Stiftung, den Herren Alexander Baldinger, Klaus Freund und Dr. Fritz Wörwag schulde ich herzlichen Dank für die finanzielle Förderung der Arbeiten an diesem Buch sowie Lektor Ekkehard Ophoven vom Kosmos Verlag für hilfreiche Anregungen.

Sicherlich wird auch diese Neuausgabe, ähnlich wie die früheren Auflagen, viele Befürworter, aber auch leidenschaftliche Kritiker finden. Wenn es dazu beiträgt, einige der vielen Fragen engagierter Jäger wie auch an der Materie interessierter Naturfreunde zu beantworten, hat es seinen Zweck voll erfüllt.

Bonndorf-Glashütte, *Prof. Dr. Heribert Kalchreuter*
im Januar 2003

Leben und Tod in der Tierwelt

Werden und Vergehen sind Kriterien des Lebendigen. Nur durch das ewige Wechselspiel von Geburt und Tod konnte die Wandlungsfähigkeit (Mutabilität) der Erbanlagen wirksam werden und im Laufe der Erdgeschichte die enorme Artenvielfalt von Pflanzen und Tieren entstehen lassen. Unzählige Individuen waren während der jüngsten Milliarde von Jahren erforderlich für die Entwicklung vom Einzeller bis zum Menschen.

Aus der populationsdynamischen Forschung

Während von wirbellosen Tieren und körperlich kleinen Wirbeltierarten selbstständige Populationen auf relativ kleinem Raum und selbst im Labor zu halten und entsprechend gut zu beobachten sind, lassen sich bestandsdynamische Parameter bei den größeren der höheren Tiere wesentlich schwieriger ermitteln. Infolge ihrer allgemein höheren Lebenserwartung und ihrer sehr viel größeren Lebensräume (vor allem bei ziehenden Arten) sind quantitative Daten über die Fortpflanzungs- und Sterblichkeitskomponente der gesamten Population nur durch langfristige, großflächige und entsprechend aufwändige Forschungsprojekte zu gewinnen. Dass solche Untersuchungen entsprechend spärlich durchgeführt wurden, verwundert allerdings angesichts der doch großen wirtschaftlichen, ethischen und kulturellen Bedeutung, die die meisten Säugetier- und Vogelarten von jeher für den Menschen hatten und haben.
Das Ausmaß von Fortpflanzung einerseits und Sterblichkeit andererseits entscheidet über die Häufigkeit der einzelnen Arten. Das Wechselspiel dieser beiden Größen bedingt die Zunahme oder Abnahme von Arten, ihre Ausbreitung oder ihren Rückgang oder gar ihr Verschwinden von diesem Planeten.

Warum ist die Individuenzahl der einzelnen Arten kaum über längere Zeiträume konstant? Warum ist das Gleichgewicht von Geburt und Tod nicht statisch, sondern dynamisch? Welche Faktoren beeinflussen denn die hierfür entscheidenden Parameter Fortpflanzungsrate und Sterblichkeitsrate?
Die folgenden Ausführungen sollen einen Überblick über den heutigen Wissensstand der populationsdynamischen Forschung bei höheren Tieren vermitteln.

Zur Fortpflanzung

Die Fortpflanzungsleistung der einzelnen Wildarten ist zwar unterschiedlich, jedoch in der Regel beachtlich hoch. Selbst wenn wir nur eine mittlere jährliche Rate von vier Jungen pro Paar annehmen, wie etwa bei der Waldschnepfe, würde sich der Bestand von ursprünglich einem Brutpaar folgendermaßen entwickeln:

Tab. 1: Theoretisches Bestandswachstum bei mittlerer Fortpflanzungsrate

Ende des	Altvögel	Jungvögel	Gesamtbestand
1. Jahres leben	2	4	6
2. Jahres leben	6	12	18
3. Jahres leben	18	36	54
4. Jahres leben	54	108	162
5. Jahres leben	162	324	486
6. Jahres leben	486	972	1.458

Unter der Annahme, dass die Hälfte der Altvögel Weibchen sind, die je vier Junge produzieren, wäre die Population nach nur fünf Jahren auf mehr als das 200fache angewachsen! Mathematisch lässt sich dieses Wachstum durch eine Exponentialfunktion darstellen, die Abb. 1 grafisch wiedergibt. Man spricht daher von einem *exponentiellen Wachstum* des Tierbestandes: Es verläuft so rapide, weil sich die Jungen im darauf folgenden Jahr ebenfalls fortpflanzen. Die Wachstumsgeschwindigkeit hängt von mehreren

Faktoren ab, die zwar, wie wir noch sehen werden, durch die Umwelt etwas beeinflussbar, im Wesentlichen aber doch erblich festgelegt sind.

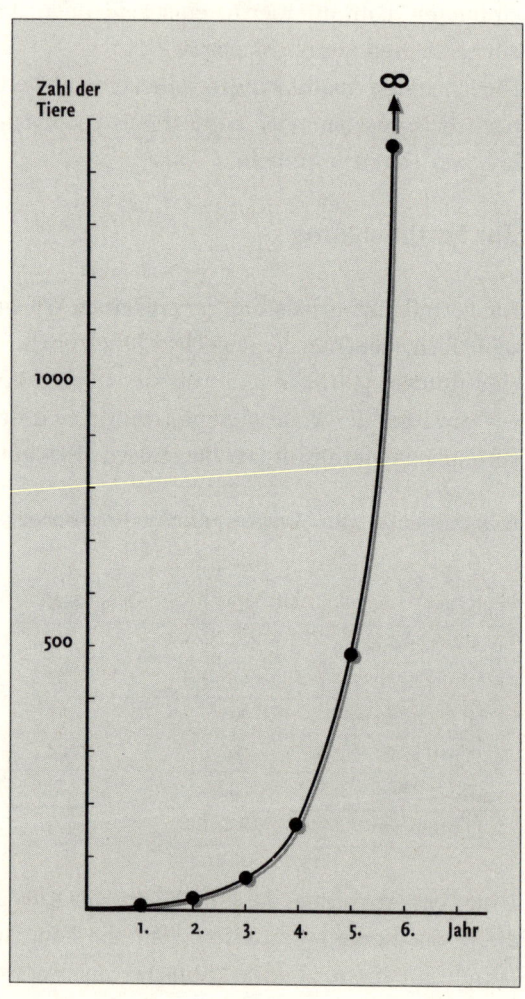

Abb. 1: Die Fortpflanzungskraft der meisten Tierarten ist enorm. So rasch würde der Bestand (hier der Waldschnepfe) ins Unendliche wachsen, wenn kein Vogel einginge.

Geschlechtsreife

Sowohl bei Säugetieren wie bei Vögeln zeigt sich eine ungefähre Korrelation zwischen Körpergröße und durchschnittlicher Geschlechtsreife, wie nachstehende Tabelle verdeutlicht.

Tab. 2: Lebensalter und durchschnittliche Geschlechtsreife von Säugetieren und Vögeln unterschiedlicher Körpergröße

Geschlechtsreif im Lebensjahr	Säugetiere	Vögel
< 12 Monate	Mäuse, Ratten	Kleinvögel, Wachtel
1.	Kaninchen, Hase	Schwimmenten
1.–2.	Reh	Habicht
2.–3.	Rothirsch, Elch	Gänse, Meeresenten
3.–5.	Wisent	
5.		Steinadler
6.		Bartgeier
7.	Walross	Albatros
> 15.	Elefant	
10. (♀)–20. (♂)	Wal (Pottwal)	

Kleinere Arten, vor allem die der Säugetiere, benötigen nicht einmal ein Jahr, um ihre Geschlechtsreife zu erlangen: Mäuse und Ratten pflanzen sich bereits im Geburtsjahr fort.

Demgegenüber sind große Säugetiere in dieser Hinsicht eher dem Menschen vergleichbar und brauchen viele Jahre, um erstmals zur Fortpflanzung beizutragen. Große und höher entwickelte monogame Vogelarten sind in der Regel mindestens ein Jahr lang „verlobt", bevor sie erfolgreich brüten.

Jungenzahl

Früh geschlechtsreife Arten haben meist auch hohe Jungenzahlen pro Wurf bzw. Gelege. Zudem pflanzen sie sich in der Regel mehrmals im Jahr fort. Dies ist besonders ausgeprägt bei Nagetieren und kleinen Singvogelarten, die so auf beachtliche Jungenzahlen kommen. Die Fortpflanzungsleistung der Population kann sich bei den Arten enorm steigern, bei denen die Jungen kurz nach ihrer Geburt ebenfalls zur Vermehrung beitragen.

Demgegenüber sind die Nachwuchsraten körperlich großer Säugetiere ausgesprochen niedrig. Einige Arten pflanzen sich auch nach Eintritt der Geschlechtsreife nicht jährlich, sondern im

Abstand von zwei bis drei Jahren fort. Die Eisbärin wirft nur alle zwei Jahre zwei Junge, die Elefantenkuh gar nur alle drei bis fünf Jahre und dann nur ein Kalb. Die Fortpflanzungsrate liegt bei diesen Arten daher unter einem Jungen pro Jahr. Einen Überblick soll Tab. 3 vermitteln.

Tab. 3.: Durchschnittliche Jungenzahl von Säugetieren und Vögeln unterschiedlicher Körpergröße

Jungtiere pro Jahr	Säugetiere	Vögel
> 20	Mäuse, Ratten, Kaninchen	
10–20	Hase	Schwimmenten, kleine Hühnervögel
5–10	Fuchs	Tauchenten, Kleinvögel
3–5	Dachs, Wolf	Gänse, Sperber, Schnepfenvögel
2–3	Löwe, Tiger	Trappen
1–2	Hirsche	Adler, Geier
1	Bären, Wisent	Alken
0,5	Kamel, Menschenaffen	Kondor, Albatross
0,2–0,3	Elefant, Walross	
0,2	Nashorn, Pottwal	

Im Zusammenwirken von Geschlechtsreife, Fortpflanzungsfolge und Jungenzahl kommt es zu einem sehr unterschiedlichen (theoretischen) Populationswachstum bei den einzelnen Arten. Abb. 2 soll dies anhand von Wachstumskurven veranschaulichen.

Während der Bestand von Wildrindern oder Bären in vier Jahren auf nur hundert Stück angestiegen wäre, hätte es das Rebhuhn in der gleichen Zeit auf 5.000 Exemplare gebracht. Dazu würden Wildrinder (z. B. der Wisent) fast zwanzig Jahre brauchen. Wie viele Rebhühner es wiederum in diesem Zeitraum gäbe, übersteigt unser Vorstellungsvermögen. Denn schon nach sieben Jahren wäre die Millionengrenze weit überschritten. Und nach 17 Jahren wäre der gesamte Erdball, Land und Meer, von dicht an dicht sitzenden oder treibenden Rebhühnern bedeckt!

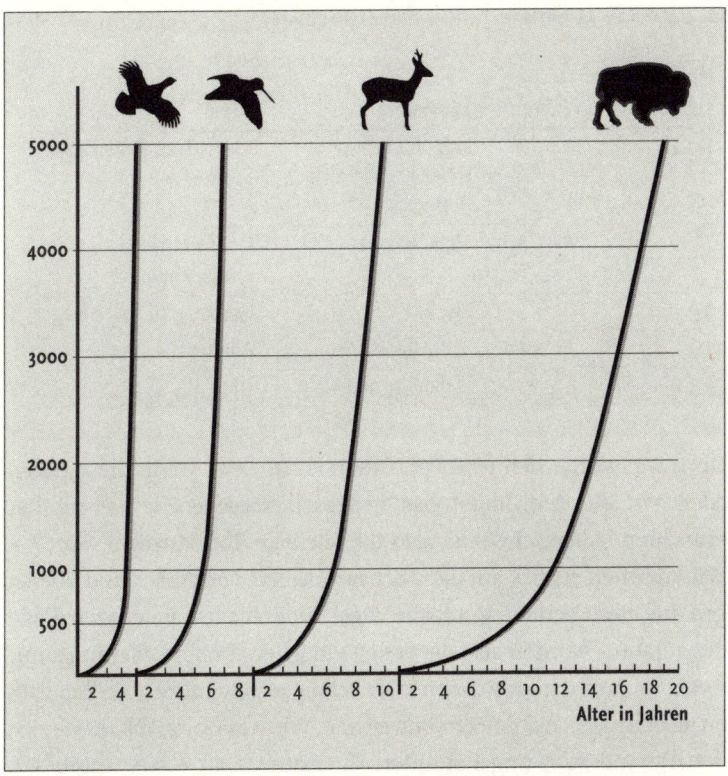

Abb. 2: Je größer ein Tier, desto geringer ist i. A. seine Fortpflanzungsleistung. Der Bison würde – ohne Eingreifen des Todes – viermal so lange wie das Rebhuhn brauchen, um auf 5.000 Tiere anzuwachsen.

Über die Sterblichkeit

Infolge der begrenzten Lebensdauer aller Lebewesen sind Kalkulationen wie diese allerdings rein theoretisch – keine Population kann sich unendlich vermehren.

Wie alt können Tiere werden?

Die mögliche oder potenzielle Lebenserwartung ist von Art zu Art sehr verschieden und, wie man heute weiß, bereits erblich festgelegt. Sie hängt weitgehend von der Körpergröße der Tierart ab und zwar bei Säugetieren und Vögeln, wie Tab. 4 erkennen lässt.

Tab. 4: Maximale, an markierten Tieren ermittelte Lebensdauer

Höchste bekannte Lebensdauer in Jahren	Säugetiere	Vögel
Bis 20	Reh, Wildschwein, Gämse, Steinbock, Rothirsch	Kleinvögel, Rabenvögel, Stockente
30	Elch, Wisent	Große Möwen, große Watvögel
35	Eisbär	Gänse, große Greifvögel
40	Walross, Wal	Albatros
> 60	Elefant, große Wale	Uhu

Doch wie würde sich eine Population entwickeln, wenn die meisten oder gar alle Individuen das genetisch vorgegebene Lebensalter erreichten, Altersschwäche also die alleinige Todesursache wäre? – Wir kommen zurück auf die Wachstumskurve von Abb. 1 und überlegen uns ihren Verlauf, wenn alle Vögel nur drei Jahre alt würden. Ende des 3. Jahres würden also die ersten eingehen, es sind allerdings nur zwei. Ein Jahr darauf würden zwar schon sechs sterben, die Population jedoch hat sich dennoch verdreifacht. Wir sehen aus Abb. 3, wie sich der Abstand zum ungehemmten Wachstum zwar etwas vergrößert, die Kurve aber trotzdem etwa denselben Verlauf nimmt. Der Tod aus Altersschwäche kann die Lebenden nicht einholen, ihr Wachstum nicht stoppen, allenfalls etwas hemmen. Sie vermehren sich ebenfalls exponentiell ins Unendliche.

Wie alt werden Tiere tatsächlich?

Dazu kommt es nicht, denn in Wirklichkeit ist bei Wildtieren der Tod aus Altersschwäche nicht als Regel, sondern als Ausnahme zu betrachten. Die weitaus meisten Individuen sterben viel früher.
Vielfach kommen schon gar nicht alle Eier zum Schlüpfen; einige erfrieren, fallen aus dem Nest oder dienen anderen Tieren zur Nahrung. Nach dem Schlüpfen geht es den neuen Erdenbürgern nicht viel besser, der Tod lauert auf Schritt und Tritt. Die Sterblichkeitsraten schwanken in diesem Alter gebietsweise und von Jahr zu Jahr

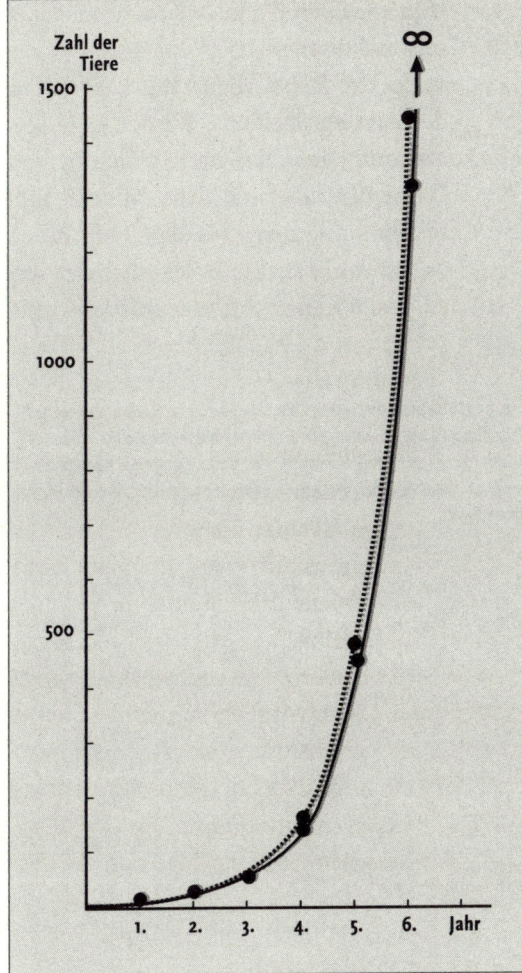

Abb. 3: Auch wenn nur der Alterstod wirksam würde, die Lebenszeit also erblich festgelegt wäre, änderte dies am Wachstumsverlauf nicht viel. Er verliefe gegenüber dem ungehinderten (gestrichelte Kurve) nur zeitlich etwas verzögert.

enorm, bedingt durch das ständig wechselnde Gefüge der vielen Faktoren, die über Leben und Tod entscheiden. Ungünstige Witterung, Nahrungsmangel und Prädatoren fordern ihren Tribut, der in rasch schwindenden Kükenzahlen zum Ausdruck kommt.

Ringe geben uns Einblick

Woher können wir also Erkenntnisse über die Sterblichkeit gewinnen? Über umfangreiche Auswertungen von Wiederfunden markierter Tiere haben wir etwas genaueren Einblick in diese sonst schwer durchschaubare Größe bekommen.

Anhand von Ringen lässt sich z. B. bei Vögeln das Lebensalter ermitteln. Tab. 5 führt in der zweiten Spalte die Wiederfunde verendeter beringter Stockenten auf, geordnet nach dem von den Vögeln erreichten Alter. Die Ringfunde sind dabei ähnlich aufschlussreich wie die Grabsteine auf dem Friedhof, aus deren Geburts- und Todesangaben wir das erreichte Lebensalter der Verstorbenen ermitteln können. Sie liefern wichtige populationsdynamische Informationen.

Tab. 5: Ringfunde der Stockente, geordnet nach dem erreichten Lebensalter (2. Spalte) und die daraus hergeleitete „Lebenstafel" (3. Spalte), die den durchschnittlichen Altersaufbau einer Entenpopulation darstellt. In Spalte 4 der Anteil der jährlich eingehenden Enten (Jungvögel und Durchschnitt der älteren). Spalte 5 zeigt an, welcher Anteil des Schlüpfjahrgangs t bereits verendet ist (aus KALCHREUTER 2000 nach ANDERSON 1975).

Lebensjahr (t = Jahr d. Beringung)	Anzahl verendete Vögel	Am 01.09. lebend	Jährliche Sterblichkeitsrate	Kumulative Sterblichkeit
t		2.447		
t+1	1.223	1.224	50%	50%
t+2	514	710		71%
t+3	298	412		83%
t+4	173	239		90%
t+5	101	138		94%
t+6	58	80		97%
t+7	33	47	42%	98%
t+8	20	27		99%
t+9	11	16		
t+10	7	9		
t+11	4	5		
t+12	2	3		
t+13	1	2		
t+14	1	1		
t+15	1	0		
Su.	2.447			

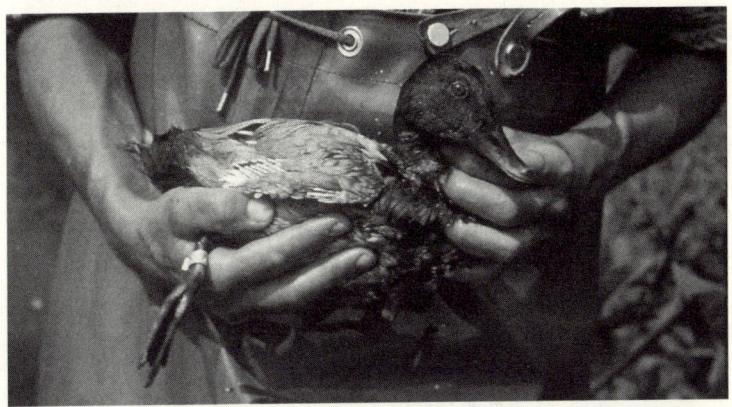

Nur über die Markierung einzelner Tiere erhalten wir Einblicke in die Altersstruktur von Tierpopulationen. Während der Schwingenmauser lassen sich die flugunfähigen Enten in größerer Zahl beringen.

Aus der Summe dieser Ringfunde, hier 2.447, lässt sich die so genannte „Lebenstafel" der dritten Spalte ableiten. Man geht davon aus, dass zunächst 2.447 Enten gelebt haben. Im Laufe des ersten Lebensjahres gingen 1.223 ein, sodass noch 1.224 übrig waren. 514 starben im zweiten Lebensjahr, es überlebten 710, und so fort. Alljährlich blieben durchschnittlich 42 % des Bestands auf der Strecke, bis nach 15 Jahren keine Ente dieses (hypothetischen) Jahrgangs mehr lebte. Diese „Lebenstafel" lässt Folgendes erkennen:
▶ Die Hälfte der jungen Stockenten geht im ersten Lebensjahr ein (4. Spalte).
▶ Nach dem ersten Lebensjahr sinken die Todesraten etwas ab und sind dann innerhalb der einzelnen Altersklassen ziemlich konstant.

Aus diesen Daten lässt sich die durchschnittliche Lebenserwartung errechnen (ANDERSON 1975):

■ Eine Jungente hat demnach vom Zeitpunkt der Beringung, also kurz vor dem Flüggewerden an gerechnet, im Schnitt nicht einmal mehr zwei Jahre zu leben.

Wie wir noch sehen werden, sind die Sterblichkeitsverhältnisse in bejagten und unbejagten Populationen ziemlich ähnlich.

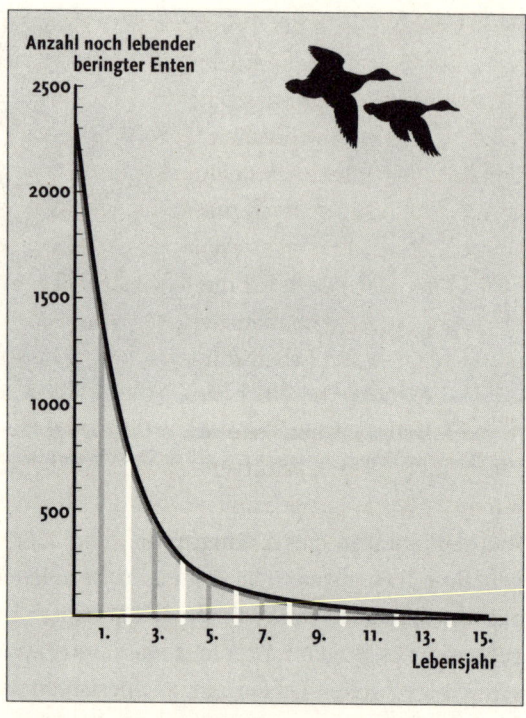

Abb. 4: Lebenskurve der Stockente auf Grund von 400.000 in Nordamerika beringten Vögeln (Daten aus ANDERSON 1975)

Die Lebenskurve

Die Lebenstafel-Daten lassen sich durch die „Lebenskurve" grafisch veranschaulichen (Abb. 4). Da sich Sterben und Werden alljährlich wiederholen, spiegelt diese Kurve auch den durchschnittlichen Altersaufbau einer Entenpopulation wider. Man erkennt daraus:

- Zwei Drittel der auf einem winterlichen Gewässer versammelten Stockenten sind jünger als zwei Jahre!

Dabei dürfte das höchste mögliche Lebensalter einer Stockente bei etwa 20 Jahren liegen. Doch bislang ist nur ein einziger Ringvogel überhaupt bekannt, der dieses Alter erreichte. Unter den fast 400.000 rückgemeldeten beringten Stockenten, die ANDERSON (1975) unter diesem Aspekt auswertete, waren nur je ein Erpel im 18. und 16. Lebensjahr; zwei waren 15 und acht 14 Jahre alt geworden.

Dieses Beispiel soll das Prinzip populationsdynamischer Kalkulationen auf Grund von Rückmeldungen markierter Tiere veranschaulichen. Je größer das Datenmaterial, desto eher entspricht die Lebenskurve der wirklichen Populationsstruktur. Stammen die Beringungen und Rückmeldungen aus längeren Zeiträumen, so können die Lebenskurven nur *durchschnittliche* Verhältnisse widerspiegeln, nicht hingegen eventuelle jährliche Schwankungen der Mortalitätsraten. Doch für die folgenden Vergleiche verschiedener Tierarten unter populationsdynamischen Aspekten genügen diese durchschnittlichen Lebenskurven.

Artspezifische Unterschiede
Abb. 5 zeigt Lebenskurven einiger Säugetiere verschiedener Körpergröße und folglich unterschiedlicher Sterblichkeit bzw. Lebenserwartung. Entsprechend unterschiedlich verlaufen die Kurven:

- Je höher die Sterblichkeit, desto steiler fällt die Kurve ab und umso kürzer ist ihre Basis.

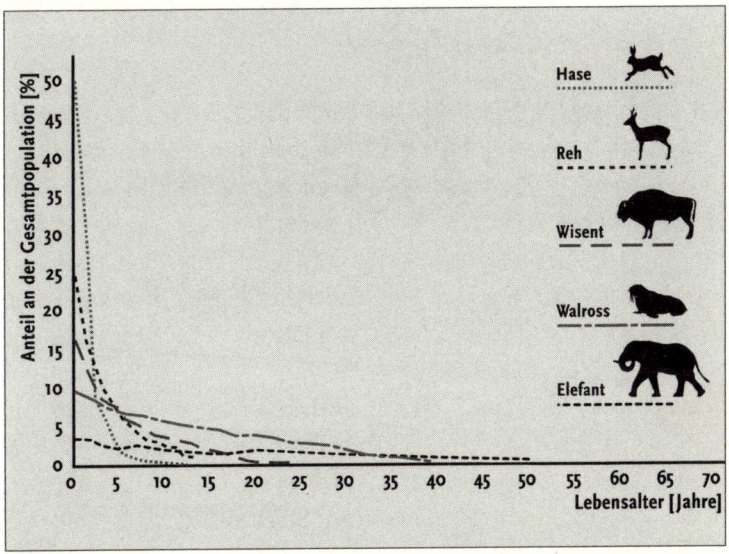

Abb. 5: Lebenskurven von Säugetieren unterschiedlicher Körpergröße (unbejagte Populationen, nach KALCHREUTER 1994)

In den Kurven der Abb. 5 spiegelt sich in etwa die Reihe potenzieller Lebenserwartungen von Tab. 4 (S. 20) wider, und ebenso – jedoch mit umgekehrtem Vorzeichen – die Fortpflanzungsverhältnisse von Tab. 3 (S. 18):

- Je höher die Vermehrungsrate einer Tierart, desto höher ist ihre Sterblichkeit und umgekehrt.

Größere, höher entwickelte Arten haben weniger Nachwuchs, aber sie überleben auch besser. Diesen recht engen Zusammenhang veranschaulicht Abb. 6.

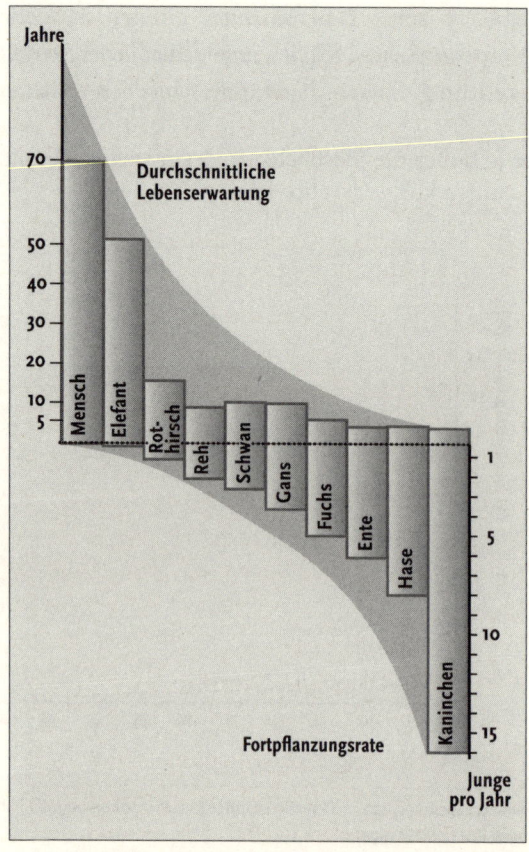

Abb. 6: Schematische Darstellung der gegenläufigen Beziehung von Lebenserwartung und Fortpflanzungsrate in Abhängigkeit von der Körpergröße (aus KALCHREUTER 1994)

Generell werden mehr Jungtiere produziert als zur Erhaltung des Bestands erforderlich wären, besonders ausgeprägt ist dies bei kleineren Arten.
Unwillkürlich fragt man nach dem Sinn dieser „Verschwendung". Warum werden so viele Jungenten erbrütet, wenn doch bis zu 80% schon im Laufe des ersten Lebensjahres wieder eingehen und dann nur 20% überhaupt geschlechtsreif werden. Man nimmt heute an, dass nur eine relativ hohe Fortpflanzungsrate das Überleben der Art ermöglicht, denn nur über eine große Zahl von Jungen wird eine breite Streuung von Erbanlagen erreicht. Damit sind immer wenigstens einige Tiere der Umwelt angepasst, auch wenn sich diese ändern sollte – und dies ist ja laufend der Fall: Es wird wärmer oder kälter, feuchter oder trockener, neue Räuber oder Krankheiten tauchen auf, oder der Mensch verändert den Lebensraum durch seine Bewirtschaftung. Bei höher entwickelten und relativ langlebigen Arten kann sich das Einzeltier diesen Umweltveränderungen durch Lernprozesse, vielfach durch so genannte *Tradierung* über die Eltern, anpassen und damit überleben. Bei kleineren, weniger lernfähigen Tieren mit kurzer Lebensdauer ist dies kaum möglich. Hier hilft nur eine große Zahl von Nachkommen, von denen nur die für die jeweilige Umwelt geeigneten durchkommen.
Damit erklärt sich die zunächst nicht recht einleuchtende Tatsache, dass vor allem Jungtiere sterben. Im Laufe des ersten Lebensjahres hält die Natur Auslese. Unterernährte Kitze fallen der Winterkälte zum Opfer, der Fuchs reißt das Auerwildküken, das sich auf den Alarmruf der Henne nicht rechtzeitig drückt, und die Kokzidiose befällt den spät gesetzten und daher noch schwächlichen Junghasen.

Bestandsdichte und Sterblichkeit

Die populationsdynamischen Komponenten Fortpflanzungsrate und Sterblichkeit sind, wie wir nun wissen, genetisch bedingt und von Art zu Art verschieden.

Doch spiegeln die über längere Zeiträume hinweg erhobenen Daten – so z. B. die Lebenskurven in Abb. 4 und 5 – lediglich durchschnittliche Verhältnisse wider. In Wirklichkeit sind beide Komponenten kaum über längere Zeit stabil. Sie können vielmehr erheblichen Schwankungen unterliegen, die in erster Linie durch die Dichte der Population in Bezug auf ihren Lebensraum bedingt sind. Diese Zusammenhänge mögen einige aktuelle und z. T. viel diskutierte Beispiele veranschaulichen.

Todesfaktoren, die ganz unabhängig von der Bestandsdichte wirksam werden, sind eher selten. Am ehesten dürften sie wohl in klimatisch bedingten und wirklich extremen Katastrophensituationen eine Rolle spielen.

Präzis definiert ist die Sterblichkeit fast immer dichteabhängig. Bei höherer Dichte kommt ein größerer Teil der Population um, wenn etwa das Nahrungsangebot nicht mehr für alle Individuen ausreicht, oder im Falle von Krankheiten, da bei höherer Dichte die Infektionsgefahr steigt. Und schließlich erhöht der Mangel an geeigneter Deckung gegen Witterungsunbill oder Räuber das Überlebensrisiko, sodass bei hoher Dichte also auch die verfügbare Deckung zum Minimumsfaktor werden kann. Damit sind die wesentlichsten dichteabhängigen Todesfaktoren genannt. Hierzu zählt aber auch der durch das Territorialverhalten bedingte Stress bei hoher Populationsdichte.

Oft sind die einzelnen Todesfaktoren nicht klar zu analysieren: Auch wenn ein Tier schließlich (dichteabhängig wirksamen) Parasiten zum Opfer fällt, so bleibt die Frage, ob es nicht zuvor durch (ebenfalls dichteabhängigen) Nahrungsmangel so geschwächt war, dass sich die Parasitose in solchem Maße entwickeln konnte.

Die regulatorische Funktion des dichteabhängigen Sterbens ließ sich in jüngster Zeit an einigen allbekannten Tierarten beobachten.

Beispiel Fuchs

In der Kulturlandschaft kann der Fuchs (*Vulpes vulpes*) als Nahrungsopportunist beträchtlich höhere Dichten erreichen als in menschenleeren Lebensräumen. Andererseits wurde er in früherer

Zeit aus Gründen der Niederwildhege und mehr noch wegen des damals wertvollen Balges intensiv verfolgt. Dies änderte sich in den 1950er Jahren, als die Balgpreise drastisch fielen (mehr hierüber auf S. 310 ff.). Die Fuchsdichten stiegen daraufhin großflächig an, denn die nur noch extensiv durchgeführte Bejagung konnte die Fuchspopulationen nicht mehr nennenswert beeinträchtigen. Wohl aber können die Jagdstrecken als Index für die Fuchsdichte gelten.

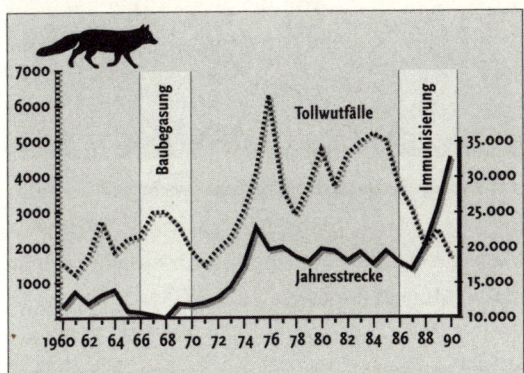

Abb. 7: Entwicklung der Fuchs-Jagdstrecken (= Weiser für die Dichte) und gemeldeter Tollwutfälle (nach DJV-Handbuch 1991): Nach dem Ende der Baubegasung stieg die Fuchsdichte steil an und wurde durch die Tollwut begrenzt. Dann wurde immunisiert und der Fuchs nahm wiederum drastisch zu (aus KALCHREUTER 1994).

Ab einer gewissen Fuchsdichte tritt die Tollwut auf und reduziert den Bestand, bis das Infektionsrisiko so gering wird, dass die Krankheit zum Erlöschen kommt. Danach baut sich die Fuchspopulation wieder auf. Wie Abb. 7 verdeutlicht, verliefen Fuchsdichte und Tollwutepidemien zwei Jahrzehnte lang in wellenförmigem Wechselspiel, das nur zweimal unterbrochen wurde:
▶ Die Baubegasung von etwa 1965–1969 verringerte durch drastische Reduktion der Nachwuchsrate die Fuchspopulationen auf Dichten, die unterhalb des für die Tollwut erforderlichen Infektionsniveaus lagen, sodass die Krankheit kaum mehr auftrat.
▶ Nachdem die Baubegasung aus tierschutzrechtlichen Gründen eingestellt werden musste, versuchte man die auch für Menschen gefährliche Virose durch Immunisierung der Füchse über großflächige Ausbringung von Impfstoffködern seit etwa 1987 auszuschalten. Die Folge waren bislang nie gekannte Fuchsdich-

Bei hoher Dichte begrenzen epidemieartige Seuchenzüge die Population beim Fuchs ...

ten. Seit 1993 sanken die bundesdeutschen Jahresstrecken nicht mehr unter eine halbe Million Füchse.

Ob durch diese „Schluckimpfung" die Tollwut dauerhaft zu eliminieren ist, wird sich zeigen. Jedenfalls trat in vielen Gebieten solcherart manipulierter Fuchsbestände als neuer Dichte regulierender Faktor eine weitere, für Füchse ebenfalls tödliche Krankheit auf, nämlich die durch *Sarcoptes*-Milben verursachte Räude. In Ländern ohne Tollwut (z. B. Schweden) hatte sie bereits deren Rolle übernommen.

Beispiel Seehund
Eine ähnliche Situation zeigte sich in jüngster Zeit in einem ganz anderen Ökosystem, nämlich dem europäischen Wattenmeer am Seehund (*Phoca vitulina*). Dieser wurde früher als Fischereischädling verfolgt, ab Mitte der 1950er Jahre nur noch im Rahmen nachhaltiger jagdlicher Nutzung erlegt, Anfang der 1970er Jahre kam auch diese zu Erliegen. Anders als beim Fuchs konnte die Bestandsentwicklung bei dieser Art durch direkte Zählungen recht genau verfolgt werden (Abb. 8 a). Nachdem die jährliche Abschöpfung des

... wie beim Seehund.

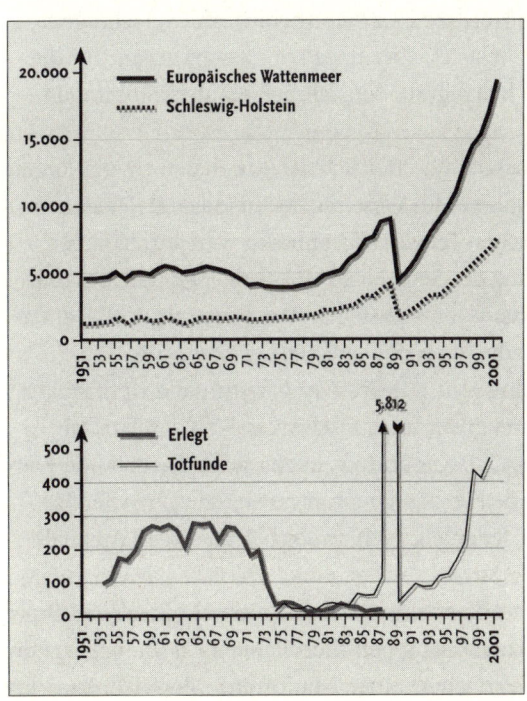

Abb. 8 a: Bestandsentwicklung der Seehunde im europäischen und schleswig-holsteinischen Wattenmeer (oben). Nach Einstellung der Seehundbejagung in Schleswig-Holstein stieg die Zahl der Totfunde drastisch an (unten; nach KALCHREUTER 1994 und ABT 2001).

Zuwachses (etwa 20% der Population) entfiel, stieg der Bestand insbesondere im Bereich Schleswig-Holstein kontinuierlich auf eine zumindest seit Jahrzehnten nicht mehr gekannte Höhe an. 1988 setzte ein Massensterben ein, das die Bestände um die Hälfte und damit wieder auf die Dichte der letzten Jahrzehnte reduzierte – auf ein Niveau also wie zur Zeit nachhaltiger Bejagung. Als Ursache hierfür erkannte man auch in diesem Fall eine epidemisch wirkende Virose, die Seehundstaupe.

Trotz der Parallelität der Erscheinungen wurde dieses „Sterben" ganz anders interpretiert als die entsprechende Situation beim Fuchs. Fast alle mit der Materie befassten Biologen (z. B. HEIDEMANN, pers. Mitt., DUNKER 1989) versuchten das Massensterben ausschließlich auf die Schadstoffbelastung der Nordsee zurückzuführen, die das Immunsystem der Tiere so beeinträchtigt und damit die Voraussetzungen für die Epidemie geschaffen habe. Dieser Erklärung ist jedoch Folgendes entgegenzuhalten:

▶ Der Lebensraum Nordsee ist zwar erheblich mit verschiedensten Schadstoffen belastet, aber negative Auswirkungen auf die Seehunde waren bislang nur hinsichtlich Hauterkrankungen nachzuweisen.
▶ Die Reproduktionsrate war offensichtlich nur in den 1970er Jahren beeinträchtigt, und zwar im Wesentlichen in Holland (DRESCHER 1979 a). Im deutschen Teil des Wattenmeers waren trotz hoher Schadstoffbelastung der Seehunde keine pathologischen Veränderungen des Organismus festzustellen (DRESCHER 1979 b). Damals wie heute lag hier die Reproduktionsrate bei über 20%.
▶ Ebenso gibt es keine plausible Erklärung, warum die Sterblichkeit – direkt oder indirekt über Immunschwäche – so rasch durch Schadstoffe drastisch zugenommen haben sollte. Denn deren Konzentration war in den letzten Jahren nicht angestiegen, wie MÜLLER (1988) betont, jedenfalls nicht in solch drastischem Ausmaß.

Viel wahrscheinlicher handelte es sich bei dieser Epidemie in erster Linie um einen dichteabhängigen Sterblichkeitsfaktor, der wie die Tollwut erst nach Erreichen einer bestimmten Populationsdichte

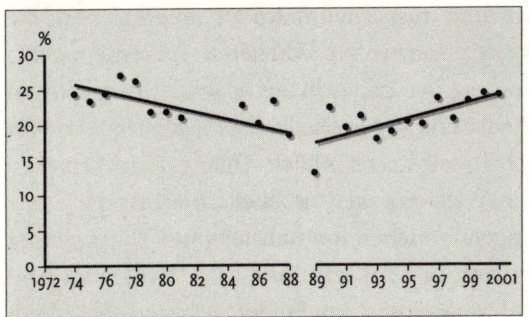

Abb. 8 b: Nachwuchsrate (Anteil Junghunde im Bestand) vor und nach dem ersten Seehundsterben im Jahre 1988. Die unterschiedlichen Trends sind statistisch signifikant (nach KALCHREUTER 1994 und ABT 2001).

wirksam werden kann und danach wieder erlischt. Dafür spricht auch der signifikant mit der Dichte korrelierte Rückgang der Nachwuchsrate (Abb. 8 b, mehr hierüber auf S. 40).

Dänische Untersuchungen (BØGEBJERG et al. 1991) scheinen dies zu bestätigen, denn sie zeigten eine enge Beziehung zwischen Populationsdichte unmittelbar vor der Epidemie und der Anzahl tot gefundener Robben. Auch begannen die Seuchenzüge jeweils an den Sandbänken, wo sich Seehunde Ende Juli zu Haarwechsel und Fortpflanzung in höheren Dichten versammeln. Für die Annahme, bei der Seuche handelte es sich lediglich um ein Dichteregulativ, spricht auch die Tatsache, dass der Bestand trotz Schadstoffbelastungen sofort wieder anstieg – ähnlich wie der Fuchsbestand nach einer Tollwutwelle. In beiden Fällen griff die Epidemie ein, bevor die Tiere ihre Nahrungsbasis ausbeuten und Opfer von Nahrungsmangel werden konnten.

Selbst bei der 1989 beobachteten ausnehmend niedrigen Fortpflanzungsrate (13%) prophezeiten die dänischen Biologen ein Populationsniveau wie vor 1988 innerhalb von fünf Jahren – und warnten vor einem Wiederausbruch der Seuche. Zu Recht, wie sich bereits andeutete; denn während die Staupe 1989 nur 10% der Seehunde forderte, war dieser Tribut 1990 schon auf das Dreifache gestiegen (ANONYMUS 1991).

Warum will man bei uns diese so offenkundigen Zusammenhänge im Falle des Seehunds nicht zur Kenntnis nehmen? Wohl in erster Linie aus naturschutztaktischen Überlegungen: Das Massenster-

ben sollte aufrütteln und anspornen, alles zu unternehmen, die Schadstoffbelastung der Nordsee zu reduzieren. Außerdem sollte die bei Berücksichtigung der Fakten nahe liegende Idee, solchen Epidemien durch Reduktion der Seehunde zu begegnen – wie im Falle des Fuchses (noch) selbstverständlich – hier gar nicht erst keimen. Zu tief sitzt die Aversion gegen „Robbenschlächterei".
So blieb es unvoreingenommenen Journalisten einer Tageszeitung („Die Zeit", Dossier vom 12.5.89), das Kind beim Namen zu nennen: „Ausbruch und Verbreitung der Epidemie hingen vor allem mit der Populationsdichte der Tiere zusammen" und „Babyrobben sterben, weil sie aus Platzmangel in ihrem eigenen Kot liegen". Und der renommierte Ökologe REMMERT (1989) kritisierte: „Bisher ist die ökosystemare und die populationsregulatorische Wirkung von Krankheitserregern und Parasiten nicht entfernt von der Ökologie in das Kalkül einbezogen oder gar verstanden worden."
Inzwischen hat der Seehundbestand, wie Abb. 8a verdeutlicht, bei ziemlich konstanten Fortpflanzungsraten um 20 % das Niveau von 1988 in Schleswig-Holstein wieder erreicht und im gesamten europäischen Wattenmeer sogar deutlich überschritten. Die Zahl tot aufgefundener Seehunde hat sich während dieser Zeit (bis 1997) fast verdreifacht. Die ein- und mehrjährigen Tiere waren davon weniger betroffen; der Tod griff zunächst vor allem in die Jungtiere ein. Untersuchungen an diesen zeigten typische Symptome hoher Populationsdichten, nämlich schlechte Kondition und Parasitenbefall mehrerer Organsysteme (ABT u. SIEBERT 1998). Auch zeigten sich bereits Anzeichen nachlassender Immunität gegen die Seehundstaupe. – Will man es wiederum ihr überlassen, die Population auf die von der Kapazität des Lebensraums vorgegebene Dichte einzuregulieren?
Diese sei noch lange nicht erreicht, argumentieren die Nationalparkämter, denn der heutige Bestand von 17.000 Seehunden sei noch weit entfernt von demjenigen um die Wende zum 20. Jahrhundert. 37.000 Tiere habe es damals gegeben – eine Zahl, die nach den Recherchen von QUEDENS (2002) nicht nur durch keinerlei Zählungen belegt ist, denn solche wurden in jener Zeit noch

gar nicht durchgeführt, – sondern bei der früheren ganzjährigen Verfolgung des Seehunds als „Fischereischädling" auch völlig illusorisch ist. Offensichtlich soll diese utopische Vorstellung nur als Argument gegen ein sinnvolles Management des Seehundbestands herhalten.

So kam, was kommen musste. Im Jahr 2002 bestätigte sich die Warnung der dänischen Biologen: Die Seehundstaupe schlug wieder zu, wenngleich (noch) nicht so spektakulär wie vor 14 Jahren. Doch die Experten befürchten das Schlimmste, auch im Hinblick auf den Erholungswert der Küsten. Mit Rücksicht auf die Mentalität der Feriengäste habe man von der notwendigen Dezimierung der Robben abgesehen, betont QUEDENS. Doch wie werden sich massenhaft angeschwemmte Kadaver und die daraus wieder resultierenden Interpretationen über den angeblich katastrophalen ökologischen Zustand der Nordsee erst auf den Fremdenverkehr auswirken?

Beispiel Feldhase

Viel schwieriger sind solche populationsdynamischen Untersuchungen an kleineren und in deckungsreichen Biotopen lebenden und folglich schwer zählbaren Arten durchzuführen. Umso bedeutsamer sind die folgenden Erkenntnisse aus gründlichen Studien an zwei bekannten Niederwildarten.

Die isolierte Hasenpopulation (*Lepus europaeus*) auf der etwa 200 ha großen Ostseeinsel Illumø bot sich als Studienobjekt für das dänische Wildforschungsinstitut in Kalø an. 13 Jahre lang bemühten sich ABILDGÅRD und sein Team, den größten Teil der dortigen Hasen zu markieren, immer wieder durch Fang zu kontrollieren und mehrfach jährlich Zähltreiben mit Hilfe von Schulklassen durchzuführen. Die Insel ist frei von Prädatoren und wird auch nicht bejagt. So waren Erkenntnisse möglich wie bei kaum einer anderen Untersuchung an dieser Tierart. Die Ergebnisse, dargestellt in Abb. 9, lassen Folgendes erkennen:

▶ Die Fortpflanzungsrate, damit die Bestandsdichte am 1. Oktober, schwankte Jahr für Jahr, wohl hauptsächlich in Abhängigkeit von den klimatischen Verhältnissen während der Setz- und Aufzuchtzeit. Die Schwankungen zeichnen sich in der unterschiedlichen Neigung und Länge der gestrichelten Linien ab. Das günstigste Jahr war (wie in ganz Mitteleuropa) 1959, das schlechteste 1970.

▶ Die Sterberate (vom 1. Oktober bis 1. April), zu ersehen aus Länge und Neigung der durchgezogenen Linien, war dagegen von der Bestandsdichte bestimmt. Stieg diese nach gutem Fortpflanzungserfolg auf über 150 Hasen im Herbst, so wurden sehr viele in den folgenden Monaten hinweggerafft. Bei weniger als 150 herbstlichen Hasen blieb die Sterblichkeit gering und die meisten erreichten das nächste Frühjahr. Am härtesten schlug der Tod 1961/62 zu, nachdem der Herbstbestand über 300 Hasen erreicht hatte. Die hohe Todesrate 1969/70 war allerdings weniger durch die Dichte, als durch den langen harten Winter bedingt.

▶ Die Hasenpopulation pendelte sich langfristig immer wieder auf eine Frühjahrsdichte von etwa 150 Hasen ein. Im Schnitt starben jährlich 46% der Population. Nur wenige verendete Hasen konnten gefunden werden, doch waren diese fast alle Opfer von Krankheiten geworden, vor allem von Kokzidiose, Trichostrongylose, Pasteurellose und anderen.

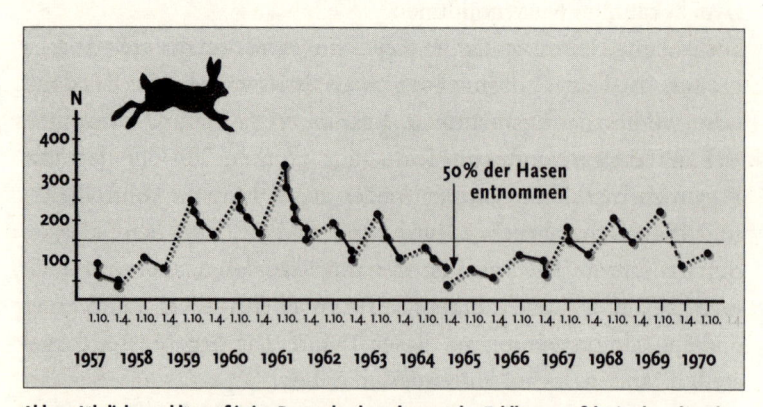

Abb. 9: Jährliche und längerfristige Bestandsschwankungen des Feldhasen auf der jagd- und prädatorenfreien dänischen Insel Illumø. Reproduktion (gestrichelt) und Mortalität halten die Population langfristig im Rahmen der Biotopkapazität. Im Frühjahr 1965 wurden 43 Hasen experimentell entnommen (aus ABILDGÅRD *et al.* 1972).

Auch in diesem Fall hatten also im Wesentlichen Krankheiten die Population in Schach gehalten, bevor diese ihre Nahrungsbasis ruinierte und damit Nahrungsmangel als begrenzender Faktor wirksam werden konnte, wie bei der folgenden Art.

Beispiel Habicht
In mehrerer Hinsicht nimmt der Habicht (*Accipiter gentilis*) eine Sonderstellung unter den Greifvögeln ein. Infolge seiner versteckten Lebensweise ist er schwieriger zu beobachten als andere Arten. Erst in jüngster Zeit brachten Untersuchungen an mit Sendern markierten Vögeln Erkenntnisse über Dichte regelnde Faktoren.
Habichtskenner waren schon früher skeptisch gegenüber der weit verbreiteten Meinung, menschliche Verfolgung wäre die Haupt-, wenn nicht gar ausschließliche Todesursache dieses in der Kulturlandschaft immer wieder Probleme verursachenden Prädatoren. Doch erst die langjährigen telemetrischen Untersuchungen von MARCSTRÖM *et al.* (1990) auf der schwedischen Insel Gotland erbrachten Aufschluss über das Schicksal derjenigen Vögel, die nicht Geflügelzüchtern oder Niederwildhegern zum Opfer fallen und deren Tod also in aller Regel gar nicht bemerkt wird.
Von 67 mit Sendern ausgestatteten Habichten kamen 36 % durch menschliche Einwirkung um. Die Mehrzahl fiel „natürlichen" Todesfaktoren zum Opfer, Unfällen und Prädation, vor allem Kannibalismus durch Artgenossen. Der häufigste natürliche Mortalitätsfaktor war mit 37 % jedoch der Hungertod. Weitere 7 % gingen an Krankheiten ein und 22 % an Hunger und Krankheit (KENWARD *et al.* 1991). Alle frischtot untersuchten verhungerten Habichte hatten nur noch das Minimalgewicht (weniger als 10 % Fettanteil).
Trotz der in diesen Fasanenrevieren relativ hohen menschlichen Eingriffe hatte die Gotland-Population also eine Dichte erreicht, die das Nahrungsangebot und damit die Biotopkapazität überstieg. Neben verringerter Fortpflanzungsrate (S. 46) wurde der Bestand durch hohe Mortalität begrenzt, der im Herbst vor allem Jungvögel, im Nahrungsengpass des zeitigen Frühjahrs aber auch zunehmend Altvögel zum Opfer fielen.

Wasservögel

Diese wenigen ausführlicheren Beispiele an sehr verschiedenartigen Wildtieren konnten im Überblick vielleicht vermitteln, auf welch unterschiedliche Weise der Tod verhindert, dass Tierbestände „in den Himmel wachsen".

Eine Vielzahl weiterer Untersuchungen (ausführliche Darstellung in KALCHREUTER 1994) ließ erkennen, in welch unterschiedlichem Maße die Sterblichkeit zur Dichteregulation beiträgt, selbst bei nahe verwandten Arten.

Gut untersucht sind in dieser Hinsicht Wasservögel (KALCHREUTER 2000). Bei Tauchenten steigt die Sterblichkeit unter den Küken schon mit steigender Dichte brütender Weibchen, bei Schwimmenten mit steigender Dichte der geschlüpften Jungen selbst. Ganz anders bei Gänsen. Bei diesen Großvögeln überleben die Jungen generell recht gut. So blieb z. B. die Sterblichkeitsrate der Gössel der auf Spitzbergen brütenden Nonnengans (*Branta leucopsis*) mit durchschnittlich etwa 17% recht konstant, obwohl sich diese (nicht bejagte) Population in nur zehn Jahren verdreifachte (OWEN 1982). Erst bei noch weiterem Anstieg forderte der Tod mit bis zu 35% höheren Tribut, vor allem unter den nun häufiger beobachteten leichtgewichtigen Jungvögeln (OWEN u. BLACK 1989). Die Biotopkapazität war offensichtlich überschritten.

Schalenwild

Beim Schalenwild zeigte sich Ähnliches: Für die in offenem Gelände lebende und daher gut zu beobachtende **Rehwild** (*Capreolus capreolus*)-Population von Czempin in Polen kalkulierte KALUZINSKI (1982) eine durchschnittliche Geburtenrate von 1,9 Kitzen pro weiblichem Tier. Davon gingen im Schnitt 56% im Laufe des ersten Lebensjahres ein. Maximalwerte von 77% und 90% traten auf, als die Populationsdichte den Durchschnittswert der 14-jährigen Untersuchungsperiode von 7 Stück/100 ha deutlich überschritten hatte. Die durchschnittliche Mortalität adulter Rehe lag bei 21%, war aber mit Maximalwerten von 35 bzw. 51% in den genannten Jahren ebenfalls dichteabhängig.

In dieser Region hatten vor allem die beiden harten Winter 1969/70 und 1978/79 die höchsten Verluste in beiden Alterskategorien verursacht, nämlich 57% der insgesamt 889 untersuchten Totfunde. 43% stammten jedoch aus den drei übrigen, klimatisch milden Jahreszeiten, mit deutlichem Höhepunkt im April. Dies deckt sich mit den Angaben des Herzog Albrecht von BAYERN (1976), wonach in der Steiermark (Österreich) ebenfalls im späten Frühjahr (und bei Böcken nochmals im Herbst) die meisten Totfunde adulter Rehe gemacht wurden. Nach WOTSCHIKOWSKI (1990) gehen im hoch gelegenen Untersuchungsgebiet Hahnebaum in Südtirol etwa zwei Drittel der Kitze im Sommer ein. Die Sterblichkeit ist dort besonders hoch bei nasskalter Witterung während und nach der Setzzeit.

Beim nahe verwandten, aber etwa doppelt so großen **Weißwedelhirsch** (*Odocoileus virginianus*) Nordamerikas fanden DUSEK et al. (1989) deutlich niedrigere Sterblichkeitsraten bei Kitzen (10–48%) und adulten Tieren (5–11%). Allerdings war diese Population in Montana stärker bejagt als die Rehwildpopulation von Czempin. Auffallend war dennoch die Konzentration der Dichte regelnden Mortalität auf die ersten Lebensmonate der Kitze.

Beim noch wesentlich größeren **Wapiti** (*Cervus elaphus*) waren hiervon offensichtlich nur die weiblichen Kälber betroffen, fanden SAUER und BOYCE (1983) in ihrem Untersuchungsgebiet in Wyoming (USA). Deren Mortalitätsraten stiegen, ähnlich wie beim Weißwedelhirsch, mit der Dichte der adulten Kühe. Bei anderen Populationen dieser Art war keine deutliche Abhängigkeit der Todesraten von der Dichte zu erkennen. Sie wurden eher unregelmäßig durch harte Winter dezimiert, wobei natürlich indirekt die Dichte ebenfalls eine verstärkende oder vermindernde Rolle gespielt haben dürfte.

Diese Untersuchungen an nahe verwandten Säugetier- und Vogelarten lassen erkennen:

- Die Bedeutung der Sterblichkeit zur Regulierung der Bestandsdichte nimmt mit steigender Körpergröße ab. Je größer die Art, desto mehr konzentriert sich dichteabhängige Sterblichkeit auf die Jungtiere.

Bestandsdichte und Fortpflanzungsrate

Wie aber sorgen die größeren Arten dafür, dass ihre Anzahl das Fassungsvermögen ihrer Lebensräume nicht überschreitet? Sie tun es, natürlich unbewusst, sehr frühzeitig, indem sie mit steigender Dichte ihre Fortpflanzungsrate drosseln, sodass es gar nicht zu einer Sterblichkeit größeren Ausmaßes kommen muss. Das ist über die Flexibilität einiger für den Fortpflanzungserfolg entscheidender Parameter möglich. Diese haben bei den einzelnen Arten unterschiedliche Bedeutung, wie die folgenden Beispiele zeigen.

Säugetiere
Geschlechtsreife
Größere, langlebige Arten werden relativ spät geschlechtsreif. Dieser Parameter ist aber nicht konstant, sondern hängt von der Konstitution des Tieres ab. So beteiligen sich **Walrosse** (*Odobenus rosmarus*) erst an der Fortpflanzung, wenn sie mindestens 85% des erreichbaren Körpergewichts erlangt haben. Die Wachstumsgeschwindigkeit ist jedoch in erster Linie vom Nahrungsangebot abhängig, und dieses wird mit steigender Bestandsdichte knapper. Bei einer noch geringen Dichte von 100.000 Exemplaren in den 1960er Jahren waren die Walrosse in der Beringsee Alaskas schon mit fünf Jahren geschlechtsreif (FAY *et al.* 1990). Dies führte zu Geburtenraten von 40% und einem raschen Bestandswachstum auf 240.000 Individuen in den 1980er Jahren. Bei dieser Dichte nun erreichten die Walrosse erst mit acht Jahren ihre Geschlechtsreife, der Anteil der Kälber nahm folglich beträchtlich ab, der der Früh- und Totgeburten dagegen zu.
Ähnliches war ja bei den **Seehunden** im schleswig-holsteinischen Wattenmeer zu beobachten, wie auf S. 33 bereits angedeutet. Relativ hoch waren die Fortpflanzungsraten nur Anfang der 1970er Jahre bei noch geringen Seehundbeständen, danach sanken sie mit steigender Dichte (Abb. 8 b, S. 33). Die negative Beziehung der Reproduktion zur Populationsdichte ist signifikant (bei 5% Irrtumswahrscheinlichkeit). Wie bereits erwähnt, ist folglich die all-

mählich sinkende Nachwuchsrate der Seehunde viel einfacher durch die seit den 1950er Jahren auf das Dreifache gestiegenen Bestände zu erklären, als durch steigende Meeresverschmutzung, wie dies immer wieder versucht wird, obwohl es dafür keine konkreten Anhaltspunkte gibt.

Bei Landsäugetieren scheint die Dichteregulation auf dieselbe Weise zu funktionieren, wie BAUERS (1987) Recherchen an verschiedenen **Gamswild**beständen (*Rupicapra rupicapra*) zeigten. In alt etablierten Populationen der Alpen setzen Gamsgeißen in aller Regel erst im Alter von dreieinhalb bis viereinhalb Jahren; eine gelegentlich beobachtete frühere Geschlechtsreife galt als Kuriosum. Inzwischen zeigte sich aber, vor allem bei Neuansiedlungen – bei Beständen mit noch geringer Dichte und entsprechend guter Konstitution der Tiere also –, dass ein großer Teil der eineinhalbjährigen Geißen, in Neuseeland zwischen 40 bis 100 %, zum ersten Mal setzten. In einem auch klimatisch sehr günstigen neuseeländischen Gebiet wurden gar einzelne Kitze im Alter von sechs Monaten geschlechtsreif, und zwar beiderlei Geschlechts. Dies setzte allerdings ein sehr rasches Jugendwachstum, also hohes Nahrungsangebot voraus, das in der Regel nur bei geringer Populationsdichte gegeben ist.

Jungenzahl

Bei **Rehen** ist der Zeitpunkt der Fortpflanzungsreife weit weniger flexibel, denn fast alle Geißen setzen erstmals im Alter von zwei Jahren, in seltenen Fällen werden sie schon als Kitze im Alter von sechs Monaten geschlechtsreif (KALCHREUTER 1977, ELLENBERG 1978, MACKRODT 1987).

Anders als bei Gämsen, die stets nur einen Embryo entwickeln (BAUER, pers. Mitt.) liegt hier die Flexibilität in der *Jungenzahl* pro Geburt. Nach STRANDGAARD (1972) und ELLENBERG (1978) variiert die Anzahl der Gelbkörper (als Merkmal einer Embryonalentwicklung) pro Geiß erheblich, im Schnitt von weniger als 0,5 bis zu 2,5. ELLENBERG wie auch KURT (1991) fanden dabei eine enge Beziehung zum Körpergewicht der Tiere, worin sich allerdings wiederum geringe Bestandsdichten bzw. eine hohe Qualität des Lebensraums widerspiegeln könnten. Jedenfalls wurden die höchsten durchschnittlichen Gelbkörperraten bei schwedischen Rehen gefunden, bei einigen Geißen vier und in einem norwegischen Fall gar fünf Embryonen. Auch aus Mitteleuropa gibt es einzelne in der Jagdpresse veröffentlichte Beobachtungen von Rehgeißen, die vier Kitze führten.

- Infolge der generell früheren Geschlechtsreife und der höheren möglichen Kitzzahl pro Geiß hat Rehwild ein bedeutend höheres Vermehrungspotenzial als Gamswild.

Die Abhängigkeit des „Zuwachses", also der Fortpflanzungsrate bezogen auf die am 1. April lebende Zahl weiblicher Tiere, von der Dichte konnte UECKERMANN in einem 75 ha großen Gatterrevier beobachten. Abb. 10 verdeutlicht die umgekehrte Beziehung von Wilddichte und Nachwuchsrate.

Diese Erkenntnisse konnten die bekannten dänischen Rehwildforscher ANDERSEN und STRANDGAARD auf zwei unterschiedlichen Flächen bestätigen (STRANDGAARD 1972, 1990). Die Umgebung des 850 ha großen Untersuchungsgebiets Kalø wurde stark bejagt, die Bestandsdichte hielt sich daher in Grenzen und die Fortpflanzungsrate war mit 1,8 Kitzen pro weiblichem Tier relativ hoch. 43 % des zu Forschungszwecken durchgeführten Totalabschusses der Population bestand aus Kitzen.

Abb. 10: Negative Korrelation von Bestandsdichte und Nachwuchsrate beim Reh in einem abgeschlossenen Areal von 75 ha (nach UECKERMANN in RAESFELD et al. 1977)

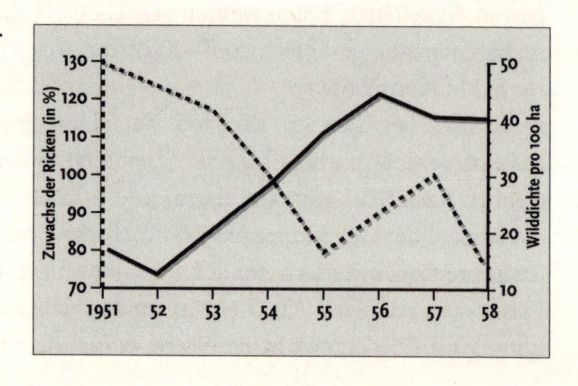

Rehwild hat ein bemerkenswert hohes Fortpflanzungspotenzial ...

... dies gilt noch viel mehr für das Schwarzwild.

Demgegenüber zeigte die Population eines 760 ha großen Gatters alle Anzeichen hoher Dichte. Nur 30% der erlegten Tiere waren Kitze, die über eineinhalbjährigen Geißen hatten im Schnitt nur 1,6 Gelbkörper im Uterus, führten nach offensichtlich höherer Kitzsterblichkeit jedoch nur 0,9 Kitze, und einige hatten sich gar nicht an der Fortpflanzung beteiligt. Schwache Konstitution und beträchtliche Verluste in vorhergehenden Wintern waren ebenfalls bezeichnend für diese unter Dichtestress lebende Population.

Anzahl Würfe
Eine noch größere Flexibilität hinsichtlich der Jungenzahl ist beim **Schwarzwild** (*Sus scrofa*) zu beobachten. Dessen enorme Zunahme vor allem während der letzten Jahre ist einerseits durch frühere Geschlechtsreife, andererseits aber auch dadurch bedingt, dass Bachen zweimal pro Jahr „frischen" können. MEYNHARDT (1982) konnte diesen Umstand während seiner achtjährigen gründlichen Untersuchungen offensichtlich (noch) nicht beobachten, denn er erwähnte eine zweite Reproduktion im selben Jahr nur von Bachen, die ihre Frischlinge allesamt frühzeitig verloren hatten – entsprechend den Ersatz- oder Nachgelegen bei Vögeln. Demgegenüber mehren sich in jüngster Zeit Hinweise auf eine zweimalige erfolgreiche Fortpflanzung pro Jahr (z. B. v. HARLING 1989, KUJAWSKI 1992): Bachen wurden beobachtet, die Frischlinge in zwei Alterskategorien gleichzeitig führten. Mehrfache eindeutige Nachweise gelangen inzwischen im 4.000 ha großen Schwarzwildgatter Stamham bei Ingolstadt, wo ERL im Auftrag Herzog Albrechts von BAYERN langjährige Untersuchungen durchführte.
Seit über einem Jahrzehnt ist die Fortpflanzungsrate des Schwarzwildes weiter drastisch gestiegen. Fast das ganze Jahr über sind nun führende Bachen zu beobachten, darunter gelegentlich selbst führende Frischlingsbachen. Eine Reihe milder Winter mit entsprechend geringer Jungensterblichkeit war hierfür verantwortlich, andererseits aber auch ein beträchtlich gestiegenes Nahrungsangebot. Nach den Untersuchungen von FEICHTNER (1998) im Saarland trägt hierzu heute weniger der immer wieder zitierte Maisanbau bei, denn der ist seit den 1980er Jahren eher rückläufig. Entscheidender sind wohl die sich zunehmend häufenden „Sprengmasten". In solchen Jahren hoher Produktion von Eicheln und Bucheckern ist den Sauen der Tisch in Laub- und Mischwäldern reich gedeckt. Andernorts trugen freilich auch übermäßige Kirrungen (Futtergaben zur effizienteren Bejagung) dazu bei, Nahrungsengpässe zu vermeiden.
Das jüngste Verhalten des Schwarzwildes erinnert somit an kleinere Säugerarten, die mehrmals jährlich setzen bzw. werfen. Somit

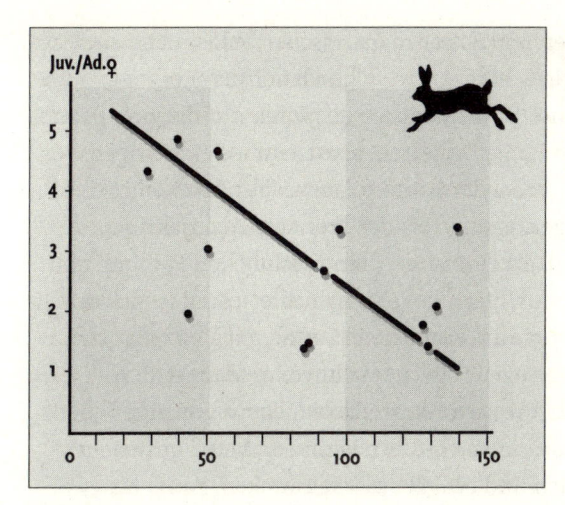

Abb. 11: Negative Korrelation der durchschnittlichen Jungenzahl je Weibchen mit der Feldhasendichte auf der dänischen Insel Illumø (nach ABILDGÅRD et al., 1972).

kann nicht nur die Gesamtzahl von Jungen, sondern auch die *Zahl der Würfe* variieren.

Nach den Untersuchungen von PIELOWSKI (1987 a) in Polen setzen Feldhäsinnen drei- oder viermal jährlich. Hierfür sind wohl nicht nur klimatische Bedingungen, sondern offensichtlich auch die Populationsdichten entscheidend. Dies ließen wiederum die geschilderten Untersuchungsergebnisse auf der dänischen Insel Illumø erkennen, die Abb. 11 veranschaulicht: Die höchste Jungenzahl pro Weibchen im Herbst fand sich nach der geringsten Weibchendichte im vorangegangenen Frühjahr und umgekehrt.

Vögel
Ähnlich wie Säugetiere passen Vögel ihre Reproduktionsraten der jeweiligen Bestandsdichte an.

Brutreife und Gelegegröße
Betrachten wir unter diesem Aspekt nochmals den **Habicht**. Bei dieser Art lässt sich die Flexibilität von *Geschlechts-* bzw. *Fortpflanzungsreife* insofern gut beobachten, als ein- und mehrjährige Vögel unterschiedlich gefärbt sind. MARCSTRÖM et al. (1990) kamen auf

Grund jahrelanger populationsdynamischer Feldstudien und zusätzlicher Literaturrecherchen zu folgenden Erkenntnissen:
- In Gebieten hoher Habichtsdichte schreiten nur die grau gefärbten, unterseits quer gebänderten, also mehr als einjährigen Vögel zur Brut, wobei der Bruterfolg zweijähriger Weibchen meist deutlich geringer ist, als der drei- und mehrjähriger.
- Einjährige Vögel, erkennbar an ihrer bräunlichen Färbung und längsgebänderten Unterseite („Rothabichte"), sind jedoch durchaus geschlechtsreif und können sich erfolgreich fortpflanzen, wo sie infolge geringer Habichtsdichte bzw. Mangel an Altvögeln wenig Nahrungskonkurrenz und damit günstige Lebensbedingungen vorfinden. Insofern kann der Anteil brütender Jungvögel zeitlich und örtlich stark schwanken, von 0 bis 35 % (LINK 1986, MARCSTRÖM et al. 1990). Beobachtet wurden dabei brütende einjährige Weibchen. Ob sich auch einjährige Terzel schon an der Fortpflanzung beteiligen können, ist dagegen noch ungewiss (MARCSTRÖM et al. 1990).

Ebenso flexibel ist diese Art hinsichtlich ihrer *Jungenzahl*. Bei den aus Ringfunden ermittelten *durchschnittlichen Sterblichkeitsraten* (KALCHREUTER 1980) wären nur 1,6 bis 2,5 Junge pro Paar erforderlich, um die Population stabil zu erhalten. GLUTZ et al. (1971) geben dagegen eine durchschnittliche Gelegegröße von 3,5 Eiern an. Bekannt sind aber auch Fälle von vier und gar fünf flüggen Jungen pro Horst (RUST 1977, SPERBER 1970). Nur auf Grund dieser beachtlichen Fortpflanzungsleistung, die höher liegt als die aller anderen Greifvögel, war die rasche Ausbreitung des Habichts in den späten 1970er Jahren möglich.

In dieser Hinsicht sehr gut erforscht sind auch die **Entenvögel** (ausführliche Darstellung in KALCHREUTER 2000). Die einzelnen Artengruppen passen sich dabei auf unterschiedliche Weise dem verfügbaren Lebensraum an.

Vor allem bei **Schwimmenten** variiert die Eizahl pro Gelege stark. Bei den von FOG (1965) untersuchten stark bejagten dänischen Stockenten enthielten weit mehr als die Hälfte der Nester zehn und

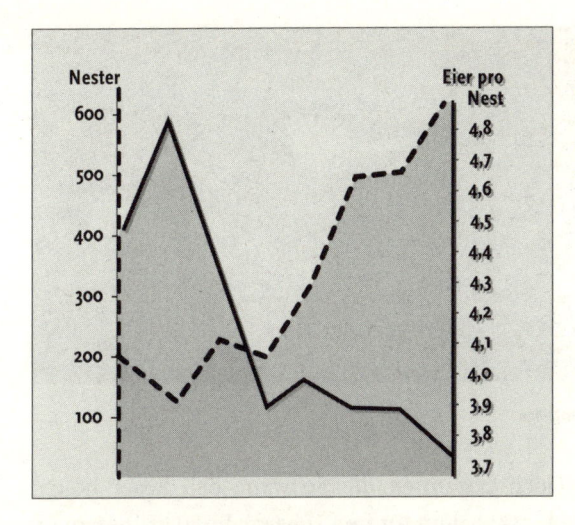

Abb. 12: Mit steigender Zahl der Eiderentennester auf der dänischen Insel Hov Røn ging die Eizahl pro Nest zurück (nach FOG 1973).

mehr Eier, durchschnittlich 9,6 pro Nest, und pro Entenmutter wurden im Schnitt zwischen 5,0 und 7,5 Jungenten flügge – also beträchtlich mehr als in anderen untersuchten Gebieten mit geringerem Jagddruck (KALCHREUTER 2000).

Tauch- und in gewissem Maße auch **Meeresenten** haben kleinere und konstantere Gelegegrößen. Doch zeigte sich auch bei den rasch zunehmenden Eiderenten auf der dänischen Insel Hov Røn ein kontinuierlicher Rückgang der Eizahl pro Gelege, als die Brutdichte 300 Nester überstiegen hatte (Abb. 12). Größere Gelege waren nur bei geringer Nestdichte zu beobachten.

Die Eizahlen pro Gelege der körperlich noch größeren **Gänse** und **Schwäne** sind kleiner als die der Enten und unabhängig von der Dichte ziemlich konstant. Diese Vögel passen ihre Nachwuchsrate dem verfügbaren Lebensraum fast ausschließlich über die *Brutreife* an. Dies scheint so gut zu funktionieren, dass es fast keiner weiteren Regulation über dichteabhängige Sterblichkeit mehr bedarf, jedenfalls nicht mehr nach dem ersten Lebensjahr.

So lag die durchschnittliche jährliche Sterblichkeitsrate der von ANDERSEN-HARILD (1981) zwölf Jahre lang untersuchten dänischen Höckerschwäne (*Cygnus olor*) ziemlich konstant bei 13%, obwohl die Population in diesem Zeitraum von 750 auf 2.800 Paare zuge-

Forschungsobjekt Nonnengänse

nommen hatte. Doch begannen die Schwäne bei dieser hohen Dichte in der Regel erst ab dem fünften Lebensjahr zu brüten, manche noch später, und einige hatten gar keine Nachkommen mehr. Ähnliches zeigte sich bei den bereits erwähnten Nonnengänsen von Spitzbergen. In den Scharen, die in steigender Zahl in Westeuropa überwinterten, ging zunächst der *Anteil* der Jungvögel kontinuierlich zurück. Als jene sich ab etwa 1980 auf hohem Niveau stabilisiert hatten, nahm auch die *Gesamtzahl* der im Herbst ankommenden Junggänse ab (Abb. 13). Möglicherweise kam es zu Jungensterblichkeit bereits im Brutgebiet, also in sehr frühem Stadium, oder es schritten nur noch wenige Altvögel zur Brut.

Abb. 13: Trotz Zunahme potenzieller Brutvögel ging die Gesamtzahl der im Herbst mitgeführten jungen Nonnengänse zurück (1977, 79 und 81 war der Bruterfolg infolge ungünstiger Witterung minimal). Ein typisches Beispiel für (unbewusste) Bestandskontrolle (nach OWEN 1984).

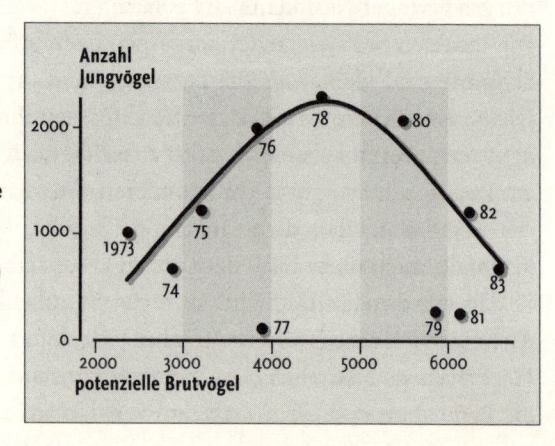

Letzteres beobachteten CABOT und WEST (1982) an der grönländischen Population der Nonnengans, die z. T. in Irland überwintert und sich in 17 Jahren mehr als verdoppelt hat. Sie bestand dann jedoch im Schnitt nur noch zu 6,5% aus Jungvögeln, und deren Eltern machten nur 6,8% der winterlichen Gänsescharen aus! Die übrigen knapp 87% der geschlechtsreifen Vögel brüteten nicht mehr, denn die geeigneten Nistplätze in den steilen Felsen entlang der Küste waren durch die älteren Gänse besetzt. Über individuelle Markierung mittels farbiger Beinringe war zu ermitteln, dass nur noch über vier Jahre alte Gänse zur Brut schritten, während die jüngeren auf eine frei werdende Brutnische warten müssen. Die Dichteregulierung geschieht also hier ausschließlich über die *Brutreife*.

Territoriale Aggressivität
Schwäne und Gänse reagieren also auf höhere Dichten in einer Art und Weise, die weitgehend den Vorstellungen von menschlicher Bevölkerungspolitik durch Geburtenkontrolle in dicht besiedelten Ländern entspricht. Zum frühestmöglichen Zeitpunkt wird hier die Bestandsentwicklung der Biotopkapazität angepasst, nämlich schon, *bevor* sich der Nachwuchs eingestellt hat oder unmittelbar danach. Gesteuert wird das über unbewusste Verhaltensmechanismen dieser hoch stehenden Vögel, die bei höherer Dichte jüngere Artgenossen von der Fortpflanzung ausschließen oder durch erhöhte Aggressivität deren Bruterfolg stark beeinträchtigen, wie dies z. B. EWASCHUK und BOAG (1972) bei der Kanadagans beobachteten.

Noch ausgeprägter wirkt sich dichteabhängige Aggressivität bei hoch stehenden Prädatoren auf die Drosselung der Nachwuchsrate aus. Dies war besonders gut am **Steinadler** (*Aquila chrysaetos*) im Alpenraum zu beobachten. Dessen Bestände hatten seit der um die Mitte dieses Jahrhunderts nachlassenden und schließlich gesetzlich verbotenen Verfolgung kontinuierlich zugenommen, sodass alle geeigneten Reviere der Alpen besetzt sind (FENTZLOFF 1990; HALLER 1982, 1988). Nur die älteren Paare schreiten noch zur Brut. Im Gegensatz zu Gänsen halten sich die Nichtbrüter jedoch nicht gesellig abseits der Brutareale auf; vielmehr vagabundieren die zwar meist schon geschlechtsreifen, aber jüngeren Adler bei hoher Brutdichte zwangsläufig immer wieder durch die Reviere der Brutvögel. Dadurch lösen sie bei diesen Aggressionen aus, die sich auf zweierlei Weise auf den Fortpflanzungserfolg auswirken:

▶ Ist der Revier besitzende Terzel häufiger mit der Ausweisung solcher Eindringlinge befasst, so scheint dies Balzstimmung und Kopulationsbereitschaft zu beeinträchtigen, was unbefruchtete Gelege zur Folge hat.

▶ Selbst brütende Weibchen beteiligen sich an solchen Aggressionsflügen, ohne Rücksicht auf das dann der Unterkühlung ausgesetzte Gelege. In einem diesbezüglichen Experiment mit ausgelassenen Beizadlern blieben die Eier bis zu 35 Minuten unbedeckt (FENTZLOFF 1990). Ihr Überleben und damit die Schlüpfrate hängen also überwiegend von der Häufigkeit territorialer Auseinandersetzungen ab.

Die Effizienz dieser „Geburtenkontrolle" bei Spitzenregulatoren zeichnete sich in den Schweizer Beobachtungsrevieren deutlich ab. Lag die Fortpflanzungsrate der Steinadler zu Zeiten menschlicher Verfolgung bei 0,8 – 1,0 Jungen pro Paar jährlich, so sank sie mit steigender Dichte auf heute 0,35 Junge ab, auf weniger als die Hälfte also. Der „alarmierend" geringe heutige Bruterfolg, der bayerische Vogelschützer so besorgt (z. B. PIEPER 2001), ist also nichts anderes als ein natürliches Dichteregulativ, eine Anpassung an das begrenzte Nahrungsangebot, nachdem die alpine Adlerpopulation die Grenzen ihrer Biotopkapazität erreicht hat.

Arteigener Nestraub
Eine bemerkenswerte Art der Dichteregulierung haben die ebenfalls hoch stehenden bzw. „intelligenten" **Rabenvögel** entwickelt. Eier und Jungvögel können ohnehin einen erheblichen Teil des Nahrungsspektrums im Frühjahr ausmachen (mehr hierüber auf S. 353 ff.). Unter Umständen plündern sie jedoch auch die Nester der eigenen Art. Dieser intraspezifische Nestraub wurde mehrfach

bei der Rabenkrähe (*Corvus corone*) bzw. deren Farbvariante, der Nebelkrähe (*Corvus c. cornix*) beobachtet (Zus.-f. in KALCHREUTER 2001). WITTENBERG (1968) erkannte während seiner langfristigen Untersuchungen in Niedersachsen, wie insbesondere in Gebieten hoher Dichte die noch nicht brütenden und gesellig in Trupps lebenden Jungkrähen jede Chance nutzten, eventuell unbeaufsichtigte Nester der älteren Krähen zu plündern. Eier und nackte Jungvögel wurden gleichermaßen als Nahrung betrachtet, während schon das erste Federkleid die Küken vor dem Raub schützte, da sie dann wie Krähen aussehen.

Es handelt sich hier also nicht um Kannibalismus, wie bei anderen Prädatoren (z. B. Habicht oder Eisbär, KALCHREUTER 1994 a), sondern lediglich um die Nutzung einer – zufällig arteigenen – Nahrungsressource. Der Dichte regelnde Effekt kann jedoch ebenso beachtlich sein wie bei anderen Arten, deren Nester Rabenvögel systematisch suchen gelernt haben (CROZE 1970). In einem Gebiet wurden im Schnitt von fünf Jahren 70%, in einem anderen gar 91% der Krähenbruten durch nicht brütende Artgenossen zerstört. Der durchschnittliche Bruterfolg sank dadurch auf 1,2 flügge Vögel pro Brutpaar ab, und WITTENBERG bezweifelte zu Recht, ob sich Krähenpopulationen bei solch geringer Nachwuchsrate halten könnten (vgl. hierzu KALCHREUTER 1971). Intraspezifischen Nestraub beobachtete GOODWIN (1951, 1956) auch bei einem anderen Rabenvogel, dem Eichelhäher (*Garrulus glandarius*).

Eher als Kannibalismus zu betrachten sind dagegen die Aggressionen von **Möwen** und **Seeschwalben** (*Lariden*), die in dichten Kolonien brüten. In diesen sind die Küken zwar sicherer vor artfremden Prädatoren, doch steigt mit zunehmender Nestdichte die Aggressivität der Brutpaare gegen fremde Küken, die durch Picken verletzt, geschwächt oder getötet werden können (Zus.-f. in BECKER u. FINCK 1986).

Anzahl Jahresbruten

Größere Vogelarten regulieren ihre Fortpflanzungsrate also fast ausschließlich über Brutreife und Gelegegröße, kaum aber über die

Zahl der Jahresbruten. In den gemäßigten Klimazonen brüten sie nur einmal erfolgreich pro Jahr. Nach Verlust des Geleges kommt es zwar in aller Regel zu Nachgelegen – bei Enten sogar mehrfach nacheinander –, sofern die Bebrütung noch nicht zu weit fortgeschritten war. Aber selbst bei diesen gut erforschten Wasservögeln wurde meines Wissens noch nie eine echte Zweitbrut nachgewiesen, d. h. ein zweiter Brutversuch nach einer erfolgreichen ersten Brut. Kleinvögel, also vor allem **Singvögel**, haben eine andere Strategie entwickelt. Sie brüten wohl durchweg schon im ersten Lebensjahr, ihre Gelege enthalten jedoch kaum mehr als fünf Eier. Dafür sind sie in der Lage, mehrmals im Jahr erfolgreich zu brüten. Bis zu dreimal Feldlerche (*Alauda arvensis*) oder Singdrossel (*Turdus philomelos*), und beim kleineren Rotkehlchen (*Erithacus rubecula*) wurden gar bis zu vier Jahresbruten festgestellt (v. BLOTZHEIM u. BAUER 1988). Sie erreichen auf diese Weise die für kleinere Arten typischen hohen Nachwuchsraten.

Bei mittelgroßen Arten ist diese Strategie selten, doch gibt es mehrere Hinweise auf dieses Fortpflanzungsschema bei einer in ihrem gesamten Verbreitungsgebiet jagdlich relevanten Art, nämlich der **Waldschnepfe**. Ihr Gelege besteht wie das aller Watvögel ziemlich konstant aus vier Eiern. Einige frühere Beobachtungen deuten zwar darauf hin, dass die Vögel zweimal erfolgreich brüten können; doch ist es bei der versteckten Lebensweise dieser Art bisher nicht gelungen, exakt, also z. B. über Telemetrie, nachzuweisen, dass es sich jeweils um dasselbe Weibchen gehandelt hat.

Andererseits lassen die lange Balzzeit von April bis Mitte Juli, die in vielen Gebieten zwei ausgeprägte Intensitätsgipfel zeigt, wie auch die beiden Altersstufen der (z. B. in Russland) zur Beringung gefangenen Jungen darauf schließen, dass zumindest regional ein beträchtlicher Anteil der Waldschnepfen zweimal jährlich erfolgreich brüten dürfte (FOKIN u. BLOKHIN 2000; KALCHREUTER 1979, 1994 a, 2001 a). Anders wären auch die hohen Verluste der weit ziehenden Populationen nicht zu kompensieren, wie entsprechende Kalkulationen von CLAUSAGER (1974) und KALCHREUTER (1979) zeigten. Sicherlich spielt die Brutdichte, damit das verfügbare Nahrungsangebot, eine entscheidende Rolle, in welchem Maße die Schnepfen ein- oder zweimal brüten.

Unbestritten sind die Verhältnisse dagegen bei den **Tauben**. Ihre Gelege bestehen generell nur aus zwei Eiern, unabhängig von Populationsdichte bzw. Nahrungsangebot – dies könnte durch die Ernährung der Küken mit der Kropfmilch beider Altvögel erklärt werden. Insofern können diese Vögel nur durch die Zahl von Jahresbruten ihre Fortpflanzungsrate ihren jeweiligen Umweltbedingungen anpassen. Lack (1966) beobachtete bei der Ringeltaube (*Columba palumbus*) in England zwei Gipfel der Brutaktivität in bemerkenswerter zeitlicher Anpassung an das saisonale Nahrungsangebot auf landwirtschaftlichen Produktionsflächen. – Die heutige Verbreitung und Häufigkeit dieser Art wie auch die geradezu explosionsartige Ausbreitung der Türkentaube (*Streptopelia decaocto*) über ganz Europa in nur wenigen Jahrzehnten beweist die Erfolgschancen der Regulation der Fortpflanzungsrate über die Zahl von Jahresbruten.

Werden und Vergehen im Wechsel

Wie rasch sich Sterblichkeit und Fortpflanzungsrate in Abhängigkeit von der Dichte ändern können, zeigt sich besonders eindrucksvoll, wenn eine Tierart einen Lebensraum neu besiedelt. Daher sei abschließend zu dieser Thematik das inzwischen klassische Beispiel der **Fasanen** (*Phasianus colchicus*) von *Protection Island* im Staat Washington, USA, geschildert, denn hier konnte Dasmann (1964) die Verhältnisse von Anfang an dokumentieren.

1937 setzte man auf dieser Insel erstmalig 36 Fasanen aus. Das Klima war günstig, tierische Räuber gab es kaum. So war die Sterblichkeit zunächst gering, und der Bestand stieg entsprechend der hohen Fortpflanzungsrate steil an, vergleichbar der exponentiellen Wachstumskurve von Abb. 14. Schon nach vier Jahren lebten dort 1.600 Fasanen. Dann aber ließ der Zuwachs immer mehr nach, bis er bei einem Bestand von 2.000 Stück ganz zum Stillstand kam. Die Population hatte sich stabilisiert und auf eine bestimmte Dichte eingependelt. Unter der Wirkung zunehmender Populationsdichte stieg die Sterblichkeit an, und die Fortpflanzungsrate sank entsprechend ab. Das Wachstum folgte nun einer logistischen Funktion, einer S-Kurve.

Abb. 14: Bestandsentwicklung der Fasanen auf Protection Island (USA) – ein klassisches Beispiel für die Besiedlung neuer Lebensräume: zunächst exponentielles, dann zunehmend retardierendes Wachstum (nach Dasmann 1964)

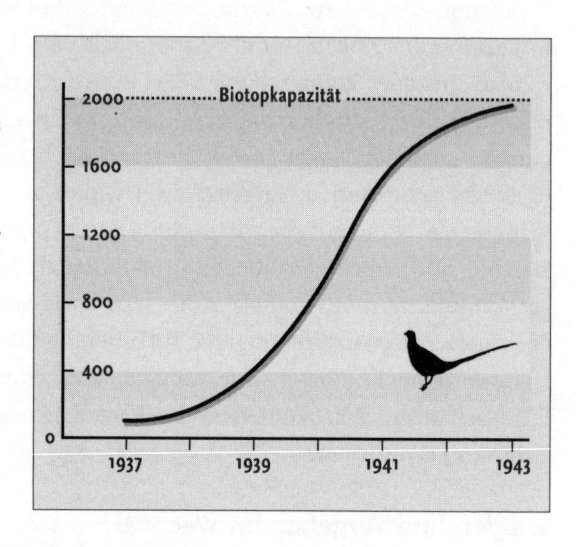

Nach diesem Schema verlaufen Neubesiedlungen von Lebensräumen generell. Über deren Geschwindigkeit, also über die Steilheit der Kurve, entscheidet in erster Linie das Fortpflanzungspotenzial der betreffenden Art. Die Kapazität oder das Fassungsvermögen des Biotops gibt dagegen die Höhe des Endbestands vor.

Diese Erkenntnis veranlasste den Klassiker der amerikanischen Wildbiologie, Aldo LEOPOLD (1961), die expandierende Tierpopulation mit einer Stahlfeder zu vergleichen, die ständig gegen den Widerstand der begrenzten Biotopkapazität drückt, um diese jeweils möglichst auszunützen.

■ Tierpopulationen regulieren sich also letztlich von selbst, infolge des dichteabhängigen Charakters der beiden entscheidenden populationsdynamischen Parameter Sterblichkeit und Fortpflanzungsrate.

Überlebensstrategien

Höhere Wirbeltiere, somit auch die jagdlich relevanten Säugetiere und Vögel, haben also sehr unterschiedliche Strategien entwickelt, um einerseits ihre Dichten zu begrenzen und andererseits ihre Lebensräume voll auszunützen. Der Ökologe (z. B. REMMERT 1978) unterscheidet daher zwei Extreme:

▶ Vermehrungs- oder **r-Strategen** (r vom englischen *reproduction*): Dies sind körperlich meist kleinere Arten mit hohen Fortpflanzungs- und entsprechenden Sterblichkeitsraten. Sie sind zwar kurzlebig, aber andererseits in der Lage, die wechselnde Kapazität von instabilen Lebensräumen jeweils rasch auszunützen. Der Fortpflanzungsleistung kommt die größte Bedeutung zu, man spricht daher von *r-selektierten* Arten.

▶ Demgegenüber handelt es sich bei Anpassungs- oder **K-Strategen** (an die Kapazität des Lebensraums angepasst) um körperlich größere Arten. In ihren eher stabilen Lebensräumen kommen sie mit geringer Fortpflanzungsleistung aus. Im Idealfall sind Nachwuchs- und Sterberate im Gleichgewicht und der Kapazität der Umwelt angepasst. Um dies zu erreichen, wird die Fortpflanzungsrate reduziert, um höherer Sterblichkeit vorzubeugen. Diese Arten sind *K-selektiert*, also meist langlebig.

Soweit die beiden Extreme, um das System zu verdeutlichen, in das sich die einzelnen Arten einordnen lassen. Natürlich gibt es dabei viele nicht klar einzustufende Übergänge. Andererseits zeigen sich extreme Strategien auch bei nahe verwandten Arten, wie das Beispiel der **Wasservögel** zeigt (ausführliche Darstellung in KALCHREUTER 2000):

Typische *r-Strategen* sind die meisten **Schwimmenten**. Ihre Lebensräume, nämlich flache Gewässer, sind eher instabil, denn sie werden überschwemmt oder trocknen aus. Eine hohe Eizahl und frühe Brutreife verschaffen ihnen jedoch die notwendige Nachkommenschaft, um einerseits günstige Situationen rasch optimal auszunutzen und andererseits eine hohe Sterblichkeit bei widrigen Biotopverhältnissen zu verkraften.

Zu den *K-selektionierten* Arten dürften die meisten **Tauchenten** zu rechnen sein, noch mehr jedoch die **Meeresenten**, die **Gänse**, **Schwäne** und **Taucher**. Ihre Biotope, die tieferen Binnengewässer und Küsten, sind recht stabil, bieten also einer konstanteren Anzahl von Vögeln Lebensraum, zumal sie im Winter weniger oder gar nicht zufrieren und im Sommer nicht austrocknen. Diese Arten können sich daher mit einer geringeren Nachkommenschaft behaupten bzw. es sich leisten, weniger Eier zu legen und erst im höheren Alter zu brüten. Die grönländische Nonnengans (*Branta leucopsis*) verkörpert beispielhaft den typischen *K-Strategen*, dessen Bestand langfristig durch die Kapazität des Biotops, und zwar über das Angebot von geeigneten Nistfelsen begrenzt wird (S. 49). Die ausgeprägte Lernfähigkeit befähigt diese Arten, Verluste weiter zu vermindern, was wiederum zu einer höheren Lebenserwartung führt.

Der Übergang zwischen typischen *r-* und *K-Strategen* ist auch hier fließend. Die meisten Tauchenten liegen etwa dazwischen. Ihre durchschnittlichen Gelege sind nur wenig kleiner als die Gelege der Schwimmenten, und sie können sich in gewissem Umfang schon im ersten Lebensjahr an der Fortpflanzung beteiligen, um eventuell höhere Biotopkapazitäten aufzufüllen oder Verluste wettzumachen.

Zur Bedeutung der Überlebensstrategien

Inwiefern sind diese Darlegungen von jagdlicher Relevanz? Zum einen tauchen diese Begriffe immer wieder in – meist jagdkritischen – Diskussionen und Veröffentlichungen auf. Zum anderen sind sie geeignet, den sehr unterschiedlichen Verlauf von Bestandsentwicklung und Jagdstrecken der einzelnen Wildarten besser zu verstehen. So z. B. die starken Schwankungen des *r-selektierten* **Rebhuhns** (s. hierzu auch Abb. 80, S. 406), dessen Besatz in erster Linie vom Fortpflanzungserfolg beeinflusst wird. Ungünstiger Bruterfolg während nasskalter Frühjahre kann zu stark reduzierten Herbstdichten und schließlich zum raschen „Zusammenbruch" der Population führen, da die generell hohe Mortalität nicht mehr auszugleichen ist. Umgekehrt reagieren solche Arten sehr rasch auf günstige Fortpflanzungsbedingungen (KALCHREUTER 1991). Demgegenüber ist der Bestandsverlauf von *K-Strategen* auf Grund geringer Zuwachs-, aber auch Sterblichkeitsraten viel ausgeglichener. Infolge der Langlebigkeit der über einjährigen Tiere macht sich mangelnder Fortpflanzungserfolg in einem oder auch mehreren Jahren kaum bemerkbar. Typische Beispiele hierfür sind unsere **Wildgänse**, deren Bruterfolg in der Arktis witterungsbedingt extrem schwanken kann – in manchen Jahren ist die Nachwuchsrate gleich Null –, was die positive Bestandsentwicklung kaum beeinträchtigte (KALCHREUTER 1994, 2000). Dagegen wirkt sich bei diesen Vögeln eine Erhöhung der ja artgemäß geringen Altvogelsterblichkeit viel deutlicher aus als bei r-Strategen.

... und der Mensch?
Schließlich finden sich beide Überlebensstrategien ausgeprägt bei der wohl anpassungsfähigsten Art dieser Erde, nämlich dem **Menschen**. In seiner viel beachteten Eröffnungsrede während der Generalversammlung der Welterhaltungsunion (IUCN) 1990 in Perth, Australien, wagte der Präsident des Worldwide Fund for Nature (WWF), Prinz Philipp von EDINBURGH, eine populationsökologische Betrachtung des Menschen im Vergleich zu anderen Lebewesen ohne anthropozentrische oder religiöse Tabus: r-Strategen vergleichbar leben oder lebten die Menschen in von der Zivilisation unbeeinflussten Entwicklungsländern. Hohe Geburtenraten dienten zum Ausgleich der hohen Todesopfer, die Hungersnöte, Seuchen oder witterungsbedingte Katastrophen in diesen kaum von der Zivilisation beeinflussten Regionen immer wieder fordern.
Viel stabiler sind die Lebensgrundlagen dagegen in den industrialisierten Ländern. Unter Einsatz von Techniken und fossilen Energiequellen entstand eine solide Nahrungsbasis. Hygiene und moderne Medizin brachten seuchenhafte Erkrankungen zum Erliegen, die Sterblichkeitsraten sanken und die Lebenserwartung stieg an. Andererseits gingen die Geburtenraten kontinuierlich zurück, typischen K-Strategen entsprechend.

Menschen und ihre tierischen Mitlebewesen unterscheiden sich in dieser Hinsicht allerdings insofern, als Letztere ihre Dichten in aller Regel der Kapazität ihrer Biotope anpassen oder diese nur kurzfristig übernutzen. Demgegenüber haben beide Strategien beim Menschen langfristig zu Dichten jenseits der Biotopkapazität geführt, mit der Folge vielfältiger Veränderungen der Ökosysteme, wenngleich auf unterschiedliche Weise. Während in Entwicklungsländern ein rasch wachsender Landverbrauch unter Zerstörung ursprünglicher Biotope zur Deckung des Nahrungs- und Energiebedarfs stattfindet, nimmt in industrialisierten Gebieten dagegen die Umweltbelastung durch die Rückstände der zur Erhaltung hoher Bevölkerungsdichten erforderlichen Nutzung fossiler Energiequellen laufend zu.

Zusammenfassung

Fassen wir abschließend die Erkenntnisse und Kernpunkte der in diesem Kapitel dargestellten Forschungsergebnisse zusammen.
- Die gegenläufige Wirkungsweise von Sterblichkeit und Fortpflanzung bedingt die Dynamik in Tierpopulationen.
- Beide Parameter sind im Wesentlichen genetisch determiniert und artspezifisch. In der Regel haben größere Arten von Säugetieren und Vögeln auf Grund einer höheren Lebenserwartung geringere jährliche Mortalitätsraten und entsprechend niedrigere Fortpflanzungsraten als kleinere Arten. Diese Gesetzlichkeit zeigt sich auch innerhalb nahe verwandter zoosystematischer Gruppen.
- Sowohl artspezifische Sterblichkeit als auch Reproduktion unterliegen jedoch erheblichen Einflüssen durch verschiedenste Umweltfaktoren. Daher sind Tierpopulationen selten über längere Zeiträume stabil. Steigende und fallende Trends sind jedenfalls häufiger als langfristig stabile.
- Die meisten bestandsrelevanten Umweltfaktoren sind in ihren Auswirkungen abhängig von der Dichte der Population, und zwar in Bezug auf das Fassungsvermögen ihres Lebensraums.

Mit zunehmender Dichte steigt die Mortalität durch Mangel an Nahrung und/oder Deckung oder durch Infektionskrankheiten. Ebenso dichteabhängig ist die Fortpflanzungsrate. Bei Dichten nahe der Biotopkapazität sinkt die Jungenzahl und/oder die Fortpflanzungsreife wird erst in höherem Alter erreicht.

- Infolge der Dichteabhängigkeit beider Parameter kann sich keine Tierpopulation über die durch die Kapazität des Lebensraums vorgegebenen Grenzen vermehren.
- Mortalität und Reproduktivität haben jedoch – wiederum artspezifisch – sehr unterschiedliche Bedeutung bei der Bestandsregulation. Bei Arten mit generell hoher Fortpflanzungspotenz („r-Strategen") steigt die Sterblichkeit mit der Dichte drastisch an. Demgegenüber passen die größeren Arten („K-Strategen") ihre Fortpflanzungsrate dem enger werdenden Lebensraum an und beugen auf diese Weise einem dichtebedingten Anstieg der Sterblichkeit vor. Erst bei Dichten nahe oder über der Biotopkapazität steigt die Mortalität, vor allem der Jungtiere.
- Beeinträchtigung der Fortpflanzung wirkt sich bei r-Strategen infolge ihrer kurzen Lebensdauer in raschem Bestandsrückgang aus. Demgegenüber macht sich mangelnder Fortpflanzungserfolg in einzelnen Jahren bei den meist langlebigen K-Strategen kaum bestandsdynamisch bemerkbar. Dagegen liegt deren sensibler Bereich in den Überlebensraten vor allem der Adulten.
- Zwischen diesen beiden Extremen, die sich etwa durch die Arten Kaninchen – Elefant oder Rebhuhn – Steinadler veranschaulichen lassen, liegen die weitaus meisten Tierarten. Auch wenn sich viele nicht klar einstufen lassen, so zeigt sich doch eine demökologische Reihe, ein „r-K-Kontinuum" von kleineren zu größeren Arten innerhalb der meisten zoosystematischen Gruppen. Insofern empfiehlt sich dieses Denkschema bei der Betrachtung der in den folgenden Kapiteln behandelten Fragen.

Vom Auf und Ab der Tierbestände

Das Fassungsvermögen des Lebensraums entscheidet also letztlich über Zahl und Dichte von Wildtieren. Doch ist diese Biotopkapazität keineswegs so stabil wie im Modellfall von Abb. 14 angedeutet, um die Wirkung fundamentaler ökologischer Gesetze zu veranschaulichen. Wie aus Abb. 9 (S. 36) hervorgeht, ändert sie sich laufend unter der Wirkung verschiedenster Umweltfaktoren, die die bestandsdynamischen Parameter Fortpflanzung und Sterblichkeit beeinflussen. Die waagrechte Linie in der Abbildung entspricht daher lediglich einem hypothetischen Durchschnittswert.

Regelmäßige jährliche Schwankungen
Die jährlich wiederkehrenden Bestandsschwankungen sind am auffälligsten und am leichtesten verständlich. Nach dem Setzen bzw. Schlüpfen der Jungen ist die Wilddichte im Sommer wesentlich höher als im Frühjahr, wo nur die Elterntiere den Bestand bildeten. Dann kommt der Winter, das Laub ist gefallen, das Grün zugeschneit, die Insektenwelt verschwunden. Das stark verringerte Nahrungsangebot reicht nur noch für wenige Tiere aus. Sofern sie nicht vorher schon anderen Einflüssen erlagen, verenden sie jetzt; betroffen sind, wie wir gesehen haben, vor allem Jungtiere. Der Bestand schrumpft wieder auf die Frühjahrsdichte zusammen, um nach der Fortpflanzungszeit erneut anzusteigen.
In tropischen Gebieten, in denen Jahreszeiten weit weniger ausgeprägt sind, spielt die periodisch wiederkehrende Trockenzeit für viele Wildarten diese Rolle des „Flaschenhalses". Wenn die Steppe in der Hitze flimmert und die Wasserstellen vertrocknet sind, kann nur ein Teil des Wildes überleben. Bei uns Kälte und Schnee, dort Hitze und Trockenheit – hüben wie drüben sind es klimatische Einflüsse, die periodisch Biotop- und damit Bestandsveränderungen bewirken.

Mehrjährige periodische Veränderungen

Schwieriger zu ergründen und auch heute noch nicht gänzlich geklärt sind die starken Schwankungen, die sich alle drei bis vier Jahre wiederholen. Zwar sind es zunächst vor allem kleinere Nagetiere, die davon betroffen sind; sie stellen jedoch die Nahrungsbasis für viele Raubwildarten dar und beeinflussen damit auch deren Bestandsdichte. Lemminge und Wühlmäuse treten in der Arktis alle drei bis vier Jahre in ungeheuren Massen auf: In dem Bestreben, sich auszubreiten, versuchen Erstgenannte sogar, schwimmend Flüsse, Seen und das Meer zu überqueren. Dann bricht die Population schlagartig wieder zusammen, und man hat Mühe, auch nur ein einziges Tier zu finden.

Diese mehrjährigen Zyklen finden sich am ausgeprägtesten in eintönigen Lebensräumen wie der arktischen Tundra, in Bergregionen, in Trockengebieten, aber auch in unseren landwirtschaftlichen „Kultursteppen" – in Gegenden also, die nur wenigen Arten, diesen aber optimale Lebensbedingungen bieten. Die Fortpflanzungsrate ist bei Nagern hoch, Räuber und Parasiten gibt es wenig, sodass sich die Population gemäß einer sehr steilen S-Kurve aufbauen kann, erstaunlicherweise oft gleichzeitig über weite Gebiete hinweg (MYRBERGET 1982 a).

Wieso aber brechen die Populationen zusammen? Darüber gehen die Meinungen auseinander, vermutlich wirken mehrere Faktoren zusammen: Die weit über die Biotopkapazität angewachsene Population „frisst" sich die eigene Deckung weg, sodass die im nahrungsreichen Gebiet zahlreich versammelten Räuber die leicht zu erbeutenden Nager radikal dezimieren, meint PITELKA (1957). FRANK (1957) hingegen nahm bei deutschen Feldmäusen „sozialen Stress" und daraus folgend einen hormonell bedingten Schocktod als Ursache für das Massensterben an. Stresstod als eine der Ursachen für das Massensterben vermutet man inzwischen auch bei anderen Arten.

Über die Hintergründe der längerfristigen, sieben- bis zehnjährigen Bestandsschwankungen wissen wir noch weniger. So verschiedenartige Wildarten wie z. B. Raufußhühner, Schneehasen oder Bisamratten werden periodisch häufig und selten, vielfach zur gleichen Zeit und selbst über Kontinente hinweg. Bestandsgipfel gab es nach HEWITT (1954) im Jahr 1951 sowohl beim Auer-, Birk- und Haselwild in Finnland als auch bei Waldhühnern, Schneehasen und einigen anderen Arten in Teilen Nordamerikas. Auch Gelegegröße bzw. Jungenzahl und Verhalten schwanken in diesem Zyklus großräumig. Darin ist wohl neben einem Einfluss von Räubern das Auf und Ab auch teilweise begründet. Doch woher kommt die zeitliche Steuerung? Jahrelang haben sich die schottischen Wildbiologen WATSON und MOSS (1980) mit diesen Fragen an Moorhühnern (*Lagopus lagopus scoticus*) in ihren Hochländern befasst, aber noch keine schlüssige Erklärung gefunden.

Unregelmäßige Schwankungen
Unklar sind meist auch die Ursachen von Massenvorkommen so genannter „Invasionsvögel", zumal nicht bekannt ist, wo sie in solcher Zahl erbrütet wurden. In unregelmäßigen zeitlichen Abständen erscheinen Seidenschwänze (*Bombycilla garrulus*) aus Nordosteuropa oder – weit seltener – Flughühner (*Pteroclididae*) aus asiatischen Steppen in Mitteleuropa. Rätsel gibt aber auch unsere Wachtel (*Coturnix coturnix*) auf, deren traulicher Ruf („Wachtelschlag") in manchen Frühjahren auch in Revieren häufig zu hören ist, in denen sie dann, unabhängig von Biotopqualität und Witterungsverhältnissen, jahrelang nicht mehr vorkommt. Sehr wahrscheinlich sind diese Zuzügler Resultat überdurchschnittlich hohen Bruterfolgs in weit entfernten mediterranen oder nordafrikanischen Brutgebieten (GLUTZ et al. 1973). Über die Herkunft der in manchen Jahren massenhaft auftauchenden Eichelhäher ist dagegen noch kaum etwas bekannt.
Episodische oder längerfristige zyklische Schwankungen sind typisch am Rande des Verbreitungsgebiets auch von Arten, die in dessen Kern eher stabil sind. Diese Erscheinung, die schon LEOPOLD (1961) beschrieb, dürfte hauptsächlich durch suboptimale klimatische Verhältnisse bedingt sein. Perioden günstiger Witterung mit hohem Bruterfolg bzw. geringer Sterblichkeit wechseln mit solchen gegenteiliger Konstellation, die zu Populationsrückgang führen.

Witterung und Klimaperioden

Was LEOPOLD auf Grund seiner Beobachtungen in Nordamerika vermutete, das ließ sich in der Alten Welt sowohl anhand der über viel längere Zeiträume dokumentierten Klimadaten wie auch der Bestandsentwicklungen einiger Tierarten bestätigen. In Frage kommen hierfür nur jagdlich genutzte Arten, denn nur für diese haben wir über langfristig geführte Statistiken der Jagdstrecken Vorstellungen von ihrem früheren Vorkommen.

Beispiel Feldhase
Die Abhängigkeit des Niederwildes vom Witterungsgeschehen ist ja hinlänglich bekannt. Betrachten wir uns im Folgenden einige Arten unter diesem Aspekt. Die Erhebungen des Klimatologen LAMB (1977) vermitteln hierzu einen interessanten Überblick über den Temperaturverlauf im Frühjahr und Sommer seit Mitte des 17. Jahrhunderts (Abb. 15).

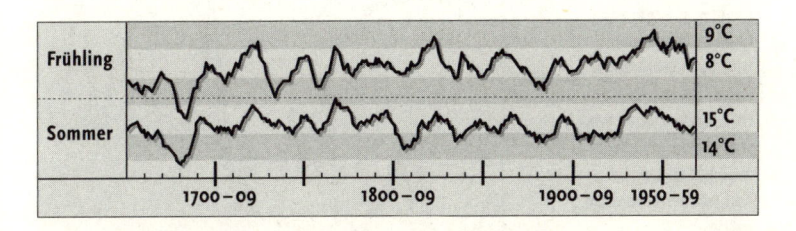

Abb. 15: Temperaturverlauf im Frühjahr und Sommer in Zentralengland von 1653 – 1973 (nach LAMB 1977). Der Temperaturrückgang ab den 1940er Jahren verursachte überregional vor allem bei den Küken der Hühnervögel sinkende Überlebensraten.

Mit der historischen Entwicklung Meister Lampes in Dänemark hatte sich STRANDGAARD (1980) befasst. Nach ihm soll der Hase im 16. und 17. Jahrhundert recht verbreitet, wenngleich nicht gerade häufig gewesen sein. Im Laufe des 18. Jahrhunderts ging er dann, angeblich infolge einer Reihe von harten Wintern, kontinuierlich zurück und verschwand vielerorts ganz. Selbst in ehemals guten Hasengebieten wurden weniger als 0,2 Hasen auf 100 ha erbeutet. –

Zum Vergleich: 1980 schwankte die dänische Hasenstrecke regional unterschiedlich etwa zwischen vier und vierzehn Feldhasen auf 100 ha. Über 100 Jahre lang war Meister Lampe derart selten, und erst nach der Mitte des 19. Jahrhunderts ging es langsam aufwärts. Der eigentliche Anstieg seit etwa 1900 ist nun recht gut dokumentiert und ebenso die entsprechenden klimatischen Verhältnisse.

Aus der Vielzahl von Witterungsdaten ergab ein Index aus der *Zahl der Frosttage von Dezember bis März*, der *Temperatur von März bis Juni* und den *Niederschlagsmengen im Juni/Juli* einen Kurvenverlauf, der sich mit dem der Jagdstrecke am weitesten deckte. Aus Abb. 16 wird deutlich, dass in Jahren mit milden Wintern, warmen Frühjahren und trockenen Sommern gute Hasenstrecken erzielt wurden und umgekehrt.

Abb. 16: Die jährliche Hasenstrecke in Dänemark (durchgezogene Linie) zeigte eine enge Abhängigkeit vom jeweiligen Witterungsverlauf (gestrichelt) im vorausgegangenen Winter, Frühjahr und Sommer. Erläuterung im Text (nach STRANDGAARD 1980).

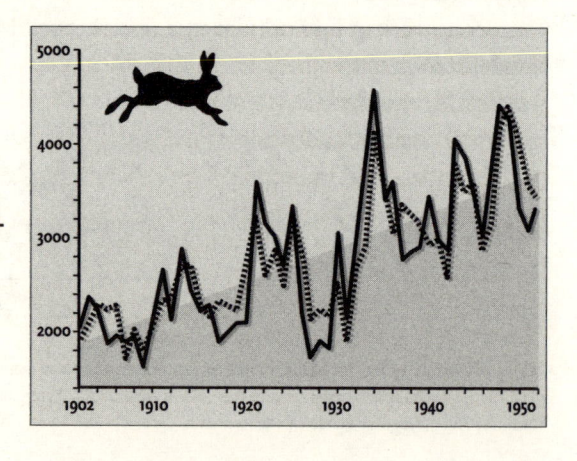

Die Abbildung zeigt ferner einen deutlichen Trend der genannten Witterungsparameter: Das Klima war in den für den Feldhasen relevanten Jahreszeiten wärmer und trockener geworden, was auch aus Abb. 15 hervorgeht. Die gute Übereinstimmung mit dem Trend der Strecke lässt den Schluss zu, dass in dem besagten Zeitraum die Entwicklung des Hasenbestands in erster Linie von der Entwicklung des Klimas abhing.

Von jeher unterlagen Hasenstrecken enormen Schwankungen.

Zu denselben Erkenntnissen – nämlich einer deutlichen Abhängigkeit der herbstlichen Hasenstrecken vom Temperatur- und Niederschlagsverlauf während des Sommers davor – kam SPITTLER (1996) nach minutiöser Auswertung seiner Daten aus Nordrhein-Westfalen. Regenreiche Sommer fördern die Ausbreitung der „Kinderkrankheit" Kokzidiose, der dann ein beträchtlicher Anteil der Junghasen zum Opfer fällt, sodass die Jagdstrecken von einem Jahr zum anderen um ein Drittel zurückgehen können. Längere Schönwetterperioden unterbrechen dagegen den Entwicklungszyklus der Kokzidiose, sodass sie in solchen Jahren keine Rolle spielt.
Solche klimatisch günstigen Sommer waren eher die Regel bis etwa 1976. Immer wieder kamen damals über eine Million Hasen in der Bundesrepublik Deutschland zur Strecke, wie die Statistiken in den Handbüchern des Deutschen Jagdschutzverbandes (DJV) ausweisen. Danach wurde das Klima „atlantischer", die regenreichen, kühleren Sommer häufiger und die Winter milder – ungünstige Bedingungen also für ein an eher kontinentales Klima angepasstes Steppentier. Die Jagdstrecken blieben seither deutlich unter der Millionengrenze.

In vieler Hinsicht vergleichbar sind die klimatischen Ansprüche der Hühnervögel, wie die folgenden Beispiele zeigen.

Beispiel Auerwild

Der baden-württembergische Auerwild-Experte Klaus ROTH konnte nach mühevoller Auswertung aller verfügbaren Akten ein ungefähres Bild von der Bestandsentwicklung dieser Art vermitteln (GANTER *et al.* 1974).

Nach ROTHS Untersuchungen war der „Urhahn" offensichtlich im 16. Jahrhundert in vielen Waldgebieten des Landes verbreitet. Doch dann ging es bergab mit den Beständen. Beginnend im 17. und vor allem im 18. Jahrhundert verschwand das Auerwild von der Schwäbischen Alb und aus dem Schönbuch und hielt sich vermutlich nur noch im Schwarzwald, im Odenwald und im Allgäu.

Ganz sicher wäre das Auerhuhn in die Kategorie „vom Aussterben bedroht" der „Roten Liste" eingereiht worden, hätte es damals eine solche schon gegeben.

Doch der Urhahn starb nicht aus. Die Wende kam Mitte des vorigen Jahrhunderts, wo er stellenweise wieder recht häufig gewesen sein soll. Er nahm in der Zeit von 1890 bis 1920 weiter stark zu; Ähnliches wurde aus dieser Zeit auch aus anderen Auerwildgebieten Deutschlands berichtet. Im Schwarzwald wurden die höchsten Auerwildbestände in den Jahren 1900 bis 1910 verzeichnet.

Diese Entwicklung spiegelt sich in der seit Mitte des vorigen Jahrhunderts genau geführten Jagdstatistik der Fürsten von Fürstenberg in Donaueschingen wieder (Abb. 17 a).

Während dort vor 200 Jahren lange Zeit kaum mehr als 10–15 Hahnen jährlich erlegt worden waren, stieg die Strecke ab Mitte des vorigen Jahrhunderts steil an. Der „Große Hahn" wurde fast ausschließlich im Frühjahr am Balzplatz bejagt, meist morgens. „Es kommt öfter vor, dass einzelne Herren mehrere Hahnen an einem Morgen schießen", berichtet STEPHANI noch 1938. Im Jahre 1910 wurde die heute unvorstellbare Strecke von 174 Auerhahnen auf einer Fläche von etwa 9.000 ha der ausgedehnten Nadelwälder des Hochschwarzwaldes und der Baar erzielt, also etwa ein Hahn auf

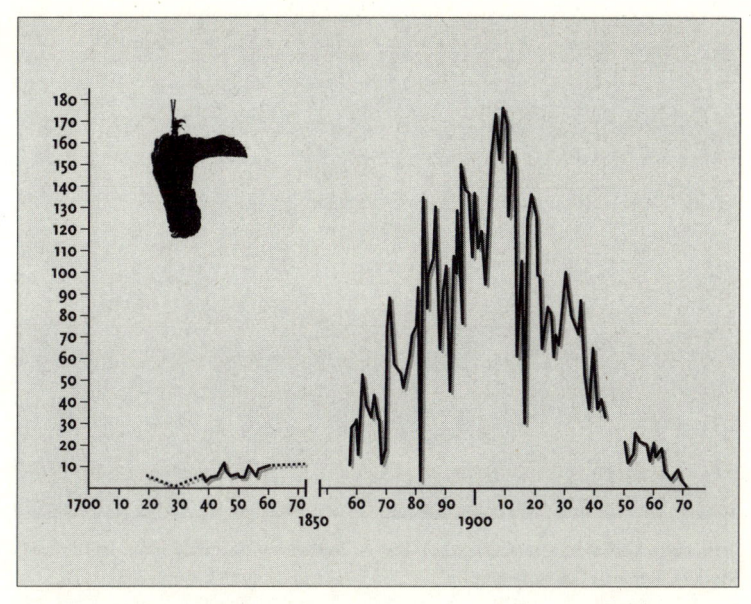

Abb. 17 a: Auerhahnstrecke in den Fürstlich-Fürstenbergischen Jagden im südöstlichen Schwarzwald nach Daten von STEPHANI (1938).

500 ha. In dieser Zeit besuchte auch der deutsche Kaiser regelmäßig diese Jagden.

Noch eindrucksvoller ist die Wieder- bzw. Neubesiedlung vieler Gebiete in dieser Zeit. Völlig überraschend tauchte das Auerwild selbst in laubholzreicheren Gebieten des Unterlandes auf, die auch damals den Vorstellungen des klassischen Auerwildbiotops wenig entsprochen haben dürften. Ein deutlicher Nordosttrend der Ausbreitung ist aus den von ROTH zusammengestellten Daten der Neubesiedlung zu erkennen:

Um 1890 balzte der Urhahn wieder im Stadtwald von Rottenburg/Neckar, seit 1897 im Schönbuch und selbst um Stuttgart, um 1900 in den Ellwanger Bergen und im Taubergrund, 1911 auf der Hohenloher Ebene und Anfang der 1920er Jahre in den Limpurger und Waldenburger Bergen. Kaum jemand kannte dort den majestätischen Vogel, im Ellwanger Raum wurden die ersten gar als „Geier" erlegt, wie den dortigen alten Forstakten zu entnehmen ist.

Trotz unterschiedlicher Lebensräume schwankten die Bestände von Auerwild (im Bild) und Birkwild synchron über weite Gebiete hinweg.

Überall wurden die neu gebildeten Bestände bejagt, insofern ist auch ihre weitere Entwicklung recht gut dokumentiert. Auer*hennen* wurden übrigens damals ebenso bejagt wie auch Birk- und Hasel*hennen* (November) und Hähne vom 1. September bis 31. Mai, ebenfalls ein Zeichen des häufigeren Vorkommens.
Anfang der 1920er Jahre machte sich ein neuerlicher Rückgang bemerkbar, und zwar wiederum großflächig.
Im Schwarzwald, vor allem in dessen nördlichem Teil wurde wieder weniger Auerwild beobachtet, in den neu besiedelten Gebieten verschwand es ganz. Der letzte Hahn im Schwäbischen Wald wurde 1956 gemeldet. Damit hatte sich der Urhahn wieder in dieselben Gebiete zurückgezogen wie schon einmal vor 200 Jahren! Ebenfalls bemerkenswert ist die Tatsache, dass sich Auerwild in den neu besiedelten Gebieten recht unterschiedlicher Biotope und Meereshöhen z. T. mehr als 50 Jahre lang gehalten hat, selbst in den Wäldern um die Großstadt Stuttgart war es über 30 Jahre nachzuweisen!
Die hier etwas ausführlicher geschilderte Bestandsentwicklung war keineswegs auf Baden-Württemberg beschränkt. Sie vollzog sich

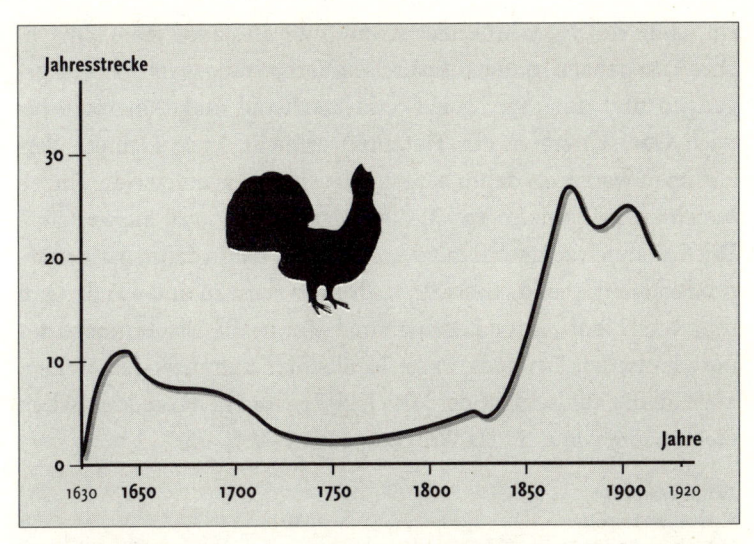

Abb. 17 b: Auerhahnstrecke eines großen Besitzes in der ehemaligen Tschechoslowakei (nach NOVÁKOVÁ unveröffent.)

nach den Recherchen von GLUTZ *et al.* (1973) großflächig und ziemlich zeitgleich im ganzen mitteleuropäischen Verbreitungsgebiet dieser Art.

Die Streckenentwicklung eines 20.000 ha großen Besitzes in der ehemaligen Tschechoslowakei, präsentiert von ELISKA NOVÁKOVÁ während des Internationalen Wildbiologenkongresses 1983 in der Hohen Tatra (unveröff.), deckt sich ziemlich genau mit der im Hochschwarzwald erzielten (Abb. 17 b).

Beispiel Birkwild

Auch die kleinen Vettern des Auerwilds zählen heute zu den Sorgenkindern von Jägern, Vogel- und Naturschützern, und beachtlich sind die Anstrengungen, diese „lebenden Naturdenkmäler" wenigstens in Resten zu erhalten.

Wie stand es früher um die „Schwarzen Ritter", die der Heidedichter Hermann LÖNS in seinen unvergleichlichen Schilderungen besang? Waren sie immer so häufig wie damals nach der Jahrhundertwende? – Keineswegs.

Im Laufe des 19. Jahrhunderts waren die Bestände ziemlich synchron im ganzen mitteleuropäischen Verbreitungsgebiet zurückgegangen und um 1870, von Norddeutschland und Dänemark bis nach Oberschwaben, ein Tiefpunkt erreicht. Viele kleinere Vorkommen waren bis dahin bereits erloschen, wie den vielen Einzelberichten zu entnehmen ist, die GLUTZ et al. (1973) auswerteten. Doch ziemlich zeitgleich mit dem Auerwild nahm das in ganz anderen Biotopen lebende Birkwild nach 1880 stark zu und wanderte in sehr verschiedenartige Lebensräume ein: in die Niedermoore des norddeutschen Tieflands, in die Heiden der angrenzenden Höhenzüge, in die Kahlschläge der Mittelgebirge und in die süddeutschen Hochmoore wie z. B. das Wurzacher Ried (Abb. 18).

Abb. 18: Frühere Entwicklung des Birkwildbestands im oberschwäbischen Wurzacher Ried (nach HÖLZINGER 1980) und nach der Wiederansiedlung 1978 (gestrichelte Linien: Perioden ohne Zählung oder Schätzung).

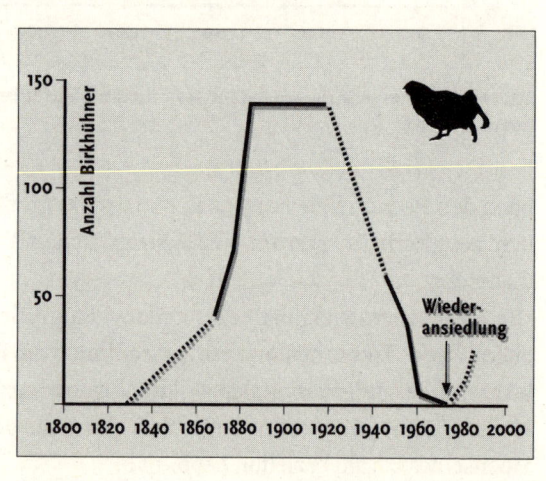

Selbst vor den Toren der Großstadt München gab es um 1900 plötzlich Birkwild in Mengen. Vom Schirm des Prinzregenten LUITPOLD von BAYERN im Schleißheimer Moos waren allein über 40 balzende Hahnen zu sehen. Sein Enkel, Herzog Albrecht von BAYERN erzählte mir noch, wie zur selben Zeit, am anderen Ende von München, „die Försterbuben mit dem Zimmerstutzen Birkhähne vom Staketenzaun des Forsthauses geschossen haben". Denn diese waren „zu Hunderten" in die infolge einer Nonnenkalamität kahl geschlagenen Flächen im Forstenrieder Park eingewandert und hat-

ten sich gehalten, bis sich die Forstkultur wieder geschlossen hatte. Ganz Ähnliches hatte sich nach der Kalamität des Kiefernspanners 1895/96 im Nürnberger Reichswald ereignet, wo 4.300 ha kahl geschlagen werden mussten. Das Birkwild nahm dort so zu, dass in den folgenden zehn Jahren immerhin 882 Hähne erlegt werden konnten, ermittelte SPERBER (1968, in GLUTZ *et al.* 1973).
Bis in die 1930er Jahre hielt der allgemeine Birkwild-Boom an, und dann ging's mit unterschiedlicher Geschwindigkeit erneut abwärts. In Dänemark ebenso wie in Holland – dort im Laufe von nur sieben Jahren von 15.000 auf 1.500 Exemplare – und in fast allen deutschen Birkwildgebieten. Die 1940er Jahre besiegelten das Schicksal vieler lokaler Vorkommen und leiteten den Rückgang in den übrigen ein. Wie der Urhahn wurde auch sein kleiner Vetter, der „blauschwarze Ritter" wieder so selten, wie bereits ein Menschenalter zuvor.

Ursachen für die Bestandsschwankungen der Raufußhühner
Im Gegensatz zu Mitteleuropa waren die Populationen beider Raufußhuhn-Arten im Zentrum ihrer Verbreitung in Nord- und Osteuropa viel stabiler und allenfalls den genannten zyklischen Schwankungen unterworfen.
Vielen der zahllosen Einzelberichte hatten die Autoren ihre Vermutungen über mögliche Ursachen angefügt, dabei die augenfälligste in der Regel als wesentlichste betrachtend. Daran hat sich bis heute nichts geändert, weshalb auch wir uns mit diesen Fragen nun befassen wollen: Können die insbesondere im Falle des Birkwildes immer wieder angeführten Biotopveränderungen wirklich die ausschlaggebende Rolle gespielt haben? Klar, dass geschlossene Nadelforste keinen Lebensraum für diese Art darstellen, dass sie hier also nur auf Kahlschlägen siedeln konnte. Aber warum wurden diese nur während des genannten „Booms" um die Jahrhundertwende so stürmisch besiedelt? Warum wiederholte sich das nicht auf den ebenfalls großen Flächen der „Reparationshiebe" der Nachkriegszeit oder auf den ausgedehnten Brandflächen der 1970er Jahre in Norddeutschland? Und warum hielt sich das Auerwild in der besag-

ten Zeit so wenig an die in der Fachliteratur immer wieder dargestellten sehr engen „Biotopansprüche"? Warum hatte es „völlig ungeeignete Habitate" besiedelt?
Oder war die Jagd der entscheidende Faktor, wie ebenfalls immer wieder vermutet wurde? Dann aber ist zu fragen, warum

- die Populationen trotz der in den Jagdstrecken manifestierten steigenden Bejagungsintensität anstiegen und immer weitere Areale besiedeln konnten, und warum andererseits
- bei rückläufiger Jagdstrecke und schließlich Einstellung der Jagd die Bestände nicht wieder anstiegen, und schließlich, warum
- unbejagte Vorkommen ebenso verschwanden wie bejagte.

Zu starke Bejagung und die vielfach zitierten Biotopveränderungen sowie andere Faktoren, auf die wir später noch zu sprechen kommen werden, mögen sicherlich *lokal* die geschilderten Populationstrends beeinflusst haben. Diese selbst müssen jedoch durch einen noch wesentlicheren, *überregional* wirksamen Faktor verursacht worden sein.

Damit fällt der Verdacht auf das *Klima*, also die Summe der Witterungsparameter über größere Gebiete und längere Zeiträume hinweg. Eine enge Korrelation mit der Bestandsentwicklung der Raufußhühner vermuten denn auch mehrere Autoren, wie etwa GLUTZ et al. (1973), ohne allerdings den Nachweis hierfür zu führen. Der gelang auch KORSCH (1982) und WEITBRECHT (in GANTER et al. 1974) nicht so recht, die beide Temperaturen und Niederschlagsmengen einiger Schwarzwaldorte seit dem vorigen Jahrhundert aufzeichneten. Auch eine Konzentration dieser Daten auf Juni/Juli, also auf die kritische Phase der Kükenaufzucht, zeigte allenfalls lokal etwas wärmere und niederschlagsärmere Perioden zu Zeiten des Raufußhühner-Hochs, doch bei weitem nicht dessen auffällige Ausprägung.

Erst der Computer brachte hier etwas Licht in das Dunkel. Im Gegensatz zum Menschenhirn, das in der Regel nur einfache Zusammenhänge zu erkennen im Stande ist, kann er mehrere Faktoren und deren Auswirkungen über längere Zeiträume hinweg berücksichtigen. Je zutreffender das entwickelte Modell und je genauer die darin eingespeicherten Daten, desto wahrscheinlicher entspricht die Modellpopulation der wirklichen Bestandsentwicklung. Entscheidend für die Häufigkeit dieser r-Strategen ist die Fortpflanzungsrate, damit die Überlebensrate der Küken. Und diese wird im Wesentlichen von Temperatur und Niederschlagsmenge im Juni beeinflusst.

Ein Index aus beiden (Abb. 19 unten) betont die besonders kritischen nasskalten Tage. SCHRÖDER *et al.* (1982) leiteten aus diesen Daten das vermutliche Schicksal der Küken ab (Abb. 19 Mitte). Deutlich zeigen sich nun Perioden, in denen über mehrere Jahre hinweg über die Hälfte von ihnen die kritische Aufzuchtzeit über-

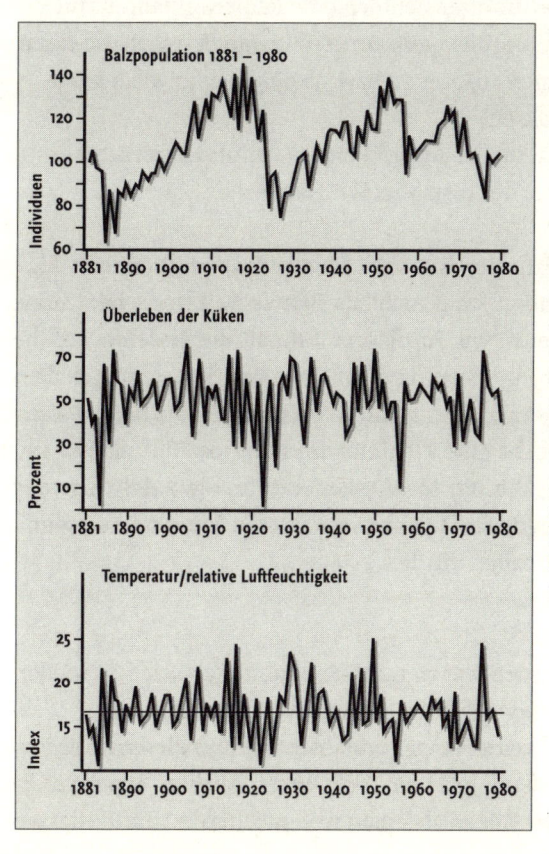

Abb. 19: Computer-Simulation über den Einfluss der Witterung auf die Bestandsentwicklung der Auerhühner. Der Witterungsindex aus Temperatur und Niederschlag im Juni (Südbayern) zeigt beträchtliche Schwankungen (unten). Der Computer simulierte hieraus die Überlebensraten der Küken (Mitte) und die daraus resultierende Entwicklung der Balzpopulation (oben). Diese deckt sich für die Zeit um die Wende zum 20. Jahrhundert mit der tatsächlichen Entwicklung (aus SCHRÖDER *et al.* 1982).

lebten, und andere mit sehr geringem Bruterfolg. Wie sich dies auf den Auerwildbestand auswirken kann, errechnete der Computer auf Grund von konstant gehaltenen Durchschnittswerten anderer populationsdynamischer Daten. Die aufgezeigte simulierte Bestandsentwicklung (Abb. 19 oben) weist nun erhebliche längerfristige Schwankungen bzw. ausgeprägte Trends aus, die den tatsächlichen in den geschilderten Beispielen recht nahe kommen.
Daraus ist zu ersehen:
- ▶ Auch ein Faktor ohne erkennbaren Trend, wie der Witterungsindex (Abb. 19 unten) kann beträchtliche Bestandsschwankungen verursachen. Es bedarf also hierzu nicht unbedingt einer ausgeprägten Klimaänderung.
- ▶ Es genügen hierfür offensichtlich eine Reihe von Jahren mit günstigem bzw. ungünstigem Bruterfolg, um den Bestand rasch ansteigen und sich ausbreiten bzw. absinken oder wieder verschwinden zu lassen.
- ▶ Solche Bestandsentwicklungen können damit schon für sich alleine eine Folge der variablen Witterung sein.

Letzteres *muss* nicht der Fall sein, betont das Forscherteam. Eine Computer-Simulation kann nicht als Beweis im klassischen Sinne gelten. Zumal wenn, wie in diesem Fall, all die anderen auf die Bestandsentwicklung einwirkenden Faktoren konstant gehalten werden, was in Wirklichkeit kaum je vorkommen dürfte. Andererseits deutet die recht gute Übereinstimmung der Simulation mit der Wirklichkeit (Abb. 17) für die Periode von etwa 1885 bis 1925 darauf hin, dass in dieser Zeit andere Faktoren keine sehr wesentliche Rolle gespielt haben dürften.

Rebhuhn
Aus welchen Gründen war nun das Rebhuhn – obgleich in wiederum anderen Biotopen lebend – so drastisch zurückgegangen? Weltweit hat sich wohl keiner länger und intensiver mit diesem Hühnervogel befasst als der Engländer Dick Potts. Auch er erkannte die Überlebensrate der Küken als einen wesentlichen Faktor für dessen

Bestandsdynamik (Zus.-f. in Kalchreuter 1991), bezog sie aber mehr auf das Nahrungsangebot in Form von Insekten. Darüber sind sich wohl alle Rebhuhnforscher einig: In den ersten Lebenswochen sind Insekten die wichtigste Nahrungskomponente der Küken. Beide bedürfen der Wärme und Trockenheit für ihre Entwicklung.

Für den Rückgang der Insekten machte Potts (1986) zunächst allein landwirtschaftliche Praktiken verantwortlich. Umfassende Untersuchungen vor allem in England hatten den Einsatz von Pflanzenbehandlungsmitteln (Herbiziden) als wesentliche Ursache hierfür erkennen lassen, denn mit den Wildkräutern – früher „Unkräuter" genannt – in den Getreidefeldern verschwanden die Nahrungspflanzen für eine Vielzahl von Insekten. Tatsächlich führten Versuche mit experimentellen „Randstreifen", also ungespritzten Flächen, zu höherem Insektenreichtum und besserem Überleben der Rebhuhnküken (Potts 1989).

Dennoch bleiben erhebliche Zweifel gegenüber dem Versuch, den derzeitigen Insekten- und damit Rebhuhnmangel *allein* durch die genannten Praktiken der Landwirtschaft zu erklären, und zwar aus folgenden Gründen:

- Die Rebhühner gingen auch in kaum oder gar nicht gespritzten Gebieten erheblich zurück oder verschwanden ganz. Ähnliche Widersprüche auch hinsichtlich der Biotopstruktur werden wir noch kennen lernen (S. 394 ff.).
- Die Kükensterblichkeit stieg ziemlich synchron über weite Gebiete hinweg, wie die von Potts (1986) gesammelten Daten erkennen lassen. Auf den Britischen Inseln lag sie schon seit den 1950er Jahren meist über 40 %, auf dem Festland – und zwar in Frankreich und Polen gleichermaßen – zeigte sich nach Mitte der 1970er Jahre ein drastischer Anstieg des Kükensterbens mit den genannten Folgen.
- Trotz des Gesamttrends gab es erhebliche jährliche Schwankungen in der Sterblichkeit und der Rebhuhndichte.

Diese Erscheinungen lassen sich kaum anders als durch einen weiteren, überregionalen Faktor erklären, der die genannten Auswir-

Die Überlebensrate der Küken ist entscheidend für das Vorkommen des Rebhuhns.

kungen der Herbizide überlagert. Anders als Potts führten Chlewski und Panek (1988) diese Fluktuationen der Kükensterblichkeit bzw. der Nachwuchsraten von Rebhuhnpopulationen in Polen auf Schwankungen des Klimas zur Brut- und Aufzuchtzeit zurück. Fanden sie doch während ihrer Untersuchungsperiode von 1966 bis 1975 eine enge Beziehung zwischen Kükensterben und Temperatur bzw. Niederschlag im Juni, wenngleich beide Parameter im dortigen eher kontinental getönten Klima auf anderem Niveau liegen mögen als im atlantischen Bereich. Hier jedenfalls bedeuten trocken-warme Frühjahre hohe Nachwuchsraten, nasskalte dagegen geringen Bruterfolg. Diese aus der Praxis der Rebhuhnhege immer wieder gewonnene Erfahrung konnten auch Rasmussen *et al.* 1989 in dänischen sowie Pegel (1987) und Spittler (1988) in ihren deutschen Untersuchungsgebieten bestätigen.

Detailliertere Erkenntnisse hierzu lieferte das seit 1989 laufende Projekt im Rebhuhn-Revier Walbeck, Kreis Kleve (Kalchreuter, in Bearbeitung). Infolge der Aktivitäten der dortigen Berufsjäger spielt Prädation keine nennenswerte Rolle; daher sind hier die Auswirkungen der Juni-Witterung auf das Überleben der Küken viel klarer

zu erkennen als in den meisten heutigen Niederwildrevieren. Verwiesen sei hier auf die in Abb. 80 (S. 406) dargestellten Verhältnisse. Eine Analyse der herbstlichen Rebhuhnzählungen und der täglichen Witterungsdaten des Monats Juni für zwei dreijährige Perioden im Zeitraum von 1989 bis 1999, von der Station Walbeck des Deutschen Wetterdienstes zur Verfügung gestellt, ergab Folgendes:
- Bei günstiger Witterung konnten die herbstlichen Dichten auf über 200 Hühner pro 100 ha ansteigen, nach einem nasskalten Juni dagegen auf weniger als die Hälfte absinken.
- Extrem ungünstig sind niedrige Temperaturen bei gleichzeitig hohen Niederschlägen, da die Verdunstungskälte einen weiteren Temperaturrückgang bewirkt. Temperaturdaten allein sagen daher nicht viel aus, sondern sind stets im Zusammenhang mit den jeweiligen Niederschlägen zu beurteilen.
- Monatliche Durchschnittswerte beider Parameter sind insofern von begrenzter Aussagekraft, als sie die *Dauer* nasskalter Perioden nicht erkennen lassen. Ein wichtiges Kriterium ist daher die Zahl der niederschlagsfreien Tage im Juni.
- Die unter diesen Aspekten ungünstigsten Jahre 1991 und 1998 hatten die niedrigsten Zählergebnisse im jeweiligen Herbst zur Folge. In beiden Fällen waren jeweils *zwei* aufeinander folgende Brutperioden mit günstiger Witterung erforderlich, um das Niveau der Herbstpopulation wieder deutlich zu erhöhen.

Soweit erste Erkenntnisse aus einer noch laufenden Untersuchung. Sie decken sich übrigens mit früheren Beobachtungen an der wieder angesiedelten Birkwildpopulation im Wurzacher Ried in Oberschwaben, wo sich nach dem ungewöhnlich heißen und trockenen Sommer 1983 der mit Abstand höchste Bruterfolg während des Projekts feststellen ließ (BAUER u. KALCHREUTER 1984). Oder mit den Meldungen der Arbeitsgruppe Auerwild in Baden-Württemberg über einen beachtlichen Bruterfolg nach dem seit langem heißesten und trockensten Juni 2000.
Solche Beobachtungen aus derzeit nur sporadischen günstigen Brutperioden lassen unschwer erahnen, wie sich eine Serie trocken-

warmer Sommer auf die Bestandsentwicklung unserer Hühnervögel auswirken könnte. Auch beim Rebhuhn zeigte sich die beim Auer- und Birkwild geschilderte Entwicklung während der fast vier Jahrzehnte währenden Phase warmer Frühjahre um die Wende zum 20. Jahrhundert (Abb. 15). Damals stieg das Rebhuhn z. B. in Graubünden bis auf 1.300 m, siedelte in den Karpaten über der Baumgrenze bis auf 2.000 m und dehnte die Nordgrenze seiner Verbreitung bis Lappland aus (GLUTZ et al. 1973, Potts 1986). In diese Zeit fielen auch die legendären Rebhuhnstrecken, sowohl in England wie in Ungarn (Abb. 20). Aber auch fast alle lokalen deutschen Jagdstatistiken dokumentieren den Feldhühner-Boom nach der Jahrhundertwende, auch für sonst sehr ungünstige Klimazonen (z. B. STEPHANI (1938) für die baden-württembergische Baar). Ebenso bemerkenswert ist das weit verbreitete „Tief" *vor* jener Zeit (Abb. 20), das sich zeitlich mit der Phase ungünstiger Frühsommer im 19. Jahrhundert deckt. Auch in diesem Fall lässt sich die Entwicklung nicht durch irgendwelche Biotopveränderungen oder landwirtschaftliche Praktiken – etwa die immer wieder unkritisch zitierte „Dreifelderwirtschaft" – erklären.

Abb. 20: Entwicklung der Rebhuhnstrecke in Ungarn seit 1884 (nach FARAGO 1988). Deutlich zeichnen sich die günstige Klimaperiode zu Beginn und die ungünstigen Verhältnisse in der zweiten Hälfte des 20. Jahrhunderts ab.

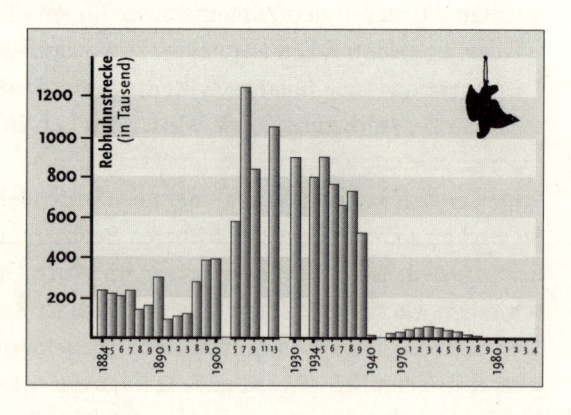

Der Rückgang der Rebhühner während der atlantisch getönten Klimaperiode seit den 1960er Jahren begann in den Hochlagen. Konnte man z. B. in den 50er Jahren des vorigen Jahrhunderts selbst in 1.000 m hoch gelegenen Revieren des Hochschwarzwaldes Rebhühner noch bejagen, so waren sie zehn Jahre später in dieser Höhe ganz verschwunden und in mittleren Lagen viel seltener geworden. Diesen, in erster Linie wohl temperaturbedingten Höheneffekt der klimatischen Auswirkungen erkannte auch PEGEL (1987) in seinen deutschen Untersuchungsgebieten. Höhere Rebhuhndichten finden sich heute nur noch in klimatisch günstigen Gebieten, also unterhalb 500 m NN, wobei offensichtlich das durch Bodenart und Geländemorphologie bestimmte bodennahe Mikroklima das örtliche Vorkommen erheblich beeinflusst (KALCHREUTER 1991).

Witterung und Insektenangebot
Wie im Falle des Rebhuhns bereits angedeutet, wirken sich Wärme und Trockenheit sowohl *direkt* auf das Überleben der Küken, wie auch *indirekt* über ein höheres Nahrungsangebot an Insekten aus. Synchrone Entwicklungen von Hühnervogel- und Insektenpopulationen sind daher zu erwarten.
Tatsächlich waren Großschmetterlinge oder Maikäfer – um nur einige auffällige Arten zu nennen – in den 1940er und frühen 1950er Jahren viel zahlreicher als heute. Die ältere Generation wird sich noch gut daran erinnern. In jener Periode trocken-heißer Sommer, während der der Wasserverbrauch – heute kaum vorstellbar – rationiert werden musste, konnten sich enorme Populationen von „Schadinsekten" entwickeln. Schulklassen wurden früh morgens eingesetzt, um die noch klammen Maikäfer von den Bäumen zu schütteln und sie an Haushühner zu verfüttern. Nachmittags hatten die Schüler im Kampf gegen die Massen von Kartoffelkäfern Kartoffelfelder zu durchkämmen. – Welcher Jugendliche kennt heute noch dieses schwarzgelb gestreifte Kerbtier aus eigener Anschauung? Und schließlich zeugten Großkahlschläge zur Bekämpfung der Borkenkäfer augenfällig vom Insektenvorkommen jener Jahre.
Eine historische Betrachtung von Kalamitäten forstlicher Schadinsekten durch KLIMETZEK (1979) ergab eine auffallende Parallelität zum geschilderten „Massenwechsel" der Hühnervögel. Nach der Mitte des 19. Jahrhunderts wurden sie kaum mehr dokumentiert, wohl aber wieder vor, während und nach der Wende zum 20. Jahr-

hundert. Damals fraßen vor allem die Raupen der Nonne (*Lymantria monacha*) die Nadelwälder kahl, und zwar überregional, sowohl in Ostpreußen wie in Oberbayern. Nach den 1940er Jahren gab es keine nennenswerten Kalamitäten mehr.

- Nach dem heutigen Wissensstand sind es vor allem langfristige Schwankungen der Witterungsverhältnisse während der Fortpflanzungszeit, die die Dynamik des Niederwildes im atlantischen Klimabereich beeinflussen.

Während der letzten Jahrzehnte machte sich allerdings zunehmend mehr ein weiterer bestandsbestimmender Faktor bemerkbar. Mehr hierüber in Kapitel S. 280 ff.

Beispiel Wasservögel
„Was dem einen sin Uhl, ist dem andern sin Nachtigall." Von den feucht-kühlen Sommern und milderen Wintern der jetzigen atlantischen Klimaperiode profitierten offensichtlich Enten und Gänse. Die kleineren Feuchtgebiete sind im Sommer weniger von Austrocknung bedroht als früher, und wegen der geringeren Vereisungsgefahr stehen unsere Gewässer den Schwimmvögeln oft den ganzen Winter über zur Verfügung. Das bedeutet kürzere Zugwege und folglich geringere Winterverluste.
Parallel dazu bewirkte eine mäßige Gewässer-Euthrophierung (Belastung mit organischen Abfällen) und die landwirtschaftliche Düngung potenzieller Äsungsflächen überwinternder Gänse eine Erhöhung des Nahrungsangebots. Das Zusammenspiel der genannten Faktoren führte zu positiven Bestandstrends der meisten Wasservogelarten in der westlichen Paläarktis seit etwa einem halben Jahrhundert.
Die kontinuierliche Zunahme gerade der bei uns früher selteneren Entenarten zeigt sich z. B. auch in der seit 130 Jahren geführten Entenstrecken-Statistik der Fürstlich-Fürstenbergischen Jagdverwaltung in Donaueschingen. Der Anteil seltener Arten hat sich im genannten Zeitraum etwa verdoppelt.

Reiherente und Tafelente haben im vorigen Jahrhundert ihr Brutgebiet weit nach Westen ausgedehnt.

Neben der Zunahme der Überwinterer ließen sich bei einigen Arten auch Verschiebungen ihrer Brutareale beobachten. Reiherente (*Aythya fuligula*) und Tafelente (*Aythya ferina*) sind hierfür auffällige Beispiele. Vor 100 Jahren kannte man sie bei uns nur als Durchzügler und Wintergäste aus ihren osteuropäischen und westasiatischen Brutgebieten. Die Besiedlung von Mittel- und Westeuropa einschließlich der Britischen Inseln vollzog sich innerhalb von nur fünf Jahrzehnten, und in den 1970er Jahren hatten beide Arten auch die französische Atlantikküste erreicht. Heute ist die Reiherente die häufigste brütende Tauchente Mitteleuropas.

Eine ähnliche Entwicklung war in den jüngsten Jahrzehnten bei der Schellente (*Bucephala clangula*) und im Süden bei der Kolbenente (*Netta rufina*) zu beobachten, während sich umgekehrt Knäkente (*Anas querquedula*) und Moorente (*Aythya nyroca*) allmählich aus Mitteleuropa zurückzogen.

Mehr über die Bestandsgeschichte unserer Wasservögel und die genannten bestandsbestimmenden Faktoren findet der interessierte Leser in KALCHREUTER (2000).

Wie die genannten Beispiele erkennen lassen, sind langfristige Bestandsschwankungen, insbesondere bei Zugvögeln, oft auch bedingt durch Arealverschiebungen der Brutpopulationen. Dem

Verständnis dieses Faktors möge die historische Betrachtung einer weiteren viel diskutierten Art dienen.

Waldschnepfe
Die Waldschnepfe (*Scolopax rusticola*), der „Vogel mit dem langen Gesicht", ist ein Zugvogel, der sich infolge seiner versteckten Lebensweise der Beobachtung weitgehend entzieht, folglich als selten, „gefährdet" oder gar „vom Aussterben bedroht" gilt.
Diese Einschätzung ist übrigens keineswegs neu. Schon um 1806 befürchtete der Altmeister deutscher Niederwildhege, Carl Emil DIEZEL (zit. in HOFFMANN 1867), die Waldschnepfe würde wegen ihrer „unsäglichen Verfolgung" in wenigen Jahrzehnten aussterben. – Das aber tat sie gerade nicht. Die bemerkenswerten Bestands- bzw. Arealveränderungen (Zus.-f. in KALCHREUTER 1979, 1982) lassen eher den gegenteiligen Schluss zu.

Vom Wintergast zum Standvogel
So war dieser Vogel auf den *Britischen Inseln* in früheren Jahrhunderten fast nur als Wintergast bekannt und als Flugwild von den „*sportsmen*" sehr geschätzt. Dennoch blieben ab etwa 1830 immer mehr Schnepfen im Lande und begründeten eine ständig expandierende Brutpopulation, die 100 Jahre später wohl alle geeigneten Biotope besiedelt hatte. Heute finden wir dort mit die dichtesten Brutbestände Europas. Dann folgte ein auffallender Bestandsanstieg in den *Niederlanden*, wo die Waldschnepfe zu Beginn dieses Jahrhunderts zwar, vor allem im Herbst, stets durchgezogen war, aber nur gelegentlich gebrütet hatte. Insbesondere seit den 1950er und 1960er Jahren wurden immer mehr balzende Männchen beobachtet und Nester gefunden. Ganz ähnlich und ziemlich zeitgleich verlief die Entwicklung in *Dänemark*, das über Jahrhunderten für massenhaften Schnepfendurchzug und entsprechende Jagdstrecken bekannt war – kaum aber war einmal ein Langschnabel geblieben um zu brüten. Das änderte sich nun auch hier. Um 1940 schätzte man den Bestand brütender Vögel auf 100–200 und in den 1970er Jahren mochte er 1.500 Vögel bereits überschritten haben,

Nur wenige Naturfreunde kennen die Waldschnepfe durch eigene Beobachtungen.

berichtet der dänische Schnepfenexperte CLAUSAGER (1972). Auch Beobachtungen in *Norddeutschland* (KALCHREUTER u. KRÖGER 2000) und in *Belgien* deuten auf zunehmende Brutbestände in den letzten Jahrzehnten hin.

Dagegen wissen wir kaum etwas aus dem Hauptverbreitungsgebiet dieser Art, den Weiten Osteuropas und Asiens und damit der Heimat der bei uns im Herbst und Frühjahr durchziehenden Vögel. Hier könnten nur Jagdstrecken gewisse Anhaltspunkte liefern, diese waren jedoch früher bei Zugvögeln weit weniger genau und schon gar nicht über entsprechend große Flächen hinweg erhoben worden. Immerhin klagte HOFFMANN (1867), wohl auf Grund von Einzelberichten, über einen Rückgang der Strecken vom 18. zum 19. Jahrhundert, und seit etwa 1840 wurden auf den Inseln entlang der deutschen Nordseeküste keine solchen enormen Schnepfenstrecken mehr gemacht wie früher.

Doch dann war es plötzlich wieder wie in alten Zeiten. Nachdem schon seit mindestens 1959 in Norddeutschland immer mehr Langschnäbel erlegt worden und die Zahl der Beringungsfänge auf Helgoland ebenfalls laufend gestiegen waren, tauchten besonders im Frühjahr 1965, dann im Herbst 1970 und 1977 auf der Insel wieder Schnepfen in solchen Massen auf, wie seit Menschengedenken nicht mehr. Entsprechend viele wurden erlegt, was – im Gegensatz zu früheren Zeiten – den Vogelschutz, allen voran das „Komitee gegen den Vogelmord", erwartungsgemäß zu heftigsten Kampagnen gegen dieses „Massaker" veranlasste. Interessant ist jedoch die populationsdynamische Seite dieser Ereignisse, geben sie doch Hinweise auf ab- und nun wieder zunehmende osteuropäische Schnepfenpopulationen im 20. Jahrhundert.

Arealverschiebungen
Die zeitliche Übereinstimmung des Rückgangs der Zahl östlicher Durchzügler mit der Gründung westlicher Brutbestände könnte auf eine lediglich geografische Verschiebung der europäischen Population von Ost nach West hindeuten. Im umgekehrten Falle ist dies weniger zu vermuten, denn die westlichen Bestände zeigten keine Anzeichen des Rückgangs. Hinweise könnten aber fünf in England erbrütete und dort beringte Schnepfen geben, die sich weit nach Osten bewegt und dort angesiedelt hatten, nämlich vier in Skandinavien und eine gar in der Nähe von Moskau. Drei weitere ähnliche Fälle sind vom nordwestlichen Festland bekannt (KALCHREUTER 1982). Dies überrascht insofern, als auch die Waldschnepfe sich in aller Regel in der Nähe ihres Schlüpfortes ansiedelt. Sollte für diese Abwanderung steigender Populationsdruck verantwortlich gewesen sein, nachdem die neu gegründeten Bestände die Biotopkapazität erreicht hatten, wie wir dies schon bei den Raufußhühnern (S. 67) kennen gelernt haben?
Den vielen Einzelberichten sind zumeist Überlegungen über die möglichen Ursachen beigefügt. „Jagd" wird dabei fast stets erwähnt. Rückläufige Bestandstrends sollten durch zu starke, ansteigende durch nachlassende Bejagung verursacht worden sein. Abgesehen davon, dass in einigen Fällen die geschilderten Verhältnisse gar nicht der Wirklichkeit entsprechen – auf den Britischen Inseln und in den Niederlanden z. B. wurde nie die Balzjagd ausgeübt –, sind diese Vermutungen nirgends begründet (KALCHREUTER 1979). Unsere umfassende und längerfristige Betrachtung lässt eher den Schluss zu, dass die Schnepfenpopulationen unabhängig von jagdlichen Regelungen fluktuierten, obwohl der Langschnabel von

jeher in seinem ganzen Verbreitungsgebiet bejagt wurde und heute allein in Europa jährlich zwischen drei und vier Millionen zur Strecke kommen (KALCHREUTER 1994 a).

Biotopveränderungen werden ebenfalls immer in den Fällen ursächlich erwähnt, wo solche zu erkennen waren, wie etwa die Wiederaufforstungen von Windwurfflächen in den Niederlanden und in Dänemark. Sie mögen sich lokal durchaus positiv ausgewirkt haben, können aber dennoch nicht die großräumigen Fluktuationen erklären. Die Britischen Inseln waren dafür viel zu rasch und großflächig besiedelt worden. Vom ersten Nestfund bis zum Status des „häufigen Vogels" waren vielerorts nur zehn Jahre verstrichen – meist ohne erkennbare Veränderung im Biotop.

Wie sieht es in diesem Fall mit dem Einfluss des *Klimas* aus? Hierüber wissen wir wenig. Immerhin zeigte eine Studie an der nahe verwandten Amerikanischen Waldschnepfe hohen Bruterfolg in Jahren mit überdurchschnittlichen und geringen Bruterfolg in Jahren mit unterdurchschnittlichen Maitemperaturen. Auch CLAUSAGER (1972) hält wesentliche Einflüsse des Klimas für möglich, zumal dieses in Dänemark in der Periode 1931–1960, in die ja das dortige Populationswachstum fiel, von April bis Juni trocken-wärmer und im Juli/August feucht-wärmer war als in den 30 Jahren zuvor. Dies könnte geringere Verluste nach dem Schlüpfen einerseits, verbesserte Nahrungsbedingungen während der Aufzuchtzeit andererseits und damit höhere Fortpflanzungsraten bewirkt haben. Entsprechende Daten von England aus dem 19. Jahrhundert kennen wir (noch?) nicht. Wohl aber ergaben Ringfundkalkulationen (KALCHREUTER 1975) eine beträchtlich geringere durchschnittliche Sterblichkeitsrate von nur 46% für die im Lande überwinternden Schnepfen als für die weit ziehenden östlichen Vögel (über 60%). Somit wäre denkbar, dass in Teilen Westeuropas günstige Fortpflanzungsbedingungen und/oder geringe Mortalität zu positiver Populationsbilanz und folglich Ausbreitung, nun in östlicher Richtung, führten.

Tatsächlich stützen die bereits erwähnten Fernfunde sowie einige weitere (Zus.-f. in KALCHREUTER 1979) die Hypothese klimabedingter

Populationsschwankungen. Weitere Erkenntnisse hierzu lässt die Auswertung des während der letzten zehn Jahre enorm angewachsenen Ringfundmaterials durch die Forschungsgruppe Schnepfenvögel von *Wetlands International* erwarten (KALCHREUTER 2001 a).

Deutlich wird im Zusammenhang mit den Ausführungen dieses Kapitels auch ganz besonders Eines:

■ Jagdstreckenstatistiken sind ein wichtiges und vielfach das einzig verfügbare Hilfsmittel für die populationsdynamische Forschung. Für die meisten jagdlich nicht relevanten Arten stehen uns in der Regel nur lokale Beobachtungen oder kurzfristige Untersuchungen zur Verfügung.

Was wissen wir zum Beispiel über etwaige jährliche Bestandschwankungen oder auch nur Trends von Bachstelze oder Rotkehlchen während der letzten beiden Jahrhunderte?

Zusammenfassung

Die ausführliche Darstellung der historischen Bestandsentwicklung einiger jagdlich interessanter Niederwildarten ist für die mannigfachen Diskussionen und Spekulationen über die Zukunft von Wildtieren bzw. deren Gefährdung von großem Interesse. Die Beispiele lassen erkennen:
► Tierpopulationen sind selten über längere Zeit stabil. Zu- oder abnehmende Trends, verursacht durch verschiedene Faktoren, sind vielmehr die Regel. Ähnliches gilt für die geografische Verbreitung.
► Klimatische Faktoren können sich insbesondere bei r-selektierten Arten erheblich auf die Bestandsdynamik auswirken. Den größten Einfluss hat dabei die Witterung zur Fortpflanzungszeit, die über die Sterblichkeit der Jungtiere entscheidet. Jährliche Unterschiede von Temperatur und Niederschlag bedingen daher das bekannte Auf und Ab der Niederwildbesätze.

- Änderungen des Großklimas haben demgegenüber nicht nur langfristige, z. T. erhebliche Schwankungen der Populationsdichte zur Folge, worauf nicht zuletzt die gegenläufigen Bestandstrends von Hühnervögeln und Wasservögeln in Mitteleuropa hindeuten, sondern ziehen auch Arealverschiebungen in horizontaler und vertikaler Richtung nach sich. Die klimatische Konstellation ist daher auch für das großräumige Niederwildvorkommen entscheidend. Dieses lässt sich durch Biotopqualität und Prädatorendichte allenfalls lokal modifizieren.

Todesfaktor Jagd

Wie wir bereits erfahren haben, ist jedes Leben von begrenzter Dauer. Werden und Vergehen sind charakteristisch für alles Lebendige.

Beobachtungen zur Entstehung des Lebens gelingen immer wieder einmal. Aus dem Gelege im Hausgarten schlüpfen junge Amseln, und unter dem Giebel fliegen alljährlich die jungen Mehlschwalben aus. Mit etwas Glück kann man eine Fasanenkette mit Gesperre entdecken oder gar ein Reh mit nur wenige Tage alten Kitzen.

Doch wo bleiben diese Tiere schließlich?

Natürliche und jagdbedingte Sterblichkeit

Die zweite Komponente des Lebens, nämlich der Tod, gilt zwar als selbstverständlich, doch lässt er sich bei Wildtieren kaum beobachten. Hinweise liefern allenfalls das plötzliche Verschwinden auffallend gefärbter oder durch Gehörn oder Geweih individuell gezeichneter Tiere. Aber selbst bei größeren Arten ist dann der Nachweis des Todes meist nicht zu führen. Wann findet man schon einmal ein verendetes Reh? Von kleineren Säugetieren und selbst bunt gefärbten Vögeln ganz zu schweigen – obwohl jährlich viele Milliarden Tiere sterben. Allenfalls stößt der Wanderer einmal auf eine vom Fuchs totgebissene Spitzmaus oder einen verendeten Singvogel.

Der Grund hierfür liegt in erster Linie in der Tatsache, dass Tierleichen sofort in den Nahrungskreislauf anderer Arten eingehen. Sie werden entweder ganz von Prädatoren konsumiert oder allmählich von kleineren Organismen beseitigt. Selbst die Knochen größerer Tiere halten den Nagezähnen von Mäusen und Eichhörnchen nicht stand und verschwinden in relativ kurzer Zeit, wie eigene Beobachtungen an experimentell ausgelegten Kadavern zeigen.

Den raschen Umsatz organischen Materials verdeutlicht auch der Mauservorgang bei Vögeln. Jeder Vogel wechselt mindestens einmal jährlich jede Feder. Milliarden von Federn rieseln auf diese Weise alljährlich in Mitteleuropa zu Boden. Doch wie selten findet man selbst Federn größerer Arten? Etwa die Schwungfeder eines Mäusebussards oder ein leuchtend blauweiß gezeichnetes Schulterfederchen des Eichelhähers?

Vergleichsweise wenige Untersuchungen waren bislang dieser Thematik gewidmet. MEILE (1991) ging der Frage im Rahmen seiner Studien im Ermatinger Becken am Bodensee nach (mehr hierüber S. 254 ff.), nachdem trotz hoher Entendichten kaum verendete Vögel gefunden wurden. Mit Hilfe von experimentell ausgelegten toten Enten zeigte sich, dass Vogelkadaver erstaunlich rasch von Prädatoren beseitigt wurden. Bis zu 90% verschwanden schon nach 24 Stunden bei Frostwetter und Schnee, und nur doppelt so lange dauerte es bei etwas wärmerer Witterung. Bei extremer Kälte waren einige Kadaver schon nach drei Stunden gänzlich verschwunden. Insofern könnte selbst bei täglicher systematischer Suche (auch mit Hilfe von Hunden) nur ein kleiner Teil der natürlichen Sterblichkeit erfasst werden. Ähnliche Ergebnisse erbrachten entsprechende Untersuchungen in der französischen Camargue und in Nordamerika (Zus.-f. in KALCHREUTER 1994).

Die Unvollkommenheit menschlicher Bemühungen, das Vergehen alles Lebendigen in der Natur numerisch zu erfassen, dokumentierten schließlich STUTZENBAKER *et al.* (1986). Auf einer Fläche von 40 ha deponierten sie 100 tote Enten, je zur Hälfte gut sichtbar oder in guter Deckung. Unmittelbar danach wurde ein achtköpfiges Team mit der intensiven Suche nach kranken bzw. toten Enten beauftragt. Das Resultat war selbst für Kenner der Materie beeindruckend: Kein Einziger der in Deckung platzierten Vögel und nur 12% der offen ausgelegten Vögel wurden gefunden!

So unbemerkt Tiere ihr Leben beenden, so unbekannt bleiben in aller Regel die *Ursachen* ihres Todes. Allenfalls bei auffälligem Massensterben nach Epidemien oder Naturkatastrophen zeigt sich der Tod im Tierreich klarer. Bei Wasservögeln durch Botulismus, bei

Kaninchen durch Myxomatose oder bei Elefanten mit hoher Populationsdichte während Dürreperioden. Dagegen bleiben die häufigsten Todesursachen, nämlich Nahrungsmangel, Infektionskrankheiten oder Prädation auch dem aufmerksamen Beobachter meist verborgen. Allenfalls Letztere ist durch aufwändige Methodik wenigstens lokal zu quantifizieren. Etwa durch Telemetrierung von Prädatoren, wie dies z. B. KENWARD (1985) mit seinen Habichten praktizierte, um so Aufschluss über die Zahl geschlagener Beutetiere zu bekommen (mehr hierüber S. 323 ff.).

Jagdliche Eingriffe
Relativ genau lässt sich dagegen die Sterblichkeit durch menschliche Jagd quantifizieren. Wie bereits dargelegt, gibt es in Gebieten, in denen Wildtiere ähnlich planmäßig genutzt wurden wie land- oder forstwirtschaftliche Produkte, recht genaue Statistiken über Jagdstrecken (Abb. 21), die lokal bis ins späte Mittelalter zurückreichen (z. B. HUDEC 1974, SCHWENK 1982). Sie zeigen, dass seit Jahrhunderten *alljährlich* Milliarden von Wildtieren durch Jagd zu Tode gekommen waren.

Abb. 21: Die Entwicklung der Jagdstrecken von Wildgänsen auf böhmisch-mährischen Besitzungen (aus KALCHREUTER 2000, nach Daten von HUDEC 1974). Einige Tierarten wurden seit Jahrhunderten nachhaltig genutzt wie land- und forstwirtschaftliche Produkte.

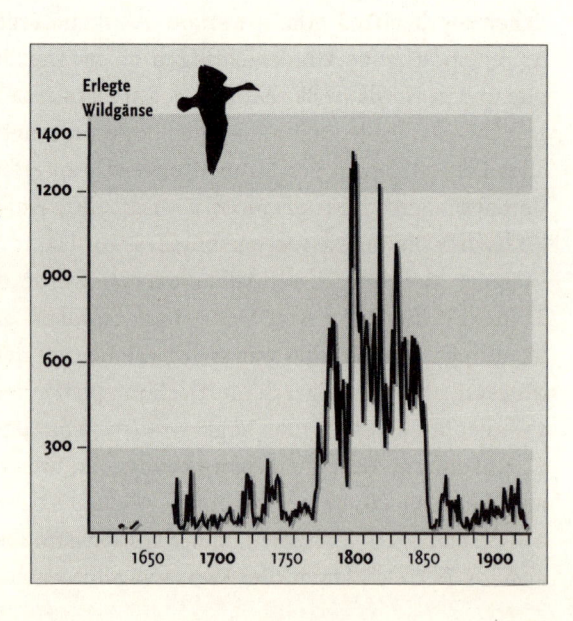

So fallen Jahr für Jahr etwa 70 Millionen einer einzigen Art, nämlich der nordamerikanischen Trauertaube (*Zenaida macroura*) den Flinten der Jäger zum Opfer, ergaben die Statistiken des *US Fish and Wildlife Service* (BASKETT et al. 1993). Und der Radolfzeller Ornithologe BERTHOLD (2000) kommt nach Auswertung aller einschlägigen Veröffentlichungen gar auf 300 Millionen Zugvögel (ohne Wasservögel), die im Mittelmeerraum erbeutet werden.
Solche Angaben klingen zunächst ungeheuerlich. Ist Jagd unter diesen Umständen überhaupt vertretbar? Wäre es nicht höchste Zeit, diesen Gefährdungsfaktor auszuschalten?
Zu denken gibt andererseits die Tatsache, dass solche Strecken alljährlich erzielt werden! Sind da vielleicht gewisse Mechanismen wirksam, die den jagdlichen Verlusten entgegenwirken, diese also kompensieren? Andernfalls müssten doch viele seit Jahrhunderten bejagte Tierarten längst ausgestorben sein?
In Wirklichkeit waren von den etwa 130 während der letzten 300 Jahre vom Erdball verschwundenen Vogelarten höchstens 22 groß genug oder durch ihre Lebensweise geeignet, um jagdlich überhaupt interessant zu sein, ergaben die Recherchen des amerikanischen Ornithologen GREENWAY (1967). Nur bei ganz wenigen Arten spielte gedankenlose Ausbeutung oder gezielte Vernichtung die entscheidende Rolle (mehr hierüber auf S. 101 f.). Demgegenüber haben viele der planmäßig jagdlich genutzten Arten bis heute bestens überlebt.
Wie ist dies möglich? Mit dieser interessanten Frage wollen wir uns in den folgenden Kapiteln befassen.

Welcher Anteil wird erlegt?

So bedrohlich hohe Erlegungszahlen auch aussehen mögen, sie *allein* können zum Thema Gefährdung gar nichts aussagen. Entscheidend ist vielmehr die Frage, welcher Anteil der Population zur Strecke kommt. Es gibt verschiedene Methoden, die Erlegungsrate zu ermitteln.
Auf *direktem* Wege lässt sie sich nur bei gut zählbaren Arten hinreichend genau kalkulieren, indem man die Höhe des Bestands vor

der Jagdzeit mit der danach erzielten Jagdstrecke vergleicht. Größere Wildarten in übersichtlichen Lebensräumen kann man mit dieser Methode untersuchen, etwa Antilopen in Grassavannen und Wüstengebieten. Kleinere Arten drücken sich dagegen gern, und so bedarf es spezieller Methodik zur Bestandserfassung. Feldhasen z. B. lassen sich bei Nacht mit Hilfe eines Suchscheinwerfers zählen (PEGEL 1986). Bei Rebhühnern gelingt eine Bestandsschätzung im Herbst nur über die Streife mit guten Hunden, die die Vögel aus der Deckung drücken.

Wasservögel sind zwar in ihren meist übersichtlichen Biotopen recht gut zu zählen, doch machen die großräumigen Areale dieser ziehenden Arten eine Koordination von Zählaktionen über weite Gebiete hinweg erforderlich. Eine solche Koordination war bislang nur in Nordamerika gegeben. Inzwischen liefern allerdings die von *Wetlands International* (dem früheren Internationalen Büro für Wasservogelforschung, IWRB) koordinierten Zählaktionen auch für Europa gutes Datenmaterial. Andererseits fehlt es hier, im Gegensatz zu Amerika, an einer länderübergreifenden und nach Arten aufgeschlüsselten Statistik der Wasserwildstrecke (KALCHREUTER 2000).

Antworten liefert die Beringung
Es waren insbesondere die schwer durchschaubaren Verhältnisse bei den Zugvögeln, die zur *indirekten* Ermittlung des jagdlichen Eingriffs führten, und zwar mittels der Analyse von Ringfunden. Beschränkt sich die Analyse jedoch, wie hierzulande noch üblich, auf die Ring*funde*, so führt dies zu einer weit verbreiteten Fehlinterpretation, wie sie sich selbst in ornithologischen Standardwerken wie z. B. dem „Handbuch der Vögel Mitteleuropas" findet. So hielten GLUTZ *et al.* (1971) „Jagd" für die häufigste Todesursache des Mäusebussards (der damals noch bejagt wurde), weil die meisten *rückgemeldeten* Ringe von erlegten Vögeln stammten. Zum selben Schluss kam BEZZEL (1979) bei der Betrachtung der Rückmeldungen von acht in Finnland beringten Entenarten. Bis zu 90% (z. B. bei der Löffelente) waren als erlegt gemeldet worden.

Dabei wird übersehen, dass die Ringe erlegter Vögel natürlich mit viel größerer Wahrscheinlichkeit in menschliche Hand bzw. an die Beringungszentrale und damit zur Auswertung gelangen, als die durch andere Todesursachen umgekommen. Wie zu Beginn dieses Kapitels erläutert, gelingt es fast nie, einen „natürlich" verendeten Vogel zu finden. BOYD (1957 a) vermutete auf Grund seiner Berechnungen eine zehnfach höhere Rückmeldewahrscheinlichkeit der Ringe erlegter gegenüber tot gefundener Krickenten.

Den Fehlschluss möge nochmals folgendes Beispiel verdeutlichen: „Außer dem Menschen scheint die Waldschnepfe wenig Feinde zu haben". GLUTZ et al. (1977) beziehen diese Feststellung wohl auf jede Jagd, also auch die durch jagende Tiere, erwecken dabei jedoch den Eindruck, die Jagd durch den Menschen bedeute den gravierendsten Sterblichkeitsfaktor bei dieser Art. Diese Ansicht ist weit verbreitet, denn über 90 % der rückgemeldeten Ringe stammen von erlegten Schnepfen. In Wirklichkeit machen diese im großräumigen Durchschnitt Europas und Nordamerikas nur etwa 10 % der *insgesamt* beringten Schnepfen aus (KALCHREUTER 1979, 2001 a). Die weitaus meisten Schnepfen gehen also an anderen, „natürlichen" Todesursachen ein. Sie bzw. ihre Ringe werden infolge ihrer versteckten Lebensweise im Waldesdunkel jedoch nie gefunden.

Die tatsächliche Bedeutung der als erlegt gemeldeten Ringvögel lässt sich also nur im Vergleich mit der *Gesamtzahl beringter Vögel* ermitteln. Letztere ist ja genau bekannt, da die Beringer hierüber Listen anlegen und diese an die Vogelwarten bzw. Beringungszentralen einsenden.

Die Raten der als erlegt zurückgemeldeten Ringvögel sind allerdings insofern nur als Hinweis auf die Erlegungsrate zu betrachten, als dabei zwei Fehlerquellen zu berücksichtigen sind, nämlich

▶ erlegte, bzw. angeschossenen aber nicht gefundene Vögel und
▶ Ringe, die zwar erbeutet, aber – meist aus Nachlässigkeit – nicht gemeldet wurden.

In aller Regel werden also mehr Ringvögel erlegt als zurückgemeldet. Um diese Fehlerquellen zu quantifizieren, wurden vor allem in

Die weitaus meisten Meldungen beringter Vögel verdankt die Wissenschaft den Jägern.

Nordamerika, inzwischen aber auch in Europa, aufwändige Untersuchungen durchgeführt (Zus.-f. in KALCHREUTER 1994). Danach werden im Schnitt etwa 15–30% der erlegten Ringvögel nicht gefunden, während die Rate der erbeuteten, aber nicht gemeldeten Ringe in Abhängigkeit vom Interesse der Jäger an den genannten Fragestellungen örtlich stark schwanken kann. Im Extremfall wurde nur ein Drittel gemeldet.

Abb. 22: Liberale oder restriktive jagdliche Regelungen spiegelten sich in der Zahl eingesandter Ringe (der Stockente) wider (aus ANDERSON 1975). Die Rückmelderate kann somit als Weiser für die Höhe des Jagddrucks dienen.

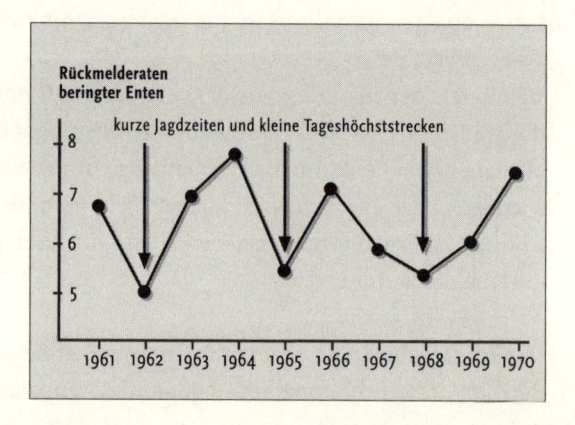

Doch unabhängig von diesen meist nicht genauer bekannten und örtlich wie zeitlich schwankenden Faktoren der nicht gefundenen erlegten Vögel und der „Meldefreudigkeit" ist die Rückmelderate als solche ein recht zuverlässiger *relativer* Weiser für die Höhe des Jagddrucks – dies zeigten die den ganzen nordamerikanischen Kontinent umfassenden Auswertungen von Daten erlegter Enten durch ANDERSON (1975) und ROGERS *et al.* (1979). Die Autoren fanden eine enge Beziehung zwischen den regional und zeitlich stark schwankenden jagdlichen Regelungen (Jagdzeit und zulässige Tageshöchststrecke) und den Rückmelderaten beringter Enten (Abb. 22).

Auf Grund vieler übereinstimmender Erkenntnisse scheint wohl generell zu gelten:

- Je intensiver eine Art bejagt wird, desto höher ist die Rückmelderate (als relatives Maß für die Erlegungsrate) und umgekehrt.

Die auf indirektem Wege hergeleiteten Werte für die Bejagungsintensität von Abb. 22 deckten sich recht gut mit den direkt, d. h. den aus Wasserwildzahlen und Jagdstrecken ermittelten Erlegungsraten desselben Gebiets (PATTERSON 1979). Mehr Informationen hierüber und über weitere Weiser für die Bejagungsintensität sind in KALCHREUTER (1994, 2000) zusammenfassend dargestellt.

Motive für Jagd und Bejagungsintensität

Warum gehen Menschen auf die Jagd? Sind die Motive heute dieselben wie früher und inwiefern wirken sie sich auf die Intensität der Bejagung aus? Dem besseren Verständnis dieser Fragen möge – in Anlehnung an den amerikanischen Wildbiologen DASSMANN (1964) – die folgende überregionale bzw. historische Betrachtung der verschiedenen Stufen menschlicher Jagd dienen.

Nahrungsjagd

„*Subsistence hunting*", so der international gebräuchliche Terminus für diese ursprüngliche Form der Jagd, ist so alt wie die Menschheit selbst. Über den weitaus größten Teil ihrer auf zwei Millionen Jahre geschätzten Geschichte waren Wildtiere die überwiegende Quelle für tierisches Protein. Die Jäger-Wild-Beziehungen entsprachen in etwa den Räuber-Beute-Beziehungen der Tierwelt: Das Vorkommen des Jagdwildes regulierte im Wesentlichen die Menschendichte. Insofern blieben die Erbeutungsraten sozusagen automatisch in bestimmten Grenzen – zu hohe Eingriffe hätten rückläufige Wildbestände und damit eine existenzgefährdende Schmälerung der Nahrungsbasis zur Folge gehabt.

Die fundamentale Bedeutung der Jagd in prähistorischer Zeit auch in unserem Raum zeigen die Höhlenmalereien der Älteren Steinzeit. Für manche Menschen, z. B. die in entlegenen Regionen der Arktis lebenden Eskimos, bildete sie jedoch bis ins 20. Jahrhundert die einzige Existenzgrundlage. Unzureichender Jagderfolg auf Walross, Robben oder Wal hatte den Hungertod von Teilen der Sippe zur Folge.

Allerdings entsprach der Mensch wohl nur im Urzustand oder in extrem artenarmen Ökosystemen dem Typ des Spezialisten unter den Prädatoren, der einer oder wenigen Beutetierarten auf Grund

Bis in die jüngste Vergangenheit war das Überleben einzelner Naturvölker von ihrem Jagderfolg abhängig.

seiner Abhängigkeit davon nie gefährlich werden kann. Infolge seiner körperlichen Konstitution und der sich rasch entwickelnden geistigen Fähigkeiten war er eher den Generalisten mit breitem Nahrungsspektrum vergleichbar, die bei Rückgang einer Beutetierart auf andere ausweichen können. Schon sein Gebiss, das – verglichen mit Raubtieren – viel eher dem des Bären als dem der reinen Fleischfresser Löwe oder Wolf ähnelt, deutet darauf hin, dass der Mensch bei Fleischmangel notfalls auf pflanzliche Nahrung umzustellen vermochte. Zusammen mit der Verbesserung des Jagderfolgs durch kommunizierende Jägerhorden und der Entwicklung von Waffen konnte dies durchaus zur Ausrottung solcher Beutetierarten führen, die gegenüber dieser Art von „Prädation" kein Feindvermeidungsverhalten entwickelt hatten. So gibt es Hinweise, dass der Moschusochse (*Ovibos moschatus*) in weiten Gebieten der Kanadischen Arktis schon vor 5.000 Jahren von den dortigen Nahrungsjägern (Eskimos) ausgerottet wurde.

Nachhaltige Nahrungsjagd?
Dennoch ist diese Art der Jagd die einzige, die auch von ansonsten sehr kritischen Kreisen der Bevölkerung in dicht besiedelten Ballungsräumen akzeptiert wird. Ermöglicht sie doch ein ursprüngliches Leben fern der Zivilisation, von dem der Städter nur noch träumen kann. Diese Verherrlichung führt dann zu der Annahme, die Jagd zum direkten Lebensunterhalt sei die pfleglichste Art der Wildnutzung. Ist sie das wirklich?
Jahrelanges Leben in entlegenen Regionen der Erde lehrte mich eher das Gegenteil (mehr hierüber in KALCHREUTER 1990). Naturvölker erbeuten alles, dessen sie habhaft werden können. Es wird geschossen, solange die Munition reicht. Die spätere Verwendung ist zweitrangig. Bei Nahrungsüberschuss wird nur das Wohlschmeckendste verspeist. Tierschutz oder der heute unter zivilisierten Waidmännern so viel diskutierte Begriff „Jagdethik" sind Fremdwörter für diese Menschen. Ihre Jagdweise erinnert eher an die von Fuchs oder Marder, die in einen Hühnerstall eingedrungen sind und alles töten, sich in der Regel aber nur ein Huhn einverleiben.

Auch für das Prinzip der Nachhaltigkeit ist noch kein Sinn entwickelt. Gejagt wird zu jeder Jahreszeit, in der das Wild erreichbar ist, auch während der Fortpflanzungszeit. Brütende Enten und Gänse z. B. sind sehr fett und daher wohlschmeckend, und auch die Eier werden nicht verschmäht. Besonders leicht und folglich in großer Zahl sind Wasservögel während ihrer mauserbedingten Flugunfähigkeit zu erbeuten.

Dass sich diese ursprüngliche Art der Nutzung auf die Wildbestände in der Vergangenheit kaum ausgewirkt hat, war nur der geringen Menschendichte in diesen Regionen zu verdanken. Heute ist das vielerorts schon anders. Dank ärztlicher Betreuung und zusätzlicher Nahrungsquellen stieg die Bevölkerung in den Eskimodörfern. Mit den heutigen technischen Hilfsmittel konnten die Nahrungsjäger auch entlegene Gebiete ausbeuten, sodass z. B. vier in Westalaska brütende arktische Gänsearten drastisch zurückgegangen sind (KALCHREUTER 1994). Diese Arten konnten sich erst wieder erholen, nachdem diese zum *„semisubsistence hunting"* avancierten Aktivitäten durch Schonzeiten während der Brut- und Mauserzeit eingeschränkt wurden.

Marktjagd

Der Übergang in eine höhere Zivilisationsstufe zeigt sich besonders deutlich am Walross (*Odobenus rosmarus*). Seine Bedeutung als existenznotwendige Nahrungsquelle für Eskimos hat es immer mehr verloren. Motorschlitten lösen zunehmend die traditionellen Hundeschlitten ab, sodass auch immer weniger Vierbeiner mit dessen fettreichem Fleisch durchzufüttern sind. Dennoch blieb das Walross begehrtes Jagdwild, denn seine Stoßzähne liefern Elfenbein, das sich zu Schnitzereien verarbeiten lässt, und diese bringen gutes Geld. Die nächste Stufe menschlicher Jagd, eine Form der *Marktjagd* ist erreicht.

In klimatisch günstigeren Regionen wurde der Mensch mit der Entwicklung von Viehzucht und Ackerbau viel früher unabhängig vom Jagderfolg. Dennoch spielte Wildfleisch als Proteinquelle weiterhin eine Rolle. Im Zuge der beruflichen Spezialisierung übte nur noch ein relativ kleiner Teil der Bevölkerung die Jagd aus, erlegte oft weit mehr als für den Eigenbedarf notwendig war und versorgte damit auch nicht jagende Bevölkerungsgruppen. Damit unterlag diese Art der Jagd den ökonomischen Zwängen des Handels: Mit möglichst geringem Aufwand musste möglichst viel Wild erbeutet werden.

In Mitteleuropa dürfte Jagd mit dem Hauptzweck des Gelderwerbs wohl nie eine große Rolle gespielt haben. In Gesamteuropa mussten größere Wildtiere zwar der rasch fortschreitenden Zivilisation weichen, konnten aber in den menschenleeren Weiten des Ostens überleben. Gänzlich ausgerottet wurden in geschichtlicher Zeit nur der Auerochse (*Bos primigenius*) und der auf atlantischen Inseln lebende flugunfähige Riesenalk (*Alca impennis*). Offensichtlich garantierten hier die alten, auf nachhaltige Nutzung ausgerichteten Jagdsysteme vieler europäischer Länder die Erhaltung des Wildes. Dieselben Europäer oblagen jedoch in Übersee, frei von den Zwängen des heimatlichen Jagdrechts, der zügellosen Marktjagd, wie BRANDER (1972) und GREENWAY (1967) über Nordamerika zur Pionierzeit recherchierten. Die nach Westen vordringenden Siedler, Goldsucher, Arbeiterkolonnen der Bautrupps und Abenteurer jeglicher Art deckten ihren Proteinbedarf größtenteils durch Wildbret, das hauptberufliche Wildtöter (*gunners*) an die Märkte lieferten. Bedarf bestand das ganze Jahr über, folglich konnte es keine Schonzeiten geben. Zusätzlichen Profit brachten die Häute von Bison und Hirschen, von denen enorme Mengen auch nach Europa verschifft wurden.

Am anderen Ende des Kontinents, im damals noch russischen Alaska, beuteten russische Pelzhändler mit Hilfe der von ihnen vereinnahmten Eingeborenen die Bestände von Pelzrobben (*Enhydra lutris*) und Seeottern (*Callorhinus alascanus*) aus. Ebenfalls ohne einen Gedanken an Nachhaltigkeit zu verschwenden. Was zählte, war nur das schnelle Geld.

Raubbau in der Neuen Welt

Offensichtlich hatten die grenzenlosen Weiten der Neuen Welt zu sorglosem Umgang mit deren Naturgütern verleitet, denn man

Zügellose Marktjagd führte einst zum drastischen Rückgang der Wildbestände in Nordamerika.

hielt sie ebenfalls für unbegrenzt und unerschöpflich. Eine überaus fatale Fehleinschätzung, wie sich innerhalb weniger Jahrzehnte zeigen sollte!

▶ Der Bison (*Bison bison*), größte Wildart des nordamerikanischen Kontinents, der die Prärien in unvorstellbar großen Herden von insgesamt wohl 30–70 Millionen besiedelte, war zu Anfang des 20. Jahrhunderts bis auf einige hundert Exemplare in entlegenen Gebieten der Rocky Mountains verschwunden. Als weiteres Motiv kam in diesem Fall allerdings die gezielte Ausrottung hinzu, um den bekämpften Indianern die Lebensgrundlage zu entziehen.

▶ Bis auf geringe Reste verschwunden war auch ein weiterer Präriebewohner, die Pronghorn-Antilope (*Antilocapra americana*), und die Bestände des unserem Rehwild nahe verwandten, aber größeren Weißwedelhirschs (*Odocoileus virginianus*) waren auf ein bis zwei Prozent der ursprünglichen geschrumpft (FISH AND WILDLIFE SERVICE 1987).

▶ Der Seeotter galt jahrzehntelang als gänzlich ausgestorben, und die Pelzrobbe entging nur ganz knapp diesem Schicksal.

GREENWAYS geografische Betrachtung der Ausrottung von Vögeln ermittelte Schwerpunkte auf den Inseln des Indischen und Pazifischen Ozeans und, auch in dieser Hinsicht, in Nordamerika. Gedankenlose Ausbeutung des Wasserwildes wurde einigen Arten wie Trompeterschwan (*Cygnus buccinator*) und Brautente (*Aix sponsa*) beinahe zum Verhängnis, und die Labradorente verschwand für immer von diesem Erdball. Besonders spektakulär und folglich bis heute immer wieder zitiert ist die Ausrottungsgeschichte von zwei ehemals sehr häufigen Arten:

▶ Der Eskimo-Brachvogel (*Numenius borealis*) zog einst in solchen Schwärmen von seinen arktischen Brutgebieten in seine südamerikanischen Winterquartiere, dass auf einer an seinem Zugweg gelegenen Insel bis zu 7.000 Exemplare an einem Tag von den dortigen Marktjägern erlegt werden konnten. Die im Herbst fetten Vögel brachten gutes Geld auf den Märkten, weshalb die Ausbeutung auch noch fortgesetzt wurde, als Ende des 19. Jahrhunderts die Zahlen rapide abnahmen. Nach 1915 war kaum mehr ein Vogel zu beobachten, der letzte bestätigte Nachweis stammte von 1963.

▶ Noch ungleich zahlreicher war die etwa turteltaubengroße Wandertaube (*Ectopistes migratorius*). Nach heutigen Schätzungen auf Grund früherer Angaben ist wohl von einem Gesamtbestand vor 200 Jahren in Höhe von mindestens drei Milliarden auszugehen! Möglicherweise war keine Vogelart der Erde jemals so zahlreich. Die ziehenden Schwärme von über einem Kilometer Breite verdunkelten buchstäblich stundenlang die Sonne, so dicht flogen die Vögel. Angeblich kamen bis zu 70 Vögel mit einem einzigen Schrotschuss zur Strecke. Wenn im Mai die Tauben besonders dicht flogen, lag die durchschnittliche Tagesstrecke eines Marktjägers bei 1.000 Stück. In Netzen gefangen, dienten sie als lebende Ziele beim Trapschießen für 20 Cent je Vogel. Bei hohem Angebot an geschossenen Vögeln sank der Preis auf den Märkten auf einen Cent pro Taube. So wenig, wie über die Population, wissen wir heute Genaueres über die jährlichen Strecken. Waren es 50, 100 oder mehr Millionen? Jedenfalls gab es diese Massen von Wandertauben bis in die 1880er Jahre.

Die Wandertaube war der wohl häufigste Vogel, der je auf Erden gelebt hat. Heute existiert sie nur noch in wenigen Exemplaren in Museen.

Dann ging es plötzlich rapide bergab. Die in den 1890er Jahren erlassenen Schonzeitregelungen kamen bereits zu spät. Um 1910 setzte man 1.500 Dollar für den Hinweis auf ein brütendes Paar Wandertauben aus. Vergeblich! Am 1. September 1914 starb die letzte Wandertaube im Zoo von Cincinnati.

Offene Fragen
Insbesondere letzteres Schicksal gilt heute als das klassische Beispiel menschlichen Raubbaus unter der Tierwelt. Dass die Marktjagd als solche dabei eine wesentliche Rolle spielte, ist wohl unbestritten.

Dennoch bleiben mehrere Fragen ungeklärt: Wie konnte die Wandertaube mit ihrer geringen Fortpflanzungsrate von angeblich nur einem Ei pro Nest (mehrfaches Brüten pro Jahr ist nicht sicher belegt) zum wohl häufigsten Vogel der Erde avancieren und andererseits in nur drei Jahrzehnten gänzlich verschwinden? Kritisch waren wohl die Plünderungen und damit verbundenen Störungen in den großen Brutkolonien sowie das Abholzen der Laubmischwälder im Zuge der rasch wachsenden Bevölkerung, zumal Koloniebrüter sehr empfindlich gegenüber der Auflockerung ihrer Brutgemeinschaft reagieren.

Vielleicht haben aber auch Faktoren eine Rolle gespielt, von denen wir noch keine Ahnung haben. Das Brutgeschehen des zur selben Zeit verschwundenen Eskimo-Brachvogels in der menschenleeren Arktis war ja nicht beeinträchtigt. Zu denken gibt dabei das fast synchron verlaufene Schicksal seines nahen Verwandten in der Alten Welt, des Dünnschnabel-Brachvogels (*Numenius tenuirostris*). Auch er war im 19. Jahrhundert noch recht häufig, ging im Laufe des 20. Jahrhunderts rapide zurück und zählt heute mit einem geschätzten Gesamtbestand von höchstens 400 Exemplaren als einer der seltensten Vögel der Welt. Zwar galt er früher in den europäischen Durchzugs- und Überwinterungsgebieten als begehrtes Jagdwild, und sein ausgeprägtes Schwarmverhalten machte wohl auch ihn anfälliger für die Flinten der Jäger. Doch gibt es keine Hinweise für solch massive, durch Marktjagd intensivierte Eingriffe wie bei seinem amerikanischen Vetter. Seine Brutgebiete werden irgendwo in Südsibirien vermutet, wo sie wohl ebenfalls sicher vor jagdlichen Störungen sind. Seit Jahrzehnten ist Jagd als Negativfaktor jedenfalls auszuschließen. Vielmehr bemühen sich die internationalen Jägerorganisationen *Internationaler Jagdrat zur Erhaltung des Wildes* bzw. *Conseil International de la Chasse et de la Conservation du Gibier* (CIC) und die *Fédération des Associations de Chasseurs de l'UE* (FACE) in enger Zusammenarbeit mit der Vogelschutzorganisation *Birdlife International* in aufwändigen Aktionen um seine Erhaltung. Das Problem ist die Unkenntnis seiner Brutgebiete und der Rückgangsursachen. Wird es dennoch gelingen, dieser Art das Schicksal der amerikanischen zu ersparen?

Der Schock über das unerwartete Ende der genannten Arten resultierte in einem völligen Verbot der Marktjagd in Nordamerika Anfang des 20. Jahrhunderts. Bis heute dürfen keinerlei Produkte von Wildtieren verkauft werden. Ausgenommen davon sind lediglich die heute streng lizenzierten Pelztierjäger, die „Trapper", die sich in den nördlichen Regionen ihren Lebensunterhalt mit dem Verkauf von Pelzwerk verdienen. Ansonsten ist nur noch die Jagd zur Versorgung des eigenen Haushalts mit Wildbret oder zur Erbeutung persönlicher Erinnerungsstücke (Trophäen) erlaubt. Wildprodukte dürfen allenfalls noch verschenkt werden, der Mammon ist aus dem Spiel und damit die entscheidende Triebfeder für die Marktjagd. Dies führte in Verbindung mit strengen jagdlichen Regelungen zu einer bemerkenswerten Wiederausbreitung der genannten Wildarten in den folgenden Jahrzehnten (FISH AND WILDLIFE SERVICE 1987).

Wilderei: illegale Marktjagd
In zivilisierten Ländern ist die Bejagungsintensität durch gesetzliche Restriktionen gedrosselt. Wilderei spielt hier, jedenfalls aus populationsdynamischer Sicht, keine nennenswerte Rolle mehr. Dies gilt sinngemäß auch für Entwicklungsländer und politische Krisengebiete, sofern die Wilderei auf Wildfleisch abzielt. Denn dieses ist im heißen Klima nur begrenzt haltbar, und infolge hoher Transportkosten ist der Markt lokal sehr begrenzt. Ist dieser gesättigt, sinkt der Preis und damit der Jagdeifer.
Bei wertvollen Wildprodukten ist dies ganz anders. Tierhäute lassen sich gut konservieren und in getrocknetem Zustand über weite Entfernungen transportieren. Dies gilt noch mehr für Hörner und Zähne, die pro Gewichtseinheit viel höhere Erlöse erzielen als Fleischprodukte. Für die arme Bevölkerung in wildreichen Regionen bietet sich somit ein fast unersättlicher Markt im wohlhabenden Ausland. Besonders interessant waren oder sind heute noch die

- Felle gefleckter Katzen (Leopard, Gepard, Jaguar) für die Pelzindustrie,
- Federn der Paradiesvögel (*Paradisaeidae*) als Hutschmuck,
- Stoßzähne des Elefanten als Rohmaterial für Elfenbeinschnitzereien,
- Hörner der verschiedenen in Afrika und Asien verbreiteten Nashornarten, die in arabischen Ländern zu Dolchgriffen verarbei-

tet werden, in weit größerem Umfang jedoch in pulverisierter Form als (vermeintliche) Heilmittel und Aphrodisiaka in Ostasien reißenden Absatz finden. Letzteres gilt auch für die
▶ Knochen von Tigern, die Gallenblasen von Bären, die Hörner der Saigaantilope (*Saiga tatarica*) oder den Zahn des Narwals (*Monodon monoceros*).

Daneben florierte zunehmend der ebenfalls illegale Handel mit lebenden Tieren und insbesondere Ziervögeln (Papageien), die in unauffälliger Verpackung meist unsägliche Qualen erleiden, sodass der größte Teil die Reise in die Zielländer nicht überlebt.

CITES – ein Handelsabkommen ...
Infolge der hohen Preise für die gewilderten Produkte erwiesen sich die nationalen Gesetze meist als wirkungslos. Um diese zu umgehen, lohnte sich auch ein hoher Aufwand.
Diese Erkenntnis führte auf Initiative des Bonner Umweltrechtlers und passionierten Jägers Wolfgang BURHENNE 1973 zum Abschluss des Washingtoner Artenschutzabkommens, allgemein bekannt unter der englischen Kurzbezeichnung CITES (*Convention on International Trade of Endangered Species*). Dieses Abkommen, dem inzwischen über 160 Staaten beigetreten sind, regelt den internationalen Handel mit gefährdeten Tierarten und deren Produkten. Es bezieht sich somit auch, und letztlich entscheidend, auf die Abnehmerländer. Denn hier ist der Handel bzw. Besitz der besagten Produkte in der Regel besser zu kontrollieren als in den Ursprungsländern.
Für die in Anhang I des Abkommens gelisteten Arten gilt ein vollständiges Handelsverbot. Sie können zwar für wissenschaftliche Zwecke oder im Rahmen einer streng kontrollierten Bejagung zum persönlichen Besitz, etwa als Jagdtrophäe, erbeutet werden – jegliche Veräußerung ist jedoch verboten.
Weniger gefährdete Arten sind in Anhang II aufgelistet; sie dürfen in Abhängigkeit von ihrem jeweiligen Populationsstatus in gewissem Umfang gehandelt werden.

Fast drei Jahrzehnte ist dieses weltweite Abkommen nun in Kraft. Wie hat es sich auf die bedrohte Tierwelt ausgewirkt? Ist es gelungen, die Wilderei zu unterbinden oder wenigstens einzudämmen?

... von unterschiedlicher Wirksamkeit

Hierüber gehen die Meinungen auseinander. Die Fragen lassen sich jedenfalls nicht pauschal beantworten, wie die beiden folgenden gegensätzlichen Beispiele zeigen:

Für die gefleckten Katzen bedeutete das weltweite Handelsverbot auch das Ende der illegalen Marktjagd. Denn kein Kürschner konnte mehr einen Leopardenmantel ausstellen, und noch weniger eine Käuferin sich mit einem solchen sehen lassen.

Ganz anders dagegen die Situation im Falle weniger auffallender und wesentlich teurer bezahlter Wildprodukte. So hat das CITES-Abkommen dem Nashorn so gut wie nichts genützt, obwohl alle Arten von Anfang an in Anhang I aufgelistet waren. Die Bestände gingen weiterhin drastisch zurück und sind wie bei kaum einer anderen Großwildart vom unmittelbaren Verschwinden bedroht (mehr hierüber auf S. 524). Denn ihr Horn kann ganz oder in

Das Washingtoner Artenschutzabkommen regelt den Handel mit gefährdeten Tierarten. Die 12. Vertragsstaatenkonferenz fand 2002 in Chile statt.

Stücke zersägt den verschiedensten Warenlieferungen beigepackt werden und vom Zoll folglich meist unentdeckt die asiatischen Zielländer erreichen. Dort gelangt die begehrte Ware in pulverisierter Form und damit noch unauffälliger, notfalls unter dem Ladentisch, an den Verbraucher. Und der ist so überzeugt von der Heilkraft dieses Pulvers gegen Potenzstörungen und alle möglichen anderen Krankheiten, dass er auch den hohen Schwarzmarktpreis berappt. Es fehlte nicht an Versuchen, die asiatische Bevölkerung unter Hinweis auf chemische Analysen des mysteriösen Pulvers, die dessen medizinische Wirkungslosigkeit dokumentierten, von diesem Aberglauben abzubringen – alles vergeblich. Der traditionelle Aberglaube sitzt viel zu tief. Dem wird auch nicht mit dem nachweislich wirkungsvollen Potenzmittel Viagra beizukommen sein, von dem sich mancher Artenschützer das Ende dieses Schwarzmarkts und damit die Rettung der Nashörner erhofft – deren Bestände gehen weiter zurück.
Die Wilderei folgt marktwirtschaftlichen Zwängen:

- Je seltener die „Ware", desto höher der erzielbare Preis. Somit lohnt sich ein immer höherer Aufwand, um auch die letzten Exemplare zu erbeuten.

In vielen Regionen ihres ehemaligen Verbreitungsgebiets ist diese traurige Vision bereits Realität: Das Nashorn wurde Opfer eines Aberglaubens in Fernost. Kopfschüttelnde Überheblichkeit ist hier allerdings unangebracht, denn in Europa spielte sich vor zwei Jahrhunderten dieselbe Tragödie beim Steinbock (*Capra ibex*) ab, der ebenfalls wegen des Aberglaubens an die Heilkraft seines „Herzkreuzls" im gesamten Alpenraum der Wilderei zum Opfer gefallen war (Zus.-f. in KALCHREUTER 1990).
CITES hat also dem Nashorn so gut wie nichts gebracht. Diese Erkenntnis führte zu leidenschaftlichen Diskussionen über die Auflistung des Afrikanischen Elefanten während der in zweijährigem Turnus tagenden Vertragsstaatenkonferenzen zum Washingtoner Artenschutzabkommen. Der streng kontrollierte Handel mit

dem begehrten Elfenbein dieser bislang in Anhang II geführten Art hatte die Wilderei nicht so nachhaltig zum Erliegen gebracht, wie von manchen erhofft. 1991 setzten sich daher die Befürworter eines totalen Handelsverbots durch, der Elefant wurde in Anhang I eingestuft.

Die Erfahrungen der folgenden Jahre waren uneinheitlich. Einige Regionen berichteten von zunehmenden Elefantenbeständen infolge nachlassender Wilderei. Anderen waren keine nennenswerten Erfolge beschieden. Zu begehrt und folglich teuer bezahlt war das „Weiße Gold" nun auf manchen schwer zu kontrollierenden Schwarzmärkten, auch wenn Elfenbeinschnitzereien natürlich stets auffälliger blieben, als das später ohnehin verkonsumierte Nashornpulver.

Übersehen wurde außerdem jedoch ein Problem ganz anderer Art. Einige Staaten im südlichen Afrika hatten ein durchaus erfolgreiches Elefanten-„Management" aufgebaut, einschließlich effizienter Wildererbekämpfung – finanziert durch den Verkauf von legal erbeutetem Elfenbein. Denn noch gibt es immerhin eine halbe Million dieser Dickhäuter in Afrika. In manchen Regionen kommen sie in Dichten vor, die zwangsläufig zur Übernutzung ihrer Lebensräume führen. Regulierende Eingriffe sind daher dort genauso notwendig wie hierzulande beim Schalenwild. Aber was nun mit dem Elfenbein dieser Tiere sowie der beschlagnahmten Wildererbeute? Das nun unverkäufliche Gut füllte die Lagerhallen, und die Wilderer lachten sich ins Fäustchen, denn es fehlt am Geld für ihre Bekämpfung. Von fragwürdiger Wirkung war denn auch das Exempel, das Kenias Präsident Moi statuierte, als er 1995 die Elfenbeinvorräte seines Landes öffentlich verbrennen ließ, um so seinen Hass auf die menschliche Gier nach diesem Naturgut zu dokumentieren.

In jüngster Zeit setzte ein Umdenkungsprozess ein, basierend auf den Erfahrungen mit einigen CITES-Arten. Solange Leopard und Gepard nicht bejagbar und folglich für die Grundeigentümer nichts mehr wert waren, galten sie lediglich als Problemarten, die kompromisslos und mit allen Mitteln verfolgt wurden, sobald sie sich am Vieh oder nutzbringenden Wildarten vergriffen. Die Lockerung der Verbote wirkte sich entsprechend positiv aus, wie ZEISS (1997) in seiner vom Europäischen Wildforschungsinstitut (EWI) betreuten und vom SCI-*German Chapter* geförderten Untersuchung am Leoparden in Namibia nachwies. Problemtiere können jetzt unter streng kontrollierten Bedingungen an zahlende Jäger und Jungtiere lebend verkauft werden. Das Raubwild hat nun wieder an Wert gewonnen und wird deswegen auch mit ganz anderen Augen betrachtet.

Dieses Denken beflügelte die Diskussionen um die Einstufung des Elefanten während der 10. CITES-Vertragsstaatenkonferenz 1997 in Harare (Zimbabwe) – Diskussionen, die an Leidenschaftlichkeit wohl kaum mehr zu überbieten sind. Tränen der Enttäuschung flossen gar bei Vertretern des kompromisslosen Schutzes nach der Abstimmung, die knapp zugunsten eines Verkaufs des gehorteten Elfenbeins ausging. Tränen der Freude flossen dagegen bei den Afrikanern, die nun ihr erfolgreiches Elefanten-Management fortsetzen konnten. Sie betrachteten die Entscheidung der CITES-Konferenz auch als Sieg über die „Öko-Diktatur" durch reiche Industrienationen.

Jagd in der Freizeit

In zivilisierten Ländern gehört die Marktjagd – die legale wie die illegale – im Wesentlichen der Vergangenheit an. Das wichtige Grundnahrungsmittel Fleisch erhält man einfacher, billiger und vor allem regelmäßiger beim Metzger, dem Endglied einer Kette hoch entwickelter Haustierproduktion. Auch ist in dicht besiedelten Industrieländern durch den schwindenden Lebensraum Wild gar nicht mehr in solcher Menge vorhanden, um als Nahrungsmittel in größerem Umfang in Frage zu kommen.

Heute wird die Jagd im Wesentlichen in der Freizeit ausgeübt. Ihre Bedeutung hat sie sich jedoch bewahrt, wenngleich auf anderer Ebene. Die Erbeutung von Wild ist zwar weiterhin das Ziel, und das aus natürlicher Umgebung gewonnene Wildbret eine begehrte

Erholung vom beruflichen Alltag bietet die Jagd in ursprünglicher Landschaft: Jagdhütte in der Steiermark.

Abwechslung zum Protein aus Tierzuchtbetrieben. Aber das eigentliche Motiv der Freizeitjagd ist ein anderes.
Der Jäger geht in erster Linie auf die Jagd, um die Natur zu genießen, um einen Ausgleich zu finden zum beruflichen Alltag in einer naturentfremdeten Zivilisation. Er unterscheidet sich in dieser Hinsicht nicht von Millionen Erholung suchender Mitmenschen, die sich als Naturfreunde an ursprünglicher Landschaft, am Rauschen des Waldes, am murmelnden Bach im Wiesental oder am Vogelkonzert zum Sonnenaufgang erfreuen. Aktiven Naturgenuss, also Bewegung in frischer Luft, propagieren die Naturheilkundler, Wandervereine regen zu ausgedehnten Wanderungen an, Volksläufe und Skisport werden zunehmend populärer. Der Jäger findet seinen Ausgleich im Aufsuchen des Wildes, in der anstrengenden Pirsch auf den Gamsbock auf verschneitem Grat oder in dem stundenlangen Marsch über Sturzäcker während der herbstlichen Feldtreibjagd.
Auch in anderer Hinsicht ist die Jagd den Freizeitaktivitäten nicht jagender Mitbürger vergleichbar. Der Fotograf will ein Bild „schie-

ßen", will das Tier festhalten, dem er so lange aufgelauert hat. Das Foto ist ihm Erinnerung an ruhige Stunden am Weiher, an den glücklichen Moment, in dem er den Reiher endlich durch einen „Schnappschuss" auf die Platte bannen konnte, gerade als dieser den Karpfen erbeutete. Auch der Jäger will hin und wieder Besitz ergreifen von dem Wild, dem sein Herz gehört, an das er so oft denkt.

Auch sportlicher Geist prägt sein Tun, wenn er den Hasen nicht in der Sasse totschießt und den „turmhoch" streichenden Fasan mit seinen Schroten zu erreichen sucht. Je schwieriger die Erbeutung, desto höher die Wertschätzung. Er will eine Erinnerung an das faszinierende Erlebnis haben, an das lange gesuchte Wild. Wie dem mit der Kamera jagenden Naturfreund sein Bild, so soll dem Jäger das präparierte Wild oder ein Teil davon, die Trophäe, Erinnerung sein an viele Pirschtage auf den alten heimlichen Bock, an das Quorren der Waldschnepfe am lauen Frühlingsabend, an die Saujagd an frostklaren Wintertagen bei stahlblauem Himmel und stiebendem Pulverschnee.

Leitbild Nachhaltigkeit
Der Schießtrieb ist also noch vorhanden – Jagdkritiker bezeichnen ihn als steinzeitliches Verhaltensrelikt –, aber er ist sportlich motiviert. *„Sport hunting"* wird daher diese dritte Stufe der Jagdausübung im englischsprachigen Ausland genannt. Im Vordergrund steht das Bemühen, sich mit den Sinnen des Wildes zu messen. Das Töten des Wildes ist eher nebensächlich, wird sogar gelegentlich bedauert, denn es bedeutet das Ende der Jagd. „Jage so viel wie möglich, aber töte so wenig wie möglich!" – so die Police der im *Club des Becassiers* vereinigten französischen Schnepfenjäger, die sich auf jeder Titelseite ihrer Gazette „La Mordoree" findet und so ihre Mitglieder zur Zurückhaltung mahnt.

Der Gedanke der *nachhaltigen* Nutzung der Wildbestände ist ein wesentliches Charakteristikum der Freizeitjagd. Eine Hühnerjagd wird bald abgebrochen und bis auf Weiteres nicht wiederholt, wenn sich nach stundenlanger Streife über die spätsommerlichen Felder kaum mehr eine Kette zeigt. Und ein Jagdherr wird Mühe haben, genügend Schützen für eine Treibjagd zu bekommen, die im Ruf einer Strecke von höchstens fünf Hasen steht. Hier hilft dann nur eine Verlagerung der Aktivität auf den gesellschaftlichen Teil der Jagd, das „letzte Treiben" im Wirtshaus. Der Hasenbesatz hat unter dieser Bejagung kaum zu leiden.

Das Lizenzjagdsystem
Die Zahl der Waidmänner stieg im Laufe des 20. Jahrhunderts beträchtlich an. In Deutschland sind es heute über 300.000 Jägerinnen und Jäger, in Frankreich und Italien je etwa 1,5 Millionen, in Europa insgesamt sechs Millionen und in Nordamerika wohl über 16 Millionen. Auf diese Weise potenziert sich auch der geringe Jagddruck des Einzelnen. Insbesondere im Hinblick auf auffällig lebende und leicht zu erbeutende Arten bedarf es daher jagdgesetzlicher Regelungen. Diese werden in den einzelnen Ländern auf unterschiedliche Weise verwirklicht, doch haben sich im Wesentlichen zwei Jagdsysteme herausgebildet.
Typische Lizenzjagdsysteme finden sich in den freiheitlich denkenden USA, in Kanada oder in Frankreich als Folge der Französischen Revolution. Das Wild gehört allen, jeder hat das Recht zu jagen.
Die Zahl der Jäger ist in Amerika auch heute nicht einmal durch das Bestehen einer Jägerprüfung oder einem sonstigen Qualifikationsnachweis begrenzt. Jeder kann sich im Herbst im Waffengeschäft eine Jagdlizenz und die passenden Waffen kaufen, sich mit Munition und sonstiger Ausrüstung eindecken und auf die Jagd ziehen, wo immer es ihn gelüstet. Lediglich in den dicht besiedelten Oststaaten gibt es inzwischen lokale Beschränkungen.
Dennoch funktioniert dieses dem deutschen Waidmann ungeheuerlich erscheinende System. Hierfür sorgt der *Fish and Wildlife Service* (FWS), der Wildschutzdienst. Diese sehr personalintensive und effizient arbeitende staatliche Organisation wird in erster Linie von Jägern finanziert, denn die haben ja selbst größtes Interesse, die Wildbestände nicht zu übernutzen, wollen sie doch auch in Zukunft noch jagen. Die Mittel stammen einerseits aus den Gebühren

für die Jagdlizenzen, andererseits von der Munitionsindustrie. Vier Prozent des Verkaufspreises jeder Patrone – egal ob jagdlich oder sportlich verschossen – fließen in den Haushalt des FWS.

Dessen Aufgabe ist zum einen die wildbiologische und jagdökologische Forschung, letztlich mit dem Ziel optimaler jagdlicher Nutzung möglichst vieler Wildarten. Basierend auf diesen wissenschaftlichen Erkenntnissen werden alljährlich die Dauer der Jagdzeit wie auch die Höchststrecken pro Jäger (*bag limits*) festgelegt. Kriterien sind dabei Wildvorkommen und Jägerinteresse, die beide kontinuierlich durch aufwändiges *Monitoring* erfasst werden. Auf der anderen Seite überwacht der FWS die Einhaltung dieser Vorschriften durch ein Netz von *Game Warden*, vergleichbar einer „Jagdpolizei". Die Männer vom FWS werden entsprechend respektiert und sind allgegenwärtig. Unerwartet tauchen sie an der entlegenen Seebucht auf und kontrollieren die Entenstrecke; oder ihr rotes Buschflugzeug erscheint über der schneebedeckten Weite der arktischen Tundra, kreist über dem roten Fleck im Schnee, wo ein Stück Wild zerwirkt wurde, und folgt den Spuren der Jäger bis zur weit entfernten Straße. Dort erwartet sie bereits das mit Sprechfunk informierte Bodenpersonal, um Jagdlizenzen und Beute zu kontrollieren. Hat das Widdergehörn die für die Erlegung erforderliche volle Schnecke? Wurde vom erlegten Elch wirklich alles verwertbare Wildbret geborgen?

Die Verpflichtung zur vollständigen Verwertung des erlegten Wildes ist ebenfalls Mittel zur Kontrolle des Jagddrucks. Denn die Schwerarbeit, die das Zerwirken und autoverladbare Rücken eines 15 Zentner schweren Alaska-Elchs bedeutet, lässt jegliches Ansinnen im Keim ersticken, noch einen zweiten zu erlegen, nur weil dessen Vorderschaufel etwas breiter ist oder zwei Enden mehr hat. Drastische Strafen verschaffen den Vorschriften Respekt. Bei Zuwiderhandlungen ist nicht nur die Jagdlizenz in Gefahr. In schweren Fällen können auch die Jagdwaffe und selbst das benutzte Fahrzeug beschlagnahmt werden.

Dem nordamerikanischen sehr ähnlich ist das Lizenzjagdsystem in unserem Nachbarland Frankreich. Hier erfüllt das *Office National de la Chasse* (ONC) sowohl die Aufgaben der Forschung, als auch die der Jagdpolizei, der *Garde de Chasse*. Die Finanzierung des Systems kostet den *Chasseur* jährlich rund 250 €, also wesentlich mehr, als sein Waidgenosse jenseits des Rheins als Jagdabgabe zahlen muss. Dies überrascht insofern, als in Frankreich auch oder gerade die weniger mit irdischen Gütern gesegneten Bevölkerungsschichten der Jagd obliegen. Jedenfalls stehen dem ONC auf diese Weise beachtliche Mittel zur Verfügung, sowohl für Forschung, wie auch zur Umsetzung von Forschungsergebnissen im Wildtiermanagement. Gerade ziehende Flugwildarten, denen das Hauptinteresse der französischen Jäger gilt, profitieren im Lizenzjagdsystem von überregionalen Maßnahmen zur Biotopgestaltung oder Ausweisung von Jagdruhezonen.

Das Reviersystem
Dieses Jagdsystem ist in geradezu klassischer Form in Deutschland verwirklicht. Hier ist das Jagdrecht ein an Grund und Boden gebundenes Eigentumsrecht. Die Jagd ist eine Form der Landnutzung wie Land- und Forstwirtschaft. Der Grundeigentümer kann die Nutzung von Wildtieren entweder selbst ausüben, oder diese für jeweils neun oder zwölf Jahre verpachten.
Es gibt keine amtlich festgelegten Stückzahlbegrenzungen der Jagdstrecke oder Beschränkungen des Wildbretverkaufs. Bejagungspläne („Abschusspläne") für Schalenwild haben zumindest heute kaum mehr die Funktion der Wilderhaltung – sie sollen vielmehr umgekehrt einem zu starken Anwachsen der Bestände vorbeugen, um Wildschäden in Land- und Forstwirtschaft zu vermeiden. Das Eigeninteresse am Jagdrevier und dem darin lebenden Wild garantiert einen pfleglichen Umgang mit dem Naturgut Wild und macht aufwändige Kontrollinstanzen wie eine Jagdpolizei im Lizenzsystem überflüssig, denn der Jäger will auch morgen in seinem Revier noch jagen. Jagd- und Schonzeiten werden genau eingehalten – nicht zuletzt passen schon die Jagdnachbarn auf, dass „ihr" Wild nicht durch den „Schießer" jenseits der Jagdgrenze in Mitleidenschaft gezogen wird.

Auf dieser Privatinitiative beruhen auch die Anstrengungen zur „Hege". Wenngleich einige Maßnahmen nicht dem jeweils neuestem Stand wildbiologischer Erkenntnisse entsprechen, so hat sich das System doch bewährt. Würde der Jäger im Hochwinter unter größten Anstrengungen füttern, wenn es nicht „sein" Wild wäre, sondern während der Jagdzeit jeder Jagdscheininhaber darauf jagen könnte? Würde er Ententeiche anlegen und Schutzhecken und Schüttungen für Rebhuhn und Fasan? Und würde er das Schalenwild so leidenschaftlich gegen die massiven Angriffe von Land- und Forstwirtschaft verteidigen, fühlte er sich ihm nicht durch das „Eigentum" verpflichtet?

Die gesetzliche Mindestgröße von 150 ha für ein verpachtetes Jagdrevier (75 ha für einen Eigenjagdbezirk) begrenzt zwangsläufig die Zahl der Revierinhaber. Das kann zu Problemen führen, denn es gibt in Deutschland nur etwa 50.000 solcher Jagdreviere, aber inzwischen fast 340.000 Jäger. Rein rechnerisch müsste die Zahl der Unzufriedenen also hoch sein, denn nur in einem Jagdrevier können sie die Jagd ausüben. Dennoch waren in der Vergangenheit derlei Klagen, verbunden mit der Forderung nach Abschaffung des Reviersystems, im Wesentlichen auf das dichtest besiedelte Bundesland Nordrhein-Westfalen beschränkt, das Land mit der höchs-

Auch unser Reviersystem bietet einer Vielzahl von Jägern Jagdmöglichkeit.

ten Jägerdichte. Aber selbst dort war die Zahl derer klein, die mit solchen Vorstellungen Ernst machen wollten und eine Loslösung des Jagdrechts vom Grundbesitz anstrebten, um dieses via „Vereinspacht" einer beliebig großen Zahl von Jägern zugänglich zu machen.

Inzwischen sind derlei Forderungen verstummt, der damalige „Verein revierloser Jäger" scheint nicht mehr zu existieren. Warum? Weil in der *Praxis* des bestehenden Systems die angestrebte Jagdmöglichkeit für möglichst viele Jäger bereits verwirklicht ist. Weil die meisten Jagdpächter mindestens einem oder mehreren Jägern das gesetzlich zugelassene „Begehungsrecht" einräumen, ihnen vielfach sogar „Pirschbezirke" zuweisen, in denen sie sich frei wie in einem eigenen Jagdrevier bewegen können. Wenn sie dafür überhaupt ein Entgelt verlangen, dann ist dies beträchtlich niedriger als der übliche Jagdpachtzins.

Und schließlich gibt es viele Jäger, die gar kein Revier pachten wollen: Jäger, die zwar aus finanzieller Sicht in der Lage wären, aber infolge beruflicher Beanspruchung nicht genug Zeit aufwänden könnten, und Jäger, die umgekehrt Zeit, aber nicht die Mittel haben, und froh sind, ein größeres Revier mit betreuen zu können. Wieder andere wollen nur gelegentlich auf die Jagd gehen und sind vollauf zufrieden, wenn sie einmal auf eine Treibjagd eingeladen werden oder über die Staatsforstverwaltung Gelegenheit bekommen, auf den roten Bock zu waidwerken.

Ein Beispiel aus dem Schwarzwald

Dass es gelingt, Waidmänner der verschiedensten Art unter einen Hut bzw. im bestehenden Reviersystem unterzubringen, dafür gibt es mehr als genügend Beispiele. Besonders bemerkenswert ist das der Gemeinde Althengstett, Kreis Calw, im nördlichen Schwarzwald. Seit Generationen wurde ihre 1.100 ha große Jagdfläche an jeweils vier Mitpächter vergeben. Diese integrieren bis zu sechs weitere Jäger über Begehungsscheine und bieten zudem über Einladungen zusätzlichen Jagdscheininhabern immer wieder die Möglichkeit, dem Waidwerk zu frönen.

An einem „Jägerstammtisch" werden jeweils vor Beginn der Jagdzeit Bejagungsrichtlinien beschlossen – natürlich kann nicht jeder in jedem Jahr einen starken Rehbock erlegen. Dass der in erster Linie denen zusteht, die die Kosten der Jagdpacht tragen, zählt zu den Spielregeln. Man weiß in diesem Kreis um den Erlebniswert, den die Bejagung von Jährlingen, weiblichem Rehwild und selbst Kitzen vermitteln kann. Frisch gebackene Jungjäger sind willkommen, sofern sie nicht die Allüren haben, gleich im ersten Jahr den „dicken Bock" zu erlegen. Genauso reizvoll ist die Bejagung von Fuchs, Rabenvögeln oder Ringeltauben.

Zufrieden ist schließlich auch das für die Beförsterung des Gemeindewaldes zuständige Staatliche Forstamt, denn die zehnköpfige Mannschaft hat keine Probleme, die behördlichen Bejagungspläne für Rehwild zum Schutz der Waldverjüngung zu erfüllen.

Dieses Beispiel mag das Funktionieren des Reviersystems auch bei höherer Jägerdichte veranschaulichen. Eine Zerstückelung in kleine „Revierchen" lässt sich so vermeiden und die Eigenverantwortung für das Wild bleibt erhalten. Nur so ist der Wildreichtum selbst in einer dicht besiedelten Industrienation wie Deutschland zu erklären.

Ein Prinzip macht Schule

Auch in anderen Ländern macht man sich nun das Prinzip der Eigenverantwortlichkeit zunutze. Nicht nur in den dicht besiedelten Oststaaten Nordamerikas, wo es gilt, die Massen erholungssuchender Jäger räumlich zu verteilen. Auch in den Weiten des kanadischen Yukon Territory oder im ostafrikanischen Tanzania – um nur zwei Beispiele zu nennen – sind die Wildlebensräume aufgeteilt in *hunting blocks*, in denen jeweils nur ein *outfitter* mit seinen *guides*, den Jagdführern, jagen darf, und zwar für mehrere Jahre. Somit ist er selbst daran interessiert, die von der Regierung zugebilligten Quoten einzuhalten. Denn Überjagung hätte rasch nachlassendes Interesse von Gastjägern an seinem Revier zur Folge – und von denen lebt er ja.

Beide Systeme – Lizenzjagd und Revierjagd – basieren auf derselben Motivation:

- Jagd in der heute verbreiteten Form hat die nachhaltige Nutzung nachwachsender Naturgüter zum Ziel. Sie ist daher der Nutzung land- und forstwirtschaftlicher Produkte vergleichbar.

Dieses Bemühen und auch die Notwendigkeit, die Auswirkungen der Jagd gegenüber einer artenschutzbewussten Öffentlichkeit zu dokumentieren, führten zu gründlichen jagdökologischen Untersuchungen an einigen Wildarten, vor allem an Vögeln. Zunächst einmal geht es um die Frage, welche Faktoren den jagdlichen Einsatz beflügeln.

Wildvorkommen und Bejagungsintensität

Die wohl umfassendsten Untersuchungen über Freizeitjagd und Wildbestand wurden bislang an Wasservögeln durchgeführt, vor allem in Nordamerika. Dazu veranlassten einerseits die große Zahl der Wasserwildjäger im dortigen Lizenzjagdsystem, andererseits die im Gegensatz zu Europa viel ausgeprägteren langfristigen Schwankungen der Entenvorkommen, bedingt durch das Kontinentalklima der Prärie (KALCHREUTER 2000).

Die Ergebnisse der den ganzen Kontinent umfassenden langjährigen Auswertung veranschaulicht Abb. 23. Die obere Kurve zeigt die Bestandsentwicklung amerikanischer Enten entsprechend den Herbstzählungen vor Beginn der Jagdzeit. Analog dazu entwickelte sich offensichtlich das Interesse der Jäger an der Jagd auf Wasserwild: Gab es viele Enten, so wurden ihnen entsprechend mehr Jagdtage gewidmet. Zogen umgekehrt, etwa nach einer ungünstigen Brutsaison, weniger Enten im Herbst durch, so lohnte sich der Einsatz auch entsprechend weniger (mittlere Kurve). Hierauf hatte schon GEIS (1963) hingewiesen. Dies war außerdem aus den Ergebnissen der alljährlich an einen Teil der Jäger versandten Fragebögen zu ermitteln.

Mit dem Wasserwildvorkommen und dem Jägerinteresse stieg auch die Erlegungsrate und umgekehrt: Im Zeitraum von 1970–1980 wurde im Schnitt ein deutlich höherer Anteil erlegt als im Jahr-

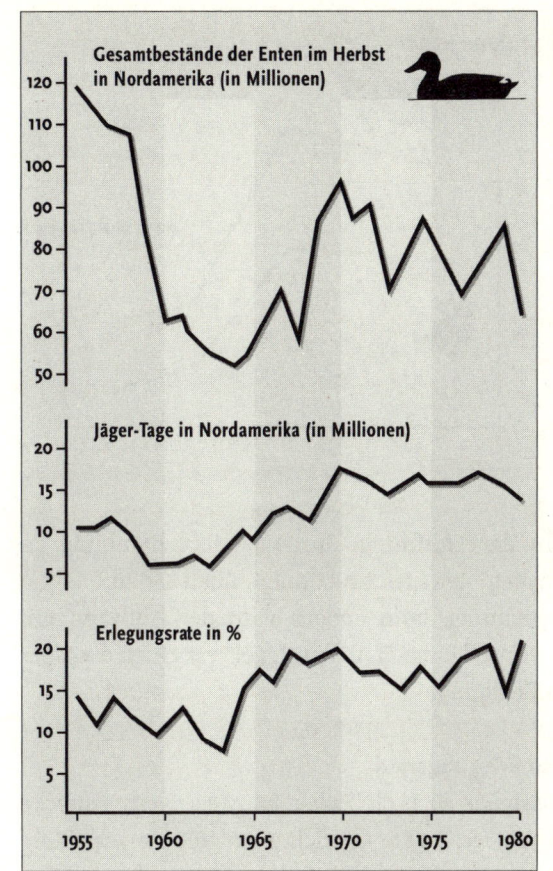

Abb. 23: Entwicklung der herbstlichen Entenbestände in Nordamerika (oben), der Intensität der Wasserwildjagd („Jäger-Tage", Mitte) und der Erlegungsrate (unten; nach BOYD 1984). Bei sinkenden Beständen ging das Interesse an der Jagd und der Anteil erlegter Enten zurück und umgekehrt.

zehnt zuvor (untere Kurve). Die Erkenntnisse wurden in späteren Untersuchungen von TROST et al. (1987) und BOYD (1990) bestätigt. Danach scheint das Wildvorkommen bzw. die Wilddichte das wesentlichste Kriterium für das Jägerinteresse und damit die Höhe der Erlegungsrate zu sein.

Diesen Zusammenhang fand der englische Rebhuhnforscher Dick POTTS noch ausgeprägter bei seinem langjährigen Studienobjekt, einem Standvogel. Seine Daten, zusammengefasst in Abb. 24, lassen erkennen: Jäger jagen im Allgemeinen nur bei entsprechendem Rebhuhnvorkommen, bei geringer Rebhuhndichte lässt ihr

Abb. 24: Abhängigkeit der Jagdstrecke (im Herbst, untere Linie) von der Rebhuhndichte (Brutzeit, obere Linie), ermittelt in England durch den *National Game Census*. Bei geringem Rebhuhnvorkommen sinkt der Jagddruck (nach Daten aus POTTS 1980).

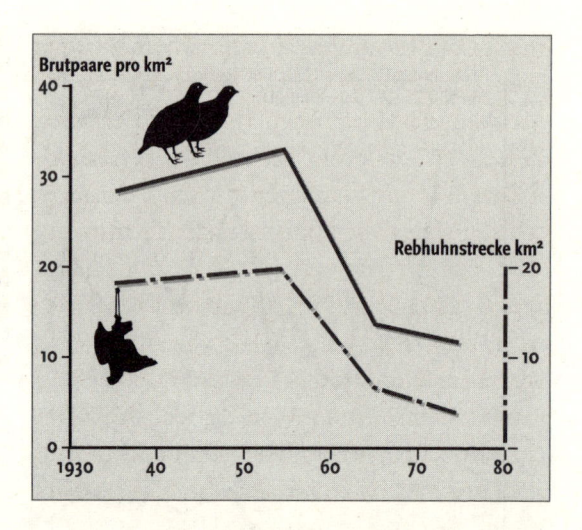

Interesse nach. In der Hoffnung, durch Jagdbeschränkung zu einem Bestandsanstieg beitragen zu können, üben sie zum einen hegerische Zurückhaltung, zum andern wird der Aufwand pro erlegtem Huhn unvertretbar hoch. In der Regel verzichten die Jäger dann ganz auf die Bejagung.

Bestandsdichte und Erlegungsrate

Darin zeigt sich übrigens auch die Zuverlässigkeit der Jagdstrecke als Weiser für die relative Dichte jagdlich genutzter Tierpopulationen. Aus Zählungen im Herbst vor der Bejagung einerseits und den daraufhin erzielten Jagdstrecken andererseits waren auch hier die Erlegungsraten zu kalkulieren. Die Auswertung der Daten ergab die Kurven A (rebhuhnreiche Reviere, die durch die in England übliche Treibjagd bejagt werden) und B (Bejagung der Hühner durch Suchjagd) in Abb. 25.

Daraus ist zu erkennen: Je höher das Rebhuhnvorkommen, desto größer der Anteil, der zur Strecke kommt. Doch gelingt es auch bei hoher Bestandsdichte kaum, mehr als die Hälfte der Anfang September lebenden Hühner zu erbeuten. Dies ist wohl einerseits in der relativ kurzen Jagdzeit begründet, andererseits in der zunehmenden Scheu des Wildes nach mehrmaliger Bejagung. Durch Umbruch der

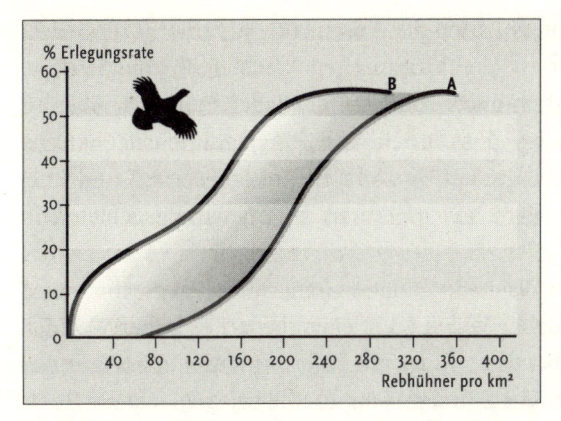

Abb. 25: Abhängigkeit der Erlegungsrate von der Rebhuhndichte im Herbst (nach POTTS 1980). Der jagdliche Eingriff bewegt sich im Wesentlichen im Bereich zwischen den Kurven A (rebhuhnreiche Reviere, Bejagung durch Treibjagd) und B (übrige Jagdmethoden). Bei geringem Rebhuhnvorkommen sinkt auch der relative Eingriff.

Äcker und herbstlichen Laubfall werden die Deckungsmöglichkeiten immer ungünstiger, sodass die Hühner schon außerhalb Schussweite abstreichen und auf der Suchjagd kaum mehr zu erbeuten sind. Je nach Jagdmethode und Bejagungsintensität wird die erzielte Erlegungsrate (in Abhängigkeit von der Populationsdichte) näher bei Kurve A oder B, jedenfalls aber im Feld zwischen den beiden Kurven liegen. Aus dem Rahmen von POTTS' (1986) weltweiten Recherchen fiel nur ein Gebiet in Italien, wo bei hohem Jagddruck 66 % der herbstlichen Hühner erlegt wurden.

Nach den langfristigen und großflächigen Untersuchungen in England war die durchschnittliche Erlegungsrate von etwa 45 % in den 1930er Jahren auf heute nur noch 15 % gesunken. Letzterer Wert deckt sich mit dem Maximalwert PIELOWSKIS (1982) aus Polen, der im Mittel nur noch eine Erlegungsrate von 3,4 % annimmt. Ebenfalls 3 % der Hühner wurden im Untersuchungsgebiet dünner Populationsdichte nach WEIGAND (1980) in Montana (USA) erlegt (mehr hierüber in KALCHREUTER 1991).

Diese Beziehungen Wilddichte/Jagdstrecke/Erlegungsraten sind offensichtlich unabhängig vom Jagdsystem, denn auch die französischen Jäger konnten nur bei entsprechendem Wildvorkommen hohe Strecken erzielen. Das ergaben entsprechende Untersuchungen des ONC am Steinhuhn (*Alectoris graeca*) in den französischen Alpen (BERNARD-LAURENT *et al.* 1991).

Noch genauer untersuchten die Amerikaner an einer ihrer beliebtesten Flugwildarten, der Virginischen Wachtel (*Colinus virginianus*), wie deren Dichte das Interesse der Jäger motiviert. Abb. 26 veranschaulicht den Zusammenhang von Jagdintensität (ausgedrückt durch „Jagdstunden" pro 100 ha pro Jagdsaison) und Erlegungsrate nach Daten aus mehreren Untersuchungsgebieten in den USA:

Um die Hälfte der Wachtelpopulation (einschließlich geschossener, aber nicht gefundener Vögel) zu erlegen, bedarf es hoher Wachteldichten; aber selbst dann muss ein Jäger mindestens 60 Stunden (oder zehn Jäger sechs Stunden) lang 100 ha bejagen, folgerte ROSEBERRY aus seinem Datenmaterial.

Solch hoher (und höherer) Jagddruck ist nur in Ländern mit Lizenzjagdsystem zu erwarten, wo theoretisch eine unbegrenzte Zahl von Jägern die Jagd ausüben kann. In Revierjagdsystemen kommt es bei wesentlich geringeren Jägerdichten kaum jemals zu solch hohen Erlegungsraten.

Für jagdlich genutzte (also nicht mit dem Ziel der Reduzierung verfolgte) Arten scheint generell zu gelten:

- Bei häufigem Wildvorkommen steigt das Jägerinteresse und die Jagdstrecke absolut; aber auch der relative Eingriff in die Wildpopulation, also die Erlegungsrate, nimmt zu und umgekehrt.

Abb. 26: Auswirkungen steigender Jagdintensität auf die Erlegungsraten bei der Virginischen Wachtel in verschiedenen Untersuchungsgebieten der USA (nach ROSEBERRY 1979).

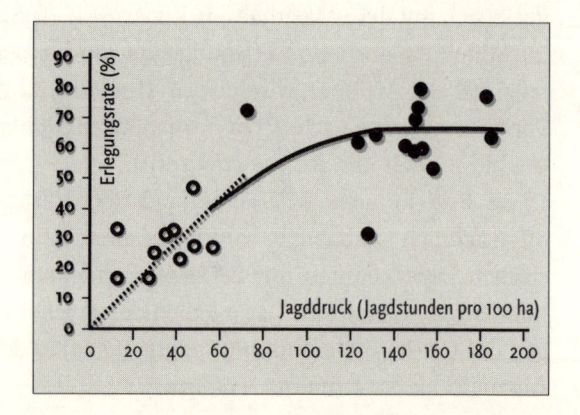

Artenspektrum und Erlegungswahrscheinlichkeit

Interessante Erkenntnisse lieferten Analysen von Jagdstrecken verschiedener sich ähnelnder und gemeinsam bejagter Arten, z. B. der Entenvögel.

PATTERSON (1979) hatte die in Abb. 23 (S. 119) summarisch dargestellten nordamerikanischen Daten für zehn Entenarten (Zeitraum 1970–1977) getrennt betrachtet. Es zeigte sich erwartungsgemäß eine Korrelation zwischen dem zugbedingten Vorkommen, der Jagdstrecke und der Erlegungsrate der einzelnen Arten, die jedoch etwas durch die Vorliebe der Jäger für bestimmte Artengruppen modifiziert war (Schwimmenten waren beliebter als Tauchenten, Meeresenten waren nur lokal interessant; mehr hierüber in KALCHREUTER 1994, 2000).

Im Gegensatz zu diesen Untersuchungen, die das gesamte Zugareal umfassten, liegen aus Europa nur einige lokale Studien zu dieser Frage vor. Deren Aussagekraft ist folglich begrenzt, denn niemand kennt die Gesamtzahl und das Herkunftsgebiet der örtlich bejagten Vögel. Immerhin zeigte die Auswertung von Enten, die in einigen tschechischen Feuchtgebieten beringt worden waren (HAVLIN 1969), ähnliche Erlegungsraten wie auf dem amerikanischen Kontinent: Schwimmenten, hier vor allem die Stockente, wurden stärker bejagt als Tauchenten (Reiher- und Tafelente), von Letzteren kamen etwa 10 % zur Strecke.

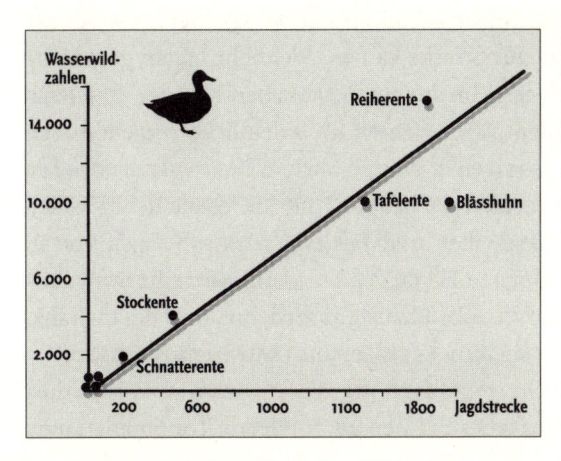

Abb. 27: Entenvorkommen und Wasserwildstrecke im westlichen Bodensee 1975/76 (nach SCHIFFERLI 1982). Häufige Arten kamen häufig, seltene entsprechend selten zur Strecke.

Günstige Voraussetzungen zum Studium dieser Thematik bot das „Ermatinger Becken" im westlichen Bodensee, da die dortigen „Vogeljäger" durch Verordnung gehalten waren, ihre Jagdstrecke nach Arten aufzuschlüsseln. SCHIFFERLI (1982) verglich diese Daten mit der Zahl der während der Jagdzeit im Gebiet anwesenden Entenarten und fand die in Abb. 27 dargestellte sehr enge Beziehung:

- Häufige Arten wurden am häufigsten erlegt, seltene fanden sich entsprechend selten in der Strecke.

Diese klare Beziehung, die sich übrigens in allen Jahren der Untersuchungsperiode von 1972–1978 zeigte, war bedingt durch das ausgeprägte Interesse der Bodenseejäger am Verzehr von Tauchenten und Blässhühnern (*Fulica atra*). Eine ähnliche Korrelation von Vorkommen und Erlegung der einzelnen Arten zeigten auch die stichprobenartigen Erhebungen im angrenzenden Land Baden-Württemberg (KALCHREUTER 1994). All diese Untersuchungen widerlegten die früheren Befürchtungen aus Vogelschutzkreisen, Jäger würden „selektiv seltene Enten erlegen".

Gefährdung seltener Arten und lokaler Populationen?
Diese Erkenntnisse erklären, warum die Bestandsentwicklung seltener Arten nicht erkennbar beeinträchtigt wurde, wenn sie bei der üblichen Entenjagd zur Strecke kamen. Vielmehr hatten gerade die „seltenen Arten", wie Schnatterente (*Anas strepera*) oder Löffelente (*Anas clypeata*) in den 1960er Jahren noch deutlicher zugenommen als die Stockente, also zu einer Zeit, als auch in Deutschland noch fast alle Entenarten eine Jagdzeit hatten. Und die ehedem nur osteuropäischen Brutvögel Reiher- und Tafelente (*Aythya fuligula* und *A. ferina*) hatten in der ersten Hälfte des 20. Jahrhundert ihr Brutgebiet kontinuierlich bis an die Atlantikküste ausgedehnt, trotz des in Frankreich noch höheren Jagddrucks als bei uns (KALCHREUTER 2000). Wie ist dies möglich, wenn doch von diesen Arten in Westeuropa alljährlich ein Mehrfaches der neu gegründeten Brutpopulationen

Bunte Entenstrecke

erlegt wurde? Oder wie konnte sich in Holland, wie auf S. 82 geschildert, die Brutpopulation der Waldschnepfe etablieren, wo dort doch alljährlich 20.000 dieser Langschnäbel zur Strecke kamen (SIEBENGA, in KALCHREUTER 1994 a)? Analog zum oben Gesagten gilt eben auch für Individuen derselben Art:

- Lokal erbrütete Vögel werden nicht selektiv erbeutet. Durchzügler und örtliche Vögel kommen vielmehr entsprechend ihrer Häufigkeit zur Strecke. Sind Letztere selten in der bejagten Kohorte, werden sie nur gelegentlich erlegt, ohne Auswirkungen auf die Entwicklung des örtlichen Brutbestands.

Wir verstehen nun auch, warum die gut gemeinten Versuche einiger Bundesländer, durch Verbot der Bejagung der Waldschnepfe ihre lokalen Brutpopulationen zu steigern, allesamt nichts bringen konnten. Alljährlich ziehen mehr als 15 Millionen Waldschnepfen über Europa (DELANY u. SCOTT 2002), wovon etwa drei bis vier Millionen erlegt werden. Wie groß mag die Wahrscheinlichkeit sein, dass es dabei eine hessische oder nordrhein-westfälische Schnepfe erwischt? Ähnlich naiv ist die Vorstellung, durch ein entsprechendes Jagdverbot in Frankreich den wenigen Brutpaaren des Goldregenpfeifers (*Pluvialis apricaria*) in deutschen Reliktmooren helfen zu können. Denn in Europa überwintert diese Art immerhin in einer Größenordnung von 1,8 Millionen Exemplaren (DELANY u. SCOTT 2002), wovon in Frankreich weniger als fünf Prozent zur Strecke kommen.

Zum Verwechslungsrisiko
Muss aber zumindest die Bejagung häufiger Arten, die selteneren sehr ähnlich sehen, eingestellt werden? Diese Frage der „*look-alike species*" wurde in jüngster Zeit auch in den Fachausschüssen der Brüsseler EU-Kommission immer wieder, jedoch sehr pragmatisch diskutiert. Berücksichtigung fanden dabei auch die Erkenntnisse der Forschungsgruppe Schnepfenvögel von *Wetlands International* und IUCN.

Wegen ihrer Seltenheit im westlichen Teil ihrer eurasiatischen Verbreitungsgebiete ist die Doppelschnepfe (*Gallinago media*) in den Ländern der EU geschützt. In Aussehen und Verhalten ist sie jedoch der viel häufigeren Bekassine (*Gallinago gallinago*) sehr ähnlich und kommt während des Zuges oft auch im selben Lebensraum vor. Dennoch würde ein generelles Verbot der Bekassinenjagd aus den genannten Gründen dieser Art nichts bringen. Von ihrem Verhalten her ist sie hinsichtlich der Bejagung nicht anfälliger als die Bekassine, die Erlegungswahrscheinlichkeit dürfte daher höchstens ihrem Vorkommen entsprechen. So kamen nach CLAUSAGERS Schwingenanalyse 1992 in Dänemark mehrere Tausend Bekassinen, aber nur zwei Doppelschnepfen, die dort keine Jagdzeit haben, zur Strecke (KALCHREUTER 1994 a).

Diese Erkenntnisse erklären, warum jegliche Einschränkung der Bekassinenjagd – einschließlich eines völligen Jagdverbots wie in Deutschland seit 1977 – sich für keine dieser Arten positiv auswirken konnte.

Völlig offen ist schließlich die Frage, in welchem *Ausmaß* solche Verwechslungen überhaupt vorkommen, jedenfalls gibt es hierüber kaum quantitative Daten. Gewisse Anhaltspunkte zu diesem Fragenkomplex lieferte eine (unveröffentlichte) französische Studie (Kommentar in KALCHREUTER u. AEBISCHER 2001). Sie basierte auf Meldungen über beringtes Flugwild durch die Jäger. Die Angaben der Jäger über die jeweilige Art wurde verglichen mit der Artbestimmung der Beringer (die als korrekt galt). Dabei zeigte sich Folgendes:
Bei häufiger bejagten Arten deckten sich die Angaben von Beringer und Erleger weitgehend. Von 2.695 untersuchten Enten (sechs Arten, ohne Stockente) waren nur 260, also etwa 10% falsch identifiziert. In der entsprechenden Kategorie der Watvögel und Drosseln lag die Fehlerquote bei 15%. Völlig aus dem Rahmen fiel dagegen die Hohltaube (*Columba oenas*), die zu 62% mit anderen Tauben verwechselt wurde.
Ähnliches beobachtete AEBISCHER (1995) in England, wo diese Art keine Jagdzeit hat. 35% der Rückmeldungen beringter Hohltauben stammten von erlegten Vögeln. Dennoch nahm die Brutpopulation in England kontinuierlich zu.
In Norddeutschland liegen die Verhältnisse wohl ähnlich, denn bei den seit zwei Jahrzehnten steigenden Taubenstrecken dürften immer wieder einmal versehentlich auch Hohltauben erlegt werden. Auch hier gibt es keine Anzeichen negativer Auswirkungen, haben sich doch die Brutbestände in Niedersachsen und Schleswig-Holstein in diesem Zeitraum fast verzehnfacht (BAUER u. BERTHOLD 1996).
Auch bei der Entenjagd wird es wohl immer wieder einmal zu „Fehlabschüssen" kommen, seit 1977 mehrere Arten willkürlich unter Schutz gestellt wurden (s. hierzu S. 471). Dennoch ist dadurch keine Beeinträchtigung der positiven Bestandsentwicklung zu erkennen. Besonders auffallend breitete sich die der Stockente sehr ähnliche und wohl am ehesten verwechselte Schnatterente in ganz Mitteleuropa aus (KALCHREUTER 2000), und zwar sowohl vor als auch nach 1977.

All diese Befunde lassen sich nur folgendermaßen erklären:

- Entweder werden geschützte Arten nur sehr selten versehentlich erlegt, oder derlei Verluste sind populationsdynamisch bedeutungslos.

Somit ist die gelegentlich erhobene Forderung, auch häufige Arten nur deshalb von der Jagd zu verschonen, weil sie geschützten ähneln, aus fachlicher Sicht nicht gerechtfertigt. Solche Maßnahmen nach dem „Vorsorgeprinzip" wären allenfalls sinnvoll zum Schutz extrem seltener, vom Aussterben bedrohter Arten. Beispielhaft hierfür ist der bereits erwähnte Dünnschnabel-Brachvogel, bei dem die versehentliche Erlegung selbst weniger Exemplare kritisch werden könnte. Demzufolge verzichten die italienischen Jäger im potenziellen Durchzugsgebiet dieser Art auf die Bejagung größerer Watvogelarten.

Wie wirkt sich die jagdliche Nutzung überhaupt auf die Tierwelt aus? Mit dieser viel diskutierten Frage wollen wir uns im folgenden Kapitel befassen. Vielleicht wird dann auch die eben genannte Problematik verständlicher.

Zusammenfassung

Noch schwieriger als die Individuenzahl von Tierbeständen sind deren populationsdynamische Parameter *Reproduktion* und *Mortalität* quantitativ zu erfassen. Lediglich die vom Menschen direkt verursachte Sterblichkeit ist bei einigen Arten genauer dokumentiert:

- Jagdstreckenstatistiken, von denen einige über lange Zeiträume hinweg erhoben wurden, vermitteln eine Vorstellung über die Zahl jährlich erlegter Tiere und deren Bestandstrends.
- Unkenntnis über die Quantität anderer (natürlicher) Sterblichkeitsfaktoren führt zur Überbewertung der jagdbedingten Mortalität.
- Die Bedeutung jagdbedingter Sterblichkeit im Vergleich zu anderen Todesfaktoren ist erst durch die Auswertung von Mar-

kierungs- bzw. Beringungsprogrammen zu erkennen. Nur dadurch lässt sich ermitteln, welcher Anteil der Population erlegt wurde.
- ▶ Die Rückmelderate erlegter markierter Tiere gibt Aufschluss über die Bejagungsintensität. Diese hängt bei der in zivilisierten Gesellschaften heute nur noch üblichen Freizeitjagd im Wesentlichen ab vom Wildvorkommen bzw. von jagdrechtlichen Regelungen.
- ▶ Mit der Bestandsdichte steigt die Jagdintensität; bei geringem Wildvorkommen lohnt sich dagegen der Bejagungsaufwand nicht mehr.
- ▶ Bei geringem Wildvorkommen sinken nicht nur die absoluten Jagdstrecken, sondern auch die Erlegungsraten.
- ▶ Im Falle unselektiver Jagd auf sich ähnelnde Arten (*„look-alike-species"*) kommen diese nur entsprechend ihrer Häufigkeit zur Strecke; seltenere Arten werden nur gelegentlich erlegt, sodass dadurch ihre Bestandsentwicklung noch nie erkennbar beeinträchtigt wurde.

Auswirkungen der Jagd auf die Wildbestände

„Ohne Jäger mehr Wild!" – So die leicht eingängige Parole eines prominenten Bonner Jagdgegners Mitte der 1970er Jahre, mit der er die damalige Novellierung von Bundesjagdgesetz und Jagdzeitenverordnung zu beeinflussen versuchte.
Das klang logisch und entsprach der Auffassung weiter, um die Natur besorgter Kreise der Bevölkerung: Unsere ohnehin durch negative Umwelteinflüsse bedrohte Tierwelt darf keinesfalls zusätzlicher Gefährdung ausgesetzt werden – schon gar nicht durch Jagd.
Ist Jagd wirklich Gefährdungsfaktor? Gäbe es tatsächlich mehr Tiere ohne Jagd? Schon die Ausführungen im vorigen Kapitel dürften Zweifel an dieser pauschalen Behauptung gesät haben. Zweifellos trug menschliche Verfolgung – wie immer sie auch motiviert gewesen sein mag – zur Ausrottung einiger Arten in der Vergangenheit wesentlich bei. Um ein Vielfaches größer ist jedoch die Zahl der Säugetier- und Vogelarten, die seit Jahrhunderten – viele davon in ihrem gesamten Verbreitungsgebiet – ohne erkennbare negative Auswirkungen oder gar Gefährdung bejagt werden. Wie können Tierpopulationen solche Verluste verkraften?
Derartige Überlegungen hatten mich schon vor drei Jahrzehnten bewogen, dieser in mehrerer Hinsicht wichtigen Frage nachzugehen. Erste Erkenntnisse lieferte die amerikanische Fachliteratur, die mir während meiner Lehrtätigkeit am *College of African Wildlife Management* in Tanzania zur Verfügung stand. Denn in Amerika, einem Kontinent mit Lizenzjagdsystem und folglich lokal hohem Jagddruck, haben Untersuchungen über die Auswirkungen der Jagd auf die Wildbestände viel existenziellere Bedeutung als im deutschen Reviersystem mit einer relativ geringen Jägerdichte und ausgeprägter Eigenverantwortlichkeit des Grundeigentümers für sein Wild.

Kompensatorische Sterblichkeit

In der ersten Auflage der „Sache mit der Jagd" tauchte 1977 – wohl erstmals in der deutschsprachigen Literatur – der Begriff „kompensatorische (ausgleichende) Sterblichkeit" auf: Nicht jedes erlegte Wildtier bedeutet *a priori* einen Verlust für die Population, da der Verlust in gewissem Umfang über eine verringerte natürliche Sterblichkeit kompensiert werden kann.

Diese Erkenntnis löste damals begreiflicherweise leidenschaftliche Diskussionen aus. Es fehlte nicht an Versuchen, sie rundweg zu bestreiten, sie als „Erfindung der Jäger" abzutun. Oder es kam zu eigenwilligen Interpretationen je nach persönlichem Standpunkt. Kompensation jagdlicher Eingriffe gäbe es nur beim Schalenwild, meinte z. B. der Ökologe Josef REICHHOLF (in ODUM u. REICHHOLF 1980); dies in Verkennung der Tatsache, dass die genauesten Untersuchungen zu dieser Thematik gerade an seinen Lieblingen, den ziehenden Wasservögeln nämlich, durchgeführt worden waren. Umgekehrt vertrat ein Schalenwildgremium während der DJV-Hauptversammlung 1980 in Lüneburg die Auffassung, nur Vogelpopulationen könnten jagdbedingte Verluste in der genannten Weise kompensieren – trotz der ja hinlänglich bekannten negativen Korrelation von Erlegungsrate und Fallwildanteil vor allem beim Rehwild.

Wie sieht die Wirklichkeit aus? Betrachten wir hierzu einige Erkenntnisse an verschiedenen Tierarten und gehen dabei der folgenden Frage bzw. Hypothese nach:

▶ Erhöht der jagdliche Eingriff die Gesamtsterblichkeit oder nicht?
▶ Wenn ja, müsste der Verzicht auf Bejagung zu höheren Bestandsdichten führen.

Erkenntnisse aus der jagdlichen Praxis

Wie so oft, liefert in jüngster Zeit immer wieder die jagdliche Praxis erste Hinweise zur Beantwortung dieser Fragen: Auch ein mehrjähriger Verzicht auf die herbstliche Treibjagd brachte keine erkennbare Erholung der Besätze des **Feldhasen**. Das gleiche Ergebnis hatten die genaueren Untersuchungen von PFEIFFER (1991) im Bereich des Nördlinger Ries, wo er bejagte und unbejagte Flächen miteinander verglich: Die Hasendichte war etwa dieselbe, ob gejagt wurde oder nicht.

Jagdbedingte Sterblichkeit schien auch die Gesamtsterblichkeit beim **Rehwild** nicht nennenswert zu beeinträchtigen. Die Lebenskurve der bejagten baden-württembergischen Rehe (Abb. 28) verlief jedenfalls fast identisch mit der der unbejagten Population von Dänemark (Abb. 5, S. 25) oder der des Versuchsreviers Stamham in Bayern (ELLENBERG 1978).

Abb. 28: Altersverteilung (K = Kitze) der Rückmeldungen (N = 2.230) von 1970 – 89 in Baden-Württemberg markierten Rehen (aus BAUER u. KALCHREUTER, unveröff.). Man beachte die Ähnlichkeit dieser bejagten „Population" mit der unbejagten von Abb. 5, S. 25.

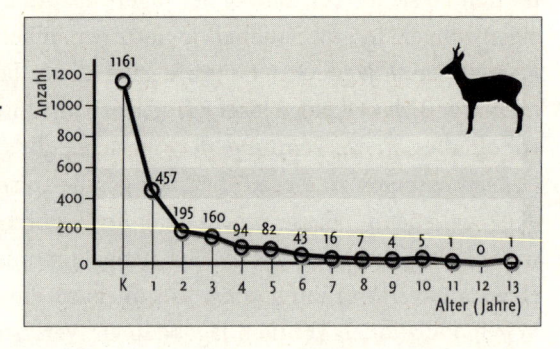

Zu denken gibt auch die Entwicklung der Rehwildstrecke im gesamten Land Baden-Württemberg im Vergleich zu der eines der vier damaligen Forstdirektionsbezirke. In jenem lag infolge der Initiative des zuständigen Jagdreferenten die Strecke mindestens zehn Jahre lang etwa doppelt so hoch wie im Landesdurchschnitt. Was geschah mit den in den drei übrigen Bezirken weniger erlegten Rehen? Sie müssen ja wohl an anderen Todesursachen eingegangen sein.

Diese Vermutung bestätigen Erkenntnisse aus verschiedenen Jagdrevieren, in denen man versuchte, das „Fallwild", also die Zahl natürlich verendeter Rehe, zu reduzieren: Mit steigendem jagdlichen Eingriff ging der Fallwildanteil zurück (RAESFELD et al. 1977, UECKERMANN 1983). Ähnliche Beobachtungen schildern DUSEK et al. (1989) am nahe verwandten amerikanischen Weißwedelhirsch. Offensichtlich sind die einzelnen Todesfaktoren – natürliche oder

Rehe, die nicht erlegt werden, gehen an anderen Todesfaktoren ein.

jagdbedingte – untereinander austauschbar, zumindest in gewissem Umfang.
Im Falle des Schalenwildes wird diese Erkenntnis zumeist bereitwillig akzeptiert; gilt dessen Reduktion doch auch als wesentlicher Programmpunkt heutiger Naturschutzkonzeptionen. Bei anderen Arten fällt das Verständnis bedeutend schwerer, trotz ziemlich eindeutiger Fakten, etwa im Falle des bereits (S. 30 ff.) erwähnten **Seehunds** (*Phoca vitulina*).
Abb. 8 a (S. 31) gibt die Ergebnisse der Erhebungen an der schleswig-holsteinischen Nordseeküste aus vier Jahrzehnten wieder. Bis Anfang der 1970er Jahre wurde der Seehund bejagt, und während dieser Zeit waren natürlich verendete Tiere wohl eher Ausnahmeerscheinungen. Jedenfalls tauchen sie erst seit 1974 in der Statistik auf – nur zwei Jahre, nachdem die Jagd drastisch reduziert, d. h. nur noch amtlich bestelltem Personal zur Erlegung kranker Tiere gestattet war. Die Jagdstrecke sank dadurch auf weniger als 15% der früheren ab. Mit dem Bestandsanstieg der Population auf 3.000 gezählte Tiere verdoppelte sich die Zahl der Totfunde, bei 3.500 lag sie viermal so hoch wie in den späten 1970er Jahren.

Die sezierten Tiere, vor allem Junghunde, zeigten alle Zeichen zu hoher Populationsdichte wie abnehmende Fettreserven, Verwurmung, parasitäre und epidemische Hauterkrankungen. Doch veranlasste erst die allmählich abnehmende Reproduktionsrate (Abb. 8 b) die Behörden zu bedenken, dass die Kapazitätsgrenzen des Lebensraums Wattenmeer erreicht sein könnten. Die Konsequenzen waren jedoch ganz anders als im Falle von Schalenwildpopulationen, nämlich äußerst zaghaft: Außer den kranken wurden insgesamt nur 27 gesunde Seehunde zur Erlegung freigegeben (ANONYMUS 1987).
So musste es zum Dilemma kommen. Nachdem die Population in Schleswig-Holstein auf über 4.000 Tiere angewachsen war und die jagdliche Mortalität weiter ausblieb, gingen die Tiere zu Tausenden ein – nun eben auf natürliche Weise.
Das war 1988. 14 Jahre später wiederholte sich dann die Katastrophe bei einer Gesamtpopulation von etwa 25.000 Seehunden im europäischen Wattenmeer. Bis Mai 2002 waren bereits 4.000 Tiere verendet, bis Oktober über 10.000, und zwar an derselben Seuche und von denselben dänischen Regionen ausgehend wie 1988 (REINEKING, pers. Mitt.).

Massensterben von Seehunden: Ließen sich solche Bilder künftig durch kontrollierte jagdliche Eingriffe vermeiden?

In dem gut überschaubaren aquatischen Lebensraum Wattenmeer waren natürlich verendete Tiere viel leichter zu finden und daher das Wechselspiel von jagdlich bedingter und natürlicher Sterblichkeit besser zu erkennen als in den meisten Landbiotopen.

Ähnliches gilt für die bereits (S. 89) erwähnte Studie von MEILE (1991) im westlichen Bodensee bezüglich der **Wasservögel**, deren Erkenntnisse von Vertretern des Natur- und Vogelschutzes ebenfalls nur sehr zögernd akzeptiert werden. Denn dort hatte die experimentelle Einstellung der Bejagung während der vierjährigen Untersuchung jeweils zu einem drastischen Anstieg der Zahl tot gefundener Enten geführt (mehr hierüber auf S. 264 ff.). Die verendeten Vögel waren stark abgekommen und zumeist hochgradig von Parasiten befallen.

Somit gab diese Untersuchung bereits eine Antwort auf die Forderung des dänischen Jagdkritikers MELTOFTE (1990) während der Jahresversammlung des Internationalen Büros für Wasservogelforschung im Jahre 1989 in Astrakhan (Russland). Er hatte dafür plädiert, die Jagd auf Entenvögel generell einzustellen, um deren Auswirkungen besser erkennen zu können. Soviel ist nun klar: Die natürliche Sterblichkeit würde ansteigen.

Soweit einige Beobachtungen bzw. „Nebenprodukte" aus verschiedenen Untersuchungen in heimischen Revieren. Wie bereits angedeutet, war man diesen Fragen schon frühzeitig und viel gezielter vor allem im englischsprachigen Ausland nachgegangen. Seit den 1930er Jahren arbeiteten die Amerikaner (z. B. EDMINSTER 1937, PALMER 1956, GULLION u. MARSHALL 1968) mit der wohl aussagekräftigsten Methodik der Ausschlussversuche (*removal experiments*) an Raufußhühnern (*Tetraonidae*): Wie entwickeln sich die Populationen auf bejagten und vergleichbaren nicht bejagten Flächen? Es zeigten sich auch über mehrere Jahre hinweg keine nennenswerten Unterschiede in Bestandsdichten und -trends.

Der Engländer MURTON (1971) erkannte, dass sich die Brutbestände der für die Landwirtschaft problematischen Ringeltauben erst verringern lassen, wenn mehr erlegt werden, als ohnehin im Winter eingehen würden.

Zur Verringerung von Taubenschäden bedarf es eines beachtlichen jagdlichen Aufwands.

Sowohl an Rebhühnern in England (MURTON 1971), wie an den bereits (S. 35 f.) erwähnten Hasen in Dänemark (ABILDGÅRD et al. 1972) zeigte sich übereinstimmend: Nicht die Art der Todesfaktoren war entscheidend für die Gesamtsterblichkeit, sondern die jeweilige Besatzdichte im Herbst.

Die Erkenntnisse aus diesen und einigen weiteren Untersuchungen (Zus.-f. in KALCHREUTER 1994) lassen sich also folgendermaßen formulieren:

- ▶ Dichteabhängige Sterblichkeitsfaktoren halten die Population in den durch die Biotopkapazität vorgegebenen Grenzen (siehe hierzu auch S. 54).
- ▶ Alljährlich kommt es folglich zu dichteabhängigen Verlusten, bedingt durch verschiedene Todesfaktoren.
- ▶ Diese Faktoren sind austauschbar. Es spielt keine Rolle, auf welche Weise der Tod die Bestandsdichte reguliert, ob durch Jagd oder „natürliche" Sterblichkeitsfaktoren.
- ▶ Der jagdliche Eingriff kann also in gewissem Maße die natürliche Sterblichkeit verringern, da er die Populationsdichte herabsetzt.

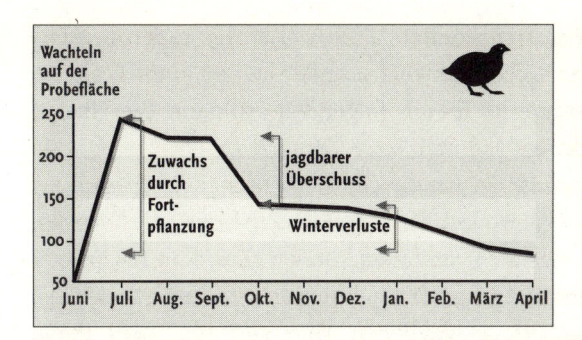

Abb. 29: Schema jahreszeitlicher Bestandsschwankungen am Beispiel der Kalifornischen Wachtel. Ein Teil der ohnehin unvermeidlichen Herbst- und Winterverluste lässt sich durch Jagd vorwegnehmen (nach DASMANN 1964).

Hieraus ergibt sich: Der jagdliche Eingriff ist kompensierbar, sofern er sich im Rahmen der dichteabhängigen Mortalität bewegt. Den davon betroffenen Anteil des Tierbestands nennt PERRINS (1987) die „Populationsreserve", und DASMANN (1964) den „jagdbaren Überschuss". Letzterer setzte seine Erkenntnisse auf anschauliche Weise in einer grafischen Darstellung um (Abb. 29).
Wie hoch ist aber nun diese Populationsreserve, dieser jagdbare Überschuss im konkreten Fall? Wie lang liegt ein jagdlicher Eingriff noch im Bereich der kompensatorischen, wann verursacht er zusätzliche, „additive" Sterblichkeit, die dann auch den Brutbestand im folgenden Frühjahr beeinträchtigen müsste? Fragen, deren Beantwortung noch dadurch verkompliziert wird, als das Fassungsvermögen des Lebensraums von vielen sich stets ändernden Faktoren bedingt und folglich schwer zu quantifizieren ist. So muss auch die entscheidende Beziehung Biotopkapazität/Populationsdichte erheblichen jährlichen Schwankungen unterliegen. Ergebnisse aufwändiger Einzeluntersuchungen können immerhin Einblicke in diese Zusammenhänge und eventuell Rahmenwerte zur Größenordnung der Kompensierbarkeit des jagdlichen Eingriffs vermitteln.

Beispiel Singvögel
Der mehrjährigen gründlichen Untersuchung von KLUIVER (1966) an Kohlmeisen (*Parus major*) auf der holländischen Insel Vlieland verdanken wir die Erkenntnis, dass keineswegs nur jagdlich relevante Tierarten, also unsere klassischen Wildarten, menschliche

Eingriffe kompensieren können. Eine vierjährige experimentelle Entnahme von 60 % des Nachwuchses hatte keinen Einfluss auf die Dichte der Brutpaare im jeweils folgenden Frühjahr. Die Überlebensraten der Altvögel nahmen sogar deutlich zu.

Damit bestätigte diese Feldstudie die theoretischen Überlegungen von LEBRETON (1985), wonach Singvögel (*Passeriformes*) die höchsten jagdlichen Nutzungsraten verkraften können (Zus.-f. in KALCHREUTER 1994). So verwundern auch die Erkenntnisse einer von der EU-Kommission in Auftrag gegebenen Untersuchung nicht mehr. McCULLOCH et al. (1992) hatten auf der Basis von Rückmelderaten beringter Vögel Indices über die Intensität der Singvogelbejagung in den einzelnen europäischen Ländern entwickelt und deren Trends über mehr als drei Jahrzehnte dokumentiert. Bei keiner Art ließ sich ein Zusammenhang zwischen Bejagungsintensität und Bestandstrend erkennen. Mit anderen Worten: Die Populationen der einzelnen Arten fluktuierten unabhängig vom Jagddruck. Was allein deshalb nicht überrascht, als verschiedene Kalkulationsmethoden übereinstimmend Erlegungsraten von weniger als 10 % der herbstlichen Singvogelscharen ergaben (KALCHREUTER 1992).

Diese Erkenntnisse erklären die auch dem deutschen Waidmann nur schwer verständliche Tatsache, dass die EU-Vogelrichtlinie weiterhin fünf Drosselarten (*Turdidae*) für die südlichen EU-Länder als bejagbar ausweist.

Pilotstudie an der Virginischen Wachtel
Wohl die bislang genaueste quantitative Untersuchung zu dieser Thematik überhaupt hat ROSEBERRY (1979) an der Virginischen Wachtel (*Colinus virginianus*) in Illinois durchgeführt. Er erhielt hierfür 1982 den Preis der *Wildlife Society*. Sie hat auch heute noch fundamentale Bedeutung zum Verständnis populationsdynamischer Vorgänge und sei daher im Folgenden ausführlicher vorgestellt.

Über 24 Jahre wurden Daten aus einer bejagten Population ermittelt, als Basis für Computermodelle und -simulationen zu den langfristigen Auswirkungen unterschiedlicher Bejagungsintensität. Das umfangreiche Datenmaterial erlaubte Einblicke in die Sterblichkeitsverhältnisse zu verschiedenen Jahreszeiten in bejagten und unbejagten Populationen. Die Ergebnisse, nämlich die große Bedeutung der Populationsdichte auf die Bestandsentwicklung, soll Abb. 30 veranschaulichen:

▶ Die Sterblichkeit steigt mit der Populationsdichte. Bei der Dichte 100 gehen bis zum Frühjahr nur 30% der Wachteln ein, bei Dichte 700 dagegen über 60%, jeweils ohne Bejagung.

▶ Bei sehr geringer Dichte (100) können nur 10% der Vögel erbeutet werden, soll die Brutpopulation nur unwesentlich (ca. 7%) abgesenkt werden. Bei hoher Dichte (700) kann bzw. muss die Strecke dreimal so hoch sein, um denselben Effekt zu erreichen.

Die Simulationen von Abb. 30 geben allerdings eher durchschnittliche Verhältnisse bzw. die Situation über größere Zeiträume hin-

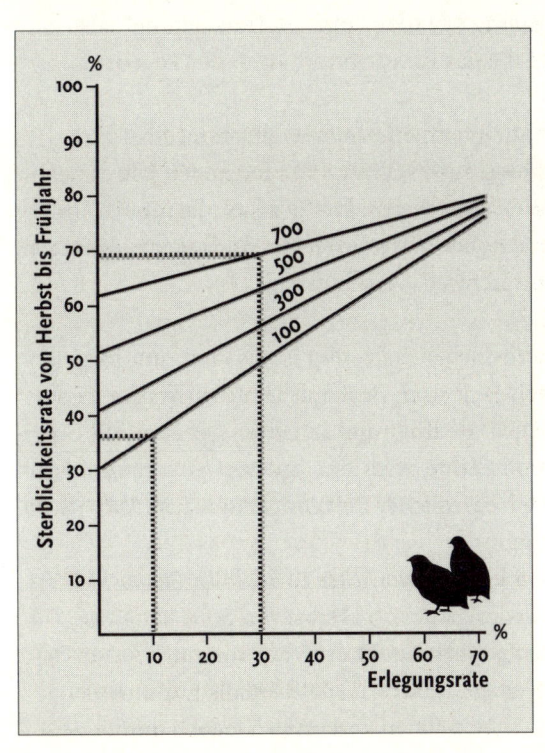

Abb. 30: Computer-Simulation der Sterblichkeitsraten der Virginischen Wachtel bei unterschiedlichen Bestandsdichten. Bei hoher Dichte (und entsprechend hoher Gesamtsterblichkeit) können dreimal so viele Wachteln im Herbst erlegt werden, ohne die Gesamtsterberate wesentlich zu erhöhen, als bei geringer Dichte (nach ROSEBERRY 1979).

weg wieder. Sowohl ROSEBERRY (1979), als später auch PULLOCK *et al.* (1989) betonen die Bedeutung des Zeitpunkts des jagdlichen Eingriffs. Experimentelle Bejagung Ende des Winters bewirkte erwartungsgemäß in höherem Maße additive Mortalität, nachdem die dichteabhängige Wintersterblichkeit die Population bereits reduziert hatte (PULLOCK *et al.* 1989).

Die Studie vermittelte außerdem Einsichten in populationsdynamische Reaktionen auf spezielle Bedingungen und damit auch Antworten auf die aktuelle Frage: Wie wirkte sich gleich bleibender Jagddruck im Falle plötzlicher – aus welchen Gründen auch immer – verringerter Bestandsdichten aus?

▶ Beschränkungen der Bejagungsintensität während der Perioden niedriger Populationsdichte brachten längerfristig nicht viel. Jedenfalls war die Erholung der Bestände ohne Jagdbeschränkungen während dieser Phasen nicht nennenswert verzögert.
▶ Verzicht auf Bejagung bewirkte keine „Vorratshaltung", also Bestandsdichten, die das Fassungsvermögen des Lebensraums überschreiten.
▶ Andererseits konnten temporär hohe Populationsdichten die Bestandsentwicklung auch während des folgenden Jahres noch positiv beeinflussen (*„carry-over effect"*). Vögel, die infolge Unterbejagung während hoher herbstlicher Bestandsdichte überleben, wären also nicht durchweg „verschwendet".

Der Eingriff der herbstlichen Bejagung ist also bis zum folgenden Frühjahr nur teilweise – je nach Bestandsdichte mehr oder weniger – kompensierbar. Die Datenfülle aus 24 Jahren gestattete die Simulation der Populationsdichte nach der Jagdzeit (Durchschnitt von 100 Jahren) bei unterschiedlicher Bejagungsintensität (Abb. 31), die Folgendes verdeutlicht:

▶ Der Übergang von *kompensatorischer* zu *additiver Sterblichkeit* ist fließend. Eine Erlegungsrate im Herbst von 20 % hatte eine Verringerung der Brutpopulation im Frühjahr von nur 5 % zur Folge; wurden 40 % erlegt, so sank diese ebenfalls nur unwesentlich um 14 % ab. Höhere Raten wirken sich jedoch immer deut-

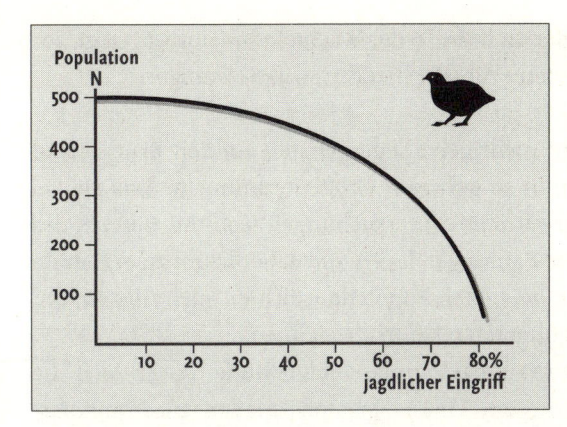

Abb. 31: Auswirkungen des jagdlichen Eingriffs (Erlegungsrate vom Herbstbestand) auf die Höhe der Brutpopulation im kommenden Frühjahr bei der Virginischen Wachtel. Erst wenn über 40 % erlegt werden, sinkt der Brutbestand merklich ab (nach ROSEBERRY 1979).

Langjährige Forschungen an der Virginischen Wachtel lieferten bedeutende jagdökologische Erkenntnisse.

licher aus. Werden z. B. 60% der Wachteln im Herbst erlegt, so gibt es im nächsten Frühjahr bereits um 34% weniger.

Die Auswirkungen niedriger Erlegungsraten auf den Brutbestand bewegen sich also in so geringen Größenordnungen, dass sie bei den vorstehend erwähnten Untersuchungen wohl im Bereich des Fehlerrahmens der Zählungen lagen und daher kaum zu erkennen waren. Zumal sich bei hohen Populationsdichten auch Auswirkungen höherer Erlegungsraten kaum abzeichnen.
Auf Grund von Roseberrys umfassender Studie lassen sich die Erkenntnisse zu diesem Thema folgendermaßen zusammenfassen:

- Je höher die Populationsdichte, umso höher ist die jährliche Sterblichkeitsrate. Je höher Letztere wiederum ist, ein desto höherer Anteil der Population kann erlegt werden, ohne den Brutbestand wesentlich zu verändern. Um dies zu gewährleisten, muss die Erlegungsrate jedenfalls unterhalb der natürlichen Sterblichkeitsrate (d. h. ohne Jagd) bleiben.

Weitere Ergebnisse dieser fundamentalen Untersuchung werden wir auf S. 162 f. kennen lernen.

Untersuchungen an Wasservögeln

Im Gegensatz zu den vorstehend betrachteten Arten spielt sich das Leben von Zugvögeln weiträumig ab. Die Auswirkungen der Bejagung sind daher schwieriger und nur auf indirektem Wege über die Auswertung von Ringfunden zu ermitteln. Hierzu bedarf es jedoch eines umfangreichen Ringfundmaterials sowie mathematisch-statistischer Methoden, die erst in jüngster Zeit entwickelt wurden (ausführliche Darstellung in Brownie et al. 1985). Sie sollten die stets aktuelle Frage beantworten: Gäbe es mehr Enten und Gänse ohne Jagd?
In vielen Abhandlungen über Wasserwild (Zus.-f. in Kalchreuter 1994, 2000) wird die Jagd als Gefährdungsfaktor betrachtet, wobei

sich die Argumentation allerdings zumeist im Bereich der Spekulation bewegt. Andererseits lieferten bereits einfachere Kalkulationen oder die Analyse zeitlicher und örtlicher Verteilungen von Ringfunden Hinweise auf Kompensierbarkeit des jagdlichen Eingriffs auch bei Wasservögeln.

So erhielten die baltischen Wasserwildforscher MIHELSONS, MEDNIS und BLUMS (Zus.-f. in KALCHREUTER 2000) anhand des umfangreichen Ringfundmaterials an Löffelente und Reiherente erste Einblicke: Beide Arten wiesen in beiden untersuchten Gebieten dieselben Sterblichkeitsraten auf, obwohl sie im einen (Enguresee) bejagt wurden, im anderen (Matsalu-Schutzgebiet) dagegen nicht. Sie sprachen von einer Selbstregulation der Entenbestände – durch entweder Jagd oder natürliche Todesfaktoren – und forderten daher Konsequenzen für die Bejagung, nämlich einen möglichst frühen Beginn der Jagdzeit – damit einer jagdlichen Nutzung zugeführt werden könne, was andernfalls verrotten würde.

Weit mehr als in Europa hatte man die Beringung von Wasservögeln in Nordamerika mit dem Ziel intensiviert, Klarheit über die Auswirkungen des jagdlichen Eingriffs zu bekommen. So standen ANDERSON und BURNHAM (1976) für ihre Auswertungen nach modernen Kalkulationsmethoden (SEBER 1973, BROWNIE et al. 1985) 1,5 Millionen Wiederfunde beringter Stockenten zur Verfügung (Zus.-f. in KALCHREUTER 1994). Die meisten der 700.000 Daten stammten aus dem Zeitraum 1961–1971 und damit aus Jah-

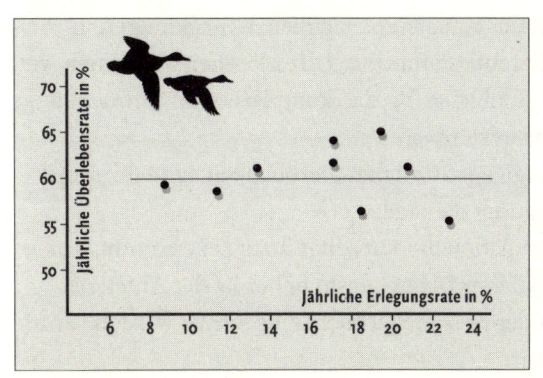

Abb. 32: Auswirkungen der jährlichen jagdlichen Nutzung (neun Jahre) auf die Überlebensraten amerikanischer Stockenten (nach ANDERSON u. BURNHAM 1976): Auch in Jahren mit höheren Erlegungsraten nahm die Gesamtsterblichkeit nicht zu, wie die (grafisch ermittelte) waagerechte Regressionslinie verdeutlicht.

ren unterschiedlicher Entendichten, Bejagungsintensität und Entenstrecken.

Umso überraschender das Ergebnis: Obwohl auch die Erlegungsraten stark variierten, blieben die jährlich und örtlich kalkulierten Überlebensraten ziemlich konstant. Es ergaben sich keine signifikanten Unterschiede in der Sterblichkeit bzw. dem Überleben in Jahren bzw. Gegenden liberaler oder restriktiver Bejagung.

Mit einer etwas anderen Methodik (Erlegungsrate kalkuliert aus Wasservogelzählungen und Jagdstrecke) kamen ANDERSON und BURNHAM wiederum zu denselben Erkenntnissen, wie Abb. 32 verdeutlicht. Hieraus folgt:

▶ Bis zu einer bestimmten Schwelle (die in den untersuchten Jahren wohl nur einmal überschritten wurde) werden jagdbedingte Verluste kompensiert durch eine verringerte natürliche Sterblichkeit.
▶ Durch Verzicht auf Bejagung im Rahmen der kompensatorischen Sterblichkeit lassen sich keine höheren Überlebensraten und folglich auch kein Populationsanstieg erreichen.

Diese Erkenntnisse waren damals revolutionär und Gegenstand mancher Kritik. Doch kamen andere Experten vom *Migratory Bird and Habitat Research Laboratory* in Maryland zu denselben Ergebnissen, nachdem sie diese mit noch größerem Datenmaterial, auch von anderen Entenarten, überprüft hatten.

Spätere Untersuchungen während einer fünfjährigen Versuchsperiode unter konstant gehaltenen jagdlichen Regelungen (1980–1985), in der die Entenbestände durch Trockenheit abnahmen, vermittelten weitere Einblicke in die komplexen Zusammenhänge (Zus.-f. in KALCHREUTER 1994):

▶ Nur dichteabhängige (natürliche) Sterblichkeit ist (teilweise) kompensierbar durch die Jagd.
▶ Je mehr eine Population die Kapazität ihres Lebensraums ausfüllt, je höher also ihre Dichte, desto höher ist der Anteil der ohne Erhöhung der Gesamtsterblichkeit geerntet werden kann – und umgekehrt.

▶ Die Schwelle zwischen kompensatorischer und additiver Mortalität ist also nicht konstant, sondern variiert stark mit den beiden entscheidenden Parametern Biotopqualität und Populationsdichte.

Trotz dieser Erkenntnisse aus sehr aufwändigen Forschungsprogrammen bleiben doch einige Fragen offen: Welche Faktoren begrenzen nun wirklich die Entenbestände, und in welchen Jahreszeiten werden sie wirksam? Wann und wo liegen die „Flaschenhälse" dichteabhängiger Sterblichkeit?

Weitere Erkenntnisse
Zur Beantwortung dieser Fragen bedurfte es einer anderen Forschungsmethodik. Denn die genannten Kalkulationen basierten fast ausschließlich auf Rückmeldungen erlegter Enten. Diese Kategorie ist zwar die umfangreichste, doch ist sie beschränkt auf die relativ kurze Jagdzeit in Nordamerika.

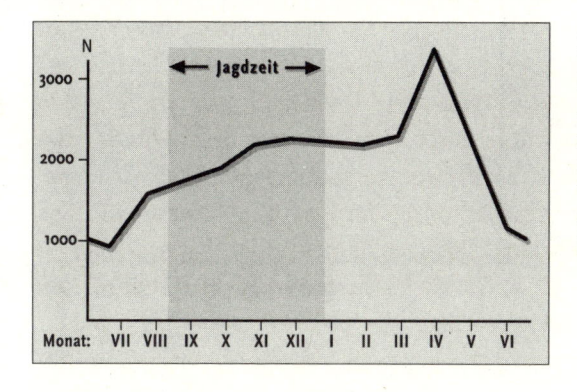

Abb. 33: Jahreszeitliche Verteilung der Totfunde beringter nordamerikanischer Wasservögel aus über 30 Jahren (nach STOUT u. CORNWELL 1976). Der Gipfel natürlicher Sterblichkeit lag im April!

Weitere Erkenntnisse brachte die Auswertung der Rückmeldungen tot gefundener Enten. Wie Abb. 33 verdeutlicht, liegt die Periode höchster natürlicher Sterblichkeit nicht etwa im Winter, sondern im April, also kurz vor und während der Brutzeit, und jedenfalls nach der Jagdzeit.
Diese umgekehrte Beziehung von jagdbedingter und natürlicher Sterblichkeit zeichnete sich auch in Europa ab. Nach PERDECK und

CLASON (1980) stammen die meisten Totfunde von in Holland beringten Stockenten (*Anas platyrhynchos*) aus dem Frühjahr (allein 48 aus Mai/Juni), sehr wenige dagegen aus der Jagdzeit (neun gegenüber 125 erlegten Enten). Dieses bemerkenswerte Ergebnis veranlasste mich, es an größerem Material zu überprüfen. Die europäische Beringungszentrale (EURING DATA BANK) stellte mir hierzu freundlicherweise nicht nur die Daten aller in Holland beringter und von dort rückgemeldeter Stockenten zur Verfügung. Ich konnte vielmehr auch noch die weit ziehenden Arten Krickente (*Anas crecca*) und Pfeifente (*A. penelope*) in die Auswertung einbeziehen, einer Anregung des kanadischen Wasserwildforschers Hugh BOYD folgend.

Abb. 34: Monatliche Verteilung tot gefundener (N = 452) und erlegter (N = 3.972) Stockenten, die in Holland beringt und rückgemeldet wurden (aus KALCHREUTER 1996). Mit Beginn der Jagdzeit (im Juli) nahmen die Totfunde ab, nach deren Ende wieder zu – ein Hinweis auf dichteabhängige Sterblichkeit über den größten Teil des Jahres.

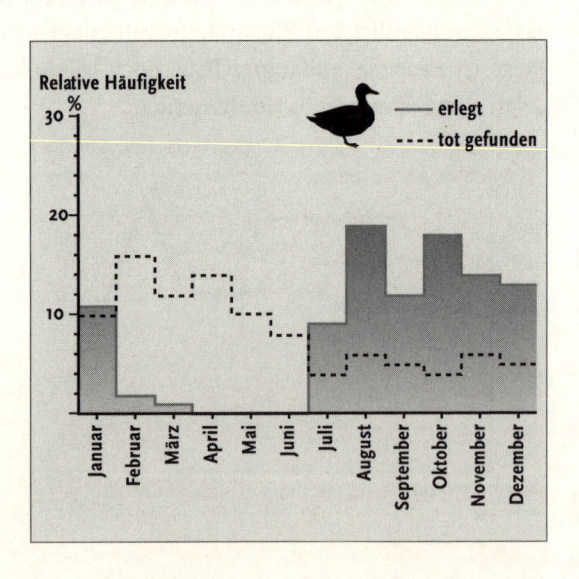

Die Ergebnisse möge Abb. 34 veranschaulichen. Es zeigte sich eine doppelt so hohe Zahl von Totfunden in der Zeit von Februar bis Juni (monatlicher Durchschnitt 57,2) wie in der Jagdzeit von Juli bis Januar (27,5).

Dabei ist anzumerken, dass es sich bei den Totfunden in erster Linie um natürlich verendete und nicht etwa um angeschossene

Ist die „natürliche" Sterblichkeit auf den Winter beschränkt?

Neuere Forschungsergebnisse widerlegen diese weit verbreitete Meinung.

und daran zu Grunde gegangene gehandelt haben muss, denn ihr Anteil war in allen untersuchten Fällen gerade während der Jagdzeit am geringsten.

Ganz ähnlich lagen die Verhältnisse bei Krick- und Pfeifente. Nur sehr wenige der in Holland beringten Vögel wurden als Totfunde aus dem westeuropäischen Winterquartier gemeldet, die weitaus meisten dagegen nach der Jagdzeit, im März, April und vor allem aus den fennoskandischen Brutgebieten im Mai und Juni, wo sie um diese Zeit nie bejagt wurden.

Ganz anders im unmittelbar angrenzenden Russland mit traditioneller Frühjahrsjagd auf Wasserwild. Fast alle aus dieser Jahreszeit rückgemeldeten Ringe stammten von erlegten Enten (meist Erpel), nur sehr wenige von tot gefunden. Bei der Pfeifente z. B. betrug dieses Verhältnis 356 erlegte zu 9 Totfunden.

Diese Erkenntnisse, vorgestellt während der Konferenz „Baltic Birds V" 1987 in Riga (KALCHREUTER 1990) und während der Wasservogelkonferenz „Anatidae 2000" im Plenarsaal des Europarats 1994 in Straßburg (KALCHREUTER 1996), boten begreiflicherweise Anlass zu Diskussionen. Zweifel wurden geäußert, möglicherweise zu Recht, ob Findewahrscheinlichkeit und Rückmeldefreudigkeit hinsichtlich natürlich eingegangener Enten diesseits und jenseits

Abb. 35: Rückmelderaten von Krickenten, die in England in den Wintern 1949–54 beringt wurden (nach Boyd 1957). Wieder wird die umgekehrte Beziehung zwischen der Anzahl der im Winter (Dezember–März) meist durch Jagd umgekommenen und der Zahl der im darauf folgenden Sommer (April–August) meist an anderen Todesursachen verendeten Vögel deutlich.

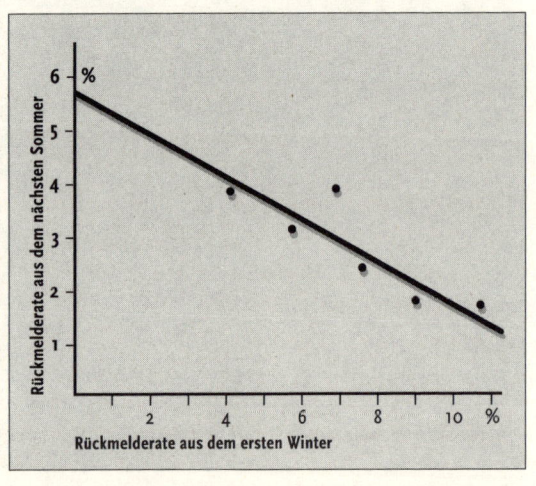

des damaligen „Eisernen Vorhangs", also in Finnland und der angrenzenden UdSSR, vergleichbar wären.

Doch decken sich die Ergebnisse mit denen, die BOYD (1957) bei in England beringten Krickenten fand. Die Rückmelderaten (meist erlegter Vögel) während des Winters waren negativ korreliert mit den Rückmelderaten (meist tot gefundener Enten) aus den Brutgebieten im darauf folgenden Sommer.

Aus den in Abb. 35 dargestellten Ergebnissen BOYDS zeigt sich:

▶ Je höher die jagdbedingten Verluste im Winter in Westeuropa, desto geringer die natürliche Sterblichkeit im Brutgebiet im nächsten Frühjahr – und umgekehrt.

Weitere Einblicke in diese Zusammenhänge gestatteten Untersuchungen über die Eiderente (*Somateria mollissima*) in der Ostsee und an der nordamerikanischen Atlantikküste (Zus.-f. in KALCHREUTER 1994). Mit nachlassender Bejagungsintensität stieg die Zahl der Totfunde, bei denen es sich meist um weibliche Enten während der Brutzeit handelte. Die untersuchten Vögel zeigten hohe Belastungen mit Darmparasiten und damit typische Symptome hoher Populationsdichten.

Die Erkenntnisse dieser Analysen der Todesursachen von Ringvögeln lassen sich folgendermaßen zusammenfassen:

▶ Während der Perioden jagdbedingter geringerer Populationsdichte ging die natürliche Mortalität zurück und umgekehrt.

▶ Ein erheblicher Anteil der Gesamtsterblichkeit muss also dichteabhängig sein, und zwar über den größten Teil des Jahres hinweg.

▶ Damit widersprechen alle genaueren Untersuchungen der weit verbreiteten Annahme, die Populationen wären spätestens im „Mittwinter" einreguliert.

Diese Erkenntnisse könnten vielleicht dazu dienen, die oft emotional geführten Diskussionen um die Dauer der Jagdzeit zu versachlichen.

- Aus populationsdynamischer Sicht ist viel entscheidender, wie viel von einem Wildbestand jagdlich genutzt wird, als wann dies geschieht.

Kompensatorische oder additive Sterblichkeit?
Welcher Anteil kann nun jagdlich genutzt werden, ohne den Grundbestand, die Brutpopulation nennenswert zu beeinträchtigen? Umfassende Auswertungen des reichlichen Datenmaterials aus dem nordamerikanischen Kontinent (Zus.-f. in KALCHREUTER 1994) zeigten erwartungsgemäß eine Abhängigkeit dieser Frage von der Überlebensstrategie (S. 55 ff.) der einzelnen Arten:
Bei r-selektierten Schwimmenten liegt die Schwelle zwischen kompensatorischer und additiver Sterblichkeit bei Erlegungsraten von etwa 40 %, bei den eher K-selektierten Tauch- und Meeresenten bei solchen von 20 % bzw. 10 %.
Interessanterweise hielten sich dort die jagdlichen Eingriffe zumeist auch in diesen artspezifischen Grenzen, wie auf S. 123 bereits ausgeführt. So war denn auch bei keiner Art ein klarer Zusammenhang zwischen Bejagungsintensität und Bestandsentwicklung nachzuweisen.
Und bei uns? In Europa können wir von einem Datenmaterial, das solch gründliche Auswertungen erlaubte, nur träumen. Dies erleichtert natürlich spekulative Behauptungen, der Jagddruck auf Wasserwild in Europa sei zu hoch.
Einmal widersprechen dem jedoch die übereinstimmenden Ergebnisse der genannten Untersuchungen, die den Anstieg der natürlichen, wohl überwiegend dichteabhängigen Sterblichkeit nach dem Ende der Jagdzeit belegen. Die meisten unserer jagdlich relevanten Wasservögel haben zudem einen „günstigen Erhaltungszustand", also längerfristig gleich bleibende oder positive Bestandstrends (SUDFELDT 1996, KALCHREUTER 2000). Ursachen dafür sind in erster Linie das eher ausgeglichene feucht-kühle atlantische Klima im westpaläarktischen Brutareal der meisten Arten und die Eutrophierung unserer Gewässer, die sich günstig auf das Nahrungsan-

gebot auswirkt. – Ganz anders sind die Verhältnisse in Nordamerika, wo das Hauptbrutgebiet der Enten, nämlich die Prärie, im kontinentalen Klimabereich liegt: Trocken-heiße Perioden führen dort immer wieder zu den in Abb. 23 (S.119) dargestellten Bestandseinbrüchen.

Trotz längerer Jagdzeiten in Europa geht es also unseren Enten wesentlich besser als denen jenseits des Atlantik. Dort wachsen nun, auch als Konsequenz der vielen gründlichen Forschungsprojekte, die Zweifel, ob das sehr aufwändige jährliche Management jagdlicher Regelungen notwendig und somit beizubehalten sei. Oder ob es nicht besser wäre, die Mittel in die Mehrung und Gestaltung von Brutbiotopen zu investieren (BOYD 1990). Denn einige Untersuchungsergebnisse ließen fast zwingend die Existenz eines weiteren, möglicherweise noch effizienteren Mechanismus zur Kompensation jagdlicher Eingriffe vermuten, mit dem wir uns im folgenden Kapitel befassen wollen.

Zusammenfassung

Wesentlicher als die Quantifizierung jagdlicher Aktivitäten ist die Frage, ob und wie jagdliche Eingriffe den Bestand beeinträchtigen. Der jagdliche Eingriff kann sich theoretisch auf zweierlei Weise auf den populationsdynamischen Parameter Mortalität auswirken. Wenn er die Gesamtsterblichkeit erhöht (*additive Mortalität*), verringert sich der Grundbestand der bejagten Art. Schwächt er aber die Wirkung dichteabhängiger (natürlicher) Todesfaktoren durch Senkung der Bestandsdichte ab (*kompensatorische Mortalität*), steigt die Gesamtsterblichkeit nicht an, sodass sich der Grundbestand zur nächsten Fortpflanzungszeit gegenüber einer unbejagten Population nicht nennenswert verändert.

Beide Hypothesen wurden mangels konkreter Untersuchungen in der Vergangenheit oft kontrovers diskutiert. Die Vorstellung additiver Sterblichkeit durch Jagd erscheint einerseits logisch. Andererseits gibt es viele Beobachtungen, die eher auf Kompensation des jagdlichen Eingriffs durch verringerte natürliche Mortalität hindeuten. Eine Klärung dieser Fragen gelingt jedoch nur über exakte, quantitative Untersuchungen, die allerdings sehr aufwändig sind und folglich nur an wenigen Arten durchgeführt werden konnten. Aus ihnen ergibt sich folgendes Bild:

- Das Phänomen *kompensatorische Sterblichkeit* bedeutet keinesfalls, dass nur ohnehin dem Tod geweihte Exemplare der Jagd zum Opfer fallen, wie manchmal laienhaft argumentiert wird. Die Bedeutung liegt vielmehr in der Verringerung der Populationsdichte durch Jagd, wodurch die übrigen Tiere besser überleben.
- Kompensatorische Sterblichkeit kann daher nur im Bereich der dichteabhängigen Sterblichkeit wirksam werden. Je mehr sich die Populationsdichte der Biotopkapazität genähert hat, desto mehr kann Jagd andere Sterblichkeitsfaktoren kompensieren. Liegt die Bestandsdichte dagegen weit unterhalb der Biotopkapazität, so verursachen jagdliche Eingriffe zunehmend *additive Mortalität*.
- Sowohl die Dichte der Population in Bezug auf den Lebensraum, als auch dessen Kapazität sind durch die Auswirkungen verschiedenster Umweltfaktoren erheblichen örtlichen und zeitlichen Schwankungen unterworfen. Infolgedessen ist auch die „Schwelle" zwischen kompensatorischer und additiver Sterblichkeit durch Jagd nicht eindeutig und allgemein gültig festzulegen. Der Übergang ist vielmehr fließend, auch bei ein- und derselben gut untersuchten Art.
- Diskussionen, ob und in welchem Umfang „kompensatorische Sterblichkeit" in jedem Einzelfall wirksam wird, sind auch insofern müßig, als die entscheidenden Parameter Populationsdichte und Biotopkapazität oft gar nicht bekannt sind.
- Generell können r-selektierte Arten, deren Dichte ohnehin eher durch Sterblichkeit reguliert wird, höhere jagdliche Eingriffe kompensieren. Demgegenüber kann Bejagung selbst geringer Intensität bei typischen K-Strategen zu reduziertem Fortpflanzungsbestand führen.
- Die Schwelle zwischen kompensatorischer und additiver Sterblichkeit liegt in jedem Fall unterhalb der jeweiligen Gesamt-

sterblichkeit, also der Summe dichteabhängiger und -unabhängiger Mortalität.
- Nach den Ergebnissen genauerer Untersuchungen ist eine Teilkompensation des jagdlichen Eingriffs bei den meisten bejagten Arten wohl am wahrscheinlichsten. Die jagdbedingten Verluste wirken sich also nicht in voller Höhe auf die Population aus, sondern diese verliert insgesamt weniger Exemplare, als durch Jagd entnommen wurden.
- Jagdliche Eingriffe sind vor allem *vor* oder *während* der Perioden hoher (dichteabhängiger) Sterblichkeit kompensierbar. Diese Perioden sind jedoch – entgegen verbreiteter Meinung – keineswegs auf Herbst und Winter beschränkt, sondern können vielmehr während des ganzen Jahres auftreten, bei vielen Arten mit einem ausgeprägten zweiten Gipfel vor und während der Fortpflanzungszeit.

Kompensation von Verlusten über die Fortpflanzungsrate

Die vielfältigen Diskussionen und aufwändigen Untersuchungen zum Thema kompensatorische oder „aufgesattelte" Sterblichkeit drehen sich letztlich um die Frage nach der Höhe des Grundbestands, also der Fortpflanzungspopulation im nächsten Frühjahr: Wird er durch Jagd reduziert oder nicht?
Wie wir nun wissen, ist diese Schwelle zwischen kompensatorischer und additiver Sterblichkeit nicht konstant, sondern infolge ihrer Abhängigkeit von verschiedenen ökologischen Faktoren durchaus erheblichen örtlichen und zeitlichen Schwankungen unterworfen. Sie wird also immer wieder einmal überschritten werden, sodass im Frühjahr dann weniger Tiere zur Fortpflanzung zur Verfügung stehen als in einer schwach oder gar nicht bejagten Population.
Was dann? Bei konstanten Fortpflanzungsraten würde die stärker bejagte Population bis zum folgenden Herbst insgesamt weniger Nachwuchs produzieren. Weitere jagdliche Eingriffe in derselben Höhe hätten den kontinuierlichen Rückgang und schließlich das Erlöschen der Population zur Folge.
Dennoch gibt es nur sehr wenige Beispiele für das Aussterben jagdlich genutzter (also nicht systematisch bekämpfter) Tierarten. Der Grund hierfür liegt – wie bereits dargelegt (S. 40 ff.) – in der Tatsache, dass die Fortpflanzungsraten bei fast allen Tierarten eben nicht konstant sind, sondern mehr oder weniger *abhängig* von der Populations*dichte*. Bei sinkendem Fortpflanzungsbestand steigt die Nachwuchsrate pro Weibchen, und umgekehrt. Insofern stellt die Reproduktivität, genauso wie die Dichteabhängigkeit der Sterblichkeit, einen Puffer, d. h. einen weiteren kompensatorischen Mechanismus dar, um Verluste – in diesem Fall bis zum Herbst – wieder auszugleichen.
Je nach Überlebensstrategie (S. 55 ff.) der einzelnen Arten überwiegt der eine oder der andere kompensatorische Mechanismus zum Ausgleich von Verlusten:

- Bei *r-Strategen* mit ohnehin hoher Gesamtsterblichkeit liegt der jagdliche Eingriff in der Regel eher unterhalb der Schwelle zur additiven Sterblichkeit und ist folglich durch verringerte natürliche Sterblichkeit noch auszugleichen. – Bei K-Strategen werden die geringen artspezifischen Sterberaten immer wieder, oft auch regelmäßig, durch die Jagd erhöht. Die Verluste wären dann nur durch höhere Nachwuchsraten wettzumachen.

Flexible Nachwuchsraten

In beiden Fällen, also *generell* führen verringerte Dichten zur Fortpflanzungszeit zu höheren Nachwuchsraten. Die populationsdynamisch gut erforschten Wasservögel mit ihrem breitem Spektrum von Überlebensstrategien sind geeignet, diese Zusammenhänge zu veranschaulichen (mehr hierüber in KALCHREUTER 1994 u. 2000).

▶ Erlegungsraten von 30 bis 40% beeinträchtigen die Brutpopulationen von *Schwimmenten* (r-Strategen) nur wenig.

Wie wirkt sich die Jagd auf Wasservögel aus? In Nordamerika hatte diese Frage über Jahrzehnte höchste Priorität in der Wildforschung.

Abb. 36: Bestandsentwicklung (in Tausend, logarithmische Darstellung) von drei in der Paläarktis brütenden und in Westeuropa überwinternden Gänsearten (nach EBBINGE 1991). Die bejagten Blässgänse nahmen im selben Maße zu wie die nicht bejagten Nonnen- und Ringelgänse.

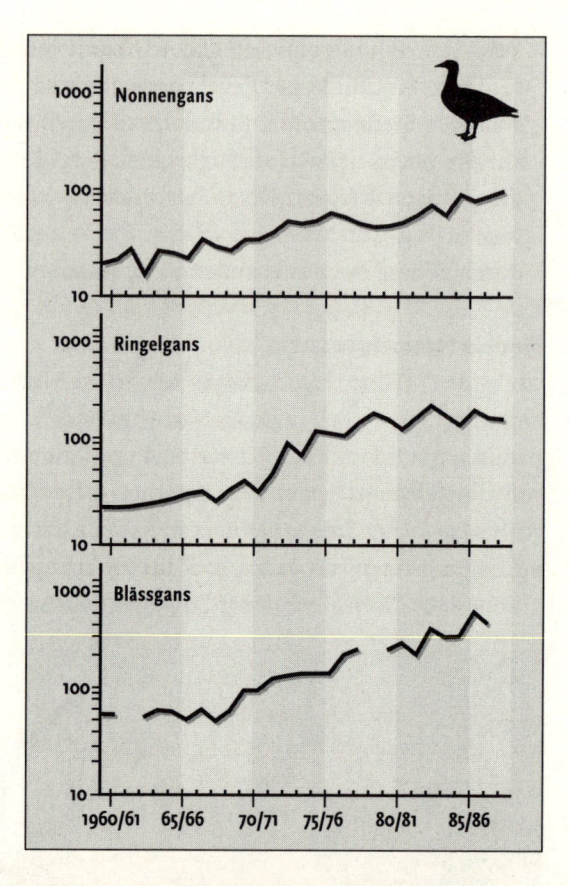

- 55 % jagdbedingte Verluste hätten dagegen unter *ungünstigen* Brutbedingungen (Dürreperioden) einen kontinuierlichen Rückgang (jährlich sieben % in einer amerikanischen Untersuchung) zur Folge.
- Unter *günstigen* Bedingungen (entsprechend einer dänischen Studie) könnten Erlegungsraten von 55 % dagegen jeweils bis zum folgenden Herbst wieder ausgeglichen werden.

Bei den K-selektierten *Gänsen* führen dagegen selbst geringe jagdliche Eingriffe zu einem beträchtlichen Anstieg der artspezifisch niedrigen Sterberaten (weniger als 10 % in unbejagten Populationen). Dennoch verkraften sie solche Verluste, wie schon ein Blick auf die fast identische Bestandsentwicklung bejagter und unbejagter Arten erkennen lässt.

Dank genauer Gänsezählungen einerseits und detaillierter Erhebungen über die Jagdstrecken in Nordamerika andererseits haben wir quantitative Informationen, in welchem Umfang jagdliche Eingriffe zu verkraften sind.

Während der 1980er Jahre kamen von der Schneegans (*Anser caerulescens*) jährlich bis zu 25 % und von der Kanadagans (*Branta canadensis*) sogar bis 50 % zur Strecke, und dennoch nahmen die Populationen noch zu (SEIS 1988). Eine lokale Untersuchung an der Kanadagans ergab ebenfalls nachhaltig mögliche Erlegungsraten von über 50 % (KROHN u. BIZEAU 1988). Solch hohe jagdliche Eingriffe sind technisch nur in Ausnahmefällen zu realisieren. Sie sind jedoch geeignet, die Wirksamkeit der Kompensation von Verlusten über die Fortpflanzung zu veranschaulichen. Immerhin kommen in Nordamerika im Schnitt alljährlich etwa 20–25 % der Gänse zur Strecke. Zur Kompensation in dieser Größenordnung bedarf es allerdings günstiger Brutbedingungen, die bei arktischen Gänsen entscheidend von der Frühjahrswitterung abhängen. Eine detaillierte Langzeitstudie an der Großen Schneegans *Anser caerulescens atlanticus* (REED et al. 1981) zu diesem Fragenkomplex ergab

▶ beträchtliche Schwankungen der Fortpflanzungsrate von Jahr zu Jahr (0,4–45,6 %), wie dies für arktische Gänse typisch ist, aber auch
▶ große Schwankungen in den Erlegungsraten (3,4–25,4 %), entsprechend den herbstlichen Gänsezahlen.
▶ Die Größe der Population schwankte mit den jeweiligen Fortpflanzungsraten, war aber nicht korreliert mit den Erlegungsraten.
▶ In keinem der untersuchten (elf) Jahre hatten hohe jagdliche Eingriffe geringe Fortpflanzungsraten im nächsten Frühjahr zur Folge. Damit waren während dieser Studie (1969–1979) eigentlich nie die Voraussetzungen für einen nennenswerten Populationsrückgang gegeben.

Dasselbe gilt offensichtlich für einige paläarktische Gänsearten, wenngleich die hierfür relevanten Daten bislang noch nicht so genau, d. h. den ganzen Zugweg umfassend, erhoben werden konnten, wie in Nordamerika. Untersuchungen an britischen Standvogelpopulationen der Graugans (*Anser anser*) und Kanadagans haben jedoch gezeigt, dass mindestens 23 % der Herbstpopulation erlegt werden müssten, um weiteres Anwachsen der Bestände zu stoppen (GILLES u. STREET 1990).

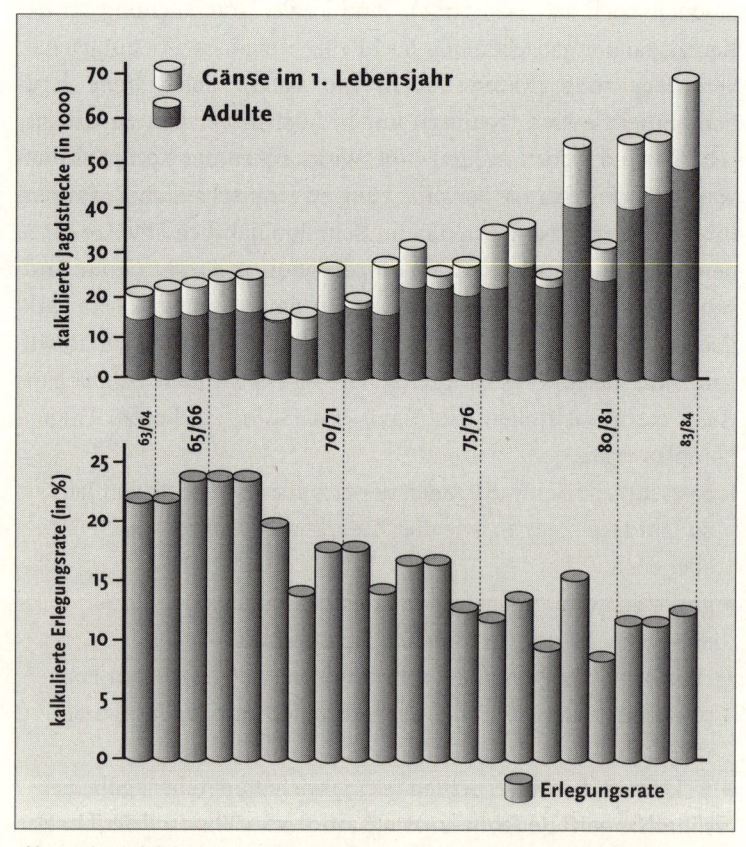

Abb. 37: Oben: Jährliche Gesamtstrecken von Blässgänsen in Europa; knapp die Hälfte davon wurden in Holland erlegt. – Unten: Jährliche Erlegungsraten der Gesamtpopulation der Blässgans: Trotz steigender Jagdstrecken gingen die Erlegungsraten zurück, da die Population noch rascher zunahm (vgl. Abb. 36; nach Kalkulation von EBBINGE 1991).

Dies deckt sich mit Beobachtungen an der in Sibirien brütenden und in Westeuropa überwinternden Blässgans (*Anser albifrons*), deren Populationswachstum bei Erlegungsraten (kalkuliert von EBBINGE 1991) zwischen 20 und 25 % begann (Abb. 37). Danach gingen die prozentualen Erlegungsraten trotz steigender absoluter Jagdstrecken kontinuierlich zurück. Warum? Weil die Population unter diesen Umständen immer rascher anwuchs. In Westeuropa begrenzten die Emotionen gegen eine Bejagung von Zugvögeln generell und von Gänsen im Besonderen die jagdliche Nutzung dieses nachwachsenden Naturguts (mehr hierüber auf S. 499).

Spekulationen und Fakten
Das Beispiel der Wildgänse verdeutlicht besonders anschaulich, wie effizient sich Verluste durch höhere Fortpflanzungsraten ausgleichen lassen. Trotz beträchtlich erhöhter Gesamtsterblichkeit und folglich veränderter Altersstruktur gegenüber unbejagten Beständen nahmen die im Herbst aus der Arktis anrückenden schnatternden Scharen laufend zu. Wie oben bereits dargelegt, konnten auch REED *et al.* (1981) keinen Zusammenhang zwischen der Intensität der herbstlichen Bejagung und der Fortpflanzungsrate im nächsten Frühjahr feststellen.
Diese Erkenntnisse widersprechen den vor allem im deutschen Schrifttum verbreiteten Hypothesen: Da diese hoch stehenden Vögel lebenslange Paarbindungen eingehen, habe der Verlust eines Partners nicht nur seelisches Leid für den überlebenden Vogel zur Folge, sondern beeinträchtige auch dessen Fortpflanzung, da er bzw. sie sich bis auf weiteres nicht mehr verpaaren würde (z. B. FESTETICS 1971).
Wahrscheinlich hatten die Beobachtungen an Konrad LORENZ' inzwischen weltbekannten Graugänsen im Gehege von Seewiesen für die Vermutung eines solchen, aus populationsdynamischer Sicht sehr nachteiligen starren Rituals im Fortpflanzungsverhalten Pate gestanden. Denn insbesondere bei den weiter ziehenden bzw. in der Arktis lebenden Arten sind Verluste, ganz unabhängig von der Jagd, ja durchaus nichts Ungewöhnliches.

So vermittelten denn auch Untersuchungen an individuell markierten *wild lebenden* Schnee- und Kanadagänsen in der kanadischen Arktis (Zus.-f. in KALCHREUTER 1994, 2000) ein anderes Bild:
- Die meisten Gänse blieben zwar über mehrere Jahre verpaart, doch hatte immerhin etwa ein Drittel von einem Jahr aufs andere den Partner gewechselt.
- Selbst im Brutgebiet kam es – auch ohne erkennbaren Grund wie etwa den Tod des Partners – noch zum Partnerwechsel.
- Paare mit Jungvögeln halten auch im Herbst und Winter eher zusammen als solche ohne Nachwuchs.
- Es zeigte sich kein Unterschied im Bruterfolg zwischen mehrjährig und neu verpaarten Gänsen; allerdings waren die Gelege jüngerer Weibchen generell kleiner als die der älteren.
- Der etwas höhere Bruterfolg älterer Paare ist eher durch die von ihnen besetzten günstigeren Brutreviere bedingt, als durch ihre höhere „genetische Fitness", wie gelegentlich spekuliert wird.

Die Jungenzahl pro Brutpaar schwankt bei diesen K-selektierten Arten ohnehin nur in engen Grenzen. Der kompensatorische Mechanismus über Fortpflanzung funktioniert hier – wie auf S. 47

Beeinträchtigt die jagdliche Nutzung die Fortpflanzungsrate von Wildgänsen? Detaillierte Untersuchungen an der Schneegans in Kanada widerlegten manche verbreiteten Spekulationen.

dargelegt – vielmehr über die *Brutreife*. Das heißt, bei geringerer Dichte im Brutgebiet kommen auch jüngere Paare zum Zug, die sonst nur den Status von „Verlobten" erreichten. Aufschlussreich war die hier erwähnte (S. 48) Langzeitstudie von OWEN (1984) an der Nonnengans: Beim relativ geringen Durchschnittsalter der Brutpopulation (vier Jahre) wurden mehr Junge produziert als später bei höherer Dichte und höherem Durchschnittsalter.

Voraussetzung für die Effizienz dieses kompensatorischen Mechanismus sind allerdings generell, d. h. unabhängig von der Dichte, günstige Fortpflanzungsbedingungen. Für die arktischen Gänsearten ist dazu die Frühjahrswitterung entscheidend: Bei später Schneeschmelze treffen die Gänse spät am Brutplatz ein, verbrauchen ihre Fettreserven während des Wartens in südlicheren Gefilden und legen folglich weniger Eier als in zeitigen Frühjahren.

Diese Korrelation zwischen Frühjahrswitterung und Nachwuchsrate ist sehr eng; sie zeichnet sich auch in der Höhe und im Jungvogelanteil der herbstlichen Jagdstrecken ab (BOYD 1991). Daher nutzte der *Fish and Wildlife Service* in Nordamerika die über Satelliten ermittelten Informationen zum Stand der arktischen Schneeschmelze im Juni/Juli als Grundlage für jagdliche Regelungen (Dauer der Jagdzeit, Tageshöchststrecken pro Jäger) im folgenden Herbst. – Eine effiziente Methode zur Vermeidung von Übernutzung, die sich bei der heutigen „Gänseschwemme" (S. 503) allerdings längst erübrigt hat.

Ergänzende Wirkungsweise der Kompensationsmechanismen

Am Beispiel von Wasservogelarten mit unterschiedlichen Überlebensstrategien war bereits zu erkennen, dass beide kompensatorische Mechanismen wirksam werden können, um Verluste auszugleichen: Auch Schwimmenten können nämlich ihre Fortpflanzungsrate steigern, bei Gänsen wiederum wurde im Falle hoher Populationsdichten eine kompensatorische Sterblichkeit vor allem bei Jungvögeln beobachtet (OWEN u. BLACK 1989). Die Übergänge sind also fließend: Je nach Art und jeweiliger Populationsdichte überwiegt der eine oder andere Mechanismus.

Die erwähnte Langzeitstudie von ROSEBERRY (1979) an der Virginischen Wachtel ist wiederum gut geeignet, diese Vorgänge zu veranschaulichen. Denn im Gegensatz zu den Wasservögeln in ihren weiten Zugarealen spielt sich das Leben dieses Standvogels recht kleinräumig ab, was quantitative Erhebungen wesentlich erleichtert.

Auf S. 138 ff. haben wir die Mortalitätsverhältnisse der Virginischen Wachtel kennen gelernt: Bei steigenden jagdlichen Eingriffen zeigte sich ein fließender Übergang von kompensatorischer zu additiver Sterblichkeit, wodurch die Brutpopulation im jeweils folgenden Frühjahr abnahm.

Abb. 38: Bei steigender Sterblichkeitsrate (durch höheren Jagddruck) wäre eine immer stärkere Zuwachssteigerung erforderlich, um den Herbstbestand der Virginischen Wachtel konstant zu halten. Tatsächlich steigt die Nachwuchsrate aber nur linear (gestrichelte Kurve); Erläuterung im Text (nach ROSEBERRY 1979).

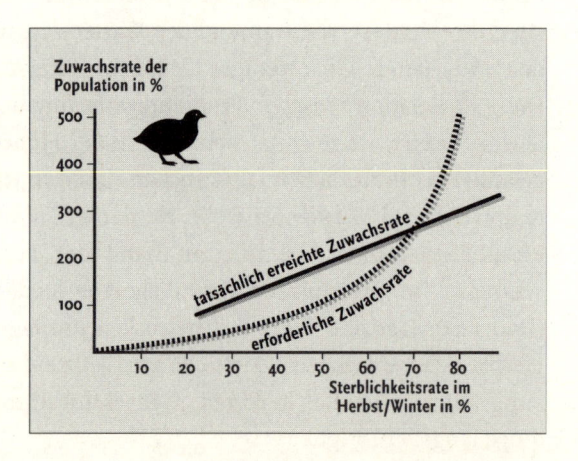

Aus Abb. 38 ist zu erkennen, welche Zuwachsraten dann erforderlich sind, um den Bestand bis zum nächsten Herbst wieder auf die ursprüngliche Höhe zu bringen. Entsprechend der *exponentiell* abnehmenden Brutpopulation (Abb. 31, S. 141) steigt der erforderliche Zuwachs exponentiell an. Andererseits zeigt der auf den Verlustflächen durch verringerte Brutdichte tatsächlich realisierbare Zuwachs im Frühjahr/Sommer nur einen *linearen* Verlauf. Dennoch zeichnet sich über ein beträchtliches Spektrum der Gesamtsterblichkeit noch ein Überschuss an tatsächlich produziertem gegenüber dem erforderlichen Nachwuchs ab. Erst der Schnittpunkt dieser beiden Kurven in Abb. 38 zeigt die endgültige Grenze der Kompensierbarkeit auf. Verluste über 70% sind auch durch sommerlichen Nachwuchs nicht mehr wettzumachen, die Population nimmt ab.

Die tatsächlichen Bestandsentwicklungen bestätigten diese aus den Computer-Simulationen gewonnenen Erkenntnisse:
▶ In 18 Jahren mit Herbst-/Winterverlusten unter 70% blieb die Population in vier Fällen stabil, in vier Jahren nahm sie ab und in zehn zu.
▶ Dagegen konnten in sechs Jahren auftretende Herbst-/Winterverluste von über 70% nur zweimal ausgeglichen werden, in den übrigen vier dieser Jahre nahm die Population ab und in keinem zu.

Nach den Daten von Abb. 30 (S. 139) wäre eine Gesamtmortalität von 70% bei einem Dichteindex von 500 – dem durchschnittlichen Wert auf den Versuchsflächen – durch eine jagdbedingte Sterblichkeit von etwa 50% verursacht: Kommt also im Herbst die Hälfte des Wachtelbestands zur Strecke, so erhöht sich dadurch die Herbst-/Wintersterblichkeit von 52% (unbejagte Population) auf 70%.

■ Die kritische Erlegungsrate, deren Überschreiten den Rückgang der Population auch im Herbst zur Folge hätte, lag bei dieser Art und in jenem Gebiet bzw. bei der dort gegebenen Dichte also bei etwa 50%.

Wie aus Abb. 31 abzuleiten, würde bedeutete eine solche Erlegungsrate einen deutlichen Rückgang der Brutpopulation infolge additiver Mortalität. Die Population wäre jedoch auf diesem Niveau stabil.

Maximale und optimale nachhaltige Nutzung
In welchem Umfang können nun aber z. B. die Wachteln *nachhaltig* jagdlich genutzt werden?
ROSEBERRYS Computer-Simulationen waren auf einen Zeitraum von 100 Jahren angelegt, um auch langfristige Auswirkungen der Bejagung erkennen zu können. Welche jährliche Erlegungsrate

Abb. 39: Computer-Simulation über die langfristigen Auswirkungen jagdlicher Nutzung auf den Bestand der Virginischen Wachtel. Die nachhaltig maximale Nutzung (*MSY*) läge bei einer herbstlichen Erlegungsrate von etwa 55 %. Dabei wäre allerdings der Brutbestand um fast ein Drittel niedriger, auf diesem Niveau aber stabil (nach Daten von Roseberry 1979).

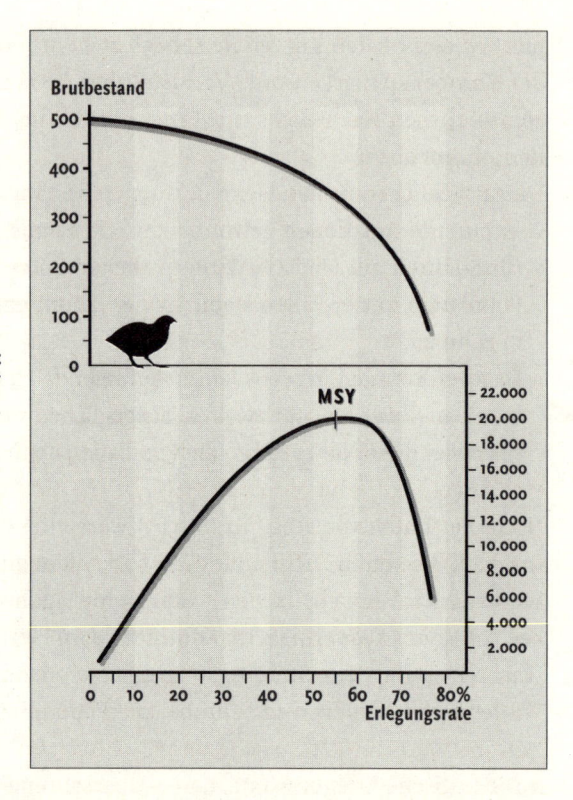

garantierte langfristig – in diesem Fall über 100 Jahre hinweg – die höchste „Wachtel-Ernte"?

Die Ergebnisse möge Abb. 39 veranschaulichen. Bei einer durchschnittlichen Erlegungsrate von 55 % wären langfristig die höchsten Strecken zu erzielen (*„Maximum Sustainable Yield"* = *MSY*). Der Kurvenverlauf (Abb. 39, unten) zeigt ziemlich ähnliche Werte für *MSY*, ob nun 50, 55 oder 60 % des Bestands jährlich erbeutet werden.

Allerdings hatten die beiden letzteren Raten einen beträchtlich niedrigeren Bestand im Frühjahr und auch im Herbst zur Folge (obere Kurve). Auch wenn sich dieser auf diesem Niveau stabilisierte, so liegt eine *MSY* von 55 % doch nahe dem Exploitationsniveau, das zu beträchtlichem Bestandsrückgang führen würde. Die Herbstpopulation wäre in diesem Fall gegenüber unbejagten

Flächen zwar nur um ein Viertel, der Brutbestand dagegen um fast die Hälfte reduziert. Allerdings sind solche hohen und noch höhere Erlegungsraten selbst mittelfristig durchaus zu erzielen, wie andere von ROSEBERRY zitierte Untersuchungen belegen (Zus.-f. in KALCHREUTER 1994).
Andererseits machten sowohl diese Computer-Simulationen, als auch die Feldstudien deutlich, dass allein die Tatsache einer stabilen Population oder einer längerfristig konstanten Jagdstrecke noch nichts über die Intensität der Bejagung auszusagen vermag. Denn selbst beträchtlich überjagte Bestände können sich weit unterhalb des auf Grund der Biotopkapazität möglichen Niveaus stabilisieren. Dies bleibt jedoch insofern meist verborgen, als sich diese Kapazität, also das Fassungsvermögen des Lebensraums, in der Regel nur schwer abschätzen lässt.
Solche aufwändigen Forschungsprojekte dienen zwar in erster Linie den Interessen der Freizeitjagd, doch ebenso wichtig sind dem *Fish and Wildlife Service* die Belange nicht jagender Naturfreunde. Daher bestimmt nicht allein die maximale nachhaltige Nutzung die Überlegungen zum „Management" von Tierpopulationen. So kann in diesem Beispiel die Höhe des Brutbestands für Vogelfreunde (*„bird watchers"*) von Bedeutung sein, die sich im Frühjahr an den Balzrufen erfreuen wollen. Insofern wären Kompromisse zwischen Jägern und Naturfreunden anzustreben, wozu ROSEBERRYS Computer-Simulationen als Basis dienen können.
Wie aus Abb. 39 zu ersehen, hätten Erlegungsraten von 20 oder 40 % bedeutend geringere Absenkungen der Brut- (und Herbst-) Bestände zur Folge als die maximal nachhaltig realisierbare von 55 %. Insofern würde der Kompromiss zwischen jagdlicher Nutzung und reiner Naturbeobachtung bei Erlegungsraten links von *MSY* zu suchen sein und entspräche einem *„Optimum Sustainable Yield"* (*OSY*). Erlegungsraten von etwa 40 % könnten dem am ehesten entsprechen. Ein *OSY* dieser Größenordnung hätte auch den Vorteil der Sicherheit im Falle von Fehlern bei der Bestandsermittlung, von extrem schlechtem Bruterfolg oder außerordentlich hohen Winterverlusten.

Konsequenzen

Diese pragmatische Einstellung amerikanischer Biologen gegenüber der jagdlichen Nutzung von Wildtieren, die Beiträge ihrer Arbeiten zum Verständnis biologischer und ökologischer Zusammenhänge und schließlich die daraus resultierenden Erfolge in der Erhaltung der nachhaltig genutzten Naturgüter machten international Schule. Sie beeinflussten auch das Denken von Naturschutzorganisationen. Seit ihrer Konferenz 1990 in Perth (Australien) befasst sich die Welterhaltungsunion (IUCN), die weltweite Dachorganisation nationaler und internationaler Naturschutzverbände, mit dieser Thematik. Innerhalb der IUCN-Artenschutzkommission entwickelten sich Initiativen in mehreren Kontinenten, die die Erkenntnisse über *sustainable use*, also *nachhaltige Nutzung* von Naturgütern mit positiven Auswirkungen zu deren Erhaltung in ihren Regionen dokumentierten. Das Resultat war eine IUCN-Police, ein Bekenntnis zum „Schutz durch Nutzung", die dann während der Welterhaltungskonferenz in Amman (Jordanien) im Oktober 2000 angenommen wurde (mehr hierüber auf S. 479 ff.).

Diese Police hat inzwischen auch in anderen Gremien die Einstellung zur Jagd beeinflusst.

Stand- und Zugvögel – jagdliches Nutzungspotenzial

Im deutschen Naturschutzdenken setzen sich solche Erkenntnisse nur zögerlich durch. Zu sehr ist man noch beseelt von der Vorstellung, die bedrohte Tierwelt bedürfte vor allem des Schutzes vor jeglichen menschlichen und vor allem jagdlichen Eingriffen. Es scheint mir daher angebracht, einige weitere Forschungsergebnisse vorzustellen.

Beispiel Rebhuhn

„Verschonung von der Jagd" versuchte man dieser früher weit verbreiteten Flugwildart immer wieder zu verordnen, um ihrem Rückgang seit Jahrzehnten zu begegnen. Doch wie wirkt sich die Bejagung eigentlich aus?

Auf ähnliche Weise wie ROSEBERRY untersuchte der renommierte englische Rebhuhnforscher Dick POTTS (1986) das Gefüge kompensatorischer Mechanismen und die Auswirkungen unterschiedlicher jagdlicher Nutzungsraten. Seine Computer-Simulationen basierten auf zahlreichen Feldstudien in vielen Teilen des europäischen und nordamerikanischen Verbreitungsgebiets dieser Art, die meisten davon in England.

Bejagte und unbejagte Populationen
POTTS berücksichtigte sehr verschiedenartige Sterblichkeitsfaktoren, wie Nestverluste (durch Prädation), Kükensterblichkeit (durch Mangel an Insektennahrung), jagdbedingte Mortalität und Winterverluste. Dabei zeigte sich, dass die Höhe der Gesamtmortalität in den 34 Untersuchungsgebieten kaum von den jeweils sehr unterschiedlichen Raten jagdlicher Nutzung (von 0 bis 32%) beeinträchtigt war. Die höchste Erlegungsrate (32%) hatte einen Anstieg der Gesamtmortalität von nur zwei Prozent zur Folge.
Ähnliche Befunde ergaben übrigens – das sei in diesem Zusammenhang angemerkt – die Auswertungen von Erhebungen in vier benachbarten, aber unterschiedlich bejagten Regionen Westeuropas durch GUTHÖRL (1991). In allen wurde aus den Zählungen im Herbst und Frühjahr eine Wintermortalität zwischen 63 und 67% kalkuliert, obwohl im Saarland, in Rheinland-Pfalz und in Luxemburg Rebhühner kaum bejagt, in Lothringen dagegen über 20% zur Strecke kamen. Ein Ausschlussversuch, also die exakteste Methode zur Ermittlung der Auswirkungen jagdlicher Eingriffe, erhärtete POTTS' Erkenntnisse im englischen Damerham: Die jährlichen Verluste (einschließlich Emigration) waren im Schnitt der siebenjährigen Studie auf der Fläche mit einer durchschnittlichen jährlichen Erlegungsrate von 24% nicht nennenswert höher als auf der unbejagten Kontrollfläche (55% gegenüber 51±2%). Auf letzterer Fläche bestanden die „Verluste" vor allem aus Hühnern, die auf der Suche nach Brutplätzen in weniger dicht besiedelte Gebiete auswanderten – Kompensation des jagdlichen Eingriffs durch geringere dichteabhängige Emigration.

Einen wesentlichen weiteren kompensatorischen Mechanismus erkannte Potts auf Grund seiner Untersuchungen in der Dichteabhängigkeit von Nestplünderungen durch Prädatoren: Brüteten die Hennen nach der Reduktion durch die herbstliche Bejagung im Frühjahr in geringer Dichte, so fielen sie selbst bzw. ihre Gelege und Küken in geringerem Maße Füchsen oder Rabenvögeln zum Opfer. Es zeigte sich eine klare umgekehrte Beziehung zwischen Mortalität durch Nestplünderungen und der durch Jagd (die höchste Erlegungsrate von 32% hatte einen Rückgang der Nestplünderungen von 28% zur Folge).

In Zusammenhang mit der Brutdeckung bildeten dieser Faktor sowie unterschiedliche Kükensterblichkeit je nach Insektenangebot

Abb. 40: Simulationsmodelle zur nachhaltig möglichen Nutzung von Rebhühnern (durchschnittliche jährliche Strecke über 10 Jahre) unter verschiedenen Umweltbedingungen (aus Aebischer 1991, nach Potts):
I – Agrarlandschaft mit geringer Brutdeckung, hoher Kükensterblichkeit durch Herbizideinsatz und hohen Verlusten durch Prädation
II – Dasselbe, jedoch ohne Herbizideinsatz
III – Wie II, jedoch mehr Brutdeckung
IV – Wie III, jedoch ohne Verluste durch Prädation; Erläuterung im Text

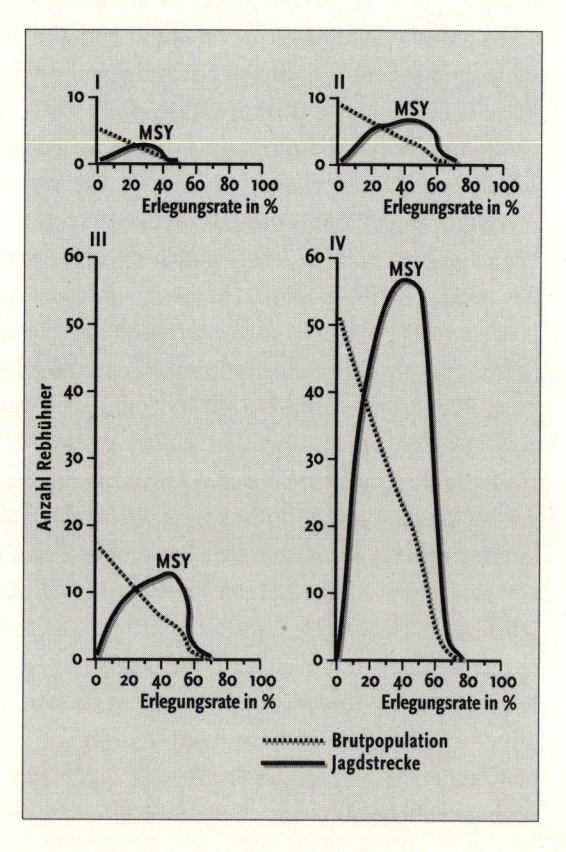

die Grundlage der Computer-Simulationen unter verschiedenen Umweltbedingungen (Abb. 40) analog denen von Roseberry. Sie beschreiben den Verlauf von Rebhuhndichte (Brutpopulation) und mittelfristig (über zehn Jahre) nachhaltig erzielbarer jagdlicher Nutzung bei steigenden Erlegungsraten. Daraus ist Folgendes zu erkennen:

Im Gegensatz zu Abb. 39 sinken die Brutpopulationen in allen Fällen selbst bei geringer Bejagung ab. Dies ist dadurch zu erklären, dass Potts keine (dichteabhängige) Wintersterblichkeit und damit keine Kompensierbarkeit nach der herbstlichen Jagdzeit fand. Dies könnte im milden atlantischen Klimabereich seiner Studien wohl zutreffen, während die meisten Populationen des Festlands (kompensierbare) Winterverluste ähnlich wie Roseberrys Wachteln erleiden dürften. In diesem Zusammenhang ist anzumerken, dass es auf den Britischen Inseln zu jener Zeit noch keine Habichte (*Accipiter gentilis*) gab, und der Mäusebussard (*Buteo buteo*) nur in sehr geringer Dichte vorkommt. Insofern dürften dort die Winterverluste wirklich sehr gering sein.

▶ Nestraub und Kükensterblichkeit beeinträchtigen die Höhe der Brutpopulation wie auch die Höhe der nachhaltig erzielbaren Nutzung erheblich. Ohne Räuberkontrolle und bei geringerem Insektenangebot (infolge landwirtschaftlicher Pestizidanwendung, Fall I) erreichen Brutdichte und erzielbare jagdliche Nutzung nur einen Bruchteil der durch entsprechende Managementmaßnahmen möglichen Werte.

▶ Während in letzterem Fall (IV) *MSY* – ähnlich wie bei den Virginischen Wachteln – etwa bei 50 % liegt, können bei hoher Kükensterblichkeit und unbeeinträchtigtem Räuberdruck Erlegungsraten über 30 % bereits zum allmählichen Erlöschen des Rebhuhnbestands führen (Fall I).

Die Computer-Simulationen passen recht gut zu den Erfahrungswerten aus Revieren mit den heute eher ungünstigen Umweltbedingungen für Rebhühner, von denen durchschnittlich 17 % erlegt werden. Demgegenüber waren zu Zeiten minimaler Pestizidanwendung und intensiver Räuberkontrolle vor den 1950er Jahren im englischen Schnitt das Doppelte, nämlich 34 %, zu erbeuten. Auch über die kritische Erlegungsrate – unter diesen günstigen Voraussetzungen liegt sie bei etwa 60 % – hatte man damals schon recht treffende Vorstellungen. Praktiker warnten davor, mehr als zwei Drittel des Herbstbesatzes zu erlegen.

Demgegenüber dürften die gegenwärtig in Deutschland realisierten Hühnerstrecken im Bereich von nur wenigen Prozent der herbstlichen Rebhuhndichte liegen. Sie sind daher aus populationsdynamischer Sicht bedeutungslos. Doch erhalten sie das Interesse der Jägerschaft an der Erhaltung dieses Federwildes – darin liegt ihre Bedeutung (mehr hierüber auf S. 188).

Beispiel Waldschnepfe
Solche aussagekräftigen Computer-Simulationen über die Auswirkungen jagdlicher Nutzung sind für Zugvögel natürlich sehr viel schwieriger zu erstellen, da die hierfür erforderlichen Parameter,

In ihrem gesamten Verbreitungsgebiet – in der Alten wie in der Neuen Welt ...

z. B. über Bruterfolg oder Wintersterblichkeit, in meist weit voneinander entfernten Gebieten zu erheben wären.
Quantitative Studien sind bei Schnepfenvögeln insofern noch erschwert, als diese sich durch ihre Tarnfärbung und versteckte Lebensweise der direkten Beobachtung zu entziehen pflegen. Dies gilt besonders für die Waldschnepfe (*Scolopax rusticola*), deren Aktivitäten sich auf die Dämmerung konzentrierten.
Andererseits zählte diese Art in ihrem ganzen Verbreitungsgebiet von jeher zum begehrten Jagdwild. Untersuchungen zu den Auswirkungen dieser jagdlichen Nutzung waren daher ratsam; sie wurden durch die Forschungsgruppe Schnepfenvögel von *Wetlands International* und IUCN während der beiden letzten Jahrzehnte intensiviert.
Die ersten Überlegungen hierzu stellten POTTS und HIRONS (1983) auf den Britischen Inseln an. Die dort brütenden Waldschnepfen sind in der Regel Stand- oder Strichvögel, bekommen im Winter jedoch in großer Zahl Gesellschaft durch die ziehenden nord- und

... zählen Waldschnepfen zum begehrten Jagdwild.

osteuropäischen Populationen. Gezielte Untersuchungen (mehr hierüber in KALCHREUTER 1994) ließen erkennen:

- Die Erlegungsraten liegen bei etwa 20 % (POTTS 1990), wobei im Untersuchungsgebiet Schnepfen in der Regel nur „nebenbei" im Rahmen von Fasanenjagden zur Strecke kommen.
- Auch nach der herbstlichen Jagdzeit zeigte sich noch dichteabhängige Sterblichkeit. Die jagdbedingten Verluste verringern also offensichtlich noch höhere Winterverluste, liegen somit unterhalb der Schwelle von kompensatorischer zu additiver Mortalität.
- Die fehlende Dichteabhängigkeit der Fortpflanzungsrate unterstreicht dies. Sie wurde indirekt, nämlich durch den Anteil von Jungvögeln an den von den Jägern eingesandten Schwingen erlegter Schnepfen ermittelt. Dieser Anteil war mit 0,8–1,2 Jungvögeln ziemlich unabhängig von der Altvogeldichte. Mit anderen Worten: Die Dichte war offensichtlich in keinem der untersuchten Jahre so reduziert, dass sie erhöhte Reproduktionsraten zur Folge gehabt hätte.

Auf Grund ihrer Daten entwarfen POTTS und HIRONS die Computer-Simulation in Abb. 41 als Arbeitsmodell und Anregung, die einzelnen Parameter noch genauer zu präzisieren.

Abb. 41: Simulationsmodell über die möglichen Auswirkungen langfristiger jagdlicher Nutzung auf die Brutpopulation der Waldschnepfe (gestrichelte Kurve) in Europa (nach POTTS & HIRONS 1983, ergänzt).

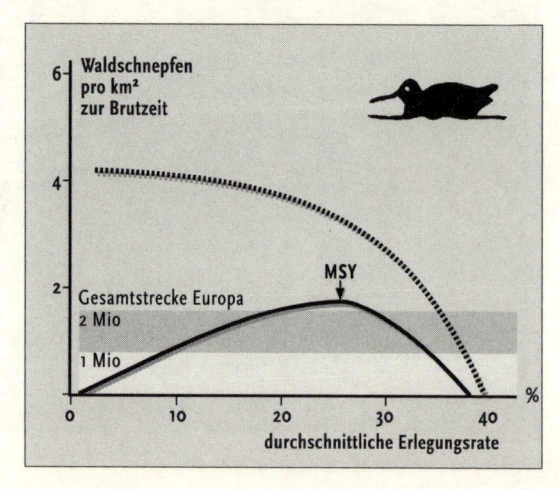

Inzwischen haben die alljährlich in Dänemark, England und vor allem Frankreich durchgeführten landesweiten Erhebungen interessantes Datenmaterial über dieses viel diskutierte Flugwild erbracht.

Danach liegen die Erlegungsraten auf den Britischen Inseln und in einigen auf ähnliche Weise bejagten Ländern des Festlandes, so auch in Deutschland, mit Sicherheit unterhalb der maximalen nachhaltig erzielbaren Strecke (*MSY*).

Anders in Frankreich oder Italien, wo die Waldschnepfe gezielt und passioniert bejagt wird. Die aufwändigen Beringungsaktionen in Frankreich – jährlich werden 2.000 bis 3.000 Waldschnepfen gefangen und beringt – erbrachten Rückmelderaten erlegter Ringvögel von bis zu 25 % (GOSSMANN et al. 1999), was auf Erlegungsraten oberhalb von *MSY* schließen lässt.

Unterschiede zeigten sich auch hinsichtlich der Sterblichkeitsraten der Waldschnepfe, die CLAUSAGER (1974) und KALCHREUTER (1979) auf Grund des damals allerdings noch geringen Ringfundmaterials kalkulierten: Die Mortalitätsraten waren mit 46 % am geringsten auf den Britischen Inseln, mit 64 % dagegen deutlich höher bei den in Finnland und den Baltischen Staaten beringten und zum großen Teil in West- und Südwesteuropa überwinternden Waldschnepfen.

Völlig ausgezehrte und schließlich verhungerte Waldschnepfe

Offen bleiben muss dabei allerdings die Frage, ob nicht die weit ziehenden Populationen generell – also unabhängig von der jagdlichen Nutzung – höherer Sterblichkeit während des längeren Zugwegs ausgesetzt sind. Denn bemerkenswert hohe Verluste nach der Jagdzeit wurden auch in Frankreich dokumentiert, so z. B. während der spätwinterlichen Frostperioden 1985 und 1991, als Beamte des ONC Hunderte verhungerter Schnepfen fanden (FERRAND u. GOSSMANN 1995). Daraus ist zu schließen, dass selbst die hohen jagdlichen Eingriffe in dieser Region zumindest in manchen Jahren noch im Bereich der kompensatorischen Sterblichkeit liegen dürften.

Zweitbruten?
Weitere Erkenntnisse erbrachten die von der Forschungsgruppe Schnepfenvögel (CLAUSAGER, HARRADINE) organisierten Erhebungen zur Fortpflanzungsrate über den Jungvogelanteil in den Schwingen erlegter Schnepfen bzw. an den in Russland beringten Vögeln (Zus.-f. in KALCHREUTER 2001a). Zwar schwankte der Bruterfolg entsprechend den Witterungsverhältnissen im osteuropäischen Brutareal, doch lagen die Fortpflanzungsraten dieser weit ziehenden Populationen mit durchschnittlich zwei Jungvögeln pro Altvogel deutlich höher als auf den Britischen Inseln.
Unterstellt man ein einigermaßen ausgeglichenes Geschlechterverhältnis unter den Altvögeln, so würde diese Rate einem bemerkenswert hohen Bruterfolg von vier Jungvögeln pro Weibchen entsprechen. Bemerkenswert deshalb, weil die Gelege der Waldschnepfe wie die aller Watvögel im Schnitt nur vier Eier enthalten. Doch oft schlüpfen nicht aus allen Jungvögel, und die Verluste unter den geschlüpften Jungvögeln bis zum Flüggewerden und während des langen Zuges können beträchtlich sein.
Somit sind solch hohe Fortpflanzungraten nur dadurch zu erklären, dass ein beträchtlicher Teil der Weibchen dieser weit ziehenden Populationen zweimal jährlich erfolgreich brütet, wie auf S. 52 bereits erörtert. – Diese Vorstellung löste bei den amerikanischen Kollegen während eines Symposiums zur Biologie der Waldschnepfe 1997 in Louisiana begreiflicherweise ungläubiges Staunen aus. Denn bei der

Amerikanischen Waldschnepfe (*Scolopax minor*) nimmt man generell nur eine Brut pro Jahr an, worauf auch die wesentlich kürzere Balzzeit hindeutet. Von der europäischen Art gibt es jedoch Beobachtungen an einzelnen Weibchen, die zwei erfolgreiche Bruten annehmen lassen (Zus.-f. in KALCHREUTER 1979, 2001 a). Eindeutige Klärung, ob es sich wirklich um dasselbe Weibchen handelt, soll nun die telemetrische Forschung bringen, initiiert durch die Forschungsgruppe Schnepfenvögel von *Wetlands International* und IUCN.
Jedenfalls scheinen die höheren Verluste der europäischen gegenüber der amerikanischen Art durch diese höheren Fortpflanzungsraten kompensiert zu werden. Die Schnepfenstrecken der letzten Jahrzehnte schwanken regional und temporär, haben jedoch langfristig stabilen Trend (KALCHREUTER 1994 a).

Der Bestand in Europa – Dichtung und Wahrheit
Dies gilt sinngemäß auch für Frankreich – das sei betont im Hinblick auf die pauschale Vermutung von HOODLESS (in TUCKER u. HEATH 1994), nach der die Schnepfen von 1970 bis 1990 um 50 % beträchtlich zurückgegangen seien. Diese Aussage stützte sich jedoch lediglich auf eine einzige Literaturquelle (YEATMAN-BERTHELOT 1991), die sich zudem nur auf den Zeitraum 1976–1985 bezog und einen Rückgang von 33 % nannte. Der Anstieg der entsprechenden Weiserdaten vor und nach dieser Periode (FADAT 1994, GOSSMANN u. BASTAT-LEQUERRÉ 1998) blieb geflissentlich unberücksichtigt, wollte man doch vor allem einen negativen Einfluss der Jagd in Frankreich auf Europas Schnepfen suggerieren.
Geradezu grotesk sind die Schätzungen über die Zahl in Europa überwinternder Schnepfen. Ganze 2,2 Millionen sollen es sein, meinte HOODLESS, davon in Frankreich 1,3 Millionen – also dieselbe Zahl, die dort im Schnitt jährlich von November bis Februar zur Strecke kommt. Mit anderen Worten: In Frankreich werden alle überwinternden Schnepfen totgeschossen! Die Art wurde somit in die Kategorie „*vulnerable*" (potenziell gefährdet) eingestuft, was die EU-Kommission veranlasste, einen „Aktionsplan" in Auftrag zu geben. Was der eigentlich soll, versteht kein Kenner der Materie.

Wäre es nicht besser gewesen, die Mittel hierfür in die Erhaltung wirklich bedrohter Vogelarten zu investieren?

Dank des inzwischen beträchtlich angewachsenen Datenmaterials lässt sich heute die Bestandssituation des „Vogels mit dem langen Gesicht" wesentlich realistischer einschätzen. Nach DELANY und SCOTT (2002) überqueren im Herbst mindestens 15 Millionen Waldschnepfen den europäischen Kontinent. Die genannten Fluktuationen resultieren viel eher aus – wohl witterungsbedingten – Schwankungen im Bruterfolg im russischen Hauptbrutgebiet, als aus den Aktivitäten der französischen Jäger. Denn die alljährlich vom ONC mit beträchtlichem personellen Aufwand durchgeführten quantitativen Erhebungen über die im Lande balzenden Schnepfenhähne lassen auf eine seit Jahren konstante Brutpopulation schließen (FERRAND 1995). Und diese dürften, da sie bei durchschnittlicher Witterung zum großen Teil dort überwintern, mit ähnlicher Wahrscheinlichkeit zur Strecke kommen wie die aus Nordost zugereisten.

Die laufenden Forschungsprogramme lassen weitere Informationen erwarten, um das Simulationsmodell von Abb. 41 zu präzisieren.

Einen interessanten Aspekt in diesem Zusammenhang lieferten die Erhebungen an der genannten Amerikanischen Waldschnepfe. Um Gelder für Forschung und Biotopgestaltung dieser früher wenig beachteten Art zu bekommen, war der US Fish and Wildlife Service bemüht, das Jägerinteresse zu wecken. Die Auswirkungen der danach intensiveren Bejagung auf die Brutpopulation wurden auch hier durch jährliche Zählungen balzender Schnepfenhähne entlang bestimmter Linien beobachtet (KALCHREUTER 1979). Wie aus Abb. 42 ersichtlich, blieb dieser Index Brutdichte konstant, obwohl die Jagdstrecke im selben Zeitraum um 500% gestiegen war. Mit anderen Worten:

- Ob nur eine halbe Million Schnepfen zur Strecke kamen oder 1,5 Millionen, die Brutpopulation war dadurch nicht erkennbar beeinträchtigt.

Die jagdbedingten Verluste dürften somit in diesem Bereich in erster Linie durch eine verringerte natürliche Sterblichkeit kompen-

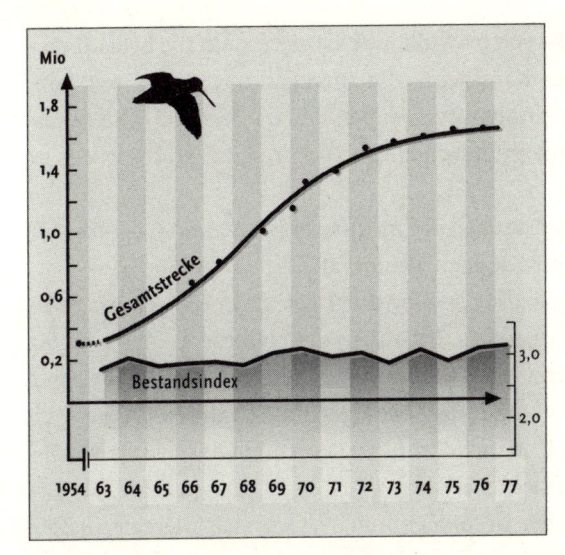

Abb. 42: Die alljährliche Linientaxation der balzenden Hähne (untere Kurve) lässt auf einen etwa gleich bleibenden Bestand der Amerikanischen Waldschnepfe schließen, obwohl die Jagdstrecke (oben) in derselben Zeit um 500 % angestiegen ist (aus KALCHREUTER 1979).

siert worden sein und damit links von MSY liegen. Darauf deuten auch die relativ niedrigen Rückmelderaten beringter Schnepfen von nur etwa zehn Prozent.

Der Verlauf der beiden Kurven von Abb. 42 entspricht etwa dem der linken Kurvenäste in Abb. 41 (jeweils Brutpopulation und Gesamtstrecke) – ein seltenes Beispiel einer chronologischen Dokumentation der jagdlichen Nutzung nach dem MSY-Simulationsmodell. Es bestätigt POTTS und HIRONS (1983), die eine hohe Dichteabhängigkeit der Schnepfensterblichkeit während des Zuges und im Winterquartier vermuten.

Beispiel Trauertaube

Weit größeres Datenmaterial über die Wirkungsweise kompensatorischer Mechanismen und damit über die Auswirkungen der Jagd auf Gesamtpopulationen lieferten die über 20-jährigen kontinentweiten Erhebungen über die nordamerikanische Trauertaube (*Zenaida macroura*). Deren Tagaktivität wie auch übersichtlichere Lebensräume ermöglichten in viel größerem Umfang sowohl Schätzungen der Brutpopulation auf Grund balzender Männchen und auch Beringungsprogramme, als bei der Waldschnepfe. Mit einer Jahresstrecke von 70 Millionen ist sie zudem die bedeutendste Flugwildart des Kontinents. Entsprechend groß war seit Jahrzehnten der Forschungsaufwand, den der *US Fish and Wildlife Service* investierte, um eine nachhaltige Nutzung dieser Ressource zu gewährleisten.

Den derzeitigen Stand der Erkenntnisse präsentierten BASKETT *et al.* (1993) in einer umfassenden Monografie.

In jedem der Zugareale („*Management Units*", im Folgenden EMU und CMU genannt) gibt es Staaten, in denen diese Art stark, wenig oder gar nicht bejagt wird. Damit war ein Datenmaterial über populationsdynamische und jagdökologische Zusammenhänge zu erwarten, das auch manche in Europa verbreitete spekulative Diskussionen versachlichen könnte.

Die Erkenntnisse der Untersuchungen lassen sich folgendermaßen zusammenfassen:

▶ Die Herbstpopulation des ganzen Kontinents wird auf 475 Millionen Trauertauben geschätzt, wovon etwa 70 Millionen, also 15 %, zur Strecke kommen.

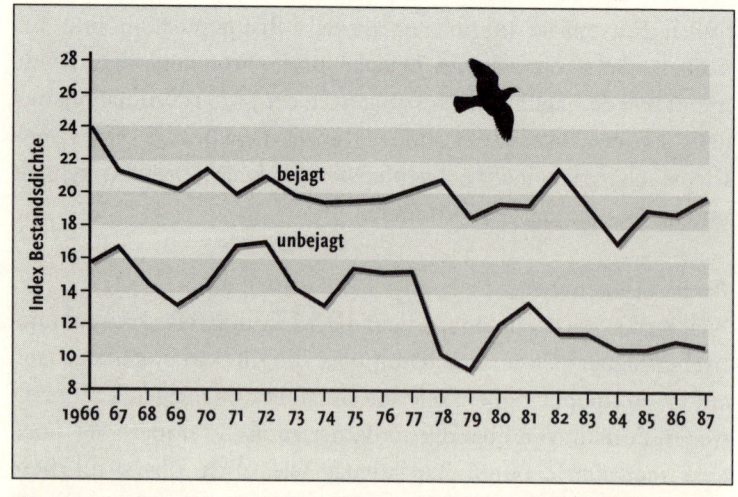

Abb. 43: Bestandsentwicklung (ermittelt durch jährliche Linientaxation) der Trauertaube im östlichen Nordamerika (EMU), getrennt nach Staaten, in denen diese Art gejagt bzw. geschont wird. Offensichtlich sind andere Faktoren als die Bejagung für Bestandstrends und -dichten entscheidend (nach BASKETT *et al.* 1993).

- Die Gesamtsterblichkeit lag im gesamten Verbreitungsgebiet bei 50 bis 60 %. Hierzu trug die Bejagung, je nach Intensität zwischen 20 und 30 % bei.
- Auch in nicht bejagten Staaten zeichneten sich erhebliche (geografische) Unterschiede in der Gesamtsterblichkeit ab. Diese können größer sein, als die zwischen bejagten und unbejagten Staaten. Eine experimentelle Steigerung der Jagdintensität in einem Zugareal führte nicht zu höherer Gesamtmortalität. Der Einfluss der Jagd auf Letztere blieb also unklar.
- Der ebenfalls großflächig ermittelte durchschnittliche Bruterfolg reichte dagegen in beiden Fällen aus, die Gesamtverluste auszugleichen.
- Die Vermutung, dass andere Faktoren als die Bejagung die Bestandsdynamik der Trauertauben bestimmen, verstärkt sich bei Betrachtung der Populationsdichten und ihrer langfristigen Trends. Wie Abb. 43 verdeutlicht, ergaben die Schätzungen der Brutdichte über 20 Jahre hinweg in den Jagdstaaten von EMU stets deutlich höhere Werte als in den Nichtjagdstaaten, was wohl nur durch Unterschiede in der Biotopqualität zu erklären ist. Beide Kategorien zeigten jedoch denselben, leicht rückläufigen Trend.
- Bemerkenswert identisch sind auch die großräumigen Trends im östlichen und mittleren Teil des Kontinents (Abb. 44) – obwohl in den Jagdstaaten von EMU jährlich etwa 20 % (Alt- und Jungtauben zusammen), in denen von CMU dagegen nur etwa 5 % zur Strecke kommen.

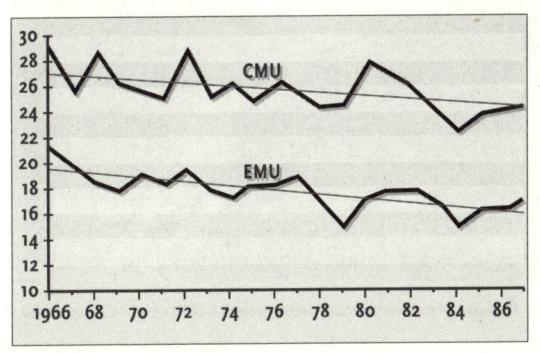

Abb. 44: Die Bestandstrends der Trauertaube im östlichen (EMU) und mittleren (CMU) Nordamerika sind bemerkenswert identisch trotz viermal höherer Bejagungsintensität in EMU (nach BASKETT *et al.* 1993).

▶ Die kurzfristigen Dichteschwankungen sind offensichtlich durch Stürme und Regen während der Brutzeit und/oder harte Winter, also meist witterungsbedingt. Die langfristig leicht negativen Bestandstrends waren offensichtlich durch die Verschlechterung der Lebensräume bzw. deren Schwund verursacht.

Diese umfassende Darstellung von BASKETT, an der ein ganzes Team von Experten mitwirkte, hat sehr zum Verständnis nicht nur dieser Taubenart, sondern jagdlich relevanter Zugvögel generell beigetragen. Insbesondere vermittelte seine Arbeit folgende Erkenntnisse:

▶ Erhebungen zur Bestandsdynamik von Zugvögeln sollten längere Zeiträume und möglichst das ganze Zugareal umfassen. Kurzfristige und/oder nur punktuelle Daten können zu einem völlig falschen Bild von Bestandssituation und Trends führen.

Die Trauertaube ist die bedeutendste Flugwildart Nordamerikas: Jährlich kommen 70 Millionen zur Strecke.

- Allein die Tatsache der Bejagung verleitet oft zur Fehlinterpretation bestandsdynamischer Daten. Bestandsrückgang muss nicht zwangsläufig durch Jagd verursacht oder auch nur verstärkt sein. Dies gilt vor allem, wenn die Erlegungsraten, wie in diesem Fall, im Rahmen von Erfahrungswerten liegen, die durch genauere Untersuchungen über Kompensierbarkeit an ähnlichen Arten gewonnen wurden, oder wenn die Fortpflanzungsraten nachweislich oder mit großer Wahrscheinlichkeit ausreichen, um die Gesamtsterblichkeit auszugleichen.
- Eine Einstellung der Bejagung kann keine Umkehr eines negativen Trends bewirken, wenn dieser nicht durch Jagd verursacht ist. Insbesondere ist der Verlust oder die Degradierung von Lebensräumen nicht durch Jagdverbote wettzumachen.

Säugetiere
Eine hoch entwickelte Markierungsmethodik durch Beringung und ihre Tagaktivität machte viele Vogelarten zu idealen Studienobjekten quantitativer populationsdynamischer Forschung. Zudem stehen Vögel in der Gunst der Bevölkerung sehr hoch, ihre Bejagung wird daher oft kritisch beurteilt. Dies zwingt zur Dokumentation der Auswirkungen der Jagd und trug mit dazu bei, dass Vögel in viel größerem Umfang Gegenstand jagdökologischer Forschung waren als Säugetiere. Letztere haben eine viel kleinere Lobby, und bei einigen Arten – man denke nur an das Schalenwild in Deutschland – rangiert gar die Einschätzung als Schädling über dem Interesse an einer nachhaltigen Nutzung.

Andererseits sind die meisten Säugerarten, vor allem die kleinen bis mittelgroßen, im Allgemeinen schwieriger in größerer Zahl zu fangen und zu markieren und auch zu beobachten. Insofern wurden genauere quantitative Untersuchungen über die Auswirkungen jagdlicher Eingriffe offensichtlich nur bei wenigen Arten durchgeführt. Die Forschungsergebnisse an zwei in jeder Hinsicht grundverschiedenen Arten scheinen mir geeignet, das Bild über kompensatorische Mechanismen abzurunden.

Extrembeispiel Bisamratte

Das beachtliche Interesse nordamerikanischer Trapper an der Pelznutzung der Bisamratte (*Ondatra zibethica*), wie auch die Möglichkeit der individuellen Kennzeichnung durch Ohren- und Hinterfußmarken veranlassten CLARK (1987), die bei der Kalifornischen Wachtel und der Stockente bereits erprobten Kalkulationsmodelle bei dieser Säugerart anzuwenden. Seine fünfjährige Studie in verschiedenen Biotopen am Oberen Mississippi (USA) brachte folgende Erkenntnisse:

▶ Über 80 % der markierten gefangenen Bisame meldeten die Trapper zur Auswertung. Danach wurden durchschnittlich 31 % – auf Teilflächen bis 66 % – der Population erbeutet.
▶ Die jährliche Gesamtsterblichkeitsrate lag dagegen bei allen Altersklassen im Schnitt bei 90 %, was diese Art als typischen r-Strategen ausweist.
▶ Die wesentlich niedrigere *durchschnittliche* Nutzungsrate beeinflusste die Gesamtsterblichkeit bzw. die Überlebensraten kaum. Höhere Eingriffe wirkten sich dagegen auf den Altersaufbau der Population aus und verringerten deren Dichte.
▶ Anders als bei den vorgenannten Arten führte dies nicht zu einer weiteren Steigerung der bei Nagetieren dieser Körpergröße ohnehin enorm hohen Fortpflanzungsrate. Die Verluste wurden bis zum Herbst vielmehr über geringere Sterblichkeit der Neugeborenen kompensiert.

Diese Ergebnisse lassen die Bisamratte als extremen r-Strategen erkennen, dessen Populationsdichte sich fast ausschließlich über die Mortalität reguliert – ein klassisches Beispiel kompensatorischer Sterblichkeit. Das Gegenstück hierzu möge die im Folgenden geschilderte Art veranschaulichen.

Extrembeispiel Wale

Wie die vorstehend geschilderten Untersuchungen gezeigt haben, spielt die Kompensation jagdlicher Eingriffe über die Fortpflanzungskomponente auch bei r-Strategen im Allgemeinen eine weit höhere Rolle, als die über dichteabhängige Sterblichkeit. Dies gilt noch mehr für K-Strategen, deren Bestandskurven im *MSY*-Modell daher steil abfallen. Untersuchungen an Walen, den wohl extremsten K-Strategen, sind geeignet, diese Zusammenhänge aufzuzeigen. Abgesehen von der Nahrungsjagd der Inuits sind Wale zwar nicht von direkter jagdlicher Relevanz, doch ihre kommerzielle Nutzung zur Fleischgewinnung ist immer wieder Gegenstand emotionaler Darstellungen in Massenmedien bzw. spektakulärer Einsätze von Tierschutzorganisationen.

Der rapide Rückgang insbesondere der großen Arten infolge menschlicher Ausbeutung führte zur Erforschung populationsdynamischer Parameter seit Mitte dieses Jahrhunderts (Zus.-f. in FROST 1979).

Bei den sehr niedrigen Raten natürlicher Sterblichkeit (jährlich ca. 10% bis zum zweiten Lebensjahr, danach 5% beim Pottwal, *Physeter catodon*) dieser langlebigen Tiere muss selbst die Entnahme weniger Exemplare zu additiver Mortalität führen. Insbesondere bei den großen Arten gab es bislang noch keine Hinweise auf Dichteabhängigkeit der Sterblichkeit.

Vielmehr scheint die Bestandsdichte ausschließlich über die Fortpflanzungsrate gesteuert zu werden. Sie lässt sich ausdrücken in

In arktischen Regionen ist die Waljagd wesentliches Element der traditionellen Lebensart. Inuits beim Zerwirken eines Narwals.

der Trächtigkeitsrate pro Weibchen und ist am niedrigsten, wenn die Population das Gleichgewicht mit ihrem Lebensraum erreicht hat, also die Biotopkapazität ausfüllt. Umgekehrt bedingen geringere Populationsdichten steigende Trächtigkeitsraten. Die theoretischen Überlegungen zum heutigen Management von Walen, d. h. zu deren nachhaltiger Nutzung, basieren auf dem Simulationsmodell von Abb. 45 (S. 186).

Erst eine beträchtliche Reduktion des Grundbestands führt also zu einer Maximierung des nachhaltig nutzbaren Anteils (*MSY*). Im Unterschied zum *MSY* bei r-Strategen sind die absoluten nutzbaren Zahlen bei Walen jedoch sehr gering. Denn die entscheidende Komponente, die durchschnittliche Trächtigkeitsrate je Walkuh schwankt z. B. beim Pottwal nur zwischen etwa 0,20 (alle fünf Jahre ein Kalb pro Kuh) bei maximaler und 0,25 (alle vier Jahre ein Kalb) bei minimaler Bestandsdichte. Entsprechend niedrig sind die jährlichen Fangquoten der Internationalen Walfangkommission (IWC) angesetzt (Zus.-f. in FROST 1979): Bei nicht geschlechtsspezifischer Nutzung dürfen von den mittelgroßen Arten weniger als ein Prozent der Population jährlich erbeutet werden. Nur so ist gewährleistet, dass die in der ersten Hälfte dieses Jahrhunderts ohne jegliche populationsdynamische Überlegungen ausgebeuteten Bestände nicht weiter abnehmen (mehr hierüber in KALCHREUTER 1990).

Das Hauptproblem der genannten Modelle zur nachhaltigen Nutzung, die das Wissenschaftliche Komitee der Internationalen Walfangkommission (IWC) empfahl, liegt jedoch in der praktischen Anwendung. Denn alle Kalkulationen basieren auf der Populationsgröße, bzw. deren Zu- oder Abnahme. Wale sind in ihrem weiten Element der Weltmeere jedoch so schwierig in Zahlen zu erfassen, dass die Fehler der Bestandsschätzungen im Bereich von plus/minus 50 % liegen, und folglich Bestandstrends gar nicht direkt festzustellen sind. Auf Grund dieser Ungenauigkeit ist die Wahrscheinlichkeit, dass Walpopulationen nach längerer Realisierung der kalkulierten Nutzungsraten erlöschen, viel zu hoch, warnte COOKE (1992). Wohl infolge dieser Sensibilität haben sich die großen Arten wie Blauwal (*Balaenoptera musculus*) oder Finnwal (*Balaenoptera physalus*) trotz

Jahrzehnte langer Vollschonung bis heute nicht von der damaligen Ausbeutung erholt.

Wir erinnern uns: Bei ebenfalls stark reduziertem Fortpflanzungsbestand, jedoch einer möglichen Fortpflanzungsrate von fast 300% können alljährlich über 50% der Population der Virginischen Wachteln und gar 70% der Bisamratten erbeutet werden.

Diese Beispiele – Wale und im Gegensatz dazu kleine Hühnervögel bzw. Nagetiere – mögen das weite Spektrum der Nutzungsmöglichkeiten veranschaulichen, in dem sich die meisten jagdlich relevanten Tierarten bewegen.

Diskussion und Folgerungen
Simulationen über die populationsdynamischen Auswirkungen jagdlicher Nutzung sind geeignet, die Wirkungsweise kompensatorischer Mechanismen zu veranschaulichen, aber auch ihre Grenzen aufzuzeigen.

- Infolge der grundsätzlichen Dichteabhängigkeit bestandsdynamischer Parameter könnten alle Tierarten in irgendeiner Form genutzt werden.

Doch der Verlauf von Bestands- und Nutzungskurve (Abb. 39, S. 164) wäre von Art zu Art sehr verschieden, je nachdem, in welchem Lebensbereich und in welchem Maße Dichteabhängigkeiten wirksam werden. Dies jedoch hängt generell, also bei allen Arten davon ab, inwiefern die Population ihren Lebensraum ausfüllt:
- Wird die Biotopkapazität überschritten, so steigt die dichteabhängige Sterblichkeit, während die ebenfalls dichteabhängige Fortpflanzungsrate absinkt.
- Umgekehrt steigt die Reproduktionsrate, wenn die Dichte unterhalb der Biotopkapazität liegt – die Population wächst, um den Lebensraum wieder auszufüllen. Maximale Zuwachsraten sind erst zu erzielen, wenn der Fortpflanzungsbestand beträchtlich, d. h. auf etwa die Hälfte des von der Biotopkapazität möglichen reduziert ist. Diesbezügliche Erkenntnisse bei r- wie bei K-selek-

Abb. 45: Simulationsmodell zu Populationswachstum (I) und nachhaltig erzielbarer Jagdstrecke (II) (nach NEWTON 1998): Die jährlichen Fortpflanzungsraten (senkrechte gestrichelte Linien in I) und somit möglichen Nutzungsraten II sind am höchsten, wenn die Population ihren Lebensraum etwa zur Hälfte ausfüllt. Weitere Erläuterungen im Text.

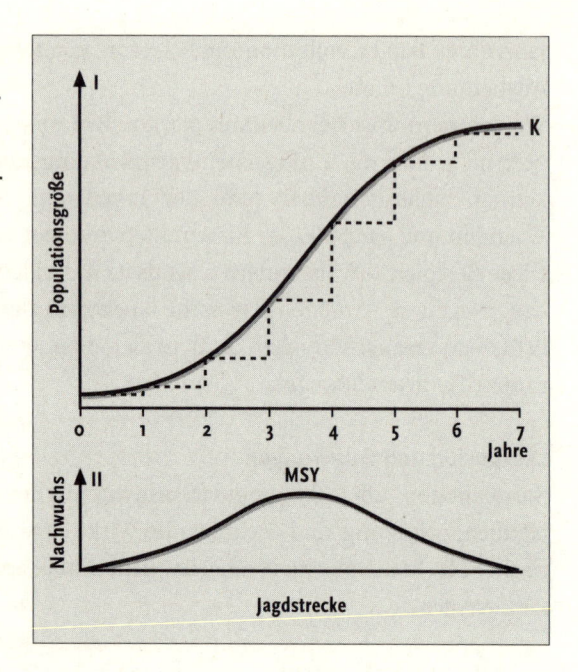

tierten Tierarten (Wale – kleine Hühnervögel) lassen dabei auf eine generelle Regel schließen.

Das Simulationsmodell in Abb. 45 möge die Zusammenhänge veranschaulichen. Die obere Kurve (a) stellt verschiedene Stadien von minimaler bis maximaler Dichte einer Population in Bezug auf die Biotopkapazität (K) dar, wie bereits am Beispiel der Fasanen auf *Protection Island* (S. 54) geschildert.

Die Länge der senkrechten gestrichelten Linien entspricht dabei dem jährlichen Zuwachs. Die Brutpopulation produziert am meisten Nachwuchs, wenn sie ihren Lebensraum nur etwa zur Hälfte ausfüllt. In diesem Stadium sind die höchsten Strecken (*MSY*) zu erzielen, wie die untere Kurve (b) verdeutlicht.

Eine experimentelle Bestätigung fand dieses Modell wiederum auf *Protection Island*. Dort wurden nach NEWTON (1998) maximal 700 Fasanen erlegt, als der Grundbestand bei 1.400 Vögeln und damit bei etwa der Hälfte des dort möglichen (3.000) lag.

Aus diesen Erkenntnissen ergeben sich Konsequenzen für das Management jagdlich relevanter Arten. Höhere Fortpflanzungsraten und damit Jagdstrecken sind auf zwei Weisen zu erreichen:
▶ entweder durch ein Absenken der Populationsdichte unter das durch die Biotopkapazität mögliche Niveau
▶ oder durch die Erhöhung der Biotopkapazität über eine entsprechende Gestaltung des Lebensraums, wodurch die Population ein neues (höheres) Gleichgewicht anstrebt.

Umgekehrt wird sich im Falle verringerter Biotopkapazität ein Gleichgewicht auf niedrigerem Niveau einstellen. Die dadurch verringerte Population wird jedoch denselben bestandsdynamischen Gesetzmäßigkeiten gehorchen. Dies erklärt wiederum, auch unter diesem Aspekt der Fortpflanzungskomponente, warum eine völlige Einstellung der jagdlichen Nutzung rückläufiger Populationen nichts Positives bewirken kann, sofern der Rückgang durch eine Verschlechterung der Lebensräume verursacht wurde. Die langjährigen Untersuchungen der englischen *Game Conservancy* am Rebhuhn (*Perdix perdix*) verdeutlichen diese Zusammenhänge (Abb. 46).

Abb. 46: Simulation zur Bestandsentwicklung von Rebhühnern in englischen Untersuchungsgebieten unterschiedlicher Biotopkapazität und Bejagungsintensität. Verursacht die Verschlechterung des Lebensraumes einen negativen Trend, lässt sich dieser auch durch die völlige Einstellung der Bejagung nicht aufhalten. Eine Trendumkehr ist nur durch erhöhte Biotopkapazität zu erreichen (nach AEBISCHER 1992).

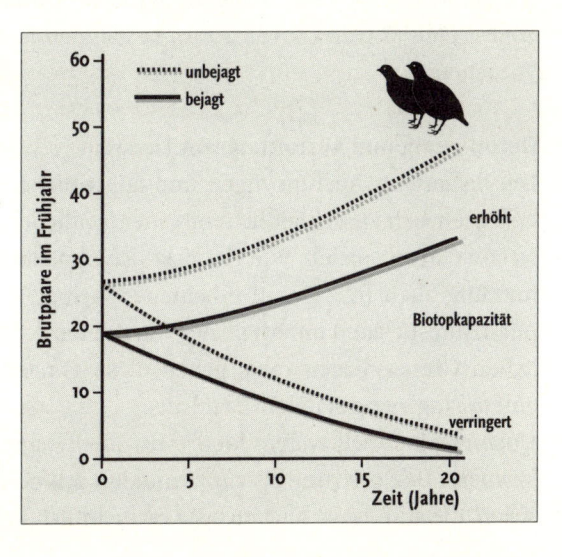

- Ein rückläufiger Bestandstrend allein ist kein geeignetes Kriterium für den Erlass von Jagdverboten. Besser wäre es, das Interesse an der jagdlichen Nutzung als Triebfeder für die Verbesserung der Lebensräume einzusetzen, die in aller Regel erst eine Umkehr des negativen Bestandstrends bewirken kann.

Dieselben Schlüsse zogen die Vertreter des amerikanischen *Fish and Wildlife Service* aus den langfristigen und großflächigen Untersuchungen an ihren Entenvögeln (z. B. RUSCH *et al.* 1989): Immer wieder gibt es Arten bzw. Populationen mit rückläufigem Bestandstrend, die deshalb durchaus nicht bedroht oder gar gefährdet sein müssen.

Im Gegensatz zu den Überlegungen in einigen europäischen Gremien versucht man diesen jedoch nicht die völlige Verschonung von der Jagd zu verschreiben. Im Gegenteil – auch in Zeiten aus klimatischen Gründen rückläufiger Entenbestände wirbt der FWS sogar für eine der jeweiligen Bestandssituation angepasste Bejagung des Wasserwildes (!), um über die Jäger Mittel zur Verbesserung und Neuschaffung von Lebensräumen zu bekommen. Denn nur dadurch ließen sich nämlich die negativen Trends umkehren. Die bemerkenswerten Erfolge des *North American Waterfowl Management Plan* (KALCHREUTER 2000) bestätigten dieses pragmatische Vorgehen.

Dezimierung und Ausrottung von Tierarten
Die bisherigen Ausführungen und angeführten Untersuchungen befassten sich ausschließlich mit einer jagdlichen Nutzung, die auf Nachhaltigkeit abzielt: Wie viel lässt sich ohne die Gefahr der Übernutzung auch in Zukunft erbeuten? Wenngleich dabei der Fortpflanzungsbestand unterhalb der von der Biotopkapazität her möglichen Grenze liegen mag, gehen diese Vorstellungen doch von einem langfristig stabilen Trend aus.

Doch es gibt auch andere Motive für die Bejagung – nämlich die bewusste Dezimierung bis zur zumindest örtlichen Ausrottung von Arten, die zum tatsächlichen oder vermeintlichen Problem werden.

Solche, die den Menschen direkt gefährden könnten, wie z. B. größere wehrhafte Säugetiere; oder – weit häufiger – solche, die seine land- und forstwirtschaftlichen Nutzungsinteressen beeinträchtigen. Denken wir nur an die Auflösung von Rotwildgebieten oder die in der Nachkriegszeit auch so genannte „Schwarzwildbekämpfung". In jüngster Zeit lösten Epidemien wie Schweinepest oder Tollwut Forderungen nach drastischer Bestandsreduktion aus. Solche Bemühungen, sollen sie erfolgreich sein, bedürfen jedoch ebenfalls der Berücksichtigung bestandsdynamischer Besonderheiten der betreffenden Arten. Mit anderen Worten:

- Soll eine Art kontinuierlich verringert werden, so müssen die Eingriffe die Reaktion der kompensatorischen Mechanismen überwinden. Sie müssen höher liegen als die maximalen nachhaltig möglichen Nutzungsraten (MSY).

Ob es gelingt, Tiere zu dezimieren, hängt folglich sehr wesentlich von der arteigenen Höhe des MSY ab. Entscheidend ist ferner, ob die betreffende Art leicht oder infolge besonderer Verhaltensmuster schwierig zu erbeuten ist.

Erfolg und Misserfolg
Nachtaktive Arten sind vor dem Zugriff des Menschen wesentlich sicherer als solche, die überwiegend tagsüber der Nahrungssuche nachgehen. So sind die nur mäßigen Erfolge bei der Reduzierung der Schwarzwildbestände zur Bekämpfung der Schweinepest einerseits durch deren Umstellung auf eine nächtliche Lebensweise bedingt und zum Anderen durch das enorm hohe Fortpflanzungspotenzial dieser Wildart. Daher wären höhere Eingriffe als MSY nur durch intensivere Bejagung der Bachen zu realisieren. Doch deren Fortpflanzungsperiode zieht sich heute, wie auf S. 44 dargelegt, über den größten Teil des Jahres hin. Die Gefahr, eine führende Bache zu erlegen, ist also einerseits viel größer als früher, andererseits widerspricht deren Abschuss weit mehr als während der Nachkriegszeit der Mentalität der heutigen Jägerschaft, was in zögerlicher Beja-

gung, durch das Bestreben nach genauerem „Ansprechen" vor dem Schuss bedingt, seinen Niederschlag findet. Konnte man nach dem Krieg im Rahmen der „Sauenbekämpfung" ganze Rotten in „Saufänge" locken und Bachen mit Frischlingen eliminieren, so wäre diese effiziente Methode bei der heutigen Tierschutzmentalität schwer vorstellbar. Ob der nun propagierte Fang von ausschließlich Frischlingen in Frischlingsfallen ausreicht, um die hohen Schwarzwildbestände zu eliminieren, mag bezweifelt werden. Des Weiteren wirken sich auch die derzeitigen schneearmen Winter nachteilig auf die Bejagung der Sauen aus. Eine große Rolle spielt auch die Übersichtlichkeit ihres Lebensraums. Die in offener Landschaft lebenden Schalenwildarten – Antilopen in der afrikanischen Steppe oder Wildschafe, Gams- und Steinwild in Bergregionen oberhalb der Baumgrenze – sind viel leichter zu dezimieren, als Arten der dichten Waldvegetation, worauf schon DASMANN (1967) hinwies. Am „sichersten" vor menschlicher Nachstellung sind unter den Paarhufern territoriale, d. h. meist einzeln lebende Waldbewohner, in unseren Breiten also das Rehwild. Es hat selbst die politisch motivierte massive Verfolgung nach der Revolution 1848 überstanden, wenngleich örtlich nur in minimaler Dichte. Demgegenüber verschwand das größere und in Rudeln lebende Rotwild fast gänzlich aus der freien Wildbahn und überlebte nur in „Thiergärten", also gegatterten Waldungen des Adels.

Genauere Daten zu dieser Thematik wurden wiederum in Nordamerika erarbeitet. Betrachten wir daher die Forschungsergebnisse an drei Raubwildarten, die geeignet sind, die Verhältnisse bei nahe verwandten europäischen Arten besser zu verstehen.

▸ Beim nordamerikanischen Rotluchs („Bobcat", *Felis rufus*), einem kleineren Vertreter der nördlichen Luchse (*Lynx canadensis* bzw. *Lynx lynx* in Eurasien) führten Erlegungsraten von über 20 % der Weibchen der Herbstpopulation bereits zu deutlichem Bestandsrückgang (KNICK 1990, Daten aus Idaho). Dies erklärt das relativ rasche Verschwinden des Luchses, wo immer dieser bei zunehmender menschlicher Besiedlungsdichte als Konkurrent bzw. „Schädling", meist der Viehwirtschaft, verfolgt wurde.

- Etwas größere Schwierigkeiten bereitete die Dezimierung bzw. die in der Vergangenheit bewusste örtliche Ausrottung des Wolfes (*Canis lupus*). FULLER (1989) wertete die Daten aus neun Wolfspopulationen aus, die mit unterschiedlicher Intensität verfolgt wurden. Infolge ihrer gegenüber dem Luchs höheren Fortpflanzungsraten bewirkten erst höhere Erbeutungsraten als 29 % (die die jährliche Gesamtsterblichkeit auf 35 % erhöhten) rückläufige Bestandstrends beim Wolf. Das macht verständlich, warum es in Zeiten nachlassender Verfolgung – vor allem während der Kriege in Europa – jeweils rasch zu „Wolfsplagen" kam.
- Noch viel größeren Aufwand erfordert die Reduktion des kleineren Vetters des Wolfs, des amerikanischen Coyoten (*Canis latrans*). Infolge eines noch breiteren Spektrums der Fortpflanzungsrate – bedingt durch den unterschiedlichen Anteil wölfender Weibchen (36 %–90 %) wie auch variabler Wurfgrößen (4,3 – 7,6 Junge/Fähe) – verfügt diese Art über beachtliche Kompensationsmechanismen. Die Simulation demografischer Daten durch STERLING et al. (1983) ließ erkennen, dass diese Art infolge ihrer Fortpflanzungspotenz eine Gesamtmortalität bis zu 88 % verkraften könnte. Damit wären Dezimierungsprogramme

Eine Verringerung der heutigen hohen Fuchsdichten erfordert intensive jagdliche Anstrengungen.

mit Tötungsraten unter 50 % selbst bei ungünstigen Fortpflanzungsverhältnissen zum Scheitern verurteilt. Dementsprechend gelang die Bekämpfung des Coyoten zum Schutz des Viehs nur örtlich unter Verwendung radikaler Hilfsmittel wie Fallen, Gift oder Sprengstoff. Die beachtliche Anpassungsfähigkeit an die Kulturlandschaft trug außerdem dazu bei, dass die Art alle Verfolgungskampagnen überlebte.

Zum Weiserwert von Fuchsstrecken

In der Alten Welt dürfte der nahe verwandte Fuchs (*Vulpes vulpes*) aus ökologischer wie populationsdynamischer Sicht am ehesten dem Coyoten entsprechen. Noch anpassungsfähiger und ebenfalls von beachtlicher Fortpflanzungspotenz hat er menschliche Verfolgung bzw. Bejagung unterschiedlicher Intensität seit Jahrhunderten überstanden (mehr hierüber auf S. 309 ff.).

In Ermangelung einer umfassenden Simulation demografischer Daten wie beim Coyoten soll Abb. 47 dazu anregen, auch diese viel diskutierte Art und die aus verschiedenen Gründen (z. B. Tollwutbekämpfung) erforderlichen Dezimierungsmaßnahmen genauer zu untersuchen.

Denn im Gegensatz zur nachhaltigen Nutzung, bei der es zu einer Absenkung des Grundbestands kommen *kann*, wird eine solche bei

Abb. 47: Gedankenskizze über den fraglichen Weiserwert der Fuchsstrecke hinsichtlich der Besatzdichte bei unterschiedlicher Bejagungsintensität (Erläuterung im Text)

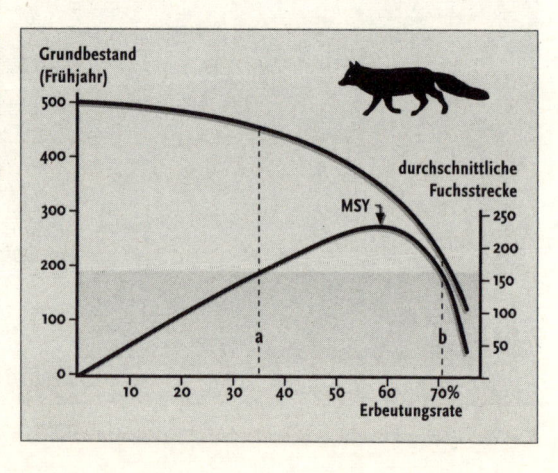

der Dezimierung bewusst angestrebt, etwa zur Verringerung der Infektionsgefahr bei Seuchenzügen. Doch gerade zu dieser Frage kann die Jagdstrecke allein wenig aussagen, wie aus Abb. 47 deutlich wird. So wäre nach diesem Denkmodell eine jährliche Strecke von z. B. 160 Füchsen nachhaltig sowohl aus einem hohen Bestand zur Fortpflanzungszeit von 450 Tieren zu erzielen (a), wie aus einem, dessen Dichte bereits beträchtlich gesunken ist, nämlich auf weniger als die Hälfte des unbejagten (b).

- Im Fall (a) machen diese 160 Füchse jedoch nur 35 % der Herbst- und Winterpopulation aus, sie sind also mit relativ geringem Aufwand zu erbeuten. Die Eingriffe werden im Wesentlichen durch verringerte natürliche Mortalität kompensiert.
- Im Fall (b) muss der Eingriff zu dieser Zeit dagegen doppelt so hoch sein: 70 % des Bestands müssen erlegt bzw. gefangen werden, um auf dieselbe Strecke zu kommen – und um den Grundbestand auf der geringen Dichte von 200 Tieren zu halten. Denn diese sind stets bemüht, durch erhöhte Fortpflanzungsraten die Verluste bis zum Herbst wieder zu kompensieren.

Diese natürliche Reaktion – das sei an dieser Stelle angemerkt – wird gelegentlich als Argument gegen solche Dezimierungsaktionen oder gar gegen Fuchsbejagung generell ins Feld geführt (z. B. SCHLAG 1994) – mit der kuriosen Begründung, die Jagd würde nur zu noch höheren Fuchspopulationen führen und zudem Wanderbewegungen auslösen, die das Infektionsrisiko weiter erhöhen. Ersteres ist aus populationsdynamischer Sicht gar nicht möglich, da sich auch der Fuchs nicht über die Grenzen seiner Biotopkapazität hinaus vermehren kann, Letzteres basiert weitgehend allein auf Spekulationen.

Richtig ist allerdings, dass sich die für eine deutliche Reduktion der Füchse notwendigen hohen Eingriffe bei der heutigen Motivation der Jäger allenfalls lokal und nur mit Hilfe von Fallen realisieren lassen. Das war früher anders, wie auf S. 314 f. ausgeführt. Eine großflächige Reduktion gelang in den 1960er Jahren nur durch die Begasung der Baue (KALCHREUTER 1984), also durch massive

Beeinträchtigung der für die Kompensation so wichtigen Fortpflanzungskomponente. Diese zwar effiziente, aber auch von den Jägern nur widerwillig durchgeführte Methode war von den Veterinärbehörden zur Tollwutbekämpfung angeordnet, aber dann aus Gründen des Tierschutzes verboten worden. Aus den genannten Beispielen ist also zu folgern:

- Durch extensive jagdliche Nutzung und intensive Verfolgung lassen sich Strecken in ähnlicher Höhe erzielen. Dichte und Altersstruktur der Fortpflanzungsbestände und natürlich auch die Altersstruktur der Strecken sind jedoch jeweils sehr verschieden.

Zusammenfassung
Die Diskussion um die Auswirkungen der Jagd bzw. ihre Bedeutung als Gefährdungsfaktor beschränkte sich meist auf die Frage, ob entstandene Verluste solcher Art die Gesamtsterblichkeit der Population erhöhen oder nicht. Wie im vorangegangenen Kapitel dargelegt, dürfte die völlige Kompensation des jagdlichen Eingriffs eher die Ausnahme als die Regel sein; eine herbstliche Bejagung kann also den Grundbestand (im Frühjahr) absenken.
Dennoch zeigen sich auch in diesen Fällen stabile oder steigende Bestandstrends, bedingt durch weitere Kompensation über erhöhte Reproduktion. Genauere Untersuchungen hierüber zeigten Folgendes:
▶ Die über die Reproduktionsrate bestimmenden Parameter Fortpflanzungsreife und Jungenzahl pro Jahr sind ebenfalls abhängig von der Dichte der Population in Bezug auf ihren Lebensraum.
▶ Ist die Dichte des Grundbestands infolge nicht mehr kompensierbarer Verluste abgesunken, so steigt dessen Fortpflanzungsrate, um die Biotopkapazität möglichst wieder auszufüllen.
▶ Auch bei *r-Strategen* gewinnt die Kompensation über Reproduktion mit steigenden Nutzungsraten an Bedeutung. *K-Strategen*, bei denen selbst geringe jagdliche Eingriffe bereits zu additiver

Mortalität führen, können Verluste sogar nur auf diese Weise wettmachen.
- Der Ausgleich von Verlusten ist bei den meisten Arten effizienter durch erhöhte Reproduktivität gewährleistet. Insofern treten auch unter diesem Aspekt Diskussionen um die Frage kompensatorische oder additive Mortalität in den Hintergrund.
- Auch dem Ausgleich durch Reproduktionssteigerung sind Grenzen gesetzt, nämlich durch die artspezifisch möglichen Reproduktionsraten. Deren Realisierbarkeit kann zudem durch verschiedenste Umweltfaktoren beeinträchtigt werden, von denen für viele jagdlich relevante Arten die Witterung zur Fortpflanzungszeit die entscheidenste Rolle zu spielen scheint. Bei anderen (größeren) Arten kann die Art der Bejagung, z. B. hohe Eingriffe in den Weibchen-Anteil, die Reproduktionsfähigkeit der Population erheblich vermindern.
- Die Grenzen der Kompensationsfähigkeit über Reproduktion müssen überschritten werden, wenn es gilt, eine Tierpopulation zu reduzieren.

Kompensation durch Polygamie

Alle bisher genannten Untersuchungen bezogen sich mehr oder weniger auf die Nutzung von Wildtierpopulationen ohne Berücksichtigung der Geschlechter. In der Regel kommen bei der Bejagung männliche und weibliche Tiere mit gleicher Wahrscheinlichkeit zur Strecke. Dies gilt vor allem für Arten, deren Geschlechter sich äußerlich kaum unterscheiden, und ihre Bejagung im Herbst und Winter, wenn sie auch keine geschlechtsspezifischen Verhaltensweisen zeigen.

Bei der Jagd auf Tauben, Hasen, Füchse, mehrere Arten von Hühner- und Wasservögeln oder Wildschweine spiegelt der Anteil von Männchen und Weibchen in der Jagdstrecke etwa das Geschlechterverhältnis in der Population wider.

Aber es gibt auch Jagdmethoden, die überwiegend oder ausschließlich auf die Erlegung von Männchen ausgerichtet sind. Hierzu zählen

- die Trophäenjagd, vor allem ausgeübt auf horn- oder geweihtragende Schalenwildarten,
- die Balzjagd auf Arten, deren Männchen sich im Gefieder generell, bzw. im Frühjahr durch auffälliges Balzverhalten von den Weibchen unterscheiden. Sie betrifft Trappen (*Otidae*), einige Arten von Hühnervögeln sowie die Waldschnepfe.
- die Bejagung von Fasanenhähnen im Herbst und die in osteuropäischen Ländern ausgeübte Jagd auf Erpel im Frühjahr.

In dieser Hinsicht haben sich vielerorts Jahrhunderte alte Jagdtraditionen entwickelt, die seitens der Jägerschaft bzw. der Jagdwissenschaft von jeher als besonders „pfleglich" bezeichnet wurden – mit der Begründung polygamen Fortpflanzungsverhaltens dieser Arten, also eines gewissen, nicht zur Reproduktion benötigten Überschusses an männlichen Tieren.

In jüngerer Zeit wurden jedoch einige dieser Jagdpraktiken leidenschaftlich in Frage gestellt. Haben sie aus biologischer Sicht ihre Berechtigung? Im Folgenden wollen wir uns mit einigen neueren Forschungsergebnissen zu dieser Thematik befassen.

Monogamie und Polygamie aus populationsdynamischer Sicht
Alle Säugetiere und mehrere Vogelarten leben polygam, haben also keinerlei Paarbindung. Die Partner unterhalten also keine sozialen Beziehungen zueinander und treffen lediglich zur Begattung zusammen.

Bei einigen Vogelarten findet sich dagegen Monogamie in fast klassischer Ausprägung, nämlich unter Umständen jahrelange Paarbindung. Hierzu zählen große, langlebige Arten wie Albatrosse, große Adler, große Rabenvögel oder Schwäne. Ausgeprägte K-Strategen also, mit hoher Lebenserwartung und geringer Fortpflanzungsrate. Denn Paarbindung bewirkt höhere Erfahrung bezüglich Brut und Jungenaufzucht, effektivere Betreuung und damit bessere Überlebenschancen der Jungvögel.

Viele kleinere, eher r-selektierte Vogelarten gelten dagegen zwar gemeinhin als monogam, doch haben sie auch polygame Strategien zur Mehrung der Fortpflanzungsrate entwickelt.

Begattet ein Männchen mehrere Weibchen, so spricht man von *Polygynie*. In den viel selteneren Fällen der *Polyandrie* kopuliert ein Weibchen mit mehreren Männchen, die dann ihre Gelege ausbrüten und sich um die Jungen kümmern. Diese beiden Formen der Polygamie finden sich z. B. bei Watvögeln: Erstere bei der Waldschnepfe, Letztere bei den arktischen Wassertretern (*Phalaropus spec.*). Schließlich kommt es auch bei monogamen Singvögeln immer wieder zu „Seitensprüngen" auch fest verpaarter Weibchen (z. B. WINKEL 1994), deren populationsdynamische Bedeutung AMRHEIN (1999) diskutiert.

Polygamie zur Erhöhung der Fortpflanzungsrate nimmt in nördlicheren Brutgebieten eher zu, um die höheren Verluste auszugleichen, die nicht zuletzt der längere Zugweg bedingt. Dies ist auch innerhalb von Artengruppen zu beobachten.

Unter den Schwimmenten bilden Löffelente (*Anas clypeata*) und Spießente (*Anas acuta*) die beiden Extreme: Erstere, in gemäßigten bis subtropischen Breiten lebend, entspricht mit ihrem Territorialverhalten und einer ziemlich festen Paarbildung eher den Vorstellungen von Monogamie. Ganz anders die Spießente, die von allen Schwimmenten die nördlichsten Areale besiedelt. Die „Paarbindung" kann auf nur wenige Tage reduziert sein – vielmehr suchen die Erpel weite Gebiete ohne territoriale Aufteilung nach brutbereiten Weibchen ab (mehr hierüber in KALCHREUTER 2000).

Der Bruterfolg der Weibchen, die ihre Jungen allein bzw. nur mit partieller Unterstützung des polygamen Partners aufziehen müssen, ist zwar geringer als bei fester Verpaarung. Dieser Nachteil scheint jedoch dadurch mehr als wett gemacht zu werden, dass bei polygamem Verhalten eine maximale Zahl von Weibchen zur Fortpflanzung gelangt. Die Nachwuchsrate der Population kann daher höher sein als bei monogamem Paarungsverhalten.

Diese Erkenntnisse unterstreichen den viel höheren populationsdynamischen „Wert" der Weibchen als der Männchen.

Wie wir an anderer Stelle noch sehen werden, haben auch in unbeeinflussten Populationen polygamer Arten, sowohl bei Säugetieren, als auch bei Vögeln, die Männchen meist eine geringere Lebenserwartung als die Weibchen. Bei hoher Dichte steigt die Mortalität der Männchen beträchtlich an, hauptsächlich bedingt durch einen höheren Energiebedarf infolge zunehmend aggressiven Verhaltens innerhalb dieser Gruppe.

Ein Mangel an Männchen ist durch vermehrt polygames Verhalten jedenfalls in gewissem Umfang auszugleichen – ein weiterer kompensatorischer Mechanismus bei Männchenverlusten.

Doch wo liegen dabei die Grenzen? Wo liegt hier die „Schwelle" des jagdlichen Eingriffs, der auch durch Polygamie nicht mehr wettzumachen ist?

Die folgenden Beispiele einiger Säugetiere und Vogelarten mögen diese Thematik veranschaulichen.

Trophäenjagd – geschlechtsspezifische Bejagung von Säugetieren

Schon LEOPOLD (1961) hatte am nordamerikanischen Weißwedelhirsch (*Odocoileus virginianus*) erkannt, wie wenig dessen Bestandsentwicklung zu beeinflussen ist, selbst wenn jährlich die Hälfte der Böcke erlegt wird. Wenn auch im selben Umfang (jährlich 50%)

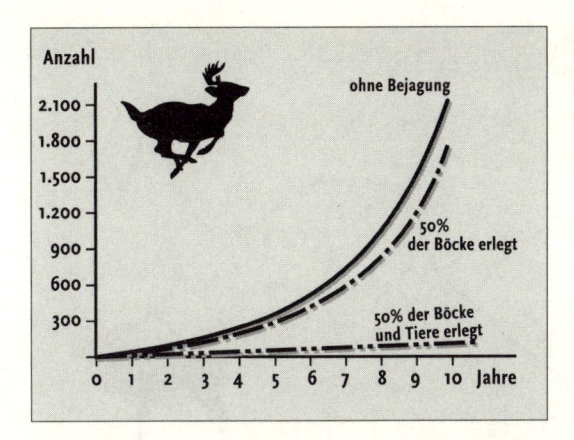

Abb. 48: Simulationsmodell über die Auswirkungen geschlechtsspezifischer Bejagung beim Weißwedelhirsch (nach LEOPOLD 1961)

weibliche Tiere erlegt werden, stagniert dagegen die Population auf niedrigem Niveau (Abb. 48).

Diese Erkenntnisse konnten inzwischen durch praktische Erfahrungen im Bemühen um Reduktion „überhöhter Schalenwildbestände" vielfach bestätigt werden:

- Durch Erlegung von Böcken allein ist das Rehwild nicht zu reduzieren.

Erst die Bejagung weiblicher Tiere beeinträchtigt den kompensatorischen Mechanismus über Reproduktion und damit die Bestandsentwicklung. Der Männchenanteil in einer Schalenwildpopulation kann dagegen ohne Auswirkungen auf die Fortpflanzungsrate beträchtlich variieren. Doch wieso sind Verluste dieser Kohorte in solchem Umfang zu kompensieren?

Antworten auf diese wesentliche Frage lieferte CLUTTON-BROCK (1991) auf Grund seiner langjährigen Untersuchungen an einer Population des Rotwildes (*Cervus elaphus*) auf der unbewaldeten Insel Rhum vor der Küste Schottlands. Nach Einstellung der Bejagung nahm der Rotwildbestand erwartungsgemäß beträchtlich zu. Bemerkenswert war jedoch die unterschiedliche Entwicklung der Geschlechter, als die Population sich den Grenzen ihres Lebensraums näherte, wie Abb. 49 veranschaulicht:

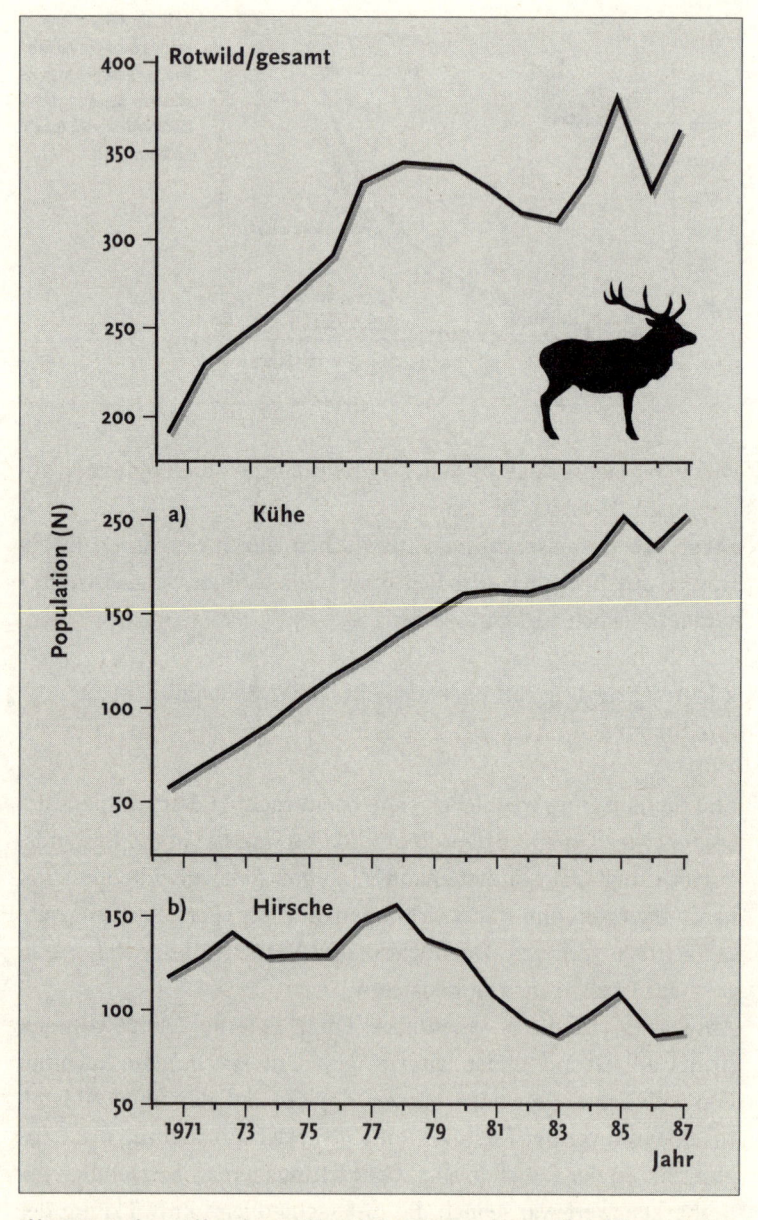

Abb. 49: Bestandsentwicklung der Rotwildpopulation im Untersuchungsgebiet auf Rhum nach Einstellung der jagdlichen Nutzung (1972). Geschlechtsspezifische Mortalitätsraten hatten unterschiedliche Bestandtrends von Hirschen und Kühen zur Folge (aus CLUTTON-BROCK 1991).

- Die Sterblichkeit der Hirsche stieg mit der Dichte geschlechtsreifer Kühe deutlich an und erreichte schließlich die doppelte Rate derjenigen des Weibchen-Kollektivs; diese Entwicklung zeichnete sich bereits im ersten Lebensjahr ab.
- Mit zunehmender Populationsdichte sanken Körpergewicht und Trophäenstärke der Hirsche.
- Bemerkenswerte Beobachtungen gelangen auch zum Fortpflanzungsverhalten: 40 % der Hirsche hatten während ihres ganzen Lebens nie Gelegenheit sich fortzupflanzen. Vielmehr ging fast die gesamte jährliche Reproduktion auf das Konto einiger weniger erfolgreicher Hirsche.

Diese Erkenntnisse veranlassten CLUTTON-BROCK zu der Empfehlung, selbst bei empfindlichen oder gefährdeten polygamen Arten einen bestimmten Anteil von Männchen im Rahmen einer kontrollierten Trophäenjagd freizugeben. Insbesondere dann, wenn dadurch Einnahmen zur Finanzierung von Erhaltungsmaßnahmen für die betreffende Art zu erzielen wären.

Rothirsch mit Kahlwildrudel: Bei polygamen Arten – also allen Säugetieren – sind nur wenige männliche Tiere für die Fortpflanzung der Population erforderlich.

Konsequenzen für das Wildmanagement

Das beachtliche Spektrum von Variationsmöglichkeiten hinsichtlich des Männchenanteils findet immer wieder praktische Anwendung im *„Game Management"*.

Ein klassisches Beispiel ist die Bewirtschaftung des Rotwildes im schottischen Hochland. Der eine Grundbesitzer legt Wert auf starke Hirsche, denn er möchte sein „Red Deer" über die Trophäenjagd nutzen lassen; der andere hat größtmögliche Produktion an Wildbret im Sinn. Beide erreichen ihr Ziel durch entsprechende Bejagung, vor allem der Hirsche.

Abb. 50: Modelle zweier verschieden bewirtschafteter Rotwildbestände in Schottland: Nutzung durch Trophäenjagd (a) erfordert eine genügend große Zahl von älteren Hirschen. Für das Ziel einer maximalen Wildbretgewinnung (b) reichen dagegen sehr wenige männliche Tiere aus (nach Mitchell u. Youngson 1981).

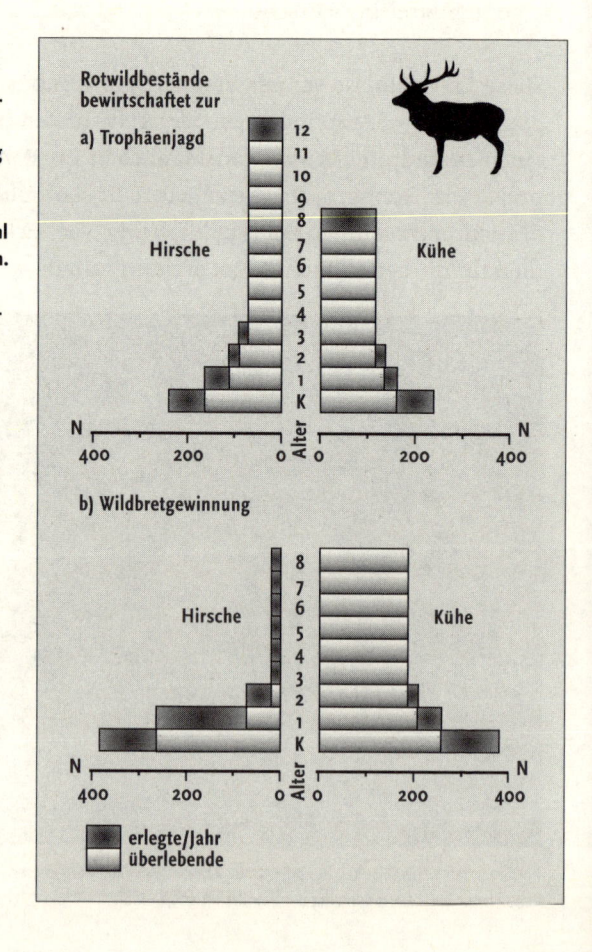

Mitchell und Youngson (1981) entwickelten hierzu zwei Modelle von je 2.000 Stück Rotwild (Abb. 50). Daraus ist zu ersehen:

▶ Im Falle (a) erreicht bei etwa ausgeglichenem Geschlechterverhältnis eine relativ große Zahl von Hirschen ein höheres Alter und damit ein starkes Geweih. Die Nachwuchsrate (K = Kälber) ist jedoch nicht hoch, da der Anteil weiblicher Tiere relativ gering ist.

▶ Nachwuchs und damit die Fleischproduktion – geerntet werden hierbei Tiere der unteren Altersklassen – lassen sich jedoch beträchtlich steigern, wenn der größte Teil der Hirsche schon in der Jugend erlegt wird (Fall b). Denn dadurch bleibt mehr Lebensraum für eine größere Zahl von Tieren. Diese bestimmen die Fortpflanzungsrate des Bestands, wozu nur eine sehr geringe Anzahl von Hirschen erforderlich ist. In diesem Beispiel kommen auf jeden über zweijährigen Hirsch etwa zehn Kühe!

▶ Beide Populationen sind gleich groß und langfristig stabil. Im Fall (a) können bei gleichen Eingriffen in beide Geschlechter nur 20%, d. h. 15% der fortpflanzungsfähigen Altersklassen, erlegt werden. – Erlegungsraten also, die sich mit Erfahrungswerten dieser und ähnlicher Schalenwildarten decken (z. B. Dasmann 1972).

▶ Im Fall (b) konzentriert man die Eingriffe auf die männlichen Tiere mit Erlegungsraten von 50% (60% der geschlechtsreifen Altersklassen) und schont die weiblichen (10% bzw. nur 5% der fortpflanzungsfähigen wurden erlegt). Die dadurch höhere Fortpflanzungsrate gestattet eine gegenüber (a) um 20% höhere Gesamtstrecke; bezogen auf die drei untersten Altersklassen beträgt die Steigerung fast 100%.

Dieses Beispiel einer extrem polygamen Tierart veranschaulicht zweierlei:

■ Bei Verlagerung der Jagd auf das Männchen-Kollektiv können höhere Eingriffe wettgemacht und insgesamt höhere Strecken erzielt werden, als bei geschlechtsunspezifischer Bejagung.

- Die Entnahme unproduktiver Männchen bewirkt außerdem eine Senkung der Populationsdichte und damit eine weitere Steigerung der (dichteabhängigen) Reproduktionsrate. Dies bedeutet eine höhere Kompensierbarkeit von Verlusten als in Populationen mit ausgeglichenem Geschlechterverhältnis.

Physiologische und ethologische Geschlechtsreife
Insbesondere in Nordamerika erfreut sich die Jagd auf Wildschafe großer Beliebtheit. Daher galt es, die Auswirkungen der Trophäenjagd zu ermitteln, um einer Gefährdung dieses faszinierenden Bergwildes vorzubeugen. Die jahrelangen Untersuchungen des deutschstämmigen Wildbiologen Valerius GEIST (1971) erbrachten auch interessante Erkenntnisse zur Fortpflanzungsbiologie.
Die *physiologische* Geschlechtsreife erreichen die Widder z. B. des Dallschafs (*Ovis dalli*) im Allgemeinen lange vor dem in freier Wildbahn frühest möglichen Beschlag. In überjagten Gebieten, also beim Fehlen alter Widder, beschlagen selbst zweieinhalbjährige Widder erfolgreich. Im Gehege wurde dies sogar von erst eineinhalbjährigen beobachtet. Der Fortpflanzungserfolg, soweit an Zahl und Kondition der Lämmer erkennbar, ist dabei nicht geringer als bei älteren Widdern. *Theoretisch* wäre bei beispielsweise nur 25 Widdern und 100 Schafen sogar ein Populationswachstum von 40 % möglich. Dabei könnte die Hälfte der allerdings noch jungen und daher schwachen Trophäenträger erlegt werden, ohne das Fortpflanzungspotenzial zu gefährden.
Natürlich fehlte es nicht an kritischen Stimmen. So vermuteten STRINGHAM und BUBENIK (1974) Unterschiede im Verhalten der jungen Widder, die sich vielleicht doch negativ auf den Fortpflanzungserfolg der Population auswirken könnten. Dies veranlasste SHAKLETON (1991), einen entsprechenden Ausschlussversuch am Großhornschaf (*Ovis c. canadensis*) durchzuführen. Auf einer von zwei Versuchsflächen in den kanadischen Rocky Mountains wurden extreme „Trophäenjagd" simuliert und alle älteren Widder entfernt, während die „Nullfläche" unbejagt blieb. Dabei zeigte sich, dass im stark bejagten Gebiet die jungen Widder nicht nur körper-

lich rascher heranwuchsen und früher geschlechtsreif wurden als auf der unbejagten Fläche, sondern auch viel früher, nämlich schon im Alter von zweieinhalb Jahren typische Verhaltensweisen reifer Widder entwickelten. Und zwar sowohl untereinander, als auch gegenüber fortpflanzungsbereiten Schafen, die ja nur nach entsprechenden Werberitualen kopulationsbereit sind. Auf der unbejagten Fläche wurden dagegen selbst Widder der Altersklasse 7,5 – 11,5 Jahre kaum einmal „erhört", nur die ältesten Widder waren dort erfolgreich.

Dementsprechend war auch der Fortpflanzungserfolg auf der bejagten Fläche nicht erkennbar beeinträchtigt. Er lag sogar deutlich höher als auf der Nullfläche (68 gegenüber 33 Lämmer pro jeweils 100 Schafe). Dies war wohl auch hier bedingt durch die geringere Dichte des Männchen-Kollektivs. Es gab auch keine Hinweise auf irgendwie veränderte Setzzeiten.

- Physiologische und ethologische Reife sind also weit mehr von populationsökologischen Faktoren bestimmt als vom absoluten Lebensalter.

Folgerungen und genetische Aspekte der Trophäenjagd

Diese Erkenntnisse widerlegen die weit verbreitete, aber eher emotional motivierte Befürchtung, „Trophäenjagd" bedeute eine Gefahr für das Überleben der Wildbestände (z. B. HAGEN 1982). Aus populationsdynamischer Sicht gibt es hierfür keinerlei Anhaltspunkte. Die Flexibilität im Fortpflanzungsverhalten widerspricht auch der am „grünen Tisch" unseres Naturschutzes entwickelten fixen Vorstellung hinsichtlich der Auslandsjagd, die Alterstruktur und Geschlechterverhältnis keineswegs beeinträchtigen dürfe.

Bei Bejagung beider Geschlechter wären optimale Nutzungsverhältnisse (OSY, S. 165) gegeben, wenn vom Kaffernbüffel (*Sincerus caffer*) 10%, von der mittelgroßen Topi-Antilope (*Damaliscus lunatus*) 20% und der kleinen Thompson-Gazelle (*Gazella thomsoni*) 40% des Bestands jährlich geerntet würden (DASMANN 1972, Empfehlung an die Welternährungsorganisation FAO). Würden nur männliche Tiere bejagt (wie bei der Trophäenjagd üblich), so wären aus o. g. Gründen noch höhere Nutzungsraten zu erzielen. Andererseits ist jedoch gerade für den Trophäenjäger nur ein bestimmtes Spektrum des Männchen-Kollektivs interessant, nämlich die älteren Tiere, zumindest solche mit ausgewachsenen („reifen") Hörnern bzw. Geweihen. Daher bleibt die Entnahme der typischen Trophäenjäger in aller Regel weit hinter den populationsökologisch möglichen Nutzungsraten zurück.

Gebiete mit zu geringem Vorkommen an älteren Trophäenträgern sind solange uninteressant, bis wieder genügend Exemplare dieser Kategorie nachgewachsen sind. Auf diese Weise reguliert sich der Jagddruck praktisch von selbst. Mehr hierüber sowie über positive Aspekte aus der Sicht des Artenschutzes erfahren wir auf S. 509 ff. Wie jedoch wirkt sich die Entnahme der begehrten reifen Böcke, Hirsche, Bullen oder Widder auf das Erbmaterial, den „Genpool" der Population aus? Wird dadurch nicht ihre „genetische Fitness" beeinträchtigt?

Wo immer es an konkretem Wissen mangelt – so auch auf diesem Gebiet – lässt sich trefflich spekulieren. So überrascht es nicht, die genannten *Termini* aus der Genetik immer wieder in Argumentationen gegen Trophäenjagd zu finden (z. B. HAGEN 1982) – an warnenden Hinweisen mangelt es dabei selbstverständlich nicht, sehr wohl aber am Bezug auf entsprechende Forschungsergebnisse, sofern es solche überhaupt geben sollte.

Demgegenüber gibt es eine Menge Beobachtungen und Erfahrungen von Experten im Wildlife Management bzw. der Wildhege, die solche Spekulationen über negative Begleiterscheinungen der Trophäenjagd widerlegen:

▶ Selbst Jahrzehnte während Entnahme starker Trophäenträger hat bislang nicht zu einer erkennbaren Veränderung phänotypischer Eigenheiten, etwa bezüglich Form und Größe von Gehörnen oder Geweihen, geführt. Die Geweihentwicklung des Rotwildes in den letzten Jahrzehnten lässt eher gegenteilige Schlüsse zu. Trotz „Trophäenjagd" wurden aus fast allen Rotwildgebieten immer wieder neue „Spitzenhirsche" und aus dem

Ostblock „Weltrekorde" gemeldet – wie immer man zu solcher Art von Wertschätzung auch stehen mag.

▶ Vor allem die Untersuchungen von Herzog Albrecht von BAYERN zeigten vielmehr, dass ganz andere Faktoren als die Bejagung den Phänotyp des Rehwildes bedingen, nämlich in erster Linie das Nahrungsangebot (v. BAYERN 1975, 1991): Während eines 20-jährigen Experiments künstlicher Zufütterung *ad libidum* – jedem Reh stand das ganze Jahr über genügend Nahrung zur Verfügung – stiegen Körpergewicht und bei den Böcken Geweihstärke beträchtlich, und zwar ohne Änderung der in diesem Gebiet (Steiermark, Österreich) üblichen Art der Rehwildbejagung.

Beim Rehwild hatten die verschiedensten Bejagungspraktiken des vorigen Jahrhunderts keine erkennbaren Auswirkungen auf die Geweihentwicklung.

Andererseits hatten – das sei in diesem Zusammenhang angemerkt – all die vielfältigen Bemühungen im Laufe des 20. Jahrhunderts zur „Aufartung" des Rehwildes allein durch die „Hege mit der Büchse" nichts gebracht. Ob nun regional und/oder temporär nur Sechserböcke, oder umgekehrt nur Spießer und Gabler erlegt wurden, ob man stark in das weibliche Kollektiv eingriff, oder dieses, wie z. B. in Bayern zu Anfang des Jahrhunderts, völlig schonte: Das Rehwild und dessen männlicher Kopfschmuck blieben immer unverändert.

Zur selben Erkenntnis gelangte auch PIELOWSKI (1988), nachdem er im 13.000 ha großen Untersuchungsgebiet seiner Forschungsstation Czempin in Westpolen 12 Jahre lang strikten „Wahlabschuss", d. h. konsequente Schonung von „Zukunftsböcken" angeordnet hatte. Auch dies hatte keinen Einfluss auf die „Trophäenqualität". Hierzu einige weitere Beobachtungen:

▶ Schon FREVERT (1957) vermutete auf Grund seiner Beobachtungen im ostpreußischen Rominten, das Rehwild sei „umweltlabil", d. h. hinsichtlich seiner Konstitution viel mehr abhängig von der Biotopqualität und damit auch vom Nahrungsangebot als das Rotwild. Möglicherweise werden bei diesem kurzlebigen r-Strategen auch „Zukunftsböcke" gar nicht alt genug, dass sich ihre Verschonung von der Jagd auswirken könnte.

▶ Ganz anders aber reagiert das langlebigere Rotwild (eher K-Stratege) auf die Art der Bejagung. Der Faktor Alter scheint von wesentlicher Bedeutung für die Geweihentwicklung zu sein, wie wiederum Herzog Albrecht von BAYERN auf Grund seiner Untersuchungen in La Garganta in Südspanien erkannte (KALCHREUTER 1999). In dem früher nur durch Treibjagden („Monterias") bejagten Gebiet waren die Geweihe der Hirsche ähnlich unscheinbar wie im schottischen Beispiel (Abb. 50 b). Das hat sich heute gravierend geändert, nachdem seit mehreren Jahren „gut veranlagte" Hirsche konsequent geschont wurden. Fast alljährlich stammen die zehn stärksten Hirschgeweihe Spaniens aus diesem Gebiet. Obwohl hier – im Gegensatz zum steirischen Rehwild-Versuchsrevier – *nicht* zugefüttert wurde. Ent-

scheidend war die Änderung der Bejagungsweise. Die Umstellung auf Trophäenjagd hatte also eher positive Auswirkungen auf den Phänotyp des Rotwilds.
- ▶ Zu ähnlichen Erkenntnissen kam auch GEIST (pers. Mitteilung) an den von ihm untersuchten nordamerikanischen Wildschafen. Früher hatte der *Fish and Wildlife Service* für die Bejagung der Widder als Mindestlänge der Hörner die Dreiviertel-Schnecke („*three quarter curl*") vorgeschrieben, die Erlegung jüngerer Widder war illegal und wurde entsprechend geahndet. Die Hörner der meisten damals gestreckten Widder hatten folglich nur dieses legale Maß, Vollschnecke (*full curl*) waren selten. Gegen den erheblichen Widerstand der Jäger, die um ihre Jagdmöglichkeiten fürchteten, konnte GEIST seine Vorstellungen schließlich durchsetzen: Nur noch ältere Widder mit Vollschnecke durften nun noch erlegt werden. Der Erfolg gab ihm recht: Schon nach kurzer Zeit kamen wieder so viele Widder zur Strecke wie früher, aber diese haben nun voll ausgereifte Gehörne, manche sogar mehr als die Vollschnecke.

Hinsichtlich der äußeren Erscheinung, des Phänotyps wie auch der Altersstruktur der Population kann sich die Trophäenjagd also eher positiv auswirken.

Trophäenjagd und „Fitness"
Doch wird nicht vielleicht der Genotyp in anderer Hinsicht, etwa der Fitness zum Überleben, negativ beeinträchtigt, wenn die Bejagung überwiegend auf Trophäenstärke abzielt? Bislang sind jedenfalls keine Beispiele bekannt geworden, die diese Hypothese stützen. Zumindest während des Zeitraums bewusster Trophäenjagd, nämlich über mehrere Jahrzehnte des 20. Jahrhunderts, war kein Einfluss auf die Fitness der betroffenen Tierarten erkennbar. Sehr wahrscheinlich sind die dafür verantwortlichen Gene gar nicht mit denen für Trophäenstärke gekoppelt. Argumente genetischer Art bezüglich dieser Jagd bewegen sich daher noch im Bereich der Spekulation.

■ Auf Grund des Interesses an nur wenigen älteren Tieren und folglich sehr geringen Erlegungsraten gilt die klassische Trophäenjagd heute allgemein als die pfleglichste Form der Wildnutzung.

Allerdings sind unter Umständen eventuelle negative Auswirkungen jagdbedingter Störungen zu beachten, insbesondere bei gesellig lebenden Wildarten in offener, deckungsarmer Landschaft. Diese scheinen empfindlicher auf den „Störfaktor Jagd" zu reagieren, auch wenn nur wenige Exemplare erbeutet werden. Die Seltenheit, bzw. das örtliche Verschwinden von Säbelantilope (*Oryx dammah*) oder Arabischer Oryx (*Oryx leucoryx*) in nordafrikanischen Wüstengebieten um die Mitte des 20. Jahrhunderts mögen dies verdeutlichen. Beunruhigung durch den Einsatz von Kraftfahrzeugen scheint dabei eine erhebliche Rolle gespielt zu haben (BEUDELS, pers. Mitteilung).

Quantitative Untersuchungen über eventuelle populationsdynamische Auswirkungen der Störungen, also höhere Mortalitäts- und/oder geringere Fortpflanzungsraten, wurden offensichtlich kaum durchgeführt. Ein Hinweis hinsichtlich der Saiga-Antilope (*Saiga tatarica*) findet sich in TEER (1991), wonach infolge von Störungen (durch Jagd?) nur 62% der Weibchen Zwillinge führten, während die entsprechende Rate ohne Störungen bei 81% lag.

Nach Beobachtungen von DEBLINGER und ALLDREDGE (1989) beeinflussen jagdbedingte Störungen vor allem während der Brunftzeit das Verhalten der in der amerikanischen Prärie lebenden Pronghorn-Antilopen (*Antilocapra americana*). Die zu dieser Zeit in einzelnen Territorien lebenden Tiere flüchten in ruhigere bzw. deckungsreichere Gebiete, wobei es zwangsläufig zu größeren Ansammlungen kommt. In diesen verlieren die dominanten (bislang territorialen) Böcke die Kontrolle über das Fortpflanzungsgeschehen, sodass auch jüngere Böcke zum Beschlag kommen können. Ob dies allerdings negative Auswirkungen auf die genetische „Fitness" der Population haben könnte, wie DEBLINGER und ALLDREDGE spekulieren, ist auch in diesem Fall unbewiesen.

Extrembeispiel Eisbären
Noch ausgeprägter sind die Unterschiede hinsichtlich nachhaltig möglicher Nutzung zwischen den Geschlechtern bei extrem K-selektierten Arten mit hoher Lebenserwartung und geringer Fortpflanzungsrate. Interessante Einblicke lieferten die in jüngster Zeit vor allem in Kanada am Eisbären (*Ursus maritimus*) durchgeführten Untersuchungen.

Anlass hierzu war der Rückgang der Population infolge unkontrollierter Bejagung unter Einsatz von Motorschlitten und vor allem von Flugzeugen durch (weiße) Trophäenjäger in den 1960er Jahren. 1968 wurden daher erstmals Quoten für die Bejagung von Eisbären festgelegt, an die sich auch die eingeborenen Inuits zu halten hatten, und seit 1972 war jegliche Benutzung von Flugzeugen für die Bärenjagd verboten.

Die Quotenregelung wurde laufend verfeinert, basierend auf umfassend erhobenen populationsdynamischen Daten (z. B. STIRLING *et al.* 1980) und entsprechenden Computer-Simulationen (TAYLOR *et al.* 1987, EBERHARD 1990, Zus.-f. in KALCHREUTER 1994). Diese ließen Folgendes erkennen:

▶ Infolge ihrer späten Geschlechtsreife im Alter von frühestens sechs Jahren und der Tatsache, dass sie danach im Schnitt nur alle 3,5 Jahre trächtig werden, ist die Fortpflanzungsrate der *Bärinnen* sehr gering. Das reproduktionsfähige Weibchen-Kollektiv wird jährlich nur um 1,0–1,6 % ergänzt und könnte folglich nur in diesem engen Bereich jagdlich genutzt werden. Die Nachwuchsrate der Gesamtpopulation und damit deren nachhaltig mögliche Nutzung hängt in erster Linie von der Überlebensrate der Bärinnen ab.

▶ Demgegenüber scheinen Eingriffe in das Männchen-Kollektiv von so geringer Bedeutung zu sein, dass sie in all den genannten Kalkulationen unbeachtet blieben. Infolge eines extrem polygamen Fortpflanzungsverhaltens, das STIRLING (1988) beschreibt, hätte eine ausschließliche Bejagung männlicher Bären erst negative Auswirkungen auf die Fortpflanzungsrate, wenn dieses Kollektiv so drastisch reduziert würde, dass nicht mehr alle reproduktionsfähigen Bärinnen begattet würden (was bislang wohl kaum realisiert wurde). Denn nachdem Bärinnen durch die lange Führungszeit höchstens alle drei bis vier Jahre wieder fortpflanzungsbereit werden, kommen bei ausgeglichenem Geschlechtsverhältnis auf eine paarungsbereite Bärin mindestens drei männliche Bären. STIRLING (1988) schildert Beobachtungen, wonach eine Eisbärin von fünf bis sechs Männchen verfolgt wurde, die sich mitunter heftige Kämpfe lieferten. Deren Spuren sind an Kopf und Hals fast aller ausgewachsenen Männchen zu erkennen.

▶ Es wurde ferner an Eisbären auch beobachtet, wie führende Bärinnen oder auch halbwüchsige männliche Bären von starken Männchen geschlagen und gefressen wurden; somit könnte sich eine gewisse Dichteabhängigkeit der Sterblichkeit bei den betroffenen Kollektiven abzeichnen – Kannibalismus als Dichteregulativ?

Die Einnahmen aus Trophäenjagd veränderten das Jagdverhalten der Inuits gegenüber dem Eisbären.

Auf Grund dieser Erkenntnisse sind die zuständigen Wildschutzbehörden bemüht, die Jagdintensität möglichst auf männliche Bären zu lenken.

Das Problem ist jedoch die schwierige Unterscheidbarkeit der Geschlechter. Anders als etwa beim Schalenwild, bei dem Hörner oder Geweihe bei fast allen Arten untrügliche Geschlechtskriterien darstellen, sind solche bei Bären weit weniger ausgeprägt. Anhaltspunkte liefern nur Größe, Körperkonturen und Verhalten. Durch instruktive Merkblätter versuchen die Behörden die eingeborenen Jäger zu schulen (nur diese dürfen Eisbären jagen, Fremde bedürfen deren Führung). Dennoch bleiben erhebliche Unsicherheiten, bedingt durch oft ungünstige Sichtverhältnisse und die Tatsache, dass sich halbwüchsige Männchen in der Größe nicht von Weibchen unterscheiden.

Eine wesentliche Verbesserung brachte die Beschränkung der Jagd auf das Frühjahr. Denn die trächtigen Bärinnen verziehen sich im Spätherbst in Schneehöhlen, werfen dort im Dezember und erscheinen erst im späten Frühjahr wieder – dann aber gefolgt von Jungen und sind somit absolut sicher zu erkennen. Durch diese zeitliche Verschiebung der Jagd sind also sowohl die führenden, als auch die im Herbst trächtigen Bärinnen und damit der größte Teil der Weibchen vor der Bejagung sicher.

STIRLING (1988) verglich durch Computer-Simulationen die populationsdynamischen Auswirkungen beider jagdlicher Regelungen bei Erlegungsraten von jeweils 5 % der Population (Abb. 51):

- Kurve A beschreibt die Bestandsentwicklung bei einer Bejagung im Herbst und Frühjahr unter gleichmäßiger Erlegungswahrscheinlichkeit aller nicht führenden Bären (also auch trächtiger Bärinnen).
- Kurve B veranschaulicht die Auswirkungen der ausschließlichen Frühjahrsbejagung. Nun sind höchstens 10 % der Bärinnen (die z. B. ihre Jungen verloren haben, oder mit der Fortpflanzung aussetzten) nicht sicher als solche zu erkennen und von der Bejagung betroffen. Dadurch reduziert sich der Eingriff in die Weibchen-Kohorte insgesamt jedoch auf kaum mehr als ein Prozent.

Abb. 51: Simulation der Populationsentwicklung der Eisbären bei Erlegungsraten von jeweils fünf Prozent, jedoch zu unterschiedlichen Jagdzeiten (Erläuterung im Text; nach Stirling 1988): A – Bejagung im Herbst und Frühjahr, B – Bejagung nur im Frühjahr

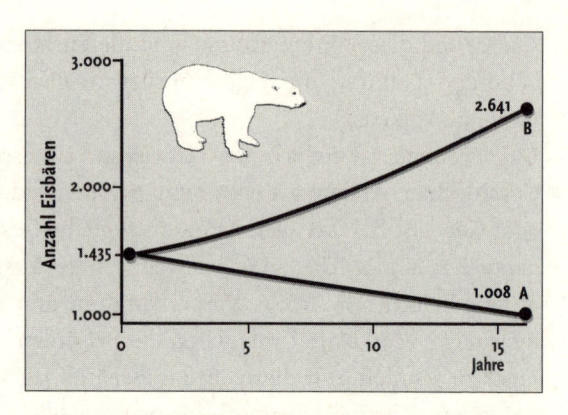

Die Unterschiede in der Bestandsentwicklung in einem Zeitraum von nur 15 Jahren sind beträchtlich. Sie bestätigten das Risiko für die Eisbärenpopulationen bei den früheren geschlechtsunspezifischen Erlegungsquoten von fünf Prozent. Inzwischen ließen sich diese Erkenntnisse in vielen Teilen der kanadischen Arktis in der Praxis realisieren. Mit der Folge, dass nun von der geschätzten Gesamtpopulation von etwa 15.000 Eisbären jährlich 700, also wiederum etwa fünf Prozent erbeutet werden – nun jedoch ohne negative Auswirkungen, da es sich weit überwiegend um männliche Tiere handelt. Da ausgewachsene Männchen etwa um ein Drittel größer werden als die Weibchen, sind Trophäenjäger ohnehin mehr an diesen interessiert. Somit kommt die neue jagdliche Regelung sowohl den Bären, als auch ihren Nutzern zugute.

Bei den körperlich kleineren Arten, wie Grizzly (*Ursus arctos*) und Schwarzbär (*Ursus americanus*) liegen die nachhaltig realisierbaren Nutzungsraten erwartungsgemäß höher, wie die entsprechenden Kalkulationen von MILLER (Zus.-f. in KALCHREUTER 1994) zeigten. Auf Grund des höheren Fortpflanzungspotenzials könnten in Alaska jährlich nachhaltig bis zu 20% der Schwarzbären erlegt werden.

Extrembeispiel Elefanten

Die geschilderten Beispiele sehr verschiedener Arten mit mehr oder weniger polygamem Paarungsverhalten – Säugetieren wie Vögeln – ließen die geringe Bedeutung des Männchen-Anteils für den Fortpflanzungserfolg der Population erkennen. Betrachten wir abschließend diesen Aspekt auch bei unseren größten Landsäugetieren, den Elefanten. Zumal diese mehr als alle anderen Arten Gegenstand kontroverser und leidenschaftlicher Diskussionen während der jüngsten CITES-Konferenzen wurden – einerseits durch die Wertschätzung ihres Elfenbeins als kostbares Handelsobjekt bedingt, andererseits wegen ihres Charismas als urtümliche Lebewesen.

Die Größe dieser Tiere erlaubt zumindest in übersichtlichen Lebensräumen der Steppen und lichten subtropischen Wälder recht genaue Langzeitstudien zur Bestandsdynamik. So konnte z. B. SUKUMAR (1989) beim Asiatischen Elefanten (*Elephas maximus*) die Alters- und Geschlechterverteilung in einem indischen Untersuchungsgebiet ermitteln.

Deutlich zeigte sich ein viel geringerer Männchenanteil in allen Altersklassen nach dem fünften Lebensjahr. Er ist vor allem bedingt durch menschliche Eingriffe, nämlich durch Elfenbein-Wilderei, da bei dieser Art nur die Bullen Stoßzähne tragen.

Infolge dieser weltweiten Aktivitäten dürfte es – auch beim Afrikanischen Elefanten (*Loxodonta africana*) – nur sehr wenige nicht vom Menschen beeinflusste Populationen geben, sodass geschlechtsspezifische *natürliche* Mortalitätsverhältnisse schwierig zu ermitteln sind. SUKUMAR konnte allerdings in der Altersklasse 0–5 Jahre, die sicher noch nicht geschlechtsspezifisch von Menschen beeinflusst wird, bereits eine fast doppelt so hohe (natürliche) Sterblichkeit bei Männchen gegenüber Weibchen feststellen. Während die Kälber etwa im Geschlechterverhältnis 1:1 gesetzt werden, scheint sich dieses also schon recht früh zu Gunsten der Weibchen zu verschieben, was sich mit Beobachtungen bei den meisten Säugetierarten deckt.

Nach dem zehnten Lebensjahr wurden die Unterschiede in den Sterberaten noch deutlicher. Zwei bis drei Prozent der Elefantenkühe gingen jährlich ein, bei den Bullen verschwand aus den genannten Gründen die fünffache Zahl (15%). Das führte bei über zehnjährigen Elefanten zu Geschlechterverhältnissen von 1:10 bis fast 1:20 zu Gunsten der Kühe. – In welchem Bereich dürfte wohl das natürliche, also nicht durch Wilderei beeinflusste Geschlechterverhältnis liegen?

Gewisse Anhaltspunkte hierfür könnten Beobachtungen an einer anderen elfenbeintragenden Art liefern, dem Walross (*Odobenus rosmarus*). Nach den Erhebungen von FAY et al. (1990) in der Beringsee Alaskas kam in dem Kollektiv der adulten Tiere ein Bulle auf zehn Kühe. Nach meinen eigenen Beobachtungen bejagen die Inuits ihre dortige Hauptwildart nicht selektiv, da ja auch die Kühe das begehrte Elfenbein liefern, das natürliche Geschlechterverhältnis dürfte dadurch also kaum beeinträchtigt werden. Trotz dieses geringen Bullenanteils nahm diese Walrosspopulation kontinuierlich zu.

Wo liegen die Grenzen der Kompensierbarkeit von Männchenverlusten bei Elefanten? Ab welchem Geschlechterverhältnis sinkt die Nachwuchsrate, weil nicht mehr alle fortpflanzungsbereiten Kühe gedeckt werden können? Eine sehr aktuelle Frage auch im Hinblick auf den Trophäenjäger, der ja vor allem an älteren Bullen interessiert ist.

Auch beim Elefanten können einzelne ältere Bullen ohne Auswirkungen auf das Fortpflanzungspotenzial der Herde erlegt werden.

Antworten lieferte SUKUMAR (1989) durch seine Computer-Simulationen mittels populationsdynamischer Parameter wie Fortpflanzungreife, Trächtigkeitsrate, Zeitpunkt der Menopause (= Ende der Fruchtbarkeit) der Kühe und Dauer der jährlichen Fortpflanzungsperiode. Letztere zieht sich ja in tropischen und subtropischen Gebieten meist über mehrere Monate hin, sodass hier zur Deckung aller fortpflanzungsbereiten Weibchen weniger Männchen erforderlich sind, als bei Arten nördlicher Breiten mit einer nur kurzen Brunftzeit.

Wie entwickeln sich die Bestandstrends bei unterschiedlichen Sterberaten von Bullen und Kühen? Die Simulationen ließen Folgendes erkennen:

- Selbst bei hoher Männchen-Mortalität bleibt der Trend des Weibchen-Kollektivs sowie des Gesamtbestands positiv, solange die Kühe gut überleben.
- Mit steigender Sterblichkeit der Kühe sinkt dagegen die Population ab, und zwar unabhängig von der Sterblichkeit der Bullen. Die simulierte Population blieb – bei niedriger Weibchensterblichkeit – selbst dann noch konstant, wenn nur noch ein adulter Bulle für 29 adulte Kühe verantwortlich war, und dadurch deren Trächtigkeitsrate von (optimal) durchschnittlich einem Kalb in 4,7 Jahren auf 7,7 Jahre pro Kalb absank. Damit sind die genannten Grenzen der Kompensierbarkeit erkennbar.

SUKUMAR überprüfte seine Ergebnisse durch Vergleiche mit den Verhältnissen in verschiedenen Elefantenpopulationen. Deren Bestandstrends waren zwar unterschiedlich, aber jeweils unabhängig vom Geschlechterverhältnis, das von fast 1:1 (im Krüger Nationalpark) bis 1:25 (Nilgiri Region, Indien) reichte. Wenngleich selbst in letzterem Fall keine negativen Auswirkungen auf den Bestandstrend zu erkennen waren, weist SUKUMAR auf mögliche längerfristig wirksame genetische Defekte in Form von Inzuchterscheinungen hin, insbesondere im Falle von isolierten Inselpopulationen.

Im Hinblick auf die Bemühungen zur Erhaltung des größten Landsäugetiers lassen die Untersuchungen zweierlei erkennen:

- Es zeigte sich, welcher Gefahr der Afrikanische Elefant dadurch ausgesetzt ist, dass auch die Kühe (kleinere) Stoßzähne tragen und folglich ebenfalls Objekt der Elfenbeinwilderei sind.
- Andererseits ist eine kontrollierte Nutzung der Bullen, entweder im Hinblick auf handelsrelevantes Elfenbein (das allerdings den Beschränkungen des CITES-Abkommens unterliegt) oder über Trophäenjagd durchaus gerechtfertigt. Insbesondere, wenn sich dadurch Mittel zur Bekämpfung der Wilderei und zur Erhaltung der Lebensräume erwirtschaften lassen.

Ein sehr aktuelles Thema, mit dem wir uns auf S. 509 ff. näher befassen wollen.

Balzjagd – Geschlechtsspezifische Bejagung polygamer Vögel
Kompensation des jagdlichen Eingriffs über polygames Fortpflanzungsverhalten wird bei Säugetieren bzw. Haarwild heute kaum mehr bestritten. Die Erkenntnisse kommen selbst in pauschalen Anweisungen zur Schalenwildreduktion zum Ausdruck, nämlich in der Forderung, nicht Böcke und Hirsche, sondern weibliches Wild zu erlegen.

Im Falle befiederter Tiere wird dieselbe Frage dagegen sehr kontrovers diskutiert. BERNDT und WINKEL (1976) wandten sich gegen jegliche (jagdbedingte) Veränderung des Geschlechterverhältnisses bei der Waldschnepfe, mit dem Hinweis auf dessen „evolutionäre Entstehung".

Ähnlich spekulativ klingt die gegenteilige Vermutung von LEOPOLD (1961), der im konstanten Erpelüberhang einen wesentlichen Faktor für den Bestandsrückgang nordamerikanischer Entenvögel in den 1930er Jahren sah, und somit – umgekehrt – Eingriffe in das Geschlechterverhältnis zu Gunsten der Weibchen als Management-Maßnahme suggerierte.

Zwar zitierte LEOPOLD Erfahrungswerte von Säugetieren und Vögeln, wonach eine Reduktion des Männchen-Anteils keine negativen Auswirkungen auf die Populationsentwicklung zeigte: Geschlechterverhältnisse von 1:4 beim Weißwedelwild (*Odocoileus virginianus*) und von 1:5 beim ebenfalls polygamen Fasan (*Phasianus colchicus*) hatten keine Beeinträchtigung der Reproduktionsraten zur Folge.

Doch wurden genauere Untersuchungen über die Auswirkungen der Männchen-Bejagung durch so genannte Ausschlussversuche (*removal experiments*) erst in jüngster Zeit an verschiedenen Vogelgruppen durchgeführt (ausführliche Darstellung in KALCHREUTER 1994).

Raufußhühner

Obwohl die Balzjagd auf Auerhahn (*Tetrao urogallus*), Birkhahn (*Tetrao tetrix*) und Haselhahn (*Bonasa bonasia*) in mehreren europäischen Ländern eine uralte Tradition hat, stammen fundierte Erkenntnisse über deren Auswirkungen überwiegend von amerikanischen, wenngleich nahe verwandten Arten.

Anlass für diese Untersuchungen war übrigens die Erfahrung, dass von den Hähnen bei der in Amerika üblichen Herbstjagd weniger als zehn Prozent zur Strecke kamen und dieses Kollektiv folglich noch stärker jagdlich genutzt werden könnte. Da eine selektive Bejagung der Hähne vor allem im Frühjahr während der Balzzeit möglich ist, wurden entsprechende Ausschlussversuche zu dieser Jahreszeit durchgeführt.

Die diesbezühlichen Erkenntnisse an dem unserem Haselhuhn sehr ähnlichen Kragenhuhn (*Bonasa umbellus*) durch FISCHER und KEITH (1974), am Blauhuhn (*Dendragapus obscurus*) durch ZWICKEL (1972) und BENDELL et al. (1972) und am Alpenschneehuhn (*Lagopus mutus*) durch MCGOWAN (1975) lassen sich folgendermaßen zusammenfassen:

▶ Mindestens die Hälfte der balzenden Hähne konnte erlegt werden, ohne dass sich deren Zahl gegenüber den nicht bejagten Kontrollflächen erkennbar veränderte. Sie werden ersetzt aus einer „Reservepopulation" (*standby population*) noch nicht balzender, meist einjähriger Hähne, die unauffällig leben und normalerweise einer hohen Mortalität unterliegen, vor allem im Frühjahr.

- Diese Männchen-Reserve fand sich unabhängig von der Populationsdichte, und sowohl bei zunehmenden, als auch bei abnehmenden Bestandstrends.
- Bei Schneehühnern führte die Reduktion der älteren Hähne zu höheren Brutdichten, da jüngere Vögel weniger aggressiv sind und kleinere Territorien beanspruchten. Selbst beträchtliche experimentelle Entnahmen von 40 % bewirkten keine Abweichungen vom jeweiligen Bestandstrend.
- Untersuchungen der Gonaden von älteren und nachgerückten jüngeren Hähnen ergaben keine Hinweise auf eine geringere Fortpflanzungsfähigkeit Letzterer. Dies bestätigten auch die Bestandstrends in einigen Langzeit-Untersuchungen.
- In keinem Fall hatte die Erlegung der Hähne erkennbare Auswirkungen auf den Fortpflanzungserfolg der entsprechenden Brutsaison. Der Produktivitätsindex (Anteil erfolgreicher Bruten) war auf den Versuchs- und Kontrollflächen ähnlich.

Noch mehr quantitative Daten zur Frage der Reservepopulation lieferten die Ausschlussversuche von RIPPIN und BOAG (1974 a, b) am Spitzschwanzhuhn (*Pedioecetes phasianellus*). Im Gegensatz zu den vorgenannten Arten mit ausgeprägtem individuellem Territorialverhalten balzt dieses nearktische Waldhuhn gesellig auf bestimmten Balzplätzen ähnlich wie die paläarktischen Arten Auerhuhn und Birkhuhn. Die Untersuchungen auf 22 solcher Balzplätze auf einer 33 km^2 großen Fläche in Alberta (Kanada) ließen an einer großen Zahl individuell markierter Vögel erkennen:

- Auf sieben (unbejagten) Kontrollflächen blieb die Zahl der Hähne während der ganzen Balzzeit ziemlich konstant. Auf den beiden Experimentierflächen balzten jeweils 13 Hähne; dennoch wurden an jedem 21 erlegt, und am Ende des Versuchs balzten immer noch vier bzw. fünf Hähne. Es mussten also 12 bzw. 13 Vögel nachgerückt sein.

Die nachrückenden Hähne waren durchweg unberingte und bislang unbekannte Jährlinge. Sie stammten nicht von benachbarten Balzplätzen, denn deren Hahnenzahlen blieben ja konstant, und

Dank gründlicher Untersuchungen an nordamerikanschen Waldhühnern wissen wir, warum durch ein Ende der Balzjagd auf Auerhahn (im Bild) und Birkhahn deren Rückgang nicht aufzuhalten war.

die meisten waren beringt. Es handelte sich vielmehr um „*standby*"-Hähne, die erst nach Schaffung freier Nischen auftauchen konnten. Auf beiden Experimentierflächen entsprach die Zahl der nachgerückten derjenigen der ursprünglich anwesenden Hähne. Interessanterweise erschienen die „Reservisten" auf beiden Balzflächen erst, nachdem über die Hälfte der etablierten Hähne entfernt war. Aus diesen Beobachtungen schlossen RIPPIN und BOAG:

- Die Zahl der balzenden und somit bekannten Hähne entsprach nur etwa der Hälfte des gesamten Männchen-Kollektivs in dieser Population des Spitzschwanzhuhns.

Damit sind Bestandsschätzungen, die nur auf der Zahl balzender Hähne basieren, illusorisch. Bei Unterstellung eines ausgeglichenen Geschlechterverhältnisses wäre dabei nämlich eine viermal höhere Gesamtpopulation anzunehmen.

Ähnliche Beobachtungen machte ROBEL (1969) am Birkwild in Schottland. Auch er vermutete, dass sich die Reservehähne jeweils im Bereich des jeweiligen Balzplatzes aufhalten. Im April balzten nur 40%, Mitte Mai nur noch 30% der Birkhähne der von ihm untersuchten Population. Der größere Teil des Hahnen-Kollektivs blieb stumm und wäre ohne Telemetrie unerkannt geblieben. Auch beim viel größeren Auerhuhn leben solche noch nicht balzenden Vögel unauffällig und sind nur in lichteren Waldbeständen zu entdecken (KALCHREUTER, unveröffentlichte Beobachtungen aus Schottland).
Bleibt noch die Frage der Fortpflanzungsfähigkeit solcher *standby*-Hähne. Können sie auch in dieser Hinsicht die Funktion der eliminierten Territorienbesitzer erfüllen?
LEWIS und ZWICKEL (1980) gingen in ihrer Langzeitstudie am Blauhuhn auf Vancouver Island auch dieser Frage nach, indem sie die Gonaden von territorialen und Ersatzhähnen untersuchten. Die Hoden Letzterer waren deutlich kleiner als die der bisherigen Balzplatz-Inhaber, doch enthielten alle bereits reife Spermien. Die Hodengröße scheint dann mit der neuen Stellung im hierarchischen System rasch zuzunehmen.

- Es scheint bislang keine Hinweise zu geben, dass die Reservehähne nicht auch in fortpflanzungsbiologischer Hinsicht die Rolle ihres Vorgängers übernehmen.

Kontrovers diskutiert wird vor allem in Europa noch die Frage, ob bei größeren Arten wie Auerhahn oder Großtrappe (*Otis tarda*) mit deutlicher ausgeprägten Altersmerkmalen die Hennen nicht ältere Hähne bevorzugen. In der relevanten Literatur über den in dieser Hinsicht vergleichbaren Wildtruthahn (*Meleagris gallopavo*) finden sich hierüber keine Beobachtungen. Vielmehr ließen jagdökologische Untersuchungen an diesem Großvogel auf ganz ähnliche kompensatorische Mechanismen schließen.
WEAVER und MOSBY (1979) fassten die Ergebnisse ihrer Experimente zur nachhaltig möglichen Nutzung dieser in Nordamerika

hoch geschätzten Flugwildart zusammen. Bei geschlechtsunspezifischer Bejagung (im Herbst) können demnach durchschnittlich 25% der Population geerntet werden. Die Managementmaßnahmen zielen jedoch auf eine starke Bejagung der ebenfalls polygamen Hähne ab. Selbst langfristig könnten 40% der adulten (zweijährigen und älteren) Hähne ohne negative Auswirkungen auf die Populationsentwicklung entnommen werden. Konzentrierte sich diese Entnahme auf eine Periode nach der Begattungszeit, so könnten ebenso problemlos *alle* adulten Hähne erlegt werden. – Eine Erlegungsrate, die jedoch selbst in *„public hunting grounds"*, also bei sehr hohem Jagddruck, nicht entfernt erreicht wurde.

Die Erkenntnisse aus den Untersuchungen führten jedenfalls dazu, Jagdzeiten für Hähne im Frühjahr und Herbst zu etablieren, um die Reservepopulation besser zu nutzen. Umgekehrt hatten jagdliche Beschränkungen in Gebieten rückläufiger Truthuhnbestände keine erkennbaren positiven Auswirkungen. – Wiederum ein Hinweis auf die Existenz von Männchen-Reserven unabhängig von der Populationsdichte.

- Auf Grund dieses heutigen Wissens verstehen wir auch besser, warum sich der Rückgang unserer Auer- und Birkwildbestände im 20. Jahrhundert durch Einstellung der kontrollierten Balzjagd nicht aufhalten ließ.

Untersuchungen an der Waldschnepfe

So pragmatisch die Frage der Balzjagd in Amerika untersucht wurde, so emotionsbefrachtet sind diesbezügliche Diskussionen vor allem im deutschsprachigen Raum. Mehr noch als Auer- und Birkwild war die Waldschnepfe jahrelang Objekt kontroverser Auseinandersetzungen zwischen Jägern und nicht jagenden Naturfreunden. Umso merkwürdiger die Tatsache, dass die Frage der Auswirkungen der Schnepfenbejagung im Frühjahr damals nie gründlich untersucht wurde. Stattdessen wurden nur „Beweisführungen" zur Beeinflussung der jagdlichen Gesetzgebung erstellt (z. B. NEMETSCHEK u. FESTETICS 1977, BERNDT u. WINKEL 1976, 1977) mit dem

schon anfangs feststehenden Ziel, das Verbot der Balzjagd zu erwirken. Mangels konkreter Untersuchungen bewegten sich diese Arbeiten überwiegend im Bereich der Spekulation. Einige dieser Thesen wurden sogar von den Bearbeitern des Handbuches der Vögel Mitteleuropas (GLUTZ et al. 1977), des Standardwerkes deutscher Ornithologie übernommen. So liest man dort auf S. 140:
„Grundsätzlich ist das natürliche Geschlechterverhältnis als das für die Fortpflanzung und den Fortbestand der Art optimale anzusehen, sodass jede künstliche Veränderung (sogar bei nicht monogamen Arten!) *eine Verschlechterung der Überlebenschancen bedeuten muss."*
Um Zweifel an dieser nicht belegten Auffassung erst gar nicht aufkommen zu lassen, werden eventuellen Kritikern schon vorweg (S. 139) „alle evolutionsbiologischen und populationsökologischen Kenntnisse" abgesprochen ... – Soviel nur, um das damalige Niveau der Auseinandersetzungen aufzuzeigen. Dabei hätten doch die (seinerzeit schon publizierten!) diesbezüglichen Forschungsergebnisse an Raufußhühnern nachdenklich machen müssen.
Konsequenzen zog man dagegen auf internationaler Ebene. Die 1974 im Internationalen Büro für Wasservogelforschung (IWRB, seit 1995 genannt *Wetlands International*, WI) etablierte Forschungsgruppe Schnepfenvögel ging diese Fragen ebenfalls mit der hierfür geeignetsten Methode der Ausschlussversuche an. Die Arbeiten sind allerdings bei dieser ziehenden Flugwildart komplizierter als bei den standorttreuen Hühnervögeln. Zudem streicht der balzende Schnepfenhahn allabendlich über größere Flächen, sodass auch die Zahl der Hähne eines Untersuchungsgebiets durch Zählungen nicht genau zu ermitteln ist (KALCHREUTER 1979). Immerhin ließen sich durch die Untersuchungen von BERLICH und KALCHREUTER (1983) in Deutschland, Graf MERAN (1980–1999) in Österreich, von MARCSTRÖM (1974, 1980, 1988, 1994) in Schweden und von FOKIN und BLOKHIN (2000) in Russland einige seit Jahrzehnten offene Fragen beantworten. Die Auswertungen von insgesamt wohl über 800 während des Strichs im Frühjahr und Sommer erlegten Waldschnepfen vermittelten folgendes Bild:

- im Allgemeinen beteiligen sich nur Schnepfenhähne an den abendlichen Balzflügen. Da sich die Geschlechter der Waldschnepfe an Größe und Gefieder kaum unterscheiden lassen, bietet nur die Balzjagd die Möglichkeit zu geschlechtsspezifischer Bejagung.
- Zur Zeit des Zuges, meist im März, in Hochlagen bis Mitte April, fliegen abends gelegentlich auch Weibchen (maximal 16% in Studie II von BERLICH und KALCHREUTER 1983). Dagegen scheinen sich diese während der Brutzeit, also von Mai bis Juli, nicht mehr an den abendlichen Flügen zu beteiligen. 99% der

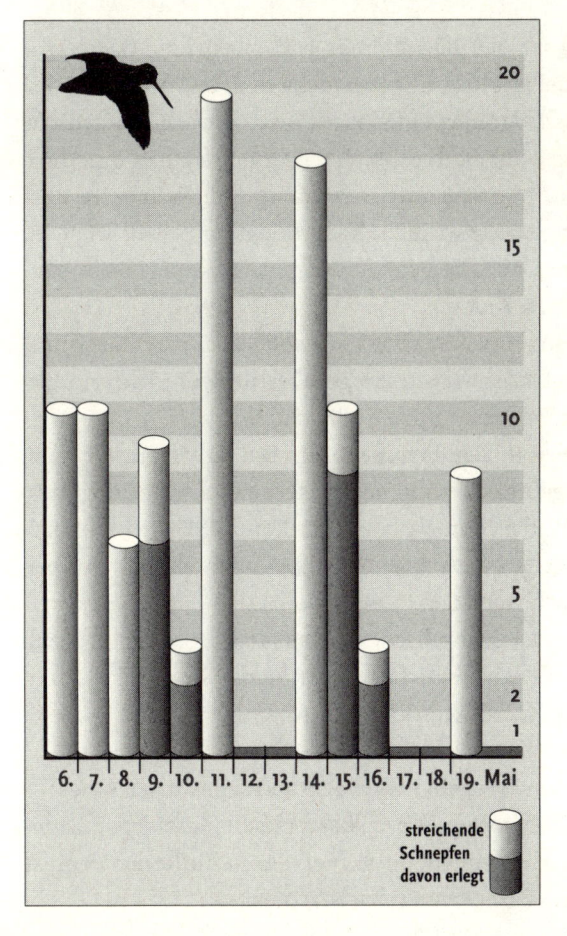

Abb. 52: Zahl der auf einem schwedischen Balzareal streichenden (Säulen) und davon erlegten (dunkle Abschnitte) Waldschnepfen. Am 12./13. und 17./18. Mai wurde nicht beobachtet (nach Daten von MARCSTRÖM 1974).

in den schwedischen Untersuchungsgebieten erlegten Schnepfen – insgesamt etwa 500 Vögel – waren Hähne (MARCSTRÖM 1974, 1994).
- Typisch balzende Vögel, also solche, die *sowohl* „puitzen" *als auch* „quorren", sind stets Hähne. Diese streichen aber oft auch stumm oder nur „puitzend". Hennen äußern allenfalls dem „Puitzen" ähnliche Laute.
- „Paarflüge" sind im Allgemeinen Verfolgungsflüge zweier (oder mehrerer) Männchen. Nur sehr selten gelten diese Flüge einem Weibchen.

Zur Klärung dieser viel diskutierten Frage begann MARCSTRÖM (1974) seine gezielten Ausschlussversuche in Schweden. Zunächst schätzte er die Zahl der über einer 225 × 90 m großen Kulturfläche streichenden Vögel auf zehn (Abb. 52). Davon erlegte er innerhalb von zwei Tagen acht, worauf am nächsten Tag 19 (!) Schnepfen über dem Balzareal registriert wurden. Nach Erlegung von elf weiteren zeigte sich gegen Ende dieses ersten Versuchs immer noch etwa dieselbe Zahl wie zu Anfang.

Diese Beobachtungen veranlassten zu weiteren Ausschlussversuchen – insgesamt 17 –, wovon einige über mehrere Jahre fortgeführt wurden (MARCSTRÖM 1980, 1988, 1994).

Die Ergebnisse waren ziemlich identisch: Die Balzintensität (Zahl beobachteter Vögel) blieb während der sechswöchigen Erlegungsphasen wie auch über den (unbejagten) Kontrollflächen ziemlich konstant. Erhebliche kurzfristige Schwankungen wurden auf beiden Kategorien beobachtet.

Die Erkenntnisse der schwedischen Untersuchungen deckten sich weitgehend mit denen ähnlicher Experimente in Finnland und Deutschland (Zus.-f. in KALCHREUTER 1994).

- Wie bei den Hühnervögeln ließen also auch alle an der Waldschnepfe durchgeführten Ausschlussversuche Reservepopulationen von Hähnen erkennen, die sich erst nach Entfernen der bislang balzenden Hähne bemerkbar machten.

In vielen mittel- und osteuropäischen Ländern hat die Balzjagd auf die Waldschnepfe eine uralte Tradition.

Balzende Waldschnepfe

Die daraus resultierende Frage nach der Anzahl der *standby*-Hähne war mit dieser Methodik nicht zu beantworten; denn trotz Bemühens in einigen Fällen war es nie gelungen, ein Untersuchungsgebiet während der etwa dreimonatigen Balzperiode „leerzuschießen".

Unbekannt blieb auch, aus welchem Einzugsgebiet die Vögel nachrückten. Kamen sie von weiter her, oder lebten sie – eben unbemerkt – im Untersuchungsgebiet?

Besser zu durchschauen sind diese Verhältnisse bei der nahe verwandten Amerikanischen Waldschnepfe (*Scolopax minor*). Denn im Gegensatz zu unserer europäischen Art führen ihre Hähne keine horizontalen, sondern vertikale Singflüge über ziemlich eng umgrenzten Balzarealen aus. Die Frage nach dem Gesamtbestand, bzw. nach dem Anteil eventuell nicht balzender und somit unbemerkter Hähne führte auch dort zu Ausschlussversuchen über die Erlegung balzender Hähne. Nach WHITCOMB und BOURGEOIS (1974) fand sich in 15 von 18 Fällen bereits am nächsten Abend wieder ein balzendes Männchen auf dem Singplatz des erlegten. Durch Fänge erkannten sie, dass im Schnitt in Wirklichkeit 2,85 adulte Hähne am Singplatz lebten, obwohl nur einer balzte, und zwar ziemlich unabhängig von der Populationsdichte und einigermaßen konstant von Jahr zu Jahr. OWEN (in SANDERSON 1977) vermutete ebenfalls dreimal so viele unbemerkte Männchen wie territoriale in der Population. – Damit deckte sich das Verhalten der Schnepfenhähne weitgehend mit demjenigen, das wir ja schon von Hühnervögeln kennen.

Telemetrische Untersuchungen

Weitere Einblicke in Balzverhalten bzw. Populationsstruktur unserer Waldschnepfe waren nur über die Telemetrie zu gewinnen. In großzügiger Weise stellte die englische *Game Conservancy* ihren Mitarbeiter Graham HIRONS mit finanzieller Unterstützung durch den CIC fünf Jahre lang für ein entsprechendes Projekt zur Verfügung. Mit einer neu entwickelten Methodik (HIRONS 1979, 1983) gelang es diesem in England, sowie FERRAND (1983) in Frankreich, diese schwer zu fangende Art in größerer Zahl mit Sendern auszustatten. Nun war es möglich, mehrere Hähne – und einige Hennen – im englischen *Whitwell Wood* und im französischen *Forêt de Compiegne* mehrere Jahre lang die ganze Balzperiode über zu beobachten. Dabei zeigte sich übereinstimmend Folgendes:

▶ Entgegen früherer Auffassung (z. B. TESTER u. WATSON 1973) verteidigen die Hähne bei dieser Art keine individuellen Territorien, auch wenn es immer wieder zu aggressiven Auseinandersetzungen während des Strichs kommt. Vielmehr können mehrere Männchen über dasselbe Gebiet streichen, die Balzareale überlappen sich.

- Die pro Abend bzw. pro Balzflug überflogenen Flächen können beträchtlich sein (bis über 400 ha). Gelegentlich wurden an einem Abend mehrere Balzareale besucht, die im Extremfall sieben Kilometer voneinander entfernt waren (FERRAND 1983).
- Große individuelle Unterschiede zeigten sich in der Balzintensität. Einige Hähne erschienen mehrfach pro Abend über derselben Fläche, andere nur einmal, manche gar nicht.
- Dennoch pausierten auch die am intensivsten balzenden Hähne plötzlich mehrere Abende hintereinander. HIRONS ortete sie dann in der Regel am Waldboden in Gesellschaft einer Henne. Nach seinen Beobachtungen bleibt der Hahn nach der Kopulation bis zum Beginn der Eiablage bei „seiner" Henne, um Kopulationen mit anderen Hähnen zu verhindern, in der Regel drei bis vier Tage lang. Danach setzt er seine Balz zur Suche weiterer Weibchen fort.

Diese telemetrischen Untersuchungen bestätigten also auch, dass die Zahl beobachteter abendlicher Balzflüge wenig über die tatsächliche Zahl balzender Hähne aussagt. Im Extremfall können sie von ein- und demselben Hahn nacheinander oder von mehreren Vögeln durchgeführt worden sein.

Die telemetrischen Untersuchungen von Dr. HIRONS (im Bild) brachten wesentliche Erkenntnisse.

Nach der Balzintensität unterschied HIRONS (1982, 1983) drei Kategorien von Männchen, deren Verhalten er in einer anschaulichen Grafik (Abb. 53) darstellte, nämlich
1. Hähne, die gar nicht balzten (und ohne Telemetrie unentdeckt geblieben wären),

Brütende Waldschnepfe (über dem Rücken die Antenne des Senders)

Abb. 53: Schematische Darstellung der Hierarchie der Waldschnepfe während der Balzzeit. Bei hoher Populationsdichte kommen nur ältere Hähne (schwarz) über optimalen Arealen zur Balz, während subdominante (grau) in ungünstigere Biotope abgedrängt werden und die rangniedrigsten gar nicht balzen (aus HIRONS 1982).

2. Hähne, die sich zwar zu kürzeren Balzflügen mit unvollständigen Lautäußerungen erhoben, aber in der Regel nur am Rande der Balzareale auftauchten, und schließlich
3. dominante Hähne, die allabendlich am längsten „puitzen" und „quorren" und dies im Zentrum der Balzareale tun, nämlich dort, wo sich auch die Hennen aufhielten. So überraschte es nicht, dass diese Hähne mehrere Hennen traten – bis zu vier in einer Brutsaison – während andere offensichtlich (noch) nicht zur Fortpflanzung beitrugen.

Weitere Erkenntnisse erwartete auch Hirons durch einen Ausschlussversuch. Was passiert, wenn Hähne der Kategorie 3 entfernt werden?

Auf Grund technischer Schwierigkeiten blieb dieses Experiment insofern unvollständig, als nur zwei besenderte „dominante" Vögel eliminiert werden konnten (A wurde temporär gefangen, B erlegt). Doch gelangen folgende, in Abb. 54 dargestellte Beobachtungen:

▸ Die Balzintensität, also die Anzahl der „Kontakte" über der beobachteten Fläche ging nur kurzfristig und in geringerem Maße zurück, als dies auf Grund des bisherigen Verhaltens der beiden zu erwarten gewesen wäre.

▸ Schon nach wenigen Tagen war das frühere Niveau der Balzintensität wieder hergestellt, danach sogar überschritten, denn

Abb. 54: Ausschlussversuch bei der Waldschnepfe im englischen Untersuchungsgebiet „Whitwell Wood". Die beiden balzaktivsten Hähne A und B wurden entfernt. Wären sie nicht ersetzt worden, so hätte die Zahl beobachteter Balzflüge entsprechend der gestrichelten Kurve abnehmen müssen. Tatsächlich aber steigerten bislang subdominante Hähne ihre Balzaktivität, sodass binnen Kurzem dieselbe Zahl streichender Schnepfen zu beobachten war (nach Hirons 1983).

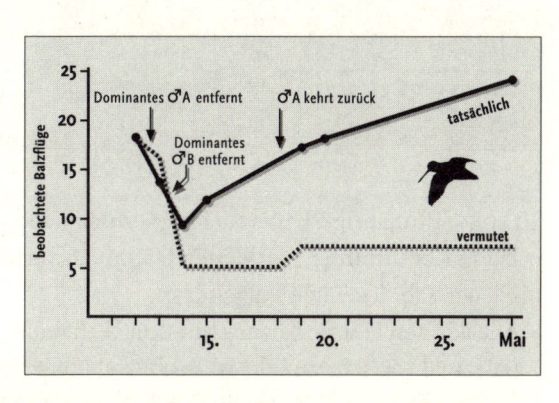

► es beteiligten sich nun auch bislang wenig oder gar nicht balzende Hähne an den abendlichen Flügen.

Damit sind die ganz ähnlichen Beobachtungen aus anderen Ausschlussversuchen noch besser zu erklären. Auch FERRAND (1983) hatte eine Konstanz der Balzintensität während der Hauptbalzzeit über fünf Jahre hinweg gefunden.

Die gelegentlich beobachteten Aggressionen lassen wohl darauf schließen, dass auch bei der Waldschnepfe subdominante Hähne erst balzend zu erscheinen wagen, wenn der abendliche „Luftraum" frei geworden ist.

Die Balzstrophen der nachgerückten Schnepfenhähne waren vollständig („Puitzen" *und* „Quorren") und nicht von denen der eliminierten Hähne zu unterscheiden. Möglicherweise sind die *standby*-Hähne, ähnlich wie bei Hühnervögeln, weniger aggressiv und toleranter, was die Zunahme der beobachteten Balzflüge nach dem Eingriff erklären könnte.

Tab. 6: Balzstatus junger (einjähriger) und älterer Hähne der Waldschnepfe in Whitwell Wood, England (unbek. = Alter nicht genau bekannt; aus HIRONS 1983)

	Balzend		Nicht balzend		
	Adulte	Juvenile	unbek.	Adulte	Juvenile
1978	13	0	0	0	2
1979	8	2	1	0	1
1980	6	3	0	0	1
1981	10	2	1	0	2

HIRONS' fünfjährige Untersuchung ermöglichte es auch, die Entwicklung bestimmter markierter Hähne zu verfolgen. Die Ergebnisse der Tab. 6 zeigten Folgendes:

► Alle adulten Hähne balzen. Ihre Rückkehrtreue zum selben Balzareal von Jahr zu Jahr ist hoch (viel höher als die der Weibchen), und sie treffen dort in der Regel vor den jüngeren Hähnen (und den Weibchen) ein.

- Die Populationsreserve bestand vor allem aus einjährigen Hähnen. Diese sind weit weniger ortstreu und bewegen sich eher als *„floating population"* in einem größeren Gebiet.
- In Jahren geringerer Dichte älterer Hähne (z. B. 1980) balzten mehr Junghähne, bei hohem Althahnbestand dagegen gar keiner (1978).

Interessante Beobachtungen gelangen auch zur Gewichtsentwicklung, die bei einigen Vögeln durch wiederholten Fang registriert werden konnte. Intensiv balzende Hähne nahmen von April bis Juli kontinuierlich ab – was auch MARCSTRÖM (1974) an seinen erlegten Hähnen ermittelte –, nicht dagegen die inaktiven *standby*-Hähne. HIRONS nannte mir während meiner Besuche in seinem Untersuchungsgebiet zwei Beispiele, nach denen noch nicht balzende Junghähne schwerer waren als ein Jahr später zur selben Jahreszeit, nun jedoch in voller Balz.

Zur Frage der „Fitness"
Sind aber die nachgerückten „Männchen der Reserve" in gleichem Maße „fit" und fortpflanzungsfähig wie die erlegten dominanten Hähne? HIRONS versuchte, auch dieser kontrovers diskutierten Frage nachzugehen. Es gelang ihm aber nicht, sie auf direktem Wege, nämlich durch Beobachtung eines telemetrierten Jährlings in Gesellschaft eines Weibchens zu beantworten. Dazu hätten wohl noch mehr dominante Hähne entfernt werden müssen. Andererseits deutete einiges darauf, dass Dominanz weniger durch körperliche oder genetische Fitness, sondern in erster Linie durch das Alter bedingt ist. Die älteren Hähne kehren zuerst ins Brutgebiet zurück und beginnen sofort mit ihren Balzflügen, den später eintreffenden Jährlingen bleibt nur die Rolle der Subdominanten.
Anders lautende Ergebnisse erbrachten jedoch die mehrjährigen Ausschlussversuche von MARCSTRÖM (1988, 1994). In keinem seiner schwedischen Gebiete konnte er die altersspezifische Hierarchie von *Whitwell Wood* bestätigen. Vielmehr balzten dort einjährige und ältere Hähne gleichermaßen, und zwar jeweils über die ganze Balzperiode hinweg. Abb. 55 veranschaulicht die Alterstruk-

Abb. 55: Altersverteilung von balzenden Hähnen der Waldschnepfe, die in 16 schwedischen Untersuchungsgebieten erlegt wurden, bei unterschiedlicher Versuchsdauer zwischen vier und acht Wochen. Die Anteile einjähriger und älterer Hähnen blieben dabei ziemlich konstant (nach MARCSTRÖM 1988).

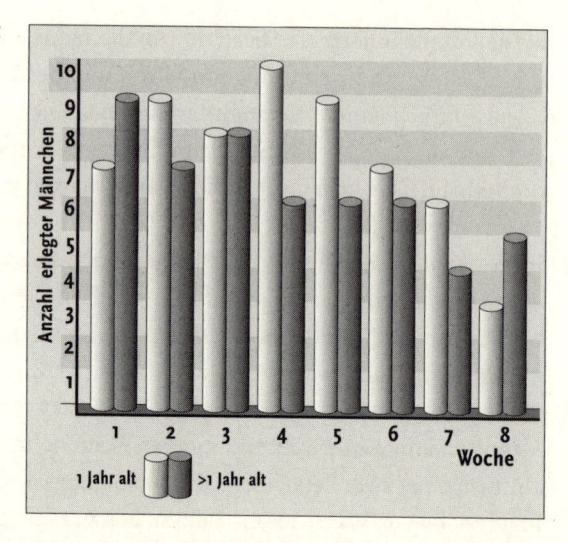

tur von 110 erlegten balzenden Hähnen aus 16 Gebieten, chronologisch geordnet. Von der ersten bis zur achten Woche kamen ein- und mehrjährige Hähne in ähnlichen Anteilen zur Strecke. Dies deckt sich mit meinen eigenen, eher zufälligen Beobachtungen im Hochschwarzwald.

Zwar beobachtete MARCSTRÖM auch immer wieder Aggressionen, diese führten offensichtlich aber nicht zum Ausschluss von Junghähnen vom Balzgeschehen. Mit 54 % entsprach der Anteil der Jungvögel in seiner Balzjagdstrecke in etwa dem von CLAUSAGER (1974) kalkulierten Prozentsatz dieser Altersklasse in skandinavischen Schnepfenpopulationen. Es gab also hier – wie auch im Hochschwarzwald – keine Selektion älterer Hähne durch die Balzjagd. Diese im Vergleich zu HIRONS' englischem Gebiet andersartigen Befunde könnten vielleicht durch unterschiedliche Dichten und/oder Altersstrukturen der einzelnen Schnepfenpopulationen bedingt sein.

Ähnliche lokale Unterschiede zeigten sich bei der amerikanischen Art. Im Untersuchungsgebiet von KEPPIE und REDMOND (1985) waren die Territorien nahezu gleichermaßen von Altvögeln (44 %) und Jährlingen (56 %) besetzt. Nach der Erlegung im Rahmen von

Ausschlussversuchen traten *standby*-Hähne in Aktion, die im Schnitt zu 64 % aus Jährlingen und 36 % aus älteren Hähnen bestanden. Offensichtlich waren auch einige Jährlinge schon „dominant" genug, um älteren Hähnen einen Balzplatz streitig zu machen.

Demgegenüber beobachteten WHITCOMB und BOURGEOUIS (1974) nur adulte Hähne auf den Balzplätzen. Sie vermuteten die Kategorie der Junghähne in einer weitgehend unbemerkten *floating population* über einem weiten Gebiet. Damit zeigen beide Arten erhebliche Flexibilität ihres Balzverhaltens, über dessen jeweilige Auslösemechanismen noch nichts bekannt ist.

Die von MARCSTRÖM untersuchten Vögel zeigten keine Unterschiede zwischen ein- und mehrjährigen Hähnen, weder im Balzverhalten, noch im Körpergewicht. Lediglich das Gewicht der Hoden war bei Jungvögeln geringfügig, aber signifikant geringer als bei älteren (3,51 g gegenüber 4,12 g, $p < 0,005$). Somit dürften auch die Hoden aller Jungvögel die Größe gehabt haben, die STRONACH (1983) für die Spermatozoen-Produktion ermittelte.

■ Alle bisherigen Untersuchungsergebnisse deuten jedenfalls auf eine volle Fortpflanzungsfähigkeit einjähriger Hähne hin, die spätestens nach Ausfall der älteren realisiert werden kann.

Starre Geschlechterverhältnisse?

Wie bereits angedeutet, wird die Balzjagd auf die Waldschnepfe in weiten Teilen ihres Verbreitungsgebiets ausgeübt und in manchen Ländern unter überwiegend emotionalen Aspekten kritisiert. Daher scheint mir diese ausführlichere Darstellung relevanter Forschungsergebnisse gerechtfertigt und notwendig, vor allem auch im Hinblick auf manche in der deutschsprachigen ornithologischen Literatur noch verbreiteten Auffassungen, wie sie auf S. 224 dargelegt wurden.

Auch die von BERNDT und WINKEL (1976) aufgestellte These eines „evolutionär entwickelten", folglich starren numerischen Geschlechterverhältnisses – als Argument gegen die Balzjagd auf die Waldschnepfe – war schon damals nicht überzeugend. Inzwischen haben die beiden (WINKEL u. WINKEL 1984, WINKEL 1994) durch ihre eigenen Untersuchungen am Trauerschnäpper (*Ficedula hypoleuca*), also an einer eher als monogam geltenden Art, erkennen müssen, welch beträchtlichen Schwankungen von Jahr zu Jahr das Geschlechterverhältnis und damit auch das Fortpflanzungsverhalten (von monogam bis polygyn) unterworfen sein kann – und wie weit sich menschliche Vorstellungen von der Realität zu entfernen vermögen.

Schon im Hinblick auf die jährlich unterschiedliche Sterblichkeit der ja zuerst in das oft noch unwirtliche Brutgebiet zurückkehrenden Hähne kann es kein konstantes „natürliches" Geschlechterverhältnis geben. Untersuchungen an der Amerikanischen Waldschnepfe, die ja im Frühjahr nicht bejagt wird, wie auch an der europäischen Art deuten auf höhere Sterblichkeit der Hähne im Frühjahr als im Winter hin (COUTURE u. BOURGEOIS 1977, KROHN *et al.* 1974, KALCHREUTER 1975).

Dies deckt sich übrigens mit den Erkenntnissen von GOSS-CUSTARD *et al.* (1982) an einer anderen gut untersuchten Watvogelart, dem Austernfischer (*Haematopus ostralegus*) in Gebieten, in denen diese Art nicht bejagt wird. Bei fortpflanzungsreifen (über zweijährigen) Vögeln lagen die höchsten Sterberaten ebenfalls im Frühjahr und Sommer. Hierzu trägt offensichtlich auch Dichtestress während territorialer Auseinandersetzungen bei.

Wie wirken sich nun die jährlich unterschiedlichen Geschlechterverhältnisse auf die Fortpflanzung aus?

Beobachtungen hierzu gelangen zunächst an der Amerikanischen Waldschnepfe in zwei isolierten Brutgebieten. COUTURE und BOURGEOIS (1977) ermittelten in drei aufeinander folgenden Jahren zwar jeweils drei territoriale Hähne, aber zwischen einem und sechs brütenden Weibchen, also ein jährlich wechselndes Geschlechterverhältnis zwischen 1 : 2,0 und 1 : 0,3! Es zeigte sich keine Korrelation zwischen der Zahl dominanter Hähne und der brütender Weibchen.

Einen interessanten Diskussionsbeitrag lieferte GOUDY während des 8. Amerikanischen Waldschnepfen-Symposiums (1980): In dem von ihm untersuchten Gebiet, in dem jährlich zwischen zehn und 17 Schnepfenhähne balzten, stellte er die höchste Brutdichte in dem Jahr mit der geringsten Zahl balzender Hähne fest. Angeregt durch diese Beobachtungen wertete HIRONS (1983) auch sein Datenmaterial an der europäischen Art in *Whitwell Wood* unter diesem Aspekt aus. Die in Tab. 7 zusammengefassten Ergebnisse lassen einen ähnlichen Trend erkennen: Am wenigsten Nachweise brütender Hennen gelangen in Jahren mit einer hohen Zahl durch Fang nachgewiesener Hähne (1979, 1981) und umgekehrt.

Tab. 7: Altersstruktur der insgesamt gefangenen und der balzenden Schnepfenhähne (unbek. = Alter nicht bekannt) sowie der Mindestzahl brütender Weibchen in Whitwell, England (nach HIRONS 1983)

	Hähne						Hennen mind. brütend
	gefangen			davon balzend			
	Einj.	Ältere	unbek.	Summe	Einj.	Ältere	unbek.	
1978	2	14	1	17	0	13	0	20
1979	8	10	2	20	2	8	1	16
1980	8	6	0	14	3	6	0	18
1981	10	12	1	23	2	10	1	15

Wie aus Tab. 7 ferner hervorgeht, hatte der Anteil junger Hähne am Balz-Kollektiv offensichtlich keinen Einfluss auf den Bruterfolg. Schließlich zeigt auch diese Studie an einer ebenfalls unbejagten Population, wie beträchtlich das Geschlechterverhältnis von Jahr zu Jahr schwanken kann.

- Die bisherigen Untersuchungen an beiden Arten der Waldschnepfe deuten also auf ähnliche Verhältnisse wie wir sie bei Hühnervögeln und Schalenwild kennen gelernt haben, nämlich auf eine negative Korrelation der Fortpflanzungsrate mit der Dichte der Männchen. Wir verstehen nun auch, warum sich die Einstellung der traditionellen Balzjagd bislang in keinem Fall positiv auf die Bestandsentwicklung des „Vogels mit dem langen Gesicht" auswirken konnte.

Entenvögel

Wie auf S. 197 dargelegt, haben die einzelnen Entenarten recht unterschiedliche Fortpflanzungsstrategien entwickelt. Das eine Extrem des breiten Spektrums der Schwimmenten bildet die Spießente, deren kurzfristige „Paarbindung" kaum länger anhält als die der Waldschnepfe. Am anderen Ende der Skala steht die Löffelente, deren Erpel das Brutterritorium ihres Weibchens energisch verteidigen. Länger anhaltende Paarbindung findet sich auch bei Tauch- und Meeresenten. Doch bei keiner Entenart beteiligen sich die Erpel an Brut und Jungenaufzucht. Sie verlassen die Ente, sobald diese zu brüten beginnt, und versammeln sich in oft weit entfernten Mausergebieten.

Dieses Verhalten, die auffällige Färbung der Erpel sowie ein häufig zu Gunsten der Erpel verschobenes Geschlechterverhältnis (Zus.-f. in KALCHREUTER 2000) führte in manchen Regionen auch bei Entenvögeln zu geschlechtsspezifischer Bejagung im Frühjahr. Die Erpel der Eiderente (*Somatertia mollissima*) wurden schon seit Menschengedenken während des Heimzugs über die Ostsee bejagt. Noch länger, nämlich während der ganzen Brutzeit, stellten die Jäger wohl im gesamten osteuropäisch-asiatischen Brutareal den Erpeln vor allem der Schwimmenten nach, wie zahlreiche Meldungen von Ringfunden belegen (KALCHREUTER 1990 u. 2000).

Wenngleich heute die Frühjahrsbejagung der Erpel wohl in den meisten Gebieten der ehemaligen UdSSR auf die ersten zehn Tage nach Eintreffen der Enten im Brutgebiet begrenzt und so – jedenfalls offiziell – vor der eigentlichen Brutzeit beendet wird, ist diese Art jagdlicher Nutzung auch unter russischen Experten umstritten. In Nordamerika, wo durch den *Migratory Bird Treaty Act* seit 1918 jegliche Bejagung im Frühjahr untersagt ist, machte nun der besagte Erpelüberhang die Biologen nachdenklich. Können die überzähligen Vögel zur Fortpflanzung beitragen, oder könnte man sie jagdlich nutzen?

OHDE *et al.* (1983) gingen dieser Frage in einem aufwändigen Ausschlussversuch an der Stockente nach, der auch interessante Einblicke in die Fortpflanzungsstrategie dieser Art gestattete. Erst nach dem kontinuierlichen Wegfang von Erpeln wurden schließlich unverpaarte Weibchen beobachtet. Durch die hohe Flexibilität im Fortpflanzungsverhalten der Erpel bedingt, blieben diese Enten jedoch nie lange allein:

- Normalerweise sehr aggressiv gegen andere (brutbereite) Weibchen während der Lege- und ersten Brütezeit der eigenen Partnerin, änderten einige Erpel ihr Verhalten und gingen mit den einsamen Enten eine zusätzliche Paarbindung ein. Die Hälfte der genauer beobachteten Erpel waren auf diese Weise gleichzeitig oder nacheinander zwei-, drei- oder gar viermal während einer Brutsaison verpaart.
- Auch für die Produktion von Nachgelegen (nach Verlust der ersten Brut) bedarf es keiner überzähligen Erpel: In der Untersuchung bedienten sich die Enten dazu erfolgreich zuvor verpaarter oder zufällig nachgewanderter Männchen, wie eine Teilstudie zeigte. Lediglich ein Weibchen verpaarte sich nicht zum zweiten Mal.
- Die Vermutung, eine höhere Zahl von Erpeln sei notwendig, um im Falle späterer Geschlechtsreife über eine genügende Zahl älterer Männchen die Fortpflanzung der Population zu sichern, ließ sich nicht bestätigen. Jedenfalls zeigten sich im Volierenversuch keine nennenswerten Unterschiede in der Fortpflanzungsleistung von Jährlingen und älteren Erpeln der Stockente.
- Andererseits ließ diese Untersuchung mit individuell markierten Vögeln erkennen, dass es nicht die überzähligen bzw. unverpaarten Erpel sind, die durch ständige Störungen der brütenden Weibchen den Fortpflanzungserfolg beeinträchtigen. Für die meisten Probleme dieser Art sind vielmehr die verpaarten territorialen Erpel verantwortlich zu machen.

Die Erkenntnisse rechtfertigen eine schon viel früher vom Altmeister amerikanischer Wasserwildforschung, Frank BELLROSE (1961), angesprochene Empfehlung nach einer zusätzlichen speziellen Jagdzeit auf Erpel. Sie war jedoch nur kurzfristig in drei Staaten, unter wissenschaftlicher Begleitung durch GRIEB et al. (1970), realisiert worden. Es gab hierfür eben keine Tradition mehr in Nordamerika.

Anders, wie gesagt, in Russland. Die Diskussionen um Erpelbejagung und Bruterfolg hatten PADUTOV (1970) zu einem dreijährigen Experiment in seinem weißrussischen Untersuchungsgebiet veranlasst. Auf der Versuchsfläche wurden in einem Jahr (1962) die Erpel von Stockente und Knäkente (*Anas querquedula*) zu Beginn der Brutzeit drastisch reduziert, während die Kontrollfläche unbejagt blieb. Zur weiteren Kontrolle dienten die Ergebnisse aus dem Jahr vor und nach dem Versuch.

Die Ergebnisse (ausführlichere Darstellung in KALCHREUTER 1994) lassen sich folgendermaßen zusammenfassen:

▶ Der Anteil der auf der Versuchsfläche brütenden Enten war in allen drei Jahren etwa derselbe. Die Erpelbejagung hatte keine erkennbaren Auswirkungen auf die Dichte brütender Weibchen.

▶ Die durchschnittliche Schofgröße, also der Bruterfolg, war dagegen im Jahr der Erpelreduktion deutlich höher als in den beiden Kontrolljahren, sowohl bei Stock- wie bei Knäkenten, und dies nicht nur auf der Versuchsfläche, sondern am gesamten See.

Das Experiment scheint nur in einem Jahr (1962) durchgeführt worden zu sein, weshalb die Aussagekraft begrenzt ist. Immerhin ließen sich keine negativen Auswirkungen selbst dieser drastischen Erpelreduktion erkennen. Dies ist wohl dadurch zu erklären, dass die meisten Enten zu Beginn des Versuchs bereits begattet waren bzw. auf dem Gelege saßen. Ein Störeffekt durch die Versuchsausübung war, wohl aus eben diesem Grunde, genauso wenig zu erkennen.

Der höhere Bruterfolg bei geringerer Männchendichte deckt sich vielmehr mit den erwähnten Beobachtungen an anderen polygamen Arten. Höheres Nahrungsangebot für die Jungen nach Reduktion der nun für die Fortpflanzung nicht mehr notwendigen Männchen-Kohorte scheint bei Kenntnis der hohen dichteabhängigen Mortalität von Entenküken (S. 38) auch in diesem Fall das entscheidende Kriterium gewesen zu sein.

Zusammenfassung

Die in den vorangegangenen Kapiteln geschilderten Mechanismen zur Kompensation jagdlicher Eingriffe über verringerte natürliche Mortalität und höhere Reproduktion sind im Prinzip in allen Tierpopulationen wirksam.
Arten ohne feste Paarbindung können darüber hinaus im Falle spezifischer Bejagung der männlichen Teilpopulation noch höhere Verluste ausgleichen, bedingt durch den kompensatorischen Mechanismus über Polygamie. Die diesbezüglichen Forschungsergebnisse lassen Folgendes erkennen:

- Alle Säugetiere und viele Vogelarten leben polygam. Bei Ersteren ist typische Promiskuität verbreitet. Aber auch viele als monogam geltende Vogelarten entwickeln gelegentlich polygame Fortpflanzungsstrategien.
- Polygames Verhalten ist als Strategie zur Erhöhung der Fortpflanzungsleistung einer Population zu sehen. Um diese sicherzustellen, genügen relativ wenige Männchen. Deren Gesamtmortalität ist in der Regel höher als die der Weibchen, die Männchen-Kohorte in der Population daher geringer vertreten.
- Diese geschlechtsspezifische Mortalität ist direkt oder indirekt durch das Paarungsverhalten bedingt, also durch Dichtestress infolge Territorialität, Rivalitätskämpfe oder anschließenden Tod durch energetische Auszehrung. Höhepunkte dieser Sterblichkeit liegen folglich je nach Paarungszeit im Frühjahr, Sommer, Herbst oder Frühwinter.
- Infolge der extremen Dichteabhängigkeit dieser Mortalitätsfaktoren sind jagdbedingte Verluste vor und während der Paarungszeit in hohem Maße kompensierbar.
- Ausschlussversuche an mehreren Arten unterschiedlicher zoosystematischer Gruppen haben gezeigt, welch geringer Männchen-Anteil für die erforderliche Fortpflanzungsrate der Popula-

tion ausreicht. Bei eher r-selektierten Arten hatten selbst Erlegungsraten von 70% keine erkennbaren Auswirkungen. Ebenso wenig waren bislang negative Beeinträchtigungen genetischer Art, etwa verursacht durch vermehrte Begattungsaktivität junger Männchen nach solchen Eingriffen festzustellen.

▶ Einige Forschungsergebnisse deuten sogar auf einen höheren Fortpflanzungserfolg der Population nach Reduktion der Männchen-Kohorte, was wohl nur durch bessere Lebensbedingungen für Weibchen und Jungtiere infolge verringerter Gesamtdichte zu erklären ist. – Eine weitere Ursache für die beachtliche Effizienz des kompensatorischen Mechanismus über Polygamie.

Konsequenzen für die Jagd- und Naturschutzpolitik

Wie bereits mehrfach angedeutet, steht das Töten von Wildtieren – im Rahmen nachhaltiger jagdlicher Nutzung oder zur bewussten Dezimierung unter verschiedensten Aspekten – immer wieder im Mittelpunkt jagd- und naturschutzpolitischer Diskussionen. Daher schien mir eine ausführliche Darstellung des heutigen Wissens über die Auswirkungen dieser menschlichen Aktivitäten gerechtfertigt.

Die in den drei vorstehenden Teilkapiteln geschilderten Untersuchungen waren meist sehr aufwändig und konnten daher zwangsläufig nur an relativ wenigen Arten durchgeführt werden. Doch betrafen sie immerhin ein breites Spektrum von Säugetieren und Vögeln unterschiedlicher Größe, sodass die Forschungsergebnisse doch einige generelle Schlüsse zulassen.

1. Jede Tierart kann genutzt werden

Grundsätzlich kann *jede* Tierart jagdlich oder anderweitig „konsumtiv" genutzt werden. Dies sei betont im Hinblick auf das „Vorsorgeprinzip" (*precautionary principle*), das in Artenschutzdiskussionen gerne als Argument gegen Bejagung ins Feld geführt wird mit der Begründung, man wisse zu wenig über deren Auswirkungen.

Dieser pauschalen Argumentation widersprechen nicht nur die in vielen Fällen gut dokumentierten Bestandsentwicklungen der betreffenden oder ähnlicher Arten trotz Bejagung. Die genannten Forschungsprojekte lieferten inzwischen auch recht gute quantitative Vorstellungen über die Kompensierbarkeit jagdbedingter Verluste. Wir wissen heute, dass von großen Walarten maximal ein Prozent der Population erbeutet werden könnte. Dass dies in der Vergangenheit keine Beachtung fand, hatte katastrophale Auswirkungen auf unsere größten Tierarten.

Andererseits kann man sich heute auch erklären, warum von wachtelgroßen Hühnervögeln über die Hälfte des Herbstbestands ohne erkennbare Folgen für deren Bestandsentwicklung einer jagdlichen Nutzung zugeführt werden könnte.

Es besteht auch kein grundsätzlicher Unterschied zwischen behaarten und befiederten Tieren, von Standwild oder ziehenden Arten. Die weit ziehende Krickente kann z. B. ebenso jagdlich genutzt werden wie der Feldhase oder Rehwild. Die verbreitete, meist ideologisch motivierte Forderung, Zugvögel von der Jagd zu verschonen, ist aus fachlicher Sicht nicht zu rechtfertigen.

2. Stabile Bestandstrends auch bei reduziertem Fortpflanzungsbestand

Nachhaltige jagdliche Nutzung kann durchaus zu einer Verringerung des Fortpflanzungsbestands bzw. der Brutpopulation *ohne* negative Auswirkungen auf den Bestandtrend der Population führen.

Diese Erkenntnis widerspricht der gelegentlich geäußerten naturschutzpolitischen Forderung, eine Bejagung sei nur zulässig, wenn dadurch der Grundbestand nicht beeinträchtigt würde. Diese Auffassung berücksichtigt nur den kompensatorischen Mechanismus über Sterblichkeit und trägt damit allenfalls teilweise den populationsdynamischen Verhältnissen von r-Strategen, nicht dagegen von K-Strategen wie z. B. Gänsen Rechnung.

Die These verkennt vor allem die Tatsache, dass die viel höhere Effizienz der Kompensation über Reproduktion oder Polygamie erst über die höheren Nachwuchsraten eines verringerten Grundbestands möglich wird. Es wäre daher sinnvoller, die Entwicklung der *Herbstpopulation* als entscheidendes Kriterium des Artenschutzes zu betrachten. Im Falle der Wasservögel, die sich ja nur im Winter genauer erfassen lassen, wird dies von jeher praktiziert (KALCHREUTER 2000).

3. „Wie viel" ist wichtiger als „Wann"

Ist *nachhaltige* Nutzung das Ziel der Bejagung, so dürfen die jagdlichen Eingriffe das Maß nicht überschreiten, das durch die artspezifische Wirkungsweise der kompensatorischen Mechanismen vorgegeben ist. Gegenüber diesem Aspekt ist die Frage der *Jagdzeit* von eher untergeordneter Bedeutung. Mit anderen Worten: Entscheidender ist das *Wie viel* als das *Wann* der jagdlichen Nutzung.

EU-Vogelrichtlinie und AEWA
Die neueren Erkenntnisse über den zeitlichen Verlauf dichteabhängiger und damit durch Jagd kompensierbarer Mortalität und über die beachtliche Flexibilität im Paarungsverhalten widersprechen den früheren Vorstellungen, die Brutpopulation sei spätestens Mitte des Winters „einreguliert" und fest verpaart. Aus ihnen resultierte die kategorische Forderung der EU-Vogelrichtlinie (Artikel 7) von 1979, nämlich die Jagd auf ziehende Flugwildarten vor Beginn des Heimzugs in die Brutgebiete zu beenden.

Die Umsetzung dieser damals so logisch klingenden Forderung in die Jagdgesetzgebung der einzelnen EU-Mitgliedsstaaten bereitet jedoch große Schwierigkeiten, weil der Zeitpunkt dieses Heimzugs für die meisten Arten gar nicht exakt zu definieren und schon gar nicht EU-weit festzulegen ist. Unter der Androhung einer Klage vor dem Europäischen Gerichtshof diskutieren eigens hierfür einberufene Gremien in Brüssel schon jahrelang über dieses Thema – nach heutigem Stand des Wissens wohl eher ein „Streit um des Kaisers Bart".

Realistischer ist in dieser Hinsicht das 1995 beschlossene Abkommen zur Erhaltung der afrikanisch-eurasischen wandernden Wasservögel (AEWA), das auch von Deutschland ratifiziert wurde. Nach Artikel 2.1.2 a) des Aktionsplans zum AEWA ist die Bejagung während des Rückzugs zu den Brutgbieten nur zu untersagen, *wenn sich diese ungünstig auf die Erhaltung der betreffenden Populationen auswirkt.* Für diese Fragen steht dem AEWA-Sekretariat ein Wissenschaftlicher Ausschuss zur Verfügung, der eine Anpassung des AEWA an den jeweils neuesten Stand wissenschaftlicher Erkenntnisse gewährleisten soll.

Solch ein Instrumentarium fehlt der EU-Vogelrichtlinie. Sie ist erstarrt auf dem Wissensstand der 1970er Jahre. Damals wurde nicht einmal der Terminus „Zugvogel" definiert, was heute zu kuriosen Interpretationen führen kann. Selbst Türkentaube oder Rabenkrähe, Elster und Eichelhäher versuchte man als Zugvögel zu deklarieren, obwohl sie in Mitteleuropa nach G<small>LUTZ</small> und B<small>AUER</small> (1980, 1993) reine Standvögel sind – wohl mit der vordergründigen Absicht, die Jagdzeit zu verkürzen.

Nach der Definition des Übereinkommens zur Erhaltung der wandernden wild lebenden Tierarten (Bonner Konvention) von 1979 fallen in diese Kategorie nur Arten, von denen ein „bedeutender Anteil zyklisch (also regelmäßig) und vorhersehbar" Wanderungen durchführt.

Diese Definition bringt zwar Klarheit hinsichtlich der meisten Arten. Doch wie wäre z. B. die Ringeltaube in Deutschland einzustufen? Bedingt durch die zunehmend milderen Winter und den anhaltenden Trend zur Besiedelung von Ortschaften, hat sie ihr Zugverhalten während der vergangenen Jahrzehnte weitgehend abgelegt. In steigender Zahl überwintern Ringeltauben in klimatisch günstigen Lagen. Sind es überwiegend deutsche Brutvögel oder Zugvögel aus Nordosteuropa?

- Eine kategorische Ablehnung jeglicher Bejagung im Frühjahr bzw. während der Fortpflanzungsperiode, somit auch der Balzjagd, widerspräche zudem den Erkenntnissen über die hohe Kompensierbarkeit jagdlicher Eingriffe in die Männchen-Kohorte polygamer Arten.

Ein weiteres Problem der Vogelrichtlinie ist ihr Bezug auf die Europäische Union, damit auf nur einen kleinen Teil des weiten Zugareals der meisten unserer Flugwildarten. Deren Hauptbrutverbreitung liegt in den Weiten Osteuropas und Westsibiriens, und viele besuchen die EU nur während des Zuges oder im Winter. Auf Grund von – meist klimatisch bedingten – Verlagerungen der Zugwege wie auch der westlichen Randpopulationen kann es zu erheblichen, auch langfristigen Schwankungen ihres Auftretens in der EU kommen. Groteske Fehleinschätzungen des Erhaltungszustands der Gesamtpopulation aus Brüsseler Sicht, die sich in der Regel auf das winzige geographische Teilareal der EU beschränkt, sind dann die Folge. Typisches Beispiel hierfür ist die Knäkente, die sich seit zwei Jahrzehnten nach Osten zurückzieht, folglich in der EU als „gefährdet" gilt. In Wirklichkeit zählt sie mit einer Population von über zwei Millionen zu den häufigsten Enten der westlichen Paläarktis (FOKIN et al. 2000) und ist dementsprechend im Aktionsplan des AEWA ganz anders eingestuft.

4. Langfristig stabile Bestandstrends sind die Ausnahme

Generell sind langfristig stabile Bestandstrends eher die Ausnahme als die Regel. Vielmehr können Tierpopulationen aus den verschiedensten Ursachen zu- oder abnehmen.

Die Missachtung dieser Erkenntnis führt oft dazu, das Kriterium „rückläufiger Bestandstrend" überzubewerten und die Art oder Population mit dem Prädikat „ungünstiger Erhaltungszustand" (*unfavourable conservation status*) zu bedenken. Die Folge sind aufwändige Aktionspläne, die in der Regel auch ein Jagdverbot vorsehen. Dies hätte jedoch nur Sinn, wenn der beklagte Rückgang tatsächlich durch jagdliche Übernutzung verursacht worden wäre.

Eine Verschlechterung der Biotopqualität lässt sich dagegen nicht durch Einstellung der Jagd wieder gut machen! Jede Tierpopulation ist bestrebt, ihren Biotop auch bei verringerter Kapazität ganz auszufüllen, sodass auch in diesem Fall die dichteabhängigen kompensatorischen Mechanismen zum Ausgleich jagdbedingter Verluste wirksam werden. Dies erklärt auch, warum die meisten Tierpopulationen unabhängig von der Bejagung zu- oder abnehmen. Beispielhaft hierfür war die fast identische Bestandsentwicklung bejagter und unbejagter Gänsearten in der westlichen Paläarktis seit den 1970er Jahren (Zus.-f. in KALCHREUTER 2000).

5. Reduktion erfordert hohe jagdliche Eingriffe

Ist jedoch das Ziel einer Bejagung, aus welchen Gründen auch immer, die Reduktion eines Bestands, gelingt dies nur bei Überschreiten der Schwelle der kompensatorischen Mechanismen. Mit anderen Worten: Die jagdlichen Eingriffe müssen so hoch sein, dass sie nicht mehr auszugleichen sind.

Bei schwierig zu bejagenden Arten mit hohem Fortpflanzungspotenzial bedarf es erheblicher Anstrengungen, dieses Ziel zu erreichen oder die Population gar langfristig unterhalb der Biotopkapazität zu halten. Aktuelle Beispiele hierfür sind die Bemühungen zur Bekämpfung der Schweinepest oder der Tollwut durch Reduktion von Schwarzwild bzw. Füchsen. Dies ist mit der üblichen „waidgerechten" Bejagung außerhalb der Fortpflanzungszeit kaum zu erreichen. Vielmehr wären hierzu gezielte Eingriffe in den Weibchen-Anteil gerade in dieser Zeit erforderlich, um dieFortpflanzungsrate zu beeinträchtigen.

Nach dem heutigen Stand des Wissens wären auch die viel diskutierten Begriffe „Populationsreserve" (z. B. PERRINS 1987) oder „abschöpfbarer Überschuss" präziser zu definieren. Nur in seltenen Fällen kann es sich hierbei um klar erkennbare „überzählige" bzw. ohnehin dem Tod geweihte Tiere handeln, die der Jäger folglich „abschöpfen" dürfe. Diese Reserve – sofern man den Begriff beibehalten will – entspricht vielmehr dem Anteil der Population, der auf Grund der Gesamteffizienz der kompensatorischen Mechanismen innerhalb eines Jahres nach Entnahme wieder ersetzt werden könnte.

Wie die vorstehenden Kapitel zeigten, sind wir heute auf Grund der Fortschritte in der wild- und jagdökologischen Forschung während der letzten 20 Jahre viel mehr als früher in der Lage, diese abstrakten Begriffe durch konkrete Beispiele zu erläutern. Dies wird auch in Zukunft notwendig sein, denn die Diskussionen über die Auswirkungen des jagdbedingten Tötens werden nicht abreißen – obwohl die immer noch beachtliche Vielfalt unserer Wildfauna trotz jahrhundertelanger jagdlicher Nutzung verdeutlicht, dass sich – unbewusst – die Eingriffe doch im Rahmen des populationsökologisch Möglichen bewegt haben müssen. Dies gilt insbesondere für die heute in zivilisierten Regionen ausgeübte pflegliche Freizeitjagd, die die natürliche Bestandsentwicklung der Wildtiere kaum beeinträchtigt.

Störfaktor Jagd

Ein neues Schlagwort beherrscht seit einem Vierteljahrhundert, also erst in jüngster Zeit, die Diskussionen um Jagd und Naturschutz – der „Störfaktor Jagd". Jäger töten nicht nur Tiere, durch ihren Flintenknall lösen sie Störreize und folglich Fluchtreaktionen aus, und dies auch bei gar nicht direkt bejagten Arten.

Indirekte Auswirkungen der Bejagung

Gegenstand besonderer Kritik war dabei aus zweierlei Gründen die Jagd auf Wasserwild. Zum einen bieten die offenen aquatischen Lebensräume wenig oder keine Deckung. Ihre Bewohner, also Enten, Gänse oder Watvögel können sich daher den menschlichen Störreizen nicht durch „Drücken" in der Vegetation entziehen wie andere Niederwildarten. Sie suchen ihr Heil vielmehr in der Flucht, in Ausweichflügen unterschiedlicher Dauer.

Zum anderen bieten Feuchtgebiete besonders günstige Gelegenheit zur Vogelbeobachtung, viele davon wurden zum „Mekka" von Ornithologen und Naturfreunden. Insofern sind nicht nur ihre gefiederten Lieblinge, sondern auch sie selbst durch die Aktivitäten der Jäger beeinträchtigt. Steigende menschliche Besiedlungsdichte, gepaart mit zunehmender Sensibilisierung für die Belange der Natur, führten zu Forderungen nach einem Verbot oder zumindest einer drastischen Einschränkung der Wasserwildbejagung, wo immer es um die Ausweisung von Naturschutzgebieten ging und geht.

Um diesen Forderungen Nachdruck zu verleihen, wurden zunächst Hypothesen über die negativen Auswirkungen solcher Störungen entwickelt:

„Die für die überwinternden Vögel lebenswichtigen Nahrungsgründe und Ruheplätze werden entwertet. Mit den jagdbaren werden auch

alle geschützten Wat- und Wasservögel verscheucht. Sie sind gezwungen, sich anderswo niederzulassen. Die langen Ausweichflüge aber kosten Energie, und die Ausweichplätze bieten schlechtere Lebensbedingungen. In harten Wintern wirkt sich dieses kräftezehrende Hin und Her negativ auf die Vögel aus. Die geschwächten Vögel ziehen nachweislich weniger Junge auf, einige erreichen ihr Brutgebiet überhaupt nicht."
So jedenfalls der Wortlaut einer von schweizerischen Vogelschutzorganisationen verfassten Schrift mit dem Petitum zur Abschaffung der „Gemeinschaftlichen Wasservogeljagd" im westlichen Bodensee vor 20 Jahren. „Jagd" löst demnach eine ganze Schicksalskette für die Vögel aus. Wie fundiert sind die einzelnen Aussagen und was liegt im Bereich bloßer Spekulation?

Spekulation und Wirklichkeit
Bemerkenswerterweise finden sich in der umfassenden amerikanischen Wasserwildliteratur nur sehr wenige Arbeiten über diese Thematik. Woraus wohl zu schließen ist, dass die dortigen Wasserwild-Biologen dem „Störfaktor Jagd" nicht die Bedeutung beimessen wie unsere Natur- und Vogelschützer. Dies überrascht insofern, als im amerikanischen Lizenzjagdsystem lokal sicherlich noch bedeutend höhere Jägerdichten und entsprechende Störungen vorkommen als bei uns, vor allem in den dicht besiedelten Oststaaten. Anders in Europa: Eine ganze Reihe von Untersuchungen sollten die Hypothesen stützen (Zus.-f. in KALCHREUTER u. GUTHÖRL 1997), die weitaus meisten beschränkten sich jedoch auf den *Vertreibungseffekt* – also das erste Glied der Schicksalskette. Die Erkenntnisse waren weitgehend identisch: Enten meiden Plätze, an denen es knallt.
Doch schon die Beantwortung der sich daraus ergebenden weiteren Frage, nämlich *wie weit* und *wie nachhaltig* sie von solchen Plätzen vertrieben werden, basiert überwiegend auf Mutmaßungen. Wohl am weitesten gingen dabei REICHHOLF und REICHHOLF-RIEHM (1982), die gar die Seltenheit der Moorente in Bayern mit dem „Störfaktor Jagd" zu erklären versuchten: Sie würde hierdurch von

Der Schussknall beeinträchtigt das Verhalten von Wasservögeln (im Bild Schneegänse). Doch wie wirken sich die Störungen aus?

den Stauseen am Unteren Inn bis nach Italien (!) vertrieben und dort Opfer des hohen Jagddrucks.

In seiner Stellungnahme zur Wattenjagd kam der „Rat von Sachverständigen für Umweltfragen" in seinem Sondergutachten „Umweltprobleme der Nordsee" zu dem Schluss, jagdliche Aktivitäten außendeichs würden die Wat- und Wasservogelarten im Watt und auf den Inseln bis zur „Überlebensgefährdung" beunruhigen (BAMBERG 1989).

Demgegenüber bemängelt OWEN (1993) nach seiner Literaturrecherche zu dieser Thematik, dass keine dieser Arbeiten schlüssige Beweise für irgendwelche negativen Auswirkungen jagdbedingter Störungen auf die Populationen der Wasservögel liefern könne. Zu einem ähnlichen Schluss kommt KELLER (1996) nach einer Sichtung von etwa 300 Publikationen. OWEN kritisiert weiter die Auswahl bestimmter störungsintensiver Situationen, die als *„case studies"* bearbeitet werden, deren Ergebnisse dann aber, zu pauschalen Aussagen formuliert, als Grundlage zu landesweiten Forderungen dienen sollen. Der pragmatische englische Wasserwildbiologe charakterisierte damit treffend die Situation in mehreren europäischen Ländern, vor allem in Deutschland.

Schließlich löste eine 1995 von der EU-Kommission in Brüssel in Auftrag gegebene Studie zur Darstellung des heutigen Wissens über diese Thematik (MADSEN u. FOX 1995) eine kontroverse Diskussion unter europäischen Experten aus. Dies führte dann, ähnlich wie früher die Auseinandersetzungen über die direkten (populationsdynamischen) Auswirkungen der Wasserwildjagd, zum besseren Verständnis der Störungsproblematik. Betrachten wir im Folgenden die neueren Erkenntnisse zu den einzelnen „Gliedern der Schicksalskette" (ausf. Darstellung in KALCHREUTER u. GUTHÖRL 1997).

1. Vertreibungseffekt jagdbedingter Störreize
In zwei Gebieten mit lizenzjagdartiger, folglich intensiverer Bejagung als im übrigen Deutschland bemühte man sich zunächst um Quantifizierung der Vertreibungen durch den Flintenknall.
Im Norden beobachtete BAMBERG (1989) Jäger und Vogelwelt im nordfriesischen Wattenmeer der Nordsee. Die Auswertung seiner Protokolle ergab Folgendes:
▶ Die bejagten Vogelarten mieden den ansitzenden Jäger im Schnitt auf eine Entfernung von 260 m, unbejagte von 150 m. Bei Letzteren zeigte sich eine „Gewöhnung" (Habituation) an die für sie harmlosen Schüsse.
▶ Waren die Jagdstände 1.500 m voneinander entfernt (wie vom „Elbjägerbund" praktiziert), so konnten auch jagdbare Arten das etwa 1.000 m breite Areal zwischen den Jagdausübenden zu Rast und Nahrungssuche nutzen oder ohne erkennbare Reaktionen überfliegen.
▶ Die *Gesamtzahl* der anwesenden Wasservögel war zwar im stärker bejagten Teil des Untersuchungsgebiets geringer, nicht dagegen das *Artenspektrum* (insgesamt 18 Arten). Die Jagdausübung hatte den zeitlichen Ablauf des Herbstzuges nicht erkennbar beeinträchtigt.

Gänse hielten während der Bejagung größere Fluchtdistanzen von bis zu 500 m ein. Diese Großvögel lernen jedoch rasch, wann und wo ihnen keine Gefahr droht, was sich mit Beobachtungen in ande-

Projektleiter Dr. Meile im Untersuchungsgebiet „Ermatinger Becken" (Bodensee)

ren Gebieten deckt. Wo die Gänsejagd generell um 10 Uhr beendet wird (Holland, Schleswig-Holstein), nutzen die Vögel das bejagte Gebiet bereits eine Stunde nach dem Abzug der Jäger zur Äsung und tolerieren Fußgänger und Radfahrer auf 100 m Entfernung, sofern diese auf den Verkehrswegen bleiben (SIEBENGA, KALCHREUTER, unveröff.).

Auch Enten sind sehr wohl in der Lage, ein- und derselben Störungsform je nach Aufenthaltsort unterschiedliche Bedeutung beizumessen, was FIGLEY und VANDRUFF (1982) in Nordamerika genauer untersuchten. Auch unsere im Jagdgebiet vorsichtigen Enten lassen sich im angrenzenden Parkgewässer von Spaziergängern ohne jede Scheu füttern.

- Diese Beobachtungen widerlegen die weit verbreitete und oft zitierte Meinung, Bejagung erhöhe generell die Scheu der Wasservögel (z. B. SCHNEIDER-JACOBY 2000).

Auch im Süden bestand Veranlassung, diese Fragen wissenschaftlich zu klären. Streitobjekt war hier die jagdliche Nutzung der Wasservögel im „Ermatinger Becken" im westlichen Bodensee durch ortsansässige schweizerische und deutsche Jäger. Nach uraltem Recht jagten sie nach den Vorschriften der „Gemeinschaftlichen Vogeljagdordnung", die immer wieder neuen Erkenntnissen angepasst worden war. Dennoch wurde sie bei der erwachenden Sensibilität gegenüber Störungen Gegenstand massiver Kritik seitens des Natur- und Vogelschutzes. Dies führte schließlich zu einem mehrjährigen Forschungsprojekt (1982–1986), das wohl zu den umfassendsten über diese Thematik zählen dürfte. Die Studie wurde dokumentiert durch MEILE (1991), weitere Teilaspekte durch KALCHREUTER und GUTHÖRL (1997).

Jährlich variierende Versuchsanordnungen, nämlich unterschiedliche Jagd- und Schongebiete, sowie Tage mit und ohne Bejagung boten günstige Voraussetzungen, die Reaktionen der Vögel auf die jagdlichen Aktivitäten zu untersuchen. Hinsichtlich der Verteilung der Enten im Untersuchungsgebiet zeigte sich Folgendes:

- An Jagdtagen hielten sich zwar weniger Enten im Gebiet, aber Zigtausende im unmittelbar angrenzenden und nur durch den Reichenauer Damm abgegrenzten und derzeit gar nicht bejagten Gnadensee auf.
- Schon ein bis zwei Stunden, nachdem die Jäger ihre Stände verlassen hatten, fanden sich dort wieder Enten ein.
- Befand sich der Stand an einem besonders nahrungsreichen Platz, etwa in einer Flachwasserzone, so wurde er trotz der Schüsse immer wieder vor allem von Schwimmenten angeflogen. Nur so sind auch die z. T. beachtlichen Strecken von 50 und mehr Enten pro Jäger und Jagdtag zu erklären.

Diese Beobachtungen decken sich übrigens mit denen, die in Botulismus-Gebieten gemacht wurden: Dort versuchte man, die Vögel absichtlich durch Schüsse gezielt zu vertreiben, um ihre Infektion zu verhindern. Sowohl in Amerika (PARRISH u. HUNTER 1969) als auch bei uns 1982 in der Wagbachniederung im Oberrheintal (ENGLER-FRITZ u. MAHLER, unveröff.) war dies nicht möglich, denn die Enten kehrten nach der Jagd rasch ins bevorzugte Gebiet zurück.

Wir erkennen daraus:

- Je nahrungsreicher, damit bedeutungsvoller ein Gebiet für eine Wasservogelart, desto weniger lässt sie sich nachhaltig daraus vertreiben.

In anderen Teilen des Gebiets hielten sich die Enten eher zur Ruhe und Gefiederpflege auf. Von diesen ließen sie sich auch längerfristig vertreiben, möglicherweise selbst für mehrere Tage. Einiges deutet allerdings darauf hin, dass Enten auch ohne Störungen ausgedehnte Flüge in benachbarte oder auch weiter entfernte Gewässer durchführen. Zu dieser Erkenntnis kam Fog (1968) nach Auswertung von 180 Rückmeldungen von im Herbst in einer dänischen Entenkoje gefangenen und beringten Krickenten. Die bereits am Beringungstag erlegten Vögel hatten durchschnittlich acht, die tags darauf erbeuteten 47 km zurückgelegt. Die Fundorte lagen nicht etwa in Zugrichtung, sondern nördlich, südlich und östlich vom Beringungsort. Dies ist nach Fog wohl nur so zu erklären, dass die rastenden Enten nicht ausschließlich in einem bestimmten Gebiet verbleiben, sondern auch andere Nahrungs- und/oder Rastgewässer aufsuchen.

Auch im westlichen Bodensee zeigten sich, wie gesagt, die funktionalen Einheiten „Ruhegewässer" und „Nahrungsgründe". Sie können, müssen aber keineswegs identisch sein. Vielmehr überwiegt bei jedem Gewässer eher die eine oder die andere Funktion. Hinsichtlich ihrer Rastbiotope scheinen Wasservögel recht flexibel zu sein: Je stärker die Rastfunktion überwiegt, desto eher und längerfristig lassen sich die Vögel davon vertreiben. Umgekehrt halten sie bei Störungen umso zäher an Gewässern fest, je höher deren Bedeutung als Nahrungsbiotop ist. Mangelnde Berücksichtigung dieser Zusammenhänge ist wohl die wesentlichste Ursache für die oft sehr unterschiedlichen Ergebnisse von Untersuchungen zum „Vertreibungseffekt".

Unberücksichtigt bleibt im Allgemeinen auch die Tatsache, dass Störreize durchaus nicht nur von Menschen ausgehen. Prädatoren, vor allem Großmöwen und Greifvögel können oft erhebliche Störreaktionen auslösen (Zus.-f. in KALCHREUTER u. GUTHÖRL 1997). Einige Verhaltensweisen der Wasservögel, z. B. nächtliche Nahrungssuche, sind wohl als Anpassungen hierauf zu verstehen.

2. Mangelnde Nahrungsnutzung?
Doch inwiefern behindern die jagdbedingten Störungen die *Nahrungssuche* der Enten? Über diese wesentliche Frage konnte in den meisten Publikationen zum Störfaktor Jagd nur spekuliert werden (z. B. REICHHOLF und REICHHOLF-RIEHM 1982, SCHNEIDER-JACOBI 2000), da sie nur Tagbeobachtungen zumeist *ruhender* Wasservögel betrafen. Diese Frage war daher ein Schwerpunkt der Untersuchungen am Bodensee.
Hierzu wurde das Gebiet in 13 Sektionen aufgeteilt, in denen FRENZEL (1984) in Proben vom Gewässerboden den Gehalt an potenzieller Nahrung erfasste, und zwar im Herbst und Frühjahr, also vor und nach der Nutzung des Gebiets durch ziehende und überwinternde Wasservögel.
Dabei fiel auf, dass das Nahrungsangebot (vor allem *Chironomiden*-Larven und *Potamogeton*-Knollen) im bejagten Gebiet offensichtlich stärker genutzt wurde, als die Zahl der dort tagsüber beobachteten Enten hätte annehmen lassen. Anfang März waren diese beiden Hauptnahrungskomponenten im Jagd- wie im Schongebiet gleichermaßen zu 90% genutzt worden. Kamen die Enten außer an den jagdfreien Tagen auch nachts zur Nahrungssuche?
Erste direkte Hinweise hierfür erhielt MEILE, der mit Hilfe eines lichtstarken Nachtglases rege Tauchaktivitäten der Reiher- und Tafelenten in der vom gegenüberliegenden Ufer beleuchteten Rheinrinne beobachten konnte. Dies war Anlass für eine weitere nahrungsökologische Untersuchung, deren Ergebnis nun nicht mehr so überraschte:
Unabhängig davon, ob wie eh und je gejagt wurde (Winter 1984/85) oder nicht (Schongebiet im Winter 1983/84), waren die *Dreissena*-Muscheln, dort Hauptnahrung der Tauchenten, zu über 90% abgeweidet. Ein bedeutender Anteil der Nahrungssuche muss also nachts stattgefunden haben.

Beeinträchtigen jagdbedingte Störungen die Nahrungssuche der Enten? (Im Bild ein Spießerpel.)

Das warf die nächste Frage auf: Sind die Vögel durch jagdbedingte Störungen tagsüber zu nächtlicher Nahrungssuche gezwungen oder entspricht diese dem normalen Aktivitätsrhythmus? Letzteres scheinen die Beobachtungen von MEILE zu bestätigen: Auch nach dem Ende der Jagd tauchten bzw. gründelten die Enten bei Nacht intensiver als bei Tag. Tags überwiegt die Ruhephase, nachts die Nahrungssuche, nach Störungen bei Tag eventuell intensiviert. Diese Nachtaktivität ist also keineswegs (nur) durch Störungen bei Tag erzwungen, sondern entspricht bei Tauchenten generell (BELL u. AUSTIN 1985, MEILE 1988), bei Schwimmenten überwiegend dem natürlichen Verhaltensmuster. TAMISIER (1974, 1976, 1985) erklärt dies am Beispiel der überwiegend nachtaktiven Krickente als Strategie zur Vermeidung von Störungen durch Greifvögel, denen gründelnde Enten tagsüber zur leichten Beute würden.

Andere Arten scheinen sehr flexibel zu sein, etwa die Gras äsende Pfeifente, die sowohl tagsüber, als auch nachts der Nahrungssuche nachgeht (z. B. OWEN u. WILLIAMS 1976).

Ähnliche Flexibilität fand MILLER (1985) bei Spießenten (*Anas acuta*) in Kalifornien, die im Herbst und Frühjahr auch tagsüber, im

Mittwinter dagegen ebenfalls überwiegend während der Nachtstunden nach Nahrung suchten.

Im Gegensatz zu Enten sind Gänse überwiegend tagaktiv und ruhen nachts, meist auf größeren ungestörten Gewässern. Doch können auch Gänse in gewissem Maße störungsbedingte Einbußen durch entsprechend intensivere Äsungsaktivität bei Tag wettmachen (BELL u. OWEN 1990, STOCK u. HOFEDITZ 1994, 1996) oder diese auf die Nacht verlegen, wie BÉLANGER und BÉDARD (1990) bei Schneegänsen (*Anser caerulescens*) und MADSEN (1988) bei Ringelgänsen (*Branta bernicla*) beobachteten. Auf Grund der telemetrischen Untersuchungen von EXO und SCHEIFFARTH (1995) am Austernfischer (*Haematopus ostralegus*) ist dies auch für Watvögel anzunehmen. Wir erkennen daraus:

- Enten äsen überwiegend nachts, Gänse und Watvögel tagsüber, doch zeigten die genaueren Untersuchungen eine beachtliche Flexibilität ihres Aktivitätsrhythmus. Sie sind daher in der Lage, störungsbedingte Defizite weitgehend zu kompensieren. Auch ohne Störungen pendeln die Vögel täglich zwischen Nahrungs- und Ruheplätzen, wie die bekannten Erscheinungen des „Entenstrichs" oder „Gänsestrichs" verdeutlichen.

3. Kräftezehrende Ausweichflüge?

Tägliche Aktionsradien von 20 bis 30 km scheinen dabei eher die Regel als die Ausnahme zu sein. Dieses Verhalten widerspricht jedenfalls der oft geäußerten menschlichen Vorstellung, jegliches (störungsbedingte) Auffliegen müsse unvertretbare energetische Verluste verursachen. Dies ist bei so mobilen Arten wie den Wasservögeln, die alljährlich Tausende von Kilometern zwischen Brut- und Überwinterungsgebieten zurücklegen, ohnehin unwahrscheinlich.

Realistischer sieht man diese Zusammenhänge in Nordamerika. Auf Grund von Erfahrungswerten nehmen die dortigen Wasserwildbiologen (z. B. COOCH, pers. Mitt.) den täglichen Aktionsradius mit 30 bis 50 km an und planen danach die Jagdruhezonen.

Leider konnten die Arbeiten am Bodensee nicht wie geplant zu Ende gebracht werden. Nach der durch eine Volksabstimmung auf Schweizer Seite erwirkten Aufhebung der „Vogeljagdordnung" im Jahre 1984 verlor die zuständige deutsche Jagdbehörde das Interesse an der Untersuchung in Verkennung ihrer überregionalen Bedeutung. Denn die eingangs dieses Kapitels zitierten Argumente können überall auftauchen, wo auf Wasserwild gejagt wird. Immerhin hatten die Erkenntnisse zum Nahrungsverhalten die bisherigen Spekulationen weitgehend in Frage gestellt. Wie steht es hinsichtlich der weiteren Glieder der genannten Schicksalskette?

4. Negative Auswirkungen auf Kondition und Bruterfolg?
Sicherlich kann es während der Wintermonate zu nahrungsphysiologischen Engpässen kommen, denn die Vögel müssen unter hohem Energieaufwand in Kälteperioden Fettreserven anlegen, ohne die sie den weiten Rückflug in die Brutgebiete nicht schaffen würden. Die Weibchen benötigen solche Reserven zudem zur Produktion der Eier und als Energiequelle während des Brütens, denn in dieser Zeit haben sie kaum Gelegenheit zur Nahrungssuche. Insofern klingen die Überlegungen logisch: Der Mensch darf die so wichtigen nahrungsökologischen Zusammenhänge keineswegs stören.

Dennoch ist gegenüber den angeblich weitreichenden Folgen Skepsis angebracht. Denn *nachweisen*, wie es in der genannten Streitschrift heißt, lässt sich ohnehin kaum, dass die Enten eines stark bejagten Überwinterungsgebiets „weniger Jungen aufziehen". Liegt Letzteres doch bis zu Tausenden von Kilometern entfernt. Aber es gibt nicht einmal *Hinweise* für die vermutete Unterernährung infolge jagdbedingter Störungen, und schon gar nicht für die daraus abgeleiteten Konsequenzen. Die folgenden Erkenntnisse mögen veranschaulichen, wie weit sich menschliche Vorstellungen von der Realität entfernen können.

So zeigten z. B. die Experimente von JORDAN (in BAUER u. GLUTZ 1968) eine beachtliche Resistenz gegenüber Nahrungsengpässen. Stockenten vermochten in normalen Wintern bis zu zwei Wochen ohne Nahrung zu überleben! Gewichtsverluste bis zu 40% konnten bei genügendem Nahrungsangebot in zwei weiteren Wochen wieder wettgemacht werden. Soviel zum besseren Verständnis der wenigen relevanten Untersuchungen zu dieser Thematik vorweg. GASTON (1991) ermittelte die Fettreserven in Louisiana (USA) überwinternder Schnatterenten (*Anas strepera*) in Perioden mit und ohne Bejagung. Auch bei Berücksichtigung der jeweiligen Witterung zeigten sich signifikante Unterschiede, die offensichtlich auf störungsbedingte Defizite zurückzuführen waren. GASTON sah darin eine Bestätigung der Ergebnisse einer früheren Computer-Simulation von FREDERICK et al. (1987), wonach störungsbedingte Verluste von Wasservögeln höher zu veranschlagen wären, als die durch Erlegung, und zog daraus weitreichende negative Konsequenzen, auch für den Bruterfolg.

Doch seine Prophezeiungen bewahrheiteten sich nicht – im Gegenteil: Während der darauf folgenden zehn Jahre nahm die bislang nicht häufige Schnatterente drastisch zu und avancierte zur vierthäufigsten Entenart des Kontinents (KESZLER 2000). In Kenntnis der oben genannten Untersuchung überrascht dieser Umstand aber nicht, betrugen dort doch die Unterschiede in den Fettdepots zwischen bejagter und unbejagter Kohorte im Schnitt weniger als zehn Prozent des Körpergewichts. Defizite dieser Größenordnung wären folglich nach dem Ende der Jagdzeit in Kürze wettzumachen.

Die Auswirkungen verschiedenster menschlicher Störquellen, also nicht nur der Jagd (die nicht gesondert betrachtet wurde) auf das Energie-Budget der im Herbst in Quebec versammelten Schneegänse (*Chen caerulescens atlantica*) kalkulierten BÉLANGER und BÉDARD (1990). Die Basis hierfür bildeten Zeitstudien zur Dauer von Ausweichflügen bzw. Unterbrechungen der Nahrungssuche. Die dadurch verursachten energetischen Defizite waren in beachtlichem Umfang durch intensivere Nahrungssuche bei Tag und vor allem während der Nacht auszugleichen. Erst bei mehr als zwei solcher Störaktionen pro Stunde war die Schwelle der Kompensierbarkeit überschritten.

Diese Studien wurden 1985 und 1986 durchgeführt. Inzwischen haben diese Schneegänse in einem Maße zugenommen, das selbst Ökologen und Ornithologen beängstigte (z. B. ANKNEY 1996, s. auch S. 503), – obwohl Gänse in Nordamerika viel intensiver bejagt werden als in Europa (Erlegungsraten > 20%). Die Gänse verstehen es also, die störungsbedingten Defizite durch ein entsprechend geändertes Äsungsverhalten zu kompensieren.

Soweit mir bekannt, gibt es bislang nur eine Untersuchung, aus der sich störungsbedingte Auswirkungen auf Körperkondition und eventuell Bruterfolg ableiten lassen, und zwar an Kurzschnabelgänsen (*Anser brachyrhynchos*) im nördlichen Norwegen (MADSEN 1995). Die Vögel rasten dort im Mai, um sich die nötigen Fettreserven für die Brutzeit zuzulegen, bevor sie nach Spitzbergen weiterfliegen. Um Fraßschäden von landwirtschaftlichen Nutzflächen abzuhalten, wurden die Gänse in einem Gebiet ständig gestört bzw. vertrieben. Vor dem Weiterflug zeigten sie eine schlechtere Kondition (erkennbar am Profil des Unterbauchs) und brachten im Herbst weniger Junge zurück als Vögel von ungestörten Vergleichsflächen.

Aus zwei Gründen kann diese Studie die Hypothese von den weitreichenden Auswirkungen jagdbedingter Störungen nicht stützen, wie dies gelegentlich versucht wird (z. B. MADSEN u. FOX 1995): Es handelte sich nicht um die üblichen, durch die Jagdausübung verursachten Störreize, sondern um gezielte, ständige Vertreibungsversuche. Und diese fanden im Mai statt, also zu einer Zeit, in der sich die Vögel physiologisch auf die Fortpflanzung vorbereiten. Die Jagd (in Dänemark) war dagegen bereits am 31. Dezember, also vier Monate früher beendet.

Im Übrigen konnten diese massiven lokalen Störaktionen eine kontinuierliche Zunahme auch dieser Gänsepopulation seit nunmehr 20 Jahren nicht verhindern (MADSEN *et al.* 1999).

Schließlich sei in diesem Zusammenhang auf die genannten Experimente zur Reduktion von Erpeln vor und während der Brutzeit verwiesen (S. 240). In keinem Fall war durch die damit verbundenen Störreize das Brutgeschehen erkennbar beeinträchtigt, etwa durch verlassene Gelege oder einen höheren Anteil nicht brütender Weibchen. Im russischen Experiment war der Gesamtbruterfolg gar am höchsten im Jahr der intensivsten Erpel-Reduktion.

5. Und die Bestandsentwicklung?

Die vorstehend genannten Erkenntnisse widerlegten auch die Spekulationen hinsichtlich des letzten Gliedes der Schicksalskette: In keinem Fall waren negative Auswirkungen auf die betreffenden Populationen erkennbar. Für die Bestandstrends sind offensichtlich andere, vor allem nahrungsökologische Faktoren entscheidend. Auf dieses Problem, das die Dokumentation eventueller Auswirkungen der Störreize durch solche Untersuchungen erschwert, verwiesen auch BELL und OWEN (1990) und OWEN (1993).

So auch am Bodensee: Wie Abb. 56 verdeutlicht, hatte die massiv als „Belchenschlacht" kritisierte Jagd im Untersuchungsgebiet Ermatinger Becken, der Hauptnahrungsquelle der am Bodensee durchziehenden und überwinternden Wasservögel, nicht verhindern können, dass diese in nur fünf Jahren von 200.000 auf fast eine Million anstiegen. Entscheidend war hier die rapide Zunahme der *Dreissena*-Muscheln, wohl Folge der Gewässer-Eutrophierung.

Ein ähnliches Bild ergibt sich auch bei einer überregionalen Betrachtung. Die seit 1967 kontinuierlich ausgewerteten und periodisch veröffentlichten Gesamtzahlen westpaläarktischer Wasservögel durch IWRB bzw. *Wetlands International* (Zus.-f. in KALCH-

Abb. 56: Die Bestandsentwicklung der am Bodensee durchziehenden und überwinternden Wasservögel war durch deren Bejagung nicht erkennbar beeinträchtigt (aus ORN. ARBEITSGEM. BODENSEE 1983).

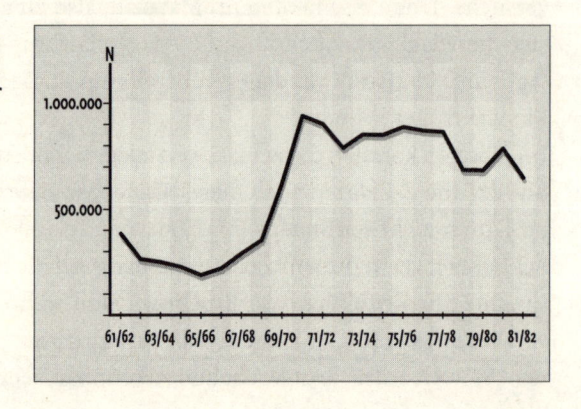

REUTER 2000) ließen für die meisten Arten stabile oder zunehmende Bestandstrends erkennen, und zwar auch für die als besonders störungsanfällig geltenden Arten (ANONYMUS 1995). Bemerkenswerterweise war der Bestandsanstieg in den 1970er Jahren am ausgeprägtesten, als die Jagdzeiten in vielen Ländern noch bis Ende Februar, in Frankreich sogar bis Ende März dauerten.

- Die Gesamtzahl der Wasservögel in der Westpaläarktis verdoppelte sich zu einer Zeit, in der in den einzelnen europäischen Ländern noch fast alle Entenarten bejagt werden konnten und auch noch weniger Schutzgebiete ausgewiesen waren als heute. Diese Tatsache lässt eigentlich nur einen Schluss zu:

- Offensichtlich sind Wat- und Wasservögel flexibler und entsprechen weniger menschlichen Vorstellungen als bisher angenommen.

Sie sind in der Lage, ähnlich wie im Falle direkter Verluste durch Jagd, auch die indirekten Auswirkungen jagdbedingter Störungen durch entsprechende Verhaltensänderungen zu kompensieren. Dies wird, wie in ersterem Fall erwiesen, auch in letzterem nur in gewissem Umfang möglich sein. Doch deuten alle relevanten wis-

Weder in Nordamerika noch bei uns ließen sich die angeblichen negativen Auswirkungen des „Störfaktors Jagd" auf die Bestandsentwicklung der Wasservögel bestätigen.

senschaftlichen Untersuchungen darauf hin, dass die Grenzen der Kompensierbarkeit bei den heutigen Regelungen der Wasserwildbejagung allenfalls gelegentlich lokal, nicht aber überregional erreicht oder gar überschritten sind.

6. Positive Aspekte des Störfaktors Jagd?
Nach umfassender Sichtung relevanter Literatur sowie eigenen Untersuchungen zu dieser Thematik kamen BELL und OWEN (1990) zu denselben Erkenntnissen.

Aus BELLS und OWENS ausgewogener Darstellung ergibt sich die Frage, ob das offensichtlich so entscheidende Nahrungsangebot ohne die gelegentlichen Vertreibungen für die heutigen Wasservogelscharen überhaupt ausreichen würde? Mit anderen Worten: Führt der Störfaktor Jagd zu einer gleichmäßigeren Nutzung umliegender Gewässer und damit zu einer „Rationierung" der begrenzten Ressourcen in besonders bedeutsamen Gebieten? Liegt darin, nämlich in einem verringerten Hungersterben im Spätwinter, eine Möglichkeit zur Kompensierung eventueller negativer Auswirkungen jagdbedingter Störungen?

Hinweise für diese Hypothese der pragmatischen Wasservogelforscher ergaben sich wiederum aus der Schlussphase des Projekts am Bodensee: Nach dem besagten Volksentscheid herrschte im Winter 1985/86 erstmals seit Jahrhunderten völlige Jagdruhe im Ermatinger Becken. Ebenso wie die vorangegangene Saison mit voller Bejagung wurde auch diese in die Untersuchung einbezogen.

Wird das Nahrungsangebot für die Entenmassen ausreichen?
Das früher schon beobachtete Vogelsterben nach Ende der Jagdzeit nahm nun Ausmaße an, die selbst die Tagespresse interessierte. *„Wasservögel verhungerten zu Hunderten"* informierte der „Südkurier" im März 1986 die Öffentlichkeit. Aus den Leserreaktionen sprach Kritik an den Vertretern des Vogelschutzes, die jahrzehntelang die geregelte Bejagung als „Vogelmord" angeprangert hatten – und die nun ihrerseits Vogelleichen aufsammeln mussten. Nahrungsmangel und Entkräftung vermutete das Tierhygienische Institut Freiburg als Todesursache (STÖRZER 1986). Seitens des

Vogelschutzes aber plädierte man weiterhin für diese „natürliche Auslese" ...

Diese Beobachtungen veranlassten zu der Frage, ob eine Bejagung Gesamtzahl und Verteilung der Enten nicht so beeinflusst hätte, dass das Nahrungsangebot für die verbliebenen besser ausgereicht hätte. Denn es fanden sich wohl auch in früheren Jahren verhungerte Enten zu Ende des Winters, was MEILE (1988) unter Hinweis auf die fast vollständige Nahrungsnutzung durch Tauchenten betont. In anderen Publikationen über dieses Projekt (z. B. SCHNEIDER 1986, SCHNEIDER-JACOBI et al. 1993) wurden die nahrungsökologischen Aspekte überhaupt nicht berücksichtigt. Die diesbezüglichen Ergebnisse von FRENZEL sind lediglich in drei unveröffentlichten Berichten dokumentiert (Zus.-f. in KALCHREUTER u. GUTHÖRL 1997). Sie fanden dagegen keinen Niederschlag in FRENZEL und SCHNEIDER (1987), und auch das Massensterben ist mit keinem Wort erwähnt.

Diese einseitigen – um nicht zu sagen irreführende – Darstellung der Erkenntnisse aus dem Projekt verwendeten die Autoren einer Literaturrecherche (MADSEN u. FOX 1995) als Beweis für ihre Hypothese, die Jagd im Spätwinter trage zusätzlich zum Erschöpfungszustand der Vögel bei. Das Gegenteil aber war der Fall:

- Nicht wegen der Jagd, sondern bei völliger Jagdruhe verschlechterte sich die Nahrungssituation der Wasservögel in einem Ausmaß, dass sie zu Tausenden verendeten.

Seit Menschengedenken hatte es kein solches Massensterben gegeben, obwohl extreme Witterungskonstellationen – längere Frostperiode ab Mittwinter bei niedrigem Pegelstand – doch immer wieder einmal vorgekommen waren. Damals aber wären eben mit Sicherheit ein Teil der dem Hungertod geweihten Enten infolge ihrer schwachen Kondition vorher den Flinten zum Opfer gefallen.

Doch der Tod schlug auch in der Umgebung zu, wie die Untersuchung von SUTER am Hochrhein, dem westlichen Ausfluss des Ermatinger Beckens zur selben Zeit zeigten (SUTER u. VAN EERDEN

1992). Dorthin bewegen sich insbesondere die Tauchenten im Spätwinter, wenn die Nahrungsbasis des Beckens erschöpft ist. So auch im besagten Jahr 1986. Das Massensterben setzte hier im März ein, etwa drei Wochen nach Beginn der Kältewelle. SUTER schätzte die Gesamtzahl der auf 50 km Flussstrecke eingegangenen Wasservögel (vor allem Reiher- und Tafelenten sowie Blässhühner) auf zwischen 2.700 und 6.200 Exemplare, also ein Mehrfaches der von MEILE im Ermatinger Becken vermuteten Opfer von etwa 600 Vögeln. Das dortige Sterben hatte hier also seinen Höhepunkt erreicht.

Eine bemerkenswerte Parallele fand VAN EERDEN zur selben Zeit im Wasservogel-Schutzgebiet Westliches Wattenmeer in Holland (SUTER u. VAN EERDEN 1992). Der größte Anteil (mehr als 80%) der auf 18.000 geschätzten Totfunde betraf die der Reiherente sehr ähnliche und ebenfalls von Muscheln lebende Bergente (*Aythya marila*).

Alle auf ihre Todesursache untersuchten Vögel aus beiden Gebieten wiesen dieselben Symptome auf, nämlich Gewichtsverluste von 30–50% und einen starken Befall durch Endoparasiten, jedoch keinerlei Hinweise auf seuchenhafte Erkrankungen wie Botulismus, Geflügel-Cholera (Pasteurellose) oder die Virose Enteritis. Tod durch Verhungern nach Ausbeutung des Nahrungsangebots ist daher zwingend anzunehmen, wobei Parasitosen diesen Prozess allenfalls beschleunigt, aber nicht ausgelöst haben mögen.

SUTER und VAN EERDEN versuchten, das Massensterben allein durch die Witterungskonstellation zu erklären. Wohl war jener Februar 1986 der kälteste seit 30 Jahren. Auffallend ist jedoch, dass derartige Vorkommen nur aus den beiden (nicht bejagten) Schutzgebieten sowie einem weiteren bei Amsterdam (ohne genauere Angaben), nicht aber aus dem übrigen zentralen und nordwestlichen Europa gemeldet wurden. Hatte andernorts die Bejagung die Verteilung der Vögel beeinflusst bzw. deren Aufenthalt in kritischen Gebieten verkürzt und so tatsächlich zu einer Rationierung des Nahrungsangebots beigetragen, wie BELL und OWEN (1990) vermuteten, und zudem die Zahl der Todeskandidaten reduziert? Bemerkenswerterweise wurden jedenfalls derartige Katastrophen erst seit den frühen 1980er Jahren dokumentiert (z. B. auch 14.000

verhungerte Eiderenten, *Somateria mollissima*, im Winter 1981/82, WRÅNES 1988), nicht jedoch aus dem extrem strengen „Jahrhundertwinter" 1962/63. Dieser hatte nach Kalkulationen von BOYD (1964) im gesamten Überwinterungsgebiet England und Wales weniger als 3.000 Opfer unter Wasservögeln gefordert! Allerdings war damals deren Gesamtzahl im westpaläarktischen Zugareal mit weniger als der Hälfte der heutigen wesentlich geringer (MONVAL u. PIROT 1989). Außerdem wurde das Wasserwild – wie bereits erwähnt – intensiver und länger bejagt als heute.

Zur Reduktion jagdbedingter Störungen

Die mannigfachen Hypothesen über weitreichende negative Auswirkungen jagdbedingter Störreize ließen sich zwar durch wissenschaftliche Untersuchungen nicht bestätigen, doch zeigten sich fast immer Veränderungen im Verhalten und in der Verteilung der Wasservögel. Darunter leiden offensichtlich manche Menschen stärker als die betroffenen Vögel. Dies kann dann zu leidenschaftlichen Aktionen gegen die Wasserwildbejagung führen. Sowohl die genannte Gemeinschaftliche Wasserjagd im Ermatinger Becken als auch die ebenfalls traditionsreiche Wattenjagd an der Nordseeküste mussten dem Druck emotionaler Kräfte weichen.
Nicht jagende Natur- und Vogelfreunde beanspruchen eben das Recht auf die Beobachtung möglichst ungestörter Wasservögel ebenso, wie die Jäger das auf deren jagdliche Nutzung. Insofern gilt es Kompromisse zu finden, die beiden „Nutzergruppen" – nach IUCN-Terminologie *Consumptive and Non-consumptive Users* – gerecht werden. Das Ziel muss die Minimierung von Störungen durch die Jagdausübung sein; es liegt im Übrigen auch im Interesse der Jäger, denn geringere Scheu und höhere Dichten der Vögel versprechen höheren Jagderfolg.
Die jahrelangen Untersuchungen am Bodensee wie auch im deutschen und noch mehr im dänischen Wattenmeer lieferten auch wesentliche Erkenntnisse über die Störbelastung verschiedener Jagdmethoden.

1. Jagd während des Morgen- und Abendstrichs

Diese Jagdart gilt den zwischen Tagesrastgewässer und nächtlichem Nahrungsgebiet (Enten) sowie zwischen Äsungsflächen und Schlafgewässer (Gänsen) pendelnden Vögeln. Da sie ohnehin fliegen, verursachen Störreize durch Flintenknall kaum Auswirkungen. Allenfalls wird der Einfall in das angesteuerte Gebiet bis zum Einbruch der Dunkelheit verzögert.

2. Jagd von festgelegten Ansitzplätzen

Bei dieser Jagdmethode wartet der Jäger hinter einem Sichtschutz am Ufer bzw. im Äsungsgebiet der Gänse auf anfliegende Vögel. Attrappen („Lockenten") oder – wie früher in Holland – lebende Lockgänse erhöhen dabei den Jagderfolg und verringern die Schussentfernung.

Wird die Jagd nur von diesem festen Stand ausgeübt, lassen sich Wat- und Wasservögel im Umkreis von mehr als 200–300 m nicht stören. Verlässt der Jäger den Stand, nutzen sie bereits eine Viertelstunde später das bejagte Gebiet (MEILE 1988, BAMBERG 1989).

Diese Erkenntnisse fanden ihren Niederschlag in der 1979 getroffenen Regelung der Wattenjagd am Dollart, die damals von allen Beteiligten, von Vertretern des Natur- und Vogelschutzes wie der Jagd, akzeptiert wurde. Es galt, die Zahl der lizenzierten Wattenjäger zu kanalisieren, indem man ihre Aktivitäten auf feste Ansitzplätze konzentrierte (Abb. 57).

Diese Plätze wurden im Abstand von durchschnittlich 1.000 m Entfernung voneinander im Watt ausgewiesen und waren nur auf ebenfalls festgelegten „Jägernotwegen" anzugehen. Die Inhaber der Wattenjagdscheine mussten sich untereinander absprechen, wer wann welchen Ansitzplatz benutzt. Die Zwischenräume blieben nun ständig ungestört und der ausschließlichen Nutzung durch Wat- und Wasservögel vorbehalten. Diese lernten rasch, wo sie sicher waren.

Demgegenüber verursacht eine mobile Jagdausübung, meist von Booten aus, erhebliche und weiträumige Störungen. Am Bodensee flohen die Vögel vor anfahrenden Jagdbooten, kreisten längere Zeit

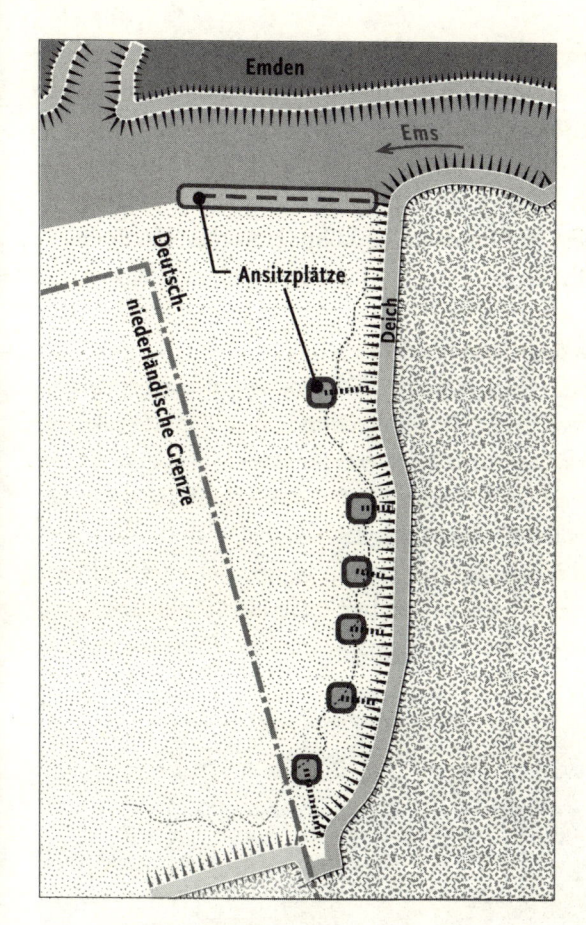

Abb. 57: In Gebieten hoher Jägerdichte gilt es, jagdliche Störungen zu verringern. Dies gelingt durch genau festgelegte Ansitzplätze, wie sie früher am Dollart an der Nordsee ausgewiesen wurden.

und zögerten, wieder auf dem Gewässer zu landen. Nach mehrmaliger Störung verließen sie dieses längerfristig (MEILE 1988).
Ähnliche Unterschiede gegenüber der Jagd von festen Ständen aus zeigten MADSENS (1993) quantitative Untersuchungen im dänischen Küstenbereich. Verursachten in einem Gebiet selbst acht stationäre Jäger nur einen Rückgang der rastenden bzw. äsenden Pfeifenten von 40% bis zur Mittagszeit, so hatten dort fast alle Enten das Gebiet verlassen, als von nur drei Jägern zwei von fahrenden Booten jagten. Dementsprechend war der Jagderfolg von stationären Ständen im Allgemeinen höher als der von Booten.

Dieselben Unterschiede zeigten sich bei der Jagd aus Schirmen und Tonnen gegenüber der von fahrenden Booten im Ermatinger Becken (MEILE 1988).

■ Jagd von festen Ständen, die möglichst konstant einzuhalten sind, vermindert Störungen und erhöht den Jagderfolg. Boote sollten allenfalls zur Bergung der Jagdstrecke eingesetzt werden.

3. Jagdruhezonen oder Schongebiete

In Ländern mit Lizenzjagdsystemen, in denen also die Jagdausübung nicht an bestimmte Reviere gebunden ist, kann es lokal zu hohem Jagddruck kommen. Hier empfiehlt sich die Ausweisung von Jagdruhezonen oder Schongebieten, die grundsätzlich unbejagt bleiben. Dies lernen die Vögel rasch, ziehen sich dorthin tagsüber zurück und lassen sich durch den Jagdbetrieb in der Umgebung kaum stören. Auch gegenüber anderen Störquellen, etwa Fischerbooten oder Spaziergängern, sind die Wasservögel im

Durch geeignete Jagdmethoden lassen sich Störungen beträchtlich vermindern (im Bild: Entenschirm an der Donau) ...

Schongebiet toleranter, wie Beobachtungen im Ermatinger Becken zeigten (MEILE 1988).

Vor allem in Durchzugsgebieten kann es einige Zeit dauern, bis die Vögel die Schongebiete erkennen und Traditionen zu deren Nutzung entwickeln. In einem dänischen Experiment stiegen die Zahlen im Herbst durchziehender Pfeifenten innerhalb von drei Jahren nach Ausweisung von zwei Schongebieten auf mehr als das Vierfache, was allerdings wohl auch durch längere Aufenthaltszeiten der Vögel bedingt war. Es zeigte sich allmählich eine Konzentration der Pfeifenten auf diese beiden Gebiete, die somit zu den bedeutendsten dänischen Rastplätzen während des Durchzugs wurden. Insgesamt hatten sich die im Herbst in Dänemark durchziehenden Pfeifenten und Löffelenten fast verdoppelt (MADSEN 1993, 1993 a, 1995). So ist es auch unter dem Aspekt der Traditionsbildung sinnvoll, Schongebiete über Jahre hinweg beizubehalten.

Wie bereits dargelegt, wären solche Schongebiete für die Wasservögel infolge ihrer Flexibilität hinsichtlich Rast und Nahrungssuche

... wovon sowohl Vogelbeobachter als auch Jäger profitieren.

nicht existenziell notwendig. Sie sind jedenfalls wichtiger im Hinblick auf das große Interesse, das weite Bevölkerungskreise den befiederten Mitgliedern wassergebundener Lebensgemeinschaften entgegenbringen. Bei hohem Jagddruck haben diese Naturfreunde nur so die Möglichkeit zur Beobachtung ungestörter Wat- und Wasservögel.

Doch – und das ist weit weniger bekannt – auch die Jäger profitieren von solchen Jagdruhezonen. Im Ermatinger Becken hatten sie durch die Ausweisung des experimentellen Schongebiets zwar einige besonders beliebte Jagdplätze verloren, doch hielt sich z. B. im Winter 1983/84 trotz insgesamt vermutlich geringerer Jagdaktivität die Strecke mit fast 4.000 erlegten Wasservögeln etwa in vergleichbarer Höhe früherer Jahre, in denen das ganze Gebiet bejagt wurde. In der genannten dänischen Studie sowie in entsprechenden Untersuchungen in England (OWEN 1993) stiegen Zahl und Aufenthaltsdauer der Pfeifenten nicht nur in Schongebieten sondern auch in deren Umgebung. Somit ließen sich auch hier Verluste an bejagbarer Fläche ausgleichen durch einen höheren Jagderfolg (MADSEN 1993).

Diese Erkenntnisse führten zu Bestrebungen, insbesondere in Ländern mit Lizenzjagdsystemen, netzartig Jagdruhezonen über bedeutende Wasservogel-Schutzgebiete hinweg zu planen (BELL u. OWEN 1990, OWEN 1993). Hinsichtlich der Größe solcher Refugien sollten jedoch nicht menschliche Vorstellungen maßgeblich sein, die je nachdem, ob sie von Jäger- oder Vogelschutzseite kommen, von „winzig klein" bis „riesengroß" variieren können.

- Bei der Ausweisung von Jagdruhezonen gilt es, in erster Linie die Erfordernisse der Wasservögel zu berücksichtigen. Diese können erheblich von menschlichen Vorstellungen abweichen und sollten daher vor Ort ermittelt werden, auf Grund von Erfahrungen aus experimentellen Untersuchungsgebieten.

Wesentlich günstiger als einzelne große Schongebiete, die dann zwangsläufig unterschiedlich wertvolle Biotope umfassen, sind mehrere kleinere Refugien von etwa 50 ha, wobei besondere Präferenzen der Vögel zu berücksichtigen sind. Groß genug sind diese Ruhezonen dann, wenn sich auch störungsempfindlichere Arten durch den Jagdbetrieb in der Umgebung nicht mehr stören lassen. Abb. 58 möge dies an einem Beispiel aus Dänemark veranschaulichen.

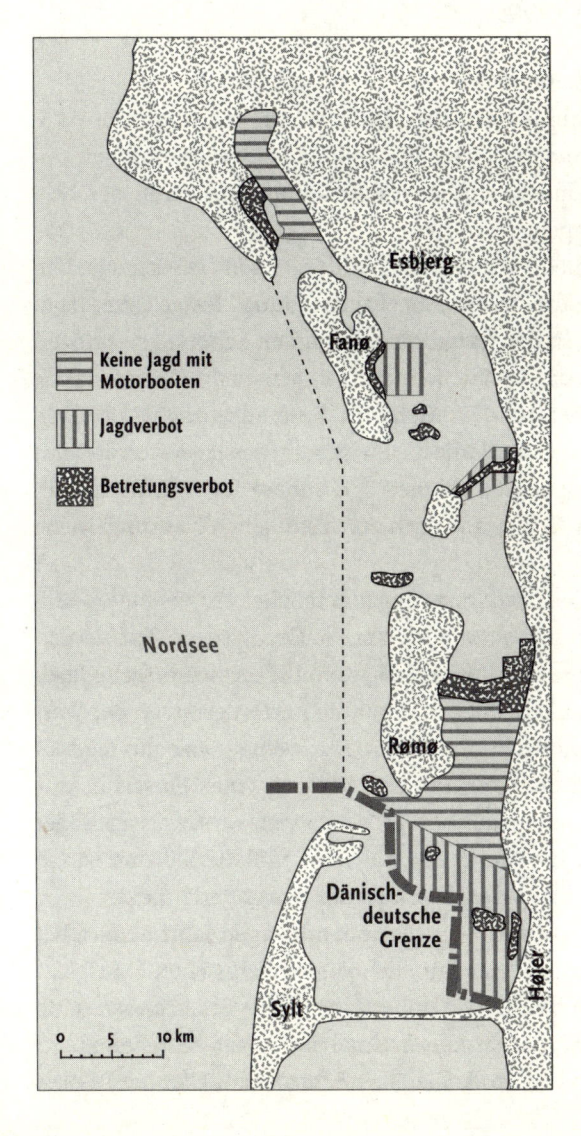

Abb. 58: Ein bewährtes Instrument zur Reduktion jagdbedingter Störungen ist auch die Ausweisung von Jagdruhezonen wie im Schutzgebiet „Wattenmeer" an der dänisch-deutschen Nordseeküste.

Dort sammelt man derzeit Erfahrungen an 50 festgelegten Refugien, die die Erhaltung und nachhaltige jagdliche Nutzung der Wasservögel in besonderen Schutzgebieten (*special protected areas*) garantieren sollen. Die Arbeiten basieren auf der „historischen" Vereinbarung von 1992 zwischen Umweltschutz- und Jägerorganisationen (MADSEN 1995).

4. Zeitliche Jagdbeschränkungen

Anstatt der genannten örtlichen Beschränkungen jagdlicher Aktivitäten können auch zeitliche Restriktionen die Auswirkungen von Störreizen vermindern und damit zu Kompromissen in der Nutzung von Feuchtgebieten führen.

Im Ermatinger Becken hielten sich die Jäger seit Menschengedenken strikt an die drei in der „Vogeljagdordnung" festgelegten Jagdtage pro Woche. In den dazwischen liegenden Schontagen nutzten die Wasservögel das Gebiet, jedenfalls in gewissem Umfang, auch tagsüber als Ruheplatz. Das Motiv für diese Regelung war höchstwahrscheinlich in erster Linie die Steigerung des Jagderfolgs. Denn bei täglicher Bejagung hätten die Vögel andere Tagesrastplätze aufgesucht und das Gebiet nur noch zur nächtlichen Nahrungssuche besucht.

Nichts ist der Wasserwildbejagung abträglicher als ständige jagdliche Beunruhigung, worauf auch BELL u. OWEN (1990) hinweisen. Doch auch in unserem Revierjagdsystem haben sich örtliche Jagdtraditionen entwickelt, die den genannten Erfordernissen der Wasservögel durchaus Rechnung tragen. Nur wenige Male pro Jagdsaison laden die Pächter von Revieren entlang eines Flusslaufs zur gemeinsamen „Entenjagd" ein. So haben viele ortsansässige Jäger die Möglichkeit, auf Wasserwild zu jagen, und die Störung ist auf wenige Morgen- bzw. Abendstunden des Jahres beschränkt.

Uralte Tradition, nämlich schon seit dem vorigen Jahrhundert, hat auch die „Wasserjagd" des Fürstlich-Fürstenbergischen Hauses in Donaueschingen, bei der ich über Jahrzehnte Erfahrungen sammeln konnte. Zwei-, höchstens dreimal pro Saison beziehen 25–30 Jäger morgens in der Dunkelheit ihre Schirme am Ufer der Donau, um die durch die Schüsse aufgescheuchten und umherfliegenden Enten zu bejagen. Punkt 9 Uhr ist die Jagd beendet. Wer sich daran nicht hält, bekommt zunächst die gelbe, im Wiederholungsfall die rote Karte gezeigt. Denn nach 9 Uhr ist nur noch das Jagdpersonal unterwegs, um mit Hilfe von qualifizierten Hunden die Jagdstrecke – zwischen 150 und 300 Enten – zu bergen. Danach herrscht Ruhe, die Donau gehört wieder allein den Enten.

Tageszeitliche Beschränkungen haben sich besonders bei der Gänsejagd bewährt. Dem in den 1970er Jahren zunächst in Holland praktizierten Beispiel folgte damals das Land Schleswig-Holstein und untersagte die Bejagung zwischen 10 Uhr und 15 Uhr. Während dieser Zeit sollen die Gänse ungestört äsen. Die Bejagung konzentriert sich damit im Wesentlichen auf den Morgen- und Abendstrich. Wie schon erwähnt, lernen diese „intelligenten" Großvögel rasch, wann es nicht mehr knallt, und fallen schon kurz nach dem Abzug der Jäger auf den zuvor bejagten Flächen zur Äsung ein.

Bei den heutigen stark angewachsenen Gänsescharen und entsprechend hohen Schäden auf landwirtschaftlichen Flächen hat sich diese strikte Regelung allerdings relativiert. Unabhängig von der Tageszeit lässt sich der Vertreibungseffekt der Bejagung zur Verminderung von Schäden nutzen. Erste Vorstellungen über Managementpläne, die sowohl der Schadensminderung dienen, als auch dem jagdlichen Nutzungsanspruch der Grundeigentümer gerecht werden, hatte RUTSCHKE (1996) entwickelt. Sie wurden auch im Positionspapier „Gänsejagd" des DJV von 1997 berücksichtigt.

In *Frostperioden* von längerer Dauer kann sich die Situation der Wasservögel drastisch verschlechtern, wozu auch die mehrjährige Studie im Ermatinger Becken Erkenntnisse lieferte.

▶ Bei zunehmender Vereisung können Nahrungsengpässe auftreten, zumal der Nahrungsbedarf mit sinkenden Temperaturen steigt. BENNETT und BOLEN (1978) beobachteten erhöhte Mortalität bei der amerikanischen Krickente (*Anas carolinensis*), sobald in Frostperioden scharfe Winde den „*Chill-Index*" und damit den Kältestress der Vögel erhöhten.

▶ Unter solchen Umständen sind eventuell die Auswirkungen von Störungen nicht mehr zu kompensieren, insbesondere wenn geeignete Ausweichgewässer bereits zugefroren sind.

Um solche Opfer einer negativen Energiebilanz zu verringern und andererseits auch zu hohe Erlegungsraten unter den nun relativ leicht zu erbeutenden Wasservögeln zu vermeiden, sollte deren Bejagung während länger andauernder Frostperioden eingestellt werden. Entsprechende Bestimmungen fanden sich denn auch in den Verordnungen zur Wattenjagd, wie auch in der Vogeljagdordnung der Gemeinschaftlichen Wasserjagd im Ermatinger Becken am Bodensee.

■ Örtliche und zeitliche Beschränkungen der Bejagung erhöhen die Kompensierbarkeit der Auswirkungen jagdbedingter Störungen. Sie sind bei sachgerechter Planung unter Berücksichtigung örtlicher Besonderheiten Kompromisse zwischen den Lebensansprüchen der Wasservögel sowie den Interessen nicht jagender Naturfreunde und der Jäger.

Jagd in Schutzgebieten

Die genannten Erkenntnisse genauerer Untersuchungen widerlegen die vor allem in Deutschland gern und häufig vertretene Auffassung, möglichst große, zusammenhängende Schutzgebiete, in denen die Jagd auf Wasservögel vollkommen eingestellt wird, seien zu deren Erhaltung unerlässlich (z. B. REICHHOLF 1973 a, b; FRENZEL u. SCHNEIDER 1987, CONRADY 1989, SCHNEIDER-JACOBY et al. 1993, 2000).
Diese Forderung wird denn auch immer wieder laut, wenn es um „Feuchtgebiete von internationaler Bedeutung" geht. Jagd und die dadurch bedingten Störungen würden sich „von der Natur der Sache her" von selbst verbieten, meinte z. B. ERZ (1987), denn solche Gebiete dienten dem Schutz der Wasservögel vor jeglicher Störung.

Die Ramsar-Konvention
Diese Fehlinterpretation des *Übereinkommens über Feuchtgebiete, insbesondere als Lebensraum für Wasser- und Watvögel, von internationaler Bedeutung* (Ramsar-Konvention) ist bei uns weit verbreitet. In Wirklichkeit ist aus der Ramsar-Konvention keineswegs ein völliges Jagdverbot abzuleiten. Vielmehr verpflichtet diese die Vertragsstaaten nach Artikel 2/6 zu einer „wohl ausgewogenen Nutzung der Bestände ziehender Wat- und Wasservögel". Und zwar sowohl in den dem Ramsar-Sekretariat gemeldeten Feuchtgebieten von internationaler Bedeutung wie in Wasservogel-Biotopen generell.

Darin manifestierte sich bereits 1971 bei der Abfassung der Konvention in Ramsar (Iran) eine Erkenntnis, die inzwischen auch zur Police der Welterhaltungsunion (IUCN) avancierte: *Das Interesse an der Nutzung – auch der jagdlichen – von Naturgütern ist eine wesentliche Triebfeder zu ihrer Erhaltung.*

Maßgeblich waren hierfür die zahllosen Beispiele für die Erhaltung und Neuschaffung von Feuchtgebieten aus jagdlichem Interesse. Das bekannteste ist wohl die erfolgreiche amerikanische Naturschutzorganisation *Ducks Unlimited* (mehr dazu auf S. 506 ff.).

Diese Nutzung betrifft auch und ausdrücklich *ziehende* Wat- und Wasservögel. Das sei betont im Hinblick auf mancherlei Bestrebungen – so auch in der „Esbjerg-Deklaration der 6. Trilateralen Wattenmeer-Konferenz von 1991" –, die jagdliche Nutzung von Zugvögeln zu verbieten. Doch zu diesen zählen in unseren Breiten, bedingt durch die winterliche Vereisung ihrer Lebensräume, zwangsläufig fast alle Wat- und Wasservögel. Wie bereits dargelegt, bestehen aus populationsdynamischer Sicht keine Unterschiede hinsichtlich der Auswirkungen der Bejagung von ziehenden und standorttreuen Arten.

Zu *wohl ausgewogener*, also nachhaltig möglicher Nutzung im Sinne von *„wise use"* verpflichtet die Ramsar-Konvention. Dies beinhaltet selbstverständlich auch ein Management jagdbedingter Störungen, mit dem Ziel, deren Auswirkungen auf einem für bejagte und unbejagte Wat- und Wasservögel kompensierbaren Niveau zu halten. Das ermöglichen heute die vorstehend geschilderten örtlichen und zeitlichen Beschränkungen bei der Wasserwildbejagung. Forderungen nach großflächigen, ganze Schutzgebiete umfassenden Jagdverboten entsprechen dagegen nicht mehr dem heutigen Wissensstand.

Konsequenzen dieser Erkenntnisse zeigten sich bereits während der 7. Trilateralen Wattenmeer-Konferenz 1994 in Leeuwarden (REINEKING 1996). Die entsprechende Deklaration berücksichtigt die o. g., auf umfassenden Untersuchungen basierende Strategie hinsichtlich der jagdlichen Nutzung des dänischen Wattenmeers. Über die Erfahrungen und Möglichkeiten, diese Strategie nun weiter zu verfolgen, wurde während der 8. Wattenmeer-Konferenz 1997 in Stade berichtet. Konsequenzen bleiben abzuwarten.

Auf *nationaler* Ebene setzt sich diese Denkweise nur zögerlich durch. Jagd in Schutzgebieten ist allenfalls auf die Reduktion von Schalenwild beschränkt, soweit eine solche aus ökologischer Sicht notwendig erscheint. Jegliche weitere Jagdausübung gilt vor allem wegen der damit verbundenen Störungen als nicht vereinbar mit der Idee des Naturschutzes. Doch diese Auffassung bedarf auf Grund des heutigen Wissens um diese Thematik einer Revision.

Zusammenfassung

Der Einfluss jagdbedingter Störungen wird vor allem in Hinblick auf Wasservögel diskutiert. Neuere Erkenntnisse lassen folgende Schlüsse zu:

▶ Bejagung beeinflusst die Gesamtzahl und Verteilung der Wasservögel tagsüber während der *Ruhe*phase. Bleibt jedoch ein Teil der Fläche unbejagt, ist die Gesamtzahl der Vögel und damit die Funktion des Gebiets als Ruhegewässer, jedenfalls für die meisten Arten, nicht erkennbar beeinträchtigt.

▶ Die Nutzung bevorzugter *Nahrungsgewässer* ist allenfalls tagsüber und nur bei unmittelbarer Jagdausübung behindert. Dieses Defizit kann jedoch durch nächtliche Nahrungssuche, die ohnehin dem natürlichen Verhaltensmuster der Enten entspricht, kompensiert werden. Das erreichbare Nahrungsangebot ist für die Gesamtzahl der anwesenden Wasservögel entscheidend.

- Die Nahrungskapazität von Gewässern für Wasservögel kann sich durch Eutrophierung erhöhen. Die Zunahme der Vögel an den untersuchten Gewässern widerspricht der Hypothese, die Bejagung beeinträchtige die Nutzung des gestiegenen Nahrungspotenzials. Massensterben unter ungünstigen klimatischen Bedingungen deuten eher darauf hin, dass die Biotopkapazität ohne Bejagung rasch überschritten werden könnte.
- Wat- und Wasservögel sind auf Grund der ohnehin überwiegend nächtlichen Nahrungssuche bzw. der beachtlichen Flexibilität ihres Aktivitätsrhythmus in der Lage, störungsbedingte Defizite weitgehend zu kompensieren.
- Sofern die Nutzung des Nahrungspotenzials durch Störungen tatsächlich beeinträchtigt wird, zeichnet sich eine weitere Möglichkeit der Kompensation dieser Defizite für die insgesamt durchziehenden bzw. überwinternden Populationen in Form einer „Rationierung" des Nahrungsangebots ab. Insbesondere bei hohen Wasservogeldichten kann Bejagung vermutlich durch eine Verringerung der Konsumenten durch Erlegung und deren Verteilung auch auf andere Nahrungsgründe infolge der Störung bewirken, dass das Nahrungsangebot von den überlebenden Vögeln länger genutzt werden kann als ohne Bejagung.
- Durch geeignete Jagdmethoden lassen sich störungsbedingte negative Auswirkungen erheblich vermindern. Hierzu zählen örtliche und zeitliche Beschränkungen der Bejagung. Davon profitieren nicht nur die Wasservögel, sondern auch die Jäger durch höhere Jagdstrecken. Störungsfreie Zeiten und Zonen sind auch im Interesse von Naturfreunden, die sich an der Beobachtung des Wassergeflügels erfreuen wollen. Solche Kompromisse zwischen den Erfordernissen der Wasservögel und den verschiedenartigen Nutzungsansprüchen der Menschen lassen sich jedoch nur vor Ort und nicht pauschal vom „grünen Tisch" aus finden. In vielen Gebieten werden sie schon erfolgreich praktiziert, was auch die positive Bestandsentwicklung der meisten Wasservogelarten beweist.

Von Räubern und Beutetieren

Umfassende und aufwändige wissenschaftliche Untersuchungen über den Einfluss der Jagd haben nun bestätigt: Nachhaltige jagdliche Nutzung bedeutet keine Gefahr für die bejagten Wildarten.
Gilt dies nicht ebenso oder noch viel mehr für die Jäger aus dem Tierreich bezüglich ihrer Beutetiere? Sind Prädatoren als die „natürlichen" Jäger nicht viel mehr als der Mensch auf ihre Mitlebewesen angewiesen? Hat sich infolgedessen nicht seit unvordenklichen Zeiten ein „ökologisches Gleichgewicht" von Räuber und Beute entwickelt? Und schließlich: Sind nicht dieselben kompensatorischen Mechanismen wirksam, um Verluste auszugleichen, egal ob diese vom Jäger Mensch oder Jäger Tier verursacht werden? Diese sowohl von Seiten des Naturschutzes als auch der Jagd häufig gehörten Fragen stellen sich auch nach der Lektüre der vorigen Kapitel. Wozu eigentlich Eingriffe in die Räuberfauna?
Das vor etwa drei Jahrzehnten erwachte ökologische Denken bedeutete auch eine Wende in der Betrachtung der Fleisch fressenden Mitlebewesen. Deren Beurteilung als Nahrungskonkurrenten für den Menschen wie auch als Gefahr für ihre Beutetiere – von jeher eine Selbstverständlichkeit mit der Konsequenz massiver Verfolgung – wurde zunehmend kritisch hinterfragt. Haben in natürlichen Ökosystemen nicht *alle* Tierarten ihre Daseinsberechtigung? Mehr noch, haben nicht Fuchs und Habicht eher das Recht auf die Erbeutung von Hase oder Rebhuhn zur Aufzucht ihrer Jungen als der Jäger, der seinen Fleischbedarf im Metzgerladen decken kann?
Neue Begriffe verdeutlichten diesen Gesinnungswandel. Der auch in der ornithologischen Fachliteratur früher gebräuchliche Terminus „Raubvögel" verschwand fast völlig aus dem Sprachgebrauch; man spricht heute nur noch von „Greifvögeln". Bezeichnungen wie „Freibeuter", „Strauchritter" oder „Mordgeselle" für Fuchs und Ha-

bicht gehören der Vergangenheit an. Alle mit Krallen, Reißzähnen oder Hakenschnabel bewehrten Arten avancierten zu harmlosen „Beutegreifern". Wissenschaftler verwenden den objektiveren Begriff „Prädatoren" (abgeleitet vom englischen *predator*) bei der Untersuchung von „Räuber-Beute-Beziehungen".

Prädatoren und Niederwild

Diese Thematik wurde in Europa erst in jüngster Zeit Gegenstand moderner Forschungsmethodik. Die Darstellungen in ökologischen Lehrbüchern bezogen sich daher meist auf frühere amerikanische Arbeiten in arktischen bzw. vom Menschen wenig beeinflussten Ökosystemen.

Lehrbuchbeispiele

Die wohl am häufigsten zitierte Studie betrifft den Luchs (*Lynx canadensis*) und sein in der kanadischen Arktis fast ausschließliches Beutetier, den Schneehasen (*Lepus americanus*). Dessen Häufigkeit unterliegt in diesen nördlichen Regionen extremen Schwankungen

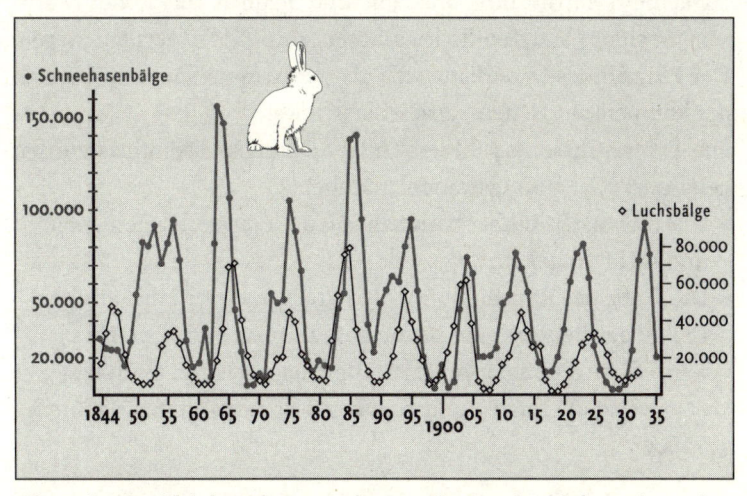

Abb. 59: Die Abhängigkeit des Räubers vom Vorkommen seiner Beute in arktischen Regionen spiegelte sich in der langjährigen Statistik über die von Trappern in Kanada erbeuteten Schneehasen (Punkte) und Luchse (Rauten) wider (aus DEMPSTER 1975 nach MACLULICH 1937).

in etwa zehnjährigem Zyklus. Gibt es viele Hasen, haben die Luchse ein reiches Nahrungsangebot und können sich entsprechend vermehren. Ist der Schneehasenzyklus beendet, so sind ihre Hauptbeutetiere so selten, dass fast alle Jungluchse verhungern. Der Luchsbestand nimmt dann rasch ab und kann sich erst nach Beginn eines neuen Schneehasenzyklus wieder aufbauen (NELLIS 1972).

Über die Statistik der „Hudson Bay Company", die von den Trappern Pelze aufkaufte, stand der Wissenschaft eine über hundertjährige Datenreihe zur Verfügung. Abb. 59 verdeutlicht diese Abhängigkeit der Luchsdichte vom Schneehasenvorkommen.

Als weiteres Lehrbuch-Beispiel gilt die auch immerhin dreißigjährige Untersuchung von ERRINGTON (1954) an der Bisamratte (*Ondatra zibethica*) und ihrem Räuber, dem amerikanischen Nerz oder Mink (*Mustela vison*). Dabei zeigte sich eine deutliche Abhängigkeit des Räubereingriffs von der Biotopqualität. Territoriale Bisamratten kennen die günstigen Biotopstrukturen, in denen sie vor dem Nerz ziemlich sicher sind. Dessen Beute waren in erster Linie die „überzähligen" Tiere, die es im begrenzten Feuchtgebiet zu keinem Territorium brachten und folglich mit hoher Wahrscheinlichkeit anderen Todesfaktoren zum Opfer gefallen wären. Der Eingriff des Mink hatte sich also im Wesentlichen im Bereich der kompensatorischen Sterblichkeit bewegt.

Die Erkenntnisse aus diesen Untersuchungen beeinflussten den genannten Gesinnungswandel, nämlich:

- ▶ Die Dichte der Räuber hängt ab von derjenigen der Beutetiere und nicht umgekehrt.
- ▶ Die Höhe des Räubereingriffs resultiert in erster Linie aus der Dichte der Beutetiere in Bezug auf ihren Lebensraum. Nur wenn diese die Biotopkapazität übersteigt, kommt es zu nennenswerten Verlusten und zu einer Bestandsbegrenzung durch Räuber.

Weitere Beispiele für diese einfachen Räuber-Beute-Beziehungen sind der Raufußbussard (*Buteo lagopus*), der in seiner arktischen

Brutheimat fast ausschließlich auf Lemminge (*Lemmus spec.*) angewiesen ist und dessen Dichte folglich von deren Massenwechsel abhängt; oder in unseren Breiten die Schleiereule (*Tyto alba*), die sich fast ausschließlich von Mäusen ernährt. Sind diese selten oder in strengen Wintern längere Zeit unter der Schneedecke verborgen, so verhungern die Schleiereulen in großer Zahl. Auch in diesem Fall regelt also das Beutevorkommen die Dichte des Räubers, während umgekehrt die Nager nicht erkennbar durch die Eulen beeinträchtigt werden.

Solche Räuber-Beute-Beziehungen finden sich entweder bei Prädatoren mit engem Spektrum an Beutetieren, so genannten „Nahrungsspezialisten", und/oder in einfachen oder vom Menschen kaum veränderten Ökosystemen mit wenigen potenziellen Beutetierarten bzw. ohne unnatürliche Nahrungsquellen. Sie entsprechen den genannten heutigen Vorstellungen vom friedlichen Miteinander von Beutegreifern und Beutetieren.

Doch lassen sie sich verallgemeinern, wie ihre Darstellung selbst in Lehrbüchern suggeriert? Wie liegen die Verhältnisse bei „Generalisten", also Prädatoren mit breitem Nahrungsspektrum, in der Kulturlandschaft? Die folgenden Beispiele mögen zum Verständnis dieser Situation beitragen.

Ein Beispiel aus Franken

Die vom Forstamt anberaumte Hubertusjagd im Herbst 1984 hatte eher symbolischen Charakter. Ganze zwei Hasen kamen in den mageren Kiefernforsten zur Strecke. Was war in solchen Biotopen auch anderes zu erwarten?

Umso überraschender die ungeheuerliche Meldung aus demselben Gebiet und zur selben Zeit: Mit sieben Flinten, sechs Treibern und vier Vorstehhunden kamen innerhalb weniger Stunden 79 (!) Hasen zur Strecke. Und das auf kleinstem Raum von nur 22 Hektar ...

Als dann knapp vier Wochen später die Wiederholung dieser Jagd in derselben Intensität eine zusätzliche Strecke von 31 Hasen lieferte, wich das ungläubige Staunen der Fahndung nach den Ursachen solcher Hasendichten. Damit wurde das damalige Fachgebiet

Wild- und Jagdökologie der Bundesforschungsanstalt für Naturschutz und Landschaftsökologie (BFANL) in Zusammenarbeit mit dem zuständigen Bundesforstamt Tennenlohe beauftragt.

Das Gebiet (militärisches Sperrgebiet, daher muss auf die Ortsangabe verzichtet werden) liegt nördlich des Fränkischen Jura zwischen Hilpoltstein und Weißenburg auf etwa 490 m NN. Es entstand 1971 durch Kahlschlag, wurde 1976 durch einen 2,5 m hohen Maschendrahtzaun eingefriedet und zum Sichtschutz für die militärischen Anlagen mit Kiefer, Roteiche, Eberesche und Schwarzerle bepflanzt.

Die dreijährige Untersuchung (GUTHÖRL u. KALCHREUTER 1995) lieferte folgende Erkenntnisse:

▶ 1978 waren noch keine Hasen zu sehen. Doch ab 1979 – also zeitgleich mit dem witterungsbedingten „Crash" der Hasenstrecken in Mitteleuropa – nahmen sie drastisch zu. Die Verbissschäden stiegen ins Unerträgliche, bis zu 50.000 Forstpflanzen mussten jährlich nachgebessert werden – immer nur wegen der Hasen. Daher entschloss man sich 1981 zur Reduktion durch eine bis zwei Treibjagden pro Jahr. Deren Erfolge zeigten sich erst nach 1985 durch stark nachlassenden Verbiss.

▶ Ab 1980 wurden die ersten Fallwildfunde gemeldet, jährlich zwischen 14 und 42 Hasen. Die wenigen tot gefundenen Tiere, deren Zustand noch eine veterinärmedizinische Untersuchung zuließ, sowie acht erlegte Exemplare zeigten keine pathologischen Befunde und meist nur mäßigen Befall mit Kokzidien und/oder Magen- und Darmwürmern. Die Frage nach der Todesursache (Dichtestress?) kann daher nicht beantwortet werden. Immerhin kulminierte die Zahl der Totfunde (42) und der Jagdstrecke (110) im Jahr 1984, also vermutlich zur Zeit der höchsten Hasendichte.

▶ Trotz mehrfacher Bemühungen über drei Jahre hinweg gelang es nie, eine Vorstellung von der Gesamtzahl der Hasen des Gebiets zu bekommen. Schätzungen in Form von Zähltreiben mit bis zu elf Mann im Abstand von fünf bis zehn Metern ergaben maximal 20 Hasen. Die Unzulänglichkeit dieser Methodik zeigte sich am krassesten 1984, als im Oktober 15–20 Hasen gezählt wurden. Innerhalb der folgenden vier Wochen kamen jedoch 110 Hasen zur Strecke, elf verendete wurden gefunden und elf weitere während der Zähltreiben im darauf folgenden März 1985 ermittelt. Hauptursache für die geringe Effizienz der Zähltreiben war die extrem geringe Fluchtdistanz der Hasen, die in guter Deckung unter Ginster selbst unmittelbar vorbeigehende Helfer aushielten und daher übersehen wurden.

▶ Nach 1978 wurde kein Fuchs mehr im Gebiet gespürt, der Zaun war fuchs- und hasendicht. Außerhalb schnürten immer wieder Füchse den Zaun entlang, vermutlich angelockt durch die intensive Hasenwitterung.

▶ Ab 1982 wurden Hermeline (*Mustela erminea*) im Gebiet beobachtet und Risse von Feldlerche und Singdrossel gefunden. Nur 1985 gab es Anzeichen von Stein- oder Baummarder in

Ein ideales Hasenbiotop war das fränkische Untersuchungsgebiet wahrlich nicht ..., dennoch gab es Massen von Hasen.

Form von Losung und Resten von zwei gerissenen Hasen. Danach fand sich auch bei Neuschnee nie eine Marderspur.

Soweit die Ergebnisse der Untersuchung, die aus personellen Gründen 1986 beendet werden musste.
Was war nun die Ursache für die hohe Hasendichte? Unterschiede im Biotop – heute das beliebteste Argument für rückläufige Niederwildbesätze – scheiden als Erklärung aus. Im Waldgebiet außerhalb des Zauns gab es ebenfalls Forstkulturen ähnlicher Vegetationsstruktur, aber ohne nennenswerte Hasenvorkommen. Auch die Witterungsbedingungen waren in der unmittelbaren Umgebung des Gebiets dieselben.

- Der einzige erkennbare Unterschied und damit die einzig mögliche Erklärung für die hohe Hasendichte war das geringe und nur sporadische Räubervorkommen und das völlige Fehlen des Fuchses im Gebiet.

Diese Beobachtungen deckten sich übrigens mit denen von BEHNKE (1983) im griechischen Karst. Dort wurde ein 500 ha großes Gebiet eingezäunt, worauf es schon nach zwei Jahren von Hasen wimmelte. Sollte der Fuchs wirklich der begrenzende Faktor der Hasenpopulation sein, obwohl er sich doch nach weit verbreiteter Lehrmeinung vor allem von Mäusen ernährt? Oder sind diese Beispiele als lokale Sonderfälle zu betrachten, bedingt durch die Zäunung? Wie ist die Situation in „natürlichen" Ökosystemen?

Feldhasen auf räuberfreien Inseln
Die dänische Ostseeinsel Illumø und die Dynamik ihrer Hasenpopulation haben wir bereits kennen gelernt (S. 35 f.). Jahrelang war die Insel Untersuchungsgebiet des dänischen Wildforschungsinstituts Kalø, denn in dem 100 ha großen Inselbiotop gibt es keine größeren Prädatoren, also auch keine Füchse (ÅBILDGARD et al. 1972). Die Hasendichte schwankte zwar witterungsbedingt (Abb. 9, S. 36), war aber beträchtlich höher als in den besten Hasenrevieren

des benachbarten Festlands, und zwar nicht nur im Herbst, sondern auch im Frühjahr, wie die mehrfach jährlich durchgeführten intensiven Zählungen zeigten.

Wesentlich größer, nämlich rund 6.000 ha, ist die vor der schleswig-holsteinischen Nordseeküste gelegene Insel Föhr. Die verblüffend hohen Niederwildbesätze veranlassten zu entsprechenden Recherchen (KALCHREUTER 1984, PEGEL 1986, GUTHÖRL u. KALCHREUTER 1995). Denn seit 1935 hatte die ortsansässige Jägerfamilie JACOBS die Jagdstrecken dokumentiert, was interessante Vergleiche mit denen des benachbarten Festlands gestattete:

▸ Die jährlichen, witterungsbedingten Streckenschwankungen sind auf Föhr wesentlich ausgeprägter als auf dem Festland (Abb. 60).
▸ Nach dem witterungsbedingten Populationstief im Jahre 1979 erholten sich die Besätze von Hase und Rebhuhn auf Föhr innerhalb von nur zwei Jahren.
▸ Der auf dem Festland beobachtete Abwärtstrend der Strecken von Hase und Rebhuhn ist auf Föhr nicht zu erkennen und beim Fasan bedeutend schwächer ausgeprägt.

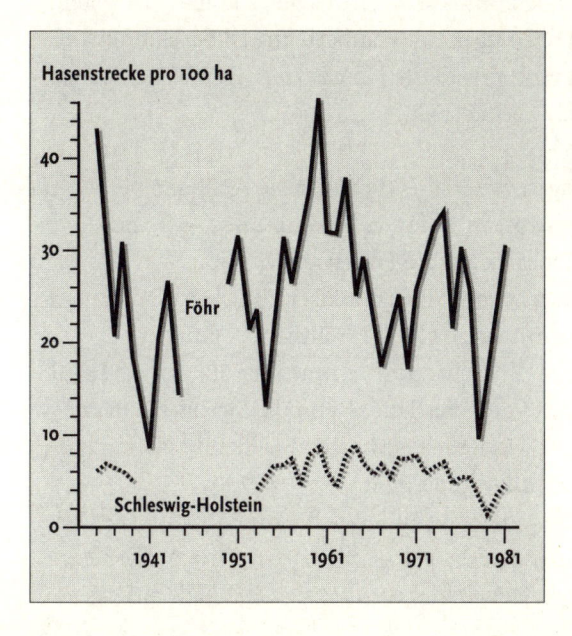

Abb. 60: Hasenstrecke pro 100 ha Jagdfläche auf der Nordseeinsel Föhr und auf dem Festland (Schleswig-Holstein; nach Daten von JACOBS bzw. DJV-Handbuch)

▶ Der gravierendste Unterschied liegt jedoch in der absoluten Höhe der Strecke, also in der Wilddichte. Sie liegt beim Hasen im Schnitt fünfmal höher als auf dem Festland, nirgendwo sonst werden solche Fasanenstrecken erzielt, und die Rebhuhnstrecken sind auf Föhr heute noch so hoch wie auf dem Festland zuletzt in den 1950er und 1960er Jahren.

Was ist auf Föhr anders? Die Landwirtschaft wird auf der Insel so intensiv betrieben wie auf dem Festland. Schon 1963 wurde die Flurbereinigung durchgeführt. Nur ein Drittel der Landschaft besteht aus der höher gelegenen Geest, zwei Drittel dagegen aus der durch Überschwemmungen gefährdeten Marsch; doch selbst dort gibt es sehr viele Hasen und Rebhühner. Das feucht-kühle Seeklima ist sicher nicht niederwildfreundlicher als das auf dem Festland. Der einzige Unterschied zum Festland:

■ Auf Föhr gibt es so gut wie keine Niederwild jagenden Beutegreifer – keine Füchse, Dachse, Marder, Iltisse und Ratten; weder Habicht noch Bussard als Brutvögel, allenfalls als seltene Gäste während des Zuges. Die Räuberfauna ist beschränkt auf Igel, Hermelin und verwilderte Hauskatzen. Den beiden Letzteren wird intensiv nachgestellt.

Die Untersuchungen von PEGEL (1986) sowie Analysen der Altersstruktur der Jagdstrecken lieferten Erkenntnisse, wie sich mangelnder Prädationsdruck auf die Hasen auswirkte:
▶ Der Jahreszuwachs beträgt hier durchschnittlich 150 %, in manchen Jahren sogar über 200 % der Frühjahrspopulation. Die durchschnittliche Zuwachsrate ist damit auf Föhr etwa dreimal so hoch wie die auf dem Festland. Denn die Sterblichkeitsrate der Junghasen ist wesentlich geringer, vor allem in der ersten Hälfte der Fortpflanzungsperiode.
▶ Deutlich höher lag auch die Hasendichte im Frühjahr. Dies sei betont im Hinblick auf die gelegentlich vertretene Auffassung (z. B. BLEW 1993), Prädatoren würden sich allenfalls auf das

Hasenvorkommen im Herbst – also Gegenstand des Jägerinteresses – auswirken.

Diese Beobachtungen decken sich mit denen von FRYLESTAM (1979 in PEGEL 1986) auf einer weitgehend räuberfreien Insel und zwei weiteren Untersuchungsflächen mit Raubwildbesatz in Südschweden: Im Zeitraum von 1974 bis 1976 betrug der mittlere Zuwachs beim Hasen auf der Insel 118 %, auf den Vergleichsflächen dagegen nur 31 %.
Hohe Nachwuchsraten des Hasen also – trotz „Fruchtbarkeitskiller"? Oder sind die nur wirksam bei hohen Fuchsdichten? Diese Anmerkung sei hier gestattet im Hinblick auf die in den 1990er Jahren entflammte Diskussion über die Auswirkungen von Pflanzenbehandlungsmitteln (Pestiziden) auf die Fortpflanzungsrate der Hasen.
Auch auf anderen Nordseeinseln, auf denen der Fuchs und andere Beutegreifer fehlen, sind die Feldhasenbesätze außergewöhnlich hoch und keineswegs rückläufig. PLIKAT (1991) berichtet von nach wie vor hohen Hasenstrecken von jährlich 600 bis 700 Stück auf der rund 300 ha großen Jagdfläche der ostfriesischen Insel Langeoog, ACKERMANN (1993) von Rekordstrecken beim Feldhasen in den Jahren 1992 und 1993 auf der ostfriesischen Insel Juist.

Räuberausschluss-Versuche
Die genannten Untersuchungen lassen zwar einen erheblichen Einfluss der Prädatoren auf einige ihrer Beutetiere zwingend annehmen. Aber lassen sich diese Erkenntnisse wirklich verallgemeinern? Oder handelt es sich vielleicht doch nur um einmalige Sonderfälle, bedingt durch andere Faktoren, die wir gar nicht kennen?
Um solchen Bedenken Rechnung zu tragen, bedarf es der experimentellen Forschung. Eine Vermutung oder Arbeitshypothese lässt sich letztlich nur durch nachvollziehbare, wiederholbare Experimente bestätigen oder verwerfen.
Das Vorgehen ist im Prinzip dasselbe wie in der jagdökologischen Forschung: Der Einfluss der Jäger wie der seiner jagenden Mitgeschöpfe auf ihre Beutetiere lässt sich exakt nur durch Ausschluss-

versuche (*removal experiments*) ermitteln, also durch Vergleiche von Gebieten mit unterschiedlichem Jagd- bzw. Prädationsdruck. Bezüglich der Jagd wurde die Methodik in den vorigen Kapiteln ja schon mehrfach geschildert. Was ergaben nun die entsprechenden Experimente über die Auswirkungen von Prädatoren?

Untersuchungen in Schweden
Ziel der Untersuchung von MARCSTRÖM *et al.* (1989) war die Überprüfung folgender Arbeitshypothesen:
▶ Prädation durch Fuchs und Baummarder (*Martes martes*) ist ein limitierender Faktor für Schneehasenpopulationen (*Lepus timidus*).
▶ Der Prädationsdruck verlagert sich auf den Schneehasen, wenn Populationen von Kleinnagern (*Microtus* und *Clethriomys*) zusammenbrechen.

Die Biologen verglichen die Hasenpopulationen auf zwei großen Inseln in der nördlichen Ostsee (Ranön, 2.350 ha, und Bergön, 1.800 ha), auf denen Füchse und Marder abwechselnd in normaler Bestandsdichte vorkamen oder während des Winters mit Falle und Flinte reduziert wurden. Nach mehr als zehn Jahren intensiver Freilandforschung kamen sie zu folgenden Ergebnissen:
▶ Die Hasendichten im März – also die Frühjahrspopulationen – waren auf beiden Inseln in den Jahren, in denen Füchse und Marder im Winter reduziert wurden, zwei- bis dreimal höher als in den Jahren ohne Prädationskontrolle.
▶ Die Überlebensraten sowohl der Alt- als auch der Junghasen auf Ranön waren während der Populationstiefs der Mäuse am geringsten. Die Überlebensrate der Hasenpopulation ging jedoch nur geringfügig zurück, als während eines solchen Nahrungsengpasses gleichzeitig die Füchse und Marder reduziert wurden. Der Prädationsdruck auf die Hasen war also durch die Populationszyklen der Nager mitbeeinflusst.
▶ Die wesentlichen Unterschiede der Hasendichte in den einzelnen Jahren waren jedoch eindeutig mit den unterschiedlichen Fuchs-

und Marderdichten korreliert, sowohl auf Ranön als auch auf Bergön. Somit bestätigte das Experiment die anfangs aufgestellten Hypothesen. Wie liegen die Verhältnisse in der Kulturlandschaft, in der den Prädatoren möglicherweise ein konstanteres Angebot an Ausweichbeute zur Verfügung steht?

Ein Experiment in Nordrhein-Westfalen
Schon in den 1960er Jahren, also lange vor den heutigen weltanschaulich motivierten Diskussionen um Räuber und Beute, hatte sich FRANK (1970) von der Bonner Forschungsstelle für Jagdkunde und Wildschadenverhütung mit dieser Thematik befasst. Allerdings ging es damals – dem Zeitgeist entsprechend – hauptsächlich um die Frage, inwiefern sich die „Nutzwildstrecken" steigern ließen.
Die Experimentierfläche war ein ca. 3.500 ha großes, elf Jagdreviere umfassendes Areal im Kreis Euskirchen. Infolge der klimatisch günstigen Lage und ebenen Geländes mit Böden bester Bonität für Ackerbau unterlag es intensivster landwirtschaftlicher Nutzung. Praktisch frei von Bäumen, Sträuchern oder Hecken entsprach das Untersuchungsgebiet dem ökologischen Alptraum von einer „ausgeräumten Landschaft".
Zu Beginn der Untersuchung 1959 waren die Hasenstrecken gering, Rebhühner und Fasanen gab es kaum. 1959 wurden daher 50 Paare Rebhühner aus deutschen Revieren ausgelassen.
Während der zehnjährigen Versuchsperiode führten zwei eigens hierfür angestellte Berufsjäger die Kontrolle der Prädatoren durch. Sie erbeuteten jährlich im Schnitt 23,4 Füchse, 83,6 Hermeline, 76,6 Mauswiesel, 86,4 Katzen sowie 112,9 Krähen und Elstern.
Zur Kontrolle des Erfolgs dieser Maßnahmen diente der Vergleich der Niederwildstrecken im Versuchsgebiet mit denen der umliegenden, auf konventionelle Weise betreuten Reviere („Nullfläche").
Das Experiment erbrachte folgende Ergebnisse:
▶ Die Hasenstrecke stieg im Versuchsgebiet auf das Vierfache, während sie in der Umgebung ziemlich konstant blieb (Abb. 61).
▶ Die ausgelassenen Rebhühner hatten sich offensichtlich gut eta-

bliert. Die Strecken lagen im Schnitt doppelt so hoch wie in der Umgebung.
- Noch deutlicher wirkten sich die Maßnahmen auf die Fasanen aus. Ohne Auslassungen stieg die Strecke innerhalb von zehn Jahren von Null auf 27 Stück pro 100 ha und damit auf das Doppelte der Fasanenstrecke im Kreis Euskirchen.
- Die Gesamtstrecke der Prädatoren am Ende der Versuchsperiode war so hoch wie zu Beginn. Keine der kontrollierten Arten wurde folglich durch diese Maßnahmen gefährdet. Wohl aber war deren Dichte zu Beginn der Fortpflanzungszeit des Niederwildes beträchtlich reduziert.

Letzterer Effekt hatte also auch in diesem Fall beträchtliche positive Auswirkungen auf den jährlichen Fortpflanzungserfolg. Der kontinuierliche Anstieg der Strecken zeigt, dass auch die Frühjahrsbestände der Niederwildarten zugenommen haben müssen – trotz der üblichen herbstlichen Bejagung.

Abb. 61: Entwicklung der Hasenstrecken im Versuchsrevier mit Prädatorenkontrolle und im nahe gelegenen Vergleichsrevier im Kreis Euskirchen, NRW (nach FRANK 1970)

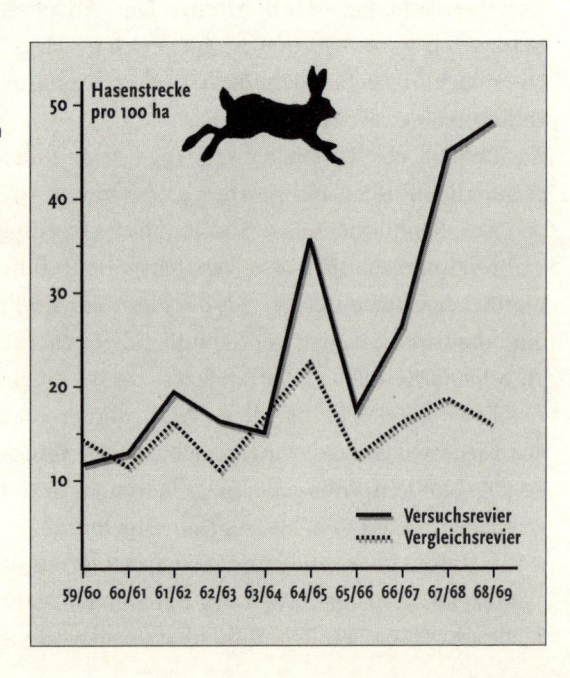

Räuber-Beute-Untersuchungen in England

Die Erhaltung des Niederwildes zählt zu den Hauptaufgaben der englischen *Game Conservancy*. Die finanziell und personell sehr gut ausgestattete Institution konnte aufwändige Projekte durchführen, die unser Wissen über ökologische Zusammenhänge beträchtlich erweiterten.

Voraussetzung hierfür war allerdings auch der bemerkenswerte englische Pragmatismus, also die Fähigkeit, Fragen unvoreingenommen und ohne weltanschauliche Vorgaben anzugehen. Dies sei betont im Hinblick auf manche typisch deutschen Diskussionen über „Beutegreifer".

Die folgenden Untersuchungen (REYNOLDS u. TAPPER 1989, 1995 a, b) lieferten Erkenntnisse, die zum Verständnis der bislang dargestellten Ergebnisse beitragen können.

Fuchs und Hase

Die Fuchsprädation im Jahreslauf war Gegenstand einer zweijährigen Studie in den Territorien von drei Fuchsfamilien im Untersuchungsgebiet Dorset. Dessen Hasenvorkommen wurde mehrmals erfasst, während die Telemetrie die Aktivität der Füchse zu dokumentieren half.

Untersuchungen der Fuchslosung ließen erkennen, welchen Anteil die Hasen in der Nahrung der Füchse ausmachten. All diese Felddaten lieferten die Grundlage für Computer-Simulationen zum Verlauf der Prädation.

Aufschlussreich waren zunächst die folgenden Erkenntnisse:

▶ Keineswegs erbeutet der Fuchs nur Junghäschen, wie man hierzulande gerne glaubt (z. B. BOYE 1996, MOLLET 1995). Vielmehr ist im Winter und Frühjahr der Anteil der Hasen – somit von ausgewachsenen Tieren – in der Fuchsbeute besonders hoch. Denn zu dieser Jahreszeit befinden sich die Mäuse noch im Populationstief und sind entsprechend selten zu bekommen. Diese Beobachtungen decken sich mit den Ergebnissen von Magenanalysen erlegter Füchse in Polen (PIELOWSKI 1976).

Friede zwischen Fuchs und Hase? Heile Welt?

▶ Auch zur Ernährung der Welpen im Frühjahr dienen in erster Linie Hasen, deren Erbeutung natürlich lohnender ist als der aufwändige Fang vieler Mäuse. Nach den Untersuchungen von PIELOWSKI (1976) an 16 Fuchsbauten stammten 20 % der Überreste auch zu dieser Jahreszeit noch von Althasen.
Solche Erkenntnisse müssen dem nur tagsüber beobachtenden Biologen zwangsläufig verborgen bleiben. Natürlich macht ein pirschender Fuchs keinen Versuch, einen Hasen zu erbeuten, der ihn bereits eräugt hat und ihm dies durch Aufrichten signalisiert (HOLLEY 1993, in BOYE 1996). Doch die Hauptaktivität des jagenden Fuchses fällt eben in die Nachtzeit (REYNOLDS u. TAPPER 1995 a). Und dann ist er dem Hasen schon durch sein hervorragendes Witterungsvermögen weit überlegen.

▶ Die Erbeutung von weiblichen Hasen im Spätwinter und Frühjahr wirkt sich besonders gravierend auf den Fortpflanzungserfolg der Population aus, denn damit sind gleich mehrere potenzielle Sätze von Junghasen verloren.

Die Wirklichkeit sieht anders aus, wie genauere Untersuchungen erkennen ließen.

▶ Im *Jahresdurchschnitt* bildeten Hasen in diesem englischen Gebiet 11,5 % der Fuchsbeute. Infolge des relativ hohen Anteils von Althasen im Frühjahr waren die Auswirkungen auf die Population dennoch beträchtlich, wie die Computer-Simulationen der Felddaten der drei Fuchsterritorien erkennen ließen.
Abb. 62 veranschaulicht die Auswirkungen der Fuchsfamilie (zwei Alt- und vier Jungfüchse) auf die Hasen in ihrem Territorium A (3,6 km^2): Bis zum Ende des Jahres war der gesamte Hasennachwuchs den Rotröcken zum Opfer gefallen (vorausgesetzt, alle verspeisten Hasen waren tatsächlich gerissen worden). Weitere Verluste durch andere Todesfaktoren würden folglich

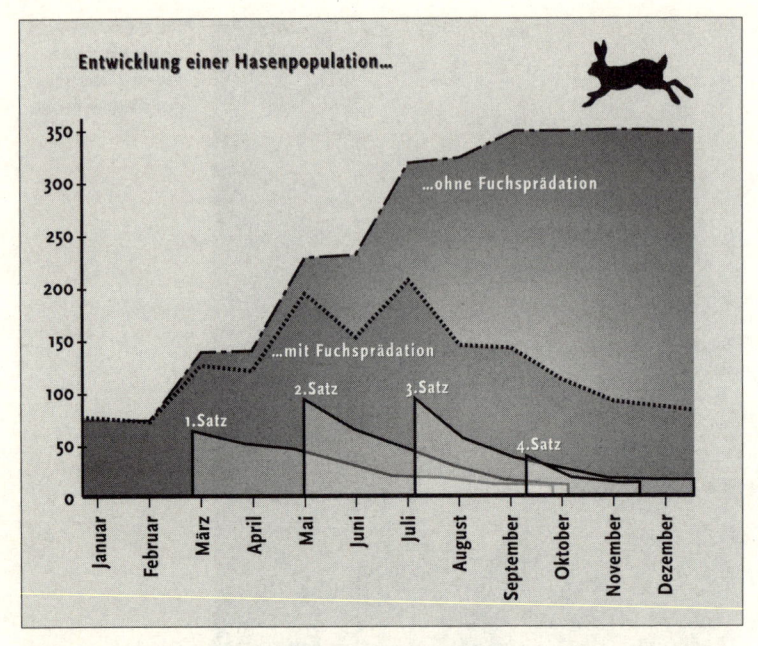

Abb. 62: Warum sind die im Sommer noch so zahlreichen Hasen bis zum Herbst verschwunden? Aufschlussreich war diese Computer-Simulation anhand von Felddaten aus drei englischen Fuchsterritorien mit unterschiedlichem Prädationsdruck: Bei hoher Fuchsdichte ist die Überlebensrate selbst von vier Junghasensätzen minimal (nach Reynolds u. Tapper 1989).

zum Rückgang der Feldhasenpopulation führen. In Territorium B (0,75 km² mit einer einzelnen Fähe) war die Prädation geringer, in C (2,2 km² mit drei Alt- und vier Jungfüchsen) dagegen noch höher als in A.

Auf Grund dieser Daten schlossen die Biologen für das Untersuchungsgebiet Dorset:

■ Ohne Fuchsprädation wäre die Hasenpopulation zum Ende des Jahres jeweils zwei- bis fünfmal höher gewesen.

Sicherlich hätten sich dann andere, insbesondere dichteabhängige Todesfaktoren stärker ausgewirkt. Andererseits decken sich diese Erkenntnisse ziemlich genau mit denen der vorgenannten Ausschlussversuche: Bei verringerter Fuchsprädation stiegen dort die Hasenvorkommen etwa in dem vom Computer kalkulierten Ausmaß an.

In den 1960er Jahren ließ sich dieses Phänomen bei uns mehrfach auch großflächig beobachten. Damals hatte die Tollwut immer wieder für eine drastische Verminderung der Fuchsdichten gesorgt, mit erstaunlichen positiven Folgen für das Niederwild. SPITTLER (1972) hatte die Verhältnisse in den Revieren von zwei Landkreisen Nordrhein-Westfalens genauer analysiert:

- Wo immer die Fuchsstrecken um mehr als 50 % zurückgegangen waren, stiegen die Hasenstrecken um 150–300 %, die Rebhuhnstrecken gar um 100–400 %.

Beide Tollwutwellen, die im Abstand von zehn Jahren über das Land rollten, hatten genau denselben Effekt.

Ein ähnliches Bild vermittelten die Streckenanalysen von ASFERG (1983) im südlichen Dänemark. Dort wurde der Fuchs intensiv verfolgt, um ein Überschwappen der Tollwut von Deutschland zu vermeiden.

Den unbeabsichtigten Nebeneffekt veranschaulicht Abb. 63. Während der beiden Perioden reduzierter Fuchsdichte hatten Hase, Rebhuhn und Fasan jeweils deutlich zu-, dazwischen jedoch ebenso auffallend abgenommen.

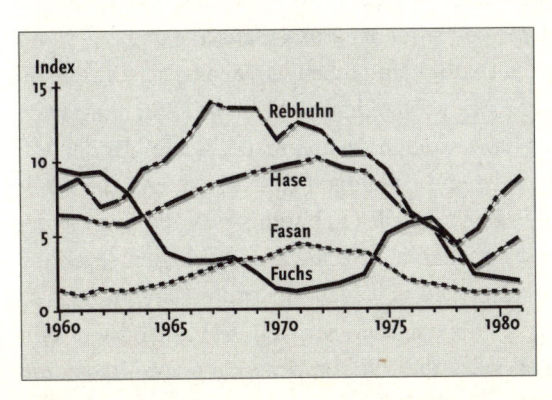

Abb. 63: Entwicklung von Fuchs- und Niederwildstrecken im südlichen Dänemark mit und ohne intensive Fuchsreduktion zur Vorbeugung der Tollwut (nach ASFERG 1983)

Den drastischen Hasenrückgang nach Anstieg der Fuchsdichte infolge Tollwut-Immunisierung dokumentierte AHRENS (1996) in seinem Untersuchungsgebiet auf der Insel Rügen.

Das englische Computermodell war auch aufschlussreich im Hinblick auf eine weitere viel diskutierte Frage: Wo sind die Hasen geblieben, die man den Sommer über noch recht zahlreich im Revier beobachtete, und die folglich Hoffnungen auf endlich gute Hasenstrecken im Herbst weckten? Sie müssen abgewandert sein, lautete gelegentlich die etwas naive Erklärung. Denn dann hätten sie ja wohl anderswo wieder auftauchen müssen. Doch weder aus der näheren noch aus der weiteren Umgebung kamen Meldungen über auffallende Hasenvorkommen ... Nein, der untere Kurvenast von Abb. 62 kann den Verbleib der Hasen viel plausibler erklären – während sich die Besätze nach einer Tollwutwelle eher gemäß dem oberen Kurvenast entwickelten.

Weitere Erkenntnisse zu dieser Thematik, einschließlich der Ergebnisse von Analysen mitteleuropäischer Fuchs- und Hasenstrecken finden sich in GUTHÖRL und KALCHREUTER (1995).

Das Salisbury Plains Experiment

Trotz der übereinstimmenden Ergebnisse oder zufälligen Beobachtungen über Räuber-Beute-Beziehungen hielt sich die neue idealisierende Vorstellung von der generellen Harmlosigkeit von Prädatoren vor allem unter Biologen hartnäckig. Mehr noch, während der letzten beiden Jahrzehnte wurde diese Einschätzung auch auf Arten ausgedehnt, die von jeher als problematisch galten.

Amüsiert über den in Deutschland tobenden ideologischen „Rabenvogelkrieg", mit dem sich schließlich auch die EU-Kommission in Brüssel zu befassen hatte, wollten die pragmatischen Engländer wissen, was Sache ist. Zumal die vielfältigen Untersuchungen der *Game Conservancy* über den Rückgang des Rebhuhns zwar die Auswirkungen moderner Landwirtschaft als Negativfaktoren hatten erkennen lassen, die Misere dadurch *allein* jedoch nicht zu erklären war.

Diese Überlegungen führten zum bislang umfassendsten und gründlichsten Experiment über die Auswirkungen von Prädatoren

auf Niederwild (TAPPER et al. 1996). Zu überprüfen war die „Null-Hypothese": Räuber haben keinen Einfluss auf das Rebhuhn, weder auf dessen Bruterfolg noch auf das Vorkommen im Herbst und damit auf die Jagdstrecken noch auf die Brutdichte im Frühjahr.
Für ihr Experiment wählten die Forscher zwei ähnlich große und ökologisch vergleichbare Flächen in den *Salisbury Plains* in Südengland aus: Gebiet A (Collingbourne, 564 ha) und Gebiet B (Milston, 496 ha), sechs Kilometer voneinander entfernt. Die Biotope ähnelten denen einer mitteleuropäischen Kulturlandschaft mit Ackerland, Weiden, kleinen Wäldchen und menschlichen Aktivitäten. Es wurden keine Biotopverbesserungsmaßnahmen durchgeführt, und beide Flächen wurden an jeweils zwei Tagen pro Herbst auf Rebhühner bejagt. Die Untersuchung erstreckte sich in zwei Phasen über insgesamt sechs Jahre.

Phase I
Während eines Zeitraums von drei Jahren (1985–1987) wurde im Gebiet A der Prädationsdruck drastisch gesenkt, während Gebiet B („Nullfläche") unbeeinflusst blieb.
Mit der Reduktion der Prädatoren war ein qualifizierter *Gamekeeper* (Berufsjäger) beauftragt. Seine Aufgabe bestand jedoch nicht darin, einen nahezu räuberfreien Raum zu schaffen. Es ging vielmehr darum, den Prädationsdruck während der Fortpflanzungszeit der Rebhühner zu verringern, denn während dieser Periode wirkt sich der Räubereingriff durch Verluste an brütenden Hennen, Gelegen und Gesperren am empfindlichsten aus. Aus diesem Grund konzentrierte sich die Räuberkontrolle auf den Zeitraum März bis Juli.
In diesem Zusammenhang ist jedoch anzumerken, dass in dieser Region die Winter sehr mild sind. Mäusebussarde kommen höchst selten und der Habicht gar nicht vor. Insofern liegen die Prädationsverhältnisse außerhalb der Fortpflanzungszeit dort etwas anders als in Mitteleuropa.
Füchse (und gelegentlich verwilderte Katzen) wurden bei Tag und Nacht (im Scheinwerferlicht) mit einer weit tragenden Büchse erlegt

und gelegentlich in Schlingen gefangen. Rabenkrähen und Elstern kamen ebenfalls durch die Büchse zur Strecke oder fingen sich in kleinen Käfigfallen (*Larsens traps*) mit Hilfe von Lockvögeln. Für Wiesel (*Mustela erminea*), Mauswiesel (*Mustela nivalis*) und Ratten wurde ein Netz von Schlagfallen etabliert.

Die im Gebiet vorkommenden Sperber blieben unbehelligt; ihr Einfluss auf die Rebhühner war dort gering, wenngleich in beiden Gebieten gelegentlich das Schlagen von Junghühnern zu beobachten war. Einen Einblick in die Streckenergebnisse der Prädatorenkontrolle vermittelt Tab. 8.

Tab. 8: Streckenstatistik über die im Untersuchungsgebiet A des Salisbury Plains Projekt erbeuteten Prädatoren (aus TAPPER *et al.* 1988)

	1985	1986	1987
Füchse	23	24	11
Rabenkrähe	33	27	37
Elstern	12	10	25
Ratten	234	449	302

In allen drei Jahren gelang es unter erheblichem Aufwand während des besagten Zeitraums, nahezu alle Füchse sowie alle Krähen- bzw. Elstern-Brutpaare zu eliminieren. Herbstbeobachtungen, wie auch die ziemlich gleich bleibende Strecke über die drei Jahre hinweg zeigten jedoch die jeweils rasche Wiederbesiedlung des Gebiets innerhalb weniger Monate. Die Zahl der beobachteten Krähen und Elstern war daher im Herbst und Winter in Gebiet A und B ziemlich ähnlich.

Wie wirkten sich diese Maßnahmen auf die Rebhühner aus? Die regelmäßigen Zählungen vermittelten nach dreijähriger Räuberkontrolle folgendes Bild:

▶ Im August 1987 lag die Hühnerdichte in Gebiet A 3,5-mal höher als in B.

▶ Im darauf folgenden Frühjahr 1988 gab es in A 1,7-mal mehr Brutpaare als in B.

Die grafische Darstellung der Rebhuhnbeobachtungen vom Herbst 1987 (Abb. 64) veranschaulicht die unterschiedlichen Verhältnisse auf beiden Flächen. Sowohl die Gesamtzahl erfolgreicher Brutpaare

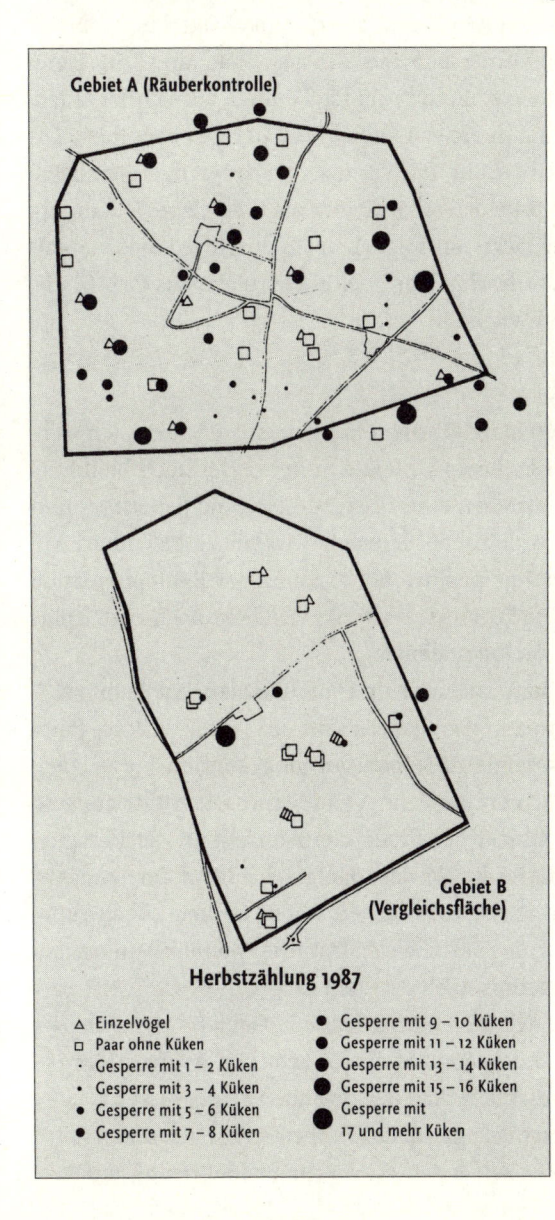

Abb. 64: Zwischenbilanz im Salisbury Plains Projekt: Anzahl und Verteilung von Rebhühnern nach dreijähriger Räuberkontrolle im Gebiet A und im unbeeinflussten Vergleichsgebiet B (nach TAPPER *et al.* 1987)

Herbstzählung 1987

△ Einzelvögel
□ Paar ohne Küken
· Gesperre mit 1 – 2 Küken
· Gesperre mit 3 – 4 Küken
● Gesperre mit 5 – 6 Küken
● Gesperre mit 7 – 8 Küken
● Gesperre mit 9 – 10 Küken
● Gesperre mit 11 – 12 Küken
● Gesperre mit 13 – 14 Küken
● Gesperre mit 15 – 16 Küken
● Gesperre mit 17 und mehr Küken

(Ketten von mindestens drei Hühnern) wie auch deren Anteil an den Beobachtungen insgesamt waren wesentlich höher im Gebiet A bei verringertem Prädationsdruck.

Der relativ hohe Anteil von Paarhühnern ohne Küken im Gebiet B lässt wiederum Schlüsse auf die Art der Prädation zu. Denn während dem Fuchs vor allem brütende Hennen zum Opfer fallen, haben es Rabenvögel in erster Linie auf die Gelege abgesehen. Die Hennen sind zwar bemüht, die Verluste durch Nachgelege auszugleichen. Diese sind jedoch stets kleiner als Erstgelege. Die durchschnittliche Kettenstärke war folglich auf B durchweg niedriger als auf A. Wird auch das Nachgelege geplündert, bleibt das Paar in diesem Jahr ohne Nachwuchs.

Phase II
Die Ergebnisse dieses dreijährigen Experiments deckten sich weitgehend mit denen früherer Untersuchungen. Dennoch bleibt bei allen Ausschlussversuchen eine Unsicherheit: Sind Experimentier- und Nullfläche in ökologischer Hinsicht wirklich vergleichbar? Mit anderen Worten, ist die positive Entwicklung der Beutepopulation bei verringertem Prädationsdruck nicht vielleicht doch eher Folge eventuell besserer Biotopqualität?

Um dies zu testen bzw. solcher Kritik vorzubeugen, entschloss sich die *Game Conservancy*, das Experiment um drei weitere Jahre (1988–1990) zu verlängern, jedoch mit umgekehrten Vorzeichen: Die bisherige Experimentierfläche A wurde nun zur Nullfläche und blieb unbehelligt; Objekt der Prädatorenkontrolle in der besagten Weise war jetzt Fläche B. Gewisse Unterschiede in der landwirtschaftlichen Nutzung der Grasflächen beider Gebiete (Beweidung bzw. Heuernte) gaben zusätzlich Anlass, die Methodik zu vertauschen. Und das Ergebnis nach drei Jahren?

▶ Bis August 1990 war die Hühnerdichte in Gebiet A deutlich gefallen, in Gebiet B dagegen auf das 3,5fache von A angestiegen.
▶ Bei der Brutpaardichte im darauf folgenden Frühjahr 1991 waren die Unterschiede gar noch deutlicher als nach der ersten Phase des Projekts: Auf B gab 3,6-mal mehr Hühner als auf A.

Die Ergebnisse waren sich also sehr ähnlich. Die Durchschnittswerte beider Versuchsphasen ergaben folgendes Bild:

- Allein durch Prädatorenkontrolle ließ sich die Hühnerdichte im Herbst in jeweils drei Jahren auf das 3,5fache, die Dichte der Brutpaare im Frühjahr auf das 2,6fache steigern. Die Unterschiede der Hühnerdichten zwischen Experimentier- und Nullfläche waren signifikant (P = 0,027). Die Dichte der Prädatoren war also der entscheidende Faktor für das Vorkommen der Rebhühner – und zwar auch der Brutpaare im Frühjahr!

Dies sei betont im Hinblick auf das hierzulande hartnäckig verteidigte, jedoch unbewiesene Dogma, Prädatorenkontrolle würde sich allenfalls auf die Höhe der Jagdstrecken auswirken (z. B. BOYE 1996, MÄCK et al. 1999) und nur deshalb von Jägerseite gefordert. Selbstverständlich waren mit den Hühnerdichten im Herbst auch die Jagdstrecken gestiegen, und zwar auf den Experimentierflächen

Nach Reduktion von Füchsen und Rabenvögeln stieg der Bruterfolg des Rebhuhns im Salisbury Plains Experiment beträchtlich.

bis auf das Zehnfache der Nullflächen (TAPPER *et al.* 1988). Darin spiegelt sich allerdings vor allem die englische Art der Bejagung wider. Denn die dort übliche Jagd auf getriebene Hühner ist nur bei hohem Besatz möglich. Bei den geringen Hühnerdichten der Nullflächen lohnte der Aufwand nicht.

Doch wieso gab es trotz Bejagung im Herbst auf den Experimentierflächen mehr als doppelt so viele Rebhühner im nächsten Frühjahr, obwohl bei hoher Herbstdichte bis zu 25 % erlegt wurden?

Die Erklärung findet der Leser in den jagdökologischen Kapiteln (S. 130 ff.). Mit der Dichte im Herbst steigt auch die dichteabhängige Mortalität durch verschiedene Faktoren. Ein Teil dieser Verluste lässt sich durch den jagdlichen Eingriff vorwegnehmen. Mit anderen Worten: Ohne Bejagung wäre die Brutpaardichte im Frühjahr nicht unbedingt höher gewesen.

Das *Salisbury Plains Project* zielte zwar in erster Linie auf das Rebhuhn ab, doch wirkte sich die reduzierte Fuchsdichte erwartungsgemäß auch auf den Hasen aus. Dessen Bestandsentwicklung war durch nächtliche Scheinwerferzählungen erfasst worden. Während beider Phasen stiegen die winterlichen Hasendichten auf den Experimentierflächen jeweils auf das Dreifache der auf den Nullflächen ermittelten Werte (TAPPER *et al.* 1991).

Folgerungen

Die mit exakter Methodik erarbeiteten Erkenntnisse dieser fundamentalen Untersuchung führten zu einer Wende in der Einschätzung von Räuber-Beute-Beziehungen – jedenfalls auf internationaler Ebene. In Deutschland fällt das Überdenken dogmatischer Vorstellungen von der Harmonie in der Natur dagegen wesentlich schwerer. Dabei hatte man auch in England die Ursachen für den alarmierenden Rückgang der Rebhühner zunächst in ganz anderen Bereichen gesucht (und teilweise auch gefunden), resümieren TAPPER *et al.* (1996), wie dem Rückgang der Insekten – unabdingbare Nahrung der Küken in den ersten Lebenstagen – als Folge des Herbizideinsatzes in der Landwirtschaft oder der Beeinträchtigung der Biotopqualität durch eine ständige Vergrößerung der Agrarflächen (mehr hierüber in KALCHREUTER 1991 b). Doch dadurch *allein* war das Problem nicht zu erklären, wie sich bald zeigte. Dennoch war der Faktor Prädation in der Forschung lange unbeachtet geblieben, und zwar aus mehreren Gründen:

Zum einen war die Dichte der für das Niederwild relevanten Prädatoren vor zwei Jahrzehnten deutlich geringer als heute – was ja auch zu den damaligen, ganz anders lautenden Aussagen der Erstauflage dieses Buches (KALCHREUTER 1977) geführt hatte. Auch ENGELHARDT *et al.* (1985) hatten dem Fuchs noch keinen nennenswerten Einfluss auf die Bestandsentwicklung des Hasen beigemessen, und zwar auf Grund fehlender Korrelation von Fuchs- und Hasenstrecken in Bayern von 1969 bis 1983. Die Einbeziehung der Jahre 1984 bis 1992 in dieselbe Berechnung zeigte dagegen eine hochsignifikante negative Korrelation der Streckenentwicklung von Fuchs und Hase (GUTHÖRL u. KALCHREUTER 1995). Seit 1990 werden mehr Füchse als Hasen erlegt!

Zum anderen hatten Biologen die Aktivitäten der *Gamekeeper* falsch interpretiert: Sie hatten angenommen, deren Eingriffe in die Prädatorenfauna würden ebenso kompensiert wie die jagdbedingten Verluste beim Niederwild und wären daher sinnlos. Schließlich waren erste Experimente dieser Art in Gebieten durchgeführt worden, deren Prädatorendichte bereits von *Gamekeepern* reduziert war, weshalb zusätzliche Experimente weit weniger zu Buche schlugen. Erst Vergleiche von Flächen bzw. Perioden mit und ohne *Gamekeeper* (z. B. Abb. 80, S. 406) brachten die Forschung auf die richtige Fährte.

In Anbetracht des europaweiten Rückgangs der Rebhühner, der lokal schon zum völligen Verschwinden führte – in England z. B. auf fast 20 % ihres früheren Verbreitungsgebiets während der beiden letzten Jahrzehnte – plädieren TAPPER *et al.* (1996) für einen Wandel im Naturschutzdenken:

- Die Kontrolle von Prädatoren ist ebenso als unabdingbare Maßnahme zur Erhaltung des Rebhuhns zu betrachten wie Biotopgestaltung und die Reduktion des Pestizideinsatzes.

Der Fuchs in der Kulturlandschaft

Wie aus den bisherigen Ausführungen zu erkennen, sind es nur relativ wenige Arten von Prädatoren, die zum Problem für einige Beutetiere werden können. Aber warum nur ist die von der Schöpfung doch wohl vorgegebene Harmonie zwischen Räuber und Beute inzwischen verloren gegangen? Sollte etwa der Mensch die einst geordneten Ökosysteme durcheinander gebracht haben? Ist er es vielleicht, der die hohen und damit problematischen Dichten einiger Prädatoren verursacht? Schauen wir uns im Folgenden die betreffenden Arten näher an.

Natürliche Feinde?
Die Frage, ob das Fehlen der „natürlichen Feinde" zu den heutigen hohen Fuchsdichten in unserer Kulturlandschaft führte, lässt sich heute kaum mehr experimentell überprüfen, denn Wolf, Luchs oder Steinadler gibt es hier längst nicht mehr. Aufschlussreich sind daher Untersuchungen in Nordamerika, wo weite Gebiete erst seit etwa 150 Jahren besiedelt und entsprechend verändert wurden. Die Recherchen von JOHNSON und SARGEANT (1977) ließen Folgendes erkennen:
In von Menschen unbeeinflussten Ökosystemen pendelt sich ein gewisses Dichteverhältnis ein zwischen dem Wolf (*Canis lupus*) als Spitzenregulator, dem kleineren Präriewolf (*Canis latrans*), bekannt als „Coyote", und dem unserer Art sehr ähnlichen Fuchs (*Vulpes fulva*). Es ist noch weitgehend ungeklärt, wie die jeweils größeren *Caniden* die kleineren in Schach halten. Direktes Töten kommt zwar vor, doch hält man gewisse Verhaltensweisen, um der größeren Art auszuweichen, für wesentlicher. Besonders intolerant zeigte sich der Wolf gegenüber dem Coyoten und der Coyote gegenüber dem Fuchs. Zum Schutz seiner Weidetiere griff der Mensch in die beiden größeren Arten ein. Wo der Wolf verschwunden war, nahm der Coyote zu, der Fuchs dagegen stark ab. In den ersten Jahrzehnten des 20. Jahrhunderts galt er als sehr selten und örtlich gar als verschwunden.

Nur unter enormem Aufwand gelang es dann in der Weidelandschaft der Prärie, den Viehräuber Coyote zu eliminieren. Davon profitierte der Fuchs, der in vielen Gegenden erst in den 1930er Jahren erwähnt wurde, aber innerhalb von zwei Jahrzehnten Dichten erreichte wie wahrscheinlich nie zuvor in den Präriestaaten. Folge waren enorm hohe Eingriffe in die dort brütenden Wasservögel (COWARDIN *et al.* 1983).

Es ist also durchaus denkbar, dass früher auch bei uns die genannten größeren Prädatoren zur Begrenzung der Fuchspopulation beitrugen. Doch viel entscheidender als durch deren Ausrottung hat der Mensch auf ganz anderer Ebene die heutigen hohen Fuchsdichten ermöglicht, nämlich durch die unbewusste Erweiterung des Nahrungsangebots in der Kulturlandschaft.

Wie sich dieses auf die Populationsdynamik des Fuchses auswirkt, das konnte ENGLUND (1970) durch Vergleiche verschiedener Lebensräume in Schweden aufzeigen:

▶ In den großen Waldgebieten Mittelschwedens bestimmt im Wesentlichen das Nahrungsangebot an Kleinnagern die Höhe des Fuchsbestands. Gibt es viele Mäuse, so wirft die Fähe mehr Welpen, und diese überleben besser als in mäusearmen Jahren. Entsprechende Schwankungen zeigt die Fuchsdichte.
▶ Ganz anders in der Kulturlandschaft Südschwedens. Dort hat der Fuchs genügend Ausweichnahrung. Die Dichte ist hier höher, viel konstanter und unabhängig vom Auf und Ab der Kleinnager.

Nahrungsgeneralist und Opportunist
Die enorme Breite seines Nahrungsspektrums – vom Regenwurm bis zum Rehkitz – weist den Fuchs als typischen „Nahrungsgeneralisten" aus. Zudem versteht er es meisterhaft, die aus menschlicher Wirtschaft resultierenden Nahrungsquellen verschiedenster Art zu nutzen. Hausgeflügel hatte es ihm von jeher ebenso angetan („Fuchs, du hast die Gans gestohlen") wie Schlachtabfälle in der Umgebung von Höfen, und mit steigender Verkehrsdichte wurde ihm auch in Form von überfahrenen Wildtieren der Tisch immer reicher gedeckt.

In der Kulturlandschaft findet der Fuchs ein reiches Nahrungsangebot.

Selbst menschliche Siedlungen hat sich Reineke als Lebensraum erschlossen. Er lebt dort von Küchenabfällen verschiedenster Art, kann aber auch gelegentlich zum Nahrungskonkurrenten des Menschen werden, wie das folgende Beispiel zeigt:

> Anfang der 1970er Jahre fehlte im Landgasthof gegenüber der Wildforschungsstelle, dem heutigen Europäischen Wildforschungsinstitut, im idyllischen Weiler Glashütte plötzlich allabendlich ein pfannenfertiges Schnitzel. Der Koch zweifelte zunächst an sich selbst, dann am Küchenpersonal. Es gab zunehmenden Ärger, die bestellten Portionen konnten nicht vollzählig ausgeliefert werden.

Des Rätsels Lösung war nur dem Zufall zu verdanken: Ein Gast sah einen Fuchs durch den Hausflur traben und in der halboffenen Küchentür verschwinden – das Personal aß gerade im Nebenraum zu Abend. Dass man dieser Meldung zunächst kaum glaubte, hätte Reineke fast seinen roten Balg gerettet, als er wie immer mit einem panierten Schnitzel im Fang aus der Küche flitzte. Doch nun war plötzlich der Hauseingang versperrt; er suchte sein Heil im ersten Stock, dessen Räumlichkeiten ihm aber offensichtlich unbekannt waren. Unter den wütenden Schlägen mit verschiedenen Gerätschaften fand er sein Ende. Es sei betont, dass der Fuchs keinerlei Zeichen von Tollwut aufwies, als ich ihn zur Präparation erhielt. Vielmehr hatte er sich eine über fingerdicke Fettschicht unter den Balg angefuttert.

Inzwischen lebt Reineke selbst in Großstädten. Aus London sind Beispiele bekannt, nach denen „Stadtfüchse" ähnlich wie Hauskatzen regelmäßig gefüttert werden – welch erstaunliche Anpassungsfähigkeit. MACDONALD (1980) hält den Fuchs daher für so opportunistisch wie den Menschen, mit dem er zusammenlebt.
Diese „opportunistischen" Prädatoren – der Begriff hat sich im fachlichen Sprachgebrauch in Anlehnung an die Definition von SCHAEFER (1992) inzwischen eingebürgert – sind also in der Kulturlandschaft teilweise unabhängig von ihrem natürlichen Nahrungsangebot. So kann es zu unnatürlich hohen Dichten kommen, die Probleme verschiedenster Art verursachen. Trotz der Aufrufe der Jägerei zu intensiverer Fuchsbejagung ist es bisher nicht gelungen, die Dichten großflächig auf ein in natürlichen Ökosystemen übliches Niveau abzusenken.

Fuchsjagd einst
Das war früher ganz anders. Auf über zwanzig Seiten schilderte DIEZEL (1913) in seinen „Erfahrungen aus dem Gebiet der Niederjagd", mit welch heute kaum vorstellbarem Aufwand und vielseitiger Methodik man zu damaliger Zeit Reineke nachstellte. Ziel war, in Niederwildgebieten „die Füchse ganz zu vertilgen" oder, da dies

in waldreicheren Gebieten ohnehin nicht zu schaffen ist, „doch möglichst zu vermindern".

„Dazu gehört aber freilich, dass das Jagdpersonal nicht, wie es so häufig geschieht, das Wohl des Wildbestands seinem Privatinteresse aufopfernd, bei jedem neuen Schnee tagelang den Mardern und Iltissen nachlaufe, sondern sich sogleich bei Tagesanbruch, nach allen Gegenden verteilt, in jene Walddistrikte begebe, wo die Füchse sich gewöhnlich stecken.

Diese Orte müssen genau abgekreist werden, wobei es sehr vorteilhaft ist, wenn immer zwei und zwei Spürer miteinander gehen. Besonders leistet ein solches gemeinschaftliches Kreisen bei langen und schmalen Feldhölzern, wo man hauptsächlich nur die beiden Feldbreiten abzugehen braucht, sehr gute Dienste.

Wo keine besonderen so genannten ‚Kreiser' mit dieser Funktion betraut werden, die darin besonders bewandert zu sein pflegen, da können Holzhauer, Flurwächter, Maurer, Zimmerleute, Taglöhner, kurz, solche Leute, die im Winter kein eigentliches Geschäft haben, folglich wenig oder nichts zu Hause versäumen, in kurzer Zeit dazu abgerichtet und mit Nutzen verwendet werden."

So viel „manpower" wurde damals eingesetzt, sobald Neuschnee gefallen war, in der Hoffnung, auch nur einen Fuchs zu erbeuten. Fallen jeglicher Konstruktion lauerten darüber hinaus auf das begehrte Wild, wo immer man seinen Pass vermutete.

Was waren die Gründe für die damals viel intensivere Bejagung? Während der Wirtschaftskrisen des 20. Jahrhunderts, wie auch generell in den Wintermonaten hatte man mehr Zeit für die Jagd. Die Niederwildhege wurde, unbeeinflusst von tierschutzrechtlichen Beschränkungen, intensiver als heute betrieben, war jedoch schon immer auf klimatisch günstige Gebiete begrenzt. Das eigentliche Motiv für die *großflächigen* Nachstellungen bis zur Mitte des 20. Jahrhunderts waren die damaligen unverhältnismäßig hohen *Balgpreise*.

Das Studium älterer Literatur ist oft hilfreich zum Verständnis ökologischer Zusammenhänge. Nach der Jagdstatistik des Fürstlich-Fürstenbergischen Hauses in Donaueschingen (STEPHANI 1938) wurden durchschnittlich etwa 20 Reichsmark für den guten Win-

Hohe Balgpreise waren früher das Motiv für intensive Fuchsbejagung.

terfuchs bezahlt – nach heutiger Währung somit mindestens 350 €! Gute Steinmarder erbrachten 30 RM, und gar 60–80 RM erhielt der Fänger für den Balg des Baummarders, den man damals aus begreiflichen Gründen auch „Edelmarder" nannte.

Diese schon aus heutiger Sicht fantastischen Verdienstmöglichkeiten durch die Erbeutung von Raubwild hatten für die damalige, wirtschaftlich weit weniger gesegnete Bevölkerung natürlich einen viel höheren Stellenwert. Jagdpachten waren vielerorts allein durch die jährlich erbeuteten Fuchsbälge zu finanzieren, und der gute Winterbalg eines Edelmarders ermöglichte gar den Kauf eines Drillings mit Zielfernrohr.

Die damalige Raubwildbejagung unterlag also den Prinzipien der Marktjagd, mit den auf S. 98 ff. geschilderten potenziellen Gefahren für deren Bestände. Die heute unverständlich kurze Jagdzeit für Marder (1. Dezember bis 31. Januar) sollte die intensiven Nachstellungen wenigstens zeitlich begrenzen.

Selbst um den Roten Freibeuter machte sich STEPHANI Sorgen, denn dessen Bestand „scheint stark durch Wilddiebe beeinträchtigt zu sein". – Heute unvorstellbar: Gefährdung des Fuchses durch Wilderei ...

An dessen Erhaltung war die Fürstlich-Fürstenbergische Verwaltung schon im Hinblick auf die damals traditionellen „Fuchsjagden" interessiert, zu denen Adelige aus nah und fern anreisten. Selbst Ihre Majestät Kaiser Wilhelm II. machte sich nach Donaueschingen auf, um an den ihm zu Ehren abgehaltenen „Kaiserjagden" teilzunehmen. Die Strecke dieser Gesellschaftsjagden bestand dann ausschließlich aus Füchsen; vergilbte Fotos im Schloss dokumentieren die damalige Wertschätzung dieser Jagd in Adelskreisen.

Um dem Rückgang der Strecken zu begegnen, wurden Füchse in der Umgebung lebend gefangen und unmittelbar vor dem jagdlichen Ereignis in den jeweiligen Treiben ausgelassen. Die zu jener Zeit verwendeten Fallen finden sich heute noch in den Geräteschuppen.

Diese Begebenheiten mögen zum Verständnis der vielfältigen Fragen um den Fuchs beitragen. Entsprechend motiviert war der Mensch durchaus in der Lage, die Fuchspopulation unterhalb der von ihm (unbewusst) verursachten unnatürlichen Biotopkapazität zu halten. Dementsprechend hoch waren die Niederwildstrecken in jener Zeit. Doch findet sich in der Literatur kaum ein Hinweis auf Tollwut. Diese gefährliche Virose war früher nur als „Hundswut" von Haustieren bekannt. Der Fuchs als Hauptüberträger der Wildtollwut erreichte offensichtlich nicht die für eine Ausbreitung der Seuche erforderlichen Dichten.

Fuchsjagd heute
Doch dann entfiel plötzlich das Motiv für die intensiven Nachstellungen. Ein Wandel in der Damenmode führte zum Verfall der Preise für heimische Raubwildbälge innerhalb weniger Jahre. Ende der 1950er Jahre bekam man für einen Winterfuchs kaum noch umgerechnet 15 €, also nur einen Bruchteil seines früheren Wertes.

Auf denselben Preis und damit relativ noch tiefer fielen wenig später die Bälge von Stein- und Baummarder.
Der allgemeine Wohlstand stieg dagegen in jenen Jahren des „Wirtschaftswunders" auf ein bislang kaum gekanntes Niveau. Die für die Jagd verfügbare Freizeit nahm ab, aber noch mehr das Interesse am Raubwild, denn das wirtschaftliche Motiv war entfallen.
Damit sank der jagdliche Eingriff in die Fuchspopulation drastisch. Außer in ausgesprochenen Niederwildrevieren wurde Reineke eher zur Gelegenheitsbeute. Vor allem in waldreichen Gebieten hatte die Schalenwildbejagung Vorrang, die „Abschusspläne" mussten erfüllt werden. Die Fallenjagd, obwohl damals noch nicht durch Auflagen des Tierschutzes beeinträchtigt, geriet vielerorts in Vergessenheit – und damit die erfolgreichste Methode der Fuchsbejagung.

Tollwut und Räude
Innerhalb weniger Jahre erreichte der r-selektierte Fuchs infolge seines beachtlichen Fortpflanzungspotenzials Dichten, die die Ausbreitung von seuchenartigen Erkrankungen ermöglichten. Ab 1955 trat die Tollwut, von Osteuropa kommend, in mehreren Wellen in Deutschland auf. Der tödliche Virus begrenzte die angewachsenen Fuchspopulationen großflächig und viel drastischer, als es der Mensch je vermocht hätte. Eine genaue Dokumentation dieses Geschehens verdanken wir den langjährigen Untersuchungen des osteuropäischen Wildforschungsinstituts Eberswalde auf der Insel Rügen (GORETZKI 1996).
Zwar waren gelegentlich kranke oder verendete Füchse zu beobachten, doch zeigte sich die dezimierende Wirkung der Epidemie, wie bereits erwähnt, am deutlichsten an den sprunghaft angestiegenen Niederwildstrecken (SPITTLER 1972). In einigen Regionen Süddeutschlands waren die Waidmänner in Unkenntnis der neuen Situation mangelhaft ausgerüstet zu ihren herbstlichen Hasenjagden gezogen. Schon vor dem Mittagstreiben waren alle Patronen verschossen; ein Delegierter musste eilends in die Stadt, um vor Ladenschluss die erforderliche Munition zur Fortführung der Jagd zu beschaffen – so geschehen im Raum Stuttgart 1965.

Demgegenüber gingen die Fuchsstrecken drastisch, örtlich auf nur noch 20 % der bisherigen zurück. Bei solch geringen Fuchsdichten war die Infektionskette unterbrochen, die Seuche erlosch. Doch sobald die Population wieder ein gewisses Niveau erreicht hatte, in der Regel nach drei bis fünf Jahren, schlug die Tollwut wieder zu. So kam es zu zeitlich versetzten Wellen in den einzelnen Regionen Mitteleuropas.

Der weltweite Verfall der Balgpreise hatte auch in anderen Ländern zu beträchtlicher Zunahme der Füchse geführt. Die skandinavischen Länder waren bislang von der Tollwut verschont geblieben, denn dort hatte – ähnlich wie bei uns während der waffenlosen Nachkriegszeit – eine andere, ebenfalls dichteabhängige Krankheit zugeschlagen, die Räude. Die durch Ektoparasiten (*Sarcoptes*-Milben) verursachte Krankheit führt zu Haarausfall und schließlich qualvollem Tod der Füchse (und gelegentlich anderer Wildarten). Die periodische Dezimierung des Fuchses hatte dort einerseits die Tollwut verhindert, andererseits jeweils zur Erholung der Hasen- und Raufußhühnerbestände geführt (FJÖLSTAD, Mitteilung des norwegischen Veterinärlaboratoriums 1988, HELLDIN u. LINDSTRÖM 1991).

Lediglich die Füchse der Britischen Inseln waren bislang von beiden Krankheiten verschont geblieben, sodass sie sich bis in die Vororte von London ausbreiten konnten. Wenn dort je die Tollwut ausbräche ...

Baubegasung und Immunisierung

Im Gegensatz zur Räude ist die Tollwut, meist übertragen durch den Biss eines wutkranken Tieres, auch für den Menschen tödlich. Das rief die Veterinärbehörden auf den Plan. Sie verordneten eine drastische Absenkung der Fuchsdichten auf ein Niveau, das die Tollwut dauerhaft erlöschen lassen sollte. Man entschied sich für die Begasung der Fuchsbauten mit Phosgen während der Aufzuchtzeit der Jungen, wohl die wirksamste Methode der Dezimierung, denn sie beeinträchtigte massiv das hohe Fortpflanzungspotenzial des r-Strategen Fuchs. Ab Mitte der 1960er Jahre wurden die Jäger verpflichtet, die Fuchsbauten in ihren Revieren aufzuspüren und die Röhren

Heute kommt der Fuchs vielerorts nur noch gelegentlich zur Strecke.

zu verschließen, nachdem sie das Gift in Form von Kügelchen eingebracht hatten. Rasch entwickelte sich das Gas und tötete Welpen und Fähe, sofern sich diese ebenfalls im Bau befand. Allein in Nordrhein-Westfalen hatten die Aktionen jährlich umgerechnet zwei Millionen Euro gekostet (UECKERMANN, pers. Mitt.).

Ungern übernahmen die Jäger diese Funktion als Erfüllungsgehilfen der Veterinärämter, aber die Methode war sehr erfolgreich. Die Fuchsbesätze und -strecken fielen beträchtlich, die Tollwut erlosch, und es gab wieder ergiebige Niederwildjagden.

Doch schon nach wenigen Jahren gerieten diese Maßnahmen in Konflikt mit dem sich wandelnden Tierschutzdenken. Die Baubegasung wurde verboten, Reineke konnte sich wieder ungehindert vermehren ..., und die Tollwut kam wieder. Allerdings hatte die human- und tiermedizinische Forschung inzwischen Fortschritte erzielt. Die Impfungen nach einer Tollwutinfektion wurden wesentlich einfacher und effizienter, weshalb die Seuche in Mitteleuropa so gut wie keine Menschenleben mehr forderte. Vorbeugende Schutzimpfungen für Jagdhunde gestatteten, die Baujagd auf Füchse fortzusetzen.

Doch dann war es Anfang der 1980er Jahre gelungen, das Übel an der Wurzel zu packen: Die Füchse selbst sollten immun werden gegen die Seuche. Mit Impfstoff präparierte Köder zur oralen Aufnahme durch den Fuchs wurden zunächst von Hand, dann großflächig vom Flugzeug in jährlichem Turnus ausgebracht. Die Aktion war tatsächlich erfolgreich. Sobald mindestens 80 % der Füchse immun waren – ermittelt über die Untersuchung erlegter Füchse auf Antikörper –, erlosch die Tollwut; sie spielt seitdem in Mitteleuropa keine nennenswerte Rolle mehr.

Der Teufelskreis geht weiter
Ist damit das Problem gelöst? Aus rein medizinischer Sicht wohl, zumindest mittelfristig, aus ökologischer Sicht sind diese Aktivitäten dagegen höchst fragwürdig. Der Mensch hatte es geschafft, den einzigen noch wirkungsvollen Faktor zur Begrenzung der von ihm verursachten unnatürlich hohen Fuchsdichten zu eliminieren.

Wohl gab es nun vermehrt Fälle von Räude, doch hatten sie in Deutschland noch keine bestandsbegrenzende Wirkung. Die Fuchspopulationen wuchsen und damit die genannten Probleme für eine Reihe ihrer Beutetiere. Anderseits war ein Motiv für intensive Fuchsbejagung, nämlich das der Seuchenbekämpfung, bis auf weiteres entfallen. Überdies mehrten sich jagdkritische Stimmen, die eine völlige Einstellung der Fuchsbejagung forderten. Warum noch Füchse töten, wo doch die Tollwut gebannt ist? Auch der Fallenfang, früher die effizienteste Methode, der Füchse habhaft zu werden, wird heute infolge bürokratischer Auflagen allenfalls noch lokal ausgeübt.

Trotz dieser Erschwernisse und nachlassender Motivation der Waidmänner stiegen die Fuchsstrecken kontinuierlich (Abb. 65). Um das Jahr 2000 erbrachte die eher gelegentliche Bejagung viermal so viele Füchse (600.000) wie die intensiven Nachstellungen der Vorkriegszeit (150.000). Wie auf S. 192 ff. dargelegt, lassen auch diese Daten auf einen heute wesentlich höheren Grundbestand an Füchsen schließen.

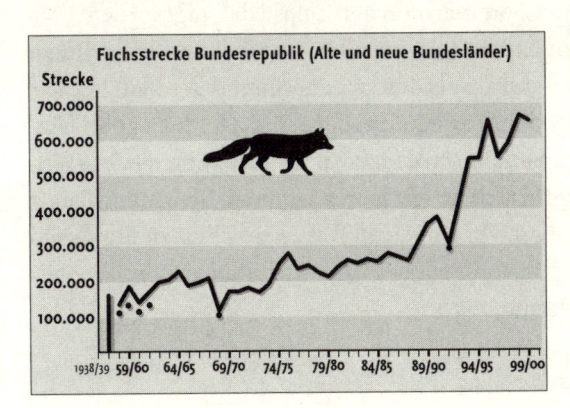

Abb. 65: Entwicklung der Fuchsstrecke in Deutschland (nach SPITTLER 2000, ergänzt)

Damit setzte sich der Teufelskreis fort. Ende der 1980er Jahre waren offensichtlich Dichten erreicht, die die Ausbreitung eines Endoparasiten, des Fuchsbandwurms (*Echinococcus multilocularis*), fördern. In einzelnen Regionen sind heute schon fast die Hälfte der Füchse davon befallen. Zwar scheint dieser nur wenige Millimeter messende Parasit sein Wirtstier nicht zu beeinträchtigen, er ist jedenfalls kein bestandsbegrenzender Faktor. Das Problem liegt vielmehr in seiner Gefährlichkeit für den Menschen. Die mikroskopisch kleinen Eier gelangen mit der Fuchslosung in die Umwelt. Wenngleich der Mensch aus parasitologischer Sicht als „Fehlzwischenwirt" zu betrachten ist – natürliche Zwischenwirte im Zyklus sind vor allem Mäuse –, so kann es doch gelegentlich zur Infektion der menschlichen Leber kommen. Wird sie zu spät bemerkt, führt sie zum Tod. Somit war eine weitere Hemmschwelle hinsichtlich der Fuchsbejagung entstanden. Gummihandschuhe zum Aufnehmen erlegter Füchse, Mundschutz gegen das Einatmen eventuell herumfliegender Bandwurmeier während des Abbalgens, andernfalls Frosten bis −80 °C in speziellen Gefriertruhen, um die Eier abzutöten? Das Interesse an der Fuchsjagd sank weiter.

Doch die Furcht vor einer Infektion hat inzwischen weite Bevölkerungskreise erfasst. Vom Wind verblasene Bandwurmeier könnten auch über die Beeren des Waldes in den menschlichen Verdauungstrakt gelangen, weshalb man diese nicht mehr roh verspeisen solle, warnt in den Sommermonaten selbst die Tagespresse. Die Zahl beerensammelnder Waldbesucher ging seitdem beträchtlich zurück – zur Genugtuung der Bockjäger während der Blattzeit ...

Erwartungsgemäß wurde wiederum der Ruf nach Medikation laut. Mit speziellen Präparaten versehene Köder sollten die Füchse entwurmen, was tatsächlich in einigen Regionen Süddeutschlands schon praktiziert wird. Umgerechnet fast zwei Millionen Euro stellte nun die Regierung von Baden-Württemberg für ein dreijähriges Experiment zur Verfügung.

Fazit und Lösungsvorschlag

Ein ökologischer Teufelskreis und ein ökonomisches Desaster, letztlich ausgelöst durch einen Wandel in der Damenmode vor einem halben Jahrhundert!

Die unnatürlich hohen Fuchsdichten kommen den Steuerzahler inzwischen teuer zu stehen. Mehrere Millionen Euro kosten alljährlich die Aktionen zur Vermeidung tödlicher Krankheiten für Mensch und Haustier, ganz zu schweigen von den Problemen aus der Sicht des Artenschutzes.

Insbesondere letzterer Aspekt weckt zunehmend Besorgnis in der Jägerschaft, aber auch bei pragmatisch denkenden Vertretern des Naturschutzes. Geht doch die Immunisierung der Füchse gegen

Tollwut letztlich auf Kosten der Artenvielfalt, und zwar nicht nur der genannten Niederwildarten. Inzwischen drängen Füchse mit verheerenden Folgen für die bodenbrütenden Seevögel auch auf einige Nordseeinseln vor (QUEDENS 1996). Gibt es keinen Ausweg aus dem Dilemma?

Das ehemals so wirkungsvolle Motiv für die erforderlichen starken Eingriffe in die Fuchspopulationen gehört wohl endgültig der Vergangenheit an. Denn bevor die Balgpreise wieder solch attraktive Höhen erreichten, würde die Zucht von Fuchs und Marder in Farmen sehr lohnend. Jede beliebige Nachfrage an Bälgen wäre dadurch zu befriedigen, der Preis bliebe entsprechend niedrig.

Aber wäre es nicht sinnvoll, die in die Medikation investierten Mittel von jährlich mehreren Millionen Euro in Prämien für erbeutete Füchse umzuwandeln?

Dieser gelegentlich geäußerte so logisch klingende Vorschlag wurde bislang kaum ernsthaft diskutiert. Passt er doch nicht in das gerne verbreitete Image der grünen Zunft von der Selbstlosigkeit des hegerischen Tuns. Die Realität ist allerdings etwas anders, Ausnahmen bestätigen nur die Regel. Jäger sind auch nur Menschen und folglich aufgeschlossen gegenüber finanziellen Anreizen. So war die verstärkte Bejagung von Fuchs und Rabenkrähe im Birkwildprojekt Wurzacher Ried des LJV Baden-Württemberg (S. 351) erst durch Zahlung entsprechender Prämien zu erreichen. Die Strecken stiegen daraufhin bei beiden Arten auf das Dreifache.

Mancher Leser wird diese Darstellung bezweifeln oder entschieden zurückweisen. Dann aber möge er folgende Frage ehrlich beantworten: *Gäbe es heute die genannten Probleme infolge hoher Fuchsdichten oder die zahlreichen Fälle von Schäden an Kfz-Motoren durch Steinmarder, wenn ihre Bälge 350 € einbrächten?*

Sicher nicht. Denn die erfinderischen Waidmänner würden unter solchen Voraussetzungen auch mit den heutigen Jagd und Fallenfang erschwerenden Problemen fertig werden.

Die bundesweiten Fortbildungslehrgänge für Berufsjäger im Jagdschloss Springe geben mir alljährlich Gelegenheit, diese Fragen mit Praktikern zu diskutieren. In welcher Höhe wäre so eine Prämie anzusetzen? Im Projekt Wurzacher Ried hatte eine Erhöhung von umgerechnet 7,50 auf 25 € den gewünschten Effekt. Sinnvoll wäre es wohl, mit einer Prämie in etwa dieser Größenordnung zu beginnen, auch im Hinblick auf die daraus zu erwartenden Gesamtkosten in zunächst zweistelliger Millionenhöhe. Es wird sich dann zeigen, ob mit sinkender Fuchsdichte, bzw. -strecke höhere Prämien zur Entschädigung des steigenden Zeit- und Materialaufwands pro erlegtem Fuchs anzusetzen wären. Interessante Erkenntnisse zu dieser Thematik gewann SIEFKE (1996) in einem mehrjährigen Experiment im Vogelschutzgebiet Hiddensee an der Ostseeküste.

Heile Welt?
Der Fuchs – Sinnbild ursprünglicher Natur, nach der sich der zivilisationsmüde Bürger dicht besiedelter Regionen so sehr sehnt? Die Realität sieht leider anders aus. Zu sehr hat der Mensch das Ökosystem, wenn auch unbewusst, verändert.
Zum Verständnis dieser Zusammenhänge abschließend ein Beispiel eines fast menschenleeren Gebietes, das ich aus eigener Anschauung seit Jahren kenne. Ein Teil der Lüneburger Heide ist seit 1936 als Truppenübungsplatz ausgewiesen und wurde damals von menschlichen Ansiedlungen geräumt. Das vom EWI untersuchte Gebiet liegt im 30.000 ha großen Bundesforstamt Siebensteinhäuser und ist unbeeinflusst von jeglicher Form menschlicher Bewirtschaftung. Dort, wo einst der Heidedichter Hermann LÖNS jagte, entspricht die Tierwelt auch heute noch seinen Schilderungen. Im Frühjahr kullern die Birkhähne, flötet der Brachvogel, meckern die Bekassinen, trompeten die Kraniche, und nachts „spinnt und spult die Nachtschwalbe ihr Lied". Man kann dem schwermütigen Gesang der Heidelerche lauschen, findet das Geläuf von Birkwild im sandigen Boden und erstaunlich viele Hasenspuren. – Aber es vergingen drei Jahre, bis ich die erste Fuchsspur entdeckte. Reineke kommt dort offensichtlich in sehr geringer Dichte vor und hat folglich keinen nennenswerten Einfluss auf die genannten, am Boden brütenden Vogelarten.
Warum? Weil es in diesem menschenleeren und folglich einigermaßen intakten Ökosystem keine zusätzlichen Nahrungsquellen

In solch ursprünglichen Landschaften ist die Fuchsdichte naturgemäß sehr gering. Ein Beispiel aus der Lüneburger Heide.

gibt. Das reichlich vorkommende Schalenwild, vor allem Rotwild, wird zwar intensiv bejagt, aber nicht im Gebiet aufgebrochen. Weit entfernt wird das Gescheide zentral entsorgt; der Fuchs soll davon nicht profitieren. Ebenso selten sind, das sei im Hinblick auf die folgenden Ausführungen angemerkt, andere opportunistische Prädatoren wie Habicht und Rabenvögel, denn es gibt hier weder Haustauben noch Mülldeponien.
Erst in jüngster Zeit scheinen nach stark angestiegenen Dichten in der Umgebung Füchse in das Gebiet zu drängen. 1999 gelang die erste Fuchsbeobachtung (Fähe mit nur einem Welpen) und im Sommer 2000 die erste Erlegung einer schwachen Fähe ohne Anzeichen eines Gesäuges. Die Fortpflanzungsrate ist bei dem natürlichen Nahrungsangebot offensichtlich gering. – Ein Fleckchen heiler Welt im dicht besiedelten Mitteleuropa. Wird es bei dieser geringen Größe dem Druck der zivilisatorischen Einflüsse der Umgebung auf Dauer standhalten können?

Habicht

Das Gesundheitsrisiko hoher Fuchsdichten für den Menschen war dem Verständnis der Rolle des Roten Freibeuters im Ökosystem in jüngster Zeit sicher förderlich. Die notwendigen jagdlichen Eingriffe finden daher eher Akzeptanz, auch unter Naturfreunden.
Ganz anders sieht es beim Habicht (*Accipiter gentilis*) aus, dem befiederten Pendant des Fuchses. Wie alle anderen Greifvögel gilt er heute als tabu. Berichte über massive Eingriffe in Beutetierpopulationen werden verharmlost oder rundweg bestritten.
Wie sieht die Realität aus? Ist der Habicht wirklich nur „Gesundheitspolizei", schlägt er nur „schwache und kranke" Beutetiere?
Bis in die 1960er Jahre hatte der Habicht allenfalls zur Zeit der Jungenaufzucht Schonzeit. Nicht nur die Heger von Niederwildrevieren verfolgten ihn: Auf weit größeren Flächen stellte man ihm nach, wo immer er sich an Haushühnern, Haus- und vor allem Brieftauben vergriff. Die „Schädlichkeit" des „Hühnerhabichts" war so offenkundig, dass es keiner eigens durchgeführter Untersuchungen über die Auswirkungen seiner Eingriffe in die Beutepopulationen bedurfte.
Ab Mitte der 1950er Jahre gingen dann der Habicht und einige weitere Greifvogelarten in ganz Mittel- und Westeuropa, vor allem in den agrarisch strukturierten Gebieten, drastisch zurück. Die Ursachen hierfür werden wir auf S. 346 f. kennen lernen.
So war z. B. die Habichtspopulation der Niederlande von 150 Paaren während eines Jahrzehnts auf nur noch zwölf Paare geschrumpft, sodass man dem befürchteten völligen Aussterben des Greifvogels durch Ansiedlung von Habichten aus dem Nachbarland zu begegnen versuchte.
Somit bestand nun wiederum kein Anlass zur Untersuchung von Räuber-Beute-Beziehungen. Das änderte sich jedoch rasch im Laufe der 1970er Jahre. Infolge seines wiederhergestellten hohen Fortpflanzungspotenzials erreichte der Habicht in kurzer Zeit Dichten, wie man sie seit Menschengedenken nicht kannte. Der Ruf nach Aufhebung der inzwischen europaweit verfügten Voll-

schonung wurde immer lauter. Demgegenüber bestanden die Vertreter des Natur- und Vogelschutzes auf einer kompromisslosen Beibehaltung des erreichten Schutzstatus. Ein fast zwei Jahrzehnte währender „Habichtskrieg" zwischen beiden Lagern war die Folge, vor allem in Deutschland.
Im benachbarten Ausland sah man auch diese Situation gelassener und pragmatischer. Die jahrelangen Untersuchungen des englischen Ornithologen und Falkners Robert KENWARD und des bereits erwähnten schwedischen Wildbiologen Vidar MARCSTRÖM trugen nicht nur zum besseren Verständnis des Habichts bei, sie lieferten auch generelle Erkenntnisse über Räuber-Beute-Beziehungen.

Neue Wege der Forschung
Mittels telemetrischer Forschung konnte KENWARD (1985) einige Hypothesen überprüfen, die wohl in erster Linie mit dem Ziel kreiert worden waren, den Schutzstatus des Habichts unter allen Umständen zu erhalten.

Geringe Prädationsraten?
In seinem Vortrag während des 18. Internationalen Ornithologen-Kongresses 1982 in Moskau zeigte KENWARD zunächst die Unzulänglichkeit bisheriger Forschung auf, sofern sich diese auf die Untersuchung von Beuteresten im Gelände, an Horsten, in Gewöllen oder in Kröpfen erlegter Habichte beschränkte. Der Eingriff des Habichts in einzelne Beutetierarten kann dadurch erheblich über- wie unterschätzt werden. Außerdem ist dabei kaum ein Bezug zur Habichts- wie zur Beutetierdichte herzustellen, eine Grundvoraussetzung für die Beurteilung dieser Fragen. Dies sei an einem praktischen Beispiel verdeutlicht:
Man versucht heute gelegentlich, die Harmlosigkeit des Habichts für selten gewordene Beutetiere mit dem Hinweis zu belegen, das Birkwild mache weniger als zehn Prozent in seinem Speisezettel aus, und das Rebhuhn auch nicht viel mehr. In Wirklichkeit zählen diese Arten wie alle Hühnervögel zu den Hauptbeutetieren des Habichts und machen dort, wo sie noch häufiger sind, über die

Viele Fragen um den Habicht und seine Beutetiere waren mit Hilfe einer exakten Forschungsmethodik zu klären.

Hälfte seines Nahrungskontingents aus (Höglund 1964, Sulkava 1964). Auch Rebhühner lagen einmal an dritter Stelle der Häufigkeit in der Beuteliste unserer Habichte (Uttendörfer, in Brüll 1964). Die heutige Seltenheit in der Beuteliste spiegelt daher lediglich das derzeitige geringe Vorkommen dieser Arten wieder.

Die von Kenward und seinem schwedischen Kollegen Marcström entwickelte Methode, möglichst viele Habichte im Untersuchungsgebiet mit Sendern auszustatten und außerdem durch „Linientaxation" die Dichte ihrer Beutetiere zu erfassen, bedeutete demgegenüber einen beachtlichen Fortschritt. Sie gestattet nicht nur, die Erbeutungsraten des Habichts abzuschätzen, sondern vermittelt wesentliche Einblicke in dessen Verhalten und Populationsdynamik.

Territorialität?

„Habichtspaare verteidigen das ganze Jahr über ihr Territorium gegen Artgenossen und verhindern dadurch die Ausbeutung des Nahrungsangebots. Eine Tötung der Standhabichte würde höhere Eingriffe in die Beutetiere provozieren." Diese häufig zitierte Behauptung, deren „Vater" wohl kaum mehr zu ermitteln sein dürfte, lässt sich nur mittels telemetrischer Untersuchungen überprüfen, da nur diese eine individuelle Erkennung der Habichte gestatten.

KENWARD, wie auch später ZIESEMER (1983), kam dabei zu genau gegenteiligen Erkenntnissen: In keinem Fall war Territorialität nachzuweisen; in einem Gebiet bejagten fünf Terzel ein fasanenreiches Teilstück gemeinsam, und zwar drei- bis fünfmal häufiger als dies bei gleichmäßiger Verteilung der Habichte im Gebiet zu erwarten gewesen wäre. Gelegentliche leicht aggressive Zusammenstöße führten nie dazu, dass ein Habicht das Gebiet verließ.

In diesem Zusammenhang sei auch der „Vergrämungseffekt" angesprochen, eine einst in Baden-Württemberg vertretene These, die besagte, gefangene und an Ort und Stelle wieder freigelassene Habichte würden das Gebiet verlassen.

Einer wissenschaftlichen Überprüfung, die nur mit Hilfe der Telemetrie möglich ist, hielt die ohnehin wenig einleuchtende These nicht stand: Keiner von KENWARDS Habichten verließ nach dem Fang das Untersuchungsgebiet. Selbst an andere Orte verfrachtete Vögel kehrten in der Regel nach kurzer Zeit zurück.

Selektierende Gesundheitspolizei?

Schlägt der Habicht nur „schwache und kranke" Beutetiere? Seit den bereits erwähnten (S. 282) Studien des Amerikaners ERRINGTON am Nerz und der Bisamratte neigten Biologen dazu, Räuber-Beute-Beziehungen grundsätzlich durch die rosarote Brille zu betrachten. Dabei dürfte ein eventueller Seuchen verhindernder Effekt von Räubern eher in der Verringerung der Populationsdichte und damit auf ganz anderer Ebene liegen als im Erbeuten bereits erkrankter Tiere. Wie sieht die Wirklichkeit aus?

In der Erkenntnis, dass sich die Kondition der Vögel an ihrem Gewicht bzw. an dem der Brustmuskulatur erkennen lässt, untersuchte KENWARD zwei von seinen Habichten bevorzugte Beutetierarten. Nicht selektiv (z. B. auf Treibjagden oder am Schlafplatz) erlegte Tiere vermittelten dabei das für einen Vergleich erforderliche Bild von den durchschnittlichen Verhältnissen im Beutebestand. Dabei ergab sich Folgendes:

- Der Habicht selektierte bei Ringeltauben weder nach Alter noch nach Geschlecht. Der Anteil leichterer und damit möglicherweise schwächer konditionierter Vögel war jedoch in seiner Beute höher, als es dem Durchschnitt der Taubenpopulation entsprach.
- Angriffe waren auf Tauben in kleinen Trupps oder auf Einzelvögel am erfolgreichsten. Von größeren Schwärmen wurde der Habicht meist zu früh entdeckt.
- Große Bedeutung hatte die Vegetationsstruktur: Konnte der Habicht in guter Deckung anstreichen und die sitzenden Tauben auf weniger als 20 m Entfernung überraschen, so war er fast immer erfolgreich. Ein frühzeitiges Erkennen des Habichts ist also sehr wesentlich für das Überleben des Beutetiers. Manche uns niederwildfreundlich erscheinende Biotopstruktur kann also problematisch werden, wenn sie der Jagdstrategie von Prädatoren förderlich ist. Mehr hierzu auf S. 398 ff.
- Deckung für den Habicht beeinflusste auch seine unbewusste Selektion: Von Tauben, die er noch im Sitzen überraschte, erbeutete er gut und schwach konditionierte Tiere nur entsprechend ihrem Anteil in der Population. Erst die nach seinem Erscheinen schon aufgeflogenen hatten Gelegenheit, ihre Kondition zu beweisen, und erst dann erbeutete er überwiegend schwächere Tauben (Abb. 66).
- Beim Fasan zeigte sich dagegen kaum eine solche Selektion. Vor allem Hennen wurden unabhängig von ihrer Kondition geschlagen. Der Unterschied liegt in der Taktik der Feindvermeidung: Im Gegensatz zu den Ringeltauben und anderen gewandten Fliegern suchen Hühnervögel beim Erscheinen eines Habichts laufend oder fliegend die nächste Deckung auf. Im Untersu-

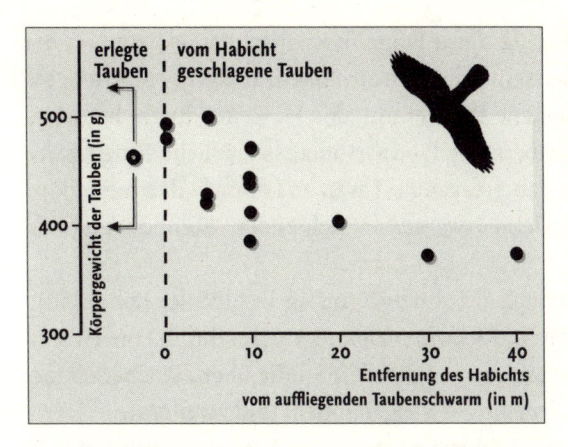

Abb. 66: Körpergewichte vom Habicht geschlagener Ringeltauben und zufällig am Schlafplatz erlegter im Vergleich: Konnten die Tauben rechtzeitig abstreichen, erbeutete der Habicht nur schwach konditionierte Vögel (nach KENWARD 1985).

chungsgebiet entfernten sie sich von dieser (wegen des Habichts?) selten weiter als zehn Meter und konnten – ob in guter oder schlechter Kondition – diese kurze Strecke leicht zurücklegen, sofern sie den Habicht rechtzeitig entdeckten.

▶ Bei Schneelage schlägt der Habicht bevorzugt Hennen, deren Tarnfärbung dann keine Vorteile mehr bringt. (Die Frage, ob der Anteil erbeuteter Hähne geringer ist, weil sie der Habicht schwieriger überwältigen kann, oder weil sie nach der Jagdzeit einfach seltener sind, musste offen bleiben.)

Habicht und Beutetierpopulation

KENWARD's detaillierte Untersuchungen zeigten bereits bei der Betrachtung von nur einer Räuber- und zwei Beutetierarten, wie wenig deren Beziehungen zueinander einem pauschalen Schema entsprechen. Dies gilt noch mehr für die folgende Frage: *Welchen Anteil der Beutetierbestände schlägt der Habicht, und wie wirkt sich dies auf deren Entwicklung aus?*

Frühere Autoren wissenschaftlicher Arbeiten vertraten die Ansicht – oft im Gegensatz zu den reinen Praktikern –, Greifvögel würden nur den „abschöpfbaren" Teil der Populationen erbeuten, der ohnehin zum Tod verurteilt wäre; ihr Eingriff würde also stets im Bereich der „kompensatorischen Mechanismen" liegen.

KENWARD untersuchte diese Frage in englischen Gebieten an der Ringeltaube, in südschwedischen am Fasan, also an zwei Arten, die eine sehr verschiedene Beurteilung des Habichts durch den Menschen zur Folge haben: Die landwirtschaftsschädliche Ringeltaube *soll* er, den jagdlich interessanten Fasan soll er *nicht* dezimieren.
Im Fall der *Ringeltaube* waren die folgenden Komponenten zu berücksichtigen:
▶ der Anteil der Vögel, die ohnehin (infolge schlechter Kondition) eingegangen wären. KENWARD kalkulierte ihn durch einen Vergleich mit einer anderen englischen Studie über die Überlebenschancen leichtgewichtiger Ringeltauben, und zwar ohne Habichtseingriff. Er folgerte daraus eine Netto-Erbeutungsrate von 72%; d. h., durch 100 geschlagene Tauben wären die winterlichen Schwärme nur um 72 Tauben reduziert worden, denn 28 hätten ohnehin nur noch kurze Zeit gelebt.
▶ der Anteil der Tauben, die später während des Nahrungsengpasses im Februar verhungert wären.

Ausgehend von der Annahme, dass alle vier „Habichtstage" eine Taube geschlagen wird (d. h. von einem Habicht alle vier Tage eine, von vier Habichten zusammen eine täglich), folgerte KENWARD, dass die Schwärme erst dann beträchtlich unter das durch das spätwinterliche Nahrungsangebot vorgezeichnete Maß reduziert werden könnten, wenn die Habichtsdichte auf vier Vögel pro 1.000 ha angestiegen sei. Solch hohe Bestände wurden bislang nur dort beobachtet, wo der Mensch das Nahrungsangebot des Habichts durch leicht erreichbare Beutetiere künstlich erhöhte, etwa durch ausgelassene Fasanen oder entsprechendes Angebot an Haus- und Brieftauben.
Die Untersuchungen am *Fasan* betrafen sowohl ausgelassene als auch Wildfasane. Erstere wurden erwartungsgemäß in solcher Menge von den zahlreichen Habichten geschlagen, dass deren Reduktion unerlässlich wurde, um die Untersuchungen überhaupt fortführen zu können.
Die folgenden Ausführungen betreffen die *Wildfasane*, wobei KENWARD betont, dass der Habicht auch in der ursprünglichen asiati-

schen Heimat des Fasans verbreitet ist. Er korrigiert damit die gängige Ansicht von dieser angeblich „unnatürlichen" und nur deshalb stärker dezimierten Habichtsbeute. Allenfalls entspräche der bei uns meist landwirtschaftlich genutzte Lebensraum nicht mehr dem der Urheimat des Fasans.

Die Erbeutungsraten lagen mit nur 1,7 „Habichtstagen" pro Fasan im August und 2,3 im Oktober höher als bei der Ringeltaube. Die Jagdstrategie des Habichts eignet sich eben besser zur Erbeutung von Hühnervögeln, weshalb diese in seinem ganzen Verbreitungsgebiet zur Hauptbeute zählen. In Nordosteuropa z. B. besteht die Hälfte seiner Beutetiere aus Birkhühnern.

Zählungen der Wildfasanen im Herbst und Frühjahr ließen eine besonders hohe Wintersterblichkeit bei den Hennen von 64% erkennen. Hiervon gingen 88% auf das Konto des Habichts, wie die telemetrischen Studien auswiesen. Die Hennen wurden dadurch so dezimiert, dass sie nur bei einem maximalen Bruterfolg von vier ausgewachsenen Jungvögeln je Henne die bisherige Höhe der Herbstpopulation hätten halten können. Tatsächlich schrumpfte der Bestand des Untersuchungsgebiets bis an die Grenze der Ausrottung, *ohne dass sich der Biotop wesentlich verändert hätte.* Die wahrscheinlichste Ursache sei der Eingriff des Habichts gewesen, folgerten KENWARD und seine Mitarbeiter auf Grund ihrer Erkenntnisse.

Beim Rebhuhn alles anders?

Leider war das Rebhuhn nicht in die genauere Untersuchung einbezogen worden. Doch auch dieses verschwand bis auf geringe Reste – so viel zur gern propagierten These, das Rebhuhn werde als „natürliche" Beute des Habichts von diesem nicht wesentlich beeinträchtigt. Doch fehlt bislang eine ähnlich gründliche Untersuchung dieser Frage. ZIESEMER (1983), der mit derselben Methode arbeitete, konnte in seinen beiden schleswig-holsteinischen Untersuchungsgebieten lediglich feststellen, dass sich Rebhühner in einem Gebiet niedriger Habichtsdichte in geringer Zahl halten konnten. Im anderen waren sie vor der Untersuchung verschwunden; über die Ursachen lässt sich daher nur spekulieren. Die Habichtsdichte war hier jedenfalls achtmal höher. Dies ist in der Arbeit nicht klar genug herausgestellt und auch ZIESEMERS Interpretation seiner Ergebnisse nicht zu entnehmen.

Ähnlich wie beim Fasan können die Verluste durch Greifvögel beim Rebhuhn im Winter erheblich ansteigen, da dessen Tarnfärbung bei Schneelage wirkungslos wird. Die Zunahme des Habichts auf dem europäischen Festland führte zu einem deutlichen Anstieg der Wintersterblichkeit der Rebhühner (POTTS 1982). Hierzu kann allerdings auch der Mäusebussard erheblich beitragen (mehr hierüber wie auch über Untersuchungen an anderen Greifvogelarten in Nordamerika in KALCHREUTER 1991).

Insofern konnten die katastrophalen Auswirkungen des schneereichen Winters 1978/79 nicht überraschen: In Schweden brachen die Rebhuhnpopulationen vielerorts zusammen, wobei unter den direkten Todesfaktoren der Habicht die größte Rolle spielte (DAHLGREN in POTTS 1986). Im schleswig-holsteinischen Festland (Geest und Hügelland) mit hohem Greifvogelvorkommen verschwanden die Rebhühner in jenem Winter bis auf geringe Reste. In der völlig offenen Landschaft von Marsch und Inseln waren die Verluste dagegen wesentlich geringer, und auf der gänzlich räuberfreien Insel Föhr gab es 1979 gar mehr Hühner als im Vorjahr (Daten von HEWICKER u. HACKLÄNDER in KALCHREUTER 1991).

Zur Bedeutung von Alternativbeute

Wie wirkt sich der Rückgang einer Beutetierart auf den Speisezettel des Habichts aus? Lässt der Beutegreifer von selten gewordener Beute ab, damit sich deren Bestand wieder erholen kann, entsprechend manchen ökopazifistischen Vorstellungen? KENWARDS Untersuchungen lieferten auch Fakten zu dieser Frage. Hierzu standen die Daten von sieben Untersuchungsflächen mit unterschiedlicher Fasanendichte zur Verfügung (Abb. 67).

Drei bis vier Tage konnte der Habicht von einem Fasan leben, was auch der beobachteten Erbeutungsrate von 0,25 bis 0,33 Fasanen/Habichtstag entspricht. In den Gebieten hoher Fasanendichte lag die Rate höher, da andere Räuber – hier vor allem der Fuchs

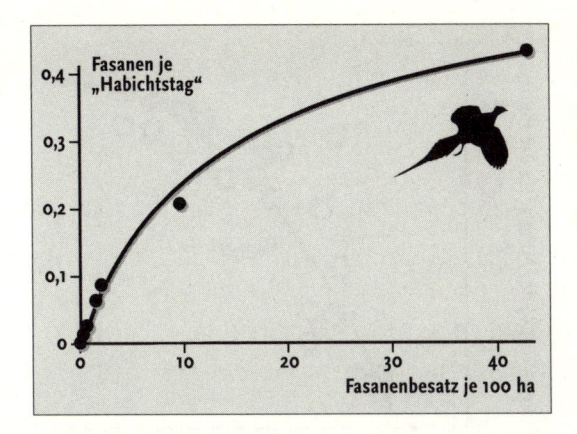

Abb. 67: Erbeutungsraten des Habichts (Fasanen pro „Habichtstag") in sieben Untersuchungsgebieten mit unterschiedlicher Fasanendichte. Die Punkte bezeichnen die Untersuchungsgebiete (nach KENWARD 1985).

– sich die Reste des geschlagenen Fasans einverleibten, bevor der Habicht zurückkehren und seine Mahlzeit fortsetzen konnte. In unserem Raum jagt zudem der Mäusebussard dem Habicht die Beute ab und veranlasst ihn so zu weiterem Beutemachen (KALCHREUTER 1991). Abb. 67 verdeutlicht aber auch, dass Fasanen selbst bei sehr geringer Dichte noch geschlagen werden, einfach weil Hühnervögel zur bevorzugten Beute des Habichts zählen.

Aber widerspricht die Erkenntnis, dass der Habicht durchaus in der Lage wäre, den „letzten Mohikaner" von Fasan, Rebhuhn oder Birkwild zu schlagen, nicht der generellen Regel, dass das Angebot an Beutetieren die Dichte des Räubers regelt?

Wie auf S. 282 f. bereits dargelegt, gilt diese Beziehung zwischen Räuber und Beute nur bei Prädatoren mit schmalem Nahrungsspektrum und/oder in einfachen Ökosystemen. Wäre der Habicht nur auf Fasanen angewiesen, wäre er vor diesen verschwunden.

Tatsächlich beobachteten WIKMAN und LINDEN (1981) derartige Verhältnisse in den borealen Nadelwäldern Finnlands. Dort stehen dem Habicht außer Raufußhühnern wenig andere geeignete Beutetiere zur Verfügung. Bei hoher Dichte bilden diese daher fast 90 % seiner Nahrung (Abb. 68); werden sie seltener, sinkt auch ihr Anteil in der Beute. Der Bruterfolg der Habichte geht dann stark zurück, und bei einer Dichte von weniger als fünf Hasel- bzw. Birk-

Abb. 68: In finnischen Untersuchungsgebieten war der Anteil von Birk- und Haselhühnern an der Habichtsbeute von deren Dichte abhängig. Bei weniger als fünf Hühnern/100 ha verschwand der Habicht aus dem Gebiet (nach WIKMAN u. LINDEN 1981).

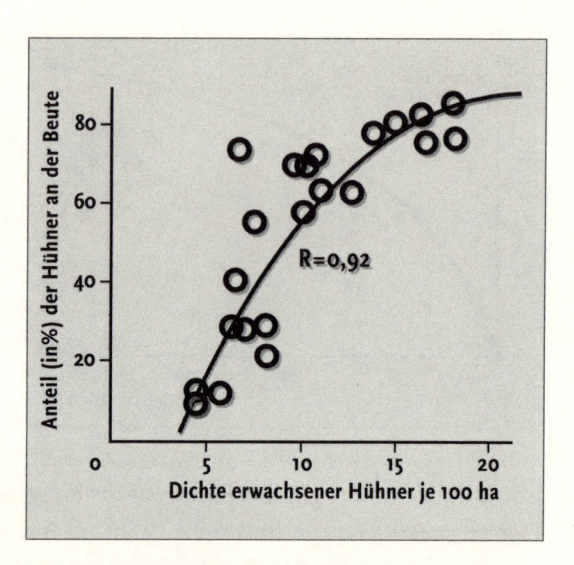

hühnern pro Quadratkilometer pflegten die Habichte das Gebiet zu verlassen.

In komplexeren oder zudem noch durch menschliche Wirtschaft modifizierten Ökosystemen findet der Habicht dagegen ein breites Spektrum geeigneter Nahrung. Entsprechend lang sind die Listen der Arten, die vom Habicht erbeutet werden (z. B. UTTENDÖRFER 1952, BRÜLL 1977, WIDEN 1985). Ein starkes Habichtsweib ist in der Lage, selbst einen jungen Auerhahn zu überwältigen (WAGNER, pers. Mitt.); dem EWI wurde einmal aber auch ein verendeter Junghabicht zugeliefert, dessen Kropf prall mit Regenwürmern gefüllt war.

Auch in KENWARDS südschwedischen Untersuchungsflächen konnte der Habicht auf andere geeignete Beute ausweichen. Er hielt sich hier, wenngleich in geringerer Dichte, auch dort, wo kaum mehr Fasanen lebten, wie Abb. 69 verdeutlicht. In einem Fall spielte dann das Kaninchen die Rolle des Hauptbeutetiers, mit 71 % Anteil in der Beuteliste.

■ Es ist also in erster Linie eine Frage der Verfügbarkeit geeigneter Alternativbeute, ob der Habicht die genannten Hühnervögel reguliert, oder diese ihn.

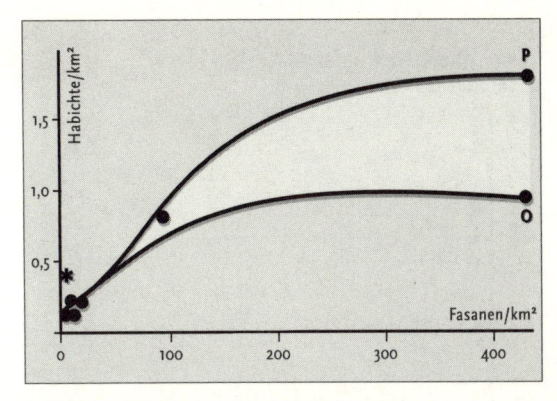

Abb. 69: Habichtsvorkommen in sieben Gebieten unterschiedlicher Fasanendichte. Rechts ein Gebiet mit ausgelassenen Fasanen vor (P) und nach (O) Reduktion der Habichte. In einem Gebiet mit Kaninchen als Alternativbeute (*) hielten sich trotz minimaler Fasanendichte mehr Habichte (nach KENWARD 1985).

Der Unterschied zwischen den beiden geschilderten Gebieten (finnische Waldhühner – südschwedische Fasanen) zeigt sich grafisch im Schnittpunkt der jeweiligen Kurven mit der y-Achse (Abb. 68 und 69).

Die Verlustraten für die Beutebestände müssen also keineswegs mit deren Rückgang abnehmen, wie immer wieder behauptet wird. Die Verluste müssen auch dann nicht zurückgehen, wenn der Habicht auf andere Hauptbeute übergegangen ist. Abb. 70 veran-

In nördlichen Regionen reguliert das wechselnde Angebot an Waldhühnern die Dichte des Habichts.

Abb. 70: In sechs Gebieten mit unterschiedlicher Fasanendichte waren die monatlichen Erbeutungsraten des Habichts (Anteil am Fasanenbesatz) dort am höchsten, wo Kaninchen als Alternativbeute vorkamen (*). Rechts ein Gebiet mit ausgelassenen Fasanen vor und nach der Reduktion der Habichte, vgl. Abb. 69 (aus KENWARD 1985).

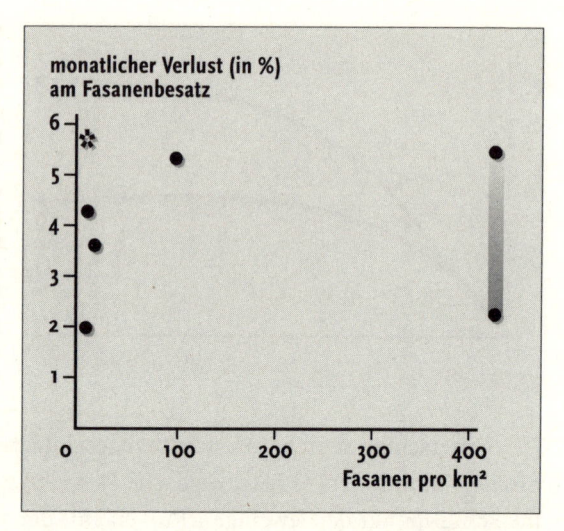

Abb. 71: Relativer Druck des Habichts auf Raufußhühner (Anteil an der Habichtsbeute, bezogen auf die Hühnerdichte) in finnischen Untersuchungsgebieten: Trotz sinkender Beutedichte stieg der Räuberdruck zunächst an (nach WIKMAN u. TARSA 1980).

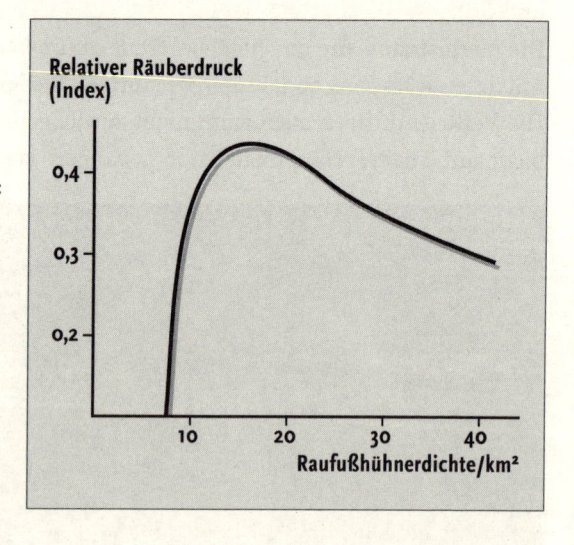

schaulicht die beachtliche Streuung der Verlustraten bei hoher oder sehr geringer Fasanendichte. Auch nach WIKMAN und TARSA (1980) stieg der Prädationsdruck des Habichts auf die finnischen Raufußhühnerpopulationen zunächst an, als diese abnahmen (Abb. 71), was deren weiteren Rückgang bedingte – bis die Habichte das Gebiet verlassen mussten.

In Südschweden dagegen überlebten sie dank Alternativbeute. Bemerkenswert war hier die Tatsache, dass die Verluste an Fasanen in dem südschwedischen Gebiet am höchsten waren, in dem der Habicht überwiegend von Kaninchen lebte! Diese gestatteten ihm eben eine entsprechend hohe Dichte, wie aus Abb. 69 hervorgeht. Damit zeigte KENWARD die Problematik von „Puffer"-Arten auf:

■ Alternative Beutetierarten können den Räuber in der Regel nur dann von selten gewordenen Beutetieren ablenken, wenn sie leichter zu erbeuten sind als diese. Andernfalls bewirken sie das Gegenteil, nämlich noch stärkere Eingriffe in die bereits seltene, aber der Jagdstrategie des Räubers besonders zusagende Beute.

„Unnatürliche" Habichtsdichten?
Insbesondere diese letztere Erkenntnis ließ die Teilnehmer des IOC im Hörsaal der Moskauer Universität aufhorchen, vor allem die deutschen. Denn das erinnerte doch sehr an die im Jahresbericht 1981 der damaligen BFANL zusammengefassten Forschungsergebnisse ihres Fachgebiets Wild und Jagdökologie (KALCHREUTER, unveröff.). Der Habicht könne durch Ernährung von Hausgeflügel unnatürlich hohe Dichten erreichen und damit zum Problem für biotopbenachteiligte Beutetiere werden, hieß es da. Dies veranlasste – wie konnte es anders sein – einige prominente deutsche Natur- und Vogelschützer (z. B. BEZZEL 1983, ERZ u. HAARMANN 1983) zu leidenschaftlichen Angriffen und selbst Schreiben an den zuständigen Minister.
Wieso gerade hier solche Reaktionen? Die Erklärung liegt in dem Prädikat „unnatürlich". Ausgerechnet der Habicht, Sinnbild für das „intakte Ökosystem", in dem er den „natürlichen" Jäger verkörpert, der doch sehr viel mehr Anrecht darauf hat, das Niederwild zu jagen, als der wohlgenährte, der Zivilisation entstammende Waidmann – ausgerechnet er soll „sich unnatürlich verhalten"?
In dieser Darstellung der genannten Kritiker zeigte sich Ihr Missverständnis der Situation. Nicht das *Verhalten* des Habichts bezüglich des höheren Nahrungsangebots in der Kulturlandschaft ist unnatürlich. Vielmehr gestattet ihm dieses Angebot, das er sich –

natürlicherweise – einverleibt, höhere Dichten als in vom Menschen unbeeinflussten Ökosystemen.

Eigentlich hätte schon die Tatsache zu denken geben sollen, dass die natürlichen Hauptbeutetiere, z. B. Rebhuhn, Birkwild, Ringeltaube und lokal der Fasan, seit Mitte der 1970er Jahre mehr oder weniger drastisch zurückgegangen waren, während die Habichtbestände in weiten Teilen Mitteleuropas im selben Maße angestiegen sind. Oder anders gefragt: Gäbe es so viele Habichte, wenn sie sich von Rebhühnern, Birkwild oder Fasanen ernähren müssten? Sicher nicht. Die heutigen Dichten sind nur durch zusätzliche Nahrungsquellen zu erklären.

Neuere Beutelisten (z. B. Deppe 1984, Opdam et al. 1977) geben Aufschluss: Haus- und Brieftauben zählen heute zur Hauptbeute des Habichts, vor allem während der Fortpflanzungszeit. Den Untersuchungen des Engländers Murton (1971) verdanken wir

Abb. 72: Der Anteil von Ringeltauben (Balken oben; gestrichelte Linie: jahreszeitliche Bestandsentwicklung) und Haustauben (Balken unten) in der Nahrung deutscher Habichte (nach Daten von Brüll 1964) schwankt mit der Jahreszeit. Infolge ihrer früheren Brutzeit liefert die Haustaube dem Habicht in weit höherem Maße Nahrung zur Aufzucht seiner Jungen als die Ringeltaube. Dies unterstreicht die Bedeutung von Hausgeflügel für Bruterfolg und Bestandsdichte des Habichts (nach Murton 1971).

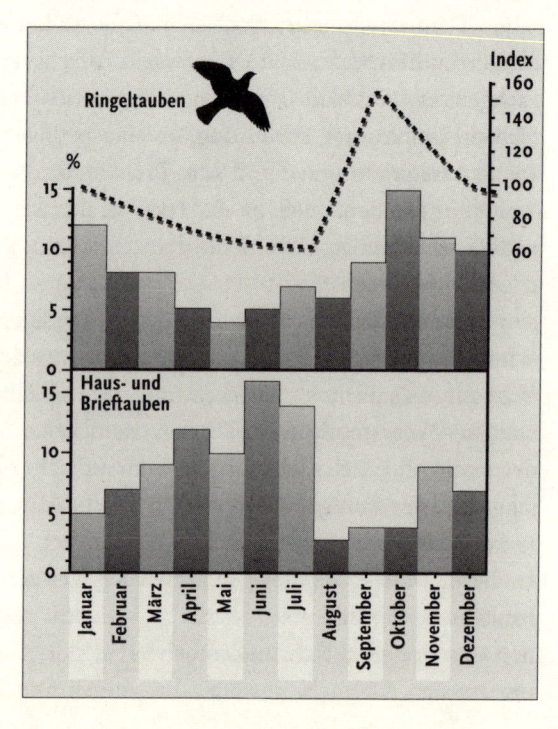

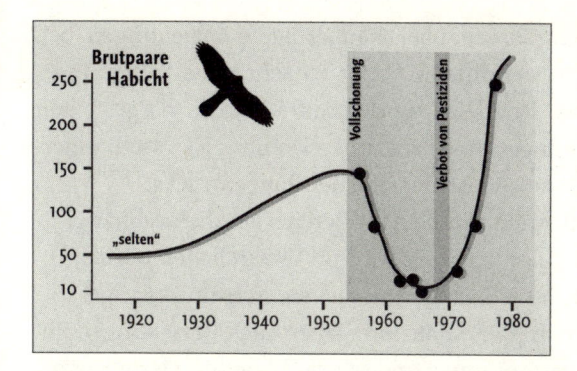

Abb. 73: Entwicklung der Habichtsbestände in den Niederlanden: Trotz Vollschonung gingen die Bestände drastisch zurück und nahmen nach Verbot von Pestiziden ebenso rapide zu (aus Kalchreuter 1984).

detailliertere Erkenntnisse über die Bedeutung der Nahrungskomponente „Tauben". Haustauben können nicht nur bis zur Hälfte der Diät des Habichts ausmachen; sie stehen ihm vor allem zur Zeit des größten Nahrungsbedarfs zur Verfügung, nämlich während der Aufzucht seiner Jungen (Abb. 72). Ringeltauben sind infolge ihrer späteren Brutperiode in dieser Zeit noch seltener (gestrichelte Linie in Abb. 72), die früher brütenden Haus- und Brieftauben dagegen bereits reichlich verfügbar. Wie die untere Grafik der Abbildung verdeutlicht, tragen sie entscheidend zum Bruterfolg und damit zur Bestandsdichte des Habichts bei.

Wie sich dieses „künstliche" Nahrungsangebot auf die Bestandsentwicklung auswirken kann, zeigten Thissen *et al.* (1981) an der überschaubaren Habichtspopulation Hollands auf. Sie war seit den 1930er Jahren im selben Maße angewachsen wie die Brieftaubenhaltung, bzw. die Zahl hierfür ausgegebener Ringe. Lediglich der Pestizideinsatz (s. S. 346 f.) hatte eine Unterbrechung des positiven Trends zur Folge (Abb. 73).

- Haus- und Brieftauben können also lokal dieselbe Rolle spielen wie die Kaninchen in Kenwards Untersuchungsgebiet.

Folgerungen

Die jahrelangen Untersuchungen am Habicht und seinen Beutetieren (Kenward 1985, Marcström *et al.* 1990) trugen wesentlich zu unserem heutigen Wissen über Räuber-Beute-Beziehungen bei. Danach sind diese viel differenzierter zu sehen, als früher angenommen. Gewisse Parallelen zu den auf S. 130 ff. dargestellten Jäger-Wild-Beziehungen sind dabei unverkennbar. KENWARD unterschied die folgenden Intensitätsgrade des Räuberdrucks:

- *Grad I*: Der Räubereingriff liegt im Bereich der dichteabhängigen Sterblichkeit der Beute. Es wird im Wesentlichen nur der Anteil erbeutet, der z. B. aus winterlichem Nahrungsmangel eingehen würde. In diese Kategorie fallen auch Beziehungen, in denen der Räuber nur junge und schwach konditionierte Exemplare erbeuten kann. Der Räuber hat dann keinen Einfluss auf die Höhe der Brutpopulation seiner Beutevögel.
- *Grad II:* Der Räubereingriff ist höher und verringert auch den Grundbestand der Beute. Nur überdurchschnittlich günstige Aufzuchtbedingungen können dann die Herbstpopulation auf bisheriger Höhe halten. Ein gewisses Gleichgewicht auf niedrigerer Beutedichte kann sich einstellen, wo die Räuberdichte nicht zu hoch und genügend geeignete Deckung für die Beutetiere vorhanden ist.
- *Grad III:* Der Räubereingriff ist so hoch, dass er auch durch höhere Fortpflanzungsraten nicht mehr zu kompensieren ist. Es kommt zum fortwährenden Rückgang und schließlich zum (lokalen) Aussterben der Beutetierart. Diese Situation ist gegeben bei leicht zu erbeutenden Arten und hoher Räuberdichte, Letztere bedingt durch entsprechendes Angebot an alternativer („Puffer")-Beute. – Grad III ist damit vergleichbar dem Eingriff des Marktjägers (S. 98 ff.), der seiner „Beute" intensiv nachstellt, obwohl er seinen Lebensunterhalt auch aus anderen Ressourcen bestreiten kann.

Die Übergänge zwischen diesen Intensitätsstufen sind natürlich fließend. Auch bei ein und derselben Räuber- bzw. Beuteart kann der Räuberdruck schwanken, und zwar in Abhängigkeit von der „Verletzlichkeit" der Beute, d. h. ihrer Erbeutbarkeit für den Räuber, und der Räuberdichte.

Den Habicht besser verstehen

Diese Erkenntnisse trugen sehr dazu bei, den Habicht besser zu verstehen. Er kann als typisches Beispiel für die genannten Variationen des Räuberdrucks gelten:

- In die Kategorie von *Grad I* fällt seine Beziehung zu den schwer zu erbeutenden Krähen und Elstern, von denen er allenfalls die Jungvogelschwärme, aber kaum die Brutpopulationen reduzieren dürfte. Dies sei betont im Hinblick auf das in der heutigen Diskussion über Rabenvögel gerne geäußerte Wunschdenken, deren Regulation dem Habicht zu überlassen. Zusätzlicher Eingriffe durch den Menschen bedürfe es daher nicht.
- Räuberdruck *zweiten Grades* übt der Habicht auf Raufußhühner im nördlichen Teil seines Verbreitungsgebiets aus. In unseren Breiten dürften hierunter *Ringeltaube, Eichhörnchen* und *Kaninchen* fallen, die auch in der Kulturlandschaft günstige Biotope vorfinden. Sie treten zwar seit Jahren nicht mehr in solchen Mengen auf wie während der Zeit geringer Habichtsdichten, sind aber wohl kaum irgendwo vom Aussterben bedroht.
- Anders bei Auer-, Birk- und Haselhuhn, Rebhuhn oder Brachvogel, die dem Räuberdruck *dritten Grades* durch den Habicht unterliegen. Ihnen verblieben im dicht besiedelten Mitteleuropa nur noch mehr oder weniger große Biotopinseln; als Bodenbrüter sind sie außerdem einem erhöhtem Druck behaarter Prädatoren ausgesetzt. Rückgang und lokales Verschwinden dieser Arten beschleunigt sich seit der Zunahme des Habichts drastisch. Dieser aber überlebte dank des genannten Angebots an alternativer Beute in Form von Haus- und Brieftauben.

Es war also auch hier letztlich der Mensch, der den Räuberdruck des Habichts um einen Grad verschob, indem er die genannten Beutetiere benachteiligte, den Räuber jedoch – unbewusst – förderte.

Beispiel Habicht und Birkwild

Die Erkenntnisse Kenwards und Marcströms trugen schließlich auch zum Verständnis eines Phänomens bei, das in Deutschland zu leidenschaftlichen Diskussionen zwischen weltanschaulich motivierten Vertretern des Vogelschutzes einerseits und Praktikern andererseits geführt hatte, nämlich des drastischen Rückgangs des Birkwildes in Mitteleuropa. In einigen Gebieten ist diese Frage auch heute noch aktuell. Eine abschließende Schilderung der damaligen Beobachtungen scheint daher sinnvoll.

Das Birkwild verschwand in den 1970er Jahren in vielen Gebieten wesentlich rascher, als dies Biotopzerstörung oder Witterungseinflüsse hätten bewirken können. In Schleswig-Holstein z. B. ging die Zahl balzender Hähne in drei Jahren um 50% zurück (ZIESEMER 1980), in Niedersachsen gar um 30% in nur einem Jahr (HECKENROTH 1980). Nach MÜLLER (1980) waren im hessischen Birkwildgebiet „Rotes Moor" allein im Winter 1975/76 alle festgestellten Verluste (meist Hennen) auf den Habicht zurückzuführen, wodurch der Bestand um 50% abnahm.

Ein ähnliches Schicksal ereilte den blauschwarzen Ritter im niedersächsischen Ostenholzer Moor (SCHULZ 1980). Wie Abb. 74 verdeutlicht, war der ganze Aufwand für eine birkwildfreundliche Biotopgestaltung vergeblich, nachdem der dortige Habichtbestand in nur vier Jahren von zwei auf sieben Brutpaare angestiegen war – entsprechend der großräumigen Entwicklung (KALCHREUTER 1981 a),

Hohe Habichtsdichten können in der Kulturlandschaft dagegen das „Aus" für die letzten Birkwildvorkommen bedeuten.

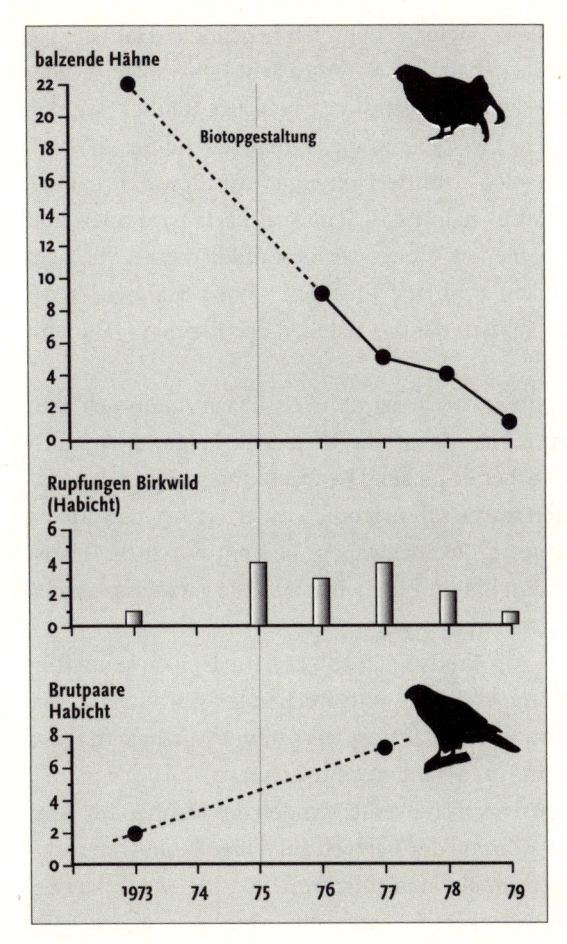

Abb. 74: Die Zahl balzender Birkhähne (oben), gefundener Reste vom Habicht geschlagener Birkhühner (Mitte) und die Entwicklung des Habichtsbrutbestands im Ostenholzer Moor (Niedersachsen). – Die Biotopgestaltungsmaßnahmen (1974 und 1975) konnten unter diesen Umständen keinerlei Wirkung zeigen (aus KALCHREUTER 1984).

die sich auch in Abb. 73 abzeichnet. Seit 1975 machte allein die Zahl der gefundenen vom Habicht stammenden Rupfungen eine beträchtlichen Anteil des noch lebenden Birkwildbestands aus, was auf noch wesentlich höhere Verluste schließen lässt. – 1979 balzte der letzte Hahn.

Noch schlechter ging es dem Birkwild im baden-württembergischen Naturschutzgebiet am Federsee (HÖLZINGER 1980). Es wurde vom damaligen „Bund für Vogelschutz" betreut, der dem kontinuierlichen Rückgang von 1959 an durch Biotopgestaltung und Räuberkontrolle zunächst erfolgreich begegnete: Hatten 1959 nur noch drei Hähne gebalzt, so waren es acht Jahre später wieder 14. Doch die Räuberkontrolle betraf nur behaarte Räuber, von den befiederten vor allem die Rabenkrähe. Entsprechend der derzeitigen Vogelschutz-Ideologie führte Hölzinger nur diese als „natürliche Feinde" auf. Damit nahm das Schicksal nach 1974 auch hier seinen Lauf. Im folgenden Winter verschwanden sieben von acht Hennen, im nächsten Frühjahr fünf von sieben Hähnen! 1976 erklang dann zum letzten Mal das Balzlied des Kleinen Hahns im Federseeried.

HÖLZINGER versuchte, den „katastrophalen Zusammenbruch" mit einer „Seuche" zu erklären, für die es jedoch keinerlei Anhaltspunkte gibt. Entsprechende gezielte Beobachtungen wie in den vorgenannten Gebieten waren offensichtlich unterblieben, obwohl die hohe Habichtsdichte in Oberschwaben, bedingt durch die Haustaubenhaltung auf den Bauernhöfen, hierzu hätte veranlassen müssen (BAUER u. KALCHREUTER 1984).

Doch zur Prädation von Greifvögeln gab es damals noch keine fundierten Untersuchungen, und entsprechende Warnungen von Praktikern, wie etwa des Bad Wurzacher Naturschutzbeauftragten Pater Agnellus SCHNEIDER, fanden kein Gehör.

In Wirklichkeit lässt das rasche Verschwinden der Hennen im Winter und der Hähne während der Balzzeit auch hier kaum eine andere Erklärung als erhöhten Habichtsdruck zu. Die geschilderten enormen Verluste wären auch durch einen noch so guten Fortpflanzungserfolg bei extrem günstiger Witterung nicht mehr wettzumachen gewesen.

Wie sehr erinnern doch diese Erkenntnisse am „autochthonen", also von jeher hier beheimateten Birkhuhn an die von KENWARD, die dieser mit viel genauerer Methodik am „allochthonen", d. h. (vor Jahrhunderten) eingebürgerten Fasan gewonnen hatte.

Habichte regulieren?

Wie aus den genannten Forschungsergebnissen unschwer zu erkennen, sind sich Fuchs und Habicht unter mehreren ökologi-

schen Aspekten sehr ähnlich. Als opportunistische Prädatoren profitieren sie beide vom Nahrungsangebot in vom Menschen modifizierten Ökosystemen, können folglich unnatürlich hohe Dichten erreichen und damit zum Problem für hierdurch benachteiligte Beutetiere werden. *Ergibt sich hieraus nicht die Verpflichtung, im Interesse der Artenvielfalt regulierend einzugreifen?*
Im Falle des Fuchses wird diese an sich logische Frage in jüngster Zeit eher bejaht, wobei allerdings die Problematik hoher Fuchsdichten für die menschliche Gesundheit diesen Denkprozess gefördert haben mag.
Anders beim Habicht, und zwar aus mehreren Gründen: Zum einen haben befiederte Tiere eine weit größere „Lobby" in der naturliebenden Bevölkerung als ihre behaarten Mitlebewesen. Zum anderen sitzt der Schock des genannten drastischen Rückgangs mehrerer Greifvogelarten nach der Mitte des 20. Jahrhunderts noch tief im Gemüt. Die Furcht vor einer Wiederholung dieser Situation resultierte in der kompromisslosen Forderung, die damals allgemein akzeptierte Vollschonung aller Greifvögel unter allen Umständen beizubehalten, auch auf Kosten der Artenvielfalt. Lokale

Kontrollierte Reduktion des Habichts im Fangkorb zur Erhaltung der Artenvielfalt.

Brutvorkommen von Brachvogel und Birkwild wurden dieser Vorstellung bereits geopfert und Wiederansiedlungsprojekte des Letzteren in Frage gestellt.

Im Hinblick auf die kontroversen Diskussionen zu dieser Thematik scheint es angebracht, den folgenden Fragen nachzugehen:
- Wodurch war der nun drei Jahrzehnte zurückliegende Bestandseinbruch des Habichts verursacht?
- Wie würden sich lokale Eingriffe auf die Habichtspopulation auswirken?

Von der früheren Verfolgung des Habichts ...

Zunächst fällt auf, dass der Habicht in Mitteleuropa früher nie als seltene oder bedrohte Art galt, obwohl er doch mindestens über viele Jahrzehnte, wenn nicht Jahrhunderte als Dieb von Hausgeflügel bzw. als „Jagdschädling" das ganze Jahr über mit allen Mitteln verfolgt wurde. Und zwar insbesondere während der „Brütezeit", denn Praktiker hatten sehr wohl erkannt, dass diese unauffällig lebende und folglich schwierig zu erbeutende Greifvogelart nur durch Beeinträchtigung der Fortpflanzungskomponente zu reduzieren sei.

Doch bei der Heimlichkeit des Habichts waren Horste vor allem in Nadelwaldgebieten schwierig zu finden. „Den Habicht erkennt man daran, dass man ihn nicht sieht", lautete eine alte Jägerweisheit. Infolge dieser Verhaltensweisen konnte sich stets ein Grundbestand halten. Auch in dieser Hinsicht ähnelt der Habicht dem Fuchs, was schon DIEZEL betonte.

Mit welcher Intensität man früher dem Habicht (und anderen Greifvögeln) zu Leibe ging, davon vermitteln frühere jagdliche Lehrbücher ein anschauliches Bild. So enthält noch die zweite, 1913 erschienene Ausgabe von DIEZELS Niederjagd „Änderungen und Verbesserungen", darunter auch „der vom Raubzeug handelnde Teil". Dieser bietet sich folgendermaßen dar: Die „Naturgeschichte aller Raubvögel" nimmt gerade eine Seite ein, die Anweisungen für die „rücksichtslose Vertilgung der jagdschädlichen Arten" erstrecken sich dagegen über 13 Seiten!

So wurde dem damaligen Jungjäger unmissverständlich klar gemacht *„Was der Fuchs unter dem Haarraubwild, das ist der Hühnerhabicht unter den gefiederten Schädlingen der Niederjagd"*, und er kannte von nun an seinen Standpunkt: *„In ewiger Fehde befindet sich der eifrige Weidmann mit dem kecken Raubgesindel"* und auch die entsprechenden Konsequenzen: *„Der Jäger darf nicht kleinlich sein und allen Vögeln, die ab und zu sich an seinem Niederwild oder dessen Jungen vergreifen, fanatisch den Krieg erklären."*

Doch war den Jagdklassikern auch die Unzulänglichkeit der Waidmänner bekannt, das hehre Ziel der „Vertilgung" zu erreichen, denn sie erläutern weiter: *„Nur wer den größten Teil seiner Zeit im Freien zubringt und stets aufmerksam ist auf alles, was um ihn hervorgeht, kann den Schaden berechnen, den ein einheimischer Raubvogel das Jahr hindurch der Niederjagd zufügt. Und doch stehen leider selbst dem eifrigsten und für das Wohl seines Reviers besorgtesten Jäger nur wenige Mittel zu Gebote, diesem Übel entgegenzuwirken."*

Über diese „wenigen Mittel" informiert das Buch dann seitenlang, etwa so: *„Die günstigste Periode ist ohne Zweifel die Brütezeit. Diese Periode ist ... die einzige, durch die man auf die Verminderung der Raubvögel nachdrücklich wirken kann, indem dabei gewöhnlich das Weibchen erlegt, folglich sehr viel gewonnen, für alle Fälle aber die Brut für ein ganzes Jahr zerstört wird."*

Der Zweck heiligte dabei auch die Anwendung dieser Mittel, wonach es nämlich *„bei dergleichen schädlichen Raubvögeln nicht sowohl darauf ankommt, dass man sie sogleich auf der Stelle töte, als vielmehr darauf, dass sie überhaupt getroffen werden und durch die erhaltene Verwundung eingehen, sie mögen nun übrigens dem Schützen in die Hände fallen oder nicht. Dies ist hier nur Nebensache."*

Doch aus Erfahrung wissen die Autoren auch, dass selbst diese Methode ohne Helfershelfer nicht den gewünschten Erfolg bringen kann: *„Das Jagdpersonal allein ist jedoch hierzu nicht hinreichend"*, und empfehlen daher:

„Alle Waldhüter, Flurschützen, Hirten, Schäfer, Holzhauer, Kohlenbrenner ect. müssen, gegen eine billige Vergütung ihrer Mühe, dabei mitwirken, und selbst kleine Buben kann man, wenn sie Geschick dazu

haben, dabei benutzen. Ich spreche hier nur von dem Aussuchen der Horste. Solche Menschen, die den größten Teil ihrer Zeit im Freien zubringen und aus einer Art von Langeweile auf alles, was um sie her vorgeht, ein aufmerksames Auge richten, schließen sogleich aus dem wiederholten Hin- und Herstreichen eines Raubvogels, sowie aus dessen Geschrei in der Paarzeit, dass er in dieser oder jener Gegend seinen Horst frisch bauen oder einen alten dazu benutzen werde."
Später nahm die Intensität der Verfolgung im Rahmen der „Erzeugungsschlacht" möglicherweise noch zu, denn die Habichtsstrecke (einschließlich Rohrweihe und Sperber) im Großdeutschen Reich stieg von 1935 bis 1939 von knapp 60.000 auf über 90.000, also um mehr als die Hälfte in nur fünf Jahren (Jahrbuch der Deutschen Jägerschaft). – Der Habicht überstand alles.

... und warum er einmal seltener war

Der zunächst unerklärliche Bestandsrückgang setzte erst in den 1950er Jahren ein, beginnend in den westeuropäischen Ländern, und zwar am stärksten in der Agrarlandschaft. In waldreichen Gebieten setzte er später ein und war weniger ausgeprägt (Zus. Darstellung in KALCHREUTER 1981 a). Aus dieser Entwicklung resultierte zunächst eine Begrenzung der Jagdzeit auf die Wintermonate und schließlich die Vollschonung in allen Bundesländern seit 1970/71.

Vor allem in Deutschland fehlte es nicht an Versuchen, den Rückgang durch „jahrzehntelange Verfolgung" oder „Abschuss" zu erklären. Dann jedoch hätten die Bestände nach Einstellung der Jagd ja sprunghaft ansteigen müssen. Sie taten es nicht; wie auch Abb. 73 verdeutlicht. Zudem hätten die sinkenden Fortpflanzungsraten in Gebieten geringer Habichtsdichte zu denken geben müssen. Wo doch Tierpopulationen, wie wir nun wissen, Verluste durch erhöhte Nachkommenschaft auszugleichen versuchen.

Die auch hierzulande dokumentierten Beobachtungen von abnormem Brutverhalten, dünnschaligen Eiern, abgestorbenen Embryonen, tauben Gelegen oder Bruten mit nur einem Jungen wurden meist gar nicht oder falsch – z. B. als „Stress" – interpretiert (Zus.-f. in KALCHREUTER 1984).

In anderen westeuropäischen Ländern (Holland, England) sah man klarer. Nachdem auch dort die Bestände von Habicht und Sperber trotz Verschonung von der Jagd zusammengebrochen waren, führten oben genannte Beobachtungen die Forscher auf die richtige Spur:

- Die Kontamination mit Umweltgiften, vor allem die damals in der Landwirtschaft verwendeten Pflanzenbehandlungsmittel hatten die Fortpflanzungspotenz, bei hoher Konzentration sogar die Überlebensrate der Altvögel beeinträchtigt.

Über seine Nahrungskomponente Tauben war der Habicht hauptsächlich durch Saatgutbeizmittel kontaminiert. Dies erklärt auch seinen drastischen Rückgang in Regionen intensiver Agrarnutzung. Ähnliches zeigte sich beim Sperber in England. (Mehr zu dieser Thematik in ELLENBERG 1981; KALCHREUTER 1981 a, b, 1984; NEWTON 1979.)

Dieses Wissen führte schließlich zu einem Anwendungsverbot für die gefährlichsten Pestizide, in den einzelnen Ländern zu verschiedenen Zeiten. Die Erfolge waren verblüffend, wie wiederum z. B. aus Abb. 73 zu erkennen ist.

- Im Gegensatz zum Jagdverbot hatte das Verbot der Anwendung von Umweltgiften in fast allen Fällen eine bemerkenswert rasche Erholung des Habichts – und anderer Greifvögel – zur Folge.

Diese ausführlichere Darstellung der damaligen Situation scheint mir im Interesse der Wahrheitsfindung notwendig. Denn auch heute noch wird in Diskussionen um lokale Reduktion des Prädationsdrucks die Behauptung aufgestellt, der Habicht sei „beinahe ein Opfer der Jagd geworden".

Untersuchungen zur Populationsdynamik dieser Art lassen einerseits erkennen, warum dies gar nicht sein konnte. Sie erklären andererseits, warum sie sich nach Beendigung der Kontamination mit kritischem Bioziden so rasch erholte.

Analysen von Ringfunden deuten auf hohe durchschnittliche Sterblichkeitsraten vor allem junger Habichte von über 50% bei uns und gar über 70% bei den meist ziehenden skandinavischen Jungvögeln (KALCHREUTER 1980, 1981 b). Dementsprechend hoch ist die Fortpflanzungskapazität, wie auf S. 46 dargelegt. Aus populationsökologischer Sicht unterscheidet sich der Habicht somit deutlich von den meisten anderen Greifvögeln. Er entspricht dem typischen r-Strategen.

Das andere Extrem im r-/K-Kontinuum der Greifvögel bildet bei uns der Bartgeier (späte Geschlechtsreife, geringe Jungenzahl), der folglich schon vor 200 Jahren in weiten Teilen seines europäischen Brutgebiets ausgerottet wurde (GLUTZ *et al.* 1971). Demgegenüber liegt die Schwelle der Kompensierbarkeit von Verlusten beim Habicht sehr hoch, und entsprechend hohe Eingriffe sind erforderlich, um den Habichtsbestand zu reduzieren.

Dank seines hohen Fortpflanzungspotenzials überstand der Habicht jahrhundertelange Verfolgung.

Da *großflächig* weder Bestandszahlen noch Jagdstatistiken vorliegen, können nur indirekte Kalkulationen über Ringfunde gewissen Aufschluss über den durchschnittlichen menschlichen Eingriff geben. Nach HÖGLUND (1964) und HAUKIOJA et al. (1970) werden danach jährlich etwa 20% der finnischen und schwedischen Habichte von Menschen getötet. Nach Kalkulationen von SAUROLA (1976, in KENWARD 1981) sind dies in Finnland jährlich insgesamt 6.000 Habichte, davon etwa 30% der beringten Jungvögel – ohne erkennbare Auswirkungen auf die Brutpopulation. Dies deckt sich mit den Beobachtungen von SOLLIEN (1979) in Norwegen.

Zu ähnlichen Ergebnissen kam ich für die Bundesrepublik Deutschland nach Auswertung der verfügbaren Ringfunde wie auch der direkten Erhebungen von RUST und KOLLINGER auf ihren Probeflächen (KALCHREUTER 1981 b). Eingriffe in dieser Höhe liegen folglich unterhalb der Schwelle der Kompensierbarkeit.

Lokal können die Eingriffe insbesondere bei intensiver Verfolgung sicherlich höher liegen. Andererseits zeigten einige Untersuchungen, dass Habichtspopulationen trotz hoher Verluste nach Zerstörungen von über 30% der Bruten noch anwachsen können (Abb. 75).

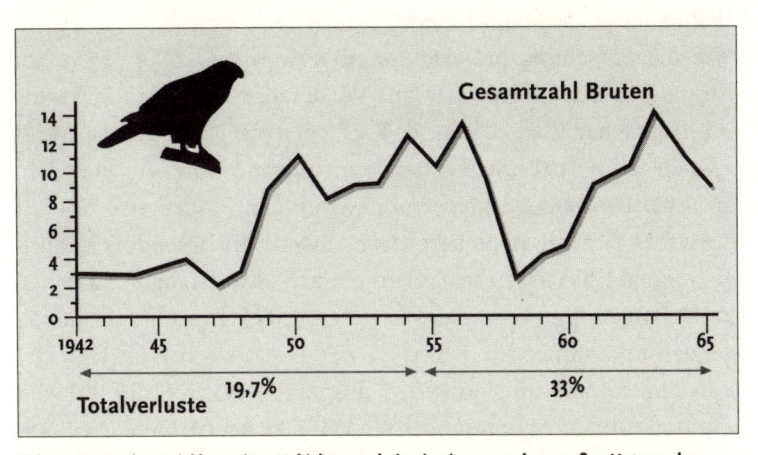

Abb. 75: Bestandsentwicklung einer Habichtspopulation in einem 400 km² großen Untersuchungsgebiet in der Südlausitz, darunter die durchschnittliche Rate jährlich (vom Menschen) zerstörter Bruten: Auch die höheren Verluste nach 1955 ließen keine Auswirkungen auf den Bestand erkennen (aus KALCHREUTER 1984).

LINKS (1981) Population in Franken stieg trotz der von ihm beklagten Verluste von über 50% der Bruten noch an und schien die nahrungsökologisch vorgegebene Biotopkapazität erreicht zu haben. Lokale Reduktionen sind daher wohl erst bei Eingriffen von über 50% der Population zu erwarten, zumal dabei überwiegend Jungvögel mit ohnehin hoher Mortalitätsrate getötet werden.

RUST und MISCHLER (2001) beklagen die „unverantwortbaren" legalen und illegalen Eingriffe in die Habichte ihrer langjährig beobachteten Untersuchungsgebiete in Bayern. Dennoch zeigten die Populationen über drei Jahrzehnte hinweg zwar erhebliche, wohl nahrungsökologisch bedingte Schwankungen, aber einigermaßen stabile Trends.

Den Zusammenbruch der Allgäuer Teilpopulation erklären die Autoren durch den Mangel an Horstbäumen durch die Stürme seit 1990 und das Verschwinden der Wacholderdrossel, der Hauptnahrungskomponente der dortigen Habichte.

So überrascht es nicht mehr, dass die großräumige und längerfristige Entwicklung der Habichtspopulationen weder früher noch heute eine Korrelation mit jagdlichen Regelungen erkennen ließ.

Warum dann überhaupt Habichte reduzieren?

Wie die Forschungsprojekte von KENWARD und MARCSTRÖM an Fasanen in Schweden sowie zur Wiederansiedlung des Birkwilds im Wurzacher Ried (BAUER u. KALCHREUTER 1984, HÖVEL 1994) zeigten, ist es bei entsprechendem Aufwand durchaus möglich, lokal die Dichte des Habichts und damit den Prädationsdruck auf dessen bevorzugte Beutetiere zu verringern. Insbesondere hungrige Junghabichte lassen sich relativ einfach unverletzt im „Habichtskorb" fangen. Der Verlauf des letzteren Projekts vermittelte die folgenden Erkenntnisse:

Von den erstmals im Herbst 1978 ausgelassenen 28 Stück Birkwild war im Frühjahr 1979 nur noch ein Hahn zu beobachten. Die Reste geschlagener Vögel veranlassten zur Reduktion des Prädationsdrucks, der zunächst nicht beachtet worden war. An zwei Stellen im Hochmoor des 1.400 ha großen Wurzacher Rieds wurden während der ersten beiden Winter jeweils 25, in den beiden folgenden noch jeweils elf Habichte gefangen. Es handelte sich dabei um Vögel der lokalen Population und nicht etwa um „Zughabichte". Nach Ringfundanalysen ist der Habicht in dieser Region überwiegend Standvogel, und skandinavische Strichvögel erreichen nur gelegentlich Mitteleuropa (GLUTZ et al. 1971).

Diese Maßnahmen wie auch die intensivierte Bejagung von Fuchs und Rabenvögeln innerhalb des Hegerings Wurzach trugen entscheidend zum Überleben des Birkwilds und dessen Fortpflanzungserfolg bei. Obwohl nach 1979 immer weniger Vögel ausgelassen wurden, stieg der auf Grund von Sichtbeobachtungen geschätzte Bestand von 16 Vögeln im Jahr 1980 auf 20 bis 25 im Winter 1982/83 an (Abb. 18, S. 70; mehr hierüber in BAUER u. KALCHREUTER 1984).

Die Aktion hatte übrigens einen bemerkenswerten, wenngleich in diesem Fall unerwünschten Nebeneffekt. In den 1970er Jahren war mit dem Birkwild auch der Fasan aus den oberschwäbischen Mooren verschwunden. Im Wurzacher Ried hatte sich aber offensichtlich eine unerkannt geblieben Restpopulation gehalten, die nun ebenfalls vom verringerten Prädationsdruck profitierte. Plötzlich gab es wieder Fasanen im Gebiet, und zwar ohne menschliches Zutun. Im Gegenteil: Um Konflikte mit den Birkwild zu vermeiden – etwa durch Bastardierungen, Störungen oder Konkurrenz um günstige Biotopstrukturen – schien es notwendig, die Fasanen drastisch zu reduzieren. Mit den üblichen jagdlichen Methoden war dies allerdings nicht gelungen.

Weitere Überlegungen in dieser Hinsicht erwiesen sich schon bald als müßig. Unter dem Druck heutiger ideologischer Vorstellungen von der Unantastbarkeit des Habichts wurde dessen Fang behördlicherseits immer mehr erschwert und Mitte der 1980er Jahre ganz verboten. Die Verluste unter den Altvögeln nahmen erwartungsgemäß drastisch zu, und 1987 waren allenfalls noch drei Birkhähne zu beobachten. Und auch der Fasan ist inzwischen wieder verschwunden. – Ein Artenschutzprojekt war auf dem Altar der Ideologie geopfert worden.

Es ginge auch anders – ein Blick nach England
Abschließend zu diesem Kapitel sei noch eine ganz andere Sicht der Dinge dargestellt. Unvergesslich ist mir ein Gespräch während des 18. Internationalen Ornithologen-Kongresses 1982 in Moskau mit Jan NEWTON, dem weltbekannten Greifvogelforscher, geblieben.

Mich interessierte seine Einstellung zum Management der *Grouse*, also der Moorschneehühner (*Lagopus scoticus*) in den englischen und schottischen Moorlandschaften und Heidegebieten.

Nur bei hohen Besatzdichten können die Landeigentümer ihre berühmten Jagden auf getriebene *Grouse* durchführen, die einen wesentlichen Teil ihres Einkommens bilden. Ihre *Gamekeeper* stellen daher intensiv allem nach, was die herbstlichen Strecken in irgendeiner Form beeinträchtigen könnte. Kommentar von Jan NEWTON dazu:

„*Als Greifvogelfreund blutet mir natürlich einerseits das Herz beim Gedanken, dass von den dortigen Hegemaßnahmen auch alle mit Hakenschnabel und spitzen Fängen ausgestatteten Arten betroffen sind. Andererseits gewährleistet nur diese Art der jagdlichen Nutzung die Erhaltung der herrlichen Moorlands mit ihrer einzigartigen Flora und Fauna.*

Versiegte diese Einnahmequelle, würden diese Biotope in Agrarland umgewandelt oder aufgeforstet. Damit wären mit den Grouse auch Merlinfalke, Kornweihe, Sumpfohreule, Goldregenpfeifer, Berghänfling und viele weitere Vertreter der typischen Fauna verschwunden ..."

Englischer Pragmatismus prägt denn auch die jüngsten Bemühungen um erfolgreiches *Grouse management* einerseits und Artenschutz andererseits.

Probleme verursacht derzeit die deutliche Zunahme der Kornweihe (*Circus cyaneus*). Im Gegensatz zu deutschen Vorstellungen sucht in England nun die *Game Conservancy* in enger Zusammenarbeit mit verschiedenen Vogelschutzgremien nach Kompromissen zwischen einseitigem Greifvogelschutz und den Erfordernissen zur Erhaltung der Grouse-Jagd und damit ursprünglicher Lebensräume (POTTS 1999).

Rabenvögel

Der Habicht war, wie gesagt, temporär einmal selten, sodass der verfügte ganzjährige Schutz zumindest damals irgendwie nachvollziehbar war. Ganz anders im Falle der Rabenvögel: Schon immer häufig, und vor allem viel auffälliger lebend als Habicht oder Sperber sind sie weitesten Kreisen der Bevölkerung aus eigener Beobachtung bekannt. Dies gilt auch für mancherlei Probleme, die diese Prädatoren bei örtlich hohen Dichten verursachen können.
Dennoch sorgen diese Allerweltsvögel nun schon seit fast zwei Jahrzehnten für Schlagzeilen. Die Frage ihrer Bejagung bzw. Dezimierung ist Gegenstand jagd- und naturschutzpolitischer Auseinandersetzungen und selbst der Koalitionsvereinbarungen einiger Landesregierungen. Wie konnte es dazu kommen? Wie konnten so verbreitete und keineswegs gefährdete Arten wie Rabenkrähe, Elster und Eichelhäher zum Politikum dieser Dimension avancieren?
Über die Hintergründe mag sich der interessierte Leser auf S. 445 ff. sowie über die Publikation „Rabenvögel und Artenschutz" (KALCHREUTER 2001) informieren. Wir wollen uns im Folgenden mit dem Leben der Rabenvögel in der Kulturlandschaft und ihren Auswirkungen auf ihre Beutetiere befassen.
Infolge ihrer Häufigkeit und bislang unbestrittenen Nahrungsgewohnheiten wurden diese Arten seitens der biologischen Wissenschaft früher nur wenig berücksichtigt. Da über die Notwendigkeit ihrer Regulierung lange Zeit Einigkeit bestand, gab es in dieser Hinsicht auch kaum Forschungsbedarf. Entsprechend spärlich sind wirklich exakte Untersuchungen, die überwiegend aus dem benachbarten Ausland stammen. Ihre Ergebnisse dürften daher in vieler Hinsicht auch für die Situation in Deutschland relevant sein.

Rabenvögel in der Kulturlandschaft

Im Gegensatz zu vielen anderen Vogelarten profitieren die meisten Rabenvögel, insbesondere Krähe, Elster und Eichelhäher, von der durch den wirtschaftenden Menschen veränderten Umwelt. Sie zählen daher, wie Fuchs oder Habicht zu den „opportunistischen"

Arten mit sehr breitem Nahrungsspektrum. Erstaunlich rasch lernen sie, neue künstliche Nahrungsquellen zu nutzen: Mülldeponien, Kläranlagen, frisch gedüngte Felder oder überfahrene Tiere – um nur einige Beispiele zu nennen – üben eine magische Anziehungskraft auf Krähen, Elstern und, sofern in Waldrandnähe, auch auf Eichelhäher aus. Getreidefelder boten von jeher zusätzliche Nahrung, besondere Bedeutung kommt dem zunehmenden Maisanbau zu, von dem alle Rabenvogelarten profitieren. Maiskörner sind über mehrere Monate interessant, auch schon vor dem Reifungsstadium, und noch lange nach dem Abernten finden sie sich auf dem Ackerboden. Tagelang sieht man dann Eichelhäher, ständig zwischen Feld und Wald pendelnd, ihre „Maisernte" eintragen. Nach KEVE (1969) zählt der Mais in bestimmten Gebieten sogar zur Hauptnahrung des Eichelhähers.

Nach SPAANS et al. (1982) bildeten Hausabfälle über ein Drittel der Nahrung (Trockengewicht) der Elstern zur Zeit der Jungenaufzucht in einem holländischen Untersuchungsgebiet. Eine ähnliche Vorliebe für fast alle Komponenten menschlicher Nahrung entwickelte der Eichelhäher in waldnahen Siedlungsgebieten, wie in der Umgebung des EWI im Hochschwarzwald ständig zu beobachten ist.

Dieses künstliche Nahrungsangebot kann zu höherem Bruterfolg führen und die Wintersterblichkeit der Rabenvögel verringern (KALCHREUTER 1971, TOMPA 1975), wodurch es zu unnatürlichen, d. h. letztlich vom Menschen verursachten hohen Bestandsdichten kommen kann. Beispielhaft hierfür ist die beachtliche Zunahme des Kolkraben im Alpenraum und in den nördlichen Bundesländern, wo sich an einzelnen Mülldeponien Hunderte von – meist nicht brütenden – Raben aufhalten (GLUTZ u. BAUER 1993), oder in Skandinavien, wo die Überreste der in zunehmender Zahl erlegten Elche den Vögeln zusätzliche proteinreiche Nahrung liefern (STORAAS u. WEGGE 1984).

Ein eindrucksvolles Beispiel der Abhängigkeit der Rabenvogeldichte von der menschlichen Landbewirtschaftung schilderte MYRBERGET (1982). Von 1960 bis 1981 beobachtete er auch den Bestand der Nebelkrähen, der nordöstlichen Farbvariante unserer Rabenkrähe,

in einem seiner Untersuchungsgebiete, einer 125 ha großen norwegischen Insel. Zwischen drei und vier Krähenpaare konnten dort leben, solange auf der Insel bis 1966 eine Farm bewirtschaftet wurde. Danach sank der Bestand auf ein bis zwei Paare ab und stieg erst zehn Jahre später nach der Wiederaufnahme landwirtschaftlicher Aktivitäten auf die frühere Höhe an.
Eine ähnliche Entwicklung beschrieben HARRIS und MURRAY (in GLUTZ u. BAUER 1993) auf der schottischen Insel St. Kilda. Schon ein Jahr nach Wegzug der Bewohner (1931) war der Brutbestand der Aaskrähen von zehn Paaren auf die Hälfte gesunken, um sich dann etwa auf dieser Höhe zu halten.

- Menschliches Wirtschaften bzw. die Anwesenheit von Menschen und das dadurch verfügbare zusätzliche Nahrungsangebot kann also zu einer Verdoppelung der Dichte brütender Krähen führen.

Relativ hohe durchschnittliche Brutdichten (3,2–4,7 Paare/km^2) ermittelte SHARROCK (1977) im Agrarland Englands, wo auch Rabenvögel großflächig im *Common Bird Census* erfasst werden. Örtlich wurden noch viel höhere Krähendichten ermittelt, z. B. 15 bzw. 28 Paare/km^2 in der Schweiz (BÖHMER 1976 b) oder gar 31 Paare/km^2 in Skandinavien (SLAGSVOLD 1980). Demgegenüber lebten in der Naturlandschaft einer 8 km^2 großen norwegischen Insel nur zwei Paare Rabenvögel/km^2 (PARKER 1984).
Es sei in diesem Zusammenhang jedoch angemerkt, dass die *Horste* – auf die sich solche Angaben beziehen – sehr ungleich in der Landschaft verteilt sein können, was auch WITTENBERG (1968) betont. Das Angebot an Nistplätzen ist dafür entscheidend. Die Dichte der Horste muss also nicht viel über Vorkommen und Verteilung der Rabenvögel eines Gebiets außerhalb der Brutzeit aussagen. Denn örtlich kann es zu beachtlichen Schwärmen (noch) nicht brütender Krähen kommen (z. B. KALCHREUTER 1971, ELLENBERG 1989), die infolge häufigen Ortswechsels schwieriger numerisch zu erfassen sind.
Solche Dichten zu erreichen bzw. das künstliche Nahrungsangebot voll zu nutzen, wird den Vögeln durch eine bemerkenswerte Anpas-

Auch der Eichelhäher findet in der Kulturlandschaft ein vielfältiges Nahrungsangebot.

sungsfähigkeit auch hinsichtlich der Wahl der Nistplätze ermöglicht. Sie sind auch in dieser Hinsicht Opportunisten. So brüten Krähen in der offenen Feldflur (WITTENBERG 1968) und Elstern entlang von Bundesbahnstrecken in den Gittermasten elektrischer Leitungen (CONRAD u. MEBS 1986), um nur zwei Beispiele zu nennen. In letzterem Fall wurden die Elstern offensichtlich durch das Angebot an tierischen Opfern des Schienenverkehrs angezogen. CLARKSON und BIRKHEAD (1987) fanden sogar rostfreien Draht im Nistmaterial britischer Elstern und bewunderten den „Weitblick" dieser Vögel.

Von dem höheren Nahrungs- und Nistplatzangebot in und um menschliche Siedlungen profitieren offensichtlich alle drei Rabenvogelarten. Elster und Eichelhäher haben z. B. im Hamburger Raum um das Zehnfache zugenommen (MITSCHKE *et al.* 2000), in ähnlichem Maße die Elster im Raum Osnabrück (KOOIKER 1994, 1996). Andererseits können verarmte Habitatstrukturen in der intensiv genutzten Agrarlandschaft zu einem Bestandsrückgang führen, was z. B. GLUTZ u. BAUER (1993) für die Aaskrähe und MÄCK und JÜRGENS (1999) für die Elster beschrieben.

Dem Nahrungsfaktor scheint dabei aber die größere Bedeutung zuzukommen. MENZEL et al. (2000) fanden jedenfalls in ihren niedersächsischen Untersuchungsgebieten keine Abhängigkeit der Horstverteilung von den verfügbaren Habitatstrukturen. MÄCK und JÜRGENS (1999) erwähnen immerhin die Bedeutung von Komposthaufen für die Nahrungssuche der Elster, und BEISENHERZ (2001) beobachtete auf seinen Probeflächen eine ausgeprägte Abhängigkeit der Elserndichte von künstlichen Nahrungsquellen.

Diese durch menschliche Wirtschaft verfügbaren Nahrungsquellen verschiedenster Art scheinen insbesondere im Winter von existenzieller Bedeutung zu sein, wie BOSCH und HAVELKA (1998) an ihren telemetrierten Elstern erkennen konnten. Darauf deuten auch die über Ringfunde kalkulierten Mortalitätsraten bei der Aaskrähe (BUSSE 1963, KALCHREUTER 1971). Während des 1. Lebensjahres ist die Sterblichkeit westlicher Rabenkrähen deutlich geringer als bei polnischen Nebelkrähen, was auch BUSSE auf das geringere Nahrungsangebot in der noch ursprünglicheren Landschaft Polens zurückführte.

Zur Frage der „Verstädterung"

Dagegen gibt es keine schlüssigen Hinweise für die immer wieder geäußerte Vermutung (z. B. ANONYMUS 1986, MÄCK u. JÜRGENS 1999, HÖTKER et al. 2000), die Rabenvögel hätten sich in menschliche Siedlungen geflüchtet, um dem „Jagddruck" in der freien Landschaft zu entgehen. Die von MÄCK und JÜRGENS im Raum Ulm beobachtete Abnahme der Feldelstern und die entsprechende Zunahme im Stadtgebiet um jeweils fünf Prozent in nur drei Jahren (1990–1992) fiel in die Zeit der Vollschonung der Rabenvögel in Baden-Württemberg. Dieselbe Entwicklung auf Bundesebene: Erst nach 1994, also ohne nennenswerten jagdlichen Einfluss, ging der Bestandsindex der Elster außerhalb der Siedlungen deutlich zurück (SCHWARZ u. FLADE 2000).

Und in England, wo die Bestandsentwicklung der Vögel viel großflächiger und langfristiger als bei uns erfasst wird, zeigte sich eine kontinuierliche *landesweite* Zunahme aller drei Rabenvogelarten seit zwei Jahrzehnten (SHEDDEN 1985, GOOCH et al. 1991, GREGORY u. MARCHANT 1996) ohne Änderung jagdlicher Regelungen. Im Übrigen haben auch einige Vogelarten ohne jede jagdliche Relevanz (z. B. Tannen- und Blaumeise, Kleiber und Buntspecht, MITSCHKE et al. 2000; Amsel und Mönchsgrasmücke, SCHWARZ u. FLADE 2000) im Bereich menschlicher Siedlungen zugenommen, wo immer sie günstige Habitatstrukturen vorfanden. Doch kaum eine andere Vogelgruppe versteht es in solchem Maße, sich neue Nahrungsquellen zu erschließen, wie die Rabenvögel. Sie sind nicht nur an Nahrungsresten und Küchenabfällen interessiert, sondern vergreifen sich an verschiedensten Nahrungsmitteln, die zum menschlichen Verzehr bestimmt sind. Krähen und Elstern haben gelernt, Joghurtbecher, Milchflaschen und Eier-Kartons zu öffnen (CRAMP u. PERRINS 1994), und nach eigenen Beobachtungen lernt auch der Eichelhäher rasch, Verpackungen zu öffnen, in denen er Fleischwaren vermutet.

Dieser Nahrungsopportunismus mag die genannten Bestandsentwicklungen in Siedlungsnähe erklären. Doch zeigten die aufgeführten unterschiedlichen Rabenvogeldichten in Gebieten mit und ohne landwirtschaftliche Nutzung, dass auch Letztere großflächig das Nahrungsangebot erhöht. Die Untersuchungen von DICK (1995) und AMMERMANN (1998) lassen Auswirkungen der Eutrophierung der Kulturlandschaft auf verschiedene Nahrungsquellen, wie z. B. Mäuse, Erdwürmer oder Insekten, vermuten, deren Bedeutung für die Rabenvögel im Einzelnen wohl noch wenig bekannt ist.

■ Es ist also letztlich der Mensch, der durch die Veränderung des Lebensraums den Rabenvögeln zu unnatürlich hohen Bestandsdichten verhilft. Die Rabenvögel sind daher, ökologisch betrachtet, mit Silbermöwe, Star, Fuchs oder Wanderratte vergleichbar.

Dichteregulation
Natürlich vermehren sich auch die Bestände der Rabenvögel genauso wenig ins Uferlose, wie die anderer Tierarten. Auch ein künstli-

ches Angebot an Nahrung und Nistplätzen ist begrenzt. Das von Jägerseite gelegentlich ins Feld geführte Argument der „Überpopulation" beim Fehlen jagdlicher Eingriffe ist daher aus ökologischer Sicht nicht zu begründen. Keine Tierart kann sich über die Kapazität ihres Lebensraums hinaus vermehren.

Inwiefern tragen *„natürliche Feinde"* (Prädatoren) zur Bestandsbegrenzung bei? Die Verfechter der Lehre vom „intakten Ökosystem", in das der Mensch folglich nicht eingreifen dürfe, geraten nun in Argumentationsschwierigkeiten, und entsprechend verworren wird dieses Thema oft dargestellt (z. B. in EPPLE u. KROYMANN 1987, ELLENBERG 1989): Einen Einfluss von „Greifvögeln" auf ihre Beutetiere, bislang stets vehement bestritten, soll es im Falle der Rabenvögel nun doch geben?

In der Aufzählung „wissenschaftlich fundierter Feldforschungen" zu diesem Thema vermisst man die wohl umfassendste zum Thema Habicht – nur dieser könnte in diesem Zusammenhang überhaupt von Bedeutung sein – und seiner Beute: Nach den vorstehend geschilderten Untersuchungen von KENWARD (1985) entsprechen Hühnervögel und Tauben weit mehr der Jagdstrategie des Habichts als die schlauen und im Flug sehr wendigen Rabenvögel. Entsprechend selten sind diese in den Beutelisten vertreten (z. B. BRÜLL 1977, KRÜGER u. STEFENER 1996, UTTENDÖRFER 1939).

Hierzu trägt sicherlich auch das aggressive Verhalten der Corviden, insbesondere der Rabenkrähen, beim Erscheinen eines Habichts bei. So können allenfalls flügge Junghäher in waldigen Gebieten temporär einen nennenswerten Anteil in der Habichtsbeute ausmachen. Die Erbeutungsraten dürften in aller Regel viel zu gering sein, um Rabenvogelbestände ernsthaft zu beeinträchtigen.

Dementsprechend hatte die Erholung der Habichtspopulationen seit Ende der 1970er Jahre zwar zu einem deutlichen Rückgang einiger seiner Hauptbeutetiere, jedoch nicht der Rabenvögel geführt. Es gibt allenfalls Hinweise, dass Elstern und Krähen beim Horstbau die Nähe von Habichtshorsten meiden (z. B. ELLENBERG 1983, WITTENBERG 1998) und so ihre Verteilung in der Landschaft beeinflusst wird.

Viel wirkungsvoller scheinen dagegen die Bestände bei hoher Dichte durch *nachlassende Fortpflanzungsraten* begrenzt zu werden. Infolge des Territorialverhaltens, bislang genauer bei der Rabenkrähe untersucht (z. B. WITTENBERG 1968, KALCHREUTER 1971, YOM-TOV 1974), stehen Brutterritorien nur in begrenzter Zahl zur Verfügung. Bei hoher Dichte kommen daher nur ältere Vögel zur Fortpflanzung, die jüngeren bilden meist Nichtbrüter-Trupps, die sich zwischen den Territorien aufhalten. Sie tragen zu einer weiteren Verminderung der Fortpflanzungsrate bei, indem sie die Nester ihrer Artgenossen und die anderer Rabenvogelarten plündern, wo immer sich hierzu bei mangelnder Wachsamkeit der Altvögel Gelegenheit bietet (WITTEMBERG 1968, CHARLES 1972, YOM-TOV 1974, BÖHMER 1976 a bei der Rabenkrähe; GOODWIN 1951, 1956 beim Eichelhäher).

Die Plünderung von Elsternnestern durch Rabenkrähen beschrieben SCHIFFERLI u. FUCHS (1981) und BALANCA (1984), für den umgekehrten Fall lieferte TOMPA (1975) Hinweise.

■ Bei hohen Dichten kommt es bei Rabenvögeln zu einer Art Selbstregulation durch „intra- und interspezifischen Nestraub".

Rabenvögel und Beutetiere
Die Frage der Rabenvogeldichte hat praktische Relevanz bzw. politische Bedeutung vor allem im Zusammenhang mit landwirtschaftlichen Schäden und den Auswirkungen auf ihre Beutetiere. Größere Ansammlungen von Krähen, Elstern und Eichelhähern wecken instinktiv Ängste von Singvogelfreunden oder Niederwild hegenden Jägern um ihre jeweiligen Schützlinge. Sind ihre Sorgen berechtigt? Um diese zentrale Frage bzw. die extrem divergierenden Meinungen hierzu dreht sich letztlich die derzeitige deutsche Rabenvogeldiskussion.

Die Erkenntnis, dass sich Rabenvögel *gegenseitig* die Gelege und Jungen fressen und damit ihre Bestände begrenzen, wird auch in Stellungnahmen des Natur- und Vogelschutzes akzeptiert (z. B. BEZZEL unveröff., ELLENBERG 1989, EPPLE u. KROYMANN 1987,

Rahmann et al. 1988, Epple 1997, Mäck u. Jürgens 1999, Mäck et al. 1999). – Ergibt sich daraus aber nicht zwingend die Frage, in welchem Umfang Rabenvögel erst die Nester *anderer* Arten plündern, wenn sie solche Dichten erreicht haben, dass sie sich aus Hunger selbst an die Eier und Jungen der eigenen Art machen?

Ganz andere Erkenntnisse gewann denn auch Tomialojc (1980) aus seinen polnischen Untersuchungen an der Ringeltaube. Nachdem sich in dem sieben Hektar großen Gebiet ein zweites Nebelkrähenpaar angesiedelt hatte, bekämpften sich die Vögel ständig und zerstörten sich gegenseitig Gelege und Nachgelege. Während dieser Zeit waren aber auch die Brutverluste der Ringeltauben von 40 % (ohne Kräheneinfluss) auf 96 % gestiegen, die Zahl von Erstbruten auf ein Viertel und die der Brutpaare auf weniger als die Hälfte gesunken!

Auch bei seinen englischen Untersuchungen erkannte Tomialojc (1978) die Dichte der Nebelkrähe als entscheidenden Faktor für die Bestandsdichte der Ringeltaube.

So viel zu der Wunschvorstellung, Rabenvögel würden sich nur gegenseitig, nicht aber ihre Beutetiere begrenzen.

Handelte es sich dabei lediglich um „Einzelfälle", wie Mäck et al. (1999) beteuern? Zu Gunsten des derzeitigen Dogmas, das sich mit Aussagen wie den folgenden ganz anders darstellt:

„Eine reale ökologische Bedeutung der Rabenkrähe auf den Bestand jagdbarer Tierarten ist nicht feststellbar" (Anonymus 1986).

„Rabenvögel vergreifen sich allenfalls an Gelegen und Küken von Stockente und Fasan" (Anonymus 1986).

„Keine einzige bestandsbedrohte Vogel- oder Säugetierart ist durch die Rabenvogelarten bedroht" (Epple u. Kroymann 1987).

„Elstern plündern nur die Nester sehr häufiger Vogelarten" (Conrad u. Mebs 1986).

Naturfreunden, die noch Gelegenheit haben, die Vorgänge in der Natur, und sei es nur im eigenen Garten, zu beobachten, klingen all diese Thesen unglaubwürdig. Zahllose empörte Leserzuschriften in Tageszeitungen (1999/2000 allein 26 im Raum Saarbrücken, gesammelt von Dr. B. Wolter) vermitteln ein ganz anderes Bild:

Vielfache Plünderungen von Gelegen, „Zerfleddern" der Nester, Töten von Jungvögeln – dies alles auch bei seltenen Arten, die schließlich vom Grundstück verschwanden, nachdem Rabenvögel entsprechend zugenommen hatten. Hierzu scheint offensichtlich auch die ständige Belästigung der Altvögel während der Brutzeit durch Elster und Krähe beizutragen. Selbst Höhlenbrüter (z. B. Buntspecht) verloren ihre Jungen kurz nach dem Ausfliegen durch Rabenvögel. Mehlschwalben verließen ihre Brutkolonie.

Wie glaubhaft sind solche Beobachtungen von „Laien"? Die „Fachwelt" (Originaltext MÄCK et al. 1999), die Vertreter des neuen Dogmas also, bestreitet sie unter Hinweis auf eine Reihe ausgewählter Publikationen, nach denen Rabenvögel in aller Regel in Harmonie mit ihren Beutetierarten lebten. Negative Auswirkungen zeigten sich allenfalls, wo der Mensch die Landschaft „massiv umgestaltet" und der Nestdeckung beraubt habe.

Suchbilder und Jagdstrategien

Nach dieser Darstellung käme es also nur zufällig zu Nestplünderungen, „Betriebsunfällen" im sonst so harmonischen Naturhaushalt vergleichbar. In Wirklichkeit zählen aber Eier und Nestlinge zur begehrten Beute aller Rabenvogelarten. Sie suchen gezielt danach, und keineswegs nur in der „ausgeräumten Landschaft", sondern in genau den Biotopstrukturen, in denen sie schon einmal Erfolg hatten.

CROZE (1970) hatte die Entwicklung von „Suchbildern" (*searching images*) bei der Rabenkrähe experimentell erforscht. Nur dadurch sind z. B. die genannten Beobachtungen von TOMIALOJC (1978, 1980) zu erklären. Mehrfach benutzte Taubennester wurden alljährlich geplündert, neue alsbald als ergiebige Nahrungsquelle entdeckt, was schließlich zu Verlustraten von über 90 % führte.

Diese Beobachtungen widersprechen allerdings der Hypothese von WITTENBERG (1978), der glaubte, die Krähe würde ihr Suchbild ändern, sobald die betreffende Beute seltener würde. Was aber, wenn sie wieder auf ein Gelege stößt? Das neue Suchbild wäre sofort kreiert, eben weil es zu der begehrtesten Nahrungsquelle führt. Das Plündern von Vogelnestern gehört in der Hauptlegezeit anderer Vogelarten zu den charakteristischen Nahrungserwerbstechniken der Corviden. Einige Untersuchungen ließen dabei ein bemerkenswertes Langzeitgedächtnis für Suchbilder erkennen (GLUTZ u. BAUER 1993).

So erklären sich auch die hohen Verluste durch Krähen, die SPAANS und SWENNEN (1968) bei Ringel- und Hohltaube, Turmfalke, Kohlmeise und vor allem Gartenrotschwanz auf einer holländischen Insel fanden, sowie SCHONERT (1961) bei Fluss- und Zwergseeschwalbe an der deutschen Nordseeküste. Und knapp die Hälfte der Braunkehlchennester (15 von 37) wurden von nur einem Elsternpaar in einem Jahr zerstört, ermittelten SCHMIDT und HANTGE (1954) in ihrem Untersuchungsgebiet.

Zu solch effizienter Nestersuche verhilft den Rabenvögeln auch ihre Fähigkeit, aus dem Verhalten der Elterntiere auf den Standort des Nestes zu schließen. Entsprechende Beobachtungen an Eichelhähern schildern CRAMP und PERRINS (1994) und GLUTZ und BAUER (1993). Sobald diese von Singvögeln angehasst werden, beginnen sie systematisch nach Nestern zu suchen. Das Verhalten der Vogeleltern kann also Teil des Suchbilds werden. Auf diese Weise erbeutete ein Eichelhäher – stets derselbe? – innerhalb von 20 Tagen 41 Jungvögel aus neun Nestern von Buch- und Grünfink, Stieglitz und Gelbspötter.

Ob nur einzelne Spezialisten zu solchen Leistungen fähig sind, wie die Darstellung von GLUTZ und BAUER vermuten lässt, mag bezweifelt werden. Jedenfalls wenden auch die Eichelhäher in unmittelbarer Umgebung des EWI im Hochschwarzwald nach eigenen Beobachtungen seit 1997 dieselbe Taktik an: Sobald sich ein Eichelhäher dem einzigen Brutrevier des Neuntöters (*Lanius collurio*) nähert, wird er vom Männchen angehasst. Dies ist dann für zwei bis drei weitere Häher Anlass, das betreffende Weidendickicht intensiv zu durchsuchen: In keinem der drei Beobachtungsjahre flogen junge Neuntöter aus, weder aus Erst- noch aus eventueller Zweitbrut! Im Frühjahr 2001 war der Neuntöter dann ganz verschwunden ...

Diese Beobachtungen widerlegen übrigens auch die Vorstellung, seltene Arten würden von der Nestprädation durch Rabenvögel verschont. Im Wurzacher Ried in Baden-Württemberg fiel das erste telemetrisch ermittelte Gelege des Birkhuhns im dortigen Wiederansiedlungsprojekt Krähen zum Opfer (BAUER u. KALCHREUTER 1984). Es kam zu keinem Nachgelege der betreffenden Henne in diesem Jahr. Nach DICK (1995) entdeckten Krähen mehrfach das einzige Brachvogelgelege im selben Gebiet. Ein zusätzliches Experiment mit Kunstnestern undHühnereiern bestätigte das Suchverhalten: Nach sieben Tagen waren alle 64 Nester geplündert, und zwar in 90% der Fälle, in denen der Verursacher ermittelt werden konnte, durch Rabenvögel (AMMERMANN 1998).

Mehrere Beobachtungen einer gemeinsamen Jagdstrategie auch bei der Rabenkrähe finden sich in GLUTZ und BAUER (1993). Während ein Partner eines Krähenpaares den brütenden Vogel zum Angriff zu verleiten sucht, wartet der andere auf den Zugriff auf Eier bzw. Küken. Auf diese Weise gelingt die Nestprädation auch bei größeren Vogelarten (z. B. Enten), ebenso die Erbeutung von Junghäschen nach Ablenkung der Häsin. Diese Beobachtungen decken sich weitgehend mit ähnlichen Schilderungen in der Jagdpresse.

Prädationsraten
Diese Zielstrebigkeit der Suche nach den begehrten Nahrungsobjekten widerlegt bereits die in neueren Stellungnahmen des Natur- und Vogelschutzes vertretene Meinung, Rabenvögel plünderten nur *gelegentlich* Nester (z. B. MÄCK et al. 1999). Die Autoren berufen sich dabei auf rein nahrungsökologische Untersuchungen, die die Beutepopulation unberücksichtigt lassen. So können sie auf Grund folgender methodischer Mängel wenig zur eigentlichen Fragestellung beitragen:
- Infolge des enorm breiten Nahrungsspektrums der generalistischen Rabenvögel (Zus.-f. in GLUTZ u. BAUER 1993 und CRAMP u. PERRINS 1994) machen Eier und Jungvögel nur einen geringen Anteil in der Gesamtnahrung aus.
- Letztere sind nur während der Brut- und Aufzuchtzeit, also allenfalls im Frühjahr/Frühsommer überhaupt verfügbar. Inso-

fern konnte die Untersuchung der Mägen von im Februar erlegten Elstern und Krähen im Rahmen des rheinland-pfälzischen Forschungsprojekts durch MARTENS und HELB (1998) schon vom Ansatz her nicht zu der gestellten Frage beitragen.
▶ Immerhin fand YOM-TOV (1975) in sechs bis 33 % der Mägen seiner schottischen Krähennestlinge junge Vögel (meist von Singvogelarten). Doch welcher Anteil der Singvogelbruten wurde dabei erbeutet? Dieselbe wesentliche Frage bleibt auch offen in der immer wieder zitierten Studie von SPAANS et al. (1982), die in der Nahrung ihrer Elstern nur zu 7,6 % Eier und Jungvögel nachweisen konnten.
▶ Hinzu kommen noch methodische Unzulänglichkeiten solcher Untersuchungen, denn verspeiste Eier werden rasch verdaut und lassen sich im Magen kaum mehr nachweisen, was auch SOWLS (1978) auf Grund seiner Studien an amerikanischen Krähen und von diesen geplünderten Entennestern erkannte. Demnach relativiert sich auch die Aussage TATNERS (1983), Elstern würden kaum Eier (und Jungvögel) verspeisen; denn auch diese nehmen mit dem Eiinhalt kaum Schalenreste auf, die sich später im Verdauungstrakt nachweisen ließen. Nach HOLLDACK und GERSS (1985) ist spätestens 48 Stunden nach Aufnahme der Beute keine Aussage über deren Art mehr möglich.
▶ Kurioserweise diente einigen Gutachtern (z. B. ELLENBERG 1989, RAHMANN et al. 1988) diese geringe Nachweisbarkeit von gefressenen Eiern als willkommenes Argument für angeblich geringe Nestprädation der Rabenvögel bei *anderen* Arten. Doch wie wollen sie dann den gerne akzeptierten hohen dezimierenden Einfluss innerhalb der Rabenvögel belegen? Sind deren Eireste etwa besser nachzuweisen als die anderer Arten?
▶ Gewisse Einblicke in das Nahrungsspektrum erhält man über die Analyse der am Horst verfütterten Komponenten, indem die Nestlinge durch einen umgelegten Halsring am Verschlucken gehindert werden (mehr hierüber z. B. in DICK 1995). Diese Halsringmethode kann jedoch allenfalls einen Überblick über die verfügbare Nestlingsnahrung in einem bestimmten Brutterrito-

rium vermitteln; ihre Zusammensetzung schwankt dementsprechend lokal und temporär erheblich. So machten in einer englischen Untersuchung Vogelnestlinge in einem Jahr 16%, im nächsten 8% des an Krähennestlinge verfütterten Nahrungsvolumens aus (GLUTZ u. BAUER 1993). Die viel geringeren Anteile dieser Komponente an der Gesamtzahl verfütterter Tiere in ihren rheinland-pfälzischen Untersuchungen verleiteten MARTENS und HELB (1998) zu der pauschalen Aussage, Krähen und Elstern hätten keinen Einfluss auf Singvögel und Niederwild. Aber kam z. B. das Rebhuhn im Einzugsbereich der fünf untersuchten Krähenhorste überhaupt vor? Diese Frage möge die Unzulänglichkeit dieser Methode zum Thema Nestprädation verdeutlichen. – Nach einer finnischen Untersuchung (zit. in GLUTZ u. BAUER 1993, S. 1929) bestand der Mageninhalt von 71 Krähennestlingen zu über 80 Volumen-Prozent aus Vogelembryonen ...

Wie wenig rein nahrungsökologische Untersuchungen – von den genannten methodischen Mängeln ganz abgesehen – im Hinblick auf die betroffenen Beutepopulationen aussagen können, mögen abschließend die Erkenntnisse von DICK (1995) aus seiner mehrjährigen Studie im Wurzacher Ried veranschaulichen.
Die Nestlingsnahrung der Rabenkrähe, ermittelt durch die Halsringmethode, bestand im Schnitt aller Proben nur zu knapp fünf Volumenprozent aus Vogelresten. Doch zur selben Zeit (1992–1994) fielen fünf der neun Kiebitzbruten im Bereich eines Krähenterritoriums den Krähen zum Opfer. Nur 1992 kamen alle drei Kiebitzbruten hoch – das nahe Krähenrevier war in diesem Jahr verwaist. In den beiden Folgejahren war dagegen nur eine von sechs Bruten erfolgreich. Auf Grund seiner Beobachtungen musste auch DICK erkennen:

- Für das Überleben bedrohter Arten ist nicht die Frage entscheidend, welche Bedeutung der Gelegeraub für die Nahrungsversorgung des Räubers hat, sondern wie sich der Eingriff auf die Beutepopulation auswirkt.

Einblicke in diesen Fragenkomplex erlauben nur quantitative Erhebungen über Prädationsraten: Welcher Gelege- oder Jungvogelanteil einer Population wird von Rabenvögeln erbeutet? Dies erfordert allerdings aufwändige Untersuchungen (die z. B. im Rahmen des rheinland-pfälzischen Gutachtens fehlten). Folgende Zusammenstellung möge wenigstens einen Überblick über diesbezügliche Studien an verschiedenen Beutetierengruppen der Rabenvögel vermitteln.

Singvögel
Die meisten Untersuchungen über Prädation von Singvogelbruten durch Rabenvögel wurden in der Nähe menschlicher Siedlungen durchgeführt. Ihre Ergebnisse, die sich teilweise durchaus mit eher zufälligen Beobachtungen von Natur- und Vogelfreunden decken, lassen sich zusammenfassen wie folgt:
▶ Nester in unmittelbarer Nähe von Rabenvogelhorsten scheinen eher verschont zu werden, doch gibt es auch gegenteilige Beobachtungen (DECKERT 1980).
▶ Nester in guter Deckung sind wohl im Allgemeinen sicherer vor Prädation als ungedeckte (VERCAUTEREN 1984). Andererseits werden auch dichte Hecken und Nadelgehölze von Rabenvögeln intensiv durchsucht. Als Schlüsselreiz dient hier offensichtlich die Beobachtung Futter tragender Altvögel (WIEHE 1990).
▶ Das Nahrungsangebot insgesamt scheint von untergeordneter Bedeutung zu sein, da die Erbeutung von Eiern und Jungvögeln zum Verhaltensrepertoire der Rabenvögel zählt. Getötete Jungvögel werden nicht immer oder nicht immer vollständig gefressen. Entsprechende Beobachtungen an der Elster von FINKBEINER (pers. Mitt.) in einem Hausgarten bei München 1960 decken sich mit Literaturangaben in CRAMP und PERRINS (1994), wonach Elstern und Eichelhäher manchmal nur Teile wie Kopf und Eingeweide von Jungvögeln und anderen Beutetieren verspeisen. Dieses Verhalten erinnert etwas an die hinlänglich bekannte „Jagd" wohl genährter Hauskatzen auf Singvögel, die diese oft gar nicht fressen, sondern ihrem Besitzer überbringen (eigene Beobachtungen 1994–1997 am EWI).

- Die in verschiedenen Untersuchungsgebieten ermittelten Prädationsraten können je nach Vogelart, Biotop und vor allem Dichte der Rabenvögel erheblich schwanken (Deckert 1980, Vercauteren 1984, Wiehe 1990, Weinzierl 1968, Glutz u. Bauer 1993). Am stärksten betroffen sind danach von den Freibrütern Amsel, Singdrossel, Buch- und Grünfink (70–100 % Brutverluste), weniger Heckenbraunelle, Mönchsgrasmücke, Klappergrasmücke, Zilpzalp oder Girlitz (39–50 % Brutverluste). Als *durchschnittliche* Prädationsraten aller Freibrüter der einzelnen Untersuchungen werden 44 % (Vercauteren) bis 64 % (Wiehe) der Bruten genannt. Sie waren überdurchschnittlich hoch, wo sich die Nahrungsterritorien von Rabenvögeln überlappten.
- Die genannten Untersuchungen betrafen im Wesentlichen Elster und Rabenkrähe. Nur relativ wenige Autoren befassten sich mit dem Eichelhäher, der in seinen waldigen Habitaten schwieriger zu beobachten ist. Nach der von Kolbe (1982) recherchierten Literatur liegen die vom Häher verursachten Prädationsraten im selben Bereich wie die der anderen Rabenvögel (15–85 %, i. D. 40–60 %). Unter den Freibrütern waren davon Singdrossel, Amsel, Gimpel, Heckenbraunelle und Mönchsgrasmücke besonders betroffen.
- Kolbes Erkenntnisse deckten sich mit denen von Barkow (2002), der mit Hilfe von Kameras an Kunstnestern die Verursacher der hohen Verluste an Singvogelbruten in Hecken ermittelte: Im April/Mai wurden 18 von 22 Nestern von der Elster, im Juni/Juli 14 von 19 dagegen vom Eichelhäher ausgeraubt. Eine Untersuchung über den Einfluss des Eichelhähers auf die Bruten der Mönchsgrasmücke läuft derzeit an der Vogelwarte Radolfzell (Berthold, pers. Mitt.).
- Die gelegentlich geäußerte Vermutung (z. B. Mäck *et al.* 1999), Ersatz- bzw. Zweit- oder Drittbruten seien sicherer vor Prädation, ließ sich im Untersuchungsgebiet von Wiehe mit zwei Elsternpaaren auf zehn Hektar nicht bestätigen. Außer den Altvögeln beteiligten sich auch die ausgewachsenen Jungelstern an der Nestersuche, was zu ähnlich hohen Prädationsraten bei den Nachbruten (61 %) wie bei Erstbruten (64 %) führte.

Im Frühjahr zählen Eier und Jungvögel zur beliebtesten Beute aller Rabenvögel: Eichelhäher erbeutet Jungvögel des Hausrotschwanzes.

▶ Die Gelege von Höhlenbrütern sind zwar für Rabenvögel schwieriger zu erreichen, leichter dagegen die flüggen, noch wenig flugtüchtigen Jungen. In Erwartung dieser Beute sind auch solche Nester interessant. Im Ortsteil Grünwald (Lenzkirch, Hochschwarzwald) erschienen 1989 während der Brutzeit der Mehlschwalben täglich zwei Elstern. Ihre Absicht war den Altvögeln offensichtlich klar, denn alle drei Schwalbenpaare gaben ihre Bruten auf. In den Folgejahren brüteten sie ohne Störungen durch Elstern erfolgreich (KALCHREUTER, unveröff.). Eine ähnliche Beobachtung aus England hinsichtlich Eichelhäher und Mehlschwalbe nennen GLUTZ u. BAUER (1993). CRAMP u. PERRINS (1994) zitieren Beobachtungen, nach denen eine Elster zwei Tage lang eine Kolonie der Uferschwalbe besuchte, um Nestlinge auszugraben.

Die jahrzehntelangen Bemühungen von HENZE (1961, 1979 u. pers. Mitt.) zur Ansiedlung von Höhlenbrütern – vor allem Kohl-, Blaumeise und Trauerschnäpper – zur Verringerung von „schädlichen" Forstinsekten lieferten auch Erkenntnisse zur Prädation ausfliegender Höhlenbrüter. Bei hoher Dichte des Eichelhähers von mehr als einem Paar auf 20 ha Waldfläche fielen diesem über 80 %

der Jungvögel zum Opfer. In diesem Fall hatte offensichtlich ebenfalls menschliche Wirtschaft, nämlich günstige Brutbedingungen in gleichaltrigen Fichtenstangenhorsten und ein zusätzliches Nahrungsangebot über die Wildfütterung, zu der hohen Häherdichte geführt (HENZE 1979). In einem fränkischen Versuchsrevier führte eine Verringerung der Häherdichte zu deutlich höherem Bruterfolg der Kohlmeise (HENZE, pers. Mitt.).

Wasservögel
Die Verluste von Singvogelbruten kennen immerhin große Teilen der Bevölkerung aus eigener Erfahrung. Die Prädation der Nester der in siedlungsfernen Biotopen lebenden größeren Vogelarten verläuft dagegen weit weniger auffällig. An ihr sind außer Rabenvögeln auch eine Reihe weiterer Prädatoren (z. B. Fuchs, Mink, Wanderratte, Großmöwen, Greifvögel) beteiligt. Viele Untersuchungen zum Bruterfolg von Wasservögeln – die umfassendsten in der nordamerikanischen Prärie – enthalten daher wenig konkrete Angaben über den Verursacher der Brutverluste. Nach SOWLS (1978), der die relevante amerikanische Literatur recherchierte, plünderten Krähen (*Corvus brachyrhynchos*) zwischen fünf und 31% der Gelege verschiedener Entenarten. Eine höhere Rate von 50% beobachteten SUGDEN und BEYERSBERGEN (1986). Zwei weiteren Untersuchungen zufolge verursachten Krähen höhere Verluste als andere Prädatoren (21 bzw. 31%). Hierzu trugen gelegentlich allerdings menschliche Störungen bei, die ein Auffliegen des brütenden Vogels verursachten und damit den Krähen Hinweise auf den Neststandort gaben, was auch GLUTZ und BAUER (1993) betonen.
Die Höhe der Prädationsrate ist auch abhängig von der Nestdichte, die das Suchverhalten der Krähen stark beeinflusst. In ihren diesbezüglichen Experimenten mit simulierten Entennestern bestätigten SUGDEN und BEYERSBERGEN (1986) die auf S. 362 genannten Erkenntnisse von CROZE (1970).
Danach sind Verluste dort am höchsten, wo den Enten in Gebieten intensiver landwirtschaftlicher Nutzung nur kleinflächige bzw. schmalstreifige Brutbiotope zur Verfügung stehen. Andererseits

haben die Krähen infolge des zusätzlichen Nahrungsangebots durch die Agrarwirtschaft auch in der Prärie erheblich zugenommen. Das damit verbundene Problem für die Enten hatten amerikanische Wasserwildbiologen schon Anfang des 20. Jahrhunderts vorausgesehen und fanden es später voll bestätigt (KALMBACH, HOCHBAUM in SOWLS 1978).

Untersuchungen in verschiedenen Biotopen der kanadischen Prärie wiesen die höchsten Raten geplünderter Entennester (> 50%) innerhalb der Territorien brütender Krähen auf. Höhere Vegetation bewirkte meist keinen wesentlich besseren Schutz der Nester (SULLIVAN u. DINSMORE 1990). Die Erklärung hierfür lieferten SUGDEN und BEYERSBERGEN (1986) auf Grund ihrer Untersuchungen an künstlich angelegten Entennestern: Sobald die Krähe im Flug ein wenig gedecktes Nest erspäht hatte, suchte sie *zu Fuß* dessen Umgebung nach weiteren Nestern ab und entdeckte dann auch solche in bester Deckung. Erst an der Peripherie bzw. außerhalb der Krähenterritorien (> 700 bis 1000 m vom Horst) waren die Prädationsraten geringer (SULLIVAN u. DINSMORE 1990).

In Europa lieferten weniger aufwändige lokale Untersuchungen bzw. Beobachtungen ähnliche Erkenntnisse, die keineswegs nur die Stockente betrafen. In polnischen Wasservogelgebieten wurden die Nester der Knäkente zwar in geringerem Maße geplündert als die der häufigeren Stockenten und Blässhühner, doch fiel ein Fünftel der noch selteneren Bekassinennester den Nebelkrähen zum Opfer (JABLONSKI in PIELOWSKI 1987). 65 bis 90% ihrer Nahrungssuche verwendeten die Krähen während der Brutzeit auf die systematische Kontrolle von Feuchtwiesen und Gewässerrändern. Somit zeigten JABLONSKIS Daten ebenfalls die Abhängigkeit der Prädationsraten von der Krähendichte. Auch wenn seine beiden Flächen hinsichtlich der Brutdichte der Wasservögel Stockente, Knäkente, Blässhuhn und Bekassine nicht ganz vergleichbar sind, so fallen doch die geringeren Verluste – nur Stockente mit 7,7% ihrer Nester – in dem Gebiet mit geringer Krähendichte (3 Paare/100 km^2) auf. Wo fünfmal mehr Krähen lebten, stiegen die Verluste mit 15,2% auf das Doppelte, und auch die seltenen Arten waren davon betroffen.

Ähnliches beobachteten baltische Ornithologen in ihrem weiter nordöstlich gelegenen Wasservogel-Schutzgebiet am Enguresee bei Riga. Alte, einzeln stehende Kiefern dienten Kolkraben, Nebelkrähen und Elstern als Ansitzwarten, von denen aus sie die Gelege und Jungvögel in einem Ausmaß plünderten, dass die Enten örtlich kaum Nachwuchs hochbrachten. Hier waren vor allem Löffel- und Reiherenten betroffen, wie VIKSNE (unveröff.) während der V. Konferenz Baltischer Ornithologen (1987) ausführte. Nach einer deutlichen Reduktion der Rabenvögel durch die dortigen Jäger – auf Veranlassung der an der Akademie der Wissenschaften in Riga tätigen Biologen übrigens – stieg der Bruterfolg der Enten beträchtlich. VIKSNE (1997) plädierte für den Einsatz der „Norwegischen Krähenfalle" zur wirksameren Reduktion von Corviden.

Die Auswertung russischer Literatur über die Knäkente durch FOKIN et al. (2000) ließ lokal hohe Nestverluste erkennen, an denen die Nebelkrähe maßgeblich beteiligt war, vor allem in offenen Habitaten mit landwirtschaftlicher Nutzung. Genauere Untersuchungen zum Bruterfolg der Knäkente führte SAPETINA (1971) im südlich Moskau gelegenen Oka-Reservat durch. Danach gingen mit die meisten Gelegeverluste von 42% in Wiesenlandschaften auf das Konto der Krähen. Bruten in waldigen Habitaten überlebten unwesentlich besser; Verluste von jeweils 27% waren hier gleichermaßen von Haarraubwild und Krähen verursacht.

Relativ sicher sind die Bruten der Knäkente in unmittelbarer Nähe von Kolonien der Lachmöwe (*Larus ridibundus*), da diese Krähen massiv vertreiben. Dieselben Beobachtungen schildern VIKSNE (1997) bezüglich anderer Entenarten und GLUTZ und BAUER (1993) aus einer finnischen Untersuchung am Haubentaucher. Insgesamt verlor letztgenannte Art jedoch 39% der Erstgelege durch Nebelkrähen.

Zwei Brutpaare der Rabenkrähe waren zu 92% verantwortlich für den Verlust von 55% der Gelege fünf verschiedener Wasservogelarten an zwei näher untersuchten Teichen in Oberschwaben. Dies führte zu einer erheblichen Beeinträchtigung des Bruterfolgs (HULBERT u. BAUER 1992).

Während die Ermittlung quantitativer Daten bei den genannten, zerstreut und in Deckung brütenden Arten aufwändige Untersuchungen erfordert, ist die Nestprädation bei Seevögeln und bei der Flussseeschwalbe im Binnenland viel offenkundiger und folglich auch für Natur- und Vogelfreunde überzeugender. Wie bereits erwähnt, können Krähen – und keineswegs nur einzelne „Spezialisten" – den Bruterfolg von koloniebrütenden Wat- und Wasservögeln in deckungsarmen Strandbiotopen erheblich beeinträchtigen. Wo mehrere Gelege auf kleinem Raum quasi auf dem „Präsentierteller" angeboten werden, entwickelt sich jeder Rabenvogel zum Spezialisten. Bei entsprechender Krähendichte sind daher Versuche zur Ansiedlung von Flussseeschwalben auf Kiesinseln durch extrem hohe Brutverluste von bis zu 100 % meist zum Scheitern verurteilt (z. B. FRIEDRICH 1977, ZINTL 1998).

Raufußhühner
Auf die Problematik hoher Rabenvogeldichten infolge günstigen Nahrungsangebots in der Kulturlandschaft für das Überleben seltener Arten in Naturschutzgebieten hatten schon HULBERT und BAUER (1992) hinsichtlich der Wasservögel hingewiesen. Sie zeigte sich noch deutlicher bei den Bemühungen um die Erhaltung des Birkwilds in Oberschwaben.
Wie bereits erwähnt (S. 341 f.) wurde in den 1960er Jahren seitens des Landesbundes für Vogelschutz ein hauptamtlich angestellter Jäger mit der drastischen Reduktion von Rabenvögeln und Füchsen im Federseegebiet beauftragt (KRIEG 1967). In sieben Jahren brachte er 93 Füchse und fast 800 Rabenkrähen und Elstern zur Strecke, was der Gründungspräsident des DNR, Prof. Hans KRIEG, als unentbehrliche Maßnahme würdigte. Bei der damals geringen Habichtsdichte erholte sich daraufhin der Birkwildbestand wieder.
Das seit 1978 laufende Projekt zur Wiederansiedlung des Birkwilds im nahe gelegenen Wurzacher Ried bot weitere Forschungsmöglichkeiten. Inzwischen haben die in Zusammenarbeit mit der Universität Tübingen (AMMERMANN 1998) durchgeführten telemetrischen Studien zum Aktivitätsradius gezeigt, dass das Wurzacher

Ried nach Größe und Vegetationsstruktur durchaus als Lebensraum für Birkwild geeignet wäre. Doch der Druck der hohen Populationen von Rabenkrähe und Fuchs vom Randbereich in das Ried ist inzwischen so hoch, dass sich das Birkwild nur durch alljährlich ausgewilderte Tiere erhalten ließ (HÖVEL 1994).

Die erwähnte Untersuchung von DICK (1995) zur Habitatnutzung der Rabenkrähe in diesem Gebiet ließ erkennen, dass die Vögel sich zumeist in den nahrungsreicheren, landwirtschaftlich genutzten Randbereichen aufhielten, zur Brutzeit aber auch das Ried, also den Lebensraum des Birkwilds und anderer seltener Arten durchsuchten. Die Hälfte der bekannten Brutverluste des Birkwilds waren durch Rabenvögel verursacht, obwohl sich die Gelege nicht in den sonst von Krähen frequentierten Flächen befanden. Ähnliches galt, wie bereits erwähnt, für die Bruten von Kiebitz und Brachvogel. Insgesamt wurden von 1992 bis 1994 elf von 23 bekannten Gelegen dieser drei Arten, also 47%, von Rabenvögeln geplündert.

Mit genaueren Untersuchungen zum Einfluss der Rabenvögel auf Raufußhühner befassten sich vor allem englische und skandinavische Biologen. Nach Eliminierung der Krähen in einem schottischen Gebiet sanken die Gelegeverluste bei Moorhühnern (*Lagopus scoticus*) von zuvor 18–63% auf Null (PICOZZI 1975).

Die dreijährige Studie von ERIKSTAD et al. (1982) auf einer 125 ha großen norwegischen Insel zeigte den beachtlichen Einfluss von einem bzw. zwei Krähenpaaren: 37% der Schneehuhngelege wurden zerstört, in 350 m Umkreis vom Krähenhorst waren es sogar 81%. *Nester in guter wie in ungünstiger Deckung wurden in gleichem Maße geplündert!*

So viel zur derzeit verbreiteten, aber durch keine wissenschaftliche Untersuchung gestützten These, Rabenvögel hätten positive Auswirkungen auf die Nistplatzwahl ihrer Beutetiere (z. B. ANONYMUS 1986). Die mit dem Projekt befassten Biologen konnten sich ihre Beobachtungen nur so erklären, dass sich Krähen den Standort zur Brutzeit beobachteter Hennen genau merkten und dann intensiv nach dem Nest absuchten. Nach Eliminierung der Brutkrähen sank die Verlustrate auf acht Prozent.

Mit Hilfe von Suchstrategien finden Rabenvögel auch Gelege in guter Deckung – Rabenkrähe am Nest der Blässralle.

In waldigen Gebieten sind es neben anderen Rabenvögeln auch Eichelhäher, die die Nester von Auer- und Birkhennen plündern. Fast die Hälfte der Nestverluste ging in den Untersuchungsgebieten von STORAAS et al. (1981) auf das Konto der Eichelhäher. Zur weiteren Quantifizierung dieses Eingriffs legten die Biologen experimentelle Nester in verschiedenen, von Raufußhühnern bevorzugten Brutbiotopen an. Doch auch dieses größere Datenmaterial zeigte ganz ähnliche Trends: Besonders gefährdet waren die in Waldhabitaten mit geringer Bodenflora angelegten Nester, die Plünderungsraten von bis zu 96 % unterlagen.

Mit derselben Methodik versuchte MÜLLER (1984), Licht in das Dunkel des Auerwildrückgangs in der Bayerischen Rhön zu bringen, dies in einer zehnjährigen Studie mit 100 Gelegen, von denen nur 17 % nicht zerstört wurden. Hier ging die Hälfte der Verluste zwar auf das Konto des Schwarzwilds, an zweiter Stelle lag aber mit 17 % wiederum der Eichelhäher vor Marder, Fuchs, Dachs und Waschbär.

Solche Erkenntnisse waren Anlass, sich mit dem Faktor Bruterfolg in der Bestandsdynamik von Raufußhühnern näher zu befassen. STORAAS und WEGGE (1984) erkannten, dass die mit früheren Methoden ermittelten Gelegeverluste meist unterschätzt worden waren. Erst durch die längerfristige Beobachtung telemetrierter Hennen kamen sie der Wahrheit näher. Doch unabhängig davon zeigte ein Vergleich mit älteren Untersuchungen eine deutliche Zunahme des Nesträuberdrucks während der letzten fünf Jahrzehnte, beim Auerwild auf das Fünffache! In dieser jüngsten Studie von STORAAS und WEGGE wurden bis zu 60% der Birk- und 80% der Auerwildgelege zerstört, und zwar sowohl in Wirtschaftsforsten als auch in kaum veränderten naturnahen Wäldern. Die beiden Biologen sehen einen ursächlichen Zusammenhang zwischen dieser Zunahme an Gelegeverlusten und dem Rückgang der Raufußhühner-Bestände in Fennoskandien. MÜLLER (1984) vermutete Ähnliches beim Auerwild in der Rhön.

Zwar liegen den von STORAAS und WEGGE (1984) diskutierten Arbeiten auch Untersuchungen von Nestverlusten ohne genauere Angaben über den Verursacher zu Grunde. Die meisten Autoren betrachten aber die Zunahme von Corviden und auch des Haarraubwilds als Folge des günstigen anthropogenen Nahrungsangebots selbst in weiter abgelegenen Waldgebieten.

PARKER (1984) konnte in seinem norwegischen Studiengebiet (8 km^2 große Insel) keinen großen Einfluss der Rabenvögel (Kolkrabe, Nebelkrähe, Elster) auf Birk- und Moorschneehuhn erkennen. Im Laufe der vierjährigen Untersuchung stiegen die Brutdichten der Hühner auf beiden Teilflächen an; auf jener mit Eliminierung der Rabenvogel-Brutpaare fanden sich nur geringfügig mehr Paarhühner als auf der Kontrollfläche. Zwar gingen die Gelegeverluste auf Ersterer zurück – man vermisst hierüber allerdings konkrete Angaben –, doch war die Überlebensrate der Küken bis zum Herbst auf beiden Flächen ähnlich. Wo die Rabenvögel reduziert worden waren, hatte nämlich das Hermelin (*Mustela erminea*) entsprechend stärker eingegriffen und auch Küken gerissen.

Worauf beruht der wesentliche Unterschied der Ergebnisse dieser letztgenannten und der übrigen Untersuchungen? In erster Linie auf der relativ geringen Dichte der Rabenvögel (2 Paare/km^2) in dieser vom Menschen offensichtlich wenig beeinflussten Insellandschaft, worauf auch PARKER hinweist.

Wiesenbrüter

In Mooren und Feuchtwiesen leben außer dem Birkwild einige weitere Arten mit speziellen ökologischen Ansprüchen, die Wiesenbrüter. Hierzu zählen insbesondere einige Watvogelarten, wie Brachvogel, Kiebitz, Rotschenkel, Uferschnepfe und Bekassine. Ihre Lebensräume sind in unserer intensiv genutzten Kulturlandschaft auf einen Bruchteil ihrer ehemaligen Ausdehnung geschrumpft, und entsprechend gering sind die meisten deutschen Brutbestände. Im Gegensatz zum Birkwild sind Wiesenbrüter durchweg Strich- oder Zugvögel. Möglicherweise können somit isolierte Kleinpopulationen mit unzureichenden Nachwuchsraten durch Rekrutierung aus den westpaläarktischen Gesamtpopulationen (z. B. mehr als 20 Millionen Bekassinen, ROSE u. SCOTT 1997) noch überleben.

Die Erhaltung der Wiesenbrüter ist seit langem zentrales Anliegen des Natur- und Vogelschutzes. Allein in Deutschland wurden hierfür insgesamt Mittel in dreistelliger Millionenhöhe ausgegeben – bislang ohne durchschlagenden Erfolg. Sind Beutegreifer mit verantwortlich für die geringen Nachwuchsraten? Diese Frage wurde von der „Fachwelt" bis in die jüngste Vergangenheit kategorisch verneint, unter Bezug auf bemerkenswert selektive Literatur-Recherchen. So findet sich z. B. in der Studie von MÄCK und JÜRGENS (1999) nur eine einzige konkrete Angabe zu Prädationsraten bei Wiesenbrütern (15%), wovon die Hälfte Krähen zugeschrieben wurde. Deren Fehlverhalten wird sogleich exculpiert, denn *„bevor eine Krähe ein Ei aufgehackt hat, kann ein Hermelin (oder eine andere Störung) den brütenden Vogel zum Verlassen des Nestes gezwungen haben, sodass die Krähe auf das ungeschützte Gelege aufmerksam wurde."*

Kein Wort über die bereits erwähnten Erkenntnisse von DICK (1995) oder die ebenfalls in einem BfN-Organ publizierte Arbeit von AMMERMANN (1998), wonach Rabenvögel systematisch den Lebensraum der Wiesenbrüter im Wurzacher Ried absuchten – etwa die Hälfte der Gelege von Brachvogel und Kiebitz fielen ihnen dort zum Opfer. Hohe Corviden-Dichten infolge des reichen Nahrungsangebots in der Agrarlandschaft beobachteten auch MACIKUNAS *et al.* (2000) bei ihren Erhebungen über Schnepfenvögel in

Litauen. Die höchsten Brutverluste der Bekassine (bis 100%) fanden sie in kleinen isolierten Feuchtgebieten in der Kulturlandschaft. Im Übrigen führen sie die starke Zunahme der Rabenvögel auch auf nachlassende Prädatorenkontrolle infolge wirtschaftlicher Schwierigkeiten zurück.

Inzwischen lassen sich solche beträchtlichen Prädationsraten auch bei uns nicht mehr verheimlichen, wie die (unveröffentlichten) Berichte während einer im Oktober 2000 von der Staatlichen Vogelschutzwarte Brandenburg einberufenen Tagung zeigten. War der Bruterfolg früher vor allem durch landwirtschaftliche Aktivitäten beeinträchtigt, so überwiegen heute die Verluste durch Prädation mit bis zu 80% der Gelege. Sie werden vor allem dem nachts jagenden Fuchs zugeschrieben. Die von fast allen Referenten wiederholte Aussage, Rabenvögel wären daran selbst bei hohen Dichten kaum beteiligt gewesen, widerspricht nicht nur den o. g. Erkenntnissen, sondern auch denen eines Referenten (LITZBARSKI): Trotz Ausschluss von Haarraubwild auf einer zwölf Hektar großen Fläche gingen noch 34% der Gelege und 32% der Küken der Großtrappe verloren, nämlich an Rabenvögel (einschließlich Kolkrabe).

In diesem Zusammenhang ist es sicher heilsam zu erfahren, was die weit weniger durch ideologische Vorstellungen belasteten englischen Kollegen zu dieser Frage beitragen konnten. Der kontinuierliche Rückgang des Kiebitz, insbesondere auf meliorierten und intensiv genutzten Wiesen, veranlasste BAINES (1990) von der Universität Durham auf mehreren Flächen zu untersuchen, in welchem Maße Nahrungsangebot, landwirtschaftliche Praktiken und Prädation für den mangelhaften Bruterfolg verantwortlich wären. Er kam zu folgenden Erkenntnissen:

- In allen untersuchten Flächen war das Nahrungsangebot für die Entwicklung der Küken ausreichend.
- Auf unbeeinflussten Wiesen gingen 8%, auf meliorierten 22% der Gelege durch landwirtschaftliche Aktivitäten verloren.
- Dagegen fielen im Schnitt der dreijährigen Periode auf ersteren Flächen 47%, auf letzteren 76% der Gelege Prädatoren zum Opfer.

Reste der von einem Krähenpaar geplünderten Gelege von sieben Vogelarten im Naturschutzgebiet auf Amrum. Am stärksten betroffen war der Austernfischer.

▶ Obwohl Füchse in den Untersuchungsgebieten vorkamen (möglicherweise in geringer Dichte?), kam es zu keinen Gelegeverlusten bei Nacht. Alle beobachteten Nestplünderungen gingen auf das Konto von Krähen und Lachmöwen.

Ein zusätzliches Experiment mit Kunstnestern, bestückt mit Möweneiern, bestätigte die unterschiedlichen Prädationsraten in unbeeinflussten und meliorierten Habitaten. In beiden Kategorien waren sie jedoch jeweils auf den Flächen signifikant geringer, in denen auch brütende Kiebitze vorkamen, was durch das hinlänglich bekannte Abwehrverhalten der Altvögel zu erklären ist. Bei entsprechendem Krähenvorkommen reicht das aber offensichtlich nicht mehr aus, wie die hohen Verluste an Naturbruten bewiesen. Hinzu kommt die nachlassende Verteidigungsbereitschaft bei sinkender Brutdichte der Wiesenvögel. Möglicherweise fehlt vereinzelt brütenden Paaren die Stimulation zur Abwehr, weil diese dann weniger erfolgreich ist (WÜBBENHORST 2000). Ähnliche Beobachtungen machte KLIMOV (1998) in seinem zentralrussischen Untersuchungsgebiet, wo Elstern und Nebelkrähen den Bruterfolg der Kiebitze erheblich beeinträchtigten. Am erfolgreichsten verteidigt wurden die Bruten bei kolonieartigem Brüten, z. T. zusammen mit anderen Wiesenvogelarten.

Die vorstehend genannten Untersuchungen hatten also extrem divergierende Ergebnisse geliefert. Wie sind diese zu erklären? Durch Unterschiede im Verhalten der Rabenvögel oder eher der Mentalität der Bearbeiter? So nennt z. B. NEHLS (1996) in seiner Literatur-Recherche die oben genannten, von BAINES ermittelten Prädationsraten, nicht jedoch die Verursacher – zu Gunsten der Vorstellung, Kiebitze würden Krähen stets erfolgreich abwehren. Zu denken gibt auch die grundverschiedene Darstellung ein und desselben Projekts durch STEIOF und ALTENKAMP (1999) einerseits und LITZBARSKI und LITZBARSKI (1999) andererseits in dem von der Redaktion der „Vogelwelt" angebotenen Forum „Schutz der Großtrappe in Deutschland".

Auswirkungen der Nestprädation

Die meisten der genannten Untersuchungen betreffen kleine Flächen und relativ kurze Zeiträume von manchmal nur einer Brutperiode. Entsprechend breit schwankt das Spektrum beobachteter Prädationsraten von weniger als 10 % bis zu 100 %. Aussagen über populationsdynamische Auswirkungen der Brut- und Jungenverluste sind mit diesem Datenmaterial kaum möglich.

Dennoch schließen die meisten deutschen Veröffentlichungen, vor allem über Singvogelprädation, mit dem Hinweis, negative Effekte auf die Bestandsentwicklung seien nicht erkennbar bzw. auszuschließen. MÄCK et al. (1999) und damit auch einige Vertreter des Bundesamts für Naturschutz, erklären gar jegliche Überlegungen dieser Art kategorisch als „unzulässig". Wie bereitwillig werden dagegen jagdbedingte Verluste – selbst ohne jegliche Hinweise quantitativer Art – als „Gefährdungsfaktor" betrachtet ... Wie sieht die Wirklichkeit aus?

Wie in Kapitel S. 130 ff. dargelegt, sind Tierpopulationen grundsätzlich in der Lage, Verluste – egal ob durch Prädatoren oder Jagd ver-

ursacht – auf artspezifisch unterschiedliche Weise zu kompensieren:
1. Körperlich kleine Arten (vor allem *r-Strategen*) können höhere Verlustraten verkraften als größere (eher *K-Strategen*).
2. Verluste im Jungenstadium sind eher auszugleichen, da sie in gewissem Umfang dichteabhängige Sterblichkeit durch verschiedenartige Todesfaktoren vorwegnehmen. Denn während der Zeit zwischen Flüggewerden und Brut im nächsten Frühjahr ist eine Vielzahl von Mortalitätsfaktoren wirksam, wodurch sich Brutverluste zumindest teilweise wieder kompensieren lassen.
3. Entscheidend für den Umfang der Kompensierbarkeit solcher Verluste ist die Dichte der betreffenden Art *in Bezug auf ihren Lebensraum*. Populationen nahe der Biotopkapazität sind weniger empfindlich als solche, deren Dichte – aus welchen Gründen auch immer – deutlich unterhalb des Fassungsvermögens ihres Lebensraums liegt. Somit vertragen häufige Arten in der Regel höhere Verlustraten als seltene.

Diese kurz gefasste Darstellung lässt bereits die Fragwürdigkeit von pauschalen Bewertungen beobachteter Prädationsverluste erkennen. Denn sowohl die Dichte der Prädatoren, als auch die ihrer Beutetiere in Bezug auf die Biotopkapazität können lokal und temporär erheblich schwanken. Doch ist nach Ziffern 1 und 2 zu vermuten, dass sich die Gelege- und Jungvogelprädation durch Rabenvögel auf Singvogelarten *generell* weniger auswirkt als auf die größeren Wasser-, Wat- oder Hühnervögel.

Zwar gibt es mehrere dokumentierte Beobachtungen über die Erbeutung auch von adulten, also voll flugfähigen Singvögeln durch alle drei Rabenvogelarten (GLUTZ u. BAUER 1993, CRAMP u. PERRINS 1994 sowie eine eigene Beobachtung bezüglich Rabenkrähe und Star), doch dürften diese Verluste wegen ihrer Seltenheit bestandsdynamisch keine Rolle spielen.

Erkenntnisse über beachtliche Kompensierbarkeit von Brutverlusten gewann KLUIJVER (1966) durch seine auf S. 137 f. erwähnten Untersuchungen an der Kohlmeise auf der holländischen Insel

Vlieland. Mangels natürlicher Prädation hatte die dortige Population die Grenzen der Biotopkapazität offensichtlich erreicht – entsprechend Ziffer 3. KLUIJVER konnte daher durch simulierte Prädation von Eiern und Jungvögeln bis zu 60% des Nachwuchses entnehmen, ohne dass Auswirkungen auf die Dichte der Kohlmeisenpopulation während der vierjährigen Experimentierphase erkennbar waren.

Erkenntnisse durch Monitoring

Aus KLUIJVERS Erkenntnissen wird verständlich, warum sich selbst zunehmende Elsterndichten nicht unbedingt negativ auf die Trends von Singvogelpopulationen größerer Gebiete auswirken müssen. Eine solche Situation beschreibt KOOIKER (1991, 1994), wonach im Stadtgebiet Osnabrück (24 km²) von 1984–1993 sowohl die Elster als auch die Ringeltaube und zehn Singvogelarten zunahmen und sieben Singvogelarten abnahmen. Zur Frage der Elsternprädation konnte die Untersuchung jedoch schon wegen der angewandten Methodik wenig beitragen. Denn zum einen basierte sie, ähnlich wie die Berliner Untersuchung von WITT (1989), lediglich auf der Erfassung singender Männchen. Doch die markieren ihr Territorium in der Regel auch nach Verlust von Gelege bzw. Brut weiterhin durch ihren Gesang. Zum andern war die Methodik der Bestandserfassung nicht vergleichbar: Während nämlich die Elstern in den einzelnen Stadtbezirken ortsbezogen und detailliert erfasst wurden (anfangs das alleinige Ziel der Untersuchung), wurde das Vorkommen der übrigen 18 „Stadtvogelarten" lediglich entlang eines einzigen Linientransects quer durch die Stadt ermittelt. Insofern waren voneinander unabhängige Bestandsentwicklungen von Elstern und ihren potenziellen Beutetieren fast zu erwarten. Doch wie verliefen die Trends der Letzteren auf Flächen mit unterschiedlichen Elsterndichten?

Diese Unzulänglichkeiten hatte der Autor am Schluss seiner ersten Veröffentlichung – die offensichtlich noch nicht so stark durch den Argumentationszwang in der Rabenvogeldiskussion belastet war – durchaus eingeräumt und folglich für einen Vergleich von Probeflächen mit und ohne Elsternvorkommen plädiert.

Auf ein viel größeres Gebiet, nämlich auf fast die gesamte Landesfläche von England, bezog sich die Auswertung der Daten des *Common Bird Census* (landesweite Erhebung über Brutvögel) und des *Nest Record Scheme* (Erhebungen zum Bruterfolg), die einerseits die Elster, andererseits 15 häufige Singvogelarten im Zeitraum von 1966 bis 1986 (Gooch et al. 1991) betrafen. Im Gegensatz zu Kooikers Studie waren die Daten bezüglich Elsterndichte und Vorkommen sowie Bruterfolg der Singvögel also vergleichbar. Die Auswertung ergab Folgendes:
▸ In allen Regionen Englands und allen untersuchten Habitattypen (landwirtschaftliche Nutzflächen, bewaldete Areale, menschliche Siedlungen) hatte die Elster unterschiedlich stark, jedoch insgesamt kontinuierlich zugenommen.
▸ Der *Bruterfolg* während des Untersuchungszeitraums ging jedoch bei keiner der 15 betrachteten Singvogelarten zurück, bei vier davon nahm er eher zu.
▸ Es zeigte sich auch keine negative Korrelation hinsichtlich der *Dichten* von Elstern und Singvögeln. In waldigen Habitaten z. B. hatten beide Kategorien in gleichem Maß zugenommen.
Somit ergab diese Studie keine Hinweise auf negative Auswirkungen zunehmender Elsterndichten auf die untersuchten Singvogelarten.
Weitere landesweite Auswertungen von CBC-Daten aus dem Zeitraum von 1965 bis 1995 durch Stoate und Thomson (2000) und Thomson et al. (1998) betrafen 23 Singvogelarten und ließen ebenfalls keinen Zusammenhang zwischen der Zunahme der Elster und der Bestandsentwicklung der Singvögel erkennen.

Anders als deutsche Autoren ähnlicher Arbeiten (z. B. Witt 1989, Kooiker 1994) waren die englischen Biologen jedoch vorsichtiger in der Interpretation ihrer Befunde. Hierzu veranlassten die in ihrer Studie diskutierten gegenteiligen Erkenntnisse aus Untersuchungen, denen eine andere Methodik zu Grunde lag (z. B. Vergleich von Brutverlustraten in Gebieten unterschiedlicher Elsterndichten zur gleichen Zeit). Wenngleich genauer als die genannten deutsche Untersuchungen, waren möglicherweise auch diese Analysen noch zu grob, um *lokale* Auswirkungen der Elsternprädation erkennen zu lassen. Und schließlich bezogen sie sich auf *häufige* Vogelarten, deren Populationen möglicherweise ihre Biotopkapazität ausgefüllt hatten und folglich höhere Prädationsraten verkraften konnten.

Wie aber steht es um seltenere Arten, die mit verschiedensten negativen Umwelteinflüssen konfrontiert werden?

Anstelle eines Plädoyers für den Schutz der Rabenvögel – stereotypes Anhängsel in fast allen deutschen Veröffentlichungen zu dieser Thematik – regten die drei englischen Autoren sorgfältig geplante experimentelle Feldstudien als Ergänzung zu ihrer Datenanalyse an.

Wie berechtigt diese Forderung ist, zeigten schon einige erwähnte Erkenntnisse nach der Reduktion von Rabenvögeln (S. 372, 376), sowie lokale Untersuchungen im Saarland (Zus.-f. in MÜLLER 1995). Hierzu ein weiteres Beispiel: In den Untersuchungsgebieten von KOOIKER (1994) und MÄCK und JÜRGENS (1999) konnten sich trotz steigender Elsterndichten erstmals Birkenzeisige ansiedeln, wodurch die Autoren ihre Vorstellungen bestätigt sahen. Wie aber hätte sich die Population bei geringerer Elsterndichte entwickelt? Dieser Frage ging DAHL (zit. in SHEDDEN 1985) nach. Nach einer Kontrolle der Elstern im Gebiet um die Universität Stockholm stieg die Brutpopulation des Birkenzeisigs auf das Vierfache.

Experimentelle Untersuchungen

„*Any supposed effect of predators on their prey can be shown most convincingly by experiment*". („Vermutete Auswirkungen von Beutegreifern auf ihre Beute können am überzeugensten auf experimentellem Wege gezeigt werden.") Zu dieser Erkenntnis gelangte NEWTON (1998) auf Grund seiner umfangreichen Recherche internationaler Literatur über Räuber-Beute-Beziehungen bei Vögeln. Gemeint sind damit die bereits auf S. 135 ff. geschilderten Ausschlussversuche (*removal experiments*), also der Vergleich der Entwicklung von Beutepopulationen auf Flächen, auf denen der Prädationsdruck reduziert wurde, mit derjenigen unbeeinflusster „Nullflächen". Nur so lassen sich die Auswirkungen von Prädatoren auf ihre Beutetiere exakt überprüfen. Voraussetzung hierfür ist eine klare Konzeption, die eine Wiederholung des Experiments gestattet, um dem Verdacht der Zufälligkeit der Ergebnisse zu begegnen.

Im gesamten englischsprachigen Raum und auch in Skandinavien sind solche Ausschlussversuche eine Selbstverständlichkeit in der populationsökologischen Forschung. – Nicht so in Deutschland und schon gar nicht, wenn es dabei, wie in diesem Fall, um befiederte Prädatoren geht. Hier werden sie allenfalls im Hinblick auf den Einfluss menschlicher Prädation (Jagd) auf die Niederwildbestände akzeptiert (z. B. ENGELHARDT et al. 1985). Selbst MÄCK und JÜRGENS (1999) räumen ein, „der tatsächliche Einfluss einer Bejagung kann nur durch den Vergleich mit nicht bejagten Lebensgemeinschaften beurteilt werden". Genau dies sind Ausschluss-Experimente!

Warum nur soll diese Methodik nicht auch die Beziehungen zwischen jagenden und erbeuteten Tieren erhellen? Fürchtet man etwa Erkenntnisse, die den heutigen dogmatischen Vorstellungen widersprechen könnten? *„Räuberausschluss-Experimente sind deshalb als Grundlage naturschutzorientierten Handelns ungeeignet"*, entnimmt man den Veröffentlichungen des Bundesamts für Naturschutz (MÄCK u. JÜRGENS 1999, MÄCK et al. 1999).

Diese kuriose Feststellung lässt auf ein fundamentales Missverständnis der Forschungskonzeption schließen. Denn es geht nicht darum, „die natürliche Lebensgemeinschaft zu beeinträchtigen", und schon gar nicht „um eine Steigerung der anthropogenen Jagdbeute", sondern einzig und allein um unser besseres Verständnis von Räuber-Beute-Beziehungen. Ausschlussversuche sind Experimente und keine Managementmaßnahmen. Insofern sind – wie bei allen pragmatisch durchgeführten Experimenten – auch negative Befunde zu erwarten, die jedoch ebenfalls zum Verständnis der Thematik beitragen.

NEWTON (1998) vermittelt einen Überblick über 30 solcher Ausschlussversuche, von denen fast alle positive Effekte auf den Bruterfolg und über die Hälfte auch auf die Brutpopulationen der unter-

Reduktion von Rabenvögeln in englischen Auschlussversuchen ...

suchten Vogelarten erkennen ließen. Dieser international praktizierten Forschungsmethodik versuchen die genannten deutschen Kritiker lediglich die Forderung nach „Analysen der Wechselwirkungen in realen Lebensgemeinschaften" entgegenzusetzen, ohne zu erläutern, was mit dieser Worthülse eigentlich gemeint ist.

Singvögel: Das Loddington-Projekt
Einige der genannten Untersuchungen enthielten im Ansatz bereits die Methodik der Manipulation des Prädationsdrucks, jedoch ohne den Vergleich mit unbeeinflussten Flächen. Daher griff das Forschungsteam der englischen *Game Conservancy* die oben genannten Anregungen ihrer Landsleute (GOOCH et al. 1991) auf, um die aus ihrer landesweiten Datenanalyse resultierenden Fragen zu klären (STOATE u. SZCZUR 1994; STOATE 1995, 1997, 1999; BOATMAN 1996, STOATE u. THOMSON 2000, STOATE u. SZCZUR 2001).
Als Untersuchungsgebiet diente der *Loddington Estate* im mittelenglischen Leicestershire. Der 333 ha große landwirtschaftlich genutzte Besitz ist durch Ackerland, Weideflächen, Stilllegungsflächen, Wäldchen und Gewässer reich strukturiert.

... hatten positive Auswirkungen auf den Bruterfolg mehrerer Vogelarten, insbesondere auch der Singdrossel.

Das Projekt begann 1992 mit einer Bestandsaufnahme der Rabenvögel (zehn Elstern- und acht Rabenkrähen-Brutpaare) und der Singvögel. Von Letzteren wurden zur Ermittlung des Bruterfolgs insgesamt 340 Nester im Abstand von drei bis sieben Tagen kontrolliert.

Von 1993 bis 1998 wurden in diesem Gebiet Krähen und Elstern drastisch reduziert (alle Brutpaare eliminiert), aber nur jeweils von Anfang April bis Anfang Juli, während der Brutzeit der Singvögel also. Zum Vergleich dienten zwei unbeeinflusste „Nullflächen" mit ähnlicher Habitatstruktur, eine südöstlich, die andere nordwestlich gelegen, jeweils fünf km von Loddington entfernt. Von 1995 bis 1998 wurde der Bruterfolg der Singvögel auf Loddington und auf den Kontrollflächen genau erfasst. Meteorologische Daten stellte eine zwölf Kilometer entfernte Wetterstation zur Verfügung.

Sechs häufigere Arten lieferten genügend Daten für statistische Analysen, die Folgendes erkennen ließen (STOATE u. THOMSON 2000, STOATE u. SZCZUR 2001):

▶ Bei allen Arten war Prädation, fast ausschließlich durch Rabenvögel verursacht, die Hauptursache für fehlenden Bruterfolg.

▶ Bei allen Arten war der Gesamtbruterfolg mit der Brutdichte der Krähen negativ korreliert und zwar signifikant für Amsel, Singdrossel, Heckenbraunelle und Goldammer.
▶ Dieselbe negative Korrelation bezüglich der Elterndichte zeigte sich bei allen Arten außer der Dorngrasmücke. Für Amsel und Singdrossel war sie signifikant.
▶ Diese Korrelationen blieben auch bei Berücksichtigung von Biotopstruktur und meteorologischen Einflüssen bestehen, mit Ausnahme der Beziehung Krähe und Dorngrasmücke.

Soweit die Ergebnisse der statistischen Analysen von Daten aus dem gesamten Untersuchungszeitraum. Bemerkenswert war der Anstieg der Zahlen flügger Jungvögel von zwei Drossel-, vier Finken- und drei Grasmückenarten sowie von Heckenbraunelle und Goldammer schon im ersten Jahr der Prädationskontrolle. Wurden 1992 insgesamt nur 170 Jungvögel flügge, so waren es 1993 bereits 270 (STOATE u. SZCZUR 1994).
Eine Beobachtung zum Suchverhalten der Rabenvögel schilderte BOATMAN (1996): Eine einzelne Elster revidierte eine Hecke im Randbereich von Loddington und plünderte in nur zwei Tagen acht der zehn Nester des Hänflings. Dies hatte beträchtliche Auswirkungen auf den durchschnittlichen Bruterfolg dieser Art im Untersuchungsgebiet.
Einige Singvogelarten erlitten also erhebliche Brutverluste durch Rabenvögel, andere weniger. Wie wirkten sich diese auf die Bestandsentwicklung aus? Lagen sie noch im Bereich der verschiedenen, bis zur darauf folgenden Brutperiode wirksamen kompensatorischen Mechanismen, wie auf S. 381 erläutert?
Antworten auf diese Frage lieferten die alljährlichen Kontrollen der Brutpopulationen. Zum Vergleich dienten zusätzlich zu den beiden Nullflächen vier Erhebungsgebiete des *Common Bird Census* (CBC) im 30-km-Umkreis von Loddington. Der Vergleich der Daten von 1998 (STOATE u. SZCZUR 2001) mit denen von 1992 ergab Folgendes:
▶ Fünf von sechs Arten nahmen während des Untersuchungszeitraums in Loddington zu, am deutlichsten diejenigen mit den

höchsten Prädationsraten auf den Nullflächen, nämlich Amsel und Singdrossel.
▶ Alle Arten außer der Dorngrasmücke hatten in Loddington höhere Brutdichten.
▶ Außer den sechs genauer untersuchten Arten wurden Daten aller weiteren Singvogelarten nach der Methodik des CBC erhoben. Dabei zeigten sich bemerkenswerte Unterschiede zwischen Arten, die landesweit abnahmen, und solchen mit mehr oder weniger gleich bleibenden Bestandstrends. Erstere nahmen in Loddington signifikant zu und hatten hier durchweg höhere Dichten als auf den vier CBC-Flächen (Abb. 76). Den Engländern besonders am Herzen liegt die Singdrossel, die auf nationaler Ebene seit 20 Jahren kontinuierlich zurückgeht. In Loddington dagegen stiegen die Brutdichten wie auf keiner anderen CBC-Fläche, z. B. von 14 Brutterritorien in 1992 auf 48 in 1998. Die Brutdichte der Feldlerche war auf Loddington um 30 %

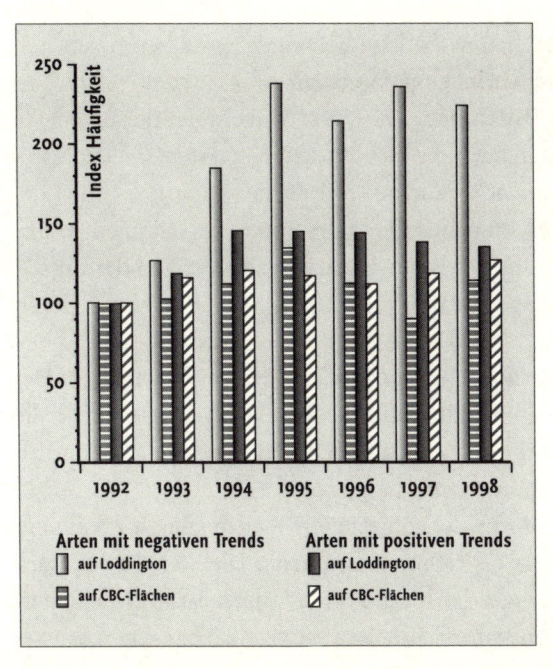

Abb. 76: Vergleich der Bestandsentwicklung von Singvögeln auf Loddington (ohne Prädation durch Rabenvögel) mit der auf umliegenden (unbeeinflussten) Flächen des *Common Bird Census* (CBC): Am deutlichsten hatten auf Loddington Arten mit landesweit (England) negativen Trends zugenommen.

höher als in der Umgebung, und die Zahl der Brutpaare der Schafstelze war bereits 1996 von drei auf elf angestiegen (STOATE 1997). Demgegenüber hatten unproblematische Arten in Loddington nur geringfügig und nicht signifikant zugenommen.
- Auch bei Berücksichtigung der in Loddington im Rahmen der Fasanenhege durchgeführten Biotopverbesserungen (mehr hierüber z. B. in STOATE 1997) wie auch der meteorologischen Einflüsse in den einzelnen Jahren blieb die negative Korrelation zwischen Rabenvogel- und Singvogelvorkommen, wenngleich mit unterschiedlicher Signifikanz bei den einzelnen Arten.

Die Erkenntnisse aus dem Ausschlussversuch von Loddington konnten somit zur Klärung einiger der Fragen beitragen, die die landesweiten Erhebungen von GOOCH et al. (1991), THOMSON (1998) und STOATE und THOMSON (2000) aufgeworfen hatten. Sie bestätigten zudem die theoretischen Überlegungen über die Auswirkungen der Prädation (S. 381), denn nach deren Kontrolle zeigte sich:
- Am auffälligsten hatten die Brutdichten der größeren Arten Singdrossel und Amsel zugenommen.
- Mit deutlichen Zunahmen, also einer Umkehr der negativen Trends, reagierten auch die kleinen seltenen Arten, die landesweit geringe Populationsdichten aufwiesen.
- Demgegenüber hatten sich die Maßnahmen bei häufigen Arten, deren Dichten nahe der Biotopkapazität lagen, nicht oder nur unwesentlich ausgewirkt.

Die letztere Kategorie war also in der Lage, den Prädationsdruck der Rabenvögel auf den Vergleichsflächen zu kompensieren. Für die beiden ersteren war der Druck zu hoch und hatte entscheidend zu den negativen Bestandstrends beigetragen.
Solche Details sind nur durch gezielte Experimente zu erkennen, wie GOOCH et al. (1991) richtig vermuteten. Die Methode der landesweiten Erhebungen ist hierfür nicht ausreichend. Möglicherweise waren die Aufnahmeeinheiten zu großflächig, um die lokal

stark schwankenden Dichten der Prädatoren und damit deren Auswirkungen zu erfassen. Zudem ist bei der Mobilität von Vögeln, auch nicht ziehender Arten, mit Zuzug aus Teilarealen geringerer Prädation zu rechnen, die auf diese Weise zum Ausgleich andernorts hoher Verluste beitragen können.

Letzterer Frage widmeten PARADIS *et al.* (2000) ihre ebenfalls landesweite Untersuchung über Amsel und Singdrossel, deren langfristiger Rückgang auf den Britischen Inseln Sorgen bereitet. Welche Umweltfaktoren beeinträchtigen den Bruterfolg beider Arten? Die diesbezüglichen Daten wurden auf jeweils kleineren Planquadraten von 10 km^2 analysiert und mit den entsprechenden Beobachtungen auf größeren Flächeneinheiten (100 km^2) verglichen. Dabei zeigten sich erhebliche kleinflächige Unterschiede im Bruterfolg der beiden Drosselarten einerseits und der Häufigkeit von Elster und Eichelhäher andererseits (Krähen blieben in dieser Studie unberücksichtigt). Die Raten der Brutverluste waren negativ mit der Dichte dieser Prädatoren korreliert, im Falle der Amsel hoch signifikant.

Diese Erkenntnisse decken sich weitgehend mit denen aus dem Loddington-Projekt. Sie veranlassten die bekannte englische Vogelschutzorganisation *Royal Society for the Protection of Birds* (RSPB) zu einem noch laufenden Experiment, das weitere Fragen zu dieser Thematik klären soll.

Interessant wären solch gründliche Studien auch über den Einfluss des Eichelhähers auf die Populationen von Raufußhühnern und Singvögeln in waldreicheren Gebieten, nachdem die früher erwähnten genaueren Beobachtungen sowie Veröffentlichungen von Praktikern des Vogelschutzes (z. B. HENZE 1961, LÖHRL 1960, MANSFELD 1936) auf ähnliches nahrungsökologisches Verhalten des Eichelhähers wie das von Elster und Rabenkrähe schließen lassen.

So hatte HENZE (pers. Mitt.) im Laufe seiner jahrzehntelangen Untersuchungen zur Vermehrung von höhlenbrütenden Singvögeln auch den Einfluss des Eichelhähers untersucht. Zu Beginn der Studie (1959) wurde der Häherbestand in einem 3.000 ha großen

Revier in Franken auf 32 Paare geschätzt und bis 1980 schließlich auf zwei Paare reduziert, wobei allein während der ersten zehn Jahre 365 Häher zur Strecke kamen. Während dieser Zeit stieg die Zahl der aus 1.000 bereitgestellten Nisthöhlen ausgeflogenen Kohlmeisenbruten von 130 (1959) auf 332 (1981). Bestandszunahmen wurden auch bei Blaumeise, Trauerschnäpper sowie einigen Freibrütern beobachtet.

Leider fehlte dieser Studie eine Vergleichskontrollfläche ohne Häherreduktion. In eine eventuelle Folgeuntersuchung sollten zudem auch frei brütende Vogelarten einbezogen werden. Ähnlich wie die englische Untersuchung zeigten auch HENZES Ergebnisse die beachtliche Populationsreserve der Rabenvögel, was einen erheblichen Aufwand zur Verminderung selbst eines lokalen Brutbestands erforderlich macht.

Rabenvögel und Niederwild

Selbst bei Singvögeln, wenngleich nicht bei allen untersuchten Arten, hatte im vorgenannten Experiment die Reduktion des Prädationsdrucks zu einer Umkehr der landesweiten negativen Trends geführt. Wie würden sich solche Maßnahmen bei größeren Arten mit entsprechend geringerem Fortpflanzungspotenzial auswirken?

Studienobjekt war schon seit längerer Zeit das Rebhuhn, nachdem eine zehnjährige Untersuchung in England ergeben hatte, dass insgesamt 30 % der Gelegeverluste von Krähen und Elstern verursacht werden (COLES 1971). In ähnlicher Höhe (25 %) hatten sich die Verluste durch Rabenvögel in einem böhmischen Untersuchungsgebiet bewegt (GLUTZ et al. 1973). In den englischen Rebhuhnrevieren werden daher Rabenvögel auf sehr geringer Dichte gehalten. Doch fehlte es bislang an genaueren Untersuchungen, die den Einfluss speziell dieser Arten auf die Rebhuhnpopulationen erhellen. In diesem Zusammenhang sei jedoch der sprunghafte Anstieg der Rebhuhnstrecke im Revier Steinheim/Aalbuch (Baden-Württemberg) erwähnt, nachdem dort 1966 bis 1968 im Rahmen populationsdynamischer Studien an der Rabenkrähe (KALCHREUTER 1971) die Schwärme dieser Art (und der Elster) auf ein Fünftel reduziert worden waren.

Eine Vielzahl von Beobachtungen dieser Art hatten zu den auf S. 298 ff. geschilderten Ausschlussversuchen auch bezüglich der Prädation auf Niederwild geführt. Das *Salisbury Plains Experiment* hatte die vor allem in Deutschland verbreitete Vermutung widerlegt, eine Prädatorenkontrolle würde sich allenfalls auf die Populationsdichte im Herbst auswirken, diene also lediglich jagdlichen Interessen und sei daher abzulehnen (MÄCK u. JÜRGENS 1999, MÄCK et al. 1999). Die fast identischen Ergebnisse beider Versuchsphasen sind auf S. 300 ff. dargestellt und lassen erkennen:

■ In der dortigen Agrarlandschaft erreichen einige Prädatoren Dichten, die den Brutbestand des Rebhuhns beträchtlich unterhalb des von der Biotopkapazität möglichen Niveaus halten.

Beeinträchtigt war vor allem die Fortpflanzungsrate, wie der hohe Anteil an Paarhühnern ohne Gesperre oder mit nur geringer Kükenzahl (60%) auf der jeweiligen Nullfläche gegenüber dem der räuberkontrollierten Vergleichsfläche (25%) erkennen lässt. Abb. 64 (S. 301) verdeutlicht die Unterschiede. Gelege- und Kükenverluste sind wohl in erster Linie Rabenvögeln zuzuschreiben, insbesondere den territorialen Brutpaaren (TAPPER et al. 1990), während brütende Hennen dem Fuchs zum Opfer fallen.

Folgerungen
Trotz dieser Erkenntnisse fällt in Deutschland das Überdenken dogmatischer Vorstellungen von einer Harmonie in der Natur, in die der Mensch nicht eingreifen dürfe, noch recht schwer.
Mehr über die zahllosen Versuche, anders lautende Forschungsergebnisse in Frage zu stellen oder zu verheimlichen, oder über den unvertretbaren bürokratischen Aufwand zum Erlass von Ausnahmen vom „besonderen Schutz" findet der interessierte Leser in KALCHREUTER (2001).
Inzwischen haben sich auch in den meisten deutschen Bundesländern liberale Regelungen durchgesetzt, oder die Rabenvögel wurden in den Katalog jagdbarer Arten aufgenommen.

Entgegen den Befürchtungen führte dies ebenso wenig zur „flächendeckenden Verfolgung" wie früher, als diese Arten noch keinerlei Schutzstatus hatten. Zu Eingriffen in nennenswertem Umfang kommt es nur dort, wo die Vögel höhere Dichten erreichen und damit zum Problem für die Fauna oder die landwirtschaftliche Produktion werden können. Die Rabenvögel sind folglich durch liberale jagdliche Regelungen so wenig gefährdet wie andere Niederwildarten durch jagdliche Nutzung.

Insofern bedarf auch das immer wieder in die Diskussion geworfene Argument gegen die Bejagung des Eichelhähers einer Revision – nämlich seine Bedeutung für die Verbreitung schwergewichtiger Samen einiger Baumarten, insbesondere der Eiche (ausführliche Zus.-f. in STIMM u. BÖSWALD 1994). Denn bei den geringen Auswirkungen einer lokalen Reduktion bzw. jagdlichen Nutzung auf die Gesamtpopulation des Eichelhähers kann von einer Beeinträchtigung dieser seiner Funktion in waldigen Ökosystemen keine Rede sein.

Biotopstruktur und Prädation

Erkenntnisse über die Auswirkungen von Prädatoren auf ihre Beutetiere lassen sich nur über meist aufwändige Untersuchungen gewinnen, denn nur selten gelingen diesbezügliche Beobachtungen.

Demgegenüber sind Veränderungen des Lebensraums viel auffälliger. Was Wunder, dass man allein dadurch den Rückgang einer ganzen Reihe der im vorigen Kapitel genannten Beutetiere zu erklären versuchte. Der Mensch neigt eben dazu, die auffälligsten Veränderungen im Ökosystem für die entscheidendsten zu halten. Und Vertreter des ökopazifistischen Weltbilds sehen bestandsbedrohende Räubereingriffe – wer immer sie auch verursacht haben mag – generell als Folge ungünstiger Biotopstrukturen.

So ist z. B. die Ansicht weit verbreitet, der Rückgang des Rebhuhns, bzw. dessen hohe prädationsbedingte Verluste wären in erster Linie, wenn nicht gar ausschließlich Folge der landwirtschaftlich bedingten „Ausräumung der Landschaft". Die Vorstellung „Hecken weg – Rebhühner verschwunden" ist eben recht eingängig und entspricht zudem der heutigen allgemeinen Aversion gegen großflächige Landbewirtschaftung aus ökologischer Sicht.

Ist es so einfach?
Zweifel an einer solch simplen Erklärung sind schon bei Betrachtung der Ergebnisse der genannten Ausschlussversuche angebracht; oder beim Vergleich des sehr unterschiedlichen Niederwildvorkommens auf einigen Inseln mit dem des benachbarten Festlands – trotz fast identischer Biotopstrukturen in beiden Lebensräumen (S. 286 ff.).

Überall im Lande gibt es darüber hinaus Beispiele, die den wildbiologisch interessierten Naturfreund hätten nachdenklich stimmen müssen: Das Rebhuhn verschwand nämlich auch – manchmal sogar erst recht – in Gegenden, deren Biotopstruktur seit Jahrzehnten in keiner Weise verändert wurde! In denen es noch Feldhecken und Altgrasstreifen in Fülle gibt, und die infolge geringer Bodengüte nur extensiv bewirtschaftet werden. Ich selbst hatte mein diesbezügliches „Aha-Erlebnis" schon vor zwei Jahrzehnten im Raum Ludwigsburg (Baden-Württemberg), wo im landwirtschaftlich

Günstiger Biotop mit kleinflächiger Biotopstruktur – warum aber verschwand das Rebhuhn auch hier?

Abb. 77: Jagdstrecken von Hase, Rebhuhn und Fasan in flurbereinigten (gestrichelte Linien) und unveränderten (durchgezogene Linien) Gebieten des Kreises Alzey (Rheinland-Pfalz). Offensichtlich haben andere Faktoren die Niederwildbestände stärker beeinflusst als die Flurbereinigungsmaßnahmen (nach MAYER 1983).

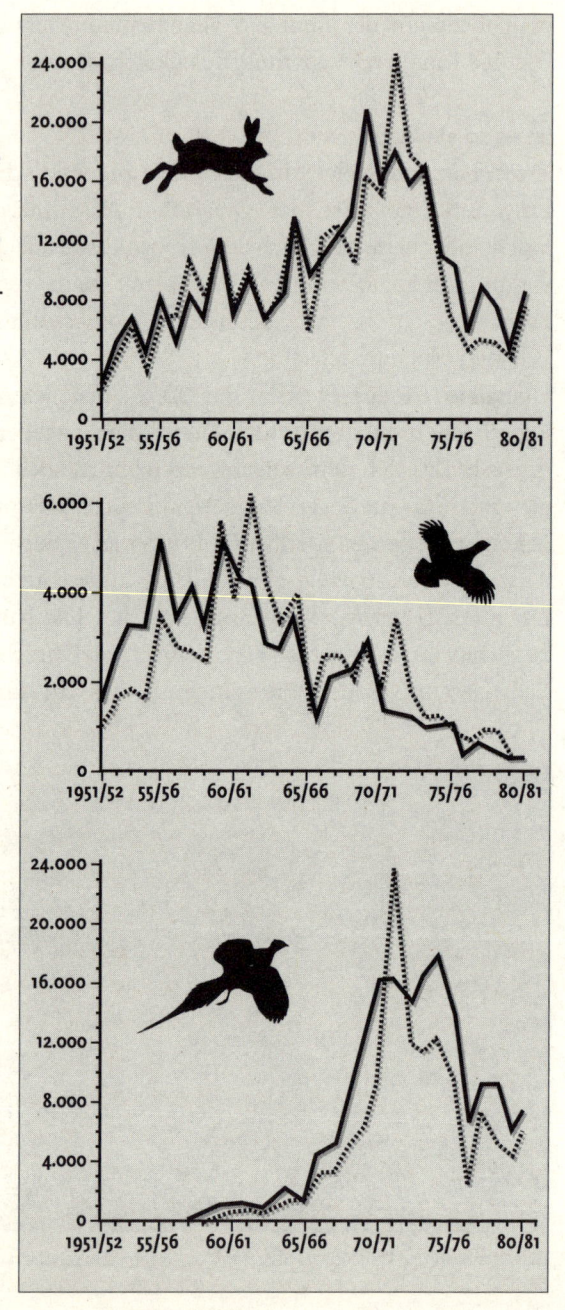

intensiv genutzten „Langen Feld" noch gute Rebhuhnstrecken erzielt wurden, während in der benachbarten heckenreichen Gäulandschaft keine Hühnerjagd mehr möglich war.

Wurden diese Fragen bei uns eigentlich nicht genauer untersucht? Eigentlich schon, doch stand das Ergebnis oft genug bereits zu Beginn der Forschungsarbeiten fest und sollte nur noch bestätigt werden. So versuchte z. B. FRÖDE (1977), einen engen Zusammenhang zwischen Hecken- und Rebhuhnrückgang in Schleswig-Holstein nachzuweisen; wenig überzeugend allerdings, denn der Rückgang der dortigen Rebhuhnstrecke begann schon Jahre *bevor* durch die Flurbereinigung 50% der Wallhecken („Knicks") beseitigt wurden. Er verlief im ganzen ähnlich wie in Dänemark.

Auch REICHHOLF (1973) hatte den Rückgang des Rebhuhns allein auf die Flurbereinigung in seinem südostbayerischen Untersuchungsgebiet zurückgeführt. Eine genauere Überprüfung seiner Studie lässt aber ganz ähnliche Zweifel an dieser Interpretation aufkommen: In einem Teil des Gebiets war die Flurbereinigung schon drei Jahre *vor*, in anderen erst *nach* dem von ihm geschilderten Rebhuhnrückgang und auf der restlichen Fläche *gar nicht* durchgeführt worden, teilte die zuständige Abteilung des Bayerischen Landwirtschaftsministeriums mit.

Erstaunlich, wie zäh man dennoch an diesen Darstellungen festhält, obwohl es inzwischen noch mehr und auch gründlichere Untersuchungen gibt, die kaum Unterschiede in der Streckenentwicklung zwischen flurbereinigtem und nahe gelegenem bzw. vergleichbarem nicht bereinigtem Gebiet zeigten (z. B. RASSOW 1980, PASSBERGER 1981, SPITTLER 1981, MAYER 1983).

Letztere Studie sollte besonders zu denken geben. Mayer hatte die Jagdstrecken dreier Landkreise von Rheinland-Pfalz unter diesem Aspekt ausgewertet. In allen Fällen fand er keine ausgeprägten Unterschiede im *Trend* der Niederwildstrecken zwischen flurbereinigten und mehr oder weniger unveränderten Gebieten. Auch die *Höhe* der Strecken von Hase, Rebhuhn und Fasan ließ keine Tendenz erkennen, sie waren in flurbereinigten Gebieten ziemlich ähnlich wie in unveränderten, wie Abb. 77 veranschaulicht.

Zu denselben Erkenntnissen über den Hasen kam auch SPITTLER (1996) in seinen nordrhein-westfälischen Untersuchungsgebieten: Dieser typische Bewohner der völlig offenen Landschaft – daher der Name *Feld*hase – bedarf keiner Deckung in Hecken und Gehölzen, dasselbe gilt übrigens für das Rebhuhn. Sein optimaler Lebensraum ist die offene Feldflur, weshalb sich diesbezügliche Maßnahmen der Flurbereinigung nicht negativ auswirkten. Sehr problematisch – und zwar vor allem aus nahrungsökologischer Sicht – sind dagegen große Feldeinheiten mit gleichförmiger Bestockung; dies sei hier angefügt, um Missverständnissen vorzubeugen.

Die Trends der Strecken auf den von MAYER untersuchten Flächen decken sich weitgehend mit den Jagdstrecken des in der Bundesrepublik Deutschland erbeuteten Niederwildes, wie aus den alljährlich veröffentlichten Daten in den DJV-Handbüchern zu erkennen ist. Offensichtlich wird das Niederwildvorkommen noch von anderen, die Biotopstruktur überlagernden Faktoren beeinflusst.

Wieder einmal war es ein englischer Kollege, der auf Grund seines umfangreichen Datenmaterials über das Rebhuhn Antworten auf diese Frage erarbeiten konnte. Zwar war damals auch der schon mehrfach erwähnte Rebhuhnforscher Dick POTTS der Ansicht, Räuber hätten grundsätzlich keinen Einfluss auf ihre Beutetiere. Im Gegensatz zu unseren weiter oben genannten Biologen hatten ihn jedoch Unstimmigkeiten in seinen Daten stutzig gemacht: Die Hühnerdichten in seinen Untersuchungsgebieten waren sehr unterschiedlich, und zwar unabhängig vom Angebot an landwirtschaftlich ungenutzten und daher meist von Hecken bewachsenen Biotopstreifen.

Entgegen seiner Überzeugung berücksichtigte er nun doch den Faktor Prädation in seinen Computer-Simulationen (POTTS 1980). Gab es doch Reviere, in denen wie eh und je *Gamekeeper* dem Raubwild noch nachstellten, und solche, in denen diese aus Kostengründen eingespart worden waren.

Bei Berücksichtigung dieses Aspekts ergab sich ein wesentlich klareres Bild, wie Abb. 78 erkennen lässt:

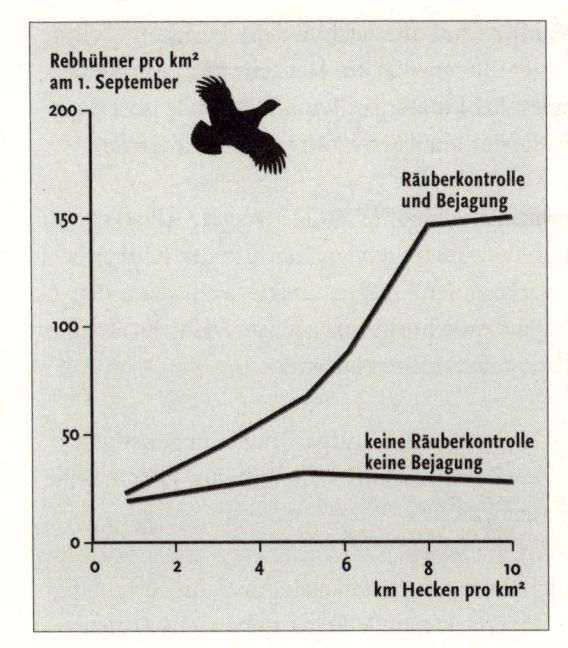

Abb. 78: Computer-Simulation der Rebhuhndichte in Bezug auf die Biotopqualität (Heckenlänge/km²). Nur bei Räuberkontrolle kann sich Letztere positiv auswirken. Ohne Räuberkontrolle bleiben Biotopverbesserungen und Verzicht auf Bejagung wirkungslos. Andererseits lässt nur günstige Gestaltung der Biotope (mit Räuberkontrolle) eine wesentliche Steigerung der Rebhuhndichte erwarten (nach POTTS 1980).

- In Gebieten *mit Räuberkontrolle* (obere Kurve) bewirkt höheres Heckenangebot – jedenfalls bis zu Werten um 8 km/km² – eine beträchtliche Steigerung der herbstlichen Rebhuhndichte. Je mehr Biotopstreifen also, desto mehr Rebhuhnpaare können sich etablieren, und desto weniger Hennen sind zur Brut in landwirtschaftlich genutzten Flächen gezwungen, auf denen sie in Gefahr sind, vermäht zu werden.
- Ganz anders dort, wo Räuber nicht reduziert werden (untere Kurve): Ein höheres Heckenangebot würde zwar auch hier eine höhere Brutpaardichte erlauben, dieser Vorteil aber wird völlig durch die Tatsache überschattet, dass viel mehr Bruten und brütende Hennen den Räubern zum Opfer fallen. Die Rebhuhndichte ist daher in heckenreichen Gebieten nicht höher als in der weitgehend ausgeräumten Landschaft – im Gegenteil. POTTS nennt Beispiele, nach denen eine Verringerung der Hecken zu einer erhöhten Rebhuhndichte führte, was auch die Simulationskurve andeutet.

► Von geringem Einfluss war offensichtlich die Bejagung. Selbst in sehr ungünstigen Biotopen (3 km Hecken/ km^2) war die Dichte der bejagten Rebhühner bei Räuberkontrolle über doppelt so hoch wie die der unbejagten ohne Räuberkontrolle.

Diese Computer-Simulation sowie einige weitere (POTTS 1980, 1986) verdeutlichen den überragenden Einfluss der Räuberdichte auf das Rebhuhnvorkommen. Zudem zeigte sich, dass sich die Beziehung Biotop/Räuberdichte bis ins nächste Frühjahr, also auch auf die Brutpopulation der Hühner auswirkt:

■ Ohne Räuberkontrolle sinkt die Brutpaardichte in günstigen Biotopen (z. B. 8 km Brachflächenstreifen pro km^2) noch weiter ab als in ungünstigen.

Dabei scheint es sich keineswegs um lokale Ausnahmeerscheinungen, sondern eher um eine generelle Regel zu handeln. DUDZINSKI (1988) führte selbst Untersuchungen in Polen durch und zitiert weitere aus Nordamerika (USA) und England, wonach die Rebhuhndichte mit der Häufigkeit höherer Vegetation abnahm. In letzterem Fall (Norfolk) stieg die Brutpaardichte auf fast das Doppelte, nachdem ein Drittel der Hecken gerodet wurde.
Aber wie nur ist diese erstaunliche Erkenntnis, die die bisherige Lehrmeinung geradezu auf den Kopf stellt, Praktiker allerdings weit weniger überrascht, zu erklären?
Auch hierzu gibt es einige Untersuchungen. Je gleichmäßiger die Nester verteilt sind, desto sicherer sind Henne und Gelege, von Prädatoren entdeckt zu werden. Denn was CROZE (1970) ausführlich bezüglich der Rabenkrähe beschrieben hatte (S. 362), das gilt auch für Raubsäuger: Sie lernen rasch, wo sie mehrfach Erfolg hatten und inspizieren solche Örtlichkeiten bevorzugt. Schmalstreifige Biotope sind hierfür besonders geeignet und können so geradezu zu Fallen für das Deckung suchende Niederwild werden.
Heckenstreifen sind also der Jagdstrategie der Räuber sehr förderlich; erreichen sie Baumhöhe, dienen sie auch Raben- und Greif-

vögeln als Ansitzwarten. Hinzu kommt, dass solche landschaftsästhetisch wertvollen Biotopstrukturen auch dem Raubwild zur Heimstatt werden. So erklärt sich der Misserfolg mancher gut gemeinten Pflanzaktion hinsichtlich der Niederwildhege:

- Günstige Biotope wirken sich dann negativ auf die Beutetiere aus, wenn sie auch deren Räubern Unterschlupf bieten oder ihre Jagd erleichtern.

Diese Erkenntnis stellt nun keineswegs die grundsätzliche Bedeutung von Maßnahmen zur Biotopverbesserung in Frage! Das Gegenteil ist aus der oberen Kurve von Abb. 78 zu ersehen: Die Hühnerdichte nimmt mit steigendem Angebot an günstigen Biotopstreifen zu – aber eben nur dort, wo sich die Waidmänner auch intensiv mit der Kontrolle opportunistischer Prädatoren befassen! Letztere völlig zu schonen und deren bedrohten Beutetieren *allein* über die Gestaltung des Lebensraums helfen zu wollen – dieses derzeitige Konzept des ideologischen Naturschutzes beruht leider auf praxisfremden Vorstellungen.

Wie schön, wenn es so einfach wäre. Das unter dieser Konzeption geleitete Rebhuhn-Forschungsprojekt Feuchtwangen (DÖRENKAMP 1996) hat zwar zu interessanten Biotopstrukturen, aber auch nach nun 15-jähriger Laufzeit noch immer zu keinen nennenswerten Hühnerbesätzen geführt. Bei einem Blick auf die hohen, durch Telemetrie ermittelten Prädationsraten überrascht dies allerdings genauso wenig wie bei der Vorstellung der Betreiber, Eingriffe in die Räuberfauna wären nur bei Verwertung der Bälge vertretbar ...

Forschungsobjekt Birkwild

Fixe Vorstellungen hinsichtlich der Bedeutung der Biotopqualität als ausschließliches Kriterium für das Vorkommen seltener Arten prägten auch die Diskussionen zur Erhaltung des Birkwilds in den wenigen verbliebenen Mooren unserer Kulturlandschaft. Vor Beginn der Projekte zur Wiederansiedlung bzw. Bestandsstützung – so im oberschwäbischen Wurzacher Ried oder im niedersächsi-

schen Großen Moor – war jeweils die Meinung von Experten eingeholt worden. Sie bestätigten durchweg die Eignung der betreffenden Gebiete als Lebensraum für das Birkwild (BAUER u. KALCHREUTER 1984, SODEIKAT 2001).
Wie bereits erwähnt, war das Überleben des ausgelassenen Birkwilds nur bei entsprechender Reduktion opportunistischer Prädatoren gewährleistet. Das durfte natürlich nicht sein! Neben der Eignung der Birkhühner für den betreffenden Lebensraum wurde seitens der an den Projekten beteiligten Natur- und Vogelschutzvertreter plötzlich auch die Qualität der Biotope bezweifelt (KALCHREUTER 1984). Diese seien eben doch nicht mehr das, was sie früher einmal waren, hieß es nun. Die Fichten am Rand des Hochmoors seien nun höher, die einzelnen Birkenhorste dichter als früher, und der Stickstoffeintrag aus der Luft hätte Auswirkungen auf die eher oligotrophen Lebensräume, die im Einzelnen noch gar nicht bekannt wären. Alles sicher richtig, aber sind diese Faktoren wirklich entscheidend für das Überleben des Birkwilds?
Entsprechende Biotopgestaltungsmaßnahmen – Entbuschung oder die schachbrettartige Mahd von Streuwiesen zur Förderung des Insektenvorkommens – führten im Wurzacher Ried jedenfalls nicht zum erhofften Erfolg.
Und auch SODEIKAT (2001) musste nach 15-jähriger Betreuung des Projekts im Großen Moor erkennen: Die Qualität des Lebensraums allein kann das Überleben der Birkhühner nicht gewährleisten.
Folgendes Beispiel möge zeigen, wie unerschütterlich gegenteilige Vorstellungen das Denken mancher Ökologen gefangen halten:

> 1982 trafen sich Vertreter des Naturschutzes und der Jäger im Bayrischen Wald, um Fragen der Niederwildhege zu erörtern. Die anschließende Exkursion führte in ein ehemaliges Birkwildgebiet. Diese Art sei hier verschwunden, klagte der Exkursionsleiter, ein prominenter Ornithologe, weil das Gebiet durch einen Wegebau im Rahmen der Flurbereinigung zerschnitten worden sei. Das war dem zuständigen Bürgermeister denn doch zu viel: Der besagte Weg war zwar einmal geplant, wurde

aber nie gebaut ... Hatte da vielleicht schon die Planung einer solchen Maßnahme zum Verschwinden des Birkwilds geführt?

Was war früher anders?
All die spitzfindigen Spekulationen hinsichtlich der vermeintlich so ausgeprägten Ansprüche des Birkwilds an die Struktur seines Lebensraums erscheinen beim Blick durch die Brille des Historikers in einem anderen Licht. Die Bestandsgeschichte der Raufußhühner (S. 66 ff.) lehrt uns, welche breite Palette von Biotopen diese Arten besiedeln können, wenn ihnen das Schicksal hinsichtlich anderer Faktoren gewogen ist. Mit anderen Worten: Eine positive Bestandsentwicklung ist nur zu erwarten – der Leser vermutet bereits richtig – wenn die Fortpflanzungsrate die Verluste durch verschiedenste Ursachen mehr als wettmachen kann. Wie in den Kapiteln S. 60 ff. und S. 280 ff. dargelegt, herrschten bezüglich dieser beiden bestandsdynamischen Faktoren zur Zeit des Hühner-„Booms" ganz andere Verhältnisse als heute:

▶ Während der kontinental getönten Klimaperiode führten die trocken-heißen Sommer mit reichlichem Angebot an Insekten zu hohen Fortpflanzungsraten und entsprechender Ausbreitungstendenz. Selbst hohe Verluste während der damals noch häufigeren strengen Winter waren innerhalb weniger Jahre wieder auszugleichen, wie Abb. 79 am Beispiel des Rebhuhns andeutet.
▶ Die Verluste durch Prädatoren waren in der damaligen Zeit wesentlich geringer. Dem Fuchs wurde viel intensiver nachgestellt, und sowohl Habicht wie Rabenvögel hatten keinerlei Schonzeit. Vielerorts wurde die Erbeutung zudem durch Prämien honoriert.

Etwa um die Mitte der 1970er Jahre kehrte sich die Situation um. Hoher Prädationsdruck nach der Tollwut-Immunisierung der Füchse, die Vollschonung des Habichts und schließlich auch der Rabenvögel veränderten bei gleichzeitig erheblicher Beeinträchtigung der Fortpflanzungsraten der Hühner während der atlantisch beeinflussten feucht-kühlen Sommer die Situation dramatisch. Somit standen die ja während dieser Zeit laufenden Wiederansied-

Abb. 79: Rebhuhnstrecke von Polen (nach PIELOWSKI & PINKOWSKI 1988). Im kontinentalen Klima werden die Rebhühner immer wieder durch strenge Winter reduziert. Ihre Erholung hängt sehr wesentlich von der Überlebensrate der Küken ab.

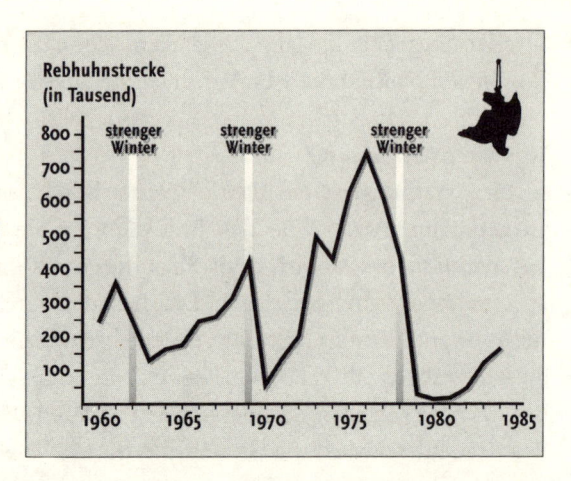

lungsprojekte unter einem ungünstigen Stern. Es bedurfte daher einer beachtlichen Anzahl ausgelassener Birkhühner über mehrere Jahre hinweg, um den Rückgang zu stoppen, bzw. eine neue Population zu begründen.

Früher war das ganz anders: Nachdem um die Mitte des 19. Jahrhunderts viele Vorkommen erloschen waren, versuchte man dem „Kleinen Hahn" schon damals durch Wiederansiedlung zu helfen. Und die glückten fast alle, selbst wenn sie mit utopisch geringen Zahlen ausgelassener Tiere begonnen wurden (NIETHAMMER 1963). So genügte im Jahre 1888 die einmalige Auslassung nur weniger Birkhühner im „Pfrunger Ried" durch die Fürstlich-Fürstenbergische Jagdverwaltung nicht nur zur Wiederansiedlung in diesem, sondern auch zur Ausbreitung des Birkwilds in benachbarten oberschwäbischen Moorgebieten (STEPHANI 1938).

Im Übrigen handelte es sich auch damals schon um Vögel aus Schweden. Dies sei betont im Hinblick auf die Versuche, die Probleme der heutigen Projekte auch durch „ungeeignetes Zuchtmaterial" zu erklären.

Folgerungen

Ist das Birkwild in Mitteleuropa zu erhalten? Diese ausführliche Darstellung des komplexen Wirkungsgefüges verschiedener ökologischer Faktoren schien mir zum besseren Verständnis der Situation unserer Hühnervögel notwendig. Sie sollten weiterhin zentrales Anliegen aller Naturfreunde bleiben. Doch mit der Erhaltung und Gestaltung ihrer Biotope *allein* ist es während der derzeit ungünstigen Witterungsperiode und dem heutigen Druck opportunistischer Prädatoren nicht getan. Insofern ist die Zusammenarbeit mit den Jägern unerlässlich. Nur dann kann es funktionieren. Das zeigten die Erfahrungen in den genannten Projekten ebenso wie die im Naturschutzgebiet „Lange Rhön" (HORNUNG 2001).

Jagdliche Nutzung und Räubereingriffe – ein Vergleich

„Es scheint kaum Zweifel zu geben, dass die Rebhuhnbestände auf den großen Besitzungen hauptsächlich der Verminderung der Räuber zu verdanken sind. Selbst wenn in den nächsten zwanzig Jahren kein einziges Stück Flugwild mehr in England erlegt würde, so gäbe es aller Wahrscheinlichkeit nach weniger Flugwild als heute, obwohl hiervon alljährlich Hunderttausende erlegt werden."
Dies schrieb kein geringerer als der weltberühmte Naturforscher Charles DARWIN 1859 in seinem Epoche machenden Werk „Die Entstehung der Arten". Er bewies damit wieder einmal seine hervorragende Beobachtungsgabe. Denn mehr als ein Jahrhundert verstrich, bevor diese Erkenntnisse von seinen Landsleuten mit der exakten Methodik des Ausschlussversuchs bestätigt werden konnten (S. 293 ff.).
Demgegenüber steht bei uns die Forderung nach völligem Jagdverbot in aller Regel an oberster Stelle im Maßnahmenkatalog zum Schutz des Rebhuhns. Während dieselben Gremien des Natur- und Vogelschutzes das ebenfalls direkte Töten durch die Jäger aus dem Tierreich mit ganz anderen Augen sehen, nämlich eher verharmlosen, sich jedenfalls *gegen* eine Verminderung dieser „Jagd" (durch Reduktion von Prädatoren) aussprechen.
Wodurch ist diese unterschiedliche Betrachtung eigentlich gerechtfertigt? Wirken sich die Verluste, je nachdem ob von Mensch oder Tier verursacht, so grundverschieden auf den Fortbestand der Reb-

hühner aus? Tatsächlich ist es so, wie genauere Untersuchungen bestätigten – jedoch genau umgekehrt, als von Jagdgegnern erhofft: Reduktion der Räuber hatte zumeist eine beträchtliche Steigerung der Rebhuhndichte zur Folge, während Einstellung der Jagd *allein* noch in keinem überprüfbaren Fall positive Auswirkungen zeigte. Der negative Bestandstrend war durch Jagdruhe nicht zu beeinflussen. Jagdpraktiker fanden immer nur wieder bestätigt, was der Naturwissenschaftler DARWIN einst so treffend formulierte.

Besonders deutlich zeigten sich die verschiedenen Auswirkungen von jagdlichem und Räubereingriff in einem englischen Forschungsrevier (TAPPER *et al.* 1982). Abb. 80 veranschaulicht die Ergebnisse der Zählungen im Frühjahr, Spätsommer und Herbst (nach der Bejagung) während zweier Perioden: Von 1947 bis 1960 wurden *Gamekeeper* zur Reduktion von Prädatoren eingestellt. Nach 1962 war dies aus Kostengründen nicht mehr möglich. Die Untersuchung zeigte Folgendes:

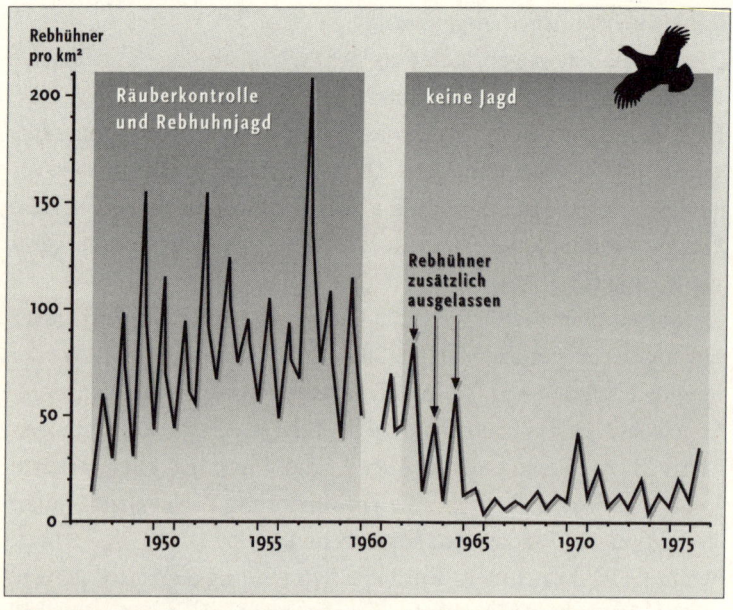

Abb. 80: Entwicklung des Rebhuhnbesatzes (drei Zählungen/Jahr) in einem englischen Revier mit und ohne Räuberkontrolle (nach TAPPER *et al.* 1982).

- Verminderter Räuberdruck hatte eine beträchtliche Zunahme des Rebhuhns zur Folge, obwohl dieses im September bejagt wurde.
- Nachdem Prädatoren nicht mehr kontrolliert wurden und entsprechend zunahmen, sank der Rebhuhnbestand durchschnittlich auf ein Fünftel seiner bisherigen Höhe ab. Auch durch Auslassungen gezüchteter Hühner ließ sich der Trend nicht aufhalten. Die Bejagung lohnte sich nicht mehr, sie wurde 1963 eingestellt – ohne positive Auswirkungen auf den Hühnerbesatz.

Doch wie sind diese paradoxen Erscheinungen zu erklären? Wieso wirkt sich ein und dieselbe Tätigkeit, nämlich das Töten von Beutetieren, je nach Verursacher so verschieden auf die Bestandsentwicklung der Beute aus? Die Unterschiede liegen vor allem in der Bejagungsintensität:
- Prädatoren jagen täglich und das ganze Jahr über. Sie jagen auch und besonders intensiv im Frühjahr, also während der

Im Frühjahr, zur Aufzuchtzeit ihrer Jungen und der ihrer Beutetiere, müssen Prädatoren besonders intensiv jagen.

Fortpflanzungszeit ihrer Beutetiere. Denn just zu dieser Zeit haben sie ebenfalls nicht nur sich selbst, sondern auch ihre Jungen zu ernähren. im Allgemeinen ist nur mit Hilfe der Telemetrie zu erkennen, wie gründlich z. B. eine Fuchsfähe ihr Territorium zur Nahrungssuche durchstreift (Abb. 81). Auch bei bester Deckung sind unter solchen Umständen die Verluste an Bodenbrütern und Junghasen beträchtlich. Dennoch kann ein generalistischer Prädator gut überleben, sofern ihm genügend andere Nahrungsquellen zur Verfügung stehen, aber andererseits zum völligen Verschwinden seltener Beutetiere beitragen. Artenschutz ist ihm fremd.

▶ Ganz anders der auf nachhaltige Nutzung bedachte Jäger. Von jeher vermied er es, das Fortpflanzungspotenzial des Wildes zu beeinträchtigen. Während der Periode der Brut- und Jungenaufzucht ist Schonzeit angesagt. Die Jagdausübung fällt in den Herbst und Winter, also in eine Zeit relativ hoher Populations-

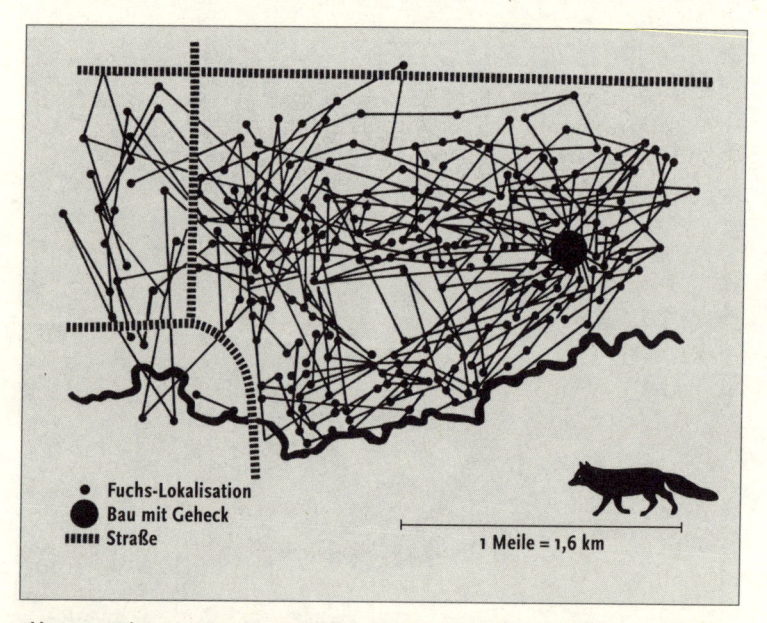

Abb. 81: Erst Telemetrieuntersuchungen ließen erkennen, wie gründlich Füchse ihr Revier nach Beute absuchen. Hier die stündlichen Aufzeichnungen der Ortsbewegungen einer Fuchsfähe in Dakota (USA) vom 6. Mai bis 3. Juni (aus JOHNSON u. SARGEANT 1977).

dichte, während der folglich jagdbedingte Verluste am ehesten zu kompensieren sind.
Zudem jagt der Jäger im Allgemeinen nur bei entsprechendem Wildvorkommen. Bei geringer Wilddichte besteht wenig Interesse an der Bejagung; einmal übt er in der Hoffnung, durch Jagdbeschränkung zu einem Bestandsanstieg beitragen zu können, hegerische Zurückhaltung, zum andern wird der Aufwand pro erlegtem Stück Wild unvertretbar hoch. In der Regel verzichten die Jäger dann ganz auf die Bejagung. In diesem Zusammenhang sei auf die Ausführungen im Kapitel Freizeitjagd verwiesen (S. 109 ff.).

▶ Schließlich zielt das Waidwerk bei vielen Arten, deren Körpermerkmale oder Verhalten eine Unterscheidung der Geschlechter gestatten, auf die Erlegung von Männchen ab. Man bemüht sich also, die Fortpflanzungsfähigkeit des Wildbestands zu erhalten bzw. zu fördern.
Nicht so der Räuber, dessen Eingriffe einzig und allein von der Erbeutungsmöglichkeit geleitet werden. Die Anfälligkeit bodenbrütender Weibchen gegenüber behaarten Räubern bzw. der Hennen von Fasan und Birkwild im Winter gegenüber dem Habicht machen dies deutlich.

Wie schon mehrfach erwähnt, sind es fast ausschließlich generalistische Prädatoren, die für bedrohte Beutetierarten problematisch werden. Und zwar gerade dann, wenn sie nicht von diesen abhängig sind, wenn ihnen also ein reiches, oft genug vom Menschen unbewusst gefördertes Nahrungsangebot zur Verfügung steht. Nahrungsökologisch betrachtet ist ihnen der „zivilisierte Jäger" durchaus vergleichbar. Dennoch verhält er sich gegenüber seltener Beute ganz anders. Er hat, jedenfalls in unseren Breiten, bewusst oder unbewusst sein Jagdverhalten laufend modifiziert und jeweils neuen Situationen angepasst. Man staunt manchmal, in welchem Maße alte Jagdtraditionen, etwa die Jagdzeit im Herbst oder die Bejagung von Männchen, heutigen Erkenntnissen der jagdökologischen Forschung entsprechen. Es scheint sich – so der früher im

Bundesernährungsministerium für die Jagd zuständige Alfred WEISMANN – im Laufe der Jahrhunderte eine Art „wilderhaltendes Zwischenhirn" bei den Waidmännern herausgebildet zu haben.

Dass dies keineswegs generell gilt, haben wir an manchen Beispielen der Marktjagd bzw. der Wilderei gesehen. Der Mensch hat dank seiner geistigen Fähigkeiten ein weites Feld zur Beeinflussung der Wildtiere. Er kann sie sowohl ausrotten als auch gegen den härtesten Widerstand der Umwelt zerstörenden Menschheit vor der Ausrottung bewahren. Er kann für seine Mitgeschöpfe Gutes, aber auch Schlimmes bewirken, kann also „Gott oder Teufel sein."

Zusammenfassung

Die Einstellung des Menschen gegenüber jagenden Tieren hat sich im Laufe des 20. Jahrhunderts grundlegend gewandelt. Früher verteufelt, dann verherrlicht, sind Prädatoren bzw. ihr Einfluss auf ihre Beutetiere auch heute noch Gegenstand kontroverser Diskussionen.

Dank moderner Forschungsmethodik ließ sich während der beiden letzten Jahrzehnte das Wissen um Räuber-Beute-Beziehungen beträchtlich erweitern. Danach verbieten sich schon auf Grund extremer artspezifischer Unterschiede in der Nahrungsökologie der Prädatoren pauschalierende Beurteilungen.

▶ *Spezialisten*, also Prädatoren mit einem schmalen Nahrungsspektrum, schwanken mit dem Vorkommen der wenigen für sie verfügbaren Beutetierarten. In diesen Fällen reguliert die Beute den Räuber. Beispiele hierfür finden sich häufiger in natürlichen Ökosystemen vor allem arktischer Regionen.

▶ Demgegenüber hat es kaum Auswirkungen auf die Dichte von *Generalisten*, wenn einzelne Arten ihres breiten Nahrungsspektrums abnehmen, denn sie weichen dann auf andere aus. Generalisten können aber zum Problem für seltenere Beutetierarten werden, wenn sie diese auf Grund ihrer Jagdstrategie besonderes gut erbeuten können. In diesen Fällen reguliert der Räuber die Beute, denn er ist von ihrer Dichte unabhängig.

- Dies gilt insbesondere für die Generalisten, deren ohnehin breites Nahrungssprektrum der Mensch – unbewusst – durch seine Art der Landbewirtschaftung noch erweitert. Zu solchen *Opportunisten* zählen bei uns unter anderem Fuchs, Habicht und die Rabenvögel. Sie können als „Gewinner" in der Kulturlandschaft weit höhere Dichten erreichen als in unbeeinflussten Ökosystemen, und dann zum Problem werden für die Beutetiere, die in der modifizierten Landschaft zu „Verlierern" wurden.
- *Großflächige* Deckung, die bei hoher Prädatorendichte vor zu hohen Verlusten schützen könnte, ist in der Agrarlandschaft nur begrenzt verfügbar. *Schmalstreifige* Deckung oder kleine Biotop*inseln* wirken dagegen eher als Fallen für die Beutetiere, wenn sie auch den Prädatoren als Unterschlupf dienen und/oder von diesen systematisch abgesucht werden.
- Grundsätzlich sind die von Prädatoren verursachten Verluste ebenso in gewissem Umfang kompensierbar wie jagdbedingte. Allerdings jagt der Mensch nur während einer relativ kurzen Zeit des Jahres und nur bei entsprechendem Wildvorkommen. Demgegenüber jagt das Tier zur Nahrungsbeschaffung, folglich viel intensiver und das ganze Jahr über, auch während der Fortpflanzungszeit der Beutetiere. Entgegen der verbreiteten Meinung können daher hohe Prädatorendichten viel eher als eine geregelte jagdliche Nutzung zur Gefährdung von Beutetieren beitragen.

Insofern sind Artenschutzkonzepte, die nur auf Biotopgestaltung abzielen, die Problematik opportunistischer Prädatoren aber nicht berücksichtigen, meist zum Scheitern verurteilt. Eine wirksame Kontrolle der Prädatoren bedarf allerdings höherer Eingriffe und folglich eines höheren Aufwands an Zeit und Kosten als bei deren üblicher jagdlicher Nutzung. Sie ist daher in der Regel nur lokal zu realisieren. Andererseits sind großflächige Kontrollmaßnahmen aus ökologischer Sicht meist nicht erforderlich.

Vom Schalenwild und seinem Lebensraum

Die Erkenntnis, dass sich in der Kulturlandschaft viele Arten nur über die Reduktion opportunistischer Prädatoren erhalten lassen, ist nun durch eine Vielzahl von Untersuchungen belegt. Dennoch gelten solche „Eingriffe in das Ökosytem" heute als unpopulär, ihre Notwendigkeit wird in Kreisen des Naturschutzes oft leidenschaftlich bestritten. *Carnivoren*, also Fleisch fressende Tiere, haben eben heute die Sympathien von Bio- und Ökologen.
Eine ganz andere Bewertung erfahren dagegen die „Prädatoren", die sich von Pflanzen ernähren, also die größeren Arten der *Herbivoren*. Von denen gibt es nach Meinung derselben Gremien, also keineswegs nur der Forstleute, grundsätzlich zu viele, die *müssen* reduziert werden, und zwar drastisch. Denn die verursachen nicht nur wirtschaftliche Schäden in den Forsten, sie tragen auch Schuld an der Artenarmut unserer Waldökosysteme.
Ist diese unterschiedliche Beurteilung von Carnivoren und Herbivoren hinsichtlich der Auswirkungen auf ihre jeweilige Nahrungsbasis gerechtfertigt?
Reagieren Pflanzen tatsächlich generell so viel empfindlicher auf Verbiss als Beutetiere auf Prädation? Mit anderen Worten: Können nur Tierpopulationen prädationsbedingte Verluste kompensieren, Pflanzengesellschaften Verbissschäden dagegen nicht?
Zu dieser Annahme müssten jedenfalls die zahllosen leidenschaftlich verfassten Artikel z. B. in den Nachrichten des Ökologischen Jagdverbandes (ÖJV) führen, nach denen die heutigen Nadelholz-Monokulturen in allererster Linie Folge zu hoher Schalenwildbestände und insbesondere des Rehwildes wären. Sind die Zusammenhänge wirklich so simpel?

Forstgeschichtliche Betrachtungen

Erst seit den 1980er Jahren wurden diese Vorstellungen so dogmatisch verkündet. Sie waren beflügelt vom allgemeinen ökologischen Denken, das zunehmend auch Forstleute beseelte. Das Ziel der Forstwirtschaft waren nun standortsgerechte, baumarten- und altersklassenreiche Wälder, entsprechend den Visionen vom naturnahen *Dauerwald* einiger früherer Forstklassiker wie GAYER (1886) oder MÖLLER (1922).

Doch war wirklich das Schalenwild schuld, dass es solche heute allenfalls noch kleinflächig gibt, dass zwei Drittel der mitteleuropäischen Waldgebiete aus gleichaltrigen Fichten- und Kiefernforsten bestehen und nur noch zu einem Drittel aus artenreichen Laubwäldern? Früher sei es genau umgekehrt gewesen, vermutet der Forstpolitiker PLOCHMANN (1992). Kann eine Tierart ihren Lebensraum so grundlegend verändern?

Genauere Untersuchungen zum neuen Dogma, also über die Auswirkungen von Wildverbiss auf die Waldstruktur, wurden erst in jüngster Zeit durchgeführt. Doch lässt bereits eine Betrachtung der historischen Entwicklung unserer Forstwirtschaft erhebliche Zweifel an dieser einfachen Erklärung aufkommen. Aufschlussreich sind dabei einige geschichtliche Aspekte:

▶ Mit zunehmender Besiedlungsdichte, insbesondere seit dem 18. Jahrhundert, erhob der Mensch immer mehr Anspruch auf den Wildlebensraum Wald, betrachtete ihn als Wirtschaftsfläche für den wichtigen Rohstoff Holz. Fossile Energieträger wie Kohle oder Erdöl waren damals noch unbekannt, und so führte eine unkontrollierte Ausbeutung rasch zu devastierten Wäldern. Schon im Laufe des 18. Jahrhunderts drohte allenthalben die Holznot.

▶ Andererseits bedeutete diese Situation den Beginn einer geordneten, auf Nachhaltigkeit bedachten Forstwirtschaft. Raschwüchsige Baumarten, nämlich Fichte und Kiefer, wurden großflächig durch Saat und Pflanzung eingebracht, was zwangsläufig zu gleichaltrigen Reinbeständen, zu forstlichen Monokulturen führte. Die Produktivität dieser Flächen stieg dadurch enorm.

- Diese Entwicklung wurde noch intensiviert, nachdem um die Wende zum 20. Jahrhundert die Bodenreinertragslehre auch die Forstwirtschaft beflügelte. Nur der wirtschaftliche Ertrag zählte, alles andere hatte sich dieser Zielsetzung unterzuordnen! Generationen von Forstleuten bekamen dieses Denken an ihren Lehranstalten eingehämmert, um es im späteren Berufsleben in ihren Dienstbezirken zu realisieren. So hatte – um nur ein Beispiel zu nennen – der damalige Stuttgarter Forstpräsident Wulz noch in den 1960er Jahren tatsächlich den heute unvorstellbaren Plan entwickelt, die herrlichen Buchen-Eichen-Bestände des Schurwaldes einzuschlagen und diese ertragreichen Böden mit Fichte aufzuforsten! Glücklicherweise konnte es dazu nicht kommen. Doch die Anweisung, bei der „Bestandspflege" stets dem „Brotbaum Fichte" erste Priorität einzuräumen, d. h. die diesen eventuell beeinträchtigenden Baum- und Straucharten herauszuhacken, behielt bis in die 1970er Jahre hinein Gültigkeit.
- Trockene Standorte sollten durch Anbau der aus Amerika eingeführten Douglasie mehr Ertrag abwerfen. Der eingängigen Parole „Abrasieren – Douglasieren" fielen auch viele ursprüngliche Waldgesellschaften in heutigen Landschaftsschutzgebieten zum Opfer.
- In der Nachkriegszeit kamen die Forderungen der Siegermächte (vor allem Englands und Frankreichs) nach Reparationen für die während des Zweiten Weltkriegs erbrachten Aufwendungen. Diese sollten durch Holz geleistet werden, was zu riesigen Kahlschlägen in Westdeutschlands Waldgebieten führte. Die Großflächen dieser „E- und F-Hiebe" waren am raschesten mit den relativ anspruchslosen Fichten und Kiefern aufzuforsten, zumal andere Baumarten auch kaum in ausreichender Zahl zur Verfügung gestanden hätten. So kam es wiederum zu ausgedehnten Nadelholz-Monokulturen.

Soviel zur forstgeschichtlichen Entwicklung unserer Wälder, die in den mannigfachen „Schalenwilddiskussionen" kaum zur Sprache kommt. Doch nur so ist die heutige Situation zu verstehen. Nicht das Schalenwild hat die „Entmischung", d. h. die Artenarmut der

Solche Waldbilder waren einst trotz lokal sehr hoher Wilddichten in Mitteleuropa weit verbreitet.

Waldökosysteme verursacht, sondern in allererster Linie der (forst-)wirtschaftende Mensch.

Er erhob Alleinanspruch auf diese Flächen und verwandelte sie in Holzfabriken. Bestände, die damals mit „Fichte 100", also als reine Nadelholzkulturen begründet worden waren, konnten sich bis heute unmöglich in Mischwälder verwandeln – weder mit, noch ohne Schalenwild. Rot- und Rehwild waren vielmehr die Leidtragenden dieses rein ökonomisch orientierten Handelns, denn es war ihr Lebensraum, der da so grundlegend verändert, um nicht zu sagen zerstört wurde.

Die Problematik manifestiert sich auf zweierlei Weise. Zum einen sind Fichte und Kiefer eher geringwertige Äsungspflanzen. Zum anderen sieht der Forstmann seine wirtschaftlichen Interessen beeinträchtigt, wenn das Wild nun eben diese nutzen muss, um seinen Hunger zu stillen. Rehe beknabbern den Jungwuchs, Rotwild versucht seinen Nahrungsbedarf zudem in älteren Beständen, im Stangen- und Baumholz durch Schälen der Baumrinde zu decken. So entstehen Verbiss- und Schälschäden und zudem Fegeschäden, wo Rehbock und Hirsch nach Abschluss der Geweihentwicklung

Nicht das Wild, sondern der forstwirtschaftende Mensch schuf solche Holzfabriken.

den „Bast", also die inzwischen vertrocknete Knochenhaut, durch Schlagen an jungen Bäumen entfernen. Das erzürnt den Forstmann. Doch schließlich war er es, der die Wildschäden verursacht hat. Denn was bleibt dem Wild anderes übrig, als sich an „Wirtschaftsbaumarten" zu vergreifen, wenn der Wald nur noch aus solchen besteht?
In gewisser Hinsicht ist diese Situation vergleichbar den landwirtschaftlichen Schäden, die Schwarzwild im Maisfeld oder Kartoffelacker anrichtet.

- Schäden verursachen Wildtiere nur dort, wo der Mensch Naturräume ausschließlich für seine wirtschaftlichen Interessen in Anspruch genommen hat. In ursprünglichen Waldökosystemen gibt es keine Wildschäden.

Sicherlich wird mancher passionierte Forstmann Schwierigkeiten haben, diese Darstellung eines ehemaligen Kollegen nachzuvollziehen. Diese Erkenntnis reifte jedoch in ausgedehnten Laubmischwäldern Polens, die (noch) nicht in ertragreichere Nadelholz-

Was bleibt dem Wild, wenn Ebereschen (Bild) und andere „unwirtschaftliche Baumarten" ausgemerzt wurden?

Monokulturen umgewandelt sind. Warum? Sie sind Lebensraum für eine Reihe von Wildarten, deren jagdliche Nutzung, vor allem über den Jagdtourismus, zusammen mit der Holznutzung genügend Rendite abwirft, um solche Gedanken derzeit nicht aufkommen zu lassen. Reh-, Rot- und örtlich auch Damwild finden trotz beachtlich hoher Dichten genügend Äsung in den baum- und strauchartenreichen Wäldern, denn auf kleinstem Raum sind alle Altersklassen vertreten. Und selbst dort, wo zudem Europas größte Wildart, der Wisent, seine Fährte zieht, hat man Mühe, Spuren an der Gehölzflora zu entdecken – eine bemerkenswerte Koexistenz von Wald und Wild.

Diese Beobachtungen decken sich übrigens mit den Erkenntnissen, die der bereits erwähnte amerikanische Wildbiologe Aldo LEOPOLD (1936) während seines Studienaufenthalts in Deutschland aus Recherchen forstlicher und jagdkundlicher Archive gewonnen hatte (SCHABEL 2001).

Vor allem das Rotwild besiedelte im Spätmittelalter die damals noch ursprünglichen Laubmischwälder in heute kaum mehr vorstellbaren Dichten zur Befriedigung der jagdlichen Ambitionen von Adel und Klerus – und dennoch blieben diese Lebensräume erhalten. LEOPOLD schloss hieraus auf eine hohe Kapazität solcher eichen- und buchenreichen Waldbiotope für Schalenwild. Von Schäden am Wald war folglich niemals die Rede. Wildschäden – von allerdings enormem Ausmaß – gab es nur in der Landwirtschaft. Um sie zu begrenzen, versuchte man, einzelne Waldgebiete durch Steinmauern zu befrieden und so das Wild vom Austritt auf die Felder abzuhalten. – Welch ein Unterschied zu den heutigen „Forstschutzmaßnahmen"...

Unerträgliche Feldschäden hatten denn auch zur Abschaffung des adeligen Jagdregals auf fremdem Grund und Boden nach der Französischen Revolution 1789 und der deutschen 1848 geführt. Auf adeligem Grundbesitz entstanden befriedete „Thiergärten", und nur in diesen konnte damals „Hochwild" (Rot-, Dam- und Schwarzwild), dessen Erlegung im vorrevolutionären Zeitalter der „Hohen Jagd" des Adels vorbehalten war, in nennenswertem Umfang überleben. Außerhalb fiel es der Rache der nun auf ihrem Grund und Boden jagenden Bauern zum Opfer.

Bemerkenswerterweise finden sich heute gerade in diesen einst befriedeten Gebieten trotz damals enorm hoher Wildbestände mit die eindrucksvollsten Waldbilder. Unter uralten Eichen gedeiht zum Beispiel im „Unterhölzer Wald" des Fürstlich-Fürstenbergischen Hauses in Donaueschingen eine arten- und altersklassenreiche Gehölzflora, obwohl dort auch heute noch Dam- und Rehwild in wesentlich höheren Dichten lebt als in der Umgebung. Die ehemals befriedende Umzäunung ist längst verrottet. Die Waldverjüngung bereitet keine Probleme, es bedarf hierzu keines Zaunschutzes. Der ursprüngliche Wildlebensraum verdankt seine Erhaltung den jagdlichen Interessen des Fürstlichen Hauses. Sie hatten eben Vorrang vor ökonomischen Überlegungen. Heute ist der „Unterhölzer Wald" flächiges Naturdenkmal.

Eine fast identische Geschichte hat der ebenfalls zum Naturschutzgebiet erklärte „Saupark" um das Jagdschloss Springe bei Hannover. Auch heute jagt noch politische Prominenz, wo bis ins 20. Jahrhundert bei enormem Wildreichtum „Kaiserliche Hofjagden" stattfanden. Gar manches könnten die uralten Eichen und Buchen erzählen ...

Beispiele dieser Art gibt es viele in Deutschland. Schon im Mittelalter ließen sich größere Waldgebiete in der Nähe von Städten nur durch die jagdlichen Interessen der jeweiligen Herrscher erhalten. Diese ehemaligen „Bannforste" sind heute wichtige Naherholungsgebiete um Großstädte. Ob der Spaziergänger im Frankfurter Stadtwald oder der Jogger in den ausgedehnten Waldungen um das Schloss Solitude bei Stuttgart noch ahnen, wem sie diese „Grünen Lungen" verdanken?

- Ursprüngliche, artenreiche Wälder blieben dort erhalten, wo sie ausschließlich als Wildlebensraum betrachtet wurden und wo die jagdliche Nutzung des Wildes Vorrang vor allen anderen Arten der Waldnutzung hatte.

Wald und Wild heute

Diese historische Betrachtung möge zum besseren Verständnis der Fragen um Wald und Schalenwild beitragen. Bei nachlassenden ökonomischen Zwängen zu maximaler Holzproduktion finden heute in der Waldwirtschaft zunehmend ökologische Aspekte Berücksichtigung. Standortgerechte Mischwälder sind nun das Ziel waldbaulicher Planung.

Der Mensch versucht wieder gut zu machen, was er – und nicht das Schalenwild – dem Ökosystem Wald angetan hat. Doch inwiefern beeinträchtigt das Wild nun derartige Bemühungen?

Je nach Mentalität der Forstleute gehen die Meinungen hierüber weit auseinander. Temperamentvoll vorgetragene Extrempositionen sind geeignet, die Wald-Wild-Diskussionen anzuheizen. „Es gibt grundsätzlich zu viel Wild", und „nur ein totes Reh ist ein gutes Reh", so die pauschalen Vorwürfe des rein forstlich bzw. vegetationskundlich Interessierten. Jede einzelne verbissene Pflanze bedeutet einen „unvertretbaren" Schaden an seinem Wald. – Wie sehr erinnert er doch an den passionierten Vogelschützer, der durch jedes erbeutete Stück Flugwild den Fortbestand seiner Lieblinge gefährdet sieht.

Wie sieht die Wirklichkeit aus?
Ähnlich wie bei der Beurteilung von Jäger-Wild- und Räuber-Beute-Beziehungen können auch in dieser Frage populationsdynamische Überlegungen weiterhelfen.
In viel größerem Umfang als höhere Tiere produzieren Bäume einen Überschuss an „Nachwuchs" in Form von Sämlingen, von denen die weitaus meisten infolge des begrenzten Lebensraums früher oder später absterben. Egal, ob sie dem Wildäser zum Opfer fallen oder aus Licht- oder Wassermangel eingehen – nur ein kleiner Teil der jungen Bäumchen kann überhaupt Mannshöhe erreichen. Dies gilt in ähnlicher Weise auch für die heute im weiteren Verband gepflanzten Forstkulturen. Das Sterben setzt hier nur später, im Dickungsalter, ein. Viel augenfälliger als bei Tierpopulationen zeigt sich „dichteabhängige Mortalität" z. B. bei der Betrachtung zu wenig oder gar nicht durchforsteter Dickungen. Nur ein Teil der pro Hektar Kulturfläche ausgebrachten 3.000 Pflanzen macht das Rennen in die Oberschicht und kann sich entsprechend gut entwickeln. Einige sind schon abgestorben, viele kümmern und werden im Baumholzalter ebenfalls auf natürliche Weise verschwinden, sofern nicht Axt und Säge rechtzeitig eingreifen. Nur dadurch bekommen die übrigen bessere Lebensbedingungen und eine Chance, später einmal im Altholz vertreten zu sein.
Bei Naturverjüngungen langlebiger Laubbäume wie Buche und Eiche ist dieses Werden und Vergehen gut zu beobachten. Zigtau-

sende von Sämlingen bedecken nach einer „Vollmast", also nach besonders starker Samenproduktion, den Waldboden. Doch davon erreichen allenfalls einige Hundert pro Hektar das Altholz- bzw. Erntealter.

Die übrigen können im Laufe des Bestandslebens genutzt werden, und zwar ohne erkennbare Auswirkungen auf das Waldbild. In erstaunlich kurzer Zeit schließt sich die Lücke wieder durch entsprechend stärkeres Wachstum der benachbarten Bestandsglieder. Im Jugendstadium der Bäume ist das Wild an der Nutzung interessiert, im höheren Alter der forstwirtschaftende Mensch. Im Prinzip gilt alsodasselbe, wie in Tierpopulationen hinsichtlich der Eingriffe von Jäger oder Prädator:

■ Auch „Baumpopulationen" können nutzungsbedingte Verluste durch Schalenwild oder Forstmann in artspezifisch unterschiedlichem Umfang kompensieren.

Während die forstliche Nutzung junger Tannen und Fichten als Weihnachtsbäume – von seltenen Extrempositionen einmal abgesehen – gerne akzeptiert wird, ist deren Nutzung als Nahrungsquelle durch Schalenwild immer wieder Gegenstand der genannten kontroversen Auseinandersetzungen. Dies führte zu einer wissenschaftlichen Bearbeitung der Thematik und zu einer Vielzahl von Veröffentlichungen. Mit deren Sichtung sowie mit eigenen Feldstudien waren seit Gründung des Europäischen Wildforschungsinstituts 1989 nacheinander drei wissenschaftliche Mitarbeiter im Rahmen ihrer Dissertationen befasst.

Über die Auswirkungen von Wildverbiss
Voraussetzung für eine Versachlichung der Diskussion ist zunächst eine quantitive Darstellung der Verbisssituation – eine ähnliche Fragestellung also wie hinsichtlich Erlegungs- bzw. Prädationsraten bezüglich Tierpopulationen. Welcher Anteil der jungen Bäume wird verbissen, gefegt oder geschält? Hierzu sind mehrere standardisierte Methoden zur Verbisserfassung entwickelt worden, die in

den einzelnen deutschen Bundesländern jeweils unterschiedlich favorisiert werden. WINTER (1994) erprobte und verglich diese verschiedenen Verfahren im Untersuchungsgebiet des Forstamts Warndt im Saarland.

In welchem Maße werden die einzelnen Baumarten und andere Mitglieder der Pflanzengesellschaft vom Wild als Nahrungsquelle bevorzugt? Die Untersuchungen von GUTHÖRL (1990) und später FEICHTNER (1999, 2000) ließen erwartungsgemäß erhebliche Unterschiede erkennen. In der Buchenwaldgesellschaft des Forstamts Warndt war von den Hauptbaumarten die Eiche am beliebtesten, gefolgt von Buche, dann Hainbuche, „sonstiges Laubholz" (darunter die Eberesche an erster Stelle) und schließlich, mit dem geringsten Beliebtheitsgrad, die Fichte. Eine entsprechende Reihe hinsichtlich weiterer Äsungspflanzen ermittelte GUTHÖRL (1990).

Auswirkungen auf das Baumwachstum

Wie wirkt sich der Verbiss auf das Wachstum des betreffenden Bäumchens und auf die soziologische Struktur des Waldökosystems aus? Inwiefern sind also wildbedingte Verluste kompensierbar? Diese Fragen lassen sich auf verschiedene Weise angehen.

Über eine *Verbisssimulation*, also das Zurückschneiden der Triebe junger Bäume, ist deren Reaktion auf entsprechende Verluste durch den Rehäser zu erkennen. In mehreren Untersuchungsgebieten Österreichs sowie im bayrischen Rehwild-Versuchsgatter Stammham I erkannten POLLANSCHÜTZ (1992) und KRISTÖFEL und POLLANSCHÜTZ (1995) am Beispiel der Fichte ein beachtliches Regenerationsvermögen der Einzelpflanze. Selbst die simulierte Extremsituation, nämlich mehrmaliger „Verbiss" des für das Höhenwachstum entscheidenden Leittriebs, konnten die Versuchsobjekte verkraften. Ihr Höhenwuchs blieb lediglich um drei bis vier Jahre hinter dem unbehandelter Vergleichsbäumchen zurück. Im Dickungsalter war dann schon kein Unterschied mehr zwischen den derart „misshandelten" und den Kontrollflächen zu erkennen. – Herzog Albrecht von BAYERN hatte immer wieder Forstexperten nach Stammmham eingeladen und amüsierte sich über deren Ratlosig-

keit auf seine Frage, welche Fläche wohl früher unter „Verbiss" zu leiden gehabt hätte.
Darin zeigt sich übrigens auch die Problematik forstlicher Schadensermittlung. Während landwirtschaftliche Produkte innerhalb eines Jahres reifen, und sich daher Ausfälle in Form von Wildschäden recht genau in Euro und Cent kalkulieren lassen, zieht sich die forstliche Umtriebszeit über fast ein Jahrhundert, bei Laubholz noch wesentlich länger hin. Wer kann zum Zeitpunkt des Verbisses oder Fegens bei der ohnehin hohen Mortalitätsrate im Jungbestand und der andererseits beachtlichen Regenerationsfähigkeit der Einzelpflanze abschätzen, welcher wirtschaftliche Schaden dem Waldbesitzer im Nutzungsalter, in ferner Zukunft also, einmal entstehen wird? Wird das forstliche Betriebsziel trotz Verbiss nicht doch erreicht? Und wenn nicht, sind hierfür eventuell andere Umweltfaktoren stärker verantwortlich als das Wild? Jedenfalls sind finanzielle Forderungen, jährlich *ad hoc* nur auf Grund von Verbissprozenten erhoben, wie z. B. im FUST-Projekt Achenkirch (MESSNER, pers. Mitt.), mit Recht zu hinterfragen.
Weitere Erkenntnisse, insbesondere hinsichtlich unterschiedlicher Verbissresistenz einzelner Baumarten und sonstiger Äsungspflanzen können *Weiserzäune* vermitteln. Es handelt sich dabei um relativ kleine Flächen, die durch Zäunung rehwildfrei gehalten werden. Vergleiche mit entsprechenden ungezäunten Kontrollflächen geben Aufschluss, wie sich die Vegetation mit und ohne Rehwild entwickelt. – Dieselbe Methodik also, wie wir sie bei den Räuberausschluss-Experimenten zur Ermittlung der Auswirkungen von Prädation auf Beutetierpopulationen kennen gelernt haben. Ausführliche Anleitungen zur Anlage von Weiserzäunen finden sich in GUTHÖRL (1990 a) und FVA (1994).
Die Aussagekraft solcher Untersuchungen ist allerdings insofern begrenzt, als sie in den Zäunen *jeglichen* Wildeinfluss ausschließen, also unnatürliche Verhältnisse schaffen. Sie sind daher als Experimente zum Erkennen so genannter Pflanzen-Herbivoren-Interaktionen zu verstehen, ähnlich wie Räuberausschluss-Versuche Einblicke in Räuber-Beute-Beziehungen vermitteln. Bei beiden handelt

Auch das Schalenwild gehört zum Waldökosystem!

es sich um wissenschaftliche Arbeitsmethoden und nicht etwa um „Managementmaßnahmen" mit dem Ziel, schalenwild- bzw. prädatorenfreie Räume zu schaffen. Die sei im Hinblick auf manche tendenziöse Interpretation auch an dieser Stelle betont (s. hierzu auch S.384).

Die Untersuchungen ließen unterschiedliche Verbissresistenzen der einzelnen Baumarten erkennen. Denn neben der Beliebtheit als Äsungspflanze entscheidet das Regenerationsvermögen nach Wildverbiss mit darüber, in welchem Maße sich die einzelnen Baumarten im Jungwuchsstadium, also bis sie dem Rehäser entwachsen sind, durchsetzen können. In der Buchenwaldgesellschaft Warndt fand FEICHTNER (2000) folgende Reihe abnehmender Kompensierbarkeit: Hainbuche, Buche, sonstiges Laubholz (infolge zu geringer Anteile der einzelnen Baumarten war keine artspezifische Auswertung möglich), Fichte und schließlich Eiche. Die Hainbuche zeigt sich also am robustesten, die Eiche am empfindlichsten gegen Triebverluste durch Verbiss.

Folgen für die Artenvielfalt
Inwiefern beeinflusst nun das Schalenwild und insbesondere das Rehwild die Entwicklung der Waldgesellschaft bzw. die Realisierung der forstlichen Planung?
Seltsamerweise wird diese Frage kaum gestellt und dann meist spekulativ beantwortet. Die genannten Verbissaufnahme-Verfahren beschränken sich, wie schon die Bezeichnung erkennen lässt, auf prozentuale Angaben zur Verbissintensität. Aber welches „Verbissprozent" ist eigentlich als „niedrig" einzustufen? Oder als „zu hoch", um welches Ziel zu erreichen?
Das gesamte langfristige EWI-Projekt im Forstamt Warndt bot Gelegenheit, auch diese Fragen anzugehen. Wie hatte sich die von GUTHÖRL (1990) und WINTER (1994) aufgenommene Verjüngung bis 1998 entwickelt? Wie hatte sich der damals erfasste Verbiss der Leittriebe ausgewirkt? Auf 31 Teilflächen war der Jungwuchs während dieses Zeitraums dem Reháser zugänglich. Durch quantitative Vergleiche der Baumartenanteile im Verjüngungsstadium mit denjenigen im Dickungsalter kam FEICHTNER (1999) zu folgenden Erkenntnissen:
▶ Buche und Birke waren gering verbissen (14 bzw. 7 %) und konnten ihren Anteil bis zum Dickungsalter erhöhen (die Buche z. B. von 17 auf 47 %).
▶ Eberesche und Hainbuche waren viel stärker verbissen (71 bzw. 66 %). Dennoch konnten auch sie sich gut behaupten, wenngleich sich die beobachtete leichte Zunahme wegen ihrer geringen Gesamtzahl statistisch nicht absichern ließ.
▶ Die Eiche hatte dagegen den ermittelten Leittriebverbiss von etwa 50 % schlechter verkraftet. Ihr Anteil war während des besagten Zeitraums von 40 auf 5 % zurückgegangen.

Allerdings waren am Eichenrückgang andere Faktoren stärker als das Rehwild beteiligt. Die Buche befindet sich in diesem Gebiet aus klimatischen und anderen standörtlichen Gründen im Optimum, ist also hier wuchskräftiger als die Eiche. Um sie zu fördern, bedarf es daher auch forstlicher Maßnahmen wie etwa der Freistellung von bedrängenden Buchen. So war auf gezäunten, also (wahrscheinlich)

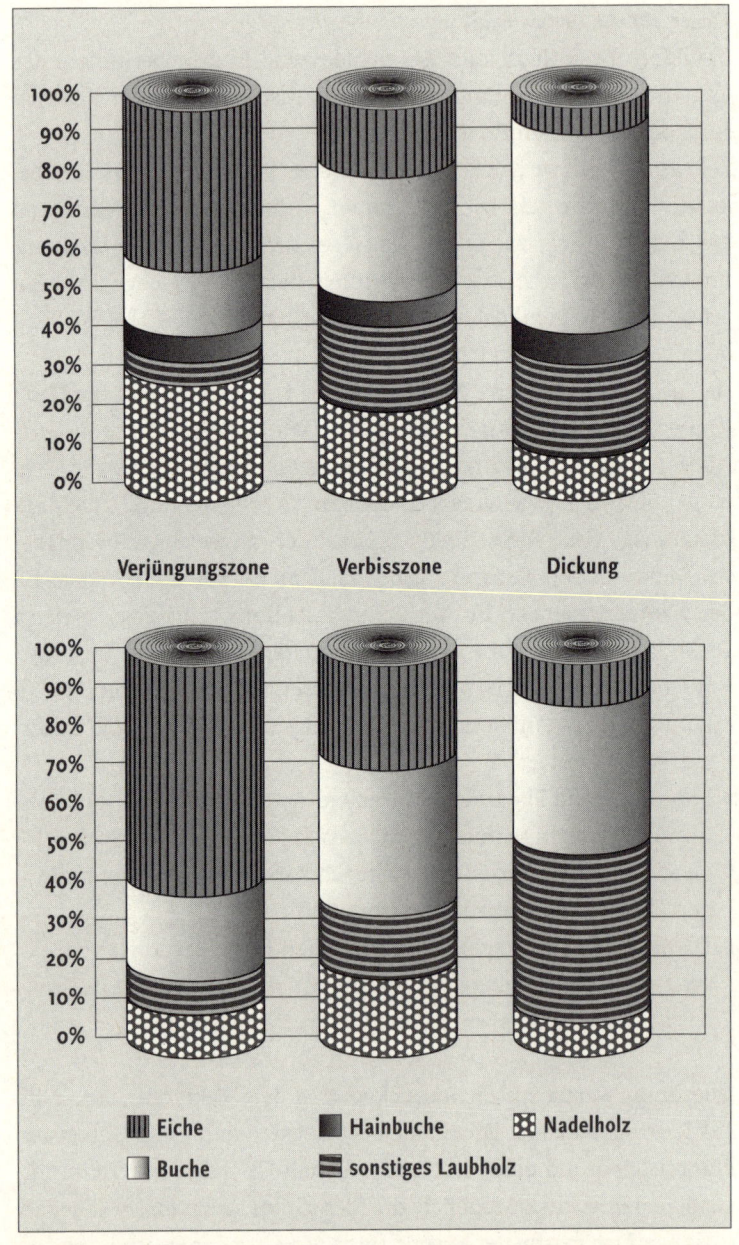

Abb. 82: Baumartenanteile in der Verjüngungsstufe, der Verbisszone und im Dickungsalter im saarländischen Forstamt Warndt (oben) und auf den zaungeschützten Flächen (nach FEICHTNER 1999).

wildfreien Flächen der Eichenanteil erwartungsgemäß höher als in der Umgebung, dennoch zeigte sich auch dort ein Rückgang der Eiche von 59 auf 11 %, während Buche und sonstiges Laubholz entsprechend zulegten (Abb. 82). Der durch forstliche Maßnahmen zu steuernde Lichtfaktor hatte offensichtlich einen größeren Einfluss auf die Zusammensetzung und Entwicklung der Verjüngung als der Rehwildverbiss.

Wegen der hinlänglich bekannten Schwierigkeiten, Rehwildwildbestände in waldigen Habitaten auch nur annähernd zu erfassen, waren auch in dieser Untersuchung keine Angaben zur absoluten Wilddichte möglich. Als relativer Weiser kann jedoch die nachhaltig erzielbare Strecke dienen.

Diese schwankte während des zehnjährigen Untersuchungszeitraums jährlich zwischen drei und sieben Stück Rehwild pro 100 ha Waldfläche. Da die Verjüngung aller Baumarten, mit Ausnahme der Eiche, nicht erkennbar durch das Rehwild beeinträchtigt war – trotz teilweise hoher Verbissprozente –, ist die Wilddichte in diesem Gebiet als „tragbar" zu bezeichnen.

Eine drastische Absenkung der Wilddichte, aber auch stützende waldbauliche Maßnahmen wären erforderlich, um den Eichenanteil in dieser kollinen Buchenwaldgesellschaft etwas zu erhöhen.

Ob dies sinnvoll ist, mag auch aus ökologischer Sicht hinterfragt werden. Denn auch das Rehwild ist Teil der Lebensgemeinschaft Wald, die durch Verbiss beeinflusste Baumartenverteilung daher ein natürlicher Prozess. Herbivoren können die Zusammensetzung der Vegetation ähnlich beeinflussen wie Carnivoren die ihrer Beutetiere. Warum nur finden beide Erscheinungen so unterschiedliche Akzeptanz in ökologisch interessierten Kreisen? Mit größter Selbstverständlichkeit fordert man einen höheren Rehwildabschuss, um den Eichen- oder Tannenanteil unabhängig von standörtlichen Gegebenheiten etwas zu erhöhen.

Aber wo bleibt das ökologische Denken, das Bemühen um Artenvielfalt z. B. in unseren Mooren, wo Birkwild oder Brachvogel ebenfalls nur bei entsprechender Verminderung des „Verbissdrucks" von Fuchs und Habicht zu erhalten wären?

Folgerungen und Anregungen
Diese Betrachtung des „Wald-Wild-Problems" aus etwas anderer Perspektive als der rein forstlichen kann vielleicht dazu beitragen, die Fragen um das Schalenwild und seinen Waldlebensraum etwas gelassener anzugehen. Zusammenfassend ist festzuhalten:
- Wald und Wild bildeten von jeher natürliche Lebensgemeinschaften, die der wirtschaftende Mensch in seinem Sinn beeinflusste. Der pauschale Vorwurf, das Schalenwild verhindere die Verjüngung unserer Wälder und verursache „Waldsterben von unten", entbehrt jeglicher fachlichen Grundlage.
- In Wirtschaftswäldern kann Schalenwild die Realisierung der forstlichen Planung hinsichtlich der Baumartenverteilung beeinträchtigen. Und zwar um so mehr, je weiter sich die forstlichen Zielsetzungen von den standörtlichen Gegebenheiten entfernt haben. Die katastrophalen Auswirkungen der sich seit den 1990er Jahren häufenden „Jahrhundertstürme" haben zudem den Glauben an die Unfehlbarkeit waldbaulicher Vorstellungen erschüttert und zu mehr Gelassenheit geführt. Wie gering nehmen sich doch im Vergleich zu diesen Verwüstungen die dem Schalenwild unterstellten Schäden aus ...
- Auf Grund der sehr unterschiedlichen Beliebtheit als Äsungspflanzen und vor allem der baumartenspezifischen Verbissresistenz lassen sich keine für sämtliche Baumarten und Standorte gültigen Grenzwerte für den tolerierbaren Wildverbiss festlegen, was auch Eiberle und Dürr (1985) betonten. Abgesehen davon muss selbst eine drastische Reduktion der Wilddichte, wie sie bei Überschreiten eines willkürlich festgelegten „Verbissprozents" oft gefordert wird, keineswegs zum Erfolg führen. Vor allem dann nicht, wenn eine beliebte Äsungspflanze aus standörtlichen oder waldbaulichen Gründen nur gering vertreten ist. Sie wird auch bei minimalem Rehwildvorkommen noch verbissen! Solche Beobachtungen schilderte Guthörl (1990) nach der Reduktion des Rehwildes im Untersuchungsgebiet Warndt.
- Durch die Rückkehr zu naturnaher, standortgerechter Waldbewirtschaftung lassen sich auch die Forstschutzkosten erheblich

Die „Jahrhundertstürme" des vergangenen Jahrzehnts verwüsteten die unterschiedlichsten Waldtypen – und führten zu mehr Gelassenheit bei der Beurteilung von Wildschäden.

senken. Auf entsprechend großer Fläche gelingt die Verjüngung ohne Zaunschutz. Die rechtzeitige Vorbereitung der Altbestände durch Auflichtung schafft Verjüngungsflächen mit genügend Jungwuchs zur Bestandsbegründung – und zur Äsung für das Schalenwild. Gar manchem „Zaunkönig" unter den Forstleuten mögen die Stürme „Vivien", „Wiebke" und jüngst „Lothar" gute Lehrmeister gewesen sein. Auf den immensen Sturmschadflächen wäre Zaunschutz ohnehin illusorisch – und dennoch gedeiht eine standortgerechte Waldverjüngung. Der Forstmann SCHAEFER (1999) sieht in diesen Naturkatastrophen die Chance für eine Umkehr der Forstwirtschaft zu naturnahem Waldbau.

▶ Das Beispiel des Rotwildgebiets Schönbuch im Großraum Stuttgart verdeutlicht, wie bei gutem Willen in solchen Wäldern auch unsere größte noch frei lebende Tierart zu erhalten ist (EBERT u. WOTSCHIKOWSKY 1999) – nicht zuletzt auch zur Freude der Erholung suchenden Bevölkerung, die Rotwild selbst tagsüber beobachten kann. Durch entsprechende Besucherlenkung und jagdliche Regelungen (Zus.-f. in KALCHREUTER u. GUTHÖRL 1997) ließen sich Störungen minimieren. Forstdirektor EBERT ist hier ein Kompromiss zwischen Mensch und Wildtier in einem standortgemäßen Waldökosystem gelungen.

Heute noch jagen?

Diese Frage ist keineswegs neu, und sie ist auch nicht auf Deutschland beschränkt. Kritiker wie auch leidenschaftliche Gegner der Jagd gibt es sicher schon, seit sie ihre Funktion zur ausschließlichen oder wenigstens überwiegenden Nahrungsbeschaffung verloren hat. Das ist schon lange her, jedenfalls in der so genannten zivilisierten Welt.
Demgegenüber leben Eingeborene in klimatisch extremen Regionen auch heute noch überwiegend als Nahrungsjäger – etwa die Eskimos auf Inseln der Beringsee Alaskas, bei denen ich längere Zeit lebte (KALCHREUTER 1990). Das Töten von Tieren ist eine Selbstverständlichkeit, Jagdgegner gibt es in diesen Gesellschaften natürlich nicht, fast alle Dorfbewohner üben selbst die Jagd aus.

Die Jagd im Rückblick

Diese Art des Nahrungserwerbs liegt bei uns mindestens zwei Jahrtausende zurück. Wie in Kapitel S. 95 ff. ausgeführt, machten andere Nahrungsquellen unsere Gesellschaften vom Wildtier unabhängig, erhalten blieb jedoch, jedenfalls bei vielen Menschen, das Interesse an dessen Bejagung. Andererseits verringerte sich bei der rasch wachsenden Bevölkerung und dem begrenzten Wildvorkommen zwangsläufig der Anteil der potenziellen Jäger kontinuierlich. Es konnte gar nicht mehr jeder jagen, wie er wollte, jedenfalls nicht auf die größeren und damit selteneren Wildarten. Somit differenzierte sich die Gesellschaft schon früh in Jäger und Nichtjäger.

Einst Privileg der Herrschenden

Nun liegt aber das Streben nach Gleichheit in der Natur des Menschen. Der Soziologe SCHOECK (1966) hatte sich in seiner Soziolo-

gie des Neides ausführlich mit dem daraus resultierenden Konfliktpotenzial befasst. Wie in anderen Lebensbereichen auch, waren es die ohnehin vom Schicksal Verwöhnten, die herrschende Oberschicht, die sich des Rechts auf die Nutzung der knappen Ressource Wild bemächtigten. Jahrhunderte lang war Jagd Vorrecht des Adels und des Klerus. An die damalige hierarchische Ordnung des Jagdwesens erinnern noch heute die Begriffe „Hochwild" und „Niederwild". Die Jagd auf Ersteres, also Schalenwild außer Rehwild sowie einige größere Flugwildarten, behielt sich der Hochadel vor. Dem niederen Adel blieb das Recht zur Bejagung von Rehwild und allen anderen Wildarten, dem „Niederwild" eben.
Jagen konnte also nur noch, wer von der jeweiligen Standesherrschaft hierzu autorisiert war. Die Bauern hatten nicht nur keinerlei Jagdrecht, sie durften oft genug nicht einmal das Wild von ihren Feldern vertreiben, um die Wildschäden zu vermindern. Illegale Jagd, genannt Wilderei, wurde mit heutzutage unverständlich hohen Strafen geahndet. Zahllose historische Berichte über Auseinandersetzungen zwischen adeligem Jagdpersonal und Wilderern, oft genug mit tödlichem Ausgang, zeugen von solchen aus der feudalistischen Gesellschaftsform resultierenden Konflikten. Jagd wurde immer mehr zum Politikum.
Die Jahrhunderte währende Unzufriedenheit machte sich 1789 in der Französischen und 1848 in der deutschen Revolution Luft. Beide Ereignisse brachten eine grundlegende Wende auch im Jagdwesen. Das Jagdrecht ist seither untrennbar mit dem Grundbesitz verbunden, nur die Grundeigentümer oder von ihnen ermächtigte Personen sind jagdberechtigt.
Begreiflicherweise entlud sich nun der seit Generationen aufgestaute Hass der Bauern auf die Objekte der früheren Vormachtstellung des Adels, nämlich das Wild. Dieses wurde nun Opfer gnadenloser Verfolgung, es gab keinerlei Schonzeiten oder sonstige Jagdbeschränkungen. Am härtesten war davon das Rotwild betroffen, denn die Beeinträchtigung der Sozialstruktur wirkt sich empfindlich auf das Überleben der Rudel aus. In freier Wildbahn verschwand Deutschlands größte Wildart ganz und fand sich nur noch

in den auf S. 418 genannten „Thiergärten". Nur das territorial lebende Rehwild konnte sich in minimaler Dichte halten – Traum einiger unserer heutigen Forstleute.

Diese Folgen der allgemeinen Jagdfreiheit führten schon nach kurzer Zeit – in Preußen bereits 1850 – zu Wild erhaltenden gesetzlichen Regelungen. Neben der Einführung von Schonzeiten während der Fortpflanzungszeit des Wildes war eine der wichtigsten Errungenschaften dieser Regelungen die Bindung der Jagdausübung an bestimmte Flächengrößen. Nur wer mindestens 75 ha sein eigen nannte, konnte in diesem „Eigenjagdbezirk" im Rahmen der gesetzlichen Jagdzeiten jagen. Alle übrigen Grundeigentümer mussten sich zu „Jagdgenossenschaften" mit einer Mindestfläche von 150 ha vereinigen. Ihre „Reviere" bildeten nun die jagdlichen Verwaltungseinheiten.

Für die größeren Wildarten (außer Schwarzwild) waren Bejagungs- oder „Abschusspläne" zu erstellen, um einer Übernutzung der Bestände vorzubeugen. In die damalige Zeit also – und nicht etwa in die „Nazizeit", wie heute immer wieder fälschlich behauptet – fällt die Geburtsstunde des Revierjagdsystems.

Die Jagdgenossen sind Eigentümer des Jagdrechts und können es in ihren Revieren entweder selbst ausüben oder an Dritte verpachten. Die Mindestdauer einer solchen Pachtperiode – in Niederwildrevieren neun, in Hochwildrevieren zwölf Jahre – fördert das Interesse des Pächters an einer nachhaltigen Nutzung der ihm anvertrauten Wildbestände.

Dieses Jagdsystem blieb in Deutschland bis heute mehr oder weniger unverändert erhalten. Damals führte es zu einer Erholung der Wildbestände, dann zu Hegemaßnahmen im weitesten Sinne des Wortes – einschließlich der Maßnahmen zu wildfreundlicher Gestaltung von Lebensräumen, genannt „Biotophege" – und schließlich zum heutigen erstaunlichen Wildreichtum in unserem dicht besiedelten Land.

Allerdings zog das Revierjagdsystem, wie auf S. 114 ff. dargelegt, wiederum eine gewisse Begrenzung der Zahl der Jäger nach sich. Zumindest sind die Jagdreviere nicht beliebig vermehrbar. Dem-

gegenüber wuchs die Bevölkerung Europas und insbesondere Deutschlands im Laufe des 20. Jahrhunderts kontinuierlich. Der Anteil der Jäger an der Gesamtbevölkerung nahm daher laufend ab auf derzeit weniger als 0,3 %: Auf etwa 270 Bundesbürger kommt heute ein Jäger.
Damit wurden wiederum die Wurzeln zum Sozialneid gelegt: Warum sollen sich nur einige Wenige am Jägerleben erfreuen dürfen, andere, die das vielleicht auch gerne wollen, dagegen nicht? Zwar hat theoretisch jeder Bürger das Recht, die Jägerprüfung zu absolvieren und dann einen Jagdschein zu lösen. Doch weckt allein die Tatsache, dass nur wenige dies tun – aus welchen Gründen auch immer –, gewisse Aversionen gegen die vermeintlich „Privilegierten".
Dennoch wurde bis vor wenigen Jahrzehnten die Jagd nie grundsätzlich in Frage gestellt. Bis zum Ende der Monarchien 1919 übten Kaiser und Könige in der Regel selbst die Jagd aus – erinnert sei nur an den besonders passionierten letzten deutschen Kaiser Wilhelm II. –, und auch danach traf sich die herrschende Oberschicht regelmäßig zu „Diplomatenjagden". Wie es heute noch in ländlichen Gebieten der Fall ist, war die jagdliche Nutzung der Wildbestände so selbstverständlich wie die forstliche oder landwirtschaftliche Nutzung. Alt und Jung freute sich auf die herbstliche Treibjagd auf Hasen, Rebhühner und Fasanen. Man sah darin keinen Unterschied zur Ernte eines Maisfeldes oder Kartoffelackers. Wer sät, darf auch ernten, und wer hegt, darf jagen.

Die Wende
Diese geraffte Darstellung der historischen Entwicklung des Jagdwesens möge das Verständnis der heutigen Situation erleichtern. Denn ab Beginn der 1970er Jahre wurde alles anders.
„Schafft endlich die Jagd ab!" – Besonders schrill tönten solche Forderungen aus Regionen mit dichtester menschlicher Besiedlung, den Ballungsräumen, in denen der Anteil der Jäger an der Bevölkerung noch viel geringer ist als der genannte Bundesdurchschnitt; in Regionen also, in denen die Menschenmassen den Kontakt zur

Pflanzen- und Tierwelt weitgehend verloren, weil sie kaum mehr Gelegenheit zur Naturbeobachtung hatten und haben. Viel zu viele Großstädter müssen sich in die verbliebene Restnatur in Form von Parks und Grünanlagen teilen. Wie viele kennen ihre Mitlebewesen in ihrer natürlichen Umwelt nur noch vom TV-Bildschirm?

Und da gibt es dann einige Wenige, die die Natur nicht nur in vollen Zügen genießen, sondern sie auch noch nutzen dürfen? Wildtiere nicht nur beobachten, sondern auch noch töten und verwerten können? Und das ohne wirkliche Notwendigkeit, nur „zum Spaß". Gibt es nicht genügend Fleisch für alle im Metzgerladen? Und auch zur Bekleidung bedarf es längst nicht mehr des Pelzwerks.

Diese konfliktträchtige Ungleichheit hinsichtlich der Nutzung von Naturgütern gab es, wie gesagt, schon früher. Doch beobachtete schon SCHOECK (1966) einen gewissen Wandel im Umgang mit den daraus resultierenden Gefühlen.

Entsprach es von jeher menschlichem Empfinden, sich der Ressentiments gegen die Erfolgreichen zu schämen, auch im Wissen um deren Wirkungslosigkeit, so zeichnete sich nun eine neue „Ethik" ab: Der Neider wurde salonfähig. Immer mehr Individuen und

Antijagd-Demonstration

Warum sollen sich nur einige Wenige am Jagen erfreuen dürfen?

Gruppen machen kein Hehl mehr aus ihren Neidgefühlen, sehen sie vielmehr als Konsequenz einer „sozialen Ungerechtigkeit", die zu ihren Gunsten beseitigt werden muss. Im konkreten Beispiel: Alle können nicht jagen, folglich soll dies keiner dürfen.

Radikale greifen gelegentlich zu terroristischen Methoden, um ihrem Rechtsempfinden Ausdruck zu verleihen; rufen auf zu gewaltsamen Störungen von Gesellschaftsjagden, zur Zerstörung von Jagdeinrichtungen oder gar dazu, Rohrbomben an Hochsitze zu legen ...

Nicht von ungefähr wandeln sich heute – aus welchen Gründen auch immer – frustrierte Jäger oft zu leidenschaftlichen Jagdgegnern. SCHOECK sprach gar von einem „Zeitalter des Neides". Der Tenor mancher Darstellungen in den Massenmedien – *„Reiche* Jäger schießen *arme* Tiere tot" – verdeutlicht die soziologisch begründeten Aversionen gegen die Jagd.

Neue Wertvorstellungen
Gewandelt hat sich auch die Einstellung der Menschen zu ihren Mitlebewesen. Galten Tiere früher juristisch betrachtet als „Sache", über die im Rahmen gesetzlicher Bestimmungen beliebig verfügt werden konnte, so bedeutete die Neufassung des Tierschutzgesetzes 1998 eine wesentliche Aufwertung: Nicht nur der Mensch, sondern auch das Tier hat nun ein Lebensrecht, das bereits in den Grundgesetzen einiger Länder und 2002 auch in der Verfassung der Bundesrepublik verankert wurde. Die praktische Konsequenz: *Kein Tier darf mehr ohne vernünftigen Grund getötet werden.*
Selbstverständlich und logisch klingt diese Bestimmung. Doch der Teufel steckt auch hier im Detail, sprich in der Interpretation: Welches Motiv, ein Tier zu töten, kann noch als „vernünftiger Grund" gelten? Die Meinungen der verschiedenen Gruppierungen gehen da weit auseinander, und zahlreich sind die Versuche, die Jagd über diese Argumentation in Frage zu stellen. „Die Bejagung der Rabenvögel bedeutet einen krassen Verstoß gegen das Tierschutzgesetz, denn es gibt hierfür keinen vernünftigen Grund", meinen z. B. diejenigen Gremien des Vogelschutzes, denen inzwischen das Wohl der einst Verfemten mehr am Herzen liegt als die Artenvielfalt ihrer Beutetiere.

Der Mensch erklärt sich selbst zum Schädling
Der wohl tiefgreifendste Wandel im Denken von Biologen, Vertretern des Naturschutzes und inzwischen auch weiten Kreisen der naturfreundlichen Bevölkerung vollzog sich ebenfalls seit den 1970er Jahren. Im Vordergrund des Interesses stehen nun nicht mehr allein bestimmte Tier- oder Pflanzenarten. Man bemüht sich

vielmehr um eine ganzheitliche Betrachtung der Vorgänge in der Natur. Das griechische Wort *oikos* für „Haus" stand Pate für die Bezeichnung der Lehre vom Naturhaushalt, der *Ökologie*. Das neue Schlagwort war plötzlich in aller Munde. Neben Biologen, also Wissenschaftlern mit entsprechender akademischer Ausbildung, gibt es nun auch Ökologen, deren beruflicher Werdegang nicht immer klar zu erkennen ist. Allen gemeinsam ist ihr Engagement für die Erhaltung der Umwelt.
Umweltschutz – auch dieser früher kaum verwendete Begriff gewann rasch an Aktualität. Denn nun zeigten sich die negativen Auswirkungen der ausschließlich auf wirtschaftliches Wachstum ausgerichteten Aktivitäten von Industrie, Land- und Forstwirtschaft der 1960er Jahre auf Natur und Umwelt. Beispielhaft seien hier nur die drastischen Bestandseinbrüche mehrerer Greifvogelarten durch einige in der Landwirtschaft verwendete Pestizide genannt (S. 346 f.), oder die Artenverarmung nach der Ausräumung der Landschaft durch die damals noch radikal durchgeführte Flurbereinigung. Zu diesen schleichenden Veränderungen der Umwelt kamen spektakuläre Ereignisse: Unfälle in Industrieanlagen führten zu akuten Vergiftungen und folglich Fischsterben in Binnengewässern, und nach Tankerunglücken verendeten Tausende von Seevögeln im Ölteppich auf dem Meer. Mehr noch als lokale Katastrophen beunruhigten globale Betrachtungen, etwa des *Club of Rome*, über das baldige Ende natürlicher Ressourcen einerseits und tödliche Umweltbelastungen durch die rasch wachsende Weltbevölkerung andererseits. „Ein Planet wird geplündert" oder „Ende oder Wende" titelten aufrüttelnde Publikationen der Pioniere der „Grünen" in den späten 1970er Jahren.
Die Darstellung solcher Szenarien, wie auch ein prognostiziertes Wald- und Artensterben großen Ausmaßes durch die Massenmedien führten zwar zu wirkungsvollen Maßnahmen gegen verschiedene Quellen der Umweltverschmutzung. Sie bewirkten aber auch eine zunehmende Sensibilisierung vor allem der in Großstädten lebenden Bevölkerung gegen jegliche Eingriffe in den Naturhaushalt nach dem Motto, „der Mensch hat schon so viel kaputtgemacht, jetzt muss Schluss sein!"

Die wachsende Sehnsucht nach unberührter Natur bedeutete natürlich Wasser auf die Mühlen von Jagdgegnern verschiedenster Couleur. „Jedes Töten von Tieren führt zu weiterem Artenschwund, zur Verarmung unserer Fauna", ist etwa der Tenor der Argumentation – in Unkenntnis oder bewusster Unterschlagung der in den vorigen Kapiteln geschilderten Forschungsergebnisse über die Auswirkungen der Jagd auf Tierpopulationen und Ökosysteme. Überhaupt bestehe für die Bejagung der weitaus meisten Wildarten aus ökologischer Sicht gar keine Notwendigkeit, daher sei sie zu verbieten.

Jagd und Naturschutz

Auch Vertreter des Naturschutzes nutzen die sich verbreitenden Umweltängste zunehmend als willkommenes Vehikel, um die Jagd einzuschränken und möglichst ganz abzuschaffen.

Das war bis vor drei Jahrzehnten ganz anders. Die Zusammenarbeit von Jagd und Naturschutz war eine Selbstverständlichkeit, mehr noch – viele Vorkämpfer der Naturschutzidee waren sogar selbst Jäger.

Schon vor einem Jahrhundert prangerte der Heidedichter Hermann Löns in Wort und Schrift die Naturzerstörung durch die sich entwickelnde Industriegesellschaft an. Die Begründer der Vogelwarten Rossitten (1901) und Helgoland (1910), Johannes Thienemann und Heinrich Gätke, waren begeisterte Flugwildjäger. Fotos der damaligen Zeit zeigen sie meist mit der geliebten Flinte. Aus ihrer Passion entwickelte sich das Interesse am Vogelzug und daraus die Forschungsmethodik der Vogelberingung.

Und der erste Präsident des 1950 gegründeten Deutschen Naturschutzrings (DNR) war der prominente Jäger und Jagdschriftsteller Hans Krieg – bei der heutigen Einstellung dieses Dachverbands der deutschen Naturschutzorganisationen zur Jagd kaum mehr vorstellbar. Doch schon damals hatte sich Hans Krieg (1967) so seine Gedanken über „jene eigentlichen Jagdgegner" gemacht und stellte unverblümt fest:

„Wer seinen Verstand auch nur einigermaßen beisammen hat, der sollte wissen, dass Jagd (bei uns!) in erster Linie Erhaltung bedeutet und dass diese edel tuenden Jagdgegner ohne uns über kein Wild mehr eine Träne zu vergießen hätten – weil es einfach nicht mehr da wäre."
Und zu deren Persönlichkeitsstruktur meinte er:
„Schaut euch die Weiberfeinde, die Vegetarier, die Antialkoholiker, Nichtraucher, Sektierer und die heftigen Jagdfeinde näher an, und ihr werdet finden, dass ihr Verhalten von Angst und Urteilsschwäche oder Geltungsbedürfnis oder Enttäuschung oder schlechtem Gewissen oder ganz einfach von abnormer Veranlagung oder böser Erfahrung bedingt ist. Was sie dann veranlasst, dem Jäger dasselbe anzukreiden."
Jedenfalls hatten die Pioniere des Naturschutzes über die Jagd noch direkten Kontakt mit der Natur, kannten Pflanzen- und Tierwelt aus eigener Anschauung und setzten sich konsequenterweise für ihre Erhaltung ein.
Demgegenüber vollzog sich in jüngster Zeit eine bemerkenswerte Entwicklung. Die heutigen Funktionäre des Natur- und Vogelschutzes zeichnen sich durch eine sehr kritische Einstellung zur Jagd aus. Mehr noch, viele Jagdgegner taktieren unter dem Deckmantel des Naturschutzes.

Strategische Konzepte von Naturschutzvertretern
Zunächst galt es, die früher selbstverständliche Kooperation in Frage zu stellen. „Jagd ist *nicht* Naturschutz" widersprach Wolfgang Erz in den 1970er Jahren der Devise des Deutschen Jagdschutzverbands (DJV) und prägte so die Einstellung der meisten seiner Mitarbeiter in der damaligen Bundesforschungsanstalt für Naturschutz und Landschaftsökologie, des heutigen Bundesamts für Naturschutz. Sein Ziel war klar: Es galt, einen Keil zwischen Jäger und Naturschützer zu treiben. Durch die Polarisierung der an der Erhaltung der Natur Interessierten in *edle Schützer* und *elende Nutzer* sollten Letztere isoliert werden. Denn gegen diese Minderheit waren politische Entscheidungen in Form von Jagdverboten vielleicht eher durchzusetzen. Ganz im Sinne dieser Bemühungen war denn auch der Ausschluss des DJV, der Vertretung von immerhin 85% der

deutschen Jäger, aus dem DNR zu verstehen. Damit war der bis heute bestehende Graben zwischen beiden Verbänden gezogen.
Wichtig war nun, das Lager der Schützer zu festigen, und insbesondere die Basis, also die praktizierenden Mitglieder der Verbände, auf Linie zu bringen. Denn viel zu gut arbeiteten Jäger und nicht jagende Naturfreunde in verschiedensten Projekten effizient zusammen. Ob es um die Erhaltung des Birkwilds ging oder um die Schaffung von Feuchtbiotopen für Wasservögel – viele Jäger waren bereit, mit Hand anzulegen und finanzielle Mittel beizusteuern. Warum also sollte man sie nun einfach ausgrenzen?
Dagegen konnte nur weltanschauliche, ideologische Schulung helfen. Es galt, leicht eingängige Dogmen zu entwickeln und in Wort und Schrift zu verbreiten. Hatten doch selbst extrem divergierende politische Regime im Deutschland des 20. Jahrhunderts jeweils dieselbe Methodik schon erfolgreich praktiziert.
Mehr als wissenschaftlich exakt arbeitende Bio- und Ökologen waren daher Ideologen mit fixen weltanschaulichen Vorstellungen gefragt, gemäß der Definition im Herder-Lexikon:
Ideologie ist eine wesentliche Faktoren der Realität außer Acht lassende Fehlordnung des menschlichen Bewusstseins. Ideologen nehmen ihr theoretisches, begrenztes und einseitiges Wirklichkeitsbild als ausschließliche Wahrheit und als Maßstab ihres Handelns wahr. Daher sind ihnen Toleranz und Kompromiss fremd.
So entstand eine eigene „Begriffswelt des Naturschutzes", in der ökologische Aspekte, die eine Bejagung rechtfertigen könnten, nichts zu suchen haben. Die jüngste Rabenvogeldiskussion zeigte wieder einmal, wie selbst Vertreter des behördlichen Naturschutzes sich der Realität bzw. ihren Vorstellungen widersprechenden Forschungsergebnissen zu entziehen suchen (mehr hierüber in KALCHREUTER 2001). Neben einer fachlichen, d. h. an wissenschaftlich erarbeiteten Fakten orientierten Beurteilung gibt es nun auch eine ideologisch motivierte „naturschutzfachliche" Sicht ökologischer Zusammenhänge. Und nur an diese hat sich der gute Natur- und Vogelschützer zu halten. Ohne Wenn und Aber. Andersdenkende werden oft leidenschaftlich angehasst.

Dieser an fundamentalistische Religionsvertreter erinnernde Dogmatismus scheint in Deutschland besonders ausgeprägt zu sein. Die jüngere Geschichte bot hierfür ja genügend Beispiele, auch auf politischer Ebene. Wie einfach ist es doch, das Denken an fixen, von Funktionären vorgegebenen Doktrinen zu orientieren.
Allerdings sind Ideologien in der Regel umso kurzlebiger, je weiter sie sich von der Realität entfernt haben. So hatten auch unsere Vogelschützer vor gar nicht allzu langer Zeit ganz andere Maxime als die heute so massiv vertretenen. Zwei Beispiele mögen ihren Gesinnungswandel von einer Extremposition zur anderen veranschaulichen.

Beispiel Habicht
Aufschlussreich hinsichtlich der früheren Einschätzung von Räuber-Beute-Beziehungen ist das 1907 vom „Bund für Vogelschutz" herausgegebene „Vogelbuch". Schon im Vorwort wird der Leser mit den Prinzipien des Verbands, aus dem später unser Naturschutzbund Deutschland (NABU) hervorging, vertraut gemacht: *„Der Bund für Vogelschutz hat sich die Aufgabe gestellt, unserer nützlichen Vogelwelt in ihrem harten Kampf ums Dasein beizustehen: die Schwachen gegen ihre Verfolger zu schützen ..."* Dazu zählt auch, wie man später erfährt, *„die schädlichen (Vögel) je nach den besonderen Umständen zu bekämpfen"*. Gemeint sind damit – man lese und staune – in erster Linie die „Raubvögel". So war der Bund für Vogelschutz ausdrücklich „sehr dankbar" für die Unterstützung seiner Ziele durch die Behörden, nämlich der Oberämter Brackenheim und Stuttgart, indem diese Prämien für die „Vertilgung" der Schädlinge ausbezahlten: Für Hühnerhabichte 60 Pfennig bzw. 1 Mark, für *alle übrigen Tagraubvögel* (Sperber, Baumfalke (!) und Würger sind auch namentlich genannt) mit Ausnahme des Turmfalken und Bussards 60 Pfennig.
Die Notwendigkeit hierzu wurde jedermann klar, der weiterblätterte, um sein Wissen über die einzelnen Vogelarten zu erweitern, was ja letztlich das Ziel schon dieses Vogelbuchs war. Da heißt es z. B. über den Habicht:

„Dieser mit Recht wegen seiner frechen Räubereien überall verhasste und gefürchtet Vogel ist wild, ungestüm, oft tollkühn ...",
und weiter:
„Vor diesem starken Räuber ist kein Vogel von der Größe einer Meise bis zum Auerhahn sicher; Rebhühner, Tauben (die Wildtauben ebenso wie die Haustauben), Finken, Wildenten, Dohlen, Elstern, namentlich aber die Fasanen verfolgt er, wo er nur kann; ebenso fallen ihm junge und alte Hasen zur Beute. Großen Schaden richtet er vielfach auch unter den Haushühnern an."
Wen wundern da noch die konkreten Anweisungen des Bundes für Vogelschutz:
„Man verfolgt den Habicht mit Pulver und Blei, schießt ihn vom Horst, wirft diesen, am besten, wenn Junge in demselben sind, herab, fängt den Räuber, am sichersten im Habichtskorb und Tellereisen, und stellt ihm überhaupt nach, wie und wo man nur kann: er verdient keine Schonung."
Erinnert sich der Leser an die auf S. 345 f. geschilderten identischen Rezepte in „DIEZELS Niederjagd"? Bis in die 1960er Jahre waren sich Jagd und Vogelschutz also weitgehend einig. Mehr noch, man brauchte die Jäger als Erfüllungsgehilfen zur Realisierung von Vogelschutzzielen! Dies sei betont im Hinblick auf die heute verbreitete Schuldzuweisung, der Habicht wäre beinahe ein Opfer der *Jagd* geworden. Dass das auch faktisch gar nicht stimmen konnte, wie auf S. 347 ff. dargelegt, das bestätigte schon das genannte Vogelbuch. Denn trotz der propagierten Verfolgung *„ist der Habicht in Deutschland wohl überall einer der gemeinsten Raubvögel"*, was auch einige Streckenangaben belegten: *„Von der Fasanerie bei Weil im Dorf wurde schon 1886 berichtet, es werden dort jährlich 20–50 Stück im Habichtskorb mit Tauben und sogar mit Ammern, im Tellereisen etc. gefangen."*
Fangzahlen dieser Größenordnung ließen sich auch heute, ein Jahrhundert später, wieder im Birkwildprojekt Wurzacher Ried erzielen (S. 350 f.).
Die damalige Vogelschutz-Ideologie war also schon kompromisslos. Sie war geprägt vom Nutzen-Schaden-Denken. Noch bis zur Mitte des

Lange vor den Vogelschützern hatten die Falkner auch den Greifvögeln ein Lebensrecht zugebilligt.

20. Jahrhunderts enthielten populärwissenschaftliche Vogelbücher neben Angaben zu Größe und Aussehen der einzelnen Arten in der Regel Informationen über deren Bedeutung im Naturhaushalt. So z. B. das von KUHLEMANN (1952), aus dem mancher Schüler seine ersten ornithologischen Kenntnisse bezog. „Nutzen:Schaden – 10:24", hieß es da in der Bildlegende zum Habicht. *Nützlich* machte sich dieser durch die Vertilgung von Rabenvögeln, *schädlich* wurde er, indem er sich an den vielen nützlichen Arten vergriff.

Diese Mentalität ist inzwischen überwunden, jedenfalls im Hinblick auf die Vogelwelt. Aber es ist erstens falsch und zweitens unfair, sie heute allein den Jägern zuschieben zu wollen – den Helfern, die man einst so dringend brauchte, um diese Vorstellungen zu realisieren. Vielmehr dachten schon damals einige Jäger anders, allen voran Hermann LÖNS, der sich für die Erhaltung des von Singvogelfreunden so verhassten Sperbers einsetzte. Oder die heute pauschal verunglimpften Falkner, die von jeher auch den „Raubvögeln" ein Lebensrecht zubilligten.

Innerhalb kurzer Zeit wandelte sich die Ideologie ins andere Extrem. Heute darf dem Habicht kein Haar, besser gesagt keine Feder mehr gekrümmt werden.

Die Funktionäre desselben Bundes für Vogelschutz – Landesverband Baden-Württemberg – forderten Ende der 1970er Jahre ein, so wörtlich, „justizförmiges Genehmigungsverfahren" für den Fang auch nur eines Habichts; dies selbst in den Gebieten, in denen die Jägerschaft unter hohen finanziellen Opfern und persönlichem Einsatz das lokal schon seltene Auerwild und das im Lande bereits ausgestorbene Birkwild wieder ansiedeln wollten. Ein Töten käme überhaupt nicht in Frage, meinten sie, allenfalls die Verbringung in andere Gebiete. Nicht bedenkend, dass diese ja auch alle von Habichten besetzt sind, wie selbst der damalige Leiter der hessischen Vogelschutzwarte konstatierte, und ohne Rücksicht auf den tierquälerischen Aspekt dieser „Kinderlandverschickung".

Und in der Rheinebene erwogen Vogelschützer gar, die Erlen am Bachlauf abzuhacken, damit der Habicht nicht mehr den Brachvögeln auflauern und das lokale Brutvorkommen dieser auch von Vogelschutzseite geschätzten Art gefährden könne! Selbst seltene Tierarten und natürliche Biotopstrukturen sollen also der derzeitigen Ideologie, der „Heiligen Kuh" namens Habicht geopfert werden.

Hat sich der Habicht denn so grundlegend verändert in der kurzen Zeit? Sicher nicht, denn seine heutigen Beutelisten zeigen dasselbe breite Spektrum wie eh und je, und er ist nach dem Verbot problematischer Pestizide wieder mindestens so häufig wie ehemals.

Nein, lediglich die Vorstellungen, die Maxime des Vogel- und Naturschutzes haben sich geändert. Waren es früher die Beutetiere, denen ihre kompromisslosen Schutzbemühungen galten, so sind es heute deren Prädatoren, denen ihr Herz gehört, und zwar genauso kompromisslos. „Wenn Auer- und Birkhühner so dumm sind, dass sie vom Habicht geschlagen werden, dann verdienen sie es eben nicht besser", meinte einmal der Vertreter einer Naturschutzbehörde in einer Diskussion über die Fortführung des Birkwildprojekts. – Deutlicher ließ sich der weltanschauliche Wandel wohl kaum apostrophieren.

Beispiel Rabenvögel
Auch hinsichtlich Rabenkrähe, Elster und Eichelhäher und ihrer Rolle im Naturhaushalt waren sich bis in die jüngste Vergangenheit alle Naturfreunde weitgehend einig. Mehr noch als landwirtschaftliche Schäden waren die Plünderungen von Vogelnestern Grund genug, sie intensiv zu verfolgen. Im Gegensatz zu den Greifvögeln unterlagen sie nicht dem Jagdrecht, hatten also auch während der Brut- und Aufzuchtzeit der Jungen keine Schonzeit. Sie waren „vogelfrei", d. h. jedermann konnte ihnen im Rahmen sonstiger rechtlicher Bestimmungen nachstellen – und zwar mit ausdrücklicher Befürwortung auch durch prominente Vertreter des Natur- und Vogelschutzes.
So hatte der damals noch praktizierende Naturschützer und Jäger und heutige Präsident des DNR, Hubert WEINZIERL, seine Erkenntnisse als Anweisungen zur Gestaltung von Jagdrevieren (WEINZIERL 1968) folgendermaßen dargestellt:
„*Durch das Niederhalten von Raubzeug wie Krähen, Elstern, verwilderten Katzen und dergleichen wird der Jäger zum engsten Verbündeten des praktischen Vogelschutzes. Letztendlich hat sich der Jäger dazu berufen zu fühlen, an der Erhaltung des gesamten ihm anvertrauten Lebens mitzuhelfen ...*" Er plädiert zum Schutz der kleinen Singvögel für die Reduktion des sich „im Übermaß" vermehrenden *Eichelhähers*, auch mittels Fallen. Er bezeichnet „*ein komplexes, vielseitiges Niederhalten der Krähe als die Bestmethode*" (der Hege), wobei er auch das Aushorsten der Krähengelege empfiehlt (einschließlich einer Prämienzahlung für Kräheneier). WEINZIERL hält auch die Krähenfalle für geeignet, „die Überzahl zu verringern". Die Ursache der Problematik, die solche Maßnahmen forderte, war ihm ebenfalls klar: „*Die Rabenkrähe hat es gut verstanden, sich dem Menschen in der Zivilisation anzupassen*".
In seinem bayrischen Untersuchungsgebiet Buschletten konnte WEINZIERL denn auch die positiven Auswirkungen der Prädatorenkontrolle auf den Bruterfolg der Singvögel nachweisen – und damit zu ähnlichen Erkenntnissen gelangen wie drei Jahrzehnte später die englischen Kollegen (S. 386 ff.).

Auch der damalige Leiter der Vogelschutzwarte Ludwigsburg, Ernst SCHÜZ (1949), hatte zum „Kampf der Elster!" aufgerufen: *„Die Zunahme der Elster hat betrübliche Formen angenommen. Sie plündert die Nester der Singvögel, wagt sich an die kleinen Jungen des Niederwildes und verschont sogar die Küken des Hausgeflügels nicht. Ein allgemeines Einschreiten ist dringend erforderlich".* Und weiter: *„Rabenkrähe und Eichelhäher (dieser im Wald und in Gehölzen) setzen ebenfalls als Nestplünderer den übrigen Vögeln zu und haben sich stark vermehrt."*

Plötzlich aber war alles ganz anders. Die Funktionäre des Natur- und Vogelschutzes verbreiten nun andere, den bisherigen diametral zuwiderlaufende Vorstellungen, nämlich den Vollschutz aller Rabenvögel. Denn die ernährten sich überwiegend von Insekten und pflanzlichen Komponenten, versuchten sie ihrer Basis klarzumachen. Außerdem zählten sie zu den Singvögeln (was sie, systematisch betrachtet, ja schon immer taten!), Eingriffe in ihre Bestände seien daher auch aus ethischer Sicht unvertretbar.

Erstaunlich rasch hatte sich auch WEINZIERL, inzwischen Vorsitzender des BUND, die neue Ideologie zu Eigen gemacht und nennt nun (1987) in einer Presseverlautbarung die Bejagung der Rabenvögel „einen unverantwortlichen Eingriff in ökologische Zusammenhänge". Es gebe keinen Beweis dafür, dass diese für Bestandsrückgänge anderer Tiere verantwortlich sind. Aber die vorstehend erwähnten, 1968 von ihm selbst publizierten Daten aus seiner Untersuchung waren doch wohl richtig?

Die neue Welle gipfelte schließlich in der Vorstellung von HAVELKA et al. (1987), die in der Vollschonung der Rabenvögel gar einen Beitrag zur Gesundung des Naturhaushalts sehen! Ein neues Dogma war kreiert: *Der Mensch darf in das Naturgeschehen nicht eingreifen. Alles regelt sich von selbst.*

Und wieder einmal sollen es nur „die Jäger" gewesen sein, die bisher alles falsch gemacht haben. Aber wären ohne sie die Forderungen des Vogelschutzes überhaupt zu erfüllen gewesen? Davon will heute niemand mehr etwas wissen.

Durch die deutsche Interpretation der EU-Vogelrichtlinie und deren Umsetzung in nationales Recht durch die Novellierung der Bundes-

artenschutzverordnung im Dezember 1986 war es schließlich gelungen, der neuen Ideologie Rechnung zu tragen. Alle Rabenvögel standen nun unter „besonderem Schutz". Während diese Arten in allen anderen EU-Ländern nur dem „allgemeinen Schutz" unterliegen, bedurfte es in Deutschland behördlicher Genehmigung zur Tötung auch nur eines Rabenvogels! Das frühere „Raubzeug", dessen Erlegung die Gemeindebehörden bis vor kurzem noch mit „Schussgeldern" honorierten, hatte über Nacht denselben Schutzstatus bekommen wie Kranich oder Braunkehlchen ...
Mehr hierüber sowie über den daraus resultierenden unvertretbaren Verwaltungsaufwand und den jahrelangen „Stellungskrieg" zwischen den Anhängern der neuen Lehre und denjenigen, die

Jagdliche Nutzung von Eichelhähern

diese auf Grund eigener Beobachtungen und anders lautender Forschungsergebnisse nicht nachzuvollziehen vermochten, findet der interessierte Leser in KALCHREUTER (2001).

Anders als im Falle des Habichts, der unauffällig jagt und den wohl nur wenige Naturfreunde aus eigener Anschauung kennen, müssen viele Bürger die Nestplünderungen der Rabenvögel im eigenen Hausgarten alljährlich mit ansehen. Entsprechend massiv war der Widerstand gegen die neue Regelung in weiten Kreisen der Bevölkerung. Der Volkszorn entlud sich schließlich in einer von „Wild und Hund" organisierten Aktion, die in kürzester Zeit fast 400.000 Unterschriften einbrachte.

Zwar hatte dieser Widerstand zu einem Antrag Deutschlands in Brüssel geführt, Anhang II (jagdbare Arten) um die drei Rabenvögel zu ergänzen und damit deren Bejagung in den einzelnen EU-Ländern zu ermöglichen, was 1994 auch realisiert wurde. Dennoch geht hier die leidenschaftliche Diskussion weiter, wann immer man in einem Bundesland daran denkt, die Rabenvögel ins Jagdrecht zu übernehmen. In typisch fundamentalistischer Art werden alle Forschungsergebnisse negiert, die der „reinen Lehre" widersprechen.

Der derzeitigen ökopazifistischen Ideologie – Verherrlichung der Prädatoren, Ablehnung jeglicher menschlicher Eingriffe – fallen selbst Artenschutzkonzepte in Schutzgebieten zum Opfer, wie z. B. der Tübinger Zoologe AMMERMANN (1998) am Beispiel des Wurzacher Rieds beklagt: Man nimmt dort in Kauf, dass der „größte geschützte Hochmoorkomplex Mitteleuropas" mit Europadiplom alle (oder fast alle) moortypischen Vögel verliert. Alle diese Arten hatten – Ironie des Schicksals – schon einmal die Ehre, vom NABU zum „Vogel des Jahres" ernannt zu werden. Dieselbe Naturschutzorganisation fördert nun ihr Verschwinden ...

In anderen EU-Ländern sind Rabenvögel kein Thema mehr. Doch auch bei uns wäre etwas mehr Gelassenheit geboten. Denn die Übernahme ins Jagdrecht garantiert den Rabenvögeln gesetzliche Schonzeiten während der Brut- und Aufzuchtzeit der Jungen. Somit stellen die neuen Regelungen einen sinnvollen Mittelweg dar zwischen dem früher praktizierten Status der „Vogelfreiheit", d. h.

Verfolgung das ganze Jahr über, und dem dann diskutierten „Vollschutz".

Beide Extreme waren seitens der Vertreter des Natur- und Vogelschutzes innerhalb weniger Jahrzehnte mit gleicher Vehemenz gefordert worden! – Was der englische Rebhuhn-Experte Dick Potts einmal treffend kommentierte: *„In Germany, the equilibrium of opinions swings from one extreme to the other – but it never stops at the right place."* („In Deutschland schwingt das Pendel der Meinungen von einem Extrem zum anderen – nie aber kommt es an der richtigen Stelle zur Ruhe.") Nach dem heutigen Stand des Wissens könnte das Pendel der Meinungen allmählich zur Ruhe kommen, und Jagd und Naturschutz könnten sich wichtigeren Aufgaben widmen.

Zur Schalenwilddiskussion
Die vorstehend geschilderten Fälle einer grundverschiedenen Beurteilung ein und derselben Tierarten mögen beispielhaft den raschen Wandel extremer Ideologien verdeutlichen. Doch spiegelte sich in diesem Meinungsumschwung nicht nur die unterschiedliche Mentalität historischer Epochen wider. Vielmehr sind auch in der Gegenwart die einzelnen Wildarten Gegenstand diametral divergierender Vorstellungen. Da ist auf der einen Seite das Schalenwild, auf der anderen alles Federwild – beide wären aus öko-ideologischer Sicht grundverschieden zu beurteilen und entsprechend zu behandeln, wie die folgenden Ausführungen zeigen mögen.

War es früher das „Friedwild" bzw. die nützliche Vogelwelt, die es vor den bösen Raub- und Rabenvögeln zu schützen galt – und zwar radikal und mit allen Mitteln –, so sind es heute die Forstpflanzen. Unsere Wälder können angeblich nur durch drastische Reduktion, bzw. völlige Eliminierung von Reh- und Rotwild überleben, meinen die „Fundis" unter den Forstleuten – entgegen der auf S. 412 ff. dargestellten Erkenntnisse.

Die Mentalität der rigorosen Schädlingsbekämpfung ist also keineswegs überwunden, sie hat lediglich andere Arten im Visier. Die „Bekämpfung des Rehwildes" verfügte der Leiter eines staatlichen

Forstamts im Hochschwarzwald in den 1970er Jahren als vordringlichste waldbauliche Maßnahme an seine Revierleiter. Und was wäre die geforderte Auflösung von Rotwildgebieten im Grund anderes als die örtliche „Vertilgung" unserer größten frei lebenden Tierart? Zwei eingängige Thesen sollen dem neuen Dogma zu mehr Akzeptanz verhelfen.

These 1: „Nie gab es so viele Rehe wie heute"
Zweifel an dieser nicht belegten und dennoch ständig kritiklos kolportierten Behauptung (z. B. REICHHOLF 1993) sind jedenfalls angebracht. Sicher, vor 150 Jahren war auch das Rehwild nach den auf S. 431 geschilderten gesellschaftspolitisch motivierten Verfolgungskampagnen in Mitteleuropa sehr selten. Altmeister DIEZEL hatte gar erwogen, diese Wildart in der Erstauflage seines 1849 erschienenen Klassikers „Die Niederjagd" nicht mehr zu beschreiben, da sie ohnehin in Kürze aussterben oder nur noch in „Thiergärten" oder als Gemälde zu sehen sein würde. Ähnlich gering waren die Rehwilddichten ja in weiten Teilen Frankreichs bis in die jüngste Vergangenheit, bedingt durch das dortige Jagdsystem.
In Deutschland war die Entwicklung jedoch ganz anders verlaufen. Die auf pflegliche jagdliche Nutzung ausgerichteten Jagdgesetze hatten zu einer raschen Erholung der Wildbestände geführt. So durften z. B. in Bayern von 1909 bis 1934 Rehgeißen und Kitze nur in Ausnahmefällen erlegt werden. (Königl. Verordnung über Wild vom 6.7.1909). Wie auf S. 203 dargelegt, hat die Erlegung nur männlicher Tiere bei polygamen Arten kaum Auswirkungen auf deren Bestandsentwicklung. Mit anderen Worten: Die Rehbestände hatten damals das von der Biotopkapazität vorgegebene Niveau erreicht. Sie mussten also viel höher gewesen sein als heute, nachdem seit Jahrzehnten überall mehr weibliche Tiere und Kitze als Böcke zur Strecke kommen. Zumindest örtlich sehr hohe Rehwilddichten belegen auch verschiedene Streckenangaben. So konnte nach Auskunft Herzog ALBRECHTS VON BAYERN sein Urgroßvater, der legendäre Prinzregent LUITPOLD VON BAYERN in seinem reichen Jägerleben 6.000 Rehböcke erlegen. Dies deckt sich mit

Daten der Fürstlich-Fürstenbergischen Jagdstatistik (STEPHANI 1938), wonach im Raum Donaueschingen alljährlich innerhalb weniger Tage während der Blattzeit von einzelnen Jagdgästen bis zu 50 Böcke erbeutet wurden.

These 2: „Es gibt überall viel zu viele Rehe"

Welcher Maßstab liegt dieser pauschalen Behauptung (z. B. REICHHOLF 1993) eigentlich zu Grunde? Ein ökologischer sicher nicht – entgegen anders lautender Beteuerungen. Denn wie auf S. 418 f. dargelegt, gelingt die Verjüngung standortsgerechter Wälder sehr wohl auch mit Wildbeständen, die mit konventionellen Methoden bejagbar sind. Bei entsprechendem Können und Wollen der Forstleute bedarf es nur in Ausnahmefällen noch des Zaunschutzes. Dennoch gehen die Kampagnen unvermindert weiter. Rehe sind Schädlinge, lernen die späteren Forstbeamten schon auf der Forstschule – was schließlich Forstpräsident BAUER von der Forstdirektion Nordwürttemberg 1999 zu Kritik und entsprechender Intervention veranlasste. „Die Bejagung kann der vielen Rehe gar nicht Herr werden", pauschaliert auch REICHHOLF (1993) mit dem Hinweis auf die ständig steigenden Abschusszahlen in den 1970er und 1980er Jahren. Doch inzwischen sind die insbesondere in staatlichen Regiejagden willkürlich hoch geschraubten Abschusspläne heute vielerorts gar nicht mehr zu erfüllen. In weiten Gebieten Deutschlands liegen die Rehwilddichten damit weit unterhalb des von der Biotopkapazität möglichen Niveaus.

Was wäre, wenn Rehe Federn und statt Schalen Schwimmhäute hätten? Dann würde ihre Bejagung sicher mit ganz anderen Augen gesehen, etwa so: „Wie können genetische Vielfalt und evolutive Prozesse von Populationen bei der Jagd so berücksichtigt werden, dass keine anthropogenen Beeinträchtigungen durch die Entnahme erfolgen? Dafür existieren bisher weder wissenschaftliche Grundlagen noch praktische Mechanismen", meint man im Bundesamt für Naturschutz (BOYE et al. 2000) – allerdings nur bezüglich der Jagd auf Wasserwild. Aus der Sicht des Artenschutzes sind Rehe wohl Tiere zweiter Klasse ...

Um sie weiter drastisch zu verringern, bedürfte es einer Änderung der jagdgesetzlichen Regelungen, die einst zur Erholung der fast verschwundenen Wildbestände geführt und bis heute die Erhaltung einer bemerkenswert artenreichen Wildfauna in der Kulturlandschaft garantiert haben.
Das jedenfalls meinen die im Ökologischen Jagdverband, einer jagdpolitischen Splittergruppe, vereinigten „Ökojäger". Mit welchem Fanatismus sie dabei zu Werke gehen möge das folgende Beispiel verdeutlichen:

20. Mai 1994, Anhörung der Verbände zum Entwurf einer Novellierung der Jagdzeiten für Gänse und Rehwild im Bundeslandwirtschaftsministerium. Der Entwurf sah entgegen der langjährigen massiven Forderungen des ÖJV wiederum keine Verlängerung der Jagdzeit auf Rehböcke über den 15. Oktober hinaus vor. Der ÖJV war durch seine Vorsitzende Elisabeth Straubinger vertreten, die mit dem Kampfgeist einer Frauenrechtlerin für ihre gute Sache stritt. Nämlich für eine Bejagung von Rehböcken auch, nachdem diese ihr „Gehörn" abgeworfen hätten und von weiblichem Wild dann schwieriger zu unterscheiden wären.
Hintergrund dieser Forderung ist natürlich das Ziel, das lästige „Ansprechen" entfallen zu lassen. Die Jäger könnten dann auf Treib- und Drückjagden endlich hemmungslos Dampf machen auf all diese Forstschädlinge. Dies war dem Vertreter des Tierschutzreferats im Bundesumweltministerium denn doch zu viel: Heißt das etwa, Sie nehmen bewusst in Kauf, auch Muttertiere zu erlegen? Was wird dann aus den führungslosen Kitzen? „Die werden dann schneller erwachsen", so die verblüffende Antwort der ÖJV-Vorsitzenden. Wie bitte? „Doch, das ist wissenschaftlich nachgewiesen!" Auf die diesbezügliche Frage des Sitzungsleiters nannte sie einen mir persönlich bekannten Biologen, der dies angeblich erforscht haben sollte. Meine schriftliche Anfrage erbrachte allerdings das Gegenteil. Der Kollege distanzierte sich entrüstet von solcher Ungeheuerlichkeit.

Übrigens, dieselbe Dame (nur hieß sie inzwischen wieder EMMERT) plädierte während eines am 11.10.1997 vom ÖJV veranstalteten Beutegreifer-Symposiums ebenso leidenschaftlich gegen die Bejagung von Prädatoren, sofern deren Pelzwerk nicht genutzt würde. Für besonders verwerflich hielt sie die Reduktion von Füchsen während der Sommermonate – *die Gefahr der Erlegung einer Junge führenden Fähe sei viel zu groß* ... Die Verabschiedung einer entsprechenden Resolution scheiterte am Widerstand der „Realos", die es offensichtlich auch im ÖJV gibt.

Damit nicht genug der kuriosen Widersprüche: Da ist einerseits die seit Jahren permanent erhobene Forderung, zumindest das Rehwild wie in der „guten alten Zeit" wieder mit der Schrotflinte zu bejagen, um Treib- und Drückjagden noch effizienter gestalten zu können.
Aber wo bleibt da der Tierschutzaspekt, auf den dieselben Leute so bereitwillig pochen, wenn es um die Bejagung anderer Wildarten geht? Zum Beispiel bei der Fallenjagd, einer zur Reduktion der meist nachtaktiven Prädatoren unerlässlichen Jagdmethode. Ist nicht das Risiko, einem Tier von der Größe eines Rehes durch einen schlechten Schrotschuss Leiden zuzufügen, viel größer, als dasjenige beim Fang von Fuchs oder Marder in den heute nur noch zugelassenen Totschlag- oder Lebendfallen?
Da ist zum anderen das Plädoyer, Schalenwild nur noch im Rahmen von Treib- und Drückjagden bejagen zu lassen. Die Effizienz solcher „Bewegungsjagden", insbesondere wenn sie gleichzeitig über mehrere Reviere hinweg durchgeführt werden, steht außer Frage. Aber warum soll sich der Jäger nicht auch an der Frühpirsch oder am Abendansitz erfreuen dürfen? Einzeljagd verursache viel zu viele Störungen über den größten Teil des Jahres hinweg, das Wild würde scheu und wage sich nicht mehr aus den Dickungen, so die Ökos.
Und jetzt kommt's: *„Auch die Erholung suchende Bevölkerung hat das Recht, ungestörte Rehe beobachten zu können ..."* Dieser so selbstverständliche Appell während der Anhörung der Verbände zu Jagd-

rechtsfragen am 15.2.2001 im neu gegründeten Ministerium für Verbraucherschutz, Ernährung und Landwirtschaft kam nicht etwa von einem Vertreter der Wandervereine, sondern – man lese und staune – von der ÖJV-Vorsitzenden Elisabeth EMMERT. – Gesinnungswandel?

Keineswegs, wie den stereotypen Hetzartikeln gegen diesen Waldschädling aus der Vereinszeitung „Ökojagd" immer wieder zu entnehmen ist.

Vielmehr hofft man nun, endlich einen Sündenbock präsentieren zu können, eine Antwort auf die anklagenden Fragen etwa der Kurgäste im Schwarzwald: Warum ist schon seit Jahren kein Reh mehr auf den Waldwiesen zu sehen wie früher? Die Jäger sind schuld mit ihren traditionellen Jagdmethoden, so die simplen, aber in sich schon widersprüchlichen Erklärungsversuche. Waren doch just in der Zeit, als es die viel propagierten Bewegungsjagden noch nicht gab, als die Abschusspläne fast ausschließlich über Pirsch und Ansitz erfüllt wurden, auch dem nicht jagenden Naturfreund noch Wildbeobachtungen möglich.

Nein, nicht der auch in diesem Zusammenhang wieder einmal bemühte „Störfaktor Jagd" ist schuld daran, dass nichts mehr zu

Die Effizienz von Bewegungsjagden steht außer Frage...

sehen ist, sondern die pauschalen, d. h. auch unter waldbaulichen Gesichtspunkten meist nicht mehr nachvollziehbaren Kampagnen gewisser Forstleute. Wenn gegen Ende der Jagdzeit immer wieder Drückjagden einberufen werden, weil die unrealistischen Abschusspläne nicht mehr zu erfüllen sind, und wenn dabei kaum mehr ein Reh im Anblick, geschweige denn zur Strecke kommt, dann geht

... doch ebenso hat die besinnliche Einzeljagd ihre Berechtigung.

der wildfreundliche Spaziergänger leer aus. Tote Rehe sind eben nicht mehr zu beobachten.

Ebenso wenig schlüssig ist das folgende Argument gegen die Einzeljagd. Die angestrebten naturnahen Wälder der Zukunft böten so viel Deckung, dass insbesondere das Rehwild nur noch mit Hilfe der Schrotflinte auf Bewegungsjagden kurz zu halten sei. Richtig. Allerdings – in ebensolchen wünschenswerten Waldökosystemen wird es, wie auf S. 417 dargelegt, auch keine nennenswerten Schäden mehr geben. Die so leidenschaftlich propagierten Aktionen zur Schädlingsbekämpfung mit allen Mitteln würden dann überflüssig. Schalenwild wäre wieder ein Mitglied der Lebensgemeinschaft Wald. Nicht Bekämpfung, sondern nachhaltige Nutzung wäre dann das Motiv für die Bejagung wie bei anderen Wildarten auch. – Bedarf es dann überhaupt noch einer solchen fundamentalistischen Gruppierung? Ein prominentes Gründungsmitglied hat den ÖJV unter Protest gegen die genannten Extremenpositionen bereits verlassen.

Ist das Motiv gegen die traditionelle Jagdausübung und für eine drastische Verkürzung der Jagdzeit in Wirklichkeit nicht ein ganz anderes? Der Jäger soll keine Freude empfinden dürfen, weder an der erholsamen Einzeljagd noch an der dabei gelegentlich erbeuteten Trophäe.

Sollte dies gelingen, wäre man dem angestrebten gesellschaftspolitischen Umbruch auch des Jagdwesens, „Jagdwende" genannt, ein gutes Stück näher gekommen.

Denn wer wird noch bereit sein, ein Revier zu pachten, wären die jagdlichen Aktivitäten nur noch auf die wenigen Tage der Bewegungsjagden im Herbst und Winter beschränkt? Und wie stünde es unter solchen Umständen um den Jägernachwuchs? Wer würde sich noch der zeitaufwändigen Prozedur zur Erlangung des Jagdscheins unterziehen und die nicht unerheblichen Kosten der Ausrüstung auf sich nehmen?

Bislang ging die Rechnung der Extremisten nicht auf. Infolge überzogener, unrealistischer Forderungen blieb ihr Verein ein kleines, wenngleich lautstarkes Häuflein, deren Mitgliedschaft sich im

Wesentlichen aus staatlichen Forstbeamten rekrutiert. Auch nach mehr als einem Jahrzehnt seines Bestehens könnte der ÖJV – so DJV-Präsident Baron HEEREMAN einmal ironisch – seine Hauptversammlung in einer Telefonzelle abhalten ...
Es gilt also, Verbündete zu suchen, um die politischen Ziele, insbesondere Änderungen der Jagdgesetze, besser durchsetzen zu können. Und die finden sich – auf den ersten Blick erstaunlich – ausgerechnet im Lager des Natur- und Artenschutzes. Dort sieht man, wie gesagt, Schalenwild mit ganz anderen Augen als die übrige heimische Tierwelt. Seitens des DNR gibt es keinen Protest gegen die Auflösung von Rotwildgebieten. Kein Aufschrei des Entsetzens, als die Grünen 1990 einen Antrag auf „rigorosen Totalabschuss" des Rotwildes im Schönbuch in den Stuttgarter Landtag einbrachten. Und dass es grundsätzlich zu viele Rehe gibt, weil die Jäger zu wenig schießen, ist auch in Kreisen des Naturschutzes gängige Vorstellung.
Warum nur werden Reh und Hirsch aus dem heutigen Artenschutzdenken völlig ausgeklammert? Wo bleibt im Falle der Wälder die allgemeine Tendenz, Ökosysteme möglichst sich selbst zu überlassen? Keinerlei regulierende Eingriffe in die Populationen von Prädatoren oder Wildgänsen, egal in welchem Maße Erstere die Fauna, Letztere die Flora verändern, heißt es doch sonst immer.
Wenig überzeugend sind die neuerlichen Versuche, diese unterschiedliche Beurteilung mit der Ineffizienz der Bejagung zu begründen. Füchse oder die stark angewachsenen Populationen der Wildgänse ließen sich gar nicht reduzieren, folglich sollten derartige Versuche tunlichst unterbleiben. Aber werden nicht immer wieder dieselben Zweifel hinsichtlich des Rehwildes laut, wie vorstehend dargelegt? Warum bleiben in diesem Fall dennoch die Forderungen nach drastischer Reduktion?
Die Antwort ist offensichtlich wiederum im gesellschaftspolitischen Bereich zu suchen. Rotwild diene nur dem „Lustgewinn der Politprominenz", so die Begründung für dessen Auslöschung im oben erwähnten Antrag unter Anspielung auf die von der Forstverwaltung organisierten Staatsjagden und die gelegentliche Erlegung

Warum soll man dem Jäger die Freude an der Trophäe nehmen?

von Trophäenträgern durch Staatsoberhäupter. Und das Reh ist nun einmal des Jägers „liebstes Kind". Daran hat er seine Freude, und das darf nicht sein. Neid ist bekanntlich eine Weltmacht.

Aller Ideologie zum Trotz ist es den Jägern gelungen, auch unser Schalenwild in der Kulturlandschaft zu erhalten. Davon profitieren weite Kreise der Bevölkerung, die nicht nur gerne Wildbret essen, sondern auch Hirsch und Reh gelegentlich mit eigenen Augen sehen wollen.

Haar- und Federwild
Welch grundlegend andere Wertschätzung genießen da doch die Wildarten, die sich nicht auf Schalen fortbewegen, und zwar unabhängig von ihrer Bestandsentwicklung und den dadurch verursachten Problemen. Steinmarder zerbeißen Elektrokabel und Kühlschläuche in Kraftfahrzeugen. Die ebenfalls hohen Fuchsdichten bedeuten, wie auf S. 317 f. erläutert, gesundheitliche Risiken auch

für den Menschen – dennoch strikte Ablehnung jeglicher regulierender Eingriffe zumindest seitens der Öko-Fundamentalisten. Denn die durch Tollwut oder Fuchsbandwurm drohenden Gefahren sind gefälligst durch entsprechende Medikation aus der Welt zu schaffen.

Etwas moderater liest sich auf den ersten Blick die vom Tierschutzgesetz abgeleitete Maxime der „Realos": Eingriffe sind nur zulässig, wenn die erbeuteten Tiere einer sinnvollen Nutzung zugeführt werden. Im Falle des Haarraubwildes bedeutete dies also eine Verwertung der Bälge und somit die Beschränkung von Jagd und Fang auf die Wintermonate. Jeder Praktiker weiß, dass sich so die heutigen hohen Fuchspopulationen nicht begrenzen lassen. Zumal zunehmende Reglementierungen der Fallenjagd deren Effizienz und Kampagnen gegen die Pelzmode den Absatz der Bälge erheblich beeinträchtigen.

Zur Reduktion nachtaktiver Prädatoren ist die Falle unverzichtbar.

Soviel zum Haarwild. Geht es gar um die jagdliche Nutzung *befiederter* Tierarten, schlagen die Wogen der Emotionen noch viel höher. Vögel haben eben eine breite Lobby unter Naturfreunden. Im Gegensatz zum eher nachtaktiven Haarwild sind sie tagsüber zu beobachten, viele Arten erfreuen durch Gesang im Frühjahr und Wasservögel durch das bunte oder kontrastreiche Gefieder der Männchen. Und dann ist da noch der rätselhafte Zug, den die meisten Vogelarten in unseren Breiten durchführen. Woher kommen die schnatternden Gänsescharen im Herbst, wohin ziehen sie im Frühjahr? Mehr als genug Gründe also, die gefiederten Lieblinge besonders ins Herz zu schließen, ihre Tötung im Rahmen der Flugwildjagd als „Vogelmord" anzuprangern und politische Kampagnen zu deren Beendigung zu lancieren:

„Stoppt die Zugvogeljagd in Deutschland!" Leidenschaftlich warb das Komitee gegen den Vogelmord e. V. im erklärten „Antijagdjahr" 1999 um Unterschriften für seine Vorstellungen. Ein entsprechender „Artenschutzbrief" wurde weit gestreut, er ging auch an alle Bundes- und Landtagsabgeordneten. Diesen versuchte man klarzumachen: *„Die Bestände europäischer Zugvögel sind seit Jahren rückläufig. Hauptgründe für diese dramatische Entwicklung sind Biotopvernichtung, Pestizideinsatz und insbesondere die Jagd."*
Extremisten ging diese Forderung nicht weit genug. Mit der Begründung „Jagd ist nicht mehr zeitgemäß" plädierten sie für eine gänzliche Abschaffung der Jagd und „Frieden für alle Wildtiere".

Diesem letztgenannten Fernziel wäre man durch das propagierte Verbot der Flugwildjagd tatsächlich sehr nahe gekommen, denn das Federwild macht den größten Teil der dem deutschen Jagdrecht unterliegenden Wildarten aus. Von diesen wiederum führen die weitaus meisten Arten, nämlich alle unsere Gänse, Enten und Schnepfenvögel, regelmäßige Wanderungen zwischen Brut- und Überwinterungsgebiet durch, sind also Zugvögel. Im Hinblick auf

deren Beliebtheit hatten die Initiatoren der Kampagne wohl am ehesten gehofft, generell Emotionen gegen die Jagd wecken zu können. Sehr richtig hatte schon vor zwei Jahrzehnten der damalige bayrische Jagdreferent Paul LEONHARD während einer Besprechung im Bonner Bundeslandwirtschaftsministerium festgestellt: *„Die Zukunft der Jagd wird auf dem Flugwildsektor entschieden."*
Die genannte Aktion ging ins Leere. Warum? Die Begründung des Antrags konnte nicht überzeugen, selbst für Laien klang sie unwahrscheinlich. Geht unsere Vogelwelt wirklich so alarmierend zurück, und ist daran tatsächlich *insbesondere die Jagd* schuld? Schon die in den vorstehenden Kapiteln dieses Buches dargestellten Forschungsergebnisse lassen jedenfalls erhebliche Zweifel an solch pauschalen Behauptungen aufkommen. Weitere Erkenntnisse zu dieser Thematik möge eine historische Betrachtung der Vogeljagd vermitteln.

Flugwildjagd einst
Von jeher und lange vor der Erfindung von Feuerwaffen zählten die befiederten Wildtiere zur begehrten Beute des Menschen. Essbar sind im Prinzip fast alle Vogelarten, doch hatten sich in dieser Hinsicht sehr unterschiedliche regionale Traditionen entwickelt und teilweise bis heute erhalten. Das breite Spektrum des Geschmacks – über den sich bekanntlich nicht zu streiten lohnt – mögen die folgenden Beispiele veranschaulichen.
Der Vorliebe der Eskimos in Alaska für Schneeeulen trägt der *US Fish and Wildlife Service* durch entsprechende gesetzliche Regelungen Rechnung. Sie dürfen zu Nahrungszwecken erbeutet werden. Im ehemaligen Ostpreußen waren es Nebelkrähen, die während ihres herbstlichen Durchzugs entlang der Kurischen Nehrung in Netzen gefangen und an die Restaurants in Königsberg geliefert wurden. Verständlicher wurde mir diese Vorliebe, nachdem ich immer wieder die im Rahmen meiner Dissertation erbeuteten Rabenkrähen probiert hatte.
Ähnliches kulinarisches Interesse an seinen Studienobjekten entwickelte auch der Habichtsforscher Robert KENWARD, der bei ent-

sprechender Zubereitung keinen Unterschied zu anderem Flugwild erkennen konnte.

Möwen, vor allem die größeren Arten, dienten zumindest in der Vergangenheit als Fleischquelle in den küstennahen Regionen Skandinaviens, und in Dänemark werden Säger, Eiderenten und junge Saatkrähen ebenso selbstverständlich verspeist wie bei uns Fasane, Rebhühner oder Schnepfen.

Am westlichen Bodensee und in einigen Regionen Frankreichs genießen Blässhühner gar höhere Wertschätzung als Wildenten, gegen die sie oft eingetauscht werden. Und in jüngster Zeit scheint selbst der Kormoran wieder zu Ehren zu kommen, wie die in Jagdzeitschriften gelegentlich veröffentlichten Kochrezepte erkennen lassen. Am Jägerstammtisch in einem Landgasthof im Hochschwarzwald wurde es offenbar: Das „Überraschungsmenü" aus Teilen verschiedener Wasservögel schmeckte allen vorzüglich, und niemand war in der Lage, Schwimm- oder Tauchente, Kormoran oder Saatgans als solche zu identifizieren.

In geschichtlicher Zeit waren fast alle Vogelarten einmal jagdlich interessant. Jahrhundertelang war der Fang von Wasservögeln in Netzen, Reusen oder „Entenkojen" von existenzieller Bedeutung für die nicht mit irdischen Gütern gesegnete Bevölkerung der Küstengebiete. Auch heute noch harren die Bewohner der einsamen finnischen Schären der Ankunft der Wasservögel im Frühjahr, liefern sie ihnen doch endlich frisches Wildbret nach einem langen Winter. In Notzeiten betrachtete man die während der Mauser flugunfähigen Wildgänse als willkommene und leicht erreichbare Fleischquelle. Infolge dieser Übernutzung war die Graugans schon im Laufe des 19. Jahrhunderts als Brutvogel aus Mitteleuropa verschwunden. Dieselben Folgen der Massentötungen von Mausergänsen auch anderer Arten zeigten sich übrigens im 20. Jahrhundert auch in der Umgebung menschlicher Siedlungen Osteuropas und Sibiriens (Zus.-f. in KALCHREUTER 1991 a und NOWAK 1995).

Schon seit dem frühen Mittelalter gab es Standesunterschiede auch hinsichtlich der Nutzung der verschiedenen Vogelarten. Die Falknerei war damals dem Hochadel vorbehalten, somit auch der Fang der hierfür benötigten Greifvögel wie auch die Jagd auf Raufußhühner und Trappen. Stein- und Seeadler und das Auerwild zählen daher heute noch zum Hochwild.

Dem niederen Adel und der Landbevölkerung stand die Nutzung der übrigen Vogelwelt zu. Auch bei uns gab es Vogelmärkte wie heute noch in Südeuropa. Handelskriterium war dabei weniger die Art, als deren Körpergröße. Zu den „Ganzvögeln" zählten z. B. Schnepfen, Tauben oder Spechte; alle Singvögel wurden als „Halbvögel" gehandelt, und zwar in Bündeln von in der Regel acht Vögeln. Eine ähnliche Differenzierung hinsichtlich der Wasservögel, nämlich in Stockenten und „Halbenten" fand sich übrigens noch im 20. Jahrhundert in den Jagdstatistiken süddeutscher Fürstenhäuser.

Auch bei uns war einst die Singvogeljagd sehr populär, selbst in Adelskreisen.

All diese Arten und insbesondere die meisten Singvögel galten als Delikatessen und wurden daher gut bezahlt. Besonders geschätzt auch auf fürstlichen Tafeln waren Lerchen, Meisen, Finken, Ammern und Drosseln. Stilleben von bunten Strecken aus einer Vielzahl von Vogelarten, vom Gimpel bis zur Blauracke, dargestellt auf großflächigen Ölgemälden in Herrschaftshäusern, zeugen noch von der einstmaligen Wertschätzung der gefiederten Beute.

Entsprechend vielfältige Methoden hatte man entwickelt, um der begehrten Vögel habhaft zu werden. Ausführliche Anweisungen hierüber vermittelte schon DÖBEL 1746 in seiner „Jäger-Practica". Die Rufe der in kleinen Käfigen aufgestellten Lockvögel veranlassten durchziehende Artgenossen zum Einfallen auf vogelleimbestrichenen Zweigen, auf denen sie kleben blieben und abgesammelt werden konnten.

Finkenvögel fing man in mit Körnerfutter beköderten Klappnetzen, die der in Deckung sitzende Vogelfänger auslöste. Sehr beliebt war der Fang von Drosseln in Schlingen aus Rosshaar, genannt „Dohnen", in die Vögel mit Hilfe der leuchtend roten Beeren der Eberesche gelockt wurden.

Erfahrene Fänger kannten die bevorzugten Aufenthaltsorte der durchziehenden Vögel und spickten diese mit Dohnen. Noch bis ins 20. Jahrhundert wurden auch vom Forstpersonal solche „Dohnenstiege" z. B. in Waldschneisen angelegt und täglich kontrolliert. Netze, unauffällig im buschigen Gelände aufgespannt, dienten dem Fang von Kleinvögeln. Diese Methode wird bis heute in den italienischen „Roccolos", speziellen Vogelgärten, angewandt, doch zunehmend mehr zur wissenschaftlichen Vogelberingung.

Jahrhundertelang war der Vogelfang in weiten Kreisen der Bevölkerung beliebt. Selbst Vertreter des Hochadels, übrigens auch die Damen, erfreuten sich an den „Vogelherden", den bevorzugten Durchzugsbiotopen von Kleinvögeln, wo sie sich mit allerlei Fanggeräten erbeuten ließen. Nach der Legende soll sich der Sachsenherzog Heinrich I., genannt der „Vogler", an seinem Vogelherd bei Quedlinburg am Fang von Finken vergnügt haben, als ihm Boten seine Wahl zum ersten deutschen König im Jahre 918 mitteilten.

In der Faszination des Vogelfangs und mit dem Aufkommen der Schrotflinten im Laufe des 19. Jahrhunderts der Vogeljagd lagen dann die Wurzeln der wissenschaftlichen Vogelkunde. Die früheren Ornithologen waren ja fast durchweg auch Vogeljäger.
Einer der prominentesten Ornithologen seiner Zeit war Johann Friedrich NAUMANN, Mitbegründer der Deutschen Ornithologen-Gesellschaft 1850 in Leipzig und deren erster Präsident. Die „Naumannia" wurde zum ersten offiziellen Organ der D.O.-G. und damit Vorläufer des „Journals für Ornithologie". Von 1822 bis 1844 verfasste er die zwölfbändige „Naturgeschichte der Vögel Mitteleuropas", das erste ornithologische Standardwerk, das auch von ausländischen Kollegen begeistert kommentiert wurde (HAFFER 2001). Es enthielt für jede (!) Art einen ausführlichen Abschnitt „Jagd". Ob Löffler (*Platalea leucorodia*), Kranich oder das versteckt lebende Zwergsumpfhuhn (*Porzana pusilla*), der versierte Klassiker der Ornithologie vermittelte seinen Lesern detailliertes Wissen, wo und wie diese Arten zu erbeuten sind und wie gut sie schmecken. Über fast zwei der großformatigen Seiten erstrecken sich z. B. die Anleitungen für eine erfolgreiche Bejagung der Blässhühner – von späteren Ornithologen als „Belchenschlacht" kritisiert – mit folgendem Kommentar: *„Für den guten Schützen, welcher seine Freude an vielem Morden findet, wie auch für den, welcher sie an vielem Knallen hat, ist diese Art Jagd ein köstliches Vergnügen; sie gibt viel Ausbeute, die von der ärmeren Volksklasse um billiges Geld gern gekauft und zur Speise benutzt wird."*
Diese Darstellungen, die sich inhaltlich weitgehend mit denen damaliger Jagdklassiker decken, wurden in der Neubearbeitung des „Naumann" von 1897 bis 1905 durch ein Team von 33 europäischen Ornithologen durchweg übernommen und lediglich durch einige neuere Informationen ergänzt. Ornithologie wurde damals weit überwiegend mit der Flinte betrieben, denn Ferngläser („Feldstecher") waren vor 1900 in diesen Kreisen noch wenig verbreitet. Auch Ornithologen-Tagungen endeten immer wieder einmal mit derart „bewaffneten" Exkursionen (PRINZINGER 2001).

■ Die jagdliche Nutzung der Vogelwelt war auch in Deutschland von jeher eine Selbstverständlichkeit!

Gesinnungswandel

Erste nennenswerte Beschränkungen, vor allem hinsichtlich der Sing- und anderer Kleinvögel, gab es erst ab Mitte des 19. Jahrhunderts. Sie waren keineswegs emotional motiviert, sondern eine Folge der zunehmenden Insektenschäden in den forstlichen Monokulturen. Man betrachtete die Vögel als „nützliche" Insektenvertilger und glaubte, mit ihrer Hilfe die klimatisch bedingten Kalamitäten um die Wende zum 20. Jahrhundert (s. S. 79) eindämmen zu können.

Auf Initiative von Forst- und Landwirtschaft kam es zunächst zu nationalen Vogelschutzregelungen und 1902 zu einer ersten internationalen Vereinbarung, der Pariser Vogelschutz-Konvention zum „Schutz der für die Landwirtschaft nützlichen Vögel", die von zwölf europäischen Ländern unterzeichnet und 1950 aktualisiert wurde. Neben (150) „nützlichen" Arten, die ganz oder wenigstens während der Fortpflanzungszeit geschützt werden sollten, waren auch die überwiegend „schädlichen" Arten aufgelistet (z. B. Greifvögel, alle Rabenvögel, Reiher und Kormorane), denen man weiterhin ohne Beschränkungen nachstellen konnte.

Es waren also in erster Linie ökonomische Überlegungen, also Vorstellungen von der Nützlichkeit, die schließlich zur Einstellung der Nutzung der meisten Singvogelarten in Deutschland und anderen Ländern nördlich der Alpen führten. Ein grundlegender Wandel in der Mentalität während der folgenden Jahrzehnte war die Folge. Ornithologen und Vogelfreunde, aber auch Jäger, deren Vorfahren sich noch am Kleinvogelfang zu Speisezwecken oder an der Haltung von Käfigvögeln erfreut hatten, wandten sich nun vehement gegen die Kollegen in süd- und westeuropäischen Ländern, in denen diese Traditionen auch weiterhin gepflegt werden. „Kein Urlaubsort, wo Vogelmord!", so die emotionalen Kampagnen gegen die „Vogelfresser", die die bei uns erbrüteten Zugvögelchen verspeisen.

Auch wenn in emotionalen Diskussionen Fakten wenig gefragt sind, verdient auch dieses Thema eine pragmatische Betrachtung. Welche Auswirkungen hatten die Fang- und Jagdtraditionen auf die Singvogelpopulationen? Mangels genauerer Statistiken einerseits und Bestandserhebungen aus früheren Zeiten andererseits lässt sich diese Frage sicher nicht genau beantworten. Aber gab es nach Einstellung der früher in England um Weihnachten üblichen Jagd auf Zaunkönige (JONES 1990) mehr von diesem kleinen Heckenbewohner? Oder welchen Anteil der durchziehenden Drosseln machten z. B. die 1,3 Millionen im Jagdjahr 1885/86 im damaligen Staat Preußen (SCHWENK 1982) erlegten Vögel aus? Jedenfalls scheint es keine dokumentierten Hinweise auf eine erkennbare Zunahme dieser Arten nach Beendigung der Jagd zu geben.

Nach heutigen Erkenntnissen der jagdökologischen Forschung war dies allerdings auch nicht zu erwarten. Wie auf S. 137 f. dargelegt, können Populationen von Singvögeln noch höhere Verluste verkraften als die größerer Arten.

Wie viel wird jagdlich genutzt?
Eine vage Vorstellung über die tatsächlichen Nutzungsraten der Singvögel vermittelt BERTHOLD (2000). Danach ziehen alljährlich etwa 200 Vogelarten von Eurasien nach Afrika und zwar – nach Schätzungen von MOREAU (1972) mit Hilfe verschiedener Methoden – in einer Gesamtzahl von über fünf Milliarden Individuen! Schwieriger abzuschätzen ist die Zahl der davon insgesamt erbeuteten Vögel. Nach BERTHOLD dürfte sie in der Größenordnung von etwa 300 Millionen liegen. Dies wären – so ungeheuerlich diese Vorstellung auf den ersten Blick auch klingen mag – im Schnitt weniger als zehn Prozent der ziehenden Vogelscharen. Nutzungsraten also, die keine negativen Auswirkungen auf Singvogelpopulationen erwarten lassen.

Mehr Erkenntnisse zu dieser Thematik vermittelte die Vogelberingung (s. hierzu S. 92 ff.). So erbrachten fast 60.000 in der italienischen Lombardei beringte Singdrosseln – um nur eine der intensiver bejagten Arten zu nennen – weniger als 700 (< 2%) Rückmeldungen (VIGORITA u. REGUZZONI 1989), was ebenfalls auf Erlegungsraten von weniger als 10% schließen lässt.

Auch über die Zugrichtungen wissen wir heute recht gut Bescheid. Danach ziehen nur 22% unserer Vogelarten nach oder durch Italien (BERTHOLD 2000) oder Malta (KALCHREUTER 1992), also in Länder, die besonders leidenschaftlich des „Vogelmords" geziehen werden. Ferner zeigte sich, dass die meisten mitteleuropäischen *Populationen* dieser Arten überwiegend in südwestlicher Richtung und damit nur zu geringen Anteilen nach Italien ziehen. Dorthin gelangen, entsprechend der Hauptzugrichtung SW, vor allem osteuropäische Vögel.

Dies gilt noch mehr für das südlicher gelegene Malta. Dort dient der Fang von Finkenvögeln (sieben Arten) übrigens weniger Speisezwecken, als vielmehr der Stubenvogelhaltung (KALCHREUTER 1992). Doch hierfür sind nur singende Exemplare, also nur Männchen interessant; Weibchen werden in der Regel wieder freigelassen, weshalb – entsprechend den Ausführungen von Kapitel S. 196 – keine nennenswerte Beeinträchtigung der Populationen zu erwarten ist.

Dies bestätigten schließlich die umfassenden Ringfundauswertungen von TUCKER et al. (1990) von 20 europäischen Vogelarten. Sie verglichen zwei Perioden unterschiedlicher Jagd-/Fang-Intensität (vor und nach 1980) mit den entsprechenden Populationstrends. Bei Singvögeln war kein Zusammenhang zu erkennen, die Trends schwankten unabhängig vom „Jagddruck". So war z. B. bei der Singdrossel nur auf den Britischen Inseln eine langfristige Abnahme über beide Perioden hinweg festzustellen. Doch eben dort ist diese Art überwiegend Standvogel, zieht jedenfalls nicht nach Italien. Die Rückgangsursachen sind also vor allem im eigenen Land zu suchen (mehr hierüber auf S. 387 ff.).

Soweit einige Fakten zu einem Thema, das vor allem in Deutschland bis heute Emotionen weckt. TV-Spots oder flüchtige Reiseeindrücke – Bündel von Zugvögeln auf italienischen Märkten – verleiten eben leicht zu weit reichenden Spekulationen. Auch BERTHOLD (2000) warnt davor, den Rückgang einer Reihe von Kleinvögeln (vor allem der jenseits der Sahara überwinternden Arten) auf diese simple Weise zu interpretieren und damit von den wirklichen Gefährdungsursachen abzulenken.

Diskussionen um die Flugwildjagd

Das zu Beginn der 1970er Jahre erwachende ökologische Denken führte dazu, auch die in Deutschland praktizierte Flugwildbejagung in Frage zu stellen. Den immer deutlicher artikulierten Forderungen nach Jagdverboten seitens des allmählich erstarkenden Naturschutzes konnte die Jägerschaft wenig entgegensetzen. War doch unsere Jagdwissenschaft bis dahin mit ganz anderen Themen befasst: Methoden zur Altersbestimmung, „Trophäenkunde" im weitesten Sinne des Wortes oder Maßnahmen zur Hege der klassischen Niederwildarten Hase, Rebhuhn und Fasan standen im Vordergrund der Interessen. Auch zoologische Arbeiten lagen im deutschsprachigen Raum vor allem im Bereich der Verhaltenskunde; dagegen mangelte es an Kenntnissen über Populationsdynamik – unerlässliche Voraussetzung zur Beantwortung jagdökologischer Fragen: Wie wirkt sich die jagdliche Nutzung auf die Wildpopulation eigentlich aus? Bedeuten jagdbedingte Verluste generell Bestandsgefährdung? Ging es um Flugwild, wurde letzte Frage gerne pauschal bejaht.

Die Versäumnisse rächten sich 1976, als im Zuge der Novellierung des Bundesjagdgesetzes der Katalog jagdbarer Tierarten (§ 2 BJG) beträchtlich gekürzt wurde. Betroffen waren davon z. B. alle Arten der Wat- oder Schnepfenvögel (*Scolopacidae*) außer der Waldschnepfe. Ein Jahr später folgte die Novellierung der Bundesjagdzeitenverordnung und damit verkürzte Jagdzeiten oder gar ganzjährige Schonzeit für eine ganze Reihe der noch im Jagdrecht verbliebenen Arten – jeweils mit der Begründung „verbesserter Schutz". Es fehlte damals eben an Argumenten gegen die willkürliche Unterteilung der bei uns regelmäßig vorkommenden 17 Entenarten in noch bejagbare und ganzjährig geschonte. Genauso hilflos stand die Jägerschaft dem ebenfalls verfügten Verbot der Balzjagd auf die Waldschnepfe gegenüber, denn auch zu dieser Frage gab es noch keine wirklich relevanten Untersuchungen.

Stattdessen baute das zuständige Jagdreferat im Bundeslandwirtschaftsministerium leichtgläubig auf die Ankündigung eines Vertreters der damaligen BFANL (heute Bundesamt für Naturschutz), mit diesen Jagdbeschränkungen wären die Auseinandersetzungen mit dem Natur- und Vogelschutz endgültig beigelegt ... Ein verhängnisvolles Vertrauen, wie sich bald zeigen sollte.

Eine gewisse Wende brachten zunächst die zur selben Zeit beginnenden Verhandlungen über die auf S. 245 geschilderte Brüsseler Vogelrichtlinie. Hier stieß das naive deutsche Vogelschutzdenken, von dem diese Initiative zur Beschränkung der Vogeljagd in der gesamten Europäischen Gemeinschaft ja ursprünglich ausgegangen war, auf das fundierte Wissen vor allem englischsprachiger Experten. Wenngleich die in Kapitel S. 130 ff. geschilderten umfassenden Forschungsprojekte zur Wirkungsweise kompensatorischer Mechanismen in jener Zeit erst anliefen, so war doch schon hinlänglich bekannt, dass nicht jeder erlegte Vogel *a priori* ein Schaden für die Population bedeutet. Den Brüsseler Entscheidungsträgern stand also internationales *Know-how* zur Verfügung. So bekundete – um nur ein Beispiel zu nennen – der damalige Direktor des IWRB (heute *Wetlands International*), Prof. MATTHEWS, während einer Anhörung von Verbänden im Juni 1977 in Straßburg sein Unverständnis hinsichtlich der ursprünglich vorgesehenen erheblichen Beschränkungen der Wasserwildbejagung. Sie schienen ihm aus fachlicher Sicht überzogen, wenngleich ihn als Nichtjäger die Belange dieser Gruppierung eigentlich nur wenig interessierten.

Im April 1979 wurde die Vogelrichtlinie unter weitgehender Berücksichtigung wissenschaftlicher Erkenntnisse, aber auch nationaler Jagdtraditionen, beschlossen. Entsprechend lang sind die in Anhang II aufgeführten Listen jagdbarer Vogelarten einzelner EG-Länder. Lediglich hinsichtlich der kleinen Singvogelarten obsiegten die Emotionen. Dennoch beharrten zwei der damaligen EG-Länder auf ihrem traditionellen Fang der Feldlerche – andernfalls wäre die Richtlinie möglicherweise gescheitert. Jagdbar blieben auch die fünf größeren Drosselarten, und zwar auch in den erst später der Europäischen Union beigetretenen mediterranen Ländern.

Wie sinnvoll sind Jagdverbote?
Der kurze Überblick über die Entwicklung der jagdlichen Nutzung befiederter Wildarten mag das Verständnis der heutigen Situation erleichtern und zur Beantwortung der nahe liegenden Frage beitragen: *Wie haben sich die im Laufe des 20. Jahrhunderts erwirkten Jagdbeschränkungen eigentlich auf die Vogelwelt ausgewirkt?*
Sicher, einige nach heutigem Empfinden tierquälerische Fangmethoden gehören seit Inkrafttreten der Vogelrichtlinie (bzw. der Berner Konvention von 1979 für Länder außerhalb der EU) der Vergangenheit an. Erhebliche Zweifel sind jedoch hinsichtlich der erhofften Auswirkungen auf den Erhaltungszustand der einzelnen Vogelarten angebracht.

▶ Gibt es etwa mehr Bekassinen in Deutschland, seit diese Art 1976 dem Jagdrecht entzogen und dem Naturschutzrecht unterstellt wurde? Nein, man erreichte dadurch eher das Gegenteil. Warum soll der jagdlich interessierte Eigentümer von Feuchtwiesen bei deren Bewirtschaftung noch die Biotopansprüche der Sumpfschnepfen berücksichtigen, wenn er sie nicht mehr jagdlich nutzen darf? Was damit gemeint ist, schilderte z. B. OLIVIER (2000) am Beispiel der Feuchtwiesen an der nordfranzösischen Atlantikküste. Nur dank der beträchtlichen Aufwendungen der Jäger zur Biotopgestaltung wurden sie zum Eldorado für Bekassine und Zwergschnepfe, was 1996 zur Aufnahme in die Liste der Natura-2000-Gebiete (FFH-Richtlinie, S. 489) führte. Es wäre unsinnig, die Bejagung dieser Arten in Frage zu stellen.

▶ Oder hatte das Verbot der Balzjagd auf die Waldschnepfe seit 1977 irgendwelche erkennbaren Auswirkungen auf die deutschen Brutbestände? Ebenfalls Fehlanzeige. Nach den auf S. 233 ff. dargestellten Forschungsergebnissen war das auch nicht zu erwarten. Lediglich die in Deutschland erzielten Jagdstrecken, die ohnehin weniger als 0,01 % der europäischen Gesamtstrecken ausmachen, gingen zurück.

▶ Aus fachlicher Sicht sinnlos war auch die genannte Vollschonung mehrerer Entenarten. Deren westpaläarktische Populationen wie auch die deutschen Brutbestände (s. S. 80 f.) hatten sich unabhängig von jagdlichen Regelungen entwickelt. Nach den Auswertungen des IWRB (RÜGER et al. 1986, SUDFELDT et al. 1997) fiel die deutlichste Zunahme, und zwar insbesondere der ehemals „seltenen Arten" wie etwa Löffel- oder Schnatterente, in die Zeit vor 1977, in der auch in Deutschland noch fast alle Arten bejagt wurden. Zudem waren damals die Jagdzeiten in den meisten europäischen Ländern länger. In Frankreich z. B. jagte man bis zum Jahr 1978 auf Wasserwild von Anfang Juli bis Ende März!

▸ Schließlich nahmen die in ihrem gesamten westpaläarktischen Verbreitungsgebiet bejagten Bläss- und Saatgänse in ähnlichem Maße zu wie die fast überall geschonten Ringel- und Nonnengänse (Abb. 36, S. 156). Dasselbe Phänomen zeigte sich übrigens bei den nearktischen Gänsearten, obwohl in Nordamerika die jagdlichen Nutzungsraten deutlich höher liegen als bei uns. Die Frage, ob und inwiefern die Zunahme der Blässgans in Westeuropa durch Zugverlagerungen von Ost nach West verursacht sei, wie z. B. MOOIJ (1993) argumentierte, ist in diesem Zusammenhang irrelevant. Die nordamerikanische Blässgans nahm trotz stärkerer Bejagung und ohne Zuwanderung im selben Maße zu wie die westpaläarktische (KALCHREUTER 2000 a).

Was ist aus diesen Beispielen zu erkennen?

▪ Die Bestände hatten sich über mehr als zwei Jahrzehnte hinweg unabhängig von jagdlichen Regelungen entwickelt. Ob jagdlich genutzt oder „geschützt" – es zeigten sich keinerlei Auswirkungen auf die Trends der betroffenen Populationen.

Somit bestätigten sich die in Kapitel S. 130 ff. dargelegten Erkenntnisse internationaler Forschung (Zus.-f. S. 241 f.), wonach *jede* Tierpopulation in artspezifisch unterschiedlichem Maße genutzt werden kann. Es besteht in dieser Hinsicht kein Unterschied zum Beispiel zwischen dem standorttreuen Rehwild oder der weit ziehenden Krickente. Die Nutzungsraten lagen bzw. liegen somit im Bereich der Nachhaltigkeit.

Ist damit die Diskussion um die Flugwildjagd beendet? Keineswegs. Die diesbezügliche Zusage von Prof. Wolfgang Erz (S. 470) entpuppte sich alsbald als Bauernfängerei.

Jagdbares Wild unter Naturschutzrecht?
In Deutschland gingen die Bestrebungen des Naturschutzes, weitere Arten dem Jagdrecht zu entziehen, schon in den 1980er Jahren weiter – schon damals mit der Vorstellung, alle Arten, für die 1977 keine Jagdzeit ausgewiesen war, dem Naturschutzgesetz zu unterstellen. Kaum nachvollziehbar vor allem im Hinblick auf nahe verwandte Arten: Stock- oder Reiherente im Jagdrecht – Löffel- und Schnatterente dagegen im Naturschutzrecht? An solchen Kuriositäten scheiterte dieses Ansinnen.
Zweierlei Motive beflügeln diese gleichwohl bis heute anhaltenden Bemühungen. Da ist einerseits die verwaltungstechnische Vorstellung der Behörden, im Interesse der „Rechtsklarheit" die Belange *aller* Tierarten nur noch in einem, nämlich dem Naturschutzgesetz geregelt zu sehen. Unbeschadet der Tatsache, dass das Jagdrecht – über den Straftatbestand der Wilderei – nicht nur effizienteren Schutz vor illegalen Nachstellungen gewährleistet. Es verpflichtet zudem eine konkrete Gruppierung, nämlich die Jäger zur „Hege", also zu Maßnahmen zur Erhaltung der dem Jagdrecht unterliegenden Tierarten. Die vielseitigen Bemühungen um eine Vielfalt von Arten und um Bestandsdichten, die eine Bejagung zulassen, entsprechen also durchaus diesem gesetzlichen Auftrag.
Das vorstehend bezüglich der Schnepfenvögel Gesagte gilt im Prinzip generell. Wäre der Grundeigentümer als Inhaber des Jagdrechts bereit, bei der Bewirtschaftung seiner Bergwälder die Biotopansprüche von Auer-, Birk- und Haselwild zu berücksichtigen, wenn das Motiv der Bejagung bzw. Einnahmen aus derselben nicht wirtschaftliche Einbußen wettmachen würden? Ähnliches gilt für Rebhuhn oder Feldhase im Flachland. Biotopgestaltung und Management opportunistischer Prädatoren sind, insbesondere in der derzeitigen klimatisch ungünstigen Periode, unerlässlich für die Erhaltung dieser Arten. Wer würde sich noch um sie küm-

mern, wären sie dem Jagdrecht und damit auch dem Jägerinteresse entzogen?

- Die Überführung vom Jagd- ins Naturschutzgesetz hätte für die betroffenen Arten keinerlei Vorteil – aber den großen Nachteil, dass die Verantwortung für sie diffus auf den Staat als Ganzes und somit auf niemand konkret abgewälzt würde.

Das zweite, das eigentliche Motiv ist jedoch ideologischer Natur. Es gilt, möglichst viele Tierarten, und insbesondere die befiederten, dem Zugriff der Jäger zu entziehen – und zwar für immer.
Doch gerade hierfür besteht, wie gesagt, aus fachlicher Sicht keine Veranlassung. Es sind immer wieder dieselben Argumentationsversuche, die sich deutsche Vogel- und Naturschutzgremien einfallen lassen, um ihre Ziele zu erreichen:

Temporäre Seltenheit
Sinken die Bestände einer Wildart unter ein bejagbares Niveau, so verfügen die zuständigen Jagdbehörden entweder eine ganzjährige Schonzeit, oder die Jägerschaft verzichtet freiwillig auf die Bejagung. Auch wenn sich eine solche Jagdverschonung über Jahrzehnte erstrecken sollte – wie etwa im Falle unserer Raufußhühner – besteht keinerlei Grund, sie deswegen dem Jagdrecht zu entziehen. Solch vorschnelle Schlüsse verbieten sich schon bei Betrachtung der in Kapitel S. 66 ff. geschilderten langfristigen Bestandsfluktuationen.
So befinden sich die Hühnervögel schon seit Jahrzehnten in einem – hauptsächlich klimatisch bedingten – Tief. Doch warum sollte sich deren Situation nicht wieder ändern wie schon einmal gegen Ende des 19. Jahrhunderts? Jedenfalls haben sich z. B. BEZZELS (1973) düstere Prognosen vor drei Jahrzehnten hinsichtlich Graureiher, Gänsesäger, vieler Entenarten, aller (!) Wildgänse, Habicht, Sperber, Mäusebussard oder Waldschnepfe ausnahmslos *nicht* bewahrheitet. Wer hätte damals geahnt, dass der Habicht innerhalb weniger Jahre zum Problem für einige bedrohte Beute-

tiere werden könnte? Wie schnell hatte sich der Kolkrabe vom einstigen scheuen „Kulturflüchter" zum opportunistischen Prädatoren gewandelt?

- Je langfristiger die Prognosen hinsichtlich des Schicksals von Tierarten, desto weniger entsprachen sie später der Realität.

Das mussten inzwischen auch die Verfasser der ersten Fassung der „Roten Liste bedrohter Vogelarten in der Bundesrepublik" erkennen (Deutsche Sektion des Internationalen Rates für Vogelschutz, 1971), worauf sich BEZZEL bezogen hatte. Die positive Bestandsentwicklung der meisten der genannten jagdbaren Arten widerlegte jedenfalls die pauschale Forderung nach „ganzjährigem Schutz". Sie verblieben bis heute im Jagdrecht, was flexible Regelungen je nach Bestandssituation ermöglicht.

Rote Listen
„Jäger bejagen Rote-Liste-Arten" – wie schrecklich, muss Lieschen Müller denken. Beschleunigen sie doch damit das weltweite Artensterben, von dem die Massenmedien immer wieder berichten. So dachte wohl auch der Präsident des Bundesamts für Naturschutz und forderte vollmundig in seiner Presseerklärung zum BfN-Positionspapier zur Änderung des Katalogs jagdbarer Arten (BfN 1999) vom 2. Mai 2001: Arten der Roten Liste haben nichts mehr im Jagdrecht zu suchen.
Gemach, gemach, Herr Präsident ... Was sind eigentlich „Rote Listen"?
Seit etwa drei Jahrzehnten gibt es diese Instrumentarien des Artenschutzes. Vorreiter auf internationaler Ebene war die Welterhaltungsunion (IUCN) mit dem 1966 erschienenen *Red Data Book*. Die IUCN *Red List of Threatened Animals* ist eine globale Dokumentation über etwa 15.000 Tierarten mit kritischem Erhaltungszustand. Sie wird laufend dem neuesten Stand des Wissens angepasst, das die über 7.000 Experten der IUCN-Artenschutzkommission einbringen. Auch die Kriterien zur Einstufung der Arten in die ein-

zelnen Gefährdungskategorien bedürfen mit Blick auf neue Erkenntnisse immer wieder der Überarbeitung.

Die globale IUCN *Red List* ist maßgebend für nationale und regionale Rote Listen oder sollte es jedenfalls sein. Neben der bundesweiten, vom BfN herausgegebenen Roten Liste (letzte Fassung von 1998) gibt es in Deutschland inzwischen Pendants für alle Bundesländer.

Rote Listen (RL) haben keine Rechtsnorm. Sie sollen lediglich über den Status der Arten nach dem neuesten Stand des Wissens informieren und Entscheidungshilfen hinsichtlich der Dringlichkeit von Maßnahmen zur Erhaltung der betreffenden Arten liefern. Oberstes Prinzip ist wissenschaftliche *Objektivität*, so der ständige Appell der IUCN. *Irgendwelche Forderungen sind dagegen aus Roten Listen nicht abzuleiten.* Diese ergeben sich vielmehr erst aus Aktions- oder Managementplänen, *nachdem die wirklichen Gefährdungsursachen ermittelt wurden.* – Im Klartext:

- Die Forderung nach Jagdverboten lediglich mit der Begründung „Rote Liste" ist schlichtweg unzulässig.

Die pragmatische IUCN-Konzeption findet nur zögerlich Eingang ins Denken deutscher Naturschützer. So enthielten die früheren, vor allem die regionalen RL noch pauschale Anweisungen, darunter oft an erster Stelle „Verschonung von der Jagd" (z. B. die RL der Brutvögel Baden-Württembergs von 1975). So verwundert ihre geringe Akzeptanz in weiten Kreisen der Bevölkerung nicht, zumal die Einstufung einiger Arten auch heute noch weniger von der Objektivität der IUCN-Kriterien als von politischem Wunschdenken geprägt ist. Die Diskussionen nach Aufnahme des Feldhasen in die bundesweite RL (Kategorie „gefährdet") einerseits und die Konsequenzen, die nun andererseits das BfN daraus abzuleiten versuchte, verdeutlichen die Problematik.

Ging es dem BfN im Falle jagdbarer Arten überhaupt um Objektivität? Erhebliche Zweifel sind angebracht. Denn während sich die Herausgeber des Fachwissens von Experten für die einzelnen

Was soll der Feldhase in der „Roten Liste"?

Artengruppen bedienten, blieben die mit jagdbaren Arten befassten Wissenschaftler außen vor. Trotz wiederholter Zusagen gegenüber dem DJV wurden sie *nicht* beteiligt. Mangels anderer Informationen leiteten die RL-Bearbeiter ihre Entscheidungen im Wesentlichen von Trends der Jagdstrecken ab. Doch die müssen ohne jagdkundliches Fachwissen zu Fehlschlüssen führen, was schon EYLERT (1993) am Beispiel von Baummarder, Iltis und Waldschnepfe aufzeigte. Wo die Besätze des Feldhasen örtlich zurückgehen, verzichten die Jäger auf die Bejagung, die Strecken fallen folglich stark ab und vermitteln kein Bild mehr über die Population. Den Mümmelmann gibt es überall in Deutschland, wenngleich, je nach Biotoptyp und Witterungsbedingungen, in sehr unterschiedlichen Dichten, wie auf S. 63 ff. dargelegt. Nach den ersten Ergebnissen der von der Jägerschaft nun initiierten Monitoring-Programme dürfte sich die gesamtdeutsche Hasenpopulation in Höhe mehrerer Millionen bewegen. – Was hat der Feldhase unter solchen Umständen in den RL zu suchen, und vor allem, was hat er davon? Wird das seine Bestandsschwankungen in irgendeiner Weise beeinflussen?
Völlig unverständlich ist denn auch die Aufnahme des Dachses in die RL einiger Bundesländer. Führt doch dessen starke Zunahme

nach Beendigung der Fuchsbau-Begasung in den 1960er Jahren inzwischen zu erheblichen Schäden in der Landwirtschaft.

Die Fragwürdigkeit deutscher RL zeigt sich insbesondere im Hinblick auf ziehende Arten, somit fast alle Wasser- und Schnepfenvögel. Wie auf S. 80 ff. dargelegt, sind längerfristige Schwankungen dieser Arten am Rand des osteuropäisch-westsibirischen Hauptbrutgebiets natürliche Vorgänge. Sie breiteten sich nach Westen aus – wie etwa Tafel-, Reiher- oder Schellente -, oder ziehen sich wieder nach Osten zurück, wie derzeit Knäk- und Moorente. Daran ändern weder Rote Listen noch jagdliche Regelungen etwas. Die Überbewertung lokaler Brutseltenheit einerseits und die Nichtbeachtung des IUCN-Kriteriums „Langfristig negativer Bestandstrend" führen zu kuriosen Einstufungen fast aller unserer Entenarten in deutschen RL. So findet sich z. B. die Tafelente in Baden-Württemberg in der Kategorie „stark gefährdet". Doch vor 50 Jahren brüteten Tafel- und Reiherente noch gar nicht in Westdeutschland! Sie waren damals nur Durchzugs- und Wintergäste, wie heute noch die Schellente, die aber bereits in Bayern brütet. Trotz der höheren Jagdintensität jenseits des Rheins hat sich die Reiherente inzwischen bis an die französische Atlantikküste ausgebreitet. Andererseits wird die Spießente als Brutvogel nördlicher Regionen in Norddeutschland stets spärlicher und unregelmäßiger Brutvogel bleiben, auch wenn sie auf den dortigen RL platziert ist. Einen festen Stammplatz auf fast allen deutschen RL hat natürlich auch die Waldschnepfe. Schon deshalb, weil die Bearbeiter diese versteckt lebende Art, wenn überhaupt, nur höchst selten zu Gesicht bekommen. Man hielt sie daher bei uns von jeher für gefährdet oder gar vom Aussterben bedroht. Die Kenntnis der auf S. 82 ff. geschilderten Bestandsentwicklung hätte zu einer differenzierteren Beurteilung führen müssen. Mit einer westpaläarktischen Population von über 15 Millionen war die Waldschnepfe für die Bearbeiter der IUCN-RL noch nie ein Thema.

■ Je kleinräumiger die Roten Listen, desto weniger aussagekräftig sind sie für ziehende Arten.

Im Wissen um die Problematik regionaler RL entwickeln die IUCN-Experten seit 1998 Anweisungen (*Guidelines*) für eine realistischere Einstufung von lokalen Teilpopulationen. Die Berücksichtigung der *Gesamtpopulation* ist hierfür unabdingbare Voraussetzung.
Das Beispiel Waldschnepfe gibt übrigens auch Anlass, Sinn und Zweck kleinräumiger RL zu hinterfragen. Für ihr lokales Vorkommen sind Faktoren verantwortlich, die kaum zu beeinflussen sind. Entsprechend hilflos, fordert man dann halt „Verschonung von der Jagd". Würde dieses realisiert, hätten wir keinerlei quantitative Informationen mehr über das Vorkommen dieser Art.

- Es wäre Zeit, statt des Katalogs jagdbarer Arten unsere Roten Listen nach Maßgabe der IUCN-Kriterien zu „entrümpeln".

Letzteres war zwar schon für die RL von 1994 seitens des BfN auch geplant, wurde aber nur hinsichtlich der gefährdeten Pflanzen berücksichtigt. Im Falle der gefährdeten Tiere vermochte man dieser Konzeption noch nicht zu folgen, „weil deren Bearbeitung bereits zu weit fortgeschritten" war (SCHNITTLER *et al.* 1994). Inzwischen sind acht Jahre vergangen – doch die Argumentation ist, wie wir gesehen haben, noch dieselbe wie eh und je ...

Internationale Konzepte – deutsche Interpretationen

Das deutsche Bemühen, möglichst vielen Arten die Käseglocke des Vollschutzes überzustülpen, entspricht immer weniger der Entwicklung auf internationaler Ebene. So verabschiedete die IUCN, weltweite Dachorganisation des Naturschutzes, während des 2. Welterhaltungskongresses im Oktober 2000 in Amman (Jordanien) eine wegweisende Grundsatzerklärung. Darin heißt es:
„*Die Nutzung wild lebender Ressourcen stellt, soweit sie nachhaltig erfolgt, ein wichtiges Instrument zur Erhaltung der Natur dar, da die durch eine solche Nutzung erzielten sozialen und wirtschaftlichen Vorteile dem Menschen Anreize geben, diese zu erhalten.*"
Dies gilt ausdrücklich sowohl für *consumptive* wie *non-comsumptive use* (entspricht sinngemäß „Nutzung"; inzwischen wird bei uns

meist der verdeutschte Terminus „konsumtiv" verwendet). Konsumtive Nutzung bedeutet Entnahme von Pflanzen und Tieren aus der Natur, somit auch Fischfang und Jagd. Demgegenüber beinhaltet die nicht-konsumtive Nutzung z. B. Naturbeobachtung im weitesten Sinne des Worts.

Oberstes Prinzip jeglicher Nutzung ist die *Nachhaltigkeit*. Was damit gemeint ist, war bereits unmissverständlich definiert worden im „Übereinkommen über die biologische Vielfalt", beschlossen 1992 in Rio de Janeiro. Nach Artikel 2 des Übereinkommens bedeutet nachhaltige Nutzung *„die Nutzung von Bestandteilen der biologischen Vielfalt in einer Weise und in einem Ausmaß, die nicht zum langfristigen Rückgang der biologischen Vielfalt führen, wodurch ihr Potenzial erhalten bleibt, die Bedürfnisse und Wünsche heutiger und künftiger Generationen zu erfüllen."*

Erhaltung der biologischen Vielfalt und deren nachhaltige Nutzung sind also keine Gegensätze! Sie bedingen sich vielmehr gegenseitig, und diese Erkenntnis zieht sich wie ein roter Faden durch den gesamten 33-seitigen Vertragstext.

Entscheidungshilfen zur Frage, ob eine Nutzung nachhaltig ist oder nicht, liefert wiederum die IUCN-Artenschutzkommission, genauer gesagt, die darin 1994 etablierte „Initiative Nachhaltige Nutzung". Sie hat inzwischen Fachgruppen in allen Kontinenten gegründet, die sich mit regional typischen Nutzungsweisen nachwachsender Naturgüter und mit der Frage befassen: Wie wirken sich die menschlichen Nutzungsaktivitäten auf die betroffenen Populationen aus?

Bezüglich der jagdlichen Nutzung geht es also um die in Kapitel S. 130 ff. geschilderte Thematik. Solche konkreten Forschungsergebnisse sind zwar erwünscht, aber zwangsläufig erst begrenzt verfügbar. Insofern kommt dem „traditionellen Wissen" (IUCN-Police), also seit Generationen überlieferten Erfahrungen mit Nutzungstraditionen, besondere Bedeutung zu. Mit anderen Worten:

■ Seit Menschengedenken betriebene Jagdtraditionen ohne erkennbare negative Auswirkungen auf die betroffenen Populationen oder Ökosysteme sind als nachhaltig zu betrachten, auch wenn die Unbedenklichkeit (noch) nicht durch exakte Untersuchungen bestätigt werden konnte.

Damit will man einer zu engen Auslegung des „Vorsorgeprinzips" (*precautionary principle*) in Naturschutzkonventionen begegnen; also einem Verbot traditioneller Nutzung lediglich mit der Begründung, es sei noch zu wenig über deren Auswirkungen bekannt.
Hierzu ein aktuelles Beispiel: Während der 1. Vertragsstaatenkonferenz zum AEWA 1999 in Kapstadt war noch zu wenig bekannt über den Erhaltungszustand der Zwergschnepfe und damit deren Einstufung im AEWA-Anhang. Bis zur Klärung dieser Frage durch den Wissenschaftlichen Ausschuss des AEWA (KALCHREUTER 2002) blieb die in einigen westeuropäischen Ländern praktizierte traditionelle Bejagung dieser Art möglich.
Nachhaltige Nutzung zur Erhaltung der Natur? Die weltweiten Erfahrungen, manifestiert in der IUCN-Police, widersprechen diametral unseren Vorstellungen vom Käseglocken-Naturschutz. Andererseits zwingen die internationalen Konventionen, die ja auch Deutschland ratifiziert hat, sich auch hierzulande mit der Materie zu befassen. Zwei Workshops, veranstaltet vom BfN im Dezember 1999 und September 2000 mit Vertretern der verschiedensten an Naturschutz und -nutzung interessierten Gruppierungen sollten klären, wie die Termini „konsumtive Nutzung" und „Nachhaltigkeit" aus deutscher „naturschutzfachlicher" Sicht zu interpretieren wären. Denn die eindeutigen Definitionen von IUCN bzw. Rio-Konvention lassen sich kaum mit den ganz andersartigen ideologischen Vorstellungen von Naturschutz vereinbaren, nämlich die Jagd soweit wie möglich zu beschränken. Das Problem versuchte man durch folgende Interpretationen zu lösen.

Konsumtive Nutzung

„Die konsumtive Nutzung von Wildtieren setzt ihre Verwertung zur menschlichen Nutzung (u. a. Ernährung, Kleidung) voraus." Mit diesem auf den ersten Blick einsichtigen Dogma hoffte das BfN alsbald Politik machen zu können. So heißt es in dem genannten Positionspapier: Alle Arten ohne konsumtive Bedeutung sind dem Jagdrecht zu entziehen. Vom Haarwild blieben bei dieser seltsamen Auslegung damit nur noch die Schalenwildarten, Wildkaninchen und Fuchs übrig.

Wenn die Öko-Fundis keine anderen jagdlichen Motive als Nahrung und Kleidung mehr gelten lassen wollen, so ist das ihre Sache. Ihre Vorstellungen stehen jedoch eindeutig im Widerspruch zum Bundesjagdgesetz (§ 1), das die Jäger zur Erhaltung eines *„artenreichen* und *gesunden* Wildbestandes" wie auch zur Vermeidung von *Wildschäden* verpflichtet. Unberücksichtigt blieben insbesondere die folgenden Aspekte:

▸ Zur Erhaltung der Artenvielfalt in der Kulturlandschaft bedarf es Maßnahmen zur Kontrolle opportunistischer Prädatoren, und zwar unabhängig von deren späterer Verwertung.

▸ Dasselbe gilt für Eingriffe zur Bekämpfung seuchenartiger Erkrankungen, von denen eine Vielzahl von Wildtieren befallen werden können. Erinnert sei an das Seehundsterben von 1988 oder die immer wieder auftretenden Botulismus-Epidemien bei Wasservögeln.

▸ Zur Verminderung von Wildschäden sind jagdliche Maßnahmen erforderlich, und zwar nicht nur beim Schalenwild. Auch Gänse, Tauben oder Rabenvögel können landwirtschaftliche Schäden verursachen. Und in der Schweiz denkt man bereits über die Erlegung einzelner für die Schafhaltung problematischer Luchse nach.

▸ Völlig verkannt wird denn auch der ideelle Wert konsumtiver Nutzung als Triebfeder für die Erhaltung natürlicher Ressourcen, in diesem Fall der Wildtiere und ihrer Lebensräume. Weit höher als der Erlös für Wildbret oder Pelzwerk steht für die heute bei uns betriebene Jagd das ideelle Motiv des jagdlichen Erlebnisses im Kurs; und zwar unabhängig davon, ob dieses gegenwärtig schon mit einer Erbeutung endet oder nicht. Die Hoffnung auf jagdliches Erleben in der Zukunft hat die Jäger von jeher zu beachtlichen Leistungen bei der Erhaltung der

Wildtiere angespornt. Wer hat denn Wisent oder Steinbock vor dem Aussterben bewahrt? Nicht „der Naturschutz", den es damals in der heutigen arroganten Form gar nicht gab, sondern die Jäger. Heute engagieren sie sich für die Raufußhühner, beteiligen sich an Projekten zur Erhaltung von Seeadler, Rohr- und Wiesenweihe in Schleswig-Holstein, sowie bei der Neubegründung einer baumbrütenden Population des Wanderfalken in der Norddeutschen-polnischen Tiefebene, wo diese Art seit Jahrzehnten verschwunden war. Selbstverständlich geht es dabei nicht um die jagdliche Nutzung, sondern um das Erlebnis einer artenreichen Tierwelt. Dasselbe gilt für die Bemühungen um die Erhaltung der Großtrappe in Brandenburg.

▶ Insofern genießen Erinnerungsstücke an jagdliches Erleben, nämlich Trophäen im weitesten Sinne des Wortes, weit höhere ideelle Wertschätzung als Braten oder Pelzmantel: etwa die kontrastreich gezeichnete Dachsschwarte, Ganzpräparate vom

Dank der gemeinsamen Bemühungen von Falknern und Jägern brütet der Wanderfalke erstmals wieder auf Baumhorsten und kann nun auch Wälder des Flachlandes besiedeln.

erbeuteten Marder, Hermelin und Eichelhäher oder vom Rotmilan, der an der Hochspannungsleitung verunglückte. Wenn der BfN-Präsident darin nichts anderes sehen kann als „ausgestopfte Staubfänger", so ist das sein Problem. Für den Jäger sind es Erinnerungen an viele erlebnisreiche Tage in seinem Revier. Sie zeugen von dessen Artenvielfalt und können Freunde und Bekannte, die weniger Gelegenheit zur Naturbeobachtung haben, mit heimischen Tieren vertraut machen.

Würden diese Arten vom Jagd- ins Naturschutzrecht befördert, ginge das Aneignungsrecht auch im Falle tot gefundener Exemplare verloren. Sie müssten dann ebenso verrotten, wie heute schon die vielen ehemals jagdbaren Arten. Denn deren Privatbesitz ist heutzutage nicht mehr gestattet und der Bedarf für Lehrzwecke weitgehend gedeckt. – Also vergammeln lassen ...?

Nachhaltigkeit
Nachhaltige Nutzung der Wildbestände war von jeher oberstes Prinzip der Jagd in Deutschland, vergleichbar dem Nachhaltigkeitsprinzip in der geregelten Forstwirtschaft. Bewusst – über Jagd- und Schonzeiten –, aber auch unbewusst wie auf S. 409 erläutert, richtet sich die Jagdintensität nach dem Wildvorkommen, um Übernutzung zu vermeiden. Die im deutschen Jagdwesen praktizierte Nachhaltigkeit der Wildnutzung entspricht also voll und ganz dem populationsökologisch klar definierten Begriff in der Konvention von Rio. Mit anderen Worten:

■ Eine Nutzung ist dann nachhaltig, wenn sie sich im Bereich der Wirksamkeit der in Kapitel S. 131 ff. und 154 ff. geschilderten kompensatorischen Mechanismen bewegt.

Soweit das internationale Verständnis. Eigenwillige Vorstellungen hat demgegenüber das BfN entwickelt: Nachhaltigkeit setzt die *Akzeptanz der Nutzung in der Öffentlichkeit* voraus, hieß es da während der genannten Workshops. Nichts dergleichen steht in irgendeiner internationalen Konvention!

Weitere Definitionsversuche, die letztlich auf nichts anderes abzielen, als die zulässige jagdliche Nutzung von Zugvogelpopulationen in eine unzulässige umzumünzen, hat bereits LINDEROTH (2001) kritisiert. So halten z. B. MITLACHER (1997) oder BOYE und HAUPT (2000) die Jagd auf Wasserwild in Deutschland nicht für nachhaltig, weil deren wirtschaftliche Bedeutung bzw. die Notwendigkeit der Versorgung der Bevölkerung mit Wildfleisch nicht gegeben sei. Solche Vorstellungen entbehren schon deshalb jeder sachlichen Grundlage, weil Enten und Gänse von jeher der menschlichen Ernährung dienten – egal ob sie früher in Entenkojen gefangen wurden oder heute im Rahmen der Freizeitjagd zur Strecke kommen. Des Weiteren enthält keine der diesbezüglichen internationalen Vereinbarungen – weder die Ramsar-Konvention noch das AEWA – irgendeine Klausel hinsichtlich der späteren *Verwertung* der Wasservögel oder des *Motivs* für deren Bejagung! Es geht einzig und allein um den populationsökologischen Aspekt. – Und dass die Voraussetzungen dafür erfüllt sind, das zeigt doch die positive Entwicklung der natürlichen Ressource Wasserwild während der vergangenen drei Jahrzehnte.

Völlig fremd scheint den Eiferern schließlich die Zielsetzung der Ramsar-Konvention von 1971, an die die EU-Kommission 1995 wieder erinnerte (Bundesratsdrucksache 438/95). In einem Appell an die nachhaltige Nutzung von Feuchtgebietsressourcen heißt es darin unmissverständlich:

„Die Bejagung von Wasser- und Watvögeln ist in Europa eine beliebte Freizeittätigkeit und kann für die Besitzer von Feuchtgebieten eine wichtige Einnahmequelle darstellen. Darum sind Jagdverbände eine wichtige Triebkraft für die Erhaltung von Feuchtgebieten."

So jedenfalls sieht die internationale Einschätzung der Wasserwildjagd aus. Und was macht das BfN daraus?

„Managementpläne"

Diese Forderung bezieht sich auf neun ziehende Flugwildarten (acht Wasservögel und Ringeltaube), die zwar auch nach Auffassung des BfN im Jagdrecht verbleiben könnten. Doch hat die Bejagung zu unterbleiben, bis hierüber „international abgestimmte Managementpläne" erstellt wären. Nur unter dieser „unverzichtbaren Voraussetzung" sei die jagdliche Nutzung vertretbar, meint man unter Bezug auf das AEWA. Doch dieses Abkommen sieht derartige Pläne ausdrücklich nur für die dort aufgelisteten Arten bzw. Populationen vor (Spalte A in Tab. 1 des Aktionsplans), und hierunter fällt keine der acht Wasservogelarten! Höckerschwan, Bläss- und Saatgans, Löffel-, Reiher-, Tafel- und Krickente sowie das Blässhuhn befinden sich in „günstiger Erhaltungssituation". Und die wurde unter den bisherigen jagdlichen Regelungen erreicht, die folglich in Einklang mit den Erfordernissen des AEWA stehen. Dies gilt sinngemäß und erst recht für die Ringeltaube. Was sollen da Managementpläne? Hierzu gibt es weder rechtliche noch sachliche Begründungen.

Was sollten solche Managementpläne eigentlich beinhalten? Hierüber ist dem BfN-Papier nichts zu entnehmen. Etwa Erhebungen zum Bruterfolg im Sommer, um dementsprechende Erlegungsquoten für die Bejagung im Herbst und Winter festzulegen? Womöglich noch aufgeteilt unter die vielen Länder des weiten Zugareals? Wenig durchdacht sind solche utopischen Vorstellungen, die gelegentlich aus Vogelschutzkreisen verlauten. Denn wer soll alljährlich (!) den Bruterfolg ermitteln in dem riesigen Brutareal unserer Wasservögel, das sich bis weit ins Westsibirische Tiefland erstreckt? Und vor allem – wer soll das bezahlen?

Selbst im fortschrittlichen *Waterfowl Management* Nordamerikas ist man – unter Bezug auf die fundierten jagdökologischen Forschungsergebnisse (S. 154 ff.) – von solch aufwändigen Methoden weitgehend abgekommen und investiert die Gelder sinnvoller in Biotopverbesserungsmaßnahmen. Und die regionale Aufteilung von Erlegungsquoten – unter dort nur drei Staaten – war noch nie ein Thema.

Möglicherweise wissen die Initiatoren des BfN-Vorschlags um die Unsinnigkeit ihrer Forderung. Daher die Prioritäten: Zuerst Jagdverbot, womit das wichtigste Ziel erreicht wäre, dann – vielleicht oder auch nie – Managementplan.

Naturschutz – die große Lüge?
Die Masche ist nicht neu. Immer wieder einmal hatten Vertreter des behördlichen Naturschutzes versucht, mit dem Hinweis auf internationale vertragliche Verpflichtungen ihre persönlichen, um nicht zu sagen egoistischen Vorstellungen durchzusetzen. Damals waren es unsere Rabenvögel, die *quasi* über Nacht unter „besonderen Schutz" und damit in eine höhere Schutzkategorie als in allen anderen EU-Ländern gestellt wurden (S. 447); dies mit der Behauptung, nur so könne die Bundesrepublik einer Anklage vor dem Europäischen Gerichtshof entgehen.

Heute sind es gleich 73 der 96 dem Jagdrecht unterliegenden Haar- und Federwildarten, die das BfN im Naturschutzgesetz und damit unter seiner Obhut wissen möchte – und wieder mit der Begründung einer „überfälligen Anpassung an internationale Standards" und die vorstehend bereits gewürdigten hausgemachten „naturschutzfachlichen Erkenntnisse". – Nichts davon ist wahr.

Erstens lassen sich weder aus den EU-Richtlinien noch aus den auch von Deutschland ratifizierten internationalen Konventionen und Abkommen irgendwelche Verpflichtungen ableiten, in welchen nationalen Rechtskreisen die darin erfassten Arten auszusiedeln wären. Zweitens ist in all diesen Rechtsvorgaben *die nachhaltige jagdliche Nutzung der aufgelisteten Arten als legitime Nutzung natürlicher Ressourcen* ausdrücklich bekräftigt.

So ist die EU-Vogelrichtlinie ein Instrument zum *Management* europäischer Vogelarten (nur in Deutschland wird die internationale Bezeichnung *Bird Directive* stets fälschlich und tendenziös als Vogel*schutz*richtlinie interpretiert). Die Anhänge sehen für Deutschland die Bejagung von 37 Arten vor, also mehr als die 27 Arten, die die derzeitige Bundesjagdzeitenverordnung von 2002 freigibt. Aus Brüsseler Sicht können auch Löffel-, Knäk- und Schnatterente, Rabenkrähe, Elster und Eichelhäher sowie die Bekassine bejagt werden. Wo bleibt denn unter diesem Aspekt die von Schützerkreisen immer wieder lauthals geforderte „konsequente Umsetzung der Richtlinie in nationales Recht"? Das hätte bei uns eine beträchtliche Ausweitung des jagdbaren Artenspektrums sowohl auf Bundesebene als auch in den Bundesländern zur Folge. Letztere hatten ohne nachvollziehbare Zwänge fachlicher oder rechtlicher Art den vom Bundesrecht vorgegebenen Rahmen weiter eingeschränkt, worauf auch LINDEROTH (2001) verweist.

Verschwiegen wird *bei uns* auch die Möglichkeit von Ausnahmen von den Schutzbestimmungen der Richtlinie, nämlich nach deren Artikel 9, sofern die von Vögeln verursachten Probleme nicht anders als über jagdliche Eingriffe zu lösen sind. Das aktuellste Beispiel hierfür ist die Ringeltaube, deren Jagdzeit man nach Maßgabe der Richtlinie drastisch kürzen zu müssen glaubte – andernfalls drohe der Bundesrepublik Deutschland ein Verfahren vor dem Europäischen Gerichtshof.

Warum nur ist das in England, obwohl ebenfalls im Geltungsbereich der Vogelrichtlinie, so ganz anders? Dort können Ringeltauben das *ganze Jahr über* bejagt werden, unter Bezug auf den genannten Artikel 9, nachdem die dortige Regierung dies fordert und der alljährlichen Berichtspflicht genügt.

Falsch ist auch die BfN-Interpretation der EG-Verordnung 338/97. Diese ist nichts anderes als die Umsetzung des Washingtoner Artenschutzabkommens CITES (s. S. 105) für den Bereich der EU-Staaten. Sie regelt allein den grenzüberschreitenden *Handel* und berührt nicht die nationalen Regelungen der jagdlichen Nutzung oder notwendiger Eingriffe in die Populationen. Es ist daraus also z. B. kein Jagdverbot für die Knäkente abzuleiten, wie dies seitens des BfN versucht wird. Im Übrigen zählt diese Art mit einer Gesamtpopulation zwischen zwei und vier Millionen zu den häufigsten Enten der Paläarktis (FOKIN et al. 2000).

Dagegen sucht man das AEWA vergebens unter den im BfN-Entwurf aufgelisteten Regelwerken. Warum wohl? Dieses nach dem neuesten Stand des Wissens konzipierte Abkommen steht eben in krassem Widerspruch zu ideologischen Vorstellungen. Gestattet es doch die jagdliche Nutzung fast aller der bei uns regelmäßig vorkommenden und dem Jagdrecht unterliegenden Wasservogelarten. Soviel zum jüngsten Versuch, die jagdbare Artenvielfalt aus „naturschutzfachlicher" Sicht zu beschneiden.

Jagdrecht in Schutzgebieten
Ähnlich motiviert sind die Bestrebungen, ganze Gebiete jagdfrei zu halten – und zwar wiederum mit dem Hinweis auf internationale Verpflichtungen. Wie sieht in diesem Punkt die Wirklichkeit aus? Die Erkenntnis, dass die Zerstörung von Lebensräumen für die meisten Tierarten, insbesondere solcher mit ausgeprägten Biotopansprüchen, weit problematischer sind als die Entnahme einzelner Individuen, fand zunehmend in internationalen gesetzlichen Vorgaben und Abkommen Berücksichtigung. Sie verpflichteten die Vertragsstaaten, Schutzgebiete auszuweisen.

So entstanden (in chronologischer Reihenfolge) die folgenden Kategorien geschützter Lebensräume:

- ▶ „Feuchtgebiete von internationaler Bedeutung" gemäß der Ramsar-Konvention von 1971, ursprünglich mit dem alleinigen Ziel der Erhaltung von Wat- und Wasservögeln,
- ▶ „Europareservate" für streng geschützte Pflanzen- und Tierarten der Berner Konvention von 1979,
- ▶ „Special Protected Areas" (SPAs) für Vogelarten des Anhangs I der EU-Vogelrichtlinie von 1979,
- ▶ ein Netz von „Natura-2000"-Gebieten zur Erhaltung der in der Fauna-Flora-Habitat-(FFH)-Richtlinie der EU von 1992 aufgelisteten Tier- und Pflanzenarten sowie der „natürlichen Lebensräume von gemeinschaftlichem Interesse".

Zweck all dieser Schutzgebiete, die in einigen Bundesländern bereits einen beachtlichen Teil der Land- und Gewässerflächen einnehmen, ist einzig und allein der Schutz der Lebensräume.

- ■ Aus keinem der genannten Richtlinien- bzw. Vertragstexte lässt sich die Forderung nach einem generellem Jagdverbot in diesen Gebieten ableiten.

Die Vertragsstaaten haben lediglich durch Erlass nationaler Verordnungen für die Realisierung der Schutzziele zu sorgen. Dabei sind – so die Vorgaben der beiden EU-Richtlinien – menschliche Aktivitäten nur zu untersagen, sofern sie diese Zielsetzungen *erheblich* beeinträchtigen. Und die Ramsar-Konvention verpflichtet, wie bereits erwähnt, zur „Erhaltung, Hege und *wohl ausgewogenen Nutzung* der Bestände ziehender Wat- und Wasservogelarten" in Feuchtgebieten von internationaler Bedeutung. Also kein pauschales Verbot der Wasserwildjagd, wie immer wieder behauptet wird. Vielmehr ist vor Ort zu entscheiden, ob räumliche oder zeitliche Beschränkungen auf der Basis der in Kapitel S. 249 ff. dargestellten Erkenntnisse sinnvoll oder notwendig wären, um *erhebliche* Beeinträchtigungen der Vögel zu vermeiden.

Trotz dieser internationalen Vorgaben stößt deren Umsetzung auf nationaler Ebene zunehmend auf Widerstände der betroffenen Bevölkerungskreise. Warum eigentlich? Mit diesen Fragen befasste sich die Arbeitsgruppe (*Intergroup*) „Jagd, Fischerei und Umwelt" des Europäischen Parlaments am 3.10.2001 in Straßburg. Die Analyse der Problematik ergab Folgendes:

Die EU-Mitgliedsstaaten haben einen gewissen Freiraum, strengere Regelungen zu erlassen, als die Richtlinien vorgeben. Das kann zu einer Art Wettbewerb führen, „Musterschüler" der EU zu werden und so – mit dem Hinweis auf Zwänge von Brüssel – weit über die eigentlichen Ziele hinauszuschießen.

Dies kommt zwar einerseits ideologischen Vorstellungen von weitgehendem Nutzungsverzicht entgegen – so hatten z. B. die Niederlande nicht nur die Jagd auf alle ziehenden Flugwildarten untersagt, sondern auch totales Jagdverbot in ihren Natura-2000-Gebieten verordnet.

Andererseits führte ein derartiges Vorgehen zu massivem Widerstand von Grundbesitzern und Nutzungsberechtigten, die bei der Planung von Schutzgebieten oft genug schlichtweg übergangen wurden. Eine kontraproduktive Entwicklung in Hinblick auf die Zielsetzung und keineswegs im Sinne der EU-Kommission als „Hüterin der Verträge". Denn schon in der Präambel zur FFH-Richtlinie heißt es unmissverständlich:

„Die Erhaltung der biologischen Vielfalt kann in bestimmten Fällen die Fortführung oder auch die Förderung bestimmter Tätigkeiten des Menschen erfordern."

Mit anderen Worten: Der Schutzzweck – und nur dieser allein – soll jeweils die Nutzung der Habitate, Pflanzen und Tiere bestimmen. Soweit die rechtliche Seite. Aber auch aus fachlicher Sicht ist die ideologisch motivierte Konzeption, in Schutzgebieten „alles sich selbst zu überlassen", höchst fragwürdig – bei allem Verständnis für die Sehnsucht nach heiler, vom Menschen unberührter Natur.
Die Notwendigkeit der Kontrolle opportunistischer Prädatoren als Instrument des Artenschutzes wurde im Kapitel S. 280 ff. bereits ausführlich erörtert. Und wie ist eigentlich ein Verbot traditioneller jagdlicher Nutzung sachlich zu begründen, wenn sich die Erlegungsraten im Bereich der kompensatorischen Mechanismen bewegen, die Bestandsentwicklung also nicht nennenswert beeinflussen? Kurzfristige Vertreibungen von Wasservögeln aus einem Schutzgebiet können nach den in Kapitel S. 249 ff. geschilderten Erkenntnissen ebenfalls nicht als erhebliche Beeinträchtigung gelten (mehr über diesbezügliche rechtliche Entscheidungen in GUTHÖRL u. KALCHREUTER 1997). So motivierte Verbotsforderungen zielen lediglich auf das *Aus* der Wasserwildjagd an den meisten größeren Gewässern ab, denn alle bedeutenden deutschen Wasservogelgebiete fallen in mindestens eine der oben genannten Schutzgebietskategorien, oder ein entsprechender Status ist in Planung.
Kaum nachvollziehbar sind die Aversionen gegen traditionelle Formen menschlicher Nutzung auch unter ganz anderen, nämlich ökologischen Aspekten. Was hat eigentlich zu dem Vogelreichtum geführt, der vielen Gebieten zu ihrem Schutzstatus verhalf? Viel entscheidender als die Begrenzung menschlicher Aktivitäten durch Verordnungen war bzw. ist die unbewusst verursachte Steigerung des Nahrungsangebots! Nicht nur in Form landwirtschaftlicher Produkte, sondern mehr noch indirekt über vielfältige Vorgänge, die zu einer verbreiteten Nährstoffanreicherung der Landschaft führen. Hierzu zählen Stickstoffeintrag aus der Luft, phosphathaltige Düngemittel und organisch belastete Abwässer. Von dieser für viele Tier- und Pflanzengemeinschaften problematischen Eutrophierung profitiert eine ganze Reihe von Vogelarten, deren Häufigkeit dann als Kriterium zur Ausweisung von Schutzgebieten dient.

Landwirtschaftliche Nutzflächen tragen mit ihrem reichen Nahrungsangebot mehr zur Bestandsentwicklung von Kranichen (im Bild) und Gänsen bei als die für sie ausgewiesenen Schutzgebiete.

Klassische Beispiele hierfür sind die Anlagen des Ismaninger Teichgebiets zur Nachklärung der Münchener Abwässer, die Zigtausenden von mausernden Enten Nahrung boten und so zu internationaler Bedeutung nach dem Ramsar-Abkommen gelangten. Moderne Klärtechniken haben inzwischen dort wie auch an den oberbayerischen Seen zu besserer Wasserqualität, aber auch zu einem deutlichen Rückgang der Wasservögel geführt – daran konnten auch jagdliche Beschränkungen nichts ändern. Oder erinnern wir uns an den Bodensee, wo die Eutrophierung eine Massenvermehrung der Dreikantmuschel und anderer Nahrungskomponenten und demzufolge eine markante Zunahme überwinternder Wasservögel bewirkte (Abb. 56, S. 262) – trotz Jagd und anderen menschlichen Aktivitäten.

Ähnliches gilt für andere Charismatiker des Vogelschutzes. Gänse, Schwäne oder Kraniche erfreuen sich seit mindestens zwei Jahrzehnten zunehmend an dem proteinreichen Nahrungsangebot auf Agrarflächen und verlagerten zum Teil ihre Zugbewegungen in die westeuropäischen Regionen intensiver Landwirtschaft. Denn hier sind eben – allen ideologischen Vorstellungen zum Trotz – Raps-, Mais- oder Winterweizenfelder wesentlich attraktiver als handgemähte, ungedüngte Wiesen, die der Naturschutz für seine Lieblinge ausgewiesen hatte. LINDEROTH (2001) nennt Beispiele, wonach solche Schutzgebiete allenfalls noch als Rast- oder Schlafplätze fungieren. Die eigentlichen nahrungsökologisch bedeutsamen „Trittsteine" während Zug und Überwinterung liegen in den angrenzenden kunstgedüngten Monokulturen! Das hier verfügbare Nahrungsangebot hatte bessere Kondition, daher verringerte Sterblichkeits- und höhere Fortpflanzungsraten und schließlich die „Massenvermehrung" der genannten Arten zur Folge – andrerseits aber auch jährliche Schäden in inzwischen zweistelliger Millionenhöhe (Zus.-f. in KALCHREUTER 2000 und LINDEROTH 2001).

- Diese Darstellung der Realität soll keineswegs den Wert von Schutzgebieten zur Erhaltung bestimmter Tier- und Pflanzenarten in Frage stellen. Doch für die Zunahme der meisten Wasservögel waren Naturschutzmaßnahmen, wenn überhaupt, nur von untergeordneter Bedeutung.

Ein weiteres Beispiel für diese der deutschen Naturschutz-Ideologie diametral zuwider laufende Erkenntnis lieferte AEWA-Sekretär Bert Lenten während der 1998 vom BfN organisierten Tagung zum AEWA aus seiner holländischen Heimat. Anfangs der 1980er Jahre hatte die Staatliche Forstverwaltung mit großem Aufwand an Zeit und Geld versucht, den als Brutvogel verschwundenen Kormoran wieder anzusiedeln – alles vergebens. Der „Seerabe" kam erst später und von selbst – also ohne Zutun der Vogelschützer – und vermehrte sich fast explosionsartig in Europa, entsprechend den nahrungsökologischen Voraussetzungen. LENTEN (2000) wörtlich:
„Die Bemühungen von damals erscheinen uns angesichts der heutigen ‚Kormoran-Problematik' fast unbegreiflich. Wir hätten die heutige Situation vielleicht erahnen können, wenn wir uns nicht zu sehr auf die nationale Sicht beschränkt hätten."
Inzwischen können Eingriffe selbst in Schutzgebieten – in diesem Fall zur Erhaltung der Fischfauna – erforderlich werden. Und genau solchen Erkenntnissen tragen die genannten internationalen Richtlinien und Abkommen über Schutzgebiete Rechnung. Das in

den vorstehenden Kapiteln über opportunistische Prädatoren Gesagte gilt eben auch für eine ganze Reihe weiterer Arten: Warum soll der Mensch nicht Tierpopulationen nutzen bzw. in diese eingreifen, deren Entwicklung er unbewusst mit verursacht hat?

Reaktionen

„Da kommt das Blut ins Kochen". Unter diesem reißerischen Titel hatte „Der Spiegel" (44, 2001) Jagdgegnern und -kritikern verschiedenster Couleur, darunter auch Vertretern von BfN und ÖJV eine Plattform geboten, und das auch noch in der Rubrik „Wissenschaft". Was dann aber dem Leser über die Jagd in Deutschland vorgesetzt wurde, ist wohl an Einseitigkeit und Unsachlichkeit kaum mehr zu überbieten.

Das Motiv dieser Aktion der allmählich frustrierten Antijagd-Lobby war klar. Sie versuchte nun, die Öffentlichkeit zu mobilisieren, nachdem es trotz der ihr günstig erscheinenden politischen Konstellation wieder nicht gelungen war, das bestehende Jagdsystem in ihrem Sinne zu verändern.

Zuvor hatte das neue Bundesministerium für Verbraucherschutz, Ernährung und Landwirtschaft (BMVEL) zwei insgesamt dreitägige Anhörungen zu dieser Thematik veranstaltet. Dabei hatten auch diese Kreise Gelegenheit, ihre Vorstellungen darzulegen, konnten aber aus den vorstehend erörterten Gründen nicht überzeugen.

Zudem hatten sich inzwischen auch die von einer solchen Novellierung Betroffenen formiert. Die „Bundesarbeitsgemeinschaft der Jagdgenossenschaften und Eigenjagdbesitzer" vertritt rund vier Millionen Grundeigentümer. Weitere Bevölkerungskreise möchte das ebenfalls 2001 gegründete „Forum Natur" ansprechen, und schließlich sprechen nun alle Nutzerverbände über die „Initiative pro Land" mit einer Stimme – insgesamt etwa 4,5 Millionen Mitglieder, ein beachtliches Wählerpotenzial.

Sie kämpfen um ihre traditionellen Rechte und gegen die schleichende Enteignung durch ideologisch motivierte Schutzbestrebungen. Denn das Jagdrecht ist untrennbar mit dem Eigentum an Grund und Boden verbunden und genießt daher den Schutz des

Artikels 14 des Grundgesetzes. Betroffen wären von solchen Jagdbeschränkungen daher keineswegs nur „die Jäger", also die Jagdausübungsberechtigten. Geschädigt wären in erster Linie die *Inhaber des Jagdrechts*, die Grundeigentümer als Eigenjagdbesitzer oder Jagdgenossen in gemeinschaftlichen Jagdbezirken der Gemeinden. Sie wären die eigentlichen Verlierer, denn das Jagdrecht ist Teil ihres Eigentums.

Schon 1976 hatte man den Katalog jagdbarer Arten und damit ihre Rechte beträchtlich beschnitten. Wie sich zeigte (S. 470), ohne die erhofften positiven Auswirkungen, weder für eben diese Arten noch für die Akzeptanz der Jagd in Naturschutzkreisen. Denn nun kommen Letztere mit noch viel weiter reichenden Forderungen – und wieder ohne stichhaltige Begründung rechtlicher oder sachlicher Art. Insofern ist der Widerstand der Nutzerverbände gegen eine derartige „Ökodiktatur" verständlich. Da will man ihnen willkürlich das Aneignungsrecht über 73 Wildarten entziehen. Arten, die sie von jeher jagdlich nutzen oder anderweitig verwerten können. Die Herstellung von Pelzwerk oder Präparaten ist schließlich auch eine sinnvolle Form der Verwertung. Und nun soll alles verrotten, nur weil es „der Naturschutz" so will?

Diese Enteignung wäre auch mit handfesten finanziellen Einbußen verbunden. Was wäre eine Feldjagd ohne die Jagdmöglichkeit auf Hase oder Rebhuhn noch wert? Würden sich hierfür überhaupt noch Pächter finden? Ganz abgesehen von den notwendigen Hegemaßnahmen zur Erhaltung dieser Arten, die nur von Grundeigentümern und Jagdausübungsberechtigten geleistet werden können – aus Interesse an der Bejagung! Und hätten wir ohne die flächendeckenden Monitoring-Programme der Jäger noch Informationen über die Bestandsentwicklung dieser Arten?

Wenig durchdacht sind solche Bestrebungen. Sie verfolgen offensichtlich nur das eine ökopolitische Ziel: *Für die gesamte Natur sollte nur **ein** Ministerium, das Bundesministerium für Umwelt, Naturschutz und Reaktorsicherheit (BMU) zuständig sein, und alle diesbezüglichen Maßnahmen wären dann nur noch durch ein Gesetz, nämlich das Bundesnaturschutzgesetz zu regeln.*

Was dabei herauskommen könnte, das zeigt das benachbarte Holland, wo solche Vorstellungen bereits realisiert wurden – mit der Folge, dass nur eine Hand voll Arten noch jagdbar und Schutzgebiete völlig tabu sind. Ob das die deutschen Jagdberechtigten mit sich machen ließen? Ihr zähes Festhalten an den traditionell getrennten Rechtskreisen „Jagd" und „Naturschutz" wird angesichts solcher Szenarien nur zu verständlich.

Sicherlich hätte eine einheitliche, Schutz und Nutzung der Natur betreffende Rechtskonstruktion gewisse verwaltungstechnische Vorteile im Hinblick auf die Umsetzung internationaler Verpflichtungen. Nach eigenen jahrzehntelangen Erfahrungen mit Verwaltungsjuristen im Bereich Naturschutz wäre der hierfür erforderliche Pragmatismus in diesen Kreisen durchaus gegeben: Warum sollen jagdlich nutzbare Arten nicht bejagt, opportunistische Prädatoren im Interesse der Artenvielfalt nicht reguliert werden?

Das Problem liegt vielmehr in der „naturschutzfachlichen" Beratung durch nachgeordnete Fachbehörden, die zunehmend von Vorstellungen ideologischer Fundamentalisten geprägt ist. Bezeichnend ist die vorstehend erörterte, vom Fachgebiet I (Angewandte Zoologie und Artenschutz) des BfN erdachte Empfehlung zur Kürzung des Katalogs jagdbarer Arten. Meist sind es jüngere Biologen, die versuchen, sich durch antijagdliche Äußerungen zu profilieren. Sie sind zudem zutiefst überzeugt von der Harmonie in der Schöpfung, in die der Mensch nicht eingreifen dürfe. Ihre Vorstellungen sind zudem sehr wesentlich geprägt von Sozialneid auf die „Privilegien" der Jäger, wie auf S. 434 erörtert. Daran hat sich in drei Jahrzehnten BFANL bzw. BfN im Grunde nichts geändert, wie die ziemlich identischen philosophischen Darlegungen von ERZ (1974) und BOYE (2001) erkennen lassen. Konfrontation statt Kooperation zwischen Jagd und Naturschutz ist somit das wahre Ziel derer, die eigentlich die Aufgabe hätten, ministerielle Entscheidungsträger *unvoreingenommen* und *fachlich objektiv* zu beraten. Unter solchen Umständen ist es ratsam, die beiden Rechtskreise beizubehalten.

Sie werden zwar nicht müde, die Wissenschaftlichkeit ihrer Argumentation zu betonen, beziehen sich dabei jedoch in der Regel auf die Publikationen von Gesinnungsgenossen in den Fachgremien verschiedener Vogel- und Naturschutzorganisationen. Vertreter von Fakten, die nicht ins ideologische Konzept passen, gelten als „unwissenschaftlich" oder gar „borniert".

Wissenschaft und Emotion

„*The most emotional people I met among scientists.*" („Die emotionalsten Menschen habe ich unter Wissenschaftlern getroffen.") Mit dieser Bemerkung ernüchterte der weltbekannte englische Naturschützer und Wasservogelforscher Sir Peter Scott (†) die Diskussion während der IWRB-Jahresversammlung in Japan. Es ging darum, ob Streitfragen um die Bejagung der Wasservögel nicht durch Wissenschaftler geklärt werden könnten, denn die müssten doch objektiv sein. Genau das bezweifelte aber Scott.
Das war 1980. Doch daran hat sich auch während der folgenden zwei Jahrzehnte kaum etwas geändert, wie die folgenden Beispiele veranschaulichen mögen.
„Es ist aber nach wie vor ein eherner Grundsatz, dass alle unsere Positionen auf der Basis wissenschaftlich fundierter Erkenntnisse abgeleitet sein müssen", verkündete der Präsident des NABU in seinem Referat während der Feier zum 150-jährigen Jubiläum der Deutschen Ornithologen-Gesellschaft in Leipzig (FLASBARTH 2001). Wie das allerdings gemeint ist, erfuhren die Hörer kurz darauf, als er für „gute, fachlich solide Argumente" plädierte, z. B. gegen die Kontrolle von Rabenvögeln, denn diese sei „bar jeden ökologischen Grundwissens und Verständnisses". Im Klartext: Alle dem derzeitigen Naturschutzdogma widersprechenden wissenschaftlichen Erkenntnisse sind unwissenschaftlich, ja unseriös. So erinnert denn auch das Positionspapier des NABU zur Bejagung von Rabenvögeln eher an ein Glaubensbekenntnis – enthält doch das Literaturverzeichnis nur dem Dogma konforme Publikationen.

Polemik

Erstaunlich, wie ansonsten ernst zu nehmende Wissenschaftler „ausflippen", wenn es um Jagd geht. Einhard BEZZEL hatte schon immer etwas gegen die Balzjagd auf die Waldschnepfe. Gegen dieses „anachronistische Schießertum" glaubte er jüngst wieder einmal zu Felde ziehen zu müssen. Was dann in einer ornithologischen Fachzeitschrift (BEZZEL 1998) abgedruckt wurde, ist an emotionaler Polemik und persönlichen Diffamierungen kaum mehr zu überbieten. Aus seiner Sicht verständlich, fürchtete er doch eine Renaissance dieser „endlich abgeschafften sinnlosen Abknallerei" durch deutsche Jäger, „die ihren Wohlstandsbauch am Feierabend in feuchte Waldschneisen schleppen". Offensichtlich selbst wenig mit dieser Art befasst, kann er sich lediglich auf die vor 20 Jahren im „Handbuch der Vögel Mitteleuropas" publizierten Hypothesen berufen (s. hierzu S. 224). Doch die sind inzwischen durch exakte Untersuchungen der Forschungsgruppe Schnepfenvögel von WI und IUCN widerlegt. Das aber darf nicht sein ... Deshalb bleibt wohl nur noch, den Koordinator dieser Forschungsgruppe als „Jagdguru" zu verunglimpfen.

Er begab sich damit auf dasselbe Niveau wie eine entrüstete Vogelschützerin, die gegen die Umsetzung eines Rabenvogel-Gutachtens durch die Regierung von Rheinland-Pfalz polemisierte, indem sie dessen Autor als „berüchtigten Jagdlobbyisten" bezeichnete. – Doch ist DR. BEZZEL nicht irgendein Laien-Vogelschützer, sondern war zu dieser Zeit Leiter des Instituts für Vogelkunde in Garmisch, Vizepräsident der Deutschen Ornithologen-Gesellschaft und langjähriger Herausgeber des Journals für Ornithologie ...

Ähnlich hilflos reagiert auch ein Mitarbeiter des BfN in seinem Beitrag „Jagd" zum *Taschenbuch für Vogelschutz* (BOYE 2001) auf die vielen Forschungsergebnisse, die den hausinternen Vorstellungen von Jagd bzw. Naturschutz widersprechen. Um diese zu retten, versucht man es halt einmal mit einer pauschalen Diffamierung „der sich als Wildbiologen abgrenzenden Forscher", die „frech und unbelehrbar" ihre Erkenntnisse vertreten: „Die jagdorientierte Forschung ist in Deutschland überwiegend auf niedrigem und nicht zeitgemäßem wissenschaftlichen Niveau". Mehr als diese inzwischen sattsam bekannte „naturschutzfachliche" Überheblichkeit fiel ihm dazu wohl nicht ein.

Nur: Wer grenzt sich eigentlich ab – nicht nur von diesbezüglichen Arbeiten in Deutschland, sondern noch viel mehr von den Ergebnissen internationaler Forschung? Verwiesen sei hier nur auf die eigenwillige Interpretation – übrigens keineswegs „jagdorientierter" – Auschlussversuche zum Einfluss von Prädatoren seitens des BfN (S. 385). Wer ist hier eigentlich „unbelehrbar"?

Besondere Probleme haben unsere Bio-, Öko- und Ornithologen natürlich mit ihrer Aversion gegen die Jagd auf Wasserwild. Wasservögel sind eben durch die Experten von *Wetlands International* in Europa und vom *Office of Migratory Bird Management* in Nordamerika auch jagdökologisch sehr gut erforscht. So bleibt nur noch der Versuch, die entsprechenden deutschsprachigen Publikationen zu dieser Thematik in Frage zu stellen. Aufschlussreich sind die zahlreichen Rezensionen über das Buch „Das Wasserwild" (KALCHREUTER 2000) in ornithologischen Zeitschriften. Von „selektiver" Berücksichtigung relevanter Literatur ist da die Rede (z. B. RÜGER 2000). Doch welche der Darstellung widersprechende Forschungsergebnisse über die Auswirkungen der Jagd da eigentlich unterschlagen worden waren, konnte keiner der mir persönlich bekannten Rezensenten beantworten ...

Ehrlicher war da schon der Versuch der „Projektgruppe Gänseökologie" der Deutschen Ornithologen-Gesellschaft in ihrer 1996 gefassten Entschließung, nämlich einfach Emotionen zu wecken: „Gänsejagd ist einer Kulturnation unwürdig".

Emotionen statt Fakten? Auch diese Strategie ist keineswegs neu. Schon FESTETICS (1982), Inhaber des Lehrstuhls für Wildbiologie und Jagdkunde an der Universität Göttingen, bekannte sich ganz offen zur Wildforschung auf emotionaler Basis. Dieses Fach war, ist und bleibt stets emotionsbeladen, meinte er und lieferte damit all den Biologen, die *a priori* gegen das Töten ihrer Studienobjekte oder überhaupt gegen Jagd sind und diese ihre Herzenssache nun durch entsprechende Darstellung bzw. Interpretation ihrer Forschungsergebnisse zu untermauern versuchen, eine pauschale Rechtfertigung: „Ohne Emotionen wären wir bedauernswerte Verhaltenskrüppel." Über diejenigen Kollegen, die derlei Vorstellungen nicht zu folgen bereit sind und ihre Arbeiten „sachlich", d. h. rational durchführen, steht sein Urteil fest: „Die Diagnose dieser Gemütskranken lautet schlicht und einfach Wertblindheit."

Schon damals gab es auch bei uns Kritiker, die in einer solchen Einstellung „das Ende aller Wissenschaft" sehen, wie etwa der Jagdhistoriker Kurt LINDNER (1982): *„Unsere Disziplin gerät in Gefahr, wenn der Einzelne seine Gefühle, die einem Dichter durchaus anstehen mögen, vom objektiven wissenschaftlichen Gehalt eines Fakts nicht mehr zu trennen vermag."*

Selbst der Journalist Horst Stern, bekannt für seine Parole „Mut zur Emotion", wo sich die Forderungen des Naturschutzes gegen massive wirtschaftliche Interessen anders nicht mehr durchsetzen lassen, trennte in seiner Rede vor der Universität Hohenheim ganz klar: „Forschung und Lehre lassen sich mit Weglassen und Emotion nicht betreiben", und warnte weiter: *„Die Universität kann die Emotionsweckung als journalistischen Weg zur Wahrheit unmöglich akzeptieren, geschweige denn lehren, wenn sie sich nicht dem Verdacht aussetzen will, die Objektivität als wissenschaftliche Methode zu desavouieren"* (LINDNER 1982). Dem ist auch aus heutiger Sicht nichts hinzuzufügen.

Konsequenzen

Diese Ausführungen mögen zum Verständnis unserer jagdpolitischen Situation beitragen. Immer weiter reichenden emotional motivierten Forderungen von „Wissenschaftlern" nach Jagdverboten stehen die in den vorigen Kapiteln dargestellten Erkenntnisse aus der konkreten jagdökologischen Forschung gegenüber; Erkenntnisse, die sich ja auch in der tatsächlichen günstigen Bestandssituation der meisten Wildarten widerspiegeln.

Emotionen kontra Fakten. Verwundert da die geringe Dialogbereitschaft zwischen Jagd und Naturschutz? Ist es nicht allzu verständlich, dass die Jägerseite inzwischen auch zu versuchsweisen, zeitlich befristeten und/oder örtlich begrenzten Jagdbeschränkungen kaum mehr bereit ist, wenn hierzu nach dem heutigen Stand des Wissens keinerlei Veranlassung besteht? Zumal solch ein freiwilliger Jagdverzicht ohne wissenschaftliche Begleitung ohnehin gar nicht zu weiteren Erkenntnissen führen kann? Dennoch resultiert daraus früher oder später ein gesetzliches und damit endgültiges Jagdverbot. Haben die Jäger nun doch bewiesen, dass sie auch ohne die jagdliche Nutzung von Rebhuhn, Waldschnepfe oder Wasserwild in einer ökologisch unnötigen, willkürlich festgelegten Jagdruhezone leben können ...

Dennoch kommt es immer wieder zu solchen Zugeständnissen. Zum einen, weil jagdlich relevante Behauptungen des Naturschutzes gutgläubig akzeptiert anstatt kritisch hinterfragt werden. Zum anderen, weil Vertreter der Jägerschaft ebenso gutgläubig hoffen, „Gräben zuschütten zu können" und dem ersehnten Frieden zwischen den verfeindeten Lagern näher zu kommen. Doch dieses Nachgeben wurde von den Funktionären des Naturschutzes noch nie honoriert. Sie sahen sich stets nur ermuntert, ihre bewährte „Salamitaktik" fortzusetzen: Immer weniger bejagbare Arten, immer größere jagdfreie Gebiete und immer kürzere Jagdzeiten – bis schließlich dem Jagdrecht nur noch einige wenige Schaden stiftende Haarwildarten verbleiben. – Das ist die schlichte Erkenntnis aus jahrzehntelanger Beobachtung der Szene.

Alle bisherigen Opfer auf dem Altar des Friedens waren vergebens. Denn den Funktionären des Naturschutzes ist im Grund gar nicht an konstruktiver Zusammenarbeit gelegen. Sie haben nur ein Ziel vor Augen, nämlich das Ende jeglicher Flugwild- bzw. Niederwildbejagung.

Wildtiermanagement international

Entspricht diese Einstellung auf Naturschutzseite wirklich „internationalen Standards, hinter denen die deutsche Jagd noch hinterher hinkt"? So jedenfalls das BfN-Plädoyer zur Änderung des Jagdrechts im besagten Spiegel-Artikel. Nach den vorstehend geschilderten Erfahrungen besteht Veranlassung, auch diese kühne Behauptung zu hinterfragen. Das folgende Beispiel möge den Leser in die Lage versetzen, sich selbst ein Bild zu machen.

Wasserwild

Mai 1982, Jahreshauptversammlung (*Board meeting*) des Internationalen Büros für Wasservogelforschung (IWRB, heute WI) in Edmonton (Alberta). Im Anschluss an die Versammlung hatte *Ducks Unlimited* (*DU*) die Teilnehmer zu einer einwöchigen Exkursion durch die nordamerikanische Prärie eingeladen. Die Europäer bekamen so Gelegenheit, an verschiedenen Forschungsinstitutionen internationales *Know-how* zur Erhaltung von Wasservögeln kennen zu lernen (mehr hierüber in KALCHREUTER 1984).
Besonders eindrucksvoll waren die Gespräche mit den Wasserwildbiologen der weltberühmten *Delta Waterfowl Research Station*. Oberstes Prinzip ist dort die Freiheit der Wissenschaftler. Sie sind hinsichtlich der Ergebnisse keinem Geldgeber, sondern allein ihrem Gewissen verantwortlich und damit auch frei von gängigen Meinungen oder gar Weltanschauungen (hinsichtlich der Jagd sind diese in den dicht besiedelten Oststaaten der USA durchaus auch zu finden). Was zählt, sind Fakten, ist die Wahrheit, der es näher zu kommen gilt. Voraussetzung hierzu ist allerdings eine gewisse Flexibilität, also die Fähigkeit, die eigene Meinung ändern zu können, wenn diese neueren Erkenntnissen nicht mehr entspricht. Nur so sind Fortschritte in der wissenschaftlichen Forschung möglich.
Diese Betonung der menschlichen Qualifikation für Delta-Mitarbeiter ist auffällig. Doch der „Aufsichtsrat", bestehend aus Vertretern mehrerer Universitäten, von Geld gebenden Organisationen und der Regierung, vertreten durch den *Fish and Wildlife Service* weiß, warum er hier strenge Maßstäbe anlegt. Den Exkursionsteilnehmern wurde klar, wo die amerikanischen Kollegen gelernt haben, ökologische Zusammenhänge pragmatisch und emotionslos zu betrachten, entsprechend instruktiv darzustellen und auf diese Weise manche Konflikte zu vermeiden, die andernorts zu Dauerbrennern zum Schaden der Sache geworden sind.
Auch Jagd ist kein Tabu für die amerikanischen Forscher. Einige greifen im Herbst selbst zur Flinte, kennen also die Praxis der Wasserwildbejagung aus eigener Anschauung und reden folglich nicht daher wie der Blinde von der Farbe. Unbekannt sind auch die

bei uns verbreiteten Versuche von Schützerseite, unbequeme Forschungsergebnisse mit der Begründung zu relativieren, der Wissenschaftler sei ja Jäger oder seine Projekte wären aus Jägermitteln finanziert worden. Was zählt, sind Fakten, egal durch wen oder womit diese ermittelt wurden.

Zur Erinnerung: Die verdienstvolle Auswertung der Zähldaten von Wasservögeln durch Arndt RÜGER und Jean-Yves MONDAIN-MONVAL am IWRB konnten nur durch Mittel der deutschen bzw. französischen Jäger finanziert werden.

Welch himmelweiter Unterschied zum vorstehend geschilderten Denken deutscher Biologen. Unumstößlich vorgefasste Standpunke pflegen die anglo-amerikanischen Kollegen denn auch trefflich zu glossieren: „*I have made up my mind, so please don't disturb me with facts ...*" Also sinngemäß: Nicht sein kann, was nicht sein darf.

Fakten, und nicht wie bei uns Emotionen, bestimmten zum Beispiel die Reaktionen auf die rapide Vermehrung der Wildgänse, bedingt durch das gesteigerte landwirtschaftliche Nahrungsangebot in den Überwinterungsgebieten. Insbesondere die Schneegans (*Anser caerulescens*) verursacht nicht nur ökonomische, sondern zunehmend ökologische Schäden, auch zum Nachteil seltener Vogelarten in den empfindlichen arktischen Bruthabitaten. Anders als unsere DOG-Projektgruppe Gänseökologie forderten ANKNEY (1996) und andere nordamerikanische Gänseexperten dringend höhere Erlegungsraten, um dieser bedenklichen Entwicklung gegenzusteuern. Diese waren nur realisierbar über

- noch längere Jagdzeiten in den Überwinterungsgebieten,
- die Verwendung optischer und akustischer Lockmittel zur Steigerung des Jagderfolgs,
- den eventuellen Einsatz von Raketennetzen, um weniger aufwändig größere Zahlen zu erbeuten,
- die Aufhebung des Verkaufsverbots erlegter Wildgänse und
- die Bejagung auch während des Heimzugs im Frühjahr.

Insbesondere die beiden letzteren Forderungen waren seit dem *Migratory Birds Treaty Act* von 1918 (etwa vergleichbar unserer EU-

Vogelrichtlinie) strikt tabu. Dennoch fanden die Vorschläge während des Nordamerikanischen Ornithologen-Kongresses 1998 durch eine gemeinsame Resolution der vier größten ornithologischen Gesellschaften Unterstützung und wurden noch im selben Jahr versuchsweise umgesetzt.

Abgesehen von solchen ökologischen Erfordernissen wird der Flugwildjagd generell ein hoher Erholungswert (*recreation value*) beigemessen. Die Interessen von immerhin zwei Millionen Wasserwildjägern sind für den behördlichen Naturschutz Nordamerikas, den *Fish and Wildlife Service*, eine Selbstverständlichkeit. Die Bejagung der Wasservögel wird gleichermaßen bewertet wie ihre bloße Beobachtung durch Vogel- und Naturfreunde. Beide Gruppen, die *consumptive* wie die *non-consumptive users*, erhöhen durch ihr Interesse den Wert der Wasservögel, sodass sich Maßnahmen zu ihrer Erhaltung leichter durchsetzen lassen. – Während bei uns solche notwendigen Kooperationen immer wieder durch eine rein ideologisch motivierte Polarisierung in (elende) Nutzer und (edle) Schützer und die daraus resultierende Befehdung in Frage gestellt werden.

Dort ziehen sie alle an einem Strang. Und das mit beachtlichen Erfolgen, wie der Wasserwildbiologe und spätere IWRB-Präsident

Überwinternde Schneegänse: Zunehmende Gänsescharen werden auch in Nordamerika zum Problem. Wie wird es dort gelöst?

Jim PATTERSON den Europäern während des IWRB-Symposiums 1989 in Astrakhan (USSR) erläuterte. Denn anders als im stabileren, atlantisch getönten Klima im Westen der Alten Welt leiden vor allem die Entenvögel in ihrem Hauptbrutgebiet, der Prärie, immer wieder unter den Dürreperioden des Kontinentalklimas. Um die dadurch bedingten drastischen Bestandseinbrüche abzumildern, galt es, viele der einst menschlichen Interessen geopferten Feuchtgebiete wieder herzustellen.

Ein Großprojekt, der *North American Waterfowl Management Plan*, wurde entwickelt: Von 1985 bis 2000 sollten für insgesamt 1,5 Milliarden (!) Dollar zwei Millionen Hektar weitere Brutbiotope geschaffen werden. Das hoch gesteckte Ziel des Projekts: Insgesamt sollten im Herbst wieder 100 Millionen Wasservögel den nordamerikanischen Kontinent überfliegen.

Aber wer sollte das bezahlen? Weit überwiegend die Jäger! Als Nutzer haben sie größtes Interesse an der Erhaltung dieses Naturguts. Einnahmen kamen aus verschiedenen Abgaben, etwa dem Erwerb der jährlichen *duck stamp*, die zur Jagd auf Wasserwild berechtigt. Weit mehr noch vertraute die Regierung auf eine Naturschutzorganisation, die sich während der letzten fünf Jahrzehnte zu einer der

Jagdliche Nutzung von Wasserwild ist eine Selbstverständlichkeit.

größten und erfolgreichsten der Welt entwickelt hatte, nämlich *Ducks Unlimited (DU)*. Wie war es dazu gekommen?

Ducks Unlimited – Beispiel für erfolgreichen Pragmatismus

Stärker als andere Naturfreunde waren Jäger über die verheerenden Auswirkungen der Dürreperioden der 1930er Jahre besorgt. Man befürchtete damals gar das Aussterben einiger Entenarten. Aus dieser Sorge entstand 1937 *DU*, die heute mit über 900.000 Mitgliedern auch über einen beachtlichen politischen Einfluss verfügt. Informationen über die erfolgreiche Art der Mittelbeschaffung, die Förderung der Wasserwildforschung und deren Umsetzung bei der Gestaltung von aquatischen Lebensräumen mag der interessierte Leser den Ausführungen in KALCHREUTER (2000) entnehmen.

Eine beachtliche Bilanz von 1938 bis 2000 vermitteln die Jahresberichte 2000 der beiden *DU*-Branchen (USA und Kanada):

- Gesamteinnahmen seit Gründung von *DU* allein in USA: 670 Millionen Dollar
- Insgesamt über 15 Millionen Hektar Feuchtgebiete wurden mit diesen Mitteln wieder hergestellt oder neu geschaffen, die meisten in der kanadischen Prärie.
- Jahresetat 2000: 130 Millionen Dollar

Und der Erfolg dieser Anstrengungen?
- Keine Wasserwildart ist mehr gefährdet oder gar vom Aussterben bedroht.
- Das o. g. Ziel des 15-jährigen Großprojekts war dank Hilfe von *DU* erstmals 1998 erreicht worden.
- Von den Leistungen der Jäger profitieren eine Vielzahl nicht bejagter Arten von Vögeln, Reptilien, Lurchen und Fischen, die nur im nassen Element leben können.
- Kein pragmatisch denkender Biologe oder Naturfreund stellt die Wasserwildjagd in Frage.

Bemerkenswert war vor allem auch der letztgenannte jagdpolitische Nebeneffekt dieser Aktionen.

„Who has paid for the waterfowl in North America?" Die PR-Arbeit der DU-Funktionäre ist überzeugend. Wer hat das reiche Wasservogelleben finanziert? In erster Linie die Jäger. Sie haben das Kapital geschaffen, warum sollen sie nicht die anfallenden Zinsen in Form des jagdbaren Überschusses nutzen? Selbstverständlich! Hämische Kommentare – „Die Jäger machen das doch nur aus Eigennutz", wie gelegentlich von unseren Schützern geäußert – gehen ins Leere. Was zählt, ist das Wohl der Wasservögel.
Nutzungsinteresse als Motiv zur Naturerhaltung – diese Erkenntnis ist schon seit Jahrzehnten die Maxime nordamerikanischer Naturschutzpolitik. Daraus resultierten die vielen in den vorstehenden Kapiteln geschilderten aufwändigen Forschungsprojekte, denen wir heute das Wissen über die Auswirkungen der Jagd vor allem auf Flugwildpopulationen verdanken: Welche Arten können in welchem Umfang genutzt werden? Die gewonnenen Fakten – und nur diese – sind dann Grundlage für jagdliche Regelungen. Der Wasserwildforscher Hugh BOYD brachte es vor den erstaunten Europäern während des genannten IWRB-Symposiums in Astrakhan auf den Punkt:

- Es gilt, das Interesse der Jäger an möglichst vielen Arten zu erhalten bzw. zu wecken. Mit ihrer Hilfe lassen sich wirkungsvolle Maßnahmen des Artenschutzes realisieren.

Welch fundamentaler Unterschied zu den Bestrebungen unserer Vogelschützer, den Jägern eine Flugwildart nach der anderen „aus den Zähnen zu reißen."
Es geht also auch anders – und besser. Die Erfolge des pragmatischen Denkens machten Schule auf internationaler Ebene, wie die entsprechenden rechtlichen Regelwerke, die Konventionen und Abkommen verdeutlichen. In zunehmend sachlicher Atmosphäre verlaufen solche Konferenzen. So gab es während des jüngsten *Board Meetings* von *Wetlands International* (2001) keine einzige jagdfeindliche Äußerung! Warum auch soll man eine Gruppierung mit letztlich derselben Zielsetzung ausgrenzen, anstatt sie zu inte-

Das Wasserwild in Nordamerika retteten in erster Linie die Jäger – eines der vielen Projekte von Ducks Unlimited.

grieren? Der Kampf um die Erhaltung der Natur in einer immer dichter besiedelten Welt ist ohnehin schwer genug.

Diese Überzeugung brachten zwei prominente Vertreter des IWRB, Direktor PROF. Geoffrey MATTHEWS und sein Assistent Mike SMART, zum Ausdruck. Sie verfassten das Vorwort zur ersten Auflage des erwähnten Wasserwildbuches (KALCHREUTER 2000), das sie als Brückenschlag zwischen Schützern und Nutzern betrachteten. Aus aktuellem Anlass sei die folgende Passage zitiert:

„Gerade in einer Zeit des Konflikts zwischen ‚Schützern' und jagenden ‚Nutzern' ist es heilsam, daran zu erinnern, dass die heutigen Naturschützer den Jägern Dank schulden für ihre Mithilfe bei der Erhaltung einiger großer Feuchtgebiete aus jagdlichem Interesse. Es ist bedauerlich, zu sehen, wie viel Einsatz und Energie durch den genannten Konflikt vergeudet werden – wo doch beide Gruppierungen im Grunde dasselbe wollen: die Erhaltung der Feuchtgebiete und ihrer Wasservogelbestände. Und sie können nur in gemeinsamer Arbeit etwas erreichen gegen die viel stärkeren Kräfte, die bemüht sind, Feuchtgebiete in Mülldeponien, Flugplätze, Ölhäfen, Industriegebiete oder landwirtschaftliche Monokulturen umzuwandeln."

Wer hinkt da eigentlich „internationalen Standards und Erkenntnissen" hinterher, wie das BfN glauben machen wollte? Ist es wirklich „die deutsche Jagd"?

Über Trophäenjagd und Jagdtourismus

„Reisen um zu töten: Deutsche Jäger im Ausland". Der Deutsche Tierschutzbund e.V. hatte wieder einmal ein Thema entdeckt. Mit Hilfe einer breit angelegten Pressekampagne sollte es gelingen, die archaische Großwildjagd in vielen Teilen der Welt endlich zu unterbinden.

Auslandsjagd in den Medien

Natürlich griff auch die Sensationspresse das Thema auf. „Pervers! – Deutsche Großwildjäger schlachten bedrohte Tiere ab". Mit einem reißerischen Hetzartikel appellierte die NEUE REVUE an die Emotionen der Bundesbürger. Von vielem Geld ist da die Rede, von reiner Mordlust und durchweg illegalen Jagdpraktiken. Aber auch von massiver Kritik am Washingtoner Artenschutzabkommen, das dieses Treiben auch noch durch die Vergabe von CITES-Papieren unterstütze. Entsetzt ist man schließlich über die dem Bundesministerium für wirtschaftliche Zusammenarbeit (BMZ) nachgeordnete Gesellschaft für Technische Zusammenarbeit (GTZ), die mit Steuergeldern Wildnutzungsprojekte in Afrika auch noch fördere.

Wenn es darum geht, Stimmung gegen „Jagd" zu machen, ist offensichtlich jedes Mittel recht. Der Fantasie sind dabei insofern kaum Grenzen gesetzt, als die heimische Leserschaft doch wohl nicht in der Lage sein dürfte, die Berichterstattung über die in fernen Kontinenten verübten „Skandale" auf ihren Wahrheitsgehalt zu überprüfen. Hierzu ein Vorfall, der sich während meiner Tätigkeit am *College of African Wildlife Management* in Ostafrika vor drei Jahrzehnten ereignete:

Wachsender menschlicher Siedlungsdruck in der Umgebung hatte im kenianischen Tsavo-Nationalpark zu einem drastischen Anstieg der Elefantendichte und folglich zu erheblicher Schädigung der Baumbestände geführt. Ganz anders als im Falle des Rotwildes in deutschen Wäldern plädierten hier Tierschützer für die Vorstellungen von Prof. GRZIMEK: Keinerlei regulierende Eingriffe in die Ele-

fantenpopulation. So kam, was kommen musste. Zuerst sterben die Bäume, dann die Elefanten. 6.000 der Dickhäuter verendeten im Dürrejahr 1971 qualvoll an Hunger und Durst. Massen von Unterkiefern waren zur Auswertung gesammelt worden. Das sensationelle Foto erschien denn auch prompt in einer deutschen Illustrierten – aber als Beweis für die *Massenschlächtereien der Jäger* ...
Natürlich wurden weder die richtigstellenden Zuschriften der Wildbiologen vom *Wildlife College* veröffentlicht noch ihr Schreiben beantwortet.
Gelegentlich fliegen solche Praktiken auf, wie im Falle der ZDF-Sendung „Achtung – lebende Tiere" vom 19.2.1997. Der aufrüttelnde Titel „Ein 18.000-Dollar-Tod" sollte das Interesse des Fernsehpublikums am Schicksal einer jungen Eisbärin wecken, die nach kilometerlanger Verfolgung mit Motorschlitten zu Stande gehetzt und dann von einem Jagdtouristen erschossen wurde. Auf Veranlassung der Redaktion von „Wild und Hund" und des DJV gelangte das betreffende Video zur Begutachtung ans EWI. Die dargestellte Szene widersprach allerdings in vieler Hinsicht dem auf S. 213 geschilderten Management von Eisbärpopulationen durch den kanadischen *Fish and Wildlife Service*. Zum einen gilt das Interesse der Jagdtouristen ausgewachsenen männlichen Bären, zum andern dürfen sie nur vom traditionellen, von Eskimos gesteuerten Hundeschlitten jagen. Alles andere ist für sie verboten.
Leider kam es nicht mehr zur öffentlichen Richtigstellung, denn die Folgesendung „Lebende Tiere – nachgefragt", bei der ich als Gutachter mitwirken sollte, wurde kurzerhand abgesagt. Stattdessen gestand das ZDF die Filmfälschung ein.
Was war geschehen? Mangels einer filmbaren ordnungsgemäßen Jagd hatte der Filmautor unter Verheimlichung seines schändlichen Vorhabens für umgerechnet 9.000 Euro Eskimos angeheuert, die für ihn die besagte Szene abwickeln sollten. Das ZDF trennte sich mit sofortiger Wirkung von diesem freien Mitarbeiter.
So viel zu den Darstellungen in den Medien. Die Beispiele ließen sich beliebig fortsetzen. Der Tenor ist im Grund stets derselbe: Viel Geld – damit appelliert man an Neidgefühle – zur Befriedigung von

Killer-Instinkten, Protzertum, und das alles auf Kosten ohnehin gefährdeter Tierarten. So kann sich auch Lieschen Müller der Forderung nur anschließen: Schluss mit der Trophäenjagd! In dasselbe Horn tuten ja auch die Fundamentalisten des ÖJV und neuerdings des NABU. Allerdings mit genau gegenteiliger Argumentation: Nicht von Gefährdung, sondern von Übervermehrung des Wildes in deutschen Wäldern – eben wegen Trophäenjagd – ist da die Rede. Da kann doch etwas nicht stimmen.

Trophäen und ihre „Magie"
Das aus dem Griechischen abgeleitete Wort *Trophäe* bedeutet „Siegeszeichen". Als solche galten z. B. die nach einer Schlacht vom besiegten Feind erbeuteten Waffen oder Fahnen. Nur durch Mut und Tapferkeit waren diese zu erringen und entsprechend symbolischen Wert hatten sie für den Sieger. Das galt sinngemäß auch für die Erbeutung wehrhaften Wildes. Bei jagenden Naturvölkern war es von jeher üblich, die „Waffen" – also hornbewehrte Schädel, Gebisse oder Krallen – besonders starker Exemplare als Erinnerung an einen siegreichen Kampf aufzubewahren.

Daran hat sich im Grunde bis heute nichts geändert. Doch die Trophäenjagd im heutigen Sinne entwickelte sich erst gegen Ende des 19. und im Laufe des 20. Jahrhunderts. Das Spektrum der Interessen wurde breiter. Nicht nur besonders starker oder ausgefallener Kopfschmuck, sondern nahezu jedes Gehörn oder Geweih kommt als Erinnerungstück an erlebnisreiche Jagdtage zu Ehren. Dank der in Amerika entwickelten modernen Technik finden sich zunehmend auch *headmounts*, also Kopf-Schulter-Präparate in deutschen Jagdzimmern. Sie vermitteln auch dem nicht jagenden Betrachter eine Vorstellung von der wenig bekannten Artenvielfalt ferner Wildbahnen.

Auch Flugwild gewann in dieser Hinsicht an Wertschätzung, meist als Ganzpräparat in Lebendstellung oder hängend als „Stillleben". Selbst Teile davon, etwa die Malerfedern der Waldschnepfe oder ihre Bürzelfeder, der „Schnepfenbart", halten die Erinnerung an erfolgreiches Waidwerk wach.

Insofern sind Trophäen nur für den Erleger von unschätzbarem, für Nichtjäger dagegen oft unverständlichem Wert. Mit seinem Ableben schrumpft er auf den sehr viel geringeren materiellen Wert zusammen. Bezeichnenderweise bekamen früher verstorbene Eskimos ihre stärksten Trophäen mit ins Grab.

- Jagdtrophäen sind nichts anderes als Erinnerungsstücke an jagdliche Erlebnisse.

Natürlich kommt es gelegentlich zu fragwürdigen Auswüchsen. Schon die anglo-amerikanische Bezeichnung *sport hunting* für Freizeitjagd (im Gegensatz zur inzwischen verpönten Marktjagd) impliziert Vorstellungen von sportlichem Wettkampf. Wer hat das stärkste Hirschgeweih, den größten Bären, die Antilope mit den längsten Hörnern erbeutet? Unter solchen Aspekten entstand schon 1892 das *Record Book* of *African Game*, herausgegeben vom englischen *Rowland Ward Club* und vier Jahrzehnte später das Pendant des *Boone und Crocket Club* für das nordamerikanische Wild.

In diesen „Books", die immer wieder neu aufgelegt werden, sind die jeweils stärksten Trophäen der einzelnen Wildarten mit Erlegungsort und vor allem Erleger aufgelistet. Bestimmte Mindestmaße muss die Trophäe haben, und es ist das oberste Ziel manches in Übersee jagenden *sportsman*, mit einer oder mehreren Wildarten „ins Buch zu kommen".

So kann Wild zum Gegenstand der Renommiersucht werden. Aber schadet sich der so besessene Waidmann nicht selbst, wenn er sich die Freude an einem Jagdausflug nehmen lässt, nur weil die Hörner des endlich erbeuteten Wildes um einen *inch* (amerikanisches Längenmaß) die Aufnahme ins „Buch" verfehlen?

Die weniger von „Incheritis" befallenen europäischen Jäger sind zumeist zufrieden mit einem repräsentativen Vertreter der bejagten Wildart, also einem alten, zumindest reifen Stück. Ein alter Kaffernbüffel mit massigem Helm und abgewetzten Hornenden ist allemal interessanter als ein Jüngling mit respektabler Auslage, aber noch nicht einmal ganz verhorntem Helm.

Die Einnahmen aus der Erlegung einzelner älterer Böcke dienen der Erhaltung der Wildbestände. Das erfolgreiche Markhor-Management Pakistans beeindruckte auch die 12. CITES-Vertragsstaatenkonferenz.

Dennoch, egal welches Motiv nun den Jagdtouristen beflügeln mag, er jagt sehr selektiv. Die Auswirkungen auf die Wildpopulation sind folglich, wie auf S. 205 ff. dargestellt, minimal. Alle gegenteiligen Behauptungen sind unbewiesen und rein spekulativ. Gerade das Interesse an ausschließlich starken Exemplaren ist, so paradox es zunächst klingen mag, ein sehr wirkungsvolles Regulativ gegen die Ausbeutung von Wildbeständen. Denn sollte das jagdlich interessante Segment der Population – im Allgemeinen nur ein kleiner Teil der Männchen-Gruppe – überjagt werden, so ist das betreffende Gebiet solange uninteressant für den Jagdtourismus, bis wieder reife Bullen, Böcke, Widder oder Hirsche nachgewachsen sind. Gelegentlich helfen die Wildschutzbehörden nach, indem sie Mindeststandards für die Erlegung vorschreiben. Etwa für die Hornlänge bei Wildschafen in Nordamerika (S. 209) oder das Gewicht der Stoßzähne von Elefantenbullen. Diese Mechanismen zur Regulierung des Jagddrucks machen utopisch genaue und aufwändige Wildzählungen und entsprechende Managementpläne, wie sie von

Kritikern im fernen Deutschland als Bedingung für die Trophäenjagd oft gefordert werden, weitgehend überflüssig. – Warum kamen eigentlich dieselben Leute hier noch nicht auf die Idee, Rehwild zählen zu lassen und von den Forstverwaltungen Managementpläne zur Erhaltung dieser Wildart zu fordern?

Allen Unkenrufen zum Trotz wurde durch geregelte Trophäenjagd, die heute in den meisten jagdlich interessanten Regionen der Welt praktiziert wird, noch keine Wildart gefährdet oder gar ausgerottet. Als wirkungsvolles erzieherisches Instrument hat sich das Washingtoner Artenschutzabkommen erwiesen. Trophäen der dem WA unterliegenden Arten sind wertlos, wenn der Erleger sie nicht in die Heimat einführen kann. CITES-Einfuhrgenehmigungen werden jedoch nur erteilt, wenn das Ursprungsland dem WA beigetreten ist und ein effizientes System zur nachhaltigen Nutzung der betreffenden Arten nachweisen kann. Probleme gibt es derzeit noch in Zentralasien, vor allem im Bereich der ehemaligen UdSSR.

Trophäen im Dienste des Artenschutzes
Warum gingen all die Kampagnen des emotionalen Tierschutzes (und des ÖJV) gegen Trophäenjagd und Jagdtourismus ins Leere? Warum vertreten internationale Naturschutzorganisationen wie IUCN und der einst aus ihr hervorgegangene *Worldwide Fund for Nature* (WWF) ganz andere Standpunkte? Wieso ist sich selbst unser gegenüber der Jagd in Deutschland so negativ eingestelltes BfN in dieser Frage weitgehend einig mit dem Internationalen Jagdrat zur Erhaltung des Wildes (CIC) und dem DJV? Warum nur? Die Antwort ist einfach. Ein ganz wesentlicher Aspekt der Trophäenjagd ist den Tierschutz-Aktivisten entweder nicht bekannt, oder er wird geflissentlich verschwiegen:

- Das Interesse an ihrer Trophäe führte zu einer immensen Aufwertung der Wildtiere. Diese neue Wertschätzung erwies sich als stärkste Triebfeder zu ihrer Erhaltung.

Hierzu einige Beispiele aus verschiedenen Regionen der Welt:

Nordamerika
Dort war das Großwild infolge menschlicher Landnutzung und zügelloser Marktjagd zu Beginn des 20. Jahrhunderts bis auf geringe Reste in entlegenen Gebieten zusammengeschmolzen. Der Bison verdankte seine Rettung in buchstäblich letzter Minute keinem Geringeren als dem damaligen US-Präsidenten Theodore ROOSEVELT. Als begeisterter Großwildjäger und Jagdtourist verfügte er gesetzliche Regelungen zur Erhaltung und nachhaltigen Nutzung des Bisons. Dank dieser Initiative zieht Amerikas größte Wildart in vielen Regionen des Kontinents wieder ihre Fährte. Auch die drei Hirscharten, Wapiti, Maultier- und Weißwedelhirsch finden sich heute wieder in allen geeigneten Waldgebieten, nach neuesten Schätzungen insgesamt etwa 35 Millionen Exemplare. Vor einem Jahrhundert hatte man kaum mehr als eine Viertelmillion in ganz Nordamerika angenommen! Ähnlich wie bei uns das Rehwild, kann der dortige Großstädter das Symboltier für „Bambi"-Filme, das Weißwedelwild, selbst während des Ausflugs am Sonntagnachmittag beobachten. Und über elf Millionen Jäger erfreuen sich wieder an der Großwildjagd, ergab eine Umfrage des *US Fish and Wildlife Service* 1996.
Handfeste finanzielle Einnahmen garantieren den Fortbestand der Wildbestände. 1996 flossen der US-Wirtschaft über 60 Milliarden Dollar durch die Großwildjagd zu, vor allem über die hierfür erforderliche Infrastruktur in Form verschiedenster Dienstleistungsbetriebe. Die Jagd erhält eine Vielzahl von Arbeitsplätzen.
Welch enorme Wertschätzung Wildtieren allein durch ihre Trophäe zukommen kann, möge das folgende, sicherlich extreme Beispiel veranschaulichen:

> Die Regierung der kanadischen Provinz Alberta hatte 1999 eine Lizenz für einen Widder in einem Gebiet, in dem es besonders starke Dickhornschafe gab, zur Versteigerung angeboten. Den Zuschlag erhielt ein Gebot von sage und schreibe 405.000 Can. $! Ein begeisterter Jäger hoffte mit einer solchen Trophäe, „hoch ins Buch zu kommen".

Zwei Wochen lang oblag er der Jagd in den Rocky Mountains – ohne Erfolg, weil er sich nicht zum Schuss entschließen konnte. Er wollte nur einen Widder, der voll und ganz seinen Vorstellungen entsprach, oder eben keinen.
Im folgenden Jahr wiederholte er das Unternehmen für eine ähnlich horrende Summe – diesmal mit Erfolg. Er bekam den Widder seines Lebens, und die Wildschutzbehörde auf diese Weise insgesamt 1,1 Millionen Can. $. Mittel für Managementmaßnahmen zur Erhaltung dieser herrlichen Wildart.

Man mag über diesen „Verrückten" denken wie man will. Er habe sein Geld jedenfalls für einen guten Zweck investiert, kommentierten die Medien das Ereignis.
Fundraising, also Mittelbeschaffung für Artenschutzprojekte, zählt denn auch zu den wichtigsten Aufgaben einer einflussreichen Organisation mit der für deutsche Naturschützer, aber auch Jäger schwer nachvollziehbaren Bezeichnung *Safari Club International* (SCI). Sie arbeitet ähnlich wie die bereits geschilderte *Ducks Unlimited*, nur eben für Großwild. Den größten Teil der Mittel erbringen *fundraising banquets* während der abwechselnd in Las Vegas oder Reno veranstalteten jährlichen *SCI-Conventions*. Zur Versteigerung kommen vor allem Jagdreisen, gestiftet von Safari-Unternehmen in vielen Teilen der Welt. Diese Bankette lassen sich selbst hochrangige Politiker einschließlich des früheren US-Präsidenten George BUSH nicht entgehen. Professionelle Auktionäre, geschult in der Versteigerung von texanischem Weidevieh, stellen sich ohne Honorarforderung zur Verfügung. Dank ihrer Eloquenz erzielen sie oft fantastische Preise. So kommen beachtliche, für die in Europa ansässigen Organisationen kaum vorstellbare Gelder zusammen.
Längst engagiert sich SCI weltweit, wo immer spontaner Einsatz Not tut. So verdankt, um nur ein Beispiel zu nennen, die in den 1950er Jahren unmittelbar vom Aussterben bedrohte Arabische Oryx-Antilope ihr Überleben den amerikanischen Jägern. Damals wurden die letzten Exemplare nach Texas in geeignete Habitate verbracht, wo sie sich erfreulich vermehren konnten. 1980 gelang die

Rückführung in die ursprüngliche Heimat, die saudiarabischen Wüstengebiete, nachdem sich dort die politischen Verhältnisse stabilisiert hatten und die Erhaltung dieser eindrucksvollen Wüstenbewohner gewährleistet war.

SCI unterhält einen Stab von PR-Fachleuten, Biologen und Juristen. Sie sind überall präsent, wo es um Erhaltung und nachhaltige Nutzung von Wildtieren geht. Sie bringen ihr Fachwissen während IUCN-Kongressen zur Welterhaltung oder Vertragsstaatenkonferenzen zu internationalen Abkommen wie CITES oder CBD ein. Denn dort ist auch die „Gegenseite" am Werk, nämlich Tierschutz-Organisationen, die aus emotionalen Gründen jegliches Töten ablehnen und die für ihre Ziele ebenfalls beachtliche Mittel und *man-power* einsetzen.

Südliches Afrika

Noch früher als in Nordamerika ereilte das Schicksal die reichen Wildbestände der weiten Steppen im südlichen Afrika. Mit der Ausbreitung der holländischen und deutschen Siedler, der Buren, um die Mitte des 18. Jahrhunderts begann das Drama – diese Viehzüchter hatten keinerlei Sinn für Wild. Sie betrachteten es vielmehr als Nahrungskonkurrenten für ihr Weidevieh, das es mit allen Mitteln zu bekämpfen galt. Mit dem Vordringen der Buren von der Kapprovinz nach Norden wurden ganze Landstriche wildleer. Endemische Arten, die nur dort vorkommen, wie die Zebraart Quagga oder der Kaplöwe wurden schon damals ausgerottet. Auch der Elefant war gänzlich aus dem südlichen Afrika verschwunden.

Die Einstellung zum Wildtier hat sich inzwischen grundlegend geändert. Zum einen haben nun auch die Farmer erkannt, dass Antilopen und Gazellen die Trockenflora ihrer angestammten Heimat besser verwerten können und folglich schneller wachsen als die eingeführten Haustiere; dass sie mit wesentlich weniger Wasser auskommen als diese und damit Dürreperioden viel besser überstehen und dass ihre Schalen Vegetation und Boden weit weniger beeinträchtigen als die ungelenken Hufe der Rinder.

Zum andern hatten inzwischen auch wissenschaftliche Untersuchungen erhärtet, dass einige Wildarten, darunter in erster Linie

der Große Kudu, als überwiegende Laubäser kaum eine Nahrungskonkurrenz für das Weidevieh bedeuten und man sie also durchaus in ihren „ökologischen Nischen" belassen konnte.
Zur nächsten Stufe, der planvollen Nutzung als Fleischquelle, war es dann nur noch ein kleiner Schritt. Insbesondere in Europa ist das schmackhafte Wildbret sehr begehrt. Die in Kühlschiffen aufgebrochen, aber in der Decke tiefgefroren exportierten Wildkörper erlösten dort einen mehrfach höheren Kilopreis als in der Heimat.
Eine wesentliche Wertschätzung und damit die eigentliche Wende brachte erst die seit 1959 in Südwestafrika, dem heutigen *Namibia*, offiziell registrierte Trophäenjagd, die sich seither spektakulär entwickelte.

- Der Wert der Trophäe, um ein Vielfaches höher als der des Wildbrets, adelte das Wildtier und machte den ehemaligen Schädling zum begehrten Objekt von Jagdtouristen aus aller Welt.

Es war in erster Linie die deutschstämmige Bevölkerung des Landes, die diese Entwicklung mit Nachdruck förderte. Allerdings war das Wild noch herrenlos, es gehörte also – im Gegensatz zum Vieh – der Allgemeinheit. Der Gefahr einer möglichen Ausbeutung begegnete man 1967 per Gesetz. Nun gehörten die Wildtiere dem Eigentümer von Grund und Boden, wie in Deutschland seit 1848. Nun war Wildhege möglich. Reife Bullen von Kudu, Oryx oder Springbock erfreuten des Farmers Herz, denn sie lockten Jagdgäste auf seinen Besitz, was sich alsbald rechnete. Ein Farmer nach dem anderen stieg von Viehwirtschaft ganz auf Wildbewirtschaftung um.
Kalkulierendes Nutzungsdenken hatte also den einst aus kurzsichtigem Eigennutz ausgerotteten Wildtieren zu neuem Lebensrecht verholfen. Zwar sind die 5.000 bis 10.000 ha großen Farmen zur Abgrenzung des Besitzes mit Drahtzäunen umgeben, doch bilden diese für Wildtiere kein Hindernis. Sie besiedeln wieder ihre ehemaligen Lebensräume.
Dieser Trend hielt unvermindert an. Nach Angaben des zuständigen Ministeriums für Umwelt und Tourismus in Windhoek von 1999

Dank der Einnahmen aus Jagdtourismus konnten wieder alle ehemals heimischen Wildtiere ins südliche Afrika zurückkehren.

vermittelt das SCI-Nachrichtenmagazin *Safari Times* folgendes Bild: Fast eine Million jagdlich nutzbarer Wildtiere von 32 Arten und einem Wert von etwa 130 Millionen US $ besiedeln heute wieder das Land. Davon leben nur 13% in öffentlichen Ländereien und Schutzgebieten, 87% dagegen auf privatem Farmland. Die gesamte jährliche Wildernte liegt bei 100.000 Exemplaren. 6.000 bis 10.000 kommen im Rahmen der Trophäenjagd zur Strecke, ebenso viele werden lebend verkauft, meist zur Begründung neuer Populationen, die übrigen liefern Wildbret zum Verkauf oder Eigenverbrauch.

Jährlich kommen 2.000 bis 3.000 Jagdtouristen aus 35 Ländern. Die Wildbewirtschaftung garantiert insgesamt etwa 3.000 Arbeitsplätze und trägt jährlich mit über 40 Millionen US $ zum Nationaleinkommen des Landes bei. Entgegen der Befürchtungen der Farmer vor drei Jahrzehnten ist die Tendenz immer noch steigend.

Dies gilt noch mehr für die südöstlich angrenzende *Republik Südafrika*, die dem Beispiel von Namibia folgte. Fünf Millionen Hektar staatlicher Naturschutzgebiete steht bereits die Dreifache Fläche privater Wildnutzungsgebiete gegenüber. Mit 15 Millionen Hektar nehmen sie bereits 12% der Landesfläche ein, wobei ein Drittel davon allein im letzten Jahrzehnt dazukam. Denn die Einnahmen durch Wildtiere sind deutlich höher als die aus anderen Formen der Landbewirtschaftung, erklärte mir Prof. Wouter VAN HOOVEN von der Universität Pretoria während einer Studienreise. Vielfach haben die Grundbesitzer ihre Flächen zu großen *Private Conservation Areas* ohne Zäune zusammengelegt und alle ehemals hier heimischen Großwildarten wieder angesiedelt.

1999 kamen durch etwa 4.000 Jagdtouristen nahezu 25.000 Stück Großwild zur Strecke, darunter 20 Elefanten, 43 Nashörner und 95 Löwen, um nur einige der einst ganz verschwundenen Arten zu nennen.

Mit der Großwildfauna kehrte die ursprüngliche Steppen- und Savannenvegetation zurück – und damit die faszinierende südafrikanische Vogelwelt.

- Die Natur konnte wiederkommen, weil der Mensch gelernt hatte, sie nachhaltig zu nutzen; und weil diese Nutzung mehr einbringt, als die Natur zerstörende Weidewirtschaft oder Sisalpflanzung.

Die Leistungen des staatlichen Naturschutzes sind im Vergleich zu diesen privaten Initiativen gering. Inzwischen entwickelte sich auch der Verkauf von lebendem Wild zur Begründung weiterer Populationen zu einer beachtlichen Einnahmequelle. Selbst Elefanten, die regional bereits problematisch hohe Dichten erreicht haben, sind schon Objekte solcher Umsiedlungen. Die ersten erreichten gar – im Flugzeug für 700 $ pro Tier – das ferne Angola, berichtete jüngst der Präsident der CIC-Kommission Tropenwild, Wouter VAN HOOVEN, den Verwaltungsräten von CIC und *International Game Foundation* (IGF), die diese Aktionen auch finanziell unterstützen. Wird es gelingen, auch das größte Landsäugetier wieder in Regionen anzusiedeln, aus denen es infolge lang anhaltender Bürgerkriege verschwunden war?

Afrikanische Entwicklungsländer
Die Koexistenz von Mensch und Wildtier war im südlichen Afrika dank der Nutzungsinteressen der Grundeigentümer auf großer Fläche gelungen.
In den Entwicklungsländern des Tropischen Afrika liegt die Problematik für Natur- und Wildschutz ganz anders. Zwar wurden hier schon durch die Kolonialregierungen und danach Nationalparks eingerichtet, die sich dank des boomenden Ökotourismus bis heute halten konnten. Doch sind diese Schutzgebiete trotz der gemessen an europäischen Standards großen Areale zu klein für die dauerhafte Erhaltung großer Wildarten. So besteht nicht nur die Gefahr der genetischen Verinselung der Teilpopulationen. Vielmehr führen viele Arten periodische, in den Regenzeiten ausgelöste Wanderungen durch und verlassen somit die Nationalparks. Was dann? Sie kommen zwangsläufig in Gebiete, die die heimische Bevölkerung für Siedlungen und landwirtschaftliche Produktionsflächen beansprucht. Und gerade diese Regionen haben mit die höchsten menschlichen Wachstumsraten der Welt! So spitzt sich die Konfliktsituation laufend zu. Der Lebensraum für Mensch und Wildtier wird immer knapper.
Schon die Schutzgebiete waren der örtlichen Bevölkerung aufgezwungen worden. Und nun sollen sie auch noch tatenlos zusehen, wie infolge des staatlich verfügten Schutzstatus Büffel und Elefanten ihre Felder plündern oder Löwe und Leopard ihr Vieh reißen oder gar ihr Leben bedrohen?
Der antiquierte Verbotsnaturschutz, gefordert von wohl genährten Tierfreunden der fernen zivilisierten Welt, funktioniert schon lange nicht mehr. Entsprechend der Erkenntnis von Bertolt BRECHT, „Fressen kommt vor der Moral", verfolgen hungernde Bauern die nutzlosen Schädlinge bei jeder Gelegenheit. Nach Schätzungen des *World Resource Institute* (1990) haben die afrikanische Wildtiere bereits zwei Drittel ihres Lebensraums verloren ...
Erinnert sich der Leser an die auf S. 431f. geschilderte, ganz ähnliche Situation unserer Schalenwildarten vor 150 Jahren? Damals brachte das gesetzlich initiierte Privatinteresse die Wende. Warum

sollte dieses Rezept nicht auch andernorts funktionieren? Mit anderen Worten:

- Die in der „Ersten Welt" so hoch geschätzten afrikanischen Wildtiere müssen auch für die in ihrer Heimat lebenden Menschen einen Wert bekommen.

Eine ökonomischen Wert, wohlgemerkt, der entschädigt für die Schäden, die die Wildtiere der kargen Agrarwirtschaft zufügen. Mehr noch:

- Wild muss auch hier Wirtschaftsfaktor werden, um mit anderen Formen der Landnutzung konkurrieren zu können.

Nur so lässt sich verhindern, dass weitere Lebensräume, allein vom Menschen genutzt, der Wildfauna verloren gehen.
Die Vertreter der noch jungen Fachrichtung der Öko-Ökonomie – David PEARCE, Tim SWANSON oder Wolf KRUG, um nur einige der aktivsten zu nennen – sind sehr erfinderisch (ausführliche Darstellung in GLEICH *et al.* 2000). Die entwickelten Ideen sind ebenso einfach wie genial: Es gilt, die bislang unter staatlicher Hoheit stehenden Wildtiere zu privatisieren, also den ländlichen Kommunen Besitzrechte einzuräumen. Die Dörfer sollen selbst entscheiden, wie sie den nutzbaren Überschuss der Populationen verwenden wollen; ob sie das Fleisch ihres Wildes selbst essen oder an Händler verkaufen; ob sie Fotosafaris veranstalten oder Lizenzen an Jagdtouristen vergeben. Es sind *ihre* Wildtiere. Hierüber sollen sie verfügen und nicht die als „Ökoimperialisten" empfundenen Schutzfanatiker reicher Nationen, die weder ihre Probleme noch die der Wildtiere lösen. Das bekannteste dieser Modelle ist das seit 1986 in Zimbabwe auf 13.000 km^2 erprobte Projekt CAMPFIRE (*Communal Areas Management Program for Indigenous Resources*). Dort ging die Wilderei drastisch zurück, denn aus dem verhassten Großwild wurden nun Privatelefanten und Gemeindebüffel. Je größer ihre Bestände, desto mehr können die Dörfer nutzen, und alle Einwohner profi-

Wo die örtliche Bevölkerung vom Wert ihrer Wildtiere profitieren konnte, gingen solche Zeugnisse von Wilderei drastisch zurück.

tieren davon. Die Erlöse aus der Wildnutzung dienen dem Bau von Schulen, Brunnen oder Stationen zur ärztlichen Versorgung. Und es gibt Arbeitsplätze in der neu geschaffenen Infrastruktur zur Wildnutzung. Gar mancher ehemalige Wilderer hat nun als Wildhüter ein wachsames Auge auf die vierbeinigen Devisenbringer ...
Am meisten bringt die Trophäenjagd ein – und das bei geringsten Kosten für die erforderliche Infrastruktur. Nach einer Studie von KRUG (1999) in Botswana sind die Investitionskosten pro Hektar für Fototourismus 22-mal höher als für Trophäenjagd. Und dieses Kapital ist mit 38% Verzinsung (über zehn Jahre) besser angelegt als das für alle anderen Formen der Wildnutzung! Fototourismus lag mit 20% immerhin an zweiter Stelle, während die kapitalaufwändigere und biotopschädigende Rinderzucht dem Investor gerade mal zwei Prozent Zins einbringt.

- Über die Trophäenjagd entwickelte sich der Jagdtourismus zur ertragreichsten Form der Landnutzung bei minimalster Beeinträchtigung der Ökosysteme.

So trägt z. B. Trophäenjagd in gleichem Umfang zum Staatshaushalt von Tanzania bei wie der „sanfte" Tourismus (1990 jeweils neun Millionen Mark). Doch erstere Einnahmen stammten von knapp 500 Jagdgästen, während für letztere 50.000 Menschen die Umwelt belasteten.

Rettung auch für die Seltensten

Jahrzehntelang zählten die Nashornarten, drei asiatische und zwei afrikanische, zu den gefährdetsten Großwildarten überhaupt. Warum?

Wie auf S. 107 erläutert, wurden sie Opfer eines Aberglaubens. Ihr Horn war Gegenstand beispiellosen Raubbaus durch Wilderei. Daran konnten selbst strengste Schutzmaßnahmen und Handelsverbote nichts ändern. Besonders begehrt sind die großen Hörner der beiden afrikanischen Arten, des Weißen (Breitmaul-) und des Schwarzen (Spitzmaul-)Nashorns. Sie waren aus weiten Gebieten bereits ganz verschwunden. Insofern stieg der Schwarzmarktpreis für das pulverisierte Horn auf Schwindel erregende Höhen. Ohnmächtig sah man dem Aussterben der urtümlichen Vertreter der afrikanischen Landschaft entgegen, alle gesetzlichen Instrumente hatten versagt.

Die rettende Idee kam dem pfiffigen Tierfänger und Jagdfarmer OELOFSE in Namibia. Warum sollte es nicht gelingen, auf seinem 15.000 ha großen Besitz, wo schon so viele der einst hier beheimateten Wildarten leben, auch das Weiße Nashorn anzusiedeln? „Die Wilderei haben meine Leute im Griff, die spielt hier keine Rolle", erklärte er mir während meiner ersten Informationsreise ins südliche Afrika vor 20 Jahren.

Die ersten Nashorn-Paare konnte er von Zoologischen Gärten erwerben. Sie vermehrten sich gut, und bald war es so weit: Erstmals seit Jahrzehnten konnte ein Trophäenjäger einen reifen Nashornbullen in der ursprünglichen afrikanischen Landschaft erbeuten und sich damit den Wunschtraum amerikanischer Großwildjäger von den legendären *Big Five* (Elefant, Nashorn, Büffel, Löwe und Leopard) erfüllen. 30.000 $ war ihm dieses Erlebnis

Erfolgsstory des Artenschutzes: Die Rettung des Nashorns durch Trophäenjagd

wert. Für die weniger Betuchten bot der findige OELOFSE für 5.000 $ Safaris mit dem Narkosegewehr an. Auch die waren sehr gefragt, denn inzwischen hatte die Tierpräparation Methoden zur absolut naturgetreuen Nachbildung von Kopf-Schulter-Montagen entwickelt.

Die Einnahmen dienten dem Erwerb weiterer Nashörner. Nachdem seine Population gesichert war, konnte er Bullen und Kühe an benachbarte Interessenten und schließlich nach Südafrika verkaufen. Heute zieht das Weiße Nashorn durch weite Landstriche seines ehemaligen Verbreitungsareals wieder seine Fährte, die Gefahr des Aussterbens ist längst gebannt – allein durch Privatinitiative und Trophäenjagd!

Diese Erfolgsstory des Artenschutzes beeindruckte die Regierungen der südafrikanischen Länder. War es ihnen doch trotz aller Bemühungen in den staatlichen Schutzgebieten nicht gelungen, den drastischen Rückgang des Schwarzen Nashorns aufzuhalten. So sehen sie nur noch eine Rettung für die hoch gefährdete Art, nämlich die gezielte Umsiedlung auf Privatbesitz, denn dort ist sie weit sicherer vor Wilderei (KRUG 1999). Die Aktion scheint auch in diesem Fall zu klappen: 1998 stand die erste Jagdlizenz für ein Schwarzes Nashorn für 280.000 Dollar zur Verfügung. Die Einnahmen dienten der weiteren Finanzierung des Projekts.

Auf ähnliche Weise, vor allem über die Initiativen des SCI, erhielten auch Gepard und Leopard wieder ein Lebensrecht. Nachdem einst GRZIMEKS weltweite Kampagne gegen jegliches Töten „gefleckter Katzen" auch deren Bejagung beendet hatte, waren diese wertlos geworden. Mehr noch, man sah im Geparden nur noch den Schädling auf Wildfarmen und Karakulschafzuchten, den es mit allen Mitteln zu verfolgen galt.

Das ist nun ganz anders. Beide Arten sind zu hochgeschätzten Objekten der Trophäenjagd avanciert und bringen viel Geld in die Länder, die eine geregelte Wildbewirtschaftung nachweisen können. Mit durchschlagendem Erfolg für die einst Verfemten: Ausgerechnet das private Farmland Namibias gilt heute als das größte zusammenhängende Verbreitungsareal des Geparden, in dem fast ein Drittel des gesamten afrikanischen Bestands lebt (KRUG 1999).

Konsequenzen

Töten zum Überleben? Jäger auf Großwild loslassen? Entsetzlich für sentimentale Tierfreunde und notorische Jagdgegner. Allerdings nur für diese. Renommierte Naturschutzorganisationen wie IUCN oder WWF fördern die von pragmatisch denkenden Umweltökonomen propagierten Rezepte „Schutz durch nachhaltige Nutzung".

Insofern liegt die Bedeutung der CITES-Konvention heute weniger im Erlass von strikten Handels*verboten*, denn die greifen ohnehin nur, wenn die betreffende Art tatsächlich durch internationalen Handel bedroht ist. Wichtiger ist eine wirksame Handels*kontrolle*, die zum Handel mit Produkten aus nachhaltiger Nutzung ermutigt.

„Wer die Nutzung von Wildtieren verbietet, erklärt damit die seit Jahrhunderten übliche Jagd – ausgeübt, um zu überleben – zu einem Verbrechen. So entfremdet man nur Menschen von der

Natur", betont der Exekutivdirektor des Umweltprogramms der Vereinten Nationen, Prof. Klaus TÖPFER, in seinem bemerkenswerten Beitrag zum *Life Counts*-Projekt (GLEICH *et al.* 2000) und wendet sich entschieden gegen die emotionalen Widerstände aus der „Ersten Welt" gegen die modernen Konzepte zur Erhaltung der biologischen Vielfalt.

Heute ist der frühere Bundesumweltminister Klaus TÖPFER auf Grund seiner internationalen Tätigkeit von der Bedeutung der Jagd für den Artenschutz überzeugt. Doch wie steht es mit diesem Verständnis in der dem BMU nachgeordneten Behörde, dem Bundesamt für Naturschutz?

Als nationale Vollzugsbehörde der CITES-Konvention ist das BfN auch mit weltweitem Artenschutz befasst und für die Ausstellung von Dokumenten für die Einfuhr von Jagdtrophäen zuständig. Da gibt es kaum Probleme. Auch die Position des BfN zur Jagd, selbst auf gefährdete Arten, im *Ausland* (GROSSE *et al.* 2001) deckt sich weitgehend mit den in diesem Buch dargelegten Erkenntnissen des EWI. *Jede* Art könne unter kontrollierten Bedingungen nachhaltig genutzt werden, betont Harald MARTENS (2000).

Warum nur plädiert derselbe Autor dann ein Jahr später bei jeder Gelegenheit, selbst in dem genannten reißerischen „Spiegel"-Artikel, für eine drastische Kürzung des Katalogs jagdbarer Arten in *Deutschland*? Ausgerechnet in einem Land, dessen weltweit anerkanntes Jagdgesetz die Erhaltung einer artenreichen Wildfauna selbst in der intensiv genutzten Kulturlandschaft garantiert hat. Warum soll alles nur im Ausland gelten, warum endet pragmatisches Denken an der Staatsgrenze?

So stellt sich erneut die Frage: *Wer hinkt eigentlich hinter internationalen Standards und Erkenntnissen her?* Mit Sicherheit nicht die deutsche Jagd, sondern eher die antiquierte Beurteilung derselben seitens einiger Naturschützer. In dieser Hinsicht besteht noch beträchtlicher Nachholbedarf.

Ausblick

Heute noch jagen? Die Antworten auf diese aktuelle Frage sind auch nach Lektüre dieses Buches sicher nicht einheitlich, aber vielleicht von mehr Gelassenheit getragen. Im Wissen um die Auswirkungen der Jagd auf Tierpopulationen wird der Leser in der Lage sein, manche in den Massenmedien verbreiteten Horrorszenarien kritisch zu beurteilen. Etwa die apokalyptischen Visionen vom „Aussterben", sobald eine Tierart im Rahmen natürlicher Bestandsschwankungen einmal seltener wird. Er weiß nun besser Bescheid über die Wirkung von Flinte und Büchse, die heute kaum mehr „Gefährdungsfaktor" sind, und andererseits auch nur begrenzt in der Lage, ausufernde Tierbestände zu kontrollieren.
Vielleicht ist es gelungen, Verständnis für das Bemühen der Jäger zu wecken, die vielfältigen negativen Auswirkungen dichter menschlicher Besiedlung auf die Ökosysteme wenigstens abzumildern und so zum Überleben bedrohter Tierarten in der Kulturlandschaft beizutragen.
Der Leser kennt nun auch die Hintergründe emotional motivierter Antijagd-Kampagnen, die die Gemeinsamkeit der Anliegen aller Naturfreunde in Frage zu stellen versuchen – bislang ohne Erfolg. Anlass zu Optimismus gibt die jüngste Entwicklung auf internationaler Ebene, auf der sich zunehmend eine wichtige Erkenntnis durchzusetzen scheint:

Mehr denn je bedarf es der Mithilfe der Jagd zur Erhaltung der Artenvielfalt in einer Welt, in der sich Wildtiere und die wachsende Zahl von Menschen den immer knapper werdenden Lebensraum teilen müssen.

Wie wird es weitergehen? Wird sich auch bei uns pragmatisches Denken durchsetzen?

Literatur

ABILDGÅRD, F., J. ANDERSON & O. BARNDORFF-NIELSEN (1972): The Hare Population (*Lepus europaeus*) of Illumø Island, Denmark. A Report on the Analysis of the Data from 1957–1970. Danish Review of Game Biol. 6/5: 1–32.

ABT, K. F. (2001): Seehund. Jagd und Artenschutz. Jahresbericht 2001. MUNF Schleswig-Holstein: 35–37.

ABT, K. F. & U. SIEBERT (1998): Seehundforschung im schleswig-holsteinischen Wattenmeer 1997. Jahresbericht 1997/98. MUNF Schleswig-Holstein: 36–43.

ACKERMANN, D. (1993): Die Jagd auf der ostfriesischen Insel Juist. Die Pirsch 45 (14): 54–55.

AEBISCHER, N.J. (1995): Investigating the effects of hunting on the survival of British pigeons and doves by analysis of ringing recoveries. J. Appl. Statistics 22: 923–934.

AHRENS, M. (1996): Untersuchungen zur Entwicklung des Hasenbesatzes auf Wittow/Rügen. Wild und Hund 3/96: 30–33.

AMMERMANN, D. (1998): Zur Problematik von Wiedereinbürgerungen am Beispiel der Birkhuhnprojekte in Oberschwaben. Natur und Landschaft 73/12: 519 – 522.

AMRHEIN, V. (1999): Sexuelle Selektion und die Evolution von Kopulationen außerhalb des Paarbundes: Spielregeln der Weibchen. J. Ornithol. 140: 431–441.

ANDERSEN-HARILD, P. (1981): Migration of *Cygnus olor* ringed in Denmark in winter and during moult. Proc. Sec. Int. Swan Symp. IWRB, Sapporo, 1980: 120–128.

ANDERSON, D. R. (1975): Population ecology of the mallard V: Temporal and Geographic estimates of survival, recovery, and harvest rates. US Fish u. Wildl. Serv. Res. Publ. 125, 110 pp.

ANDERSON, D. R. & K. P. BURNHAM (1976): Population ecology of the mallard VI: The effect of exploitation on survival. US Fish & Wildl. Serv. Res. Publ. 128, 66 pp.

ANKNEY, C. D. (1996): An Embarrassment of riches: Too many geese. J. Wildl. Manage. 60, 2: 217–223.

ANONYMUS (1986): Alle Rabenvögel verdienen besonderen Schutz. Naturschutz heute 2 („gelbe Seiten").

ANONYMUS (1987): Grundsätze zum Thema Jagd in Naturschutzgebieten. Erlaß des Ministeriums für Ernährung, Landwirtschaft und Forsten des Landes Schleswig-Holstein vom 17.2.1987.

ANONYMUS (1991): Ausübung der Jagd in Naturschutzgebieten. Rd Erl. d. Ministeriums für Umwelt, Raumordnung und Landwirtschaft. MBL. NW 1991, S. 597.

ANONYMUS (1995): Impacts of hunting disturbance on waterbirds – a critique. The Game Conservancy Trust, England (unpubl.), 20 pp.

ASFERG, T. (1983): Jaegerne og Rovdyrene Konkurrerer om Byttet. Jagt og Natur. Dansk Vildtbiologisk Station Kalø 186: 8–12.

BAINES, D. (1990): The roles of predation, food and agricultural practice in determining the breeding success of the lapwing (*Vanellus vanellus*) on upland grasslands. J. Anim. Ecol. 59: 915 – 929.

BALANCA, G. (1984): Le déterminisme du succés de la reproduction chez une population de Pies (*Pica pica*). Gibier Faune Sauv. 4:5–27.

BAMBERG, F. B. (1989): Zur Ausübung der Jagd im Nationalpark Schleswig-Holsteinisches Wattenmeer. 437 S. Ministerium für Ernährung, Landwirtschaft, Forsten und Fischerei des Landes Schleswig-Holstein (Hrsg.), 437 S.

BARKOW, A. (2002): Die ökologische Bedeutung von Hecken für Vögel (Kurzfassung Dissertation). J. Ornithol. 143: 383–385.

BASKETT, T. S., M. W. SAYRE, R. E. TOMLINSON & R. E. MIRARCHI (1993): Ecology and management of the mourning dove. Wildl. Mgmt. Institute Book. Harrisburg. 567 pp.

BAUER, H. G. & P. BERTHOLD (1996): Die Brutvögel Mitteleuropas – Bestand und Gefährdung. Aula-Verlag, Wiesbaden. 715 S.

BAUER, J. J. (1987): Factors determining the onset of sexual maturity in New Zealand chamois (*Rupicapra rupicapra*). Z. Säugetierkunde 52: 116–125.

BAUER, K. M. & U. N. GLUTZ V. BLOTZHEIM (1968, 1969): Handbuch der Vögel Mitteleuropas, Vol. 1 und 2. Frankfurt.

BAUER, S. & H. KALCHREUTER (1984): A chance for conservation of the Black Grouse (*Lyrurus tetrix*) in Central Europe? *In* HUDSON, P. J. & T. LOVEL (eds.): 3rd Int. Grouse Symp. 1984: 551–575.

BAYERN, A. von & J. von BAYERN (1976): Über Rehe in einem steirischen Gebirgsrevier. München. 245 S.

BAYERN, A. von (1991): Weichselboden – Bilder und Abschluß der Rehbeobachtungen. München. 192 S.

BECKER, P. H. & P. FINCK (1986): Die Bedeutung von Nestdichte und Neststandort für den Bruterfolg der Flußseeschwalbe (*Sterna hirundo*) in Kolonien einer Wattenmeerinsel. Vogelwarte 33/3: 192–207.

BEHNKE, H. (1983): Hege, Aufzucht und Aussetzen von Fasanen und Rebhühnern. Paul Parey, Hamburg.

BEISENHERZ, W. (2001): Veränderungen der Brutbestände der Elster (*Pica pica*) auf Probeflächen in Bielefeld zwischen 1991 und 2000. Charadrius 37/1: 15–22.

BÉLANGER, L. & J. BÉDARD (1990): Energetic cost of man-induced disturbances to staging Snow Geese. – J. Wildl. Mgmt. 54: 36–41.

BELL, D. V. & L. W. AUSTIN (1985): The Game-fishing Season and its effects on overwintering wildfowl. Biol. Conserv. 33: 65–80.

BELL, D. V. & M. OWEN (1990): Shooting disturbance – a review. *In* MATTHEWS, G. T. V. (ed.): Managing waterfowl populations. Proc. IWRB Symp., Astrakhan 1989. IWRB Spec. Publ. 12: 159–171.

BELLROSE, F. C., T. G. SCOTT, A. S. HAWKINS & J. B. LOW (1961): Sex ratios and age ratios in North American ducks. Ill. Nat. Hist. Surv. Bull. 27: 391–474.

BENDELL, J. F., D. G. KING & D. H. MOSSOP (1972): Removal and repopulation of blue grouse in a declining population. J. Wildl. Mgmt. 36 (4): 1153–1165.

BENNETT, J. W. & E. G. BOLEN (1978): Stress response in wintering Green-winged Teal. J. Wildl. Mgmt. 42(1): 81–86.

BERNHARD-LAURENT, A., P. LEONARD & F. REITZ (1991): Prélévements de perdix bartavelles (*Alectoris graeca saxatilis*) par la cahsse: facteus de variation et perspectives pour une gestion cynégétique des populations. Gibier Faun Sauvage 9/1: 1–25.

BERLICH, H. & H. KALCHREUTER (1983): A study on harvesting roding woodcock in spring. Proc. 2nd Europ. Woodcock and Snipe Workshop. IWRB: 92–99.

BERNDT, R. & W. WINKEL (1976): Vogelwelt und Jagd. Ber. Dt. Sekt. Int. Rat Vogelschutz. Nr.16: 82–88.

BERNDT, R. & W. WINKEL (1977): Die Jagd als Überlebensproblem für die Waldschnepfe. Natur und Landschaft 4: 105–106.

BERTHOLD, P. (2000): Vogelzug – eine aktuelle Gesamtübersicht. Darmstadt. 280 S.

BEZZEL, E. (1973): Verstummen die Vögel? Unsere bedrohte Vogelwelt. Ehrenwirth-Verlag, München. 196 S.

BEZZEL, E. (1979): Wildenten. München.

BEZZEL, E. (1983): Amtlich bescheinigt: Habicht verhält sich unnatürlich. Wir und die Vögel 15/1: 33.

BfN (1999): Position des Bundesamtes für Naturschutz zur Änderung des Katalogs der jagdbaren Arten. Ber. zum Vogelschutz 37: 117–123.

BLEW, J. (1993): Zur Situation des Feldhasen (*Lepus europaeus Palla*) in Schleswig-Holstein: Zahlen, Populationsparameter, Krankheiten und Parasiten. S. 51–70 *In* Minister für Ernährung, Landwirtschaft, Forsten und Fischerei als oberste Jagdbehörde (Hrsg.), 1993: Jagdrecht Schleswig-Holstein 1992/93. Heft 14. 97 pp, Kiel.

BOATMAN, N. (1996): Farmland conservation: A

case study – the Allerton project. The Game Conservancy Trust-Review 1995: 75 – 90.

BØGEBJERG E., S. TONGAARD, J. MADSEN & N. NØRGAARD (1991): Status of the harbour seal (*Phoca vitulina*) populations in the Danish waters, 1976–1989, and short-term effects of the epidemic in 1988. Danish Rev. Game Biol. 14/4. 16 pp.

BÖHMER, A. (1976 a): Bruterfolg einer kleinen Rabenkrähen-Population. Orn. Beob. 73: 136–140.

BÖHMER, A. (1976 b): Zur Struktur der schweizerischen Rabenkrähenpopulation (*Corvus C. corone*). Orn. Beob. 73: 109–136.

BOSCH, S. & P. HAVELKA (1998): Telemetrische Untersuchungen zur Tagesaktivität der Elster (*Pica pica*) im Winter. Die Vogelwarte 39: 171–175.

BOYD, H. (1957): Mortality and kill amongst Britishringed teal *Anas crecca*. Ibis 99(2): 157–177.

BOYD, H. (1964): Wildfowl and other waterbirds found dead in England and Wales in January-March 1963. Wildfowl Trust 15th Ann. Rep.: 20–22.

BOYD, H. (1984): Intensive regulation of duck huning in North America: its purpose and achievements. Occasional Paper No. 50, 34 pp. Can. Wildl. Serv. Ottawa.

BOYD, H. (1990): Hunting and the reported Kill of ducks and geese in the USA and Canada. *In* MATTHEWS, G.V.T. (ed.): Managing wildfowl populations. Proc. IWRB Symp., Astrakhan 1989. IWRB Spec. Publ. 12: 132–139.

BOYD, H. (1991): Global warming and waterfowl. IWRB News 6: 8–9.

BOYE, P. (1996): Ist der Feldhase in Deutschland gefährdet? Natur und Landschaft 71(4): 167–174.

BOYE, P. (2001): Jagd. *In* RICHARZ, K., E. BEZZEL & M. HORMANN (Hrsg.): Taschenbuch für Vogelschutz. Aula-Verlag. 630 S.

BOYE, P., H. HAUPT & K. LUTZ (2000): Perspektiven und Prioritäten für die Umsetzung des AEWA in Deutschland. *In* HAUPT, H., LUTZ, K. & P. BOYE (Bearb.): Internationale Impulse für den Schutz von Wasservögeln in Deutschland. Schriftenr. Landschaftspfl. Naturschutz, H. 60: 211–229.

BRANDNER, M. (1972): Die Jagd von der Urzeit bis heute. BLV Verlag München. 255 S.

BROWNIE, C., D. R. ANDERSON, K. P. BURNHAM & D. S. ROBSON (1985): Statistical inference from band recovery data – a handbook. US Fish & Wildl. Serv. Res. Publ. No. 156, 305 pp.

BRÜLL, H. (1964): Das Leben deutscher Greifvögel. 2. Aufl. Stuttgart.

BRÜLL, H. (1977): Das Leben europäischer Greifvögel. 3. Auflg., G. Fischer Verlag-Stuttgart-New York. 315 S.

BUSSE, P. (1963): Bird-ringing results of Poland. Family Corvidae. Acta Orn. 7: 189–220.

CABOT, D. & B. WEST (1982): Population dynamics of Barnacle Geese wintering in Ireland (abstract only). Trans. Int. Congr. Game Biol. 14: 121.

CHARLES, J. K. (1972): Territorial behaviour and the limitation of population size in Crows (*Corvus corone* and *C.c. cornix*). Unpubl. Ph. D. Thesis, Aberdeen.

CHLEWSKI, A. & M. PANEK (1988): Population dynamics of the partridge on hunting grounds of Czempin, Poland. Proc. Common Partridge Int. Symp. Poland 1985: 143–156.

CLARK, W. R. (1987): Effects of harvest on annual survival of muskrats. J. Wildl. Mgmt. 51(2): 265–272.

CLARKSON, K. & T. BIRKHEAD (1987): Magpies in Sheffield – a recipe for success. The British Trust for Ornithologie – BTO News 151: 8–9.

CLAUSAGER, I. (1972): Skovsneppens foreskomst og jagtlige udnyttelse i Danmark. Rep. Vildbiologisk Station Kalø, Rønde. 148 pp.

CLAUSAGER, I. (1974): Migration of Scandinavian woodcock (*Scolopax rusticola*) with special reference to Denmark. Dan. Rev. Game Biol. 8(8), 1–38.

CLUTTON-BROCK, T. H. (1991): Sport and wise use of ungulate populations. *In* POTTS, G.R., Y. LECOCQ, J. SWIFT & P. HAVET (eds.): Proc. Intern. Conf. „Wise use as a conservation strategy". Gibier Faune Sauvage 8: 309–317.

COLES, C. (1971): The complete book of game conservation. London.

CONRAD, B. & Th. MEBS (1986): Zur Ökologie der Elster (*Pica pica*) in urbanen Bereichen. Gutachterliche Stellungnahme der Landesanstalt für Ökologie, Landschaftsentwicklung und Forstplanung NRW, Vogelschutzwarte. 8 S.

CONRADY, D. (1989): Die Jagd auf Wasservögel im Nationalpark Schleswig-Holsteinisches Wattenmeer. Landesamt Nationalpark Schl.-Holst. Wattenmeer. 44 pp.

COOKE, J. (1992): A revised management procedure for international whaling. (Newsletter of the Species).

COUTURE,R. & J.C. BOURGEOIS (1977): Annual American Woodcock density variations during the breeding season in the Trois-Rivieres Area. Proc. Woodcock Symp. 6: 93–99.

COWARDIN, L. M., A. B. SARGEANT & H. F. DUEBBERT (1983): Low Waterfowl Recruitment in the Prairies: the Problem, the Reasons and the Challenge to Management. S. 416–418. In BOYD, H. (ed.): Proc. First Western Hemisphere Waterfowl Symposium Can. Wildl. Serv.

CRAMP, S. & C. M. PERRINS (1994): Handbook of the birds of Europe, the Middle East and North Africa. Vol. VII. Oxford, New York.

CROZE, H. (1970). Searching image in Carrion Crows. Z. Tierpsychologie, Beiheft 5, 85 S.

DASMANN, R. F. (1964): Wildlife Biology. New York. 231 p.

DASMANN, W. P. (1972): Development and management of the Dinder National Park and its Wildlife. FAO Report No. TA 3113. Rom.

DEBLINGER, R. D. & A. W. ALLDREDGE (1989): Management implications of variations in pronghorn social behaviour. Wildl. Soc. Bull. 17: 82–87.

DECKERT, G. (1980): Siedlungsdichte und Nahrungssuche bei Elster und Nebelkrähe. Beitr zur Vogelk. 26/6: 305–334.

DELANY, S. & D. SCOTT (2002): Waterbird Population Estimates – Third Edition. Wetlands International Global Series No. 12, Wageningen. 326 pp.

DEMPSTER, J. P. (1975): Animal Population Ecology. London. 155 pp.

DEPPE, H. – J. (1984): Zum Erlöschen des Birkhuhnbestandes (*Lyrurus tetrix*) im südlichen Mecklenburg. Die Vogelwelt 105(5): 161–176.

DICK, H. (1995): Randeffekt – Problematik durch generalistische Beutegreifer am Beispiel von Rabenkrähe (*Corvus c. corone*) und Wurzacher Ried (Süddeutschland). Ökol. Vögel (Ecol. Birds) 17: 1–128.

DIEZEL, K. E. (1913): Erfahrungen aus dem Gebiet der Niederjagd. Stuttgart. 352 S.

DOERENKAMP, J. (1996): 3. Rebhuhnsymposium in Feuchtwangen. Die Pirsch 8/96: 29–30.

DRESCHER, H. E. (1979 a): Present status of the harbour seal, *Phoca vitulina*, in the German Bight (North Sea). Meeresforschung – Report on Marine Research 27/1: 27–34.

DRESCHER, H. E. (1979b): Biologie, Ökologie und Schutz der Seehunde im schleswig-holsteinischen Wattenmeer. Beiträge zur Wildbiologie, Heft 1, 73 S.

DUDZINSKI, W. (1988): Wintering grounds of the partridge. Proc. Common Partridge Int. Symp. Poland 1985: 165–183.

DUNKER, K.-H. (1989): Der Seehund im Wattenmeer: 2. Bestandsentwicklung und Seehundsterben. Jagd + Hege 12: 17.

DUSEK, G. L., R. J. MACKIE, J. D. HERRIGES, Jr. & B. B. COMTON (1989): Population ecology of White-tailed deer along the lower Yellowstone river. Wildl. Monogr. 104: 1–68.

EBBINGE, B. S. (1991): The impact of hunting on mortality rates and spatial disstribution of geese wintering in the Western Palaearctic. Ardea 79: 197–210.

EBERHARDT, L. L. (1990): Survival rates required to sustain bear populations. J. Wildl. Mgmt. 54(4): 587–590.

EBERT, K. H. & U. WOTSCHIKOWSKI (1999): Das Rotwild im Schönbuch. Wild und Hund-Report. 16 S.

EDMINSTER, F. C. (1937): An analysis of the value of refuges for cyclic game species. J. Wildl. Mgmt. 1: 37–41.

EIBERLE, K. & Ch. DÜRR (1985): Grenzen der Verbißbelastung für die Weißtanne (*Abies alba*) in der kollinen Stufe. Waldhygiene 16. 95–106.

ELLENBERG, H. (1978): Zur Populationsökologie des Rehes (*Capreolus capreolus* L) in Mitteleuropa. Spixiana – Zeitschrift f. Zoologie, Suppl. 2: 211 S.

ELLENBERG, H. (1981): Greifvögel und Pestizide. Ökol. Vögel, 3. Sonderheft. 420 S.

ELLENBERG, H. (1983): Habicht und Beute. Allg. Forstzeitschrift 38: 1195–1201.

ELLENBERG, H. (1989): Verbreitung, Häufigkeit,

Produktivität und Verfolgungsraten bei Rabenkrähe, Elster und Eichelhäher in der Bundesrepublik Deutschland (Unveröff. Stellungnahme im Auftrag des BML).

ENGELHARDT, W. R., R. OBERGRUBER & J. REICHHOLF (1985): Lebensbedingungen des europäischen Feldhasen (Lepus europaeus) in der Kulturlandschaft und ihre Wirkungen auf Physiologie und Verhalten. Beiheft 5 zu den Berichten der Akademie für Naturschutz und Landschaftspflege. Hrsg.: Akademie für Naturschutz und Landschaftspflege, Postfach 1261, 8229 Laufen/Salzach.

ENGLUND, J. (1970): Population dynamics of the Swedish Red Fox (Vulpes vulpes). Summary. Almquist & Wiksells, Uppsala, 10 pp.

EPPLE, W. & B. KROYMANN (1987): Zum Schutz der Rabenvögel. Natur und Landschaft 62, 7/8: 288–293.

EPPLE, W. (1997): Rabenvögel. Göttervögel – Galgenvögel. Ein Plädoyer im Rabenvogelstreit. Karlsruhe: Braun. 111 S.

ERIKSTAD, K. E., BLOM, R. & S. MYRBERGET (1982): Territorial hooded crows as predators of willow ptarnigan nests. J. Wildl. Mgmt. 45: 109–114.

ERRINGTON, P. L. (1954): On the hazards of overemphasizing numerical fluctuations in studies of „cyclic" phenomena in muskrat populations. J. Wildl. Mgmt. 18: 66–90.

ERZ, W. (1974): Ökologie, Jagd und Naturschutz. Natur und Landschaft. 8: 224–229.

ERZ, W. (1987): Aufgaben, Anforderungen und Probleme von Schutzgebieten. In Probleme der Jagd in Schutzgebieten, ABN (ed.), Jb. Natursch. Landschaftspfl. 40: 11–30.

ERZ, W. & K. HAARMANN (1983): Zu: „Amtlich bescheinigt: Habicht verhält sich unnatürlich". Wir und die Vögel 15/2: 16.

EWASCHUK, E. & D. A. BOAG (1972): Factors affecting hatching success of densely nesting Canada Geese. J. Wildl. Mgmt. 36(4): 1097–1106.

EXO, K. M. & G. SCHEIFFARTH (1995): Tagesperiodisches Aktivitätsmuster von Wattenmeerbrütern des Austernfischers (Haematopus ostralegus).J. Orn. 136: 336.

EYLERT, J. (1993): Jagd und Naturschutz – Ein Problem? Natur und Landschaft 68 (6): 315–317.

FADAT, C. (1994): L'abondance des bécasses estelle périodique? In KALCHREUTER, H. (ed.): Fourth European Woodcock and Snipe Workshop. IWRB Publ. 31: 55–60.

FARAGO, S. (1988): Die Gestaltung der Bestände des Rebhuhns und die Lage dieser Vogelart in Ungarn im Jahre 1985. Proc. Common Partridge Int. Symp. Poland 1985: 39–67.

FAY, F. H., B. P. KELLY & B. A. FAY (1990): The ecology and management of walrus populations – report of an international workshop. U.S. Marine Mammal Commission, Washington D.C. 186 pp.

FEICHTNER, B. (1998): Ursachen der Streckenschwankungen beim Schwarzwild im Saarland. Z. Jagdwiss. 44: 140–150.

FEICHTNER, B. (1999): Langfristige Auswirkungen des Rehwildverbisses auf eine Buchenwaldgesellschaft. Diss. Agricultural University of Poznań, Poland. 136. S.

FEICHTNER, B. (2000): Auswirkungen des Rehwildverbisses auf die Eichenverjüngung in einer Buchenwaldgesellschaft. Beitr. Jagd- und Wildforsch. 25: 117–128.

FENTZLOFF, C. (1990): Der Einsatz von Beizadlern in einem wissenschaftlichen Projekt in der Schweiz. Die Geburtsregulierung beim Steinadler. Greifvögel und Falknerei 1989: 40–44.

FERRAND, Y. (1983): A behavioural hypothesis derived from 5-year's observations of roding woodcock. In Kalchreuter, H. (ed.): Proc. Second European Woodcock and Snipe Workshop. IWRB, Slimbridge: 68–82.

FERRAND, Y. (1996): Rapport bécasse (Scolopax rusticola) – Croule 1996. WI-Woodcock and Snipe Specialist Group Newsletter No. 22: 13–17.

FERRAND, Y. & F. Gossmann (1995): La Bécasse des Bois. Hatier, Paris. 164 pp.

FESTETICS, A. (1971): Die Wildenten und Wildgänse des Neusiedler Sees im Lichte der internationalen Wasservogelforschung. Natur und Land 57: 8–11, 48–55.

FESTETICS, A. (1982): Wildbiologie – neuer Hit oder alter Hut? Versuch einer Standortbestimmung. Allgem. Forst Zeitschr. 37: 147–152.

FIGLEY, W. K. & L. W. VANDRUFF (1982): The ecology of urban mallards. J. Wildl.Mgmt Vol.46, 1:1–39.
FISCHER, C. A. & L. B. KEITH (1974): Population responses of Central Alberta ruffed grouse to hunting. J. Wildl.Mgmt. 38 (4): 585–600.
FISH AND WILDLIFE SEVICE (1987): Restoring America's Wildlife 1937–1987. US Dept. Interior. 394 pp.
FLASBARTH, J. (2001): Die Bedeutung der Ornithologie in der Naturschutzarbeit. J. Ornithol. 142 Sonderheft 1: 172–181.
FOG, J. (1965): The Mallards from the Estate of Kongsdal. Danish Rev. of Game Biol. IV/3: 65–94.
FOG, J. (1968): Krikandens (*Anas crecca*) spredning under fourageringstogter fra en resteplads (Albriebugten vildtreservat, Fanø). Dansk Orn. For. Tidsskr. 62: 32–36.
FOG, M. (1973): Om Hov Røn og dens ynglefugle. Flora og Fauna 79: 25–31.
FOKIN, S. & Y. BLOKHIN (2000): Roding activity, spring hunting and hunting bags of woodcock (*Scolopax rusticola*) in Russia. In KALCHREUTER, H. (ed.): Fifth European Woodcock and Snipe Workshop, May 1998. Wetlands International Global Series No. 4: 19–24.
FOKIN, S., V. KUZYAKIN, H. Kalchreuter & J. Kirby (2000): The Garganey in the former USSR. A compilation of life history information. Wetlands International Global Series 7. 50 pp.
FRANK, F. (1957): The causality of microtine cycles in Germany. J. Wildl. Mgmt. 21: 121–133.
FRANK, H. (1970): Die Auswirkung von Raubwild- und Raubzeugminderung auf die Strecken von Hase, Fasan und Rebhuhn in einem Revier mit intensivster landwirtschaftlicher Nutzung. Trans. IX Int. Congr. Game Biol. 9: 472–479.
FREDERICK, R. D., W. R. CLARK & R. E. KLAAS (1987): Behaviour, energetics and management of refuging waterfowl: a simulation model. Wildl. Monogr. 96: 1–35.
FRENZEL, P. & M. SCHNEIDER (1987): Ökologische Untersuchungen an überwinternden Wasservögeln im Ermatinger Becken (Bodensee): Die Auswirkungen von Jagd, Schiffahrt und Freizeitaktivitäten. Orn. Jh. Bad.-Württ. 3: 53–79.
FRENZEL, P. (1984): Gemeinschaftliche Wasserjagd auf dem Untersee und Rhein. Untersuchungen über Nahrungsquellen im Ermatinger Becken. Abschlussbericht für die Saison 1983/84. 26 S. Unveröff.
FREVERT, W. (1957): Rominten. BLV-Verlag. 226 S.
FRIEDRICH, W. (1977): Artenschutz am Beispiel der Flussseeschwalbe im Wolmatinger Ried. Ber. Int. Rat Vogelschutz, Dt. Sekt. 17: 73–76.
FRÖDE, D. (1977): Zur Veränderung des Rebhuhnbestandes in Schleswig-Holstein. Zool. Anzeiger, Jena, 198: 178–202.
FROST, S. (1979): The whaling question. Inquiry into whales and whaling. Friends of the Earth, San Fransisco. 341 pp.
FRYLESTAM, B. (1979): Population Ecology of the European Hare in Southern Sweden. Ph D. Thesis. Dept. Anim. Ecol., Univ. of Lund. Schweden.
FULLER, T.K. (1989): Population dynamics of wolves in north-central Minnesota. Wildl. Monogr. 105: 1–41.
FVA (1994): Systematischses Kontrollzaunverfahren. Merkblatt No. 46, Forstl. Versuchs- u. Forschungsanstalt Ba-Wü.
GANTER, H., H. Kalchreuter, K. Roth & W. Weitbrecht (1974): Die Entwicklung des Auerwildes in Baden-Württemberg, Schriftenreihe Landesforstverwaltung 42. Stuttgart. 74 S.
GASTON, G. R. (1991): Effects of environment and hunting on body condition of nonbreeding Gadwells (*Anas strepera*) in northwestern Lousiana. The Southwestern Naturalist 36(3): 318–322.
GAYER, K. (1886): Der gemischte Wald. Seine Begründung und Pflege insbesondere durch Horst- und Gruppenwirtschaft. Paul Parey, Berlin.
GEIS, A. D. (1963): Role of hunting regulations in migratory bird management. Trans North Am. Wildl. Conf. 28: 164–172.
GEIST, V. (1971): Mountain Sheep. Chicago. 383 pp.
GILES, N. & M. STREET (1990): Management of the feral Greylay and Canada goose flocks at Great Linford. The Game Conservancy Review of 1989: 116–117.
GLEICH, M., D. MAXEINER, M. MIERSCH & F. NICOLAY (2000): Life Counts – Eine globale Bilanz des Lebens. Berlin Verlag. 287 S.

GLUTZ VON BLOTZHEIM, U. N. & K. M. BAUER (1980): Handbuch der Vögel Mitteleuropas, Band 9. Wiesbaden.

GLUTZ VON BLOTZHEIM, U. N. & K. M. BAUER (1988): Handbuch der Vögel Mitteleuropas. Vol. 11/I. Wiesbaden.

GLUTZ VON BLOTZHEIM, U. N. & K. M. BAUER (1993): Handbuch der Vögel Mitteleuropas. Band 13/III. Aula-Verlag, Wiesbaden.

GLUTZ VON BLOTZHEIM, U. N., K. M. BAUER & E. BEZZEL (1971): Handbuch der Vögel Mitteleuropas, Band IV. Frankfurt.

GLUTZ VON BLOTZHEIM, U. N., K. M. BAUER & E. BEZZEL (1973): Handbuch der Vögel Mitteleuropas. Band 5. Frankfurt.

GLUTZ VON BLOTZHEIM, U. N., K. M. BAUER & E. BEZZEL (1977): Handbuch der Vögel Mitteleuropas. Vol. VII. Wiesbaden.

GOOCH, S., S. R. BAILLIE & T. R. BIRKHEAD (1991): Magpie *Pica pica* and songbird populations. Retrospective investigation of trends in population density and breeding success. J. Applied Ecol. 28: 1068 – 1086.

GOODWIN, D. (1951): Some aspects of the behaviour of the Jay (*Garrulus glandarius*). Ibis 93: 414–442, 602–625.

GOODWIN, D. (1956): Further observation on the behaviour of Jay (*Garrulus glandarius*). Ibis 98: 186–219.

GORETZKI, J. (1996): Wechselwirkung zwischen Tollwutbefall und Populationsdynamik beim Rotfuchs auf der Insel Rügen. Weidwerk in Mecklenburg-Vorpommern 5/96: 9–10.

GOSS-CUSTARD, J. D., S. E. A. LE VIDIT DURELL, H. P. SITTERS & R. SWINFEN (1982): Age-structure and survival of a wintering population of oystercatchers. Bird Study 29/2: 83–98.

GOSSMANN, F. & C. Bastat-Lequerré (1998): Les activites de Reseau Becasse en France – Saison 1997/98. Newsletter WI-Woodcock and Snipe Specialist Group 24: 8–13.

GOSSMANN, F., C. Bastat-Lequerré & Y. Ferrand (1999): Les activites de Reseau Becasse en France-Saison 1998/99. WI-Woodcock and Snipe Specialist Group Newslettter No. 25: 7–10.

GRAF MERAN, Ph. (1980 – 1999): Some observations on woodcock (*Scolopax rusticola*) migration in Austria and Western Hungary (Annual reports from 1980 until 1998).

IWRB/WI – Woodcock and Snipe Research Group Newsletters No. 6–25.

GREENWAY, J. C. (1967): Extinct and vanishing birds of the world. New York. 520 pp.

GREGORY, R. D. & J. H. MARCHANT (1996): Population trends of Jays, Magpies, Jackdaws and Carrion Crows in the United Kingdom. Bird Study 43, 28–37.

GRIEB, J. R., H. D. FUNK, R. M. HOPPER, G. F. WRAKESTRAW & D. WITT (1970): Evaluation of the 1968–1969 experimental mallard drake season in Montana, Wyoming and Colorado. Trans. North Am. Wild. and Nat. Resour. Conf. 35: 336–348.

GROßE, C., P. BOYE, U. GRIMM, H. HAUPT, H. MARTENS & M. WEINFURTER (2001): Trophäenjagd auf gefährdete Arten im Ausland. BfN-Skripten 40. 38 S.

GULLION, G. W. & W. H. MARSHALL (1968): Survival of Ruffed Grouse in a boreal forest. Living Bird 7: 117–167.

GUTHÖRL, V. (1990): Rehwildverbiß in Buchenwaldökosystemen – Untersuchungen über Informationsgehalt, Funktion und Schäden. Dissertation. Universität des Saarlandes.

GUTHÖRL, V. (1990a): „Kriterien zur Anlage und Bewertung von Weiserzäunen. Zur Beurteilung der Vegetationsentwicklung im Walde unter Ausschluß des Wildverbisses". Allgemeine Forst Zeitschrift 19 : 447–450.

GUTHÖRL, V. (1991): Zur Verbreitung und Bestandssituation des Rebhuhns (*Perdix perdix L*) in Luxemburg, Lothringen, Rheinland-Pfalz und dem Saarland. Z. Jagdwiss. 37(3):174–184. Hamburg und Berlin.

GUTHÖRL V. & H. KALCHREUTER (1995): Zum Einfluß des Fuchses (*Vulpes vulpes*) auf das Vorkommen des Feldhasen (*Lepus europaeus*). Informationen aus der Wildforschung. Verlag Dieter Hoffmann. Mainz. 118pp.

HAFFER, J. (2001): Ornithological research traditions in central Europe during the 19th and 20th centuries. J. Ornithol. 142 Sonderheft 1: 27–93.

HAGEN, H. (1982): Die Sache mit dem Waidwerk. München. 349 S.

HALLER, H. (1982): Raumorganisation und Dynamik einer Population des Steinadlers, *Aquila chrysaetos*, in den Zentralalpen. Orn. Beob. 79: 163–211.

HALLER, H. (1988): Zur Bestandsentwicklung des Steinadlers, *Aquila chrysaetos*, in der Schweiz, speziell im Kanton Bern. Orn. Beob. 85: 225–244.

HARLING, G. v. (1989): „Explodierende" Schwarzwildbestände. Wild und Hund 10: 4–5.

HAUKIOJA, E. & M. HAUKIOJA (1970): Mortality rates of Finnish and Swedish Goshawks. Finnish Game Research 31: 13–20.

HAVELKA, P. & K. RUGE (1986): Rabenvögel – verfemt, verfolgt. Naturschutz heute 6: 33–34.

HAVELKA, P., KOTSCH, B. & K. RUGE (1987): Schutz der Elster – Ein Beitrag zur Gesundung des Naturhaushalts. Naturschutz heute, 2: 30–31.

HAVLIN, J. (1969): Results and problems of waterfowl hunting. Zool. Listy 18/1: 23–38.

HECKENROTH, H. (1980): Zur Situation des Birkhuhns in Niedersachsen. Beih. Veröff. Naturschutz Landschaftspflege Ba.-Wü. 16: 111–114.

HELLDIN, J. O. & E. LINDSTRÖM (1991): Den svenska mårdstammen under 1900-talet. Viltnytt 30: 30–34.

HENZE, O. (1961): Die forstwirtschaftlichen Schäden des Eichelhähers und seine Kurzhaltung mit der Fangkiste. Allg. Forstzeitschrift 10 (Sonderdruck).

HENZE, O. (1979): Das Ergebnis 40-jähriger gezielter Singvogelansiedlung zur Niederhaltung des Eichenwicklers. Der Falke 26/1: 13–20.

HEWITT, O. H. (1954): A symposium on cycles in animal populations. J. Wildl. Mgmt. 18: 1–112.

HIRONS, G. (1979): The roding behaviour of the European Woodcock (*Scolopax rusticola*) – An alternative hypothesis. Newsletter IWRB Woodcock & Snipe Research Group 5: 13–20.

HIRONS, G. (1982): Conclusions of the studies on woodcock. The Game Conservancy Annual Review 13: 35–42.

HIRONS, G. (1983): A five-year study of the breeding behaviour and biology of the woodcock in England – a first report. In Kalchreuter, H. (ed.): Proc. Second European Woodcock and Snipe Workshop. IWRB, Slimbridge: 51–67.

HOFFMANN, J. (1867): Die Waldschnepfe. Stuttgart.

HÖGLUND, N. H. (1964): Über die Ernährung des Habichts (*Accipiter gentilis*) in Schweden. Viltrevy 2(5): 271–328.

HÖGLUND, N. H. (1964a): Der Habicht (*Accipiter gentilis*) in Fennoskandia. Viltrevy 2: 195–270.

HOLLDACK, K. & W. GERß (1985): Zur Methodik von quantitativen Untersuchungen über die Eingriffe von Beutegreifern in Beutebestände. – Z. Jagdwiss. 31: 229–235.

HOLLEY, A. J. F. (1993): Do brown hares signal to foxes? Ethology 94: 21–30.

HÖLZINGER, J. (1980): Der Untergang des Birkhuhns (*Lyrurus tetrix*) in Baden-Württemberg und dessen Ursachen. Beih. Veröff. Naturschutz Landschaftspflege Ba.-Wü. 16: 123–134.

HORNUNG, H. (2001): Jagen im Naturschutzgebiet – Eine Frage der Ehre. Wild u. Hund 15: 54–57.

HÖTKER, H., H.-G. BAUER, M. FLADE, A. MITSCHKE, C. SUDFELDT & P. SÜDBECK (2000): Synopse zum zweiten Bericht zur Lage der Vögel in Deutschland – unter besonderer Berücksichtigung der Vögel der Siedlungen. Vogelwelt 121: 331–342.

HÖVEL, S. (1994): Untersuchungen über die Voraussetzungen zur Erhaltung des Birkhuhns (*Tetrao tetrix*) in Oberschwaben sowie seiner oberschwäbischen Moorlebensräume (Unveröff. Abschlußbericht). Landesjagdverband Ba-Wü (Hrsg.). 563 S.

HUDEC, K. (1974): Die Ergebnisse der Wildgansjagd auf dem Gebiet der CSSR. Zool. Listy 23(2): 137–162.

HULBERT, J. A. R. & S. BAUER (1992): Gelegeprädation bei Wasservögeln im Finkenmoos, Lkr. Ravensburg. Schriftenreihe für Ökologie, Jagd und Naturschutz 1: 31–49.

JOHNSON, D. H. & A. B. SARGEANT (1977): Impact of Red Fox predation on the sex ratio of Prairie Mallards. Wildl. Res. Rep. No. 6, U.S. Fish and Wildl. Serv. 56 pp.

JONES, D. (ed. 1990): Birds as prey. RSPB-publication. 24 pp.

KALCHREUTER, H. (1971): Untersuchungen an Populationen der Rabenkrähe. Jh. Ges. Naturkunde. Württemberg 126: 284–339.

KALCHREUTER, H. (1975): Zur Populationsdynamik der Waldschnepfe nach europäischen Ringfunden. Z. f. Jagdwiss. 21: 1–14.

KALCHREUTER, H. (1977): Die Sache mit der Jagd. 1. Auflage, München. 255 S.

KALCHREUTER, H. (1979): Die Waldschnepfe. Verlag D. Hoffmann, Mainz. 158 S.

KALCHREUTER, H. (1980): Habicht, Mensch und Beutetier. Informationen aus der Wildforschung. Wildforschungsstelle Ba.-Wü. 26 S.

KALCHREUTER, H. (1981a): The Goshawk *Accipiter gentilis* in Western Europe. In KENWARD, R. E. & I. M. LINDSAY (eds.): Understanding the Goshawk. 18–28.

KALCHREUTER, H. (1981b): Der Habicht – beinahe ein Opfer der Jagd geworden? Ökol. Vögel (Ecol. Birds) 3, Sonderheft: 227–234.

KALCHREUTER, H. (1982): Aspects of the history of European woodcock populations. In Dwyer, T. & G. Storm (eds.): Woodcock Ecology and Management. US Widl. Res. Rep. 14: 154–157.

KALCHREUTER, H. (1984): Die Sache mit der Jagd. 4. Auflage, BLV-Verlag München, 302 S.

KALCHREUTER, H. (1990): Zurück in die Wildnis. Parey Verlag, 253 S.

KALCHREUTER, H. (1991a) : On the impact of hunting on goose populations. In FOX, A. D., J. MADSEN & J. van RHIJN (eds.): Western Palearctic Geese. Proc. IWRB Symp. Kleve 1989. Ardea 79(2): 211–216.

KALCHREUTER, H. (1991b): Rebhuhn aktuell. Informationen aus der Wildforschung. Verlag D. Hoffmann, Mainz, 93 S.

KALCHREUTER, H. (1992): On bird hunting on Malta. A study commissioned by FACE. 20 pp.

KALCHREUTER, H. (1994): Auswirkungen der Jagd auf Tierpopulationen – kompensatorische Mechanismen. Habilitationsschrift. Verlag D. Hoffmann, Mainz. 299 S.

KALCHREUTER, H. (1994a): On the wise use of woodcock and snipe populations. In KALCHREUTER, H. (ed.): Fourth European Woodcock and Snipe Workshop. IWRB Publ. 31, 108–114.

KALCHREUTER, H. (1996): Waterfowl and population dynamics: an overview. In Proceedings of the Anatidae 2000 Conference, Straßbourg, 5–9 December 1994. Gibier Fauna Sauvage 13: 991–1008.

KALCHREUTER, H. (1999): La Garganta – El éxito de una gestión basada en la experienca. In OTERO, C. (ed.): Patrimonia Natural y Propriedad Rural en España. S. 357 – 372. Institut Iberico para el Medio Ambiente. Madrid.

KALCHREUTER, H. (2000): Das Wasserwild. Verbreitung und Lebensweise – Jagdliche Nutzung und Erhaltung. Franckh-Kosmos Verlags-GmbH & Co., Stuttgart, 299 pp.

KALCHREUTER, H. (2000a): Wasservogeljagd und ihre Auswirkungen auf Wasservogelbestände. In HAUPT, H., LUTZ, K. & P. BOYE (Bearb.): Internationale Impulse für den Schutz von Wasservögeln in Deutschland. Schriftenr. Landschaftspfl. Naturschutz, H. 60: 147–155.

KALCHREUTER, H. (2001): Rabenvögel und Artenschutz – Erkenntnisse internationaler Forschung. Verlag Dieter Hoffmann, Mainz, 86. S.

KALCHREUTER, H. (2001a): Activities and preliminary results of research on Woodcock (*Scolopax rusticola*) in Europe. In MCAULEY, D. J. G. BRUGGINK & G. F. SEPIK (eds.): Proc. 9th American Woodcock Symposium, Lousiana (USA), January 1997. Technology Report USGS, 36 – 41.

KALCHREUTER, H. (2002): On the population status of the Jack snipe. A study commissioned by the AEWA Secretariat. 20 pp.

KALCHREUTER, H. & N. AEBISCHER (2001): Commentaires sur le „Rapport scientifique sur les données à prendre en compte pour definir les modalités de l'application des dispositions légales et réglementaires de chasse aux oiseaux d'eau et oiseaux migrateurs en France. OMPO-Publikation, Paris. 32 pp.

KALCHREUTER, H. & V. GUTHÖRL (1997): Wildtiere und Menschliche Störungen – Problematik und Management. Informationen aus der Wildforschung. Verlag D. Hoffmann, Mainz, 69 S.

KALCHREUTER, H. & R. KRÖGER (2000): Trend of woodcock (*Scolopax rusticola*) bags on a study area in northern Germany. In Fifth European Woodcock and Snipe Workshop, May 1998. Wetlands International Global Series No. 4: 42–43.

KALUZINSKI, J. (1982): Dynamics and structure of a field Roe deer population. Acta Theriologica, 27/27:385–408.

KELLER, V. E., 1996: Effects and management of disturbance of waterbirds by human recreational activities: a review. *In* Proceedings of the Anatidae 2000 Conference, Straßbourg, 5–9 December 1994. Gibier Faune Sauvage 13: 1039–1047.

KENWARD, R. (1985): Problems of Goshawk predation on pigeons and other game. Acta XVIII Congr. Int. Orn. II: 666–678.

KENWARD, R.E. & V. MARSTRÖM (1981): Goshawk predation on game and poultry: Some problems and solutions. *In* KENWARD, R.E. & I.M. LINDSAY (eds): Proceedings conference „Understanding the goshawk", September 1981, Oxford: 152–162.

KENWARD, R. E., V. MARCSTRÖM & M. KARLBOM (1991): The Goshawk (*Accipiter gentilis*) as predator and renewable resource. Gibier Faune Sauvage, Vol. 8: 367–378.

KEPPIE, D. M & G. W. REDMOND (1985): Body weight and the possession of territory for male American woodcock. Condor 87: 287–290.

KESZLER, E. (2000): Gadwall: The Wonder Duck. Waterfowl 2000. News from the North American Waterfowl Management Plan 13/1: 27.

KEVE, A. (1969): Der Eichelhäher. Neue Brehm Bücherei.

KLIMETZEK, D. (1979): Insekten-Großschädlinge an Kiefer in Nordbayern und der Pfalz: Analyse und Vergleich 1810–1970. Forstzool.Inst. Uni Frbg., Freiburger Waldschutz-Abhandlungen 2. 173 S.

KLIMOV, S. M. (1998): Numbers, reproductive success and genetic structure of Lapwings (*Vanellus vanellus*) in areas of varying pastoral regimes. *In* HÖTKER, H., LEBEDEVA, E., TOMKOVICH, P. S., GROMADZKA, J., DAVIDSON, N. C., EVANS, J., STROUD, D. A., & R. B. WEST (eds.): Migration and international conservation of waders. Research and conservation on north Asian, African and European flyways. International Wader Studies 10: 309–314.

KLUIJVER, H. N. (1966): Regulation of a bird population. Ostrich (Suppl.) 6: 389–396.

KNICK, S. T. (1990): Ecology of bobcats relative to exploitation and a prey decline in southeastern Idaho. Wildl. Mongr. 108: 1–42.

KOLBE, V. (1982): Zur Ernährungsweise und Siedlungsdichte des Eichelhähers. Der Falke 29/6: 197–201 (209).

KOOIKER, G. (1991): Untersuchungen zum Einfluß der Elster auf ausgewählte Stadtvogelarten in Osnabrück. Vogelwelt 112/6: 225–236.

KOOIKER, G. (1994): Weitere Ergebnisse zum Einfluss der Elster (*Pica pica*) auf Stadtvogelarten in Osnabrück. Vogelwelt 115: 39–44.

KOOIKER, G. (1996): Siedlungsökologische Untersuchungen an einer urbanen Elsternpopulation (*Pica pica*) einer nordwestdeutschen Großstadt. Ökol. Vögel 18/1: 85–106.

KORSCH, J. (1982): Über den Einfluß zweier Klimafaktoren auf die Bestandsentwicklung des Auerwildes in drei Schwarzwaldbiotopen. Allg. Forst u. Jagdz. 153/9/10: 171–179.

KRIEG, H. (1967): Ein Mensch ging auf die Jagd. BLV-Verlag. München. 226 S.

KRISTÖFEL, F. & J. Pollanschütz (1995): Entwicklung von Fichtenpflanzen nach Triebrückschnitten (simulierter Verbiss). *In* Pollanschütz, J. (ed.): Bewertung von Verbiß- und Fegeschäden – Hilfsmittel und Materialien. Mitt. Forstl. Bundesversuchsanstalt Wien 169: 43–46.

KROHN, W. B. & E. G. BIZEAU, 1988: Changes in winter distribution of the Rocky Mountain Canada Goose population. Wildl. Soc. Bull. 16: 272–277.

KROHN,W. B., F. W. MARTIN & K. P. BURNHAM (1974): Band recovery distribution and survival estimates of Maine Woodcock. Proc. 5th Amer. Woodcock Worksh., Athens, Georgia.

KRUG, W. (1999): Wildtierbewirtschaftung und Biodiversitätsschutz im südlichen Afrika. Geogr. Rundschau 51(5): 263–268.

KRÜGER, O. & U. Stefener (1996): Nahrungsökologie und Populationsdynamik des Habichts *Accipiter gentilis* im östlichen Westfalen. Vogelwelt 117/1: 1–8.

KUHLEMANN, P. (1952): Die Vögel der Heimat. Herba-Verlag. Plochingen. 61 S.

KUJAWSKI, O., Graf (1992): Schwarzwildplage? Die Pirsch 1: 25–27.

KURT, F. (1991): Das Reh in der Kulturlandschaft. Sozialverhalten und Ökologie eines Anpassers. P. Parey, Hamburg und Berlin: 284 S.

LACK, D. (1966): Population studies of birds. Oxford Univ. Press. 341 p.

LAMB, H. H. (1977): Climate: Present, Past and Future. Vol. 2. William Clowes Publ. Suffolk.

LEBRETON, J. D. (ed. 1985): Mathematical modelling of the management of bird populations. Minutes of a meeting held at Museum National d'Histoire Naturelle, Paris. Environmental Research Programme, Commission of the European Communities (XII/58/85). 93 pp.

LENTEN, B. (2000): Das Afrikanisch-eurasische Wasservogelabkommen (AEWA) und sein Aktionsplan – Inhalte, Wege und Ziele der Umsetzung. In HAUPT, H., LUTZ, K. & P. BOYE (Bearb.): Internationale Impulse für den Schutz von Wasservögeln in Deutschland. Schriftenr. Landschaftspfl. Naturschutz, H. 60: 13–20.

LEOPOLD, A. (1936): Deer and Dauerwald in Germany. I. History. Journ. of Forestry 34: 366–375.

LEOPOLD, A. (1961): Game Management. New York. 481 p.

LEWIS, R. A. & F. C. ZWICKEL (1980): Removal and replacement of male blue grouse on persistent and transient territorial sites. Canadian Journ.Zool. 58/8: 1417–1423.

LINDEROTH, P. (2001): Beitrag zur aktuellen Diskussion um die Wasservogeljagd in Deutschland. Beitr. Jagd- und Wildforschung 26: 473–493.

LINDNER, K. (1982): Jagdwissenschaft. – Standort und System einer Disziplin. – Homo Venator. V. 20 S.

LINK, H. (1981): Zur Situation des Habichts im fränkischen Raum im Vergleich zu anderen mitteleuropäischen Populationen. Ökol. Vögel (Sonderheft) 3: 221–226.

LINK, H. (1986): Untersuchungen am Habicht (*Accipiter gentilis*). Schriftenreihe Dt. Falkenorden 2, 95 S.

LITZBARSKI, B. & H. Litzbarski (1999): Entgegnung zu „20 Jahre Artenschutz für die Großtrappe *Otis tarda* in Brandenburg – eine kritische Bilanz". Vogelwelt 120: 173 – 183.

LÖHRL, H. (1960): Zur Ernährungsbiologie des Eichelhähers. Allg. Forstzeitschrift 25: 360–361.

MACDONALD, D. W. (1980): Rabies and Wildlife – a biologists perspective. Oxford. s151 pp.

MACIKUNAS, A., Svazas, S. & V. Jusys (2000): Population size, habitat selection, migration and the breeding ecology of Common snipe (*Gallinago gallinago*) and Jack snipe (*Lymnocryptes minimus*) in Lithuania. Proc. OMPO Intern. Meeting on snipes. Newsletter Migratory Birds of the Western Palearctic (OMPO) No. 21: 51–62.

MÄCK, U., M.-E. JÜRGENS, P. HAUPT & H. BOYE (1999): Aaskrähe (*Corvus corone*), Elster (*Pica pica*) und Eichelhäher (*Garrulus glandarius*) in Deutschland. Betrachtungen zu ihrer Rolle im Naturhaushalt sowie zur Notwendigkeit eines Bestandsmanagements. Natur und Landschaft 74/11: 485–493.

MÄCK, U. & M.-E. JÜRGENS (1999): Aaskrähe, Elster und Eichelhäher in Deutschland. Bundesamt für Naturschutz (Hrsg.). Bonn-Bad Godesberg. 252 S.

MACKRODT, P. (1987): Beschlag eines Rehkitzes im Oktober. Z. Jagdwiss. 33: 60–61

MACLULICH, D. A. (1937): Fluctuations in the numbers of the varying (*Lepus americanus*). Univ. Toronto Stud. Biol. Ser. No. 43: 5–136.

MADSEN, J. (1988): Autumn feeding ecology of herbivorous wildfowl in the Danish Wadden Sea and the impacts of food supplies and shooting on movements. Dan. Rev. Game Biol. 13(4): 1–32.

MADSEN, J. (1993): Managing hunting disturbance for wise use of Danish waterfowl. In MOSER, M., PRENTICE, R. C. & van VESSEN, J. (Eds.): Waterfowl and Wetland Conservation in the 1990s – a global perspective. Proc. IWRB Symp. Florida. IWRB Spec. Publ. 26: 93–96.

MADSEN, J. (1993 a): Experimental wildlife reserves in Denmark: a summary of results. In DAVIDSON, N. & P. ROTHWELL (eds.): Disturbance to waterfowl on estuaries. Wader Study Group Bull. 68: 23–28.

MADSEN, J. (1995): Impacts of disturbance on migratory waterfowl. Ibis 137: 67–74.

MADSEN, J. & A. D. FOX (1995): Impacts of hunting disturbance on waterbirds – a review. Wildlife Biology 1: 193–207.

MADSEN, J., G. CRACKNELL & A. D. FOX (eds.)

(1999): Goose populations of the Western Palaearctic. A review of status and distribution. Wetlands International Publ. 48, Wageningen, Netherlands. 344 pp.

MANSFELD, K. (1936): Vogelschutz im Wald. Der Deutsche Forstwirt 18: 249–251.

MARCSTRÖM, V. (1974): On the courtship flight of the woodcock (*Scolopax rusticola* L.) in Sweden. Proc. 5th American Woodcock Workshop. Athens, Georgia

MARCSTRÖM, V. (1980): Removal of roding woodcock. Newsletter IWRB Woodcock and Snipe Research Group 6: 63–68.

MARCSTRÖM, V. (1988): A study on display activities of woodcock in Sweden. In HAVET, P. & G. HIRONS (eds): Proc. 3rd. Europ. Woodcock and Snipe Workshop, 1986. IWRB Slimbridge: 83–85.

MARCSTRÖM, V. (1994): Roding activity and woodcock hunting in Sweden. In KALCHREUTER, H. (ed.): Fourth European Woodcock and Snipe Workshop. IWRB Publ. 31: 55–60.

MARCSTRÖM, V., L. B. KEITH, E. ENGREN & J. R. CARY (1989): Demographic responses of Arctic Hares (*Lepus timidus*) to experimental reductions of Red Foxes (*Vulpes vulpes*) and Martens (*Martes Martes*). Can. J. Zool., 67: 658–668.

MARCSTRÖM, V., R. Kenward & M. Karlbom (1990): Duvhöken och dess plats i naturen. Uppsala. 96 S.

MARTENS, H. (2000): Nachlese zu CITES 2000: Das ungewisse Spiel auf Zeit im internationalen Artenschutz. Natur und Landschaft 75(8): 347–348.

MARTENS J. & H.W. HELB (1998): Wissenschaftliche Begleituntersuchung an Elster (*Pica pica*) und Rabenkrähe (*Corvus c. corone*) in Rheinland-Pfalz. Unveröff. Gutachten i. A. des Ministeriums für Umwelt und Forsten Rheinland-Pfalz (Kurzfassung).

MAYER, K. – A. (1983): Vergleich der Strecken für Hase, Fasan und Rebhuhn in flurbereinigten und nicht flurbereinigten Bereichen in Rheinhessen. Zeitschrift für Jagdwissenschaft 29(1):55–60.

MCCULLOCH, M. N., G. M. TUCKER & S. R. BAILLIE (1992): The hunting of migratory birds in Europe: a ringing recovery analysis. Ibis 134 Suppl.: 55–65.

MCGOWAN, J. D. (1975): Effect of autumn and spring hunting on ptarmigan population trends. J. Wildl. Mgmt. 39(3): 491–495.

MEILE, P. (1988): Die Bedeutung der „Gemeinschaftlichen Wasserjagd auf dem Untersee und Rhein" für überwinternde Wasservögel am Ermatinger Becken. Schlußbericht. 65 S. unveröff.

MEILE, P. (1991): Die Bedeutung der „Gemeinschaftlichen Wasserjagd" für überwinternde Wasservögel am Ermatinger Becken. Orn. Beob. 88: 27–55.

MELTOFTE, H. (1990): Is a hunting harvest a „wise use" of wetlands: the need for critical research. In Matthews, G.V.T. (ed.): Managing Waterfowl Populations. Proc. IWRB Symp. Astrakhan 1989 IWRB Spec. Publ. 12, Slimbridge UK: 154.

MENZEL, C., E. STRAUß, W. MEYER & K. POHLMEYER (2000): Die Bedeutung der Habitatstrukturen als Regulationsmechanismus für die Brutpaardichte von Rabenkrähen (*Corvus c. corone*). J. Orn. 141: 127 – 141.

MEYNHARDT, H. (1982): Schwarzwild-Report. Mein Leben unter Wildschweinen. Melsungen, 219 S.

MILLER, F. L. (1985): Some physical characteristics of caribou spring migration crossing sites on the Dempster Highway, Yukon Territory. In MARTELL, A. M. & D. E. RUSSELL (eds.), Caribou and human activity. Proc. 1st North Am. Caribou Workshop, Whitehorse, Yukon. Wildl. Serv. Spec. Publ., Ottawa, 15–21.

MITCHELL, B. & R. W. YOUNGSON (1981): Red Deer Management. Red Deer Commission, Inverness. 100 S.

MITLACHER, G. (1997): Ramsar-Bericht Deutschland. Schriftenr. Landschaftspfl. Naturschutz, Heft 51. Bonn-Bad Godesberg.

MITSCHKE, A., S. GARTHE & R. MUSLOW (2000): Langfristige Bestandstrends von häufigen Brutvögeln in Hamburg. Vogelwelt 121: 155–164.

MÖLLER, A. (1922): Der Dauerwaldgedanke. Sein Sinn und seine Bedeutung. (Reprint) Erich Degreif, Oberteuringen.

MOLLET, P. (1995): Regulation der Hasenbestände durch den Fuchs? Chasse & Chien No. 103: 6–7.

MONVAL, J.-Y. & J.-Y. PIROT (1989). Results of the International Waterfowl Census 1967–1986. IWRB Spec.Publ. 8, 145 pp.

MOOIJ, J. H. (1993): Development and management of wintering geese in the Lower Rhine area of North Rhine-Westphalia/ Germany. Die Vogelwarte 37: 55–77.

MOREAU, R. E. (1972): The Palearctic – African bird migration systems. London & New York.

MÜLLER, F. (1980): Zur derzeitigen Situation des Birkhuhns in Hessen. Beih. Veröff. Naturschutz Landschaftspflege Bad.- Württ. 16: 115–122.

MÜLLER, F. (1984): The loss of Capercaillie clutches – an evalution of a ten year study on simulated nests in the western Rhön mountains (W.-Germany). In HUDSON, P.J. & T. LOVEL (ed.): 3rd Int. Grouse Symp. 1984: 347–353.

MÜLLER, P. (1988): *Phoca vitulina, Chrysochromulina polylepis* und andere ökosystemare S.O.S.-Signale der Nordsee. Zeitschr. angew. Umweltforsch. 1/3: 209–216.

MÜLLER, P. (1995): Krähenvögel: Wissenschaftliche Argumentation in einer pseudowissenschaftlichen Diskussion. Saarjäger 1: 14–21.

MURTON, R. K. (1971): Man and Birds. London. 364 S.

MYRBERGET, S. (1982): Hooded crows (*Corvus corone cornix*) on a small island 1960-1981. Fauna 35, 8–10.

MYRBERGET, S. (1982a): Bestandsvariasjoner hos mus i Norge i 1932–1971. Fauna 35: 29–32.

NEHLS, G. (1996): Der Kiebitz in der Agrarlandschaft – Perspektiven für den Erhalt des Vogels des Jahres 1996. Ber. z. Vogelschutz 34: 123–132.

NELLIS, C. H., S. P. WETMORE & L. B. KEITH (1972): Lynx-prey interactions in Central Alberta. J. Wildl. Mgmt. 36: 320–329.

NEMETSCHEK, G. & A. FESTETICS (1977): Zur Frage der Frühjahrsbejagung der Waldschnepfe in der Bundesrepublik Deutschland. Kilda, Greven. 39 S.

NEWTON, I. (1979): Population ecology of raptors. Poyser Ltd., Hertfordshire, England 399 pp.

NEWTON, I. (1998): Population limitation in birds. Academic Press, London. 597 pp.

NIETHAMMER, G. 1963: Die Einbürgerung von Säugetieren und Vögeln in Europa. Hamburg, Berlin. 320 S.

NOWAK, E. (1995): Jagdaktivitäten in der Vergangenheit und heute als Einflußfaktor auf Gänsepopulationen und andere Vögel Nordsibiriens. In PROKOSCH, P. & H. HÖTKER (Hrsg.): Faunistik und Naturschutz auf Taimyr – Expeditionen 1989–1991. Corax 16, Sonderheft.

ODUM, E. P. & J. REICHHOLF (1980): Ökologie – Grundbegriffe, Verknüpfungen, Perspektiven. BLV-Verlag München. 208 S.

OHDE, B. R., R. A. BISHOP & J. J. DINSMORE (1983): Mallard reproduction in relation to sex ratios. J Wildl. Mgmt. 47(1): 118–126.

OLIVIER, G.-N. (2000): Sustainable use – an incentive to Snipe habitat conservation. In KALCHREUTER, H. (ed.): Fifth European Woodcock and Snipe Workshop, Wetlands International Global Series 4: 69–71.

OPDAM, P., J. THISSEN, P. VERSCHUREN & G. MÜSKENS (1977): Feeding ecology of a population of goshawk. J. Orn. 118: 35–51.

ORNITHOLOGISCHE ARBEITSGEMEINSCHAFT BODENSEE (1983): Die Vögel des Bondenseegebietes. Konstanz. 379 S.

OWEN, M. (1982): Management of summer grazing and winter disturbance on goose pasture at Slimbridge, England. In Managing Wetlands and their Birds – A Manual of Wetland and Waterfowl Management. Proc. 3th Tech. Meeting on Western Palearctic Migratory Bird Management, Münster 1982:67–72.

OWEN, M. (1982): Population dynamics of Svalbard Barnacle Geese. Aquila 89: 229–247.

OWEN, M. (1984): Dynamics and age structure of an increasing goose population – the Svalbard Barnacle Goose. Norsk Polarinst. Skr. 181: 37–47.

OWEN, M. (1993): The UK Shooting Disturbance Project. In DAVIDSON, N. & P. ROTHWELL (ed.): Disturbance to waterfowl on estuaries. Wader Study Group Bull. 68: 35–46.

OWEN, M. & G. WILLIAMS (1976): Winter distribution and habitat requirements of Wigeon in Britain. Wildfowl 27: 83–90.

OWEN, M. & J. M. BLACK (1989): Factors affecting the survival of Barnacle geese on migration from the breeding grounds. J. Animal Ecol. 58: 603–617.

PADUTOV, E. (1970): Spring hunting should be permitted. Okhota i Okhotnichye Khozyaistvo (Hunting and game management. In Russian) 10: 8–9.

PALMER, W. L . (1956): Ruffed grouse population studies on hunted and unhunted areas. Trans. N. American Wildl.Conf. 21: 338–345.

PARADIS, E., S. R. BAILLIE, W. J. SUTHERLAND, C. DUDLEY, H. Q. P. CRICK & R. D. GREGORY (2000) : Large-scale spatial variation in the breeding performance of song thrushes Turdus philomelos and blackbirds T. merula in Britain. J. Appl. Ecol. 37 (Suppl. 1): 73–87.

PARKER, H. (1984): Effect of corvid removal on reproduction of Willow Ptarmigan and Black Grouse. J. Wildl. Mgmt. 46: 1197–1205.

PARRISH, J. M. & B. F. HUNTER (1969): Waterfowl Botulism in the Southern San Joaquin Perdeck, A. C. & C.Clason (1980): Some Results of Waterfowl Ringing in Europe. IWRB Special Public. No.1, 21 pp. Slimbridge.

PASSBERGER, E. (1981): Vor und nach der Flurbereinigung. Die Pirsch, 18: 1262–1267.

PATTERSON, J. H. (1979): Can ducks be managed by regulation? – Experiences in Canada. Trans. 44. North Amer. Wildl. Nat. Res. Conf.: 130–139.

PATTERSON, J. H. (1990): the North American Waterfowl Plan. In MATTHEWS, G. T. V. (ed.): Managing waterfowl populations. Proc. IWRB Symp., Astrakhan 1989. IWRB Spec. Publ. 12: 225–228.

PEGEL, M. (1986): Der Feldhase (*Lepus europaeus*) im Beziehungsgefüge seiner Um- und Mitweltfaktoren. Schriften AKWJ Gießen, 16, 224 S.

PEGEL. M. (1987): Das Rebhuhn (*Perdix perdix*) im Beziehungsgefüge seiner Um- und Mitweltfaktoren. Schrift. Arbeitskr. Wildbiol. Jagdwiss. Gießen, Heft 18.

PERDECK, A. C. & C.Clason (1980): Some Results of Waterfowl Ringing in Europe. IWRB Special Public. No.1, 21 pp. Slimbridge.

PERRINS, C. (1987): Vögel. Biologie, Bestimmen, Ökologie. Hamburg, Berlin. 320 S.

PFEIFFER, U. (1991): Räumliche Struktur der Hasendichten und deren Ursachen – ein Fallbeispiel aus dem Landkreis Donau-Ries. Examensarbeit Universität Bayreuth.

PICOZZI, N. (1975): A study of the carrion/hooded crow in north-east Scotland. Brit. Birds. 68: 409–419.

PIELOWSKI, Z. (1976): The role of foxes in the reduction of the European hare population. In PIELOWSKI, Z. & Z. PUCEK (eds.): Ecology and management of European hare populations. Proc. Int. Hare Symp. Poznan 1974: 135–148.

PIELOWSKI, Z. (1982): Das Rebhuhn – Sorgenvogel der Jäger. Jagd + Hege 1: 15.

PIELOWSKI, Z. (1987): Zur Bedeutung der Rabenvögel für die Jagdwissenschaft in Polen. Jagd + Hege 2: 6–7.

PIELOWSKI, Z. (1988): Untersuchungen über den Einfluss intensiver Hegemaßnahmen auf die Qualität des Rehwildes. Jagd + Hege 1: 30–31.

PIELOWSKI, Z. & M. PINKOWSKI (1988): Situation of the partridge population in Poland. Proc. Common Partridge Int. Symp. Poland 1985: 15–32.

PIEPER, B. (2001): Der König braucht Hilfe. – Das LBV-Hilfsprogramm für den Steinadler. Naturschutz heute 32 (2/01): 14–15.

PITELKA, F. A. (1957): Some characteristics of microtine cycles in the Arctic. Proc. 18th Biol. Colloquium, Oregon State College: 73–88.

PLIKAT, K. (1991): Hundert Jahre Hasenjagd auf Langeoog. Wild und Hund 94(1): 8–10.

PLOCHMANN, R. (1992): The forests of central Europe. A changings view. Journ. of Forestry 90: 12–16, 41.

POLLANSCHÜTZ, J. (1992): Licht in das Dunkel der Verbiss-Märchen. Jagd + Hege 12: 6–7.

POTTS, G. R. (1980): The Effects of Modern Agriculture, Nest Predation and Game Management on the Population Ecology of Partridges (*Perdix perdix* and *Alectoris rufa*). Advances in Ecological Research, 11: 1–79.

POTTS, G. R. (1982): The Partridge Survival-Project in Sussex. The Game Conservancy Annual Review 13: 24–28.

POTTS, G. R. (1986): The Partridge. Pesticides, Predation and Conservation. Collins Publ. London. 274 pp.

POTTS, G. R. (1989): The Grey Partridge in 1988:

What the government should be doing – the environmentally friendly farm scheme. The Game Conservancy Review of 1988: 75–77.

POTTS, G. R. (1990): Woodcock increase? The Game Conservancy Review of 1989: 11.

POTTS, G. R. (1999): Raptors and our future research. The Game Conservancy Review of 1988: 28–33.

POTTS, G. R. & G. HIRONS (1983): Towards a realistic simulation model for woodcock populations. In KALCHREUTER, H. (ed.): Proc. Second Europ. Woodc. and Snipe Workshop 1982. IWRB: 83–91.

PRINZINGER, R. (2001): 150 Jahre „Deutsche Ornithologen – Gesellschaft". J. Ornithol. 142 Sonderheft 1: 2–26.

PULLOCK, K. H., MOORE, C. T., DAVIDSON, W. R., KELLOGG, F. E. & G. L. DOSTER (1989): Survival rates of Bobwhite quail based on band recovery analyses. J. Wildl. Mgmt. 53(1): 1–6.

QUEDENS, G. (1996): Fuchsalarm auf Amrum. Wild und Hund 17/96: 6–8.

QUEDENS, G. (2002): Noch Ruhe vor dem Sturm. Deutsche Jagdzeitung 22 (7): 18–23.

RAESFELD von, F., A.H . NEUHAUS & K. SCHAICH (1977): Das Rehwild. Naturgeschichte, Hege und Jagd. Hamburg. 392 S.

RAHMANN, H., RAHMANN, M., HILDENBRAND, H. & J. STORM (1988): Zur Ökologie und Schadwirkung von Eichelhäher, Elster und Rabenkrähe. Gutachten im Auftrag der Landesregierung Baden-Württemberg. 153 Seiten.

RASMUSSEN, P. N., S. STEENFELDT & T. S. JENSEN (1989): Populationsdynamik hos agerhøne (*perdix perdix*) i et konventionelt dyrket landbrugsområde. Flora og Fauna 95 (2): 51–59.

RASSOW, H. J. (1980): Flurbereinigung und Niederwildmisere. Wild und Hund, 16: 828–830.

REED, A., H. BOYD & S. WENDT (1981): Characteristics of the harvest of Greater Snow Geese. Trans. N.-E.-Section, Wildl. Soc. 38: 77–86.

REICHHOLF, J. (1973): Der Einfluß der Flurbereinigung auf den Bestand an Rebhühnern (*Perdix perdix*). Anz. Orn. Ges. Bayern 12: 100–105.

REICHHOLF, J. (1973 a): Begründung einer ökologischen Strategie der Jagd auf Enten (Anatidae). Anz. or. Ges. Bayern 12: 237–247.

REICHHOLF, J. (1973 b): Wasservogelschutz auf ökologischer Grundlage. Nat. Landschaft, 48: 274–279.

REICHHOLF, J. & H. REICHHOLF-RIEHM (1982): Die Stauseen am Unteren Inn – Ergebnisse einer Ökosystemstudie. Ber. ANL 6: 47–89.

REICHHOLF, J. (1993): Comeback der Biber. Ökologische Überraschungen. Verlag C. H. Beck, München. 232 S.

REINEKING, B. (1996): The Wadden Sea, an example for international cooperation. Trilateral planing, protection and management of the Dutch-German-Danisch Wadden Sea. In Proc. Bologna, Italia, 15.–17.3.1996. Paris: 229–236.

REMMERT, H. (1989): Ökologie. Ein Lehrbuch 4. Aufl. Springer. Berlin.

REYNOLDS, J. C. & S. C. TAPPER (1989): Foxes and Hares. The Game Conservancy Review of 1988: 98–101. The Game Conservancy, Fordingbridge, Hampshire SP6 1EF, England. Review of 1988: 98–101.

REYNOLDS, J. C. & S. C. TAPPER (1995 a): The ecology of the red fox *Vulpes vulpes* in relation to small game in rural southern England. Wildlife Biology 1: 105–119.

REYNOLDS, J. C. & S. C. TAPPER (1995 b): Predation by foxes *Vulpes vulpes* on brown hares *Lepus europaeus* in central southern England, and its potential impact on annual population growth. Wildlife Biology 1: 145–158.

RIPPIN, A. B. & D. A. BOAG (1974 a): Special organization among male sharp-tailed grouse on arenas. Can. J. Zool. 52: 591–597.

RIPPIN, A. B. & D. A. BOAG (1974 b): Recruitment to populations of male sharp-tailed grouse. J. Wildl. Mgmt. 38 (4): 616–621.

ROBEL, R. J. (1969): Movements and flock stratification within a population of blackcocks in Scotland. J. Anim. Ecol. 38 (5): 755–763.

ROGERS, J. P., J. D. NICHOLS, F. W. MARTIN, C. F. KIMBALL & R. S. POSPAHALA, (1979): An examination of harvest and survival rates of ducks in relation to hunting. Trans. 44. North Amer. Wildl. Nat. Res. Conf.: 114–126.

ROSE, P. M. & D. A. SCOTT (1997): Waterfowl Population Estimates. Second Edition. Wetlands International Publ. 44.

ROSEBERRY, J. L. (1979): Bobwhite population res-

ponses to exploitation: real and simulated. J.Wild.Mgmt. 43(2): 285–305.
RÜGER, A. (2001): Buchbesprechung „Kalchreuter, H. (2000): Das Wasserwild". J. Ornithol. 142/1: 109.
RÜGER, A., C. PRENTICE & M. OWEN (1986): Results of the IWRB Intern. Waterfowl Census 1967–1983. IWRB Spec. Publ. No. 6, 118 pp.
RUSCH, D. H., C. D. ANKNEY, H. BOYD, J. R. LONGCORE, F. MONTALBANO III, J. K. RINGELMANN & V. D. STOTTS (1989): Population ecology and harvest of the American Black Duck: A review. Wildl. Soc. Bull. 17: 379–406.
RUST, R. (1977): Zur Populationsdynamik und Ernährung des Habichts in Südbayern. Garmischer Vogelkundl. Ber. 2: 1–9.
RUST, R. & T. MISCHLER (2001): Auswirkungen legaler und illegaler Verfolgung auf Habichtspopulationen in Südbayern. Ornithol. Anzeiger 40: 113–136.
RUTSCHKE, E. (1996): Management – der Königsweg für die Lösung des Gänseproblems? In KALCHREUTER, H. (ed.): Waterbirds of the Baltic region. Proc. First and Second Int. Conf. Baltic Sea States. Verlag D. Hoffmann, Mainz: 84–95.
SANDERSON, G. C. (1977): Management of Migratory Shore and Upland Game Birds in North America. Int. Ass. Fish & Wildl. Agencies, Washington, D.C.
SAPETINA, I. M. (1971): Dynamics and decisive factors on duck numbers in the flood plains of the Ryazan oblast during the last 10 years. Proceedings of the Oka state reserve. M. Issue VIII: 178–198.
SAUER, J. R. & M. S. BOYCE (1983): Density dependence and survival of Elk in Northwestern Wyoming. J. Wildl. Mgmt. 47(1): 31–37.
SAUROLA, P. (1976): Kanahaukan knolevuus ja kaolinsyyt. Suomen Luonto 35: 310-314.
SCHABEL, H. (2001): Deer and Dauerwald in Germany: Any progress? Wildl. Soc. Bull. 29/3: 888–898.
SCHAEFER, J. (1999): Naturnaher Waldbau – Zurück in die Zukunft. Wild und Hund-Report. 16 S.
SCHAEFER, M. (1992): Ökologie (Wörterbücher der Biologie) 3. Auflage. Fischer, Jena.

SCHIFFERLI, L. (1982): Waterfowl counts and duck wing analysis in Switzerland. In Scott, D.A. & M. Smart (eds.): Proc. Sec. Techn. Meet. Western Palaearctic Migr. Bird Mgmt. 1979: 121–136.
SCHIFFERLI, L. & E. FUCHS (1981): Brutbestandsaufnahme von Rabenkrähe *Corvus c. corone* und Elster *Pica pica* im aargauischen Reusstal. Orn. Beob. 78: 233–243.
SCHLAG, M. (1994): Der Fuchs macht sich in Hessen breit. Lebensraum – Zeitschr. für Naturschutz in der Kulturlandschaft: 10–11.
SCHMIDT, K. & E. HANTGE (1954): Studien an einer farbig beringten Population des Braunkehlchens. J. Orn. 95: 130–173.
SCHNEIDER, M. (1986): Auswirkungen eines Jagdschongebietes auf die Wasservögel im Ermatinger Becken (Bodensee). Orn. Jh. Bad.-Württ. 2: 1–46.
SCHNEIDER-JACOBY, M. (2000): Freizeit und Entenschutz am Wasser – Sicherung der Brut- und Rastgebiete von Kolbenenten und Moorenten in Deutschland. In HAUPT, H., K. LUTZ & P. BOYE (Bearb.): Internationale Impulse für den Schutz von Wasservögeln in Deutschland. Schriftenr. Landschaftspfl. Naturschutz, H. 60: 81–93.
SCHNEIDER-JACOBY, M., H.-G. BAUER & W. SCHULTZE (1993): Untersuchungen über den Einfluss von Störungen auf den Wasservogelbestand im Gnadensee (Untersee/Bodensee). Orn. Jh. Bad.-Wsürtt. 9: 1–24.
SCHNITTLER, M., G. LUDWIG, P. PRETSCHER & P. BOYE (1994): Konzeption der Roten Listen der in Deutschland gefährdeten Tier- und Pflanzenarten. Natur und Landschaft 69(10): 451–459.
SCHOECK, H. (1971): Der Neid und die Gesellschaft. Herder-Bücherei. 318 S.
SCHONERT, C. (1961): Zur Brutbiologie und Ethologie der Zwergseeschwalbe (*Sterna albifrons*). In SCHILDMACHER, H.: Beiträge zur Kenntnis deutscher Vögel, 131–187. Jena.
SCHRÖDER, W., J. SCHRÖDER & W. SCHERZINGER (1982): Über die Rolle der Witterung in der Populationsdynamik des Auerhuhns (*Tetrao urogallus*). J. Orn. 123: 287–296.
SCHULZ, E. (1980): Regenerationsmaßnahmen an

einem Birkhuhnbiotop im Ostenholzer Moor bei Soltau-Fallingbostel. Reih. Veröff. Naturschutz Landschaftspflege Ba.-Wü. 16: 71–74.

SCHÜZ, E. (1949): Kampf der Elster. Württ. Wochenbl. Landwirtsch. 116/18: 361.

SCHWARZ, J. & M. FLADE (2000): Ergebnisse des DDA-Monitoringprogramms. Teil I: Bestandsänderungen von Vogelarten der Siedlungen seit 1989. Vogelwelt 121: 87–106.

SCHWENK, S. (1982): Preußische Jagdstatistiken von 1865 bis 1892. Homo Venator – Schriften zur Geschichte und Soziologie der Jagd, VII/VIII, 143 S.

SEBER, G. A. F. (1973): The estimation of animal abundance and related parameters. Charles Griffin, London, 506 pp.

SEIS 88 (1988): Final Supplental Environmental Impact Statement (SEIS). Issuance of annual regulations permitting the sport hunting of migratory birds. U.S. Fish and Wildl. Serv., Dept. of the Interior. 340 pp.

SHAKLETON, D. M. (1991): Social maturation and productivity in bighorn sheep: are young males incompetent? Appl. Anim. Behav. Science 29: 173–184.

SHARROCK, J. T. R. (1976): The atlas of breeding birds in Britain and Ireland. Berkhamsted, Poyser, Calton.

SHEDDEN, C. B. (1985): The status of corvids hunted in Europe. Unpubl. search of literature. BASC, Marford Mill, England 20 S.

SIEFKE, A. (1996): Fuchsdichte – Fuchsminimum eines abgeschlossenen Areals – Bericht über einen Revierversuch. Weidwerk in Mecklenburg-Vorpommern 5/96: 11–12.

SLAGSVOLD, T. (1980): Egg predation in woodland in relation to the presence and density of breeding fieldfares (*Turdus pilaris*). Orn. Scand. 11: 92–98.

SODEIKAT, G. (2001): Ritter ohne Rüstung – Fuchs contra Birkhuhn. Wild u. Hund 14: 28–33.

SOLLIEN, A. (1979): Bestandsutviklingen hos hønsehank (*Accipiter gentilis*) in Norge de siste 100 år. Vår Fuglefauna 2: 95–106.

SOWLS, L. K. (1978): Prairie Ducks. A study of their behaviour, ecology and management. Univ. of Nebraska Press. Lincoln and London. 193 pp.

SPAANS, A. L. & C. SWENNEN (1968): De vogels van Vlieland. Wetenschappelijke Mededelingen 75: 1–104.

SPAANS, A. L., S. RODENBERG & J. D. WOLF (1982): Met voedsel van jonge Elsters: een verkernend onderzoek. Het Vogeljaar 30: 31–35.

SPERBER, G. (1970): Bruterfgebnisse und Verlustursachen beim Habicht. Ber.Dtsch.Sektion Int.Rat Vogelschutz 10: 51–56.

SPITTLER, H. (1972): Über die Auswirkung der durch die Tollwut hervorgerufenen Reduzierung der Fuchspopulation auf den Niederwildbesatz in Nordrhein-Westfalen. Z. Jagdwiss. 18: 76–95.

SPITTLER, H. (1981): Veränderungen im Niederwildbesatz unter dem Aspekt der Flurbereinigung. Niedersächs. Jäger 21: 1073–1077.

SPITTLER, H. (1988): Situation des Rebhuhns in der Bundesrepublik Deutschland und Rückgangsursachen. Proc. Common Partridge Int. Symp. Poland 1985: 79–92.

SPITTLER, H. (1996): Der Hase in der Vergangenheit, Gegenwart und Zukunft. Diana-Verlag. 264 S.

SPITTLER, H. (2000): Der Fuchs. DJV-Merkblatt Nr. 6, 7. Auflage. 35 S.

STEIOF, K. & R. ALTENKAMP (1999): 20 Jahre Artenschutz für die Großtrappe *Otis tarda* in Brandenburg – eine kritische Bilanz. Vogelwelt 120: 163–172.

STEPHANI, K. (1938): Geschichte der Jagd in den schwäbischen Gebieten der Fürstenbergischen Standesherrschaft. Donaueschingen.

STERLING, B., W. CONLEY & M. R. CONLEY (1983): Simulations of demographic compensation in coyote populations. J. Wildl. Mgmt. 47(4): 1177–1181.

STIMM, B. & K. BÖSWALD (1994): Die Häher im Visier – Zur Ökologie und waldbaulichen Bedeutung der Samenausbreitung durch Vögel. Forstw. Cbl. 113: 204 – 223.

STIRLING, J. (1988): Polar Bears. Univ. Michigan Press, 220 pp.

STIRLING, J., W. CALVERT & D. ANDRIASHEK (1980): Population ecology studies of the polar bear in the area of southern Baffin Island. Canadian Wildlife Service, Occasional paper No. 44. 33 pp.

STOATE, C. (1995): Does predation management

benefit songbirds? The Game Conservancy – Review of 1994: 65–66.

STOATE, C. (1997): Farmland birds: down but not out. The Game Conservancy Trust-Review 1996: 38–47.

STOATE, C. (1999): The role of game management in songbird conservation. The Game Conservancy Trust-Review 1998: 68–73.

STOATE, C. & D. L. THOMSON (2000): Predation and songbird populations. In Aebisher, N. J., A. D. Evans, P. V. Grice & J. A. Vickery (eds.): Ecology and conservation of lowland farmland birds. Brit. Orn. Union: 134–139.

STOATE, C. & J. SZCZUR (1994): Game management and songbirds. The Game Conservancy Review of 1993: 55–56.

STOATE, C. & J. SZCZUR (2001): Could game management have a role in the conservation of farmland passerines?: A case study from a Leicestershire farm. Bird Study 48(3): 279–292.

STOCK, M. & F. HOFEDITZ (1994): Beeinflussen Flugbetrieb und Freizeitaktivitäten das Aktivitätsmuster von Ringelgänsen im Wattenmeer? Artenschutzreport, 4/94: 13–19.

STOCK, M. & F. HOFEDITZ (1996): Zeit-Aktivitäts-Budgets von Ringelgänsen (Branta b. bernicla) in unterschiedlich stark von Menschen beeinflußten Salzwiesen des Wattenmeeres. Vogelwarte 38/3: 121–145.

STORAAS, T. & P. WEGGE (1984): High nest losses in Capercaillie and Black Grouse in Norway. In HUDSON, P.J. & T. LOVEL (ed.): 3rd Int. Grouse Symp. 1984: 481–498.

STORAAS, T., P. WEGGE & B. B. LARSON (1981): Nest predation among Capercaillie and Black Grouse as affected by habitat location and cover. Proc. 2nd Int. Symp. Grouse: 131–138.

STÖRZER, D. (1986): Wasservogelsterben bei Radolfzell. Jäger in Ba-Wü.4: 4.

STRANDGAARD, H. (1972): The roe deer (Capreolus capreolus) population at Kalø and the factors regulating its size. Danish Rev. of Game Biol. 7: 1–205.

STRANDGAARD, H. (1990): Hunting as a population regulating factor in roe deer. Proc. European Seminar „Wildlife management in the Community". Information Office European Parliament. p. 2–13.

STRANDGAARD, H. & T. ASFERG (1980): The Danish Bag Record II. Dan. Rev. Game Biol. Vol. 11, No. 5.

STRINGHAM, S. F. & A. B. BUBENIK (1974): Physical condition and survival rate of chamois (Rupicapra rupicapra) as a function of maturity sex class ratio in the population. In SCHRÖDER, W. (ed.): Proc. Int. Union Game Biol. Congr. 11: 123–159.

STRONACH, B. (1983): A report concerning the reproductive organs of woodcock in the month of February. In KALCHREUTER, H. (ed.): Proc. Second European Woodcock and Snipe Workshop. IWRB, Slimbridge: 43–50.

STUTZENBAKER, C. D., K. BROWN & D. LOBPREIS (1986): Special report: an assessment of the accuracy of documenting waterfowl die-offs in a Texas coastal marsh. In FEIERABEND, J.C. & A.B. RUSSELL (eds.): Lead poisoning in wild waterfowl, a workshop. Proc. Symp.: 88–95.

SUDFELDT, C. (1996): Organisation des bundesweiten Wasservogel-Monitorings. Vogelwelt 117: 311–320.

SUDFELDT, C., J. NAACKE, E. RUTSCHKE & J. MOOIJ (1997): Bestandssituation und -entwicklung überwinternder Wasservögel in Deutschland – mögliche Einflüsse und Auswirkungen durch den Beitritt Deutschlands zur Ramsar-Konvention. Schriftenr. Landschaftspfl. Naturschutz. 51: 89–129.

SUGDEN, L. G. & G. W. BEYERSBERGEN (1986): Effect of density and concealment on American crow predation of simulated duck nests. J. Wildl. Mgmt. 50(1): 9–14.

SUKUMAR, R. (1989): The Asian Elephant. Ecology and Management. Cambridge Univ. Press. 251 pp.

SULKAVA, S. (1964): Zur Nahrungsbiologie des Habichts. Aquila: Seria Zoologica 3: 1–103.

SULLIVAN, B. D. & J. J. DINSMORE (1990): Factors affecting egg predation by American crows. J. Wildl. Mgmt. 54(3): 433–437.

SUTER, W. & M. R. VAN EERDEN (1992): Simultaneous mass starvation of wintering diving ducks in Switzerland and the Netherlands: A wrong decision in the right strategy? Ardea 80(2): 229–241.

TAMISIER, A. (1974): Etho-ecological studies of

Teal wintering in the Camargue (Rhone Delta France). Wildfowl 35: 123–133.

TAMISIER, A. (1976): Diurnal activities of Green-winged Teal and Pintail wintering in Louisiana. Wildfowl 27: 19–32.

TAMISIER, A. (1985): Some considerations on the social requirements of ducks in winter. Wildfowl 36: 104–108.

TAPPER, S. C., G. R. POTTS & M. H. BROCKLESS (1996): The effect of an experimental reduction in predation pressure on the breeding success and population density of grey partridges *Perdix perdix*. J. Applied Ecol. 33: 965–978.

TAPPER, S. C., R. E. GREEN & M. R. W. RANDS (1982): Effects of mammalian predators on partridge populations. Mammal Rev. 12/4: 159–167.

TAPPER, S., D. POTTS, J. REYNOLDS, C. STOATE & M. BROCKLESS (1990): The Salisbury Plain experiment – year six. The Game Conservancy Review of 1989: 42–47.

TAPPER, S., M. BROCKLESS & D. POTTS (1988): The population control experiment: the turning point. The Game Conservancy Annual Review 1987: 105–111.

TAPPER, S., M. BROCKLESS & D. POTTS (1991): The Salisbury Plain Predation Experiment: The Conclusion. The Game Conservancy Review of 1990: 87–91. The Game Conservancy, Fordingbridge, Hampshire SP6 1EF, England.

TATNER, P. (1983): The diet of urban magpies. Ibis 125: 90–197.

TAYLOR, M. K., D. P. DEMASTER, F. BUNNELL & R. E. SCHWEINSBURG (1987): Modelling the sustainable harvest of female polar bears. J. Wildl. Mgmt. 51 (4): 811–820.

TEER, J. G. (1991): Conservation Status of the Saiga Antelope in Kalmykia and Kazakhstan. Species. Newsletter Species Survival Commission IUCN 17: 35–38.

TESTER, J. R. & A. WATSON (1973): Spacing and territoriality of woodcock based on roding behaviour. Ibis 115: 135–138.

THISSEN, J., G. MÜSKENS & P. OPDAM (1981): Trends in the Dutch Goshawk Population and their Causes. *In* KENWARD, R. u. I. LINDSAY (eds.): Understanding the Goshawk: 28–43. Oxford.

THOMSON, D. L., R. E. GREEN, R. D. & S. R. BAILLIE (1998): The widespread declines of songbirds in rural Britain do not correlate with the spread of their avian predators. Proc. R. Soc. B. 265 : 2057–2062.

TOMIALOJC (1978): The influence of predators on breeding woodpigeons in London parks. Bird Study 25: 2–10.

TOMIALOJC (1980): The impact of predation on urban and rural woodpigeon (*Columba palumbus*) populations. Pol. Ecol. Stud. 5: 141–220.

TOMPA, F. S. (1975): A preliminary investigation of the Carrion Crow (*Corvus corone*) problem in Switzerland. Orn. Beob. 72: 181–198.

TROST, R. E., D. E. SHARP, S. T. KELLY & F. D. CASWELL (1987): Duck harvests and proximate factors influencing hunting activity and success during the period of stabilized regulations. Trans. 52.
North Amer. Wildl. Nat. Res. Conf.: 216–232.

TUCKER, G. M. & M. F. HEATH (1994): Birds in Europe: Their Conservation Status. Cambridge, UK.: Birdlife International, Conservation Series No. 3.

TUCKER, G. M., M. N. MCCULLOCH & S. R. BAILLIE (1990): Review on the importance of losses incurred to migratory birds during migration. BTO Res.Rep. No. 58.

UECKERMANN, E. (1983): Wertung der Fallwildverluste aus der Sicht der Wildstandsbewirtschaftung. Nieders. Jäger 15: 785–787.

UTTENDÖRFER, O. (1939): Die Ernährung der deutschen Raubvögel und Eulen und ihre Bedeutung in der heimischen Natur, Neumann-Neudamm.

UTTENDÖRFER, O. (1952): Neue Ergebnisse über die Ernährung der Greifvögel und Eulen. Verl. Eugen Ulmer, Stuttgart.

VERCAUTEREN, P. (1984): Onderzoek naar predatie bij voijstaande nesten. Gerfaut 74: 327–360.

VIGORITA, V. & P. A. REGUZZONI (1989): Relazione annuale sull' inanellamento per lo studio delle migrazioni degli ucelli nella Regione Lombardia. Osservatori Ornithologici, Vol. XIII.

VIKSNE, J. (1997): The bird lake Engure. Jāna seta Publishers, Riga, Lettland. 109 pp.

WATSON, A. & R. MOSS (1980): Advances in our

understanding of the population dynamics of Red Grouse from a recent fluctuation in numbers. In KLOMP, H. & J. W. WOLDENDORP (eds.): The intergrated study of bird populations. Ardea, Vol. 1–4.

WEAVER, J. K. & H. S. MOSBY (1979): Influence of hunting regulations on Virginia wild turkey populations. J. Wildl. Mgmt. 43 (1): 128–135.

WEIGAND, J. P. (1980): Ecology of the Hungarian Partridge in North-Central Montana. Wildl. Monogr. No. 74. 106 pp.

WEINZIERL, H. (1968): Reviergestaltung. BLV-Verlag München. 265 S.

WHITCOMB, D. A & A. Bourgeois (1974): Studies of Singing Male Surveys on High Island, Michigan. Proc. 5th Amer. Woodcock Worksh. Athens, Georgia.

WIDEN, P. (1985): Population ecology of the goshawk (*Accipiter gentilis*) in the boreal forest. Ph. D. thesis. Uppsala University.

WIEHE, H. (1990): Kleinvogelbruten in einem Wohngebiet der Stadt Braunschweig als Nahrungsquelle für die Elster (*Pica pica*). Orn. Mitt. 42/11: 294–296.

WIKMAN, M & V. TARSA (1980): Kanahaukan pesimäaikaisesta ravinnosta Länsi-Uudellamaalla 1969–1977 (finnisch mit engl. Zusammenfassung). Suomen Riista 28: 86–96.

WIKMAN, M. & H. LINDEN (1981): The influence of food supply on goshawk population size. In Understanding the Goshawk. eds. R. Kenward and J. Lindsay, Oxford: 105–113.

WINKEL, W. & D. WINKEL (1984): Polygynie des Trauerschnäppers (*Ficedula hypoleuca*) am Westrand seines Areals in Mitteleuropa. J. Orn. 125: 1–14.

WINKEL, W. (1994): Polygymie des Trauerschnäppers (*Ficedula hypoleuca*) im Braunschweiger Raum. Die Vogelwarte 37: 199–205.

WINTER, A. (1994): Verbisserfassung und Verbissbewertung. Konflikt zwischen wissenschaftlicher Repräsentanz und den Erfordernissen praktikabler Randbedingungen.–Dissertation, Universität des Saarlandes.

WITT, K. (1989): Haben Elstern (*Pica pica*) einen Einfluss auf die Kleinvogelwelt einer Großstadt? Vogelwelt 110: 142–150.

WITTENBERG, J. (1968): Freilanduntersuchungen zu Brutbiologie und Verhalten der Rabenkrähe (*Corvus c. corone*).–Zool. Jb. Syst. 95: 16–146.

WITTENBERG, J. (1978): Zur Frage einer Artenschutzregelung für Rabenkrähe, Elster und Eichelhäher. Natur und Landschaft 53/9: 285–288.

WITTENBERG, J. (1998): Starker Rückgang des Rabenkrähen-Bestands nach Ansiedlung des Habichts. J. Orn. 139/2: 203–204.

WOTSCHIKOWSKI, U. (1990): Das Rehprojekt Hahnebaum: Zwischenbilanz. Die Pirsch 26: 16–17.

WRÅNES, E. (1988): Massedød av aerfugl på Sørlandet vinteren 1981/82. Vår fuglefauna 11: 71–74.Wynne-Edwards, V. C. (1962): Animal dispersion in relation to social behaviour. Edinburgh and London.

WÜBBENHORST, J. (2000): Verteidigungsverhalten von Wiesenlimikolen gegen Prädatoren aus der Luft. Vogelwelt 121/1: 39–44.

YEATMAN-BERTHELOT, D. (1991): Atlas of wintering birds in France. Société Ornithol. De France. Paris.

YOM-TOV, Y. (1974): The effect of food and predation on breeding density and success, clutch size and laying date of the crow (*Corvus corone*). J. Anim. Ecol. 43: 479–498.

YOM-TOV, Y. (1975): Food of nestling crows in north-west Scotland. Bird Study 22/1: 47–51.

ZEISS, B. (1997): Waterberg Leopard Project. Dipl.Arbeit Universität Freiburg/Bsrg.

ZIESEMER, F. (1980): Zur Situation des Birkhuhns in Schleswig-Holstein. Beih. Veröff. Naturschutz Landschaftspflege Ba.-Wü. 16: 107–109.

ZIESEMER, F. (1983): Untersuchungen zum Einfluß des Habichts auf Populationen seiner Beutetiere. Beiträge zur Wildbiologie 2: 127 S. Kopenhagen.

ZINTL, H. (1998): Bestandsentwicklung der Flußseeschwalbe *Sterna hirundo* in Bayern. Vogelwelt 119: 123–132.

ZWICKEL, F. C. (1972): Removal and repopulation of blue grouse in an increasing population. J. Wildl. Mgmt. 36 (4): 1141–1152.

Register

Abendstrich **268**, 275
Abschussplan 114, 313, 432, 451, 454
Abwanderung 84
additive Sterblichkeit s. Sterblichkeit
Adel 418, 431, 463
Äsungsaktivität 258
Äsungsfläche 80, 268
Äsungsgebiet 268
AEWA **245** ff., 481, 485 f., 488, 493
Aggression, Aggressivität s. aggressiv
aggressiv, **49** f., 198, 220, 228, 232, 234, 239, 325, 359
Alternativbeute **330** ff.
Altersschwäche 20 f.
Altersstruktur 23, 159, 194, 209, 234, 237, 288
Ansitzplatz **268** f.
Arealveränderung s. Arealverschiebung
Arealverschiebung 81 f., **84** ff.
Artenschutz 105 ff.,166, 206, 243 f., 318, 352, 408, 411, 447 f., 451, 457, 475, 480, 488, 496, 507, 514 ff., 525, 527
Artenspektrum **123**, 252, 487
Artenvielfalt 14, 319, 343, **425** ff., 436, 482, 484, 488, 496, 511
Auerwild, -huhn 62, **66** ff., 73 f., 77 f., 219 ff., 222 f., 332, 339, 375 ff., 444, 463
Aufzucht(zeit) (Jungen-, Küken-) 72 f., 76, 85, 197, 238, 314, 322, **336** f., 354, 364, 407 f., 445, 448
Auslandsjagd 205, **509** ff.
ausrotten s. Ausrottung
Ausrottung 97, 100 f., 130, **188** ff., 307, 329, 410
Ausschlussversuch 135, 167, 204, 219 f. 224, 226, 228, 231 ff., 238, 241, 289, 302, 384 f. 390, 395, 405, 423
Ausweichflüge 249 f., 258, 260

Balgpreis 29, 310 f., 314, 319
Balzareal 225 f., 228 ff.
Balzflug 225, 229 ff.
Balzintensität 226, **229** ff.
Balzjagd 84, 196, **218** ff., 227, 234 ff.
Baubegasung 29, 193, **314**, 316, 478
Baumartenverteilung **427** f.
Baumwachstum 422
Begehungsschein 116
Bejagungsintensität 72, **95**, 104, **118** f., 121 f., 129, 138, 140, 144, 149 f., 152, 159, 165, 179, 187, 191 f., 213, 261, 267, 407
Bejagungsplan 114, 117
Bekassine 126, 320, 371, 377 f., 471, 487
Beringung 22 ff., 52, **92** f., 129, 143, 173, 177, 181, 255, 438, 464, 467
Beringungszentrale 93, 146
Bestandsanstieg 82, 120, 133, 263, 409
Bestandsdichte **27** ff., 35 f., 39, **40** ff., 61, **120**, 129, 131, 135 f., 139 f., 151 f., 178, 183 f., 290, 336 f. 354, 358, 361, 473
Bestandsdynamik s. bestandsdynamisch 14, 59 f., 75, 86, 179 ff., 185, 187, 189, 215, 375, 430
Bestandserfassung 92, 382
Bestandsschwankungen 36, **60** ff., 68, **71**,74, 81, 137, 180, 477, 528
– episodische **62**
– periodische **61**
– unregelmäßige **62**
Bestandstrend 80, 84, 87, 128, 138, 150, 178 f., 180, 184, 188, 191, 194, 217, 220, **244**, **247**, 262 f., 389 f., 406
Bestandsveränderung s. Bestandsschwankung
Bestandswachstum **15** ff.
Betriebsziel 423
Beuteier 90, 96 f., **280** ff., 289, 306, 316, **323** ff., 331, 338 f., 343, 350, 353, 359, **360** ff., 367, 374, 381 f., 385, 394, 397, 401, 407 ff., 410 ff., 427, 436, 444
Beutetierpopulation 322, **327**, 423
Bewegungsjagd 453 f., 456
BFANL s. BfN

BfN 377, 380, 385, 439, 451, 475 f., 479, 481, 484 ff., 493 f., 496, 498 f., 501, 508, 514, 527
Biotopkapazität 34 ff., 40, 49 f., **54** ff., 84, 134 ff., 144, 152, 165, **184** ff., 193 f., 247 f., 282, 312, 350, 359, **381** ff., 418, 450 f.
Biotopqualität 62, 87, 145, 179, 208, 247, 282, 302 ff., 399 ff., 560
Biotopstruktur 75, 282, 326, 351, 362, **388**, **394** f., 398, 404, 444
Biotopveränderung 71 f., 78, 85
Biotopverbesserung 299, 390, 399, 401, 468
Birdlife International 103
Birkwild, -huhn 62, **68** ff., 77 f., **219** ff., 319 f., 323, 329 ff., 336, **339** ff., 350 f., 364, 373 ff., **401** ff., 409, 427, 440, 444, 473
Bisamratte 61, **182** ff., 282, 325
Bison 19, 99 f., 515
Blässgans 156, 158 f., 472, 486
Blässhuhn 123 f., 266, 371, 375, 462, 465, 486
Blässralle s. Blässhuhn
Bodenreinertragslehre 414
Botulismus 89, 254, 266, 482
Brachvogel 320, 344, 364, 374, 377, 427, 444
– Eskimo- 101, 103
– Dünnschnabel- 103, 128
Brutbestand 82 ff., 125, 127, 135, 137, 141 f., 164 f., 341, 355, 377, 392 f., 471
Brutdichte 47, 50, 52, 162, 169, 176, 179, 220, 237, 299, 355, 371, 376, 379, 388 ff.
Bruterfolg 46 ff., 56 f., 62, 74 f., 85, **160** ff., 198, 237, 240, 259 ff., 299, 303, 329, 331, 336 f., 354, 370 ff., 391, 445, 486
Brutpopulation 81 f., 124 f., 127, 139 f., 150, 155, 161 ff., 168 f., 172, 176 f., 186, 244 f., 338 f., 349, 384 f., 388, 400
Brutreife **45**, 47, 49, 51, 55, 161
Bundesamt für Naturschutz s. BfN
Bundesjagdgesetz 130, 469, 482
Bundesjagdzeitenverordnung s. Jagdzeitenverordnung

CAMPFIRE 522
Carnivoren 412, 427
CIC 13, 103, 228, 514, 520
CITES **105** ff., 215, 488, 509, 513 f., 517, 526 f.
CMU 178 f.
Computer-Simulation s. Simulation
consumptive 267, 479, 504

Coyote 191 f., 305, 307

Deutscher Jagdschutz-Verband s. DJV
Dezimierung **188** ff.
Dichteabhängig(keit) 28, 32, 38 f., 47, 49, 54, 59, 136 f., 140, 144 ff., 167 ff., 172, 177, 183, 185, 204, 211, 241, 245, 247, 296, 304, 314, 338, 381, 420
Dichteregulierung 32, 38, 41, 49 f., 212, **358**
Dichtestress 43, 236, 241, 284
DJV 65, 131, 275, 439, 457, 477, 510, 514
DJV-Handbuch 29, 287, 398
Doppelschnepfe 125 f.
Drückjagd 452 f., 455
Ducks Unlimited 277, 502, **506** ff., 516
Durchzugsbiotop s. Durchzugsgebiet
Durchzugsgebiet 103, 128, 271, 464, 478

Eberesche 284, 417, 422, 425
Eiche 394, 418 f., 420, 422, 424 ff.
Eichelhäher 51, 62, 89, 246, **353** ff., 445 ff. 484, 487
Eiderente 47, 149, 238, 267, 462
Eigenjagdbezirk 115, 432
Eingriff, jagdlicher **90**, 92, 96, 103, 108, 121 f., **131** ff., **150** ff., 162, 166 f., 174, 181 f., 189, **193** ff., 198, 203, **211**, **213**, 218, **241** f., **244** ff., 322, 348 ff., 359, 401, 406, 411, 421, 457, 459, 488, 493, 509
Einzeljagd 453, 455 f.
Eisbär 18, 20, 51, **211** ff., 510
Eizahl 46 f., 55
Elefant 17 f., 20, 25 f., 59, 90 104, 107 ff., **214** ff., 218, 509 f., 513, 520 ff., 524
Elster 246, 291, 300, 339, **353** ff., 445 f., 487
EMU 178 f.
Entenvögel 46, 123, 135, 188, 218, **238**, 505
Entmischung 414
Entwicklungsland 58, **521**
Erbeutungsrate s. Prädationsrate
Erlegungsrate 91, 93, 95, **118** ff., 129, 131, **138** ff., **150**, **155** ff., **163** ff., **172** f., **181** f., 184, 186, 189 f., 194, **203**, 206, 210, 213 f., 223, 242, 261, 276, 467, 472, 491, 503
Erlegungswahrscheinlichkeit **123** f., 126, 213
Eskimo s. Inuit
Europäisches Wildforschungsinstitut s. EWI
Eutrophierung 150, 262, 279, 357, 491 f.

EU-Vogelrichtlinie s. Vogelrichtlinie
EWI 12, 109, 308, 320, 332, 354, 362, 367, 425, 510, 527

FACE 103
Falkner 443, 483
Fallwild 131 f., 284
Fasan 37, **53** f., 186, 196, 219, 287 f., 291 f., 297, 326, **328** ff., 342, 350 f., 361, 390, 396 f., 409, 462, 469
Fassungsvermögen s. Biotopkapazität
Fegeschaden 415
Feindvermeidung 97, 326
Feldhase s. Hase
Fettreserve 134, 161, 259 ff.
Feuchtgebiete 80, 123, 249, 274, **276** f., 282, 378, 440, **485, 489** f., 505 f., 508
FFH-Richtlinie 471, 489 f.
Fitness 160, 206, **209** f., **233**
Fleischproduktion s. Wildbretproduktion
Flintenknall s. Schussknall
Flugwildjagd 438, **460** f., **469**, 473
Fluktuation 76, 84 f., 138, 176, 474
Flurbereinigung 288, 396 ff., 402, 437
Flussseeschwalbe 373
Föhr **287** f., 330
Forstwirtschaft 115, 189, **413** ff., 421, 429, 437, 484
Fortpflanzungsleistung 15, 17, 19, 42 f., 46, 54 f., 59, 154, 189, 191 f., 195, 204, 214, 216, 239, 241, 248, 313 f., 322, 347 f., 392, 408
Fortpflanzungspotenz(ial) s. Fortpflanzungsleistung
Fortpflanzungsrate 15, 18, 26, 28 f., 32 ff., **40** ff., 45, **50** ff., **58** ff., 73, 85, 102, 134, 154, 157, 159 ff., 172, 174 f., 181 ff., 185, 191, 193 ff., 197, 199, 203 f., 210 f., 219, 237, 241, 248, 289, 321, 338, 346, 360, 393, 403, 467, 493
Fortpflanzungsreife s. Geschlechtsreife
Französische Revolution s. Revolution
Freizeitjagd **109** ff.
Frühgeburt 40
Fuchs 18, **26** ff., 191 ff., 280, 285 f., 289 f., **293** ff., 302 ff., 330, 342 ff., 350, 374, 378, 393, 403, 408, 411, 458 f., 482
Fuchsbandwurm 317, 459
Fuchsprädation 293, 296 f.
FWS 91, 112 f., 161, 165, 176, 178, 188, 209, 461, 502, 504, 510, 515

Gänsejagd 253, 275, 499
Game Conservancy 187, 228, 293, 298, 302, 352, 386
Gamekeeper 299, 305, 352, 398
Gams(wild) **41** f., 190
Garde de la Chasse 114
Geburtenrate 38, 40, 57
Gehörn 88, 113, **206**, 209, **511**
Gelbkörper **41** ff.
Gelegegröße **45** ff., 51, 62
Gelegeplünderung s. Nestprädation
Gelegeverlust 52, **372** ff., **379, 392**
Gemeinschaftliche Vogeljagdordnung s. Vogeljagdordnung
Generalist(isch) 97, 283, **307**, 364, **408, 410** f.
Gepard 104, 108, 526
Gesamtsterblichkeit s. Sterblichkeit
Geschlechterverhältnis 174, 196, **203** ff., **215** ff., **221, 224, 235** ff.
Geschlechtsreif(e) **16** ff., 27, **40** ff., 44, 46, 49 f., 201, 203, **204** f., 211, 239, 348
Geweih 88, 196, **203**, **206** ff., 213, 415, **511** f.
Graugans 158 f., 462
Großmöwe 20, 255, 370
Grouse 352
guide 117
gunners 99

Habicht 17, **37**, **45** f., 51, 90, 169, 280 f., 288, 299, 321, **322** ff., **339** ff., 353, 359, 373, 403, 409, 411, 427, **441** ff., 448, 474
Habichtsdichte 46, **328** f., **335, 339** ff., 346, 373
Handelsverbot **105** ff., 524, 526
Hase 1 f., 25 ff., **35**, 45, **63** ff., 92, 131 f., 136, **283** ff., 304 f., 313 f., 396 ff., 408, 476 f.
Haselwild, -huhn 62, 68, 219, 331 f., 339
Haubentaucher 372
Haustaube 336 f.
Herbivoren 412, 423, 427
Herbizid **75** f., 168
Herbstpopulation 77, 158, 164, 178, 190, 193, 244, 329, 338
Hermelin 285, 288, 291, 376 f., 484
Hochwild 418, 431 f., 463
Höchststrecke 94 f., 113, 161
Höckerschwan 47, 486
Höhlenbrüter 362, 369, 391
Höhlenmalerei 96

Hofjagd 419
Hohltaube 127, 363
Hühnervögel 18, 63, **66**, **78** f., **87**, 185 f., 196, 224, 226, 232, 237, 244, 323, **326**, **329**, **331** f., **359**, 381, 405, 474

Illumø 35 f., 45, 286
Immunisierung 29, 298, **314**, 318, 403
Infektion 28 f., 59, 90, 193, 254, 314, 316, 318
Insekten(angebot) 75, **79**, **167** ff., 304, 358, 402 f., 446
Intensität der Bejagung s. Bejagungsintensität
Internationaler Jagdrat zur Erhaltung des Wildes s. CIC
Internationales Büro für Wasservogelforschung s. *Wetlands International*
Inuit 96 ff., 430, 461, 510, 512
Invasionsvogel 62
IUCN 57, 126, 166, 171, 175, 267, 277, **475** ff., 498, 514, 517, 526
IWRB s. *Wetlands International*

Jägerinteresse 118, 120, 122
Jagdbeschränkung 112, 119, 140, 213, 223, **274** ff., 278 f., 409, 431, 466, **470** f., 481, 490, 492, 495, 500
Jagddruck 47, 94 f., 112 f., **120** ff., **124**, **130**, **138**, **140**, **150**, **162**, 206, 223, 251, 270 272, 357, 468, 513
Jagdethik 97
Jagdgenosse(nschaft) 432, 494 f.
Jagdintensität s. Bejagungsintensität
Jagdmotiv **95** f., **110** f., 117, 188, 193, **310** ff., 456, 482, 485, 513
jagdökologische Forschung 12, 113, 118, 141, 181, 222, 248, 289, 409, 467, 486, 499 f.
Jagdregal 418
Jagdruhe 264 f., 406
Jagdruhezone 114, 258, **270**, **271** f., 501
Jagdstatistik 63, 66, 78, 90, 128, 310, 349, 451, 463
Jagdstrategie, von Prädatoren **326**, **329**, **335**, 359, 362 ff., 400, 410
Jagdstrecke 29, 56, 63 ff., 72, 82 f., **86**, 90, 92, 95, 114, **120** ff., **128** f., 133, 144, **157** ff., 161, **165**, **168**, **176** f., **186** f., 193, 196, 234, 279, 284, 287 f., 299, 303, **396** ff., 471,477
Jagdtourismus 417, **509** f., **513** ff., **518** ff.
Jagdtourist s. Jagdtourismus

Jagdverbot 103, **125** f., 181, 188, 224, **247** ff., 273, 277 f., 405, 439, 460, **469** ff., 500 f.
Jagdwesen 431, 433, 456, 484
Jagdwild 96, 98, 103, 171
Jagdzeitenverordnung 130, 469, 487
Jaguar 104
Jahresbruten **51** ff.
Jungen(an)zahl 17 f., 21, 27, **41** f., **44** ff., 48, 59, 62, 160, 194, 348
Jungenstadium 381
Junghund, des Seehunds 33, 134

Kältestress 275
Kahlschlag 70 f., 79, 284, 414
Kalamität **70** f., **79** f., 466
Kanadagans 157
Kannibalismus 37, **51**, **212**
Kirrung 44
Kitzsterblichkeit 43, 132
Kleinvogel 17 f., 20, 52, 464, 466, 468
Klima **63** ff., **72** ff., **85** ff., 104, 118, 150 f. 169, 288, 403 f., 505
Klimaperiode **63**, 78, 80, 403
Knäkente 81, 240, 247, **371** f., 478, 487 f.
Körpergewicht 40 f., 201, 207, 235, 260, 327, 463
Körpergröße **16** ff., **25** f., 39, 182
Kohorte 125, 199, 201, 203, 205 f., 208, 211 f., 213, 216 f., 219, 221 f. 237, 241 f., 246, 260
Kokzidiose 36, 65, 284
Kolkrabe 354, 372, 376, 378, 475
Kollektiv s. Kohorte
Komitee gegen den Vogelmord 84, 460
Kompensationsmechanismen 151, **154**, **160** f., **167** f., **177**, **181**, **185**, **189**, 191, 198 f., 222, **241** ff., 280, 327, 388, 470, 484, 491
kompensatorische Sterblichkeit s. Sterblichkeit
Kondition 34, 40 f., 43, 97, 204, 208, **259**, **261**, 265, **326** ff., 338, 493
Konstitution s. Kondition
Konsumtiv(e Nutzung) 243, **480** ff.
Kranich 492
Krickente 93,146, **148** f., 244, 255, 257, 275, 472, 486
K-selektiert 55 f., 150, 156, 160, 185
K-Stratege **56** ff., 152, 155, 183, 194, 197, 208, 244, 381
Küken
– Sterblichkeit 75 f., **167** ff., 241

– Überlebensrate 63, **73** ff., 79, 376, 404
Kulturlandschaft 28, 37, 192, 283, 291, 299, **306** ff., 335, 339, **353**, 356, 358, 373, 377 f., 401, 411 f., 452, 458, 482, 527 f.

Lachmöwe 372, 379
Lebenserwartung 14, **19**, **23**, **25** f., 56 f., 58, 197 f., 211
Lebenskurve **24** f., 28, 132
Lebensraumkapazität s. Biotopkapazität
Lebenstafel **22** ff.
Leittrieb 422, 425
Lemming 61, 283
Leopard 104, 106, 108 f., 521, 524, 526
Lizenz(jagd)system **112** ff., 117 f., 122, 130, 250, 252, 270, 272
Loddington(-Projekt) 386 ff.
Löffelente 92, 124, 143, 197, 238, 271
look-alike species **126**, 129
Luchs **190** f., **281** f., 306, 482

Mäusebussard 92, 169, 299, 330 f., 474
Maikäfer 79
Mais 44, **354**, 416, 433, 492
Managementplan 275, 476, **485** f., 513 f.
Marder 285 f., 288, 290 f., 310 ff., 319, 375, 453, 458, 477, 484
Marktjagd **98** ff., 109, 311, 338, 410, 512, 515
Massenmedien 12, 183, 436 f., 475, **509** f., 516, 528
Massensterben **32** f., 61, 89, **134**, **265** f., **279**
Maximale Nutzung s. *MSY*
Maximum Sustainable Yield s. *MSY*
Medien s. Massenmedien
Meeresenten 17, **47**, **56**, 123, 150, 238
Menopause 217
Mikroklima 79
Modellpopulation 73
Möwe 20, 51, 379, 462
Monitoring 113, **382**, 477, 495
Monogam(ie) 17, **197** f., 224, 236, 241
Morgenstrich 268
Mortalitätsrate s. Sterblichkeitsrate
Motive für Jagd s. Jagdmotiv
MSY **164** f., **168** f., **172** f., **177**, **183** f., **186**, **189**, **192**
Mutabilität 14
Myxomatose 90

NABU 441, 448, 497, 511
Nachgelege 44, **52**, 239, 302, 361, 364
Nachhaltigkeit **97** ff., **111**, **163** ff., **184** ff., 413, 472, **480** f., **484** ff.
Nachtaktiv(ität) 189, 257, 453, 459 f.
Nachwuchsrate **17**, 29, **33**, **41** f., 47, 49, 51 f., 57, 76, **154** f., **161** f., 198, 203, 211, 216, 244, 289, 377
Nahrungsspezialist 283
Nahrungsangebot 28, 33, 37, 40 f., 44, 50, 53, 57, 60 f., 75, 79 f., 96, 98, 150, 207 f., 240, 256, **260** ff., 274, 279, 282 f., **307** ff., 320 f., 325, 334 ff., 343, **354** ff., 362, 367, 370 ff., **376** ff., 408 f., 412, 421 f., 430, **491** ff., 503
Nahrungsbasis s. Nahrungsangebot
Nahrungsbiotop s. Nahrungsgebiet
Nahrungsengpass s. Nahrungsmangel
Nahrungsgebiet 249, 255, 258, 268, 279
Nahrungsgeneralist **307**
Nahrungsgewässer 255, 278
Nahrungsgrund s. Nahrungsgebiet
Nahrungsjäger s. Nahrungsjagd
Nahrungsjagd **95** ff., 183, 430
Nahrungskapazität 279
Nahrungskonkurrenz 46, 280, 308, **517** f.
Nahrungsmangel 21, 28, 33, 37, 44, 90, 259, 264, 275, 290, 328, 338
Nahrungsnutzung **256**, 265
Nahrungsopportunist 28, 358
Nahrungsplatz s. Nahrungsgebiet
Nahrungspotenzial s. Nahrungsangebot
Nahrungsquelle s. Nahrungsangebot
Nahrungsspektrum 50, 97, 283, 307, 331, 354, 364 f., 410 f.
Nahrungsspezialist 283, 410
Nahrungssuche 189, 252, **256** f., **259** f., 271, 274, 278 f., 357, 371, 408
Narwal 105, 183
Nashorn 18, 104, **106** f., 520, **524** ff.
Nashornpulver 108
nasskalt 39, 56, 73, **76** f.
Natura 2000 471, **489** f.
Naturschutz 13, 33, 133, **166**, 205, 277 f., 280, 305, 318, 342, 385, 401 f., 412, 436, **438** ff., 444, 448 f., 457, 469, 473 ff., 479, 481, 483, 487 f., 492 ff., 514, 520 f., 526
Naturschutzbund Deutschland e. V. s. NABU
Naturschutzgebiet 249, 341, 373, 379, 405, 419, 519
Naturschutzgesetz 473 f., 487, 495

Naturschutzpolitik **243** f., 353, 507
Naturschutzrecht 471, **473**, 483
Naturvolk **96** f., 511
Nebelkrähe 51, 354, 357, 361, 371 f., 376, 380, 461
Nestdichte 47, 51, 370
Nestplünderung s. Nestprädation
Nestprädation **50** f., **168** f., 302, **360** ff., **370** ff., 388. 445 f., 448
Nestraub s. Nestprädation
Neubesiedlung 53 f., 67 f.
Niederschlag **64** f., **72** f., **76** f., 86
Nistplatzangebot 356
non-consumptive 267, 479, 504
Nonne 70, 80
Nonnengans 38, **48** f., 56, 156, 161, 472
Nutzungsrate s. Erlegungsrate

ÖJV 412, **452** ff., 494, 511, 514
Ökologischer Jagdverband s. ÖJV
Office National de la Chasse s. ONC
ONC 114, 212, 174, 176
Opportunist(isch) 28, 307, 309, 321, 343, 353, 356, 358, **401** f., 405, 411 f., **473**, **475**, **482**, **491**, **494**, **496**
Optimum Sustainable Yield s. OSY
OSY 165, 205
outfitter 117

Paarflug 226
Paläarktis(ch) 80,156, 158, 220, 247, 488
Parasiten 28, 34, 61, 134 f., 149, 266, 314, 317
Pelzhändler 99
Pelzindustrie 104
Pelzrobbe **99** f.
Pestizid 169, 289, 305, **337**, **347**, 437, 444, 460
Phänotyp **206** ff.
Pirschbezirk 116
Plünderung s. Nestprädation
Polemik 497 f.
Polyandrie **197**
Polygamie **196** ff., 201, 203, 211, 214, 218 f., 223, **240** ff., **244**, **246**, 450
Polygynie **197**, 236
Populationsdichte 28, **32** ff., **38** ff., 45, **53** f., 87, 90, 121, 134, 136 f., 139 f., 142, 145, 149, 152, 154, 161, 179, 182, 184, 187, 201, 204, 220, 223, 228, 230, 325, 390, 393, 408

Populationsdruck 84
Populationsdynamik s. populationsdynamisch
populationsdynamisch **14** f., 22, 25, 35, 46, 54, 74, 84, 86, 104, 128, 138, 140, 150 f., 155, 159, 170, 178, **181** ff., 192 f., **197** f., 205, **210** ff., 217, 244, 252, 277, 307, 324, 347, 380, 392, 420, 469
Populationsreserve 137, 233, 248, 392
Populationsschwankung 86
Populationsstatus 105
Populationsstruktur **25** ff., 228
Populationstrend 72, 468
Populationswachstum 18, 85, 159, 186, 204
Prädationsrate 191 f., **323** f., **328** ff., 334, 359, **364**, **367** ff., 371, **377** ff., 384, 389, 401, 421
Prädationsdruck s. Räuberdruck
Prädatorenkontrolle **169** f., **292**, **299** ff., 302 f., 342, 378, **393**, **399** f., **406**, 445
precautionary principle 243, 481
Privileg **430**, 433, 496
Pronghorn-Antilope 100, 210
Protection Island 53 f., 186
Protein 98, 110, 354, 492
Puitzen 226, 231 f.

Quorren 226, 231 f.

Rabenkrähe 51, 246, 300, 319, 342, **353** ff., 400, 445 f., 461, 487, 497 f.
Rabenvogel 20, 51, 168, 197, 298, **302** f., 321, **339**, 351, **353** ff., 400, 403, 411, 436, 400, 443, **445** ff., 466, 482, 487
Räuberausschluss-Versuch (-Experiment) **289**, 385, 423
Räuber-Beute-Beziehung 96, **281** ff., 298, 304, 322 f., 338, 384 f., **410**, 423
Räuberdruck 169, **288** ff., **296**, **299** ff., **334**, 338 f., 347, 350 f., 374, 376, 384 ff., 403, 407, 427
Räubereingriff 282, 289, **338**, 394, **405** f.
Räuberkontrolle s. Prädatorenkontrolle
Räude 30, **313** ff.
Ramsar-Konvention 277, 485, 489 f., 492
Randstreifen 75
Rastgewässer s. Ruhegewässer
Raufußbussard 282
Raufußhuhn 61, **71** f., 84, 135, **219**, 224, **314**, **331**, **334**, **339**, **373** ff., 391, 403, 463, 474, 483

Rebhuhn 18 f., 56, 59, **74** ff., 92, **119** ff., 136, **166** ff., 187, **287** f., 291, **297** ff., 323 f., **329** ff., 336, 339, 366, **392** ff., 469, 473, 495, 501
Rebhuhndichte 75, 79, **119** ff., **169** f., **399** f., 406
Rebhuhnstrecke 78, **120**, **288**, 297, **392** ff., **396** f., 404
Rebhuhnzählung 77
Reh(wild) 17, 20, 25 f., **38** f., 100, 117, **131** ff., 190, 199, **207** f., 307, **412**, **415**, **417** ff., 431 f., **449** ff., 472, 514 f.
Reiherente **81**, 123, 143, 266, 372, 473, 478
removal experiments 135, 219, 290, 384
Reparationshiebe 71, 414
Reproduktion s. Fortpflanzung
Reproduktionsrate s. Fortpflanzungsrate
Reproduktivität s. Fortpflanzungleistung
Reservepopulation 219 f., **223**, **226**
Revier(jagd)system **114** ff., 122, 130, 274, 432
Revolution, deutsche 190, 418, 431
– Französische 112, 418, 431
Riesenalk 99
Ringelgans 156, 258, 472
Ringeltaube 53, 135, **246**, **326** ff., **336** ff., 361 f., 382, **485** ff.
Ringfund 22 f., 46, 92, 173, 238, 348 ff., 357, 468
Ringfundanalyse 92, 142 f., 348, 351, 468
Ringfundauswertung s. Ringfundanalyse
Ringfundkalkulation 85, 349, 357
Ringfundmaterial 86, 142 f., 173
Ringrückmeldung s. Rückmeldung
Ringvogel 24, **93** f., 149, 173
Robbe s. Seehund
Rote Listen **475** f., **478**
Rothirsch s. Rowild
Rotkehlchen 52, 86
Rotwild 17, 20, 26, 190, **199** ff., 206, 208 f., 321, 415, 418, 429, 431, 449 f. 457, 509
Rotwildgebiet 189, 206, 429, 450, 457
Royal Society for the Protection of Birds s. RSPB
r-selektiert **55** f., 86, **150**, **152**, 197, 242, 313
RSPB 391
r-Stratege **55** ff., 73, 155, **182**, 184, 194, 208, 244, 314, 348, 381
Rückmelderate **94** f., 129, 138, **148** f., 173, 177
Rückmeldewahrscheinlichkeit 93, 148
Rückmeldung 24 f., 92 f., 127, 132, 145 f., 148, 255, 467
Ruhegewässer 255, 258, 268, 274, **278**

Ruhephase 257, 278
Ruheplatz s. Ruhegewässer

Säugetiere 14, **16** ff., **25**, **39** ff., **45**, 55, 58, 88, 130, **181**, 189. **197** ff., 214 f., **217** f., 241, 243
Saiga-Antilope 105, 210
Salisbury Plains (Experiment) **298** ff., 393
Schadinsekten 79
Schadstoffbelastung **32** ff.
Schälschaden 415
Schalenwild 38, 108, **114** f., 131, 133 f., 181, 190, 196, 199, 203, 213, 218, 237, 278, 313, 321, **412** ff., 431, **449** ff., 482, 521
Schalenwilddiskussion 412, **449**
Scheinwerferzählung 92, 304
Schirm 275
Schlüpfrate 50
Schnatterente **123** f., 127, 260, 472 f., 487
Schneeeule 283
Schneegans 157, 160, 503
Schneehase 61 f., **281** f., 290
Schnepfe s. Waldschnepfe
Schnepfenhahn 176, **224** ff., **230** ff.
Schocktod 61
Schongebiet 254, 256, **270** ff.
Schonzeit 98 f., 102, 114, 322, 403, 408, **431** f., 445, 448, 469, 474, 484
Schussknall **249** ff., 268
Schutzgebiet 276 f.
Schwarzwild 43 f., **189** f., 248, 375. 416, 418, 432
Schwimmenten 17 f., 38, **46**, 55 f., 123, **150**, **155**, 161, 197, 238, 254, 257
Seehund 30 ff., 40 f., 96, **133** f.
Seehundstaupe **32** ff.
Seehundsterben 33, 482
Seeotter 99 f.
Seeschwalbe 51
Seltenheit 381, **474**
semisubsistence hunting 98
Seuche 30, 33, 57, 134, 193, 266, **312** ff., 325, 482
Seuchenzug s. Seuche
Silbermöwe 358
Simulation 73 f., **138** ff., 163 ff., 176 f., 184 ff., 191 f., 199, 211, 213 f., 217, 260, 293, 295 f., 398 ff.
Singdrossel 52, 285, **368**, **387** ff., 467 f.
Singvögel 17, 52, **137** f., 197, **363** ff., **380** ff., **386** ff., 445 f., 463 ff.
Singvogelbrut 365 ff.

S-Kurve 54, 61
Sozialneid 433, 496
Spezialist 96, 363, 373, 410
Sprengmasten 44, 421
Stadtfüchse 309
standby-Hahn 221 ff.
standby population 219
Standvogel 82, 119, 158, 162, 246, 351, 468
Steinadler 17, **49** f., 59
Steinbock 20, 107, 483
Sterblichkeit 14, **19** ff., 27 ff., **53** ff., **60** ff., 75 f., 86, 89, **135** ff., **159** ff., 201 ff., 338, 357, 381
– jagdbedingte 8 f., 128, 132, 163
– additive 7 ff., 162
– Gesamt- **131** ff., **155** ff., **179** ff., 191, 194
– kompensatorische **131** ff., 161, 174, 182, 244, 282
Sterblichkeitsfaktor 93, 128, 136
Sterblichkeitsrate 15, **20** ff., **36** ff., **46** f., **55** ff., 85, **139**, **142** f., **162**, **173**, 182, 200, 288, 348, 350, 357, 423
Stockente 20, **22** ff., 46, 94, 123 f., 127, 143, 146, 182, 238 ff., 259, 371, 463
Störfaktor s. Störreiz
Störreiz 210, **249** ff., 255, **261** ff., **267** f., 270, 274, 454
Störung 103, 210, 214, **249** ff., **263** f., **267** ff., 273 f., **276** ff., 426, 453
Streife 92
Stress 28, 43, 61, 236, 241, 275, 284
Stresstod 61
Sturmschadfläche s. Windwurffläche
subsistence hunting 95
Suchbild 362 f.
Suchjagd 121
Suchscheinwerfer 92
Suchstrategie 375

Tafelente 81, 123 f., 256, 266, 478
Tageshöchststrecke **94** f., 161
Tanzania 117, 130, 524
Tauchenten 18, 38, 56, 81, **123** f., 256 f., **265** f.
Taucher 56
Telemetrie 52, 90, 222, 228, 230, 293, 325, 357, 376, 401, **408**
Territorialität s. Territorialverhalten
Territorialverhalten 28, **49** f., 197 f., **220** f., 241, 325, 360

Tierhaut 104
Tierschutz 97, 183, 190, 194, 313, 316, 452 f., 517
Tierschutzgesetz 436, 459
Tiger 18, 105
Todesfaktor 20, 28, 37, **88** ff., 128, **132** ff., 264 ff., 282 ff., 295 f., 330, 381
Todesrate s. Sterblichkeitsrate
Todesursache s. Todesfaktor
Tollwut **29** ff., **189** ff., 248, **297** f., 309, **312** ff., 459
Tollwut-Immunisierung s. Immunisierung
Totfund **31**, 39, 133, **145** ff., 266, 284
Totgeburt 40
Tradierung 27
Trächtigkeitsrate **184**, 217
Trapper 104
Trauertaube 91, **177** ff.
Treibjagd 120 f., 131, 208, 284, 326
Trockenheit 60, 75, 79, 144
Trompeterschwan 101
Trophäe 104 f., 111, **198** ff., 456, 458, 483, **511** ff., 527
Trophäenjagd 196, **198** ff., **509** ff., **523** ff.
Türkentaube 53, 246
Tundra 61

Überlebensrate 59, 63, **73** ff., 138, **143** f., 182, 211, 290, 296, 347, 376, 404
Überlebensstrategie **55** ff., 150, 154 f., 161
Überschuss (jagdbarer, nutzbarer) 137, 196, 248, 507, 522
überwintern 48 f., 80 f., **82** ff., 126, 156, 159, **173** ff., 246, 249, **256** ff., 279, 468, 478, 492 f., 503
Überwinterungsgebiet 103, 259, 267, 460, **503**
Umweltgifte 347
Umweltschutz 437
US Fish and Wildlife Service s. *FWS*

Verbiss 284, **412** f., **421** ff.
Verbissresistenz **423** f., **428**
Verbissschaden s. Verbiss
Verbisssimulation 422
Verdunstungskälte 77
Verjüngung 117, 418, **420** ff.
Verlustrate 333 f., 362, 374, **381** ff.
Verstädterung 357
Vertragsstaatenkonferenz **106** ff., 481, 513, 517

Vertreibung(seffekt) 250 ff., 491
Verwechslungsrisiko 126 f.
Virginische Wachtel 122, 138 ff., 162 ff., 169, 185
Vogelberingung s. Beringung
Vogelfang 464 ff.
Vogeljagdordnung 254, 259, 274, 276
Vogelrichtlinie 138, 245 f., 446, 470 f., 487 ff., 504
Vogelschutzorganisation 103, 250, 391
Vogelwarte 93, 368, 438
Vorsorgeprinzip 128, 243, 481

Wachstumsgeschwindigkeit 15 ff., 40
Wachtel, Virginische s. Virginische Wachtel
Wal 17, 20, **182** ff.
Waldökosystem 412 ff., 456
Waldschnepfe 15 f., **52** f., 82 ff., 93, 111, **125** f., 170 ff., 196 f., 218, **223** ff., 462 f., 469, 471, 474, **477** ff., 498, 501, 511
– Amerikanische 175, 227
Waldverjüngung s. Verjüngung
Walross 17 f., 20, 25, 40, **98**, **216**
Wanderfalke 483
Wandertaube **101** f.
Wanderung 246, 460, 472, 521
Wapiti 39, 515
Washingtoner Artenschutzabkommen 105
Wasservogel 38, 52, **55**, 80, 87, 91 f., 98, 118, 131, 135, **142** ff., 155, 161 f., 196, 244 f., **250** ff., 307, 370 ff., 440, 460 ff., 482, **485** ff., 497 ff.
Wasserwild 92, 95, 101, **118** f., **142** ff., 239, **249** ff., 371, 451, 470 ff., 485, 490 f., **499** ff.
Wasserwildjagd 118 f., **142** ff., 188, 249 ff., 451, 470, **485**, **490** f., **499** ff.
Wasserwildstrecke 92, 95, 119, 188
Wattenmeer **30** ff., 40, **134** f., 252, 266 f., 273, 277 f.
Wattenmeer-Konferenz 277 f.
Watvögel 20, 52, 127 f., 174, 197, 236, 249, 258, 277, 377, 485
Weißwedelhirsch 39, 100, 132, **198** f., 218, 515
Welterhaltungsunion s. IUCN
Westpaläarktis(ch)150, **262** f., **267**, 377, **471** f., 478
Wetlands International 86, 92, 126, 171, 175, 224, 262, 470, 499, 507

WI s. *Wetlands International*
Wiederbesiedlung 67, 300
Wiesenbrüter **377** ff.
Wildbretgewinnung s. Wildbretproduktion
Wilddichte 42, 60, 119, 121, 288, 409, 415, **427** f.
Wilderei **104** ff., **215** ff., 410, 431, 473, **522** ff.
Wildlife Service s. *US Fish and Wildlife Service*
Wildmanagement 202
Wildbretproduktion **202** f.
Wildprodukte **104** ff.
Wildschaden 114, **416** ff., 431, 482
Wildschaf 190, 204, 209, 513
Wildschutzbehörde 112, 213, 513, 516
Wildschutzdienst s. Wildschutzbehörde
Wildschwein 20, 196
Wildtiermanagement 202 f.
Wildverbiss s. Verbiss
Wildvorkommen 113, **118** ff., **129**, 409, 411, 430, 484
Windwurffläche 85, 429
Wintersterblichkeit 140, 147, 163, 169, 171, 329 f., 354
Winterverluste 80, 137, 163, 165, 167, 169, 172
wise use 277
Wisent 17 f., 20, 25, 417, 483
Witterung 21, 39, **62** f., 157, 161, 176, 180, 195, 265 f., 286 f., 405
Witterungsindex 73 f.
Wolf 18, **191**, 306
Wurfanzahl 44 f.
Wurfgröße 191
Wurzacher Ried 70, 77, 319 f., 350 f., 364, 366, 373, 377, 401 f., 442, 448

Zähltreiben 35, **284** f.
Zaunschutz 429, 451
Ziervögel 105
Zugverhalten 246
Zugvogel 81 f., 91 f., 142, 159, **166**, 170, 180, 244 ff., 277, 377, **460** ff., 485
Zugweg 80, 101, 174, 197, 246
Zuwachsrate s. Nachwuchsrate
Zweitbrut 52, **174**, 363, 368
Zwergseeschwalbe 363
Zyklus 61 f., 246, 282, 290

Impressum

Umschlaggestaltung von eStudio Calamar unter Verwendung zweier Farbfotos von Karl-Heinz Volkmar

Fotonachweis: S. 170, 171: M. Amann – S. 155, 508: Ducks Unlimited – S. 227 l., 263: K. Ernst – S. 173: C. Fadat – S. 513: N. Franco – S. 96, 100, 141, 147 o., 180, 333, 340, 386, 395, 447: Archiv EWI – S. 31: F. Hecker – S. 216: K. Hecker – S. 83, 230: G. Hirons – S. 519: V. Krellmann – S. 68, 76, 207, 285, 303, 308, 387, 492: A. Limbrunner – S. 369: R. Maar – S. 23, 160, 505: P. Majewski – S. 43 u., 65, 115, 201, 295, 311, 424, 455: S. Meyers – S. 483: D. Nill – S. 356: H. Pieper – S. 375, 379: G. Quedens – S. 134: D. Risse – S. 434: B. Stöcker – S. 30, 43 o., 191, 221, 315, 407, 435, 445, 454, 459, 477: K.-H. Volkmar – S. 523: F. Wengert – S. 227 r., 294, 458: B. Winsmann-Steins. Alle weiteren Fotos vom Verfasser.

Grafiken: Wilfried Sloman

Mit 93 Fotos und 82 Grafiken

Bibliografische Information Der Deutschen Bibliothek
Die Deutsche Bibliothek verzeichnet diese Publikation in der Deutschen Nationalbibliografie; detaillierte bibliografische Daten sind im Internet über http://dnb.ddb.de abrufbar.

Bücher · Kalender · Spiele · Experimentierkästen · CDs · Videos ·
Natur · Garten & Zimmerpflanzen · Heimtiere · Pferde & Reiten · Astronomie · Angeln & Jagd ·
Eisenbahn & Nutzfahrzeuge · Kinder & Jugend

KOSMOS Postfach 10 60 11
D-70049 Stuttgart
TELEFON +49 (0)711-2191-0
FAX +49 (0)711-2191-422
WEB www.kosmos.de
E-MAIL info@kosmos.de

Gedruckt auf chlorfrei gebleichtem Papier

1.–4. Auflage
© Verlag Paul Parey, Hamburg u. Berlin
5., neu bearbeitete u. erweiterte Auflage
© 2003, Franckh-Kosmos Verlags-GmbH & Co., Stuttgart
Alle Rechte vorbehalten
ISBN 3-440-09323-9
Redaktion: Ekkehard Ophoven
Produktion: JUNG MEDIENPARTNER GmbH, Niedernhausen
Satz und Repro: TypoDesign, Radebeul
Printed in Czech Republic / Imprimé en République Tchèque
Druck und Binden: Těšínská Tiskárna, a.s., Český Těšín

KOSMOS

Erlebnis Jagd

Jagdliche Nutzung und Erhaltung

Das Wasserwild stellt über 90 Wat- und Wasservogelarten mit ihren Erkennungsmerkmalen vor und informiert umfassend über Verbreitung, Lebensweise und Gefahren für unser Wasserwild. Ausführlich werden Maßnahmen der Lebensraumerhaltung und -schaffung vorgestellt und praktische Fragen der Wasserwildjagd behandelt.

- Lebensraumgestaltung und Praxis der Wasservogeljagd
- Einfluß und Bedeutung der Jagd

Heribert Kalchreuter
Das Wasserwild
304 S., 298 Abb., über 30 Verbreitungskarten, gebunden
ISBN 3-440-08150-8
€ 12,50; €/A 12,90; sFr 22,60

www.kosmos.de

Preisänderung vorbehalten

KOSMOS

Erlebnis Jagd

Raesfelds Klassiker

Vor rund einhundert Jahren setzten Ferdinand Freiherr von Raesfelds umfassende und Aufsehen erregende Monografien über das Rotwild und das Rehwild neue Maßstäbe in der Jagdfachliteratur. Von Experten seither stets auf neuestem Stand gehalten, sind sie seit Jahrzehnten unangefochtene Klassiker und Standardwerke der Wildkunde.

- Biologie, Lebensweise und Gefährdungen
- Die Jagdpraxis von A-Z

Ferdinand Freiherr von Raesfeld
Das Rotwild – Das Rehwild

2 Bände, insg. 872 Seiten, über 550 Abbildungen, gebunden im Schmuckschuber
ISBN 3-440-09500-2
€ 44,90; €/A 46,20; sFr 74,–

www.kosmos.de

Preisänderung vorbehalten